管理教材译丛

# MANAGEMENT INFORMATION SYSTEMS
## MANAGING THE DIGITAL FIRM
### 17th Edition

# 管理信息系统

（原书第17版）

[美] 肯尼斯·C. 劳顿（Kenneth C. Laudon） 简·P. 劳顿（Jane P. Laudon）◎著
纽约大学　　　　　　　　　　　　　　　Azimuth信息系统公司

黄丽华 ◎译

机械工业出版社
CHINA MACHINE PRESS

本书全面概述了信息系统在现代商业环境中的重要性，从管理、组织、技术要素到具体系统的应用，深入探讨了信息系统如何重塑企业运营、提升企业竞争力。本书两位作者以出色的真实案例研究而闻名，这些案例描述了知名企业如何使用信息技术解决问题并提高业务绩效，同时本书通过复习题、讨论题、MIS 实践项目和案例研究等多种形式，帮助读者深入理解信息系统的概念、原理和实践，掌握电子商务、知识管理及人工智能等关键领域的实践技能，培养读者在复杂商业环境中的道德判断与决策能力。

本书既可以作为管理学专业本科生和 MBA 学员的教材，也可以作为在职干部、经理和信息系统技术人员的培训教材。

Kenneth C. Laudon, Jane P. Laudon. Management Information Systems: Managing the Digital Firm, 17th Edition.

ISBN 978-0-13-697127-6

Copyright © 2022 by Pearson Education, Inc.

Simplified Chinese Edition Copyright © 2025 by China Machine Press.

Published by arrangement with the original publisher, Pearson Education, Inc. This edition is authorized for sale and distribution in the Chinese mainland (excluding Hong Kong SAR, Macao SAR and Taiwan).

All rights reserved.

本书中文简体字版由 Pearson Education（培生教育出版集团）授权机械工业出版社在中国大陆地区（不包括香港、澳门特别行政区及台湾地区）独家出版发行。未经出版者书面许可，不得以任何方式抄袭、复制或节录本书中的任何部分。

本书封底贴有 Pearson Education（培生教育出版集团）激光防伪标签，无标签者不得销售。

北京市版权局著作权合同登记　图字：01-2023-4765 号。

### 图书在版编目（CIP）数据

管理信息系统：原书第 17 版 /（美）肯尼斯·C. 劳顿（Kenneth C. Laudon），（美）简·P. 劳顿（Jane P. Laudon）著；黄丽华译. -- 北京：机械工业出版社，2025. 2. --（管理教材译丛）. -- ISBN 978-7-111-77239-2

Ⅰ．C931.6

中国国家版本馆 CIP 数据核字第 2024ZF3067 号

机械工业出版社（北京市百万庄大街 22 号　邮政编码 100037）
策划编辑：张有利　　　　　　　　责任编辑：张有利
责任校对：甘慧彤　李可意　景　飞　责任印制：任维东
河北鹏盛贤印刷有限公司印刷
2025 年 3 月第 1 版第 1 次印刷
185mm×260mm・31.5 印张・782 千字
标准书号：ISBN 978-7-111-77239-2
定价：89.00 元

| 电话服务 | 网络服务 |
| --- | --- |
| 客服电话：010-88361066 | 机　工　官　网：www.cmpbook.com |
| 　　　　　010-88379833 | 机　工　官　博：weibo.com/cmp1952 |
| 　　　　　010-68326294 | 金　书　网：www.golden-book.com |
| **封底无防伪标均为盗版** | 机工教育服务网：www.cmpedu.com |

# 译者序

## 数字颠覆时代的信息系统

随着数字技术尤其是人工智能技术的快速发展和广泛应用，数字化和智能化功能已经渗透到社会的方方面面，正在深刻改变着人们的生产、生活和学习方式。例如，数字化和智能化功能越来越多地嵌入以前纯机械的产品，使得诸如汽车这样的产品具备了将传统意义上只有人类才具备的抽象认知、分析、判断和行动能力进行编码和自动化的功能，使汽车具备了自主监控、自动化控制、优化和自治的功能，成为具有专业智能的全新产品——自动驾驶汽车。随着互联网技术的嵌入，汽车这类产品实现了与用户直接相连，成为用户的伙伴，连接到社会技术关系网络中，彻底重塑了人与硬件产品之间的关系。数字技术的嵌入使汽车这类硬件产品能够随时随地产生数据，基于对数据的计算，数字技术增强了产品的可识别性和关联性，深刻洞察了用户行为模式及需求偏好，并与提供满足用户需求服务的服务商实现互连互通，从而催生了一系列颠覆性的新产品、新服务和新商业模式。上述转型是传统的信息技术（如计算机、数据库、通信网络等）、现代连接技术（如物联网、传感器、互联网等）和现代计算技术（如边缘计算、大数据分析、机器学习、生成式人工智能等）等深度融合与综合应用的成果，是现代企业及其供应链伙伴（如汽车企业及其供应链上下游企业）数字化转型的结果，正在引发全国乃至全球汽车产业的颠覆性变革。而为推动这些颠覆性数字变革提供坚实支撑正是现代信息系统所要承担的使命。

2021年5月28日，习近平总书记在中国科学院第二十次院士大会、中国工程院第十五次院士大会和中国科学技术协会第十次全国代表大会上的讲话中指出，以信息技术、人工智能为代表的新兴科技快速发展，大大拓展了时间、空间和人们认知范围，人类正在进入一个"人机物"三元融合的万物智能互联时代。在上述提到的现代汽车系统中，"人"意味着用户和企业，其中用户即汽车使用者以及具有某种相同特征的不同用户群及其彼此联结形成的用户社区网络；企业包括研发、制造、销售以及运营智能互联汽车的企业，以及为用户提供便捷使用汽车所需要的一系列服务的众多企业，这些企业形成了商业生态系统；"机"即支撑和运行汽车及其用户服务的计算系统，除了传统的信息技术以外，还包括各种场景下的智能体、软件机器人、数字孪生和各类app等；"物"即我们实实在在感知到的实物产品——汽车，以及围绕汽车所需要的生产与服务的一切物理设施，这些实物产品和物理设施嵌入了感知部件和计算技术，成为智能硬件和智能设施。而"人机物"三元融合的实现得益于企业的各类信息系统。

随着信息技术、数字技术的发展，信息系统的内涵和外延也一直在演进。从技术视角来看，信息系统是指由若干相互连接的部件组成，对组织中的信息进行收集、传输、处理、存储和发布的系统，用以支持组织制定决策、管理、控制和创新。从企业应用视角来看，信息系统是企业面对挑战和问题时，基于技术手段优化组织管理与运营流程的解决方案。上述信息系统的基本概念已经存续半个多世纪了，至今仍然是适用的，对我们理解信息系统的内涵依然很有帮助。随着技术的发展，组成信息系统的技术发生了重大的变化，技术的潜能及其能供性（affordance）赋予了个体和企业前所未有的行动能力，从而也使得信息系统的使命随着技术的革新而不断演进。比如，在 20 世纪 90 年代之前，信息系统的使命是利用计算机、数据库开发企业的局部应用系统，将人类一直以来使用手工处理的部分内容交由信息系统来处理，但是并不改变业务流程。这一时期典型的信息系统具备工资计算、会计核算、仓库管理、物料管理等功能。从 20 世纪 90 年代后期开始，信息系统形成了将各类应用功能集成于一体的应用软件包，如企业资源计划（ERP）、客户关系管理（CRM）、供应链管理（SCM）等。这一时期信息系统的主流应用是使用软件包应用系统来支持组织范围内跨越职能部门的关键业务流程的改善和重组。自 2010 年以来，廉价而又功能强大的集成电路、芯片技术在商业领域快速扩散，互联网技术及其应用彻底改变了各类数据和信息的生成与传输路径，引发了以计算机为基础的第二次机器革命。信息技术尤其是数字技术的应用呈现指数级增长的态势，人工智能（AI）、区块链（blockchain）、云计算（cloud computing）、大数据（big data）、边缘计算和物联网（edge computing/Internet of Things）等五大类技术（简称"ABCDE"）开始渗透到各行各业，信息系统的使命转变为综合利用信息技术和数字技术，以实现产品和业务的数字化（digitization）。比如，在传统的设备中嵌入诸如传感器等数字部件，即把传统设备（哑设备）变成数字设备；把传统业务流程迁移至互联网，使之成为电子商务（e-business）。特别是 2022 年 12 月 ChatGPT（chat generative pre-trained transformer，聊天生成预训练转换器，生成式人工智能的典型代表）的出现，使"机器"有了与人类对话、自主生成内容的功能。尽管目前 ChatGPT 等现代人工智能依然是弱人工智能，但是人工智能技术必将快速发展，并在各行各业得以应用，将给人类社会带来颠覆性变革。因此，当前信息系统的使命是综合应用一切信息技术以及数字技术的成果，实现产品与服务、企业组织结构、商业模式乃至商业生态的数字化的颠覆性变革，赋能各类组织真正实现数字化转型。

随着信息系统使命的演进，信息系统的开发方法、技术架构、数据管理体系等也实现了深刻变革。信息系统的开发方法从传统的基于瀑布模型的结构化软件开发方法转变到基于软件包快速部署的系统建设方法，再到当前的开发运营一体化（DevOps）的快速迭代方法，以及低代码或零代码的开发方法。信息系统的技术架构从基于主机的集中式应用架构转变到基于客户/服务器架构的分布式两层架构，再到当前基于微服务架构的多层技术架构。数据管理体系从基于数据—程序文件的方式转变到基于数据库和数据仓库的结构化方式，再到当前基于 Hadoop 的分布式数据资源和处理平台、数据湖和数据分析平台。尤其是最近十多年来大数据技术的发展，使数据与应用程序实现了第二次分离（数据库的出现实现了数据与应用程序的第一次分离），数据成为可以独立管理和应用的资源，为数据成为生产要素奠定了技术基础。数据作为生产要素将通过市场流通的方式进入各行各业、各类组织中，成为组织运营不可或缺的力量。数据要素化必将开启数字化转型与数字颠覆时代的新篇章。

在这样的背景下，"管理信息系统"这门课程的教学内容和相应的教材需要适应当前数字颠覆时代的变化，为学生提供兼具系统性、完整性、及时性和前瞻性的知识内容。劳顿夫妇所著的《管理信息系统》是一本有口碑的好教材，内容与时俱进，展示给我们的始终是那些经过长期实践检验的、有生命力的、前沿的、令人激动的内容，可以让学生对信息系统的前世今生有所把握，同时对信息系统的未来、对当代数字颠覆的巨变、对自身未来的职业生涯充满信心。

对学生来讲，要学好这本教材，我个人认为有如下两点特别重要。

首先，需要用社会技术视角去理解信息系统。正如本书第1章最后所介绍的，信息系统的成功和失败很少完全由技术或行为单方面决定，只有当信息系统运营中所涉及的社会系统（涵盖企业战略、组织管理及其制度和政策、系统使用者态度和行为等多方面）和技术系统同时进行优化并相互匹配时，组织的绩效才会达到最佳。社会技术观点是信息系统最重要的基本观点之一。在当前"人机物"三元融合的时代背景下，信息系统的社会技术观点尤为重要。数字化和智能技术的创新应用过程，使原本与"人"相关的系统、与"物"相关的系统、与"机"相关的系统不断融合，彼此适应，持续迭代，成为相互关联、相互依赖的复杂系统的重要组成部分。尤其值得注意的是，迭代的结果是无法从最初简单的输入和设计中直接推导出来的，迭代的最终形态是一个典型的复杂社会技术系统。

其次，需要联系实际去理解信息系统及其价值。信息系统本身是一个涉及信息技术、数据科学、企业管理、社会心理学、运筹学等学科的交叉学科。在数字颠覆时代，每个学科都在快速发展，尤其是人工智能等"ABCDE"数字技术正以指数级速度快速发展，而教材的更新永远跟不上前沿技术的发展和领先企业的应用，这也是这本教材和教学面临的最具挑战的事实。这本教材采用大量的案例，尤其是采用了2020年以后的案例来阐述信息系统领域的相关知识、最新技术和实际应用场景，这是这本教材的一大特色。当然，由于这本教材的原文是英文，采纳的案例基本上全部是美国等欧美国家的案例，对绝大多数读者来讲难免会有"隔靴搔痒"之感。好在这本教材中许多案例在我国或多或少有类似的应用企业，因此，建议读者可以结合自己熟悉的或有影响力的本土企业的实践来学习，站在信息系统开发者和使用者的立场来学习。

对教师来讲，一本好的教材不仅可以让教师对这门课程的教学体系、核心内容一目了然，更可以让教师在教学理念、教学内容、教学方法的选取上有充分的自主性和能动性。劳顿夫妇的这本教材内容布局完整，教学案例丰富，实践类练习和项目多，更有丰富的教辅资料。我个人建议授课教师在理解这本教材的核心逻辑的基础上，完全可以在课前、课中、课后"活教""活用"教材内容，灵活选取匹配教学目标、适合学生的教学方法和教学内容。

劳顿夫妇所著的《管理信息系统》，我们已经翻译了第13版、第15版、第16版和第17版。翻译一本这么好的教材，确实不是一件容易的事。每次翻译之前，总是雄心勃勃想要做到尽善尽美。然而，每到即将交稿之际，总是会留下诸多遗憾，因为确实有许多地方没有翻译好，没有把作者的原意正确明了地表达出来，只有期待在下次修订时予以补救。在此，恳请各位阅读这本教材的教师和学生原谅，希望你们把书中的错误或建议及时反馈给出版社或我们。同时，我们也非常希望和使用这本教材的教师多多交流和沟通，一起努力用好、教好这本教材。

黄丽华<br>
复旦大学管理学院信息管理与商业智能系<br>
2024 年 10 月

# 作者简介

肯尼斯·C. 劳顿（Kenneth C. Laudon）是纽约大学斯特恩商学院信息系统方面的教授。他本科毕业于斯坦福大学并获得经济学学士学位，在哥伦比亚大学获得博士学位。他出版了12本专著，涉及电子商务、信息系统、组织和社会等。肯尼斯教授还发表了40多篇论文，内容涉及信息系统对社会、组织、管理的影响，以及隐私、伦理和多媒体技术等。

肯尼斯教授现在所从事的研究涉及大规模信息系统和多媒体信息技术，同时他正在承担美国国家自然科学基金项目，主要研究美国社会保障部、美国联邦调查局（FBI）和美国国税局（IRS）的国家信息系统的演变。他的研究聚焦于企业信息系统的实施、在大型组织中与计算机密切关联的组织变化和职业变化、管理思想的变化和公共政策的变化，以及对知识工作效率影响的理解等。

在纽约大学斯特恩商学院，肯尼斯教授讲授"数字公司的管理""信息技术与公司战略、专业责任（商业伦理）""电子商务与数字市场"等课程。肯尼斯教授的业余爱好是帆船运动。

简·P. 劳顿（Jane P. Laudon）是信息系统方面的管理咨询师，她出版了7本著作。她的研究领域包括系统分析、数据管理、管理信息系统（management information system，MIS）审计、软件评估，她还给企业人员培训如何设计和使用信息系统。

简本科毕业于巴纳德学院，后在哈佛大学和哥伦比亚大学分别获得了硕士学位和博士学位。她曾任教于哥伦比亚大学和纽约大学商学院。她从小就对东方语言和文明感兴趣。

劳顿夫妇有两个可爱的女儿——埃丽卡和伊丽莎白。谨以此书奉献给她们。

# 前　　言

《管理信息系统》第 17 版进行了全面的更新，以涵盖影响课程的最新行业和技术变革。

## 新版特点

第 17 版的特点是更新了各章的开篇案例、案例研究和互动讨论，包含了来自行业和 MIS 研究的最新成果。新的主题和内容如下。

- **更新和扩展了人工智能（AI）的覆盖范围**：重写了第 11 章，增加了机器学习、深度学习、自然语言处理、计算机视觉系统和机器人技术的内容，反映出业界对利用 AI 和智能技术的强大兴趣。
- **制定系统的商业案例**：重写了第 14 章，以提供扩展的技术和决策标准，为获取与部署信息系统和相关技术开发商业案例。第 14 章展示了如何评估和选择将为企业带来最大价值的系统项目和技术。
- **新冠疫情对系统的影响**：增加了新冠疫情对信息系统业务影响的相关内容。其中包括两个互动讨论和一个案例研究，内容涵盖了远程工作、供应链中断和重新思考全球供应链等主题。
- **大数据和物联网**：在第 1、6、7 和 12 章中深入介绍了大数据、大数据分析和物联网（IoT），具体包括大数据分析、物联网数据流分析、Hadoop、内存计算、非关系数据库、数据湖和分析平台。
- **云计算**：在第 5 章中更新和扩展了云计算的覆盖范围，更详细地介绍了云服务类型、私有云和公有云、混合云、管理云服务，以及关于使用云服务的新交互式会话。云计算在第 6、8、9、10 和 13 章中也有谈及。
  - 数据弹性
  - 客户体验管理
  - 低代码和无代码开发
  - 自动化测试
  - 数据治理
  - 暗网

本书介绍了当今商业企业使用的信息系统的最新和最全面的内容。在阅读本书之后，我们希望学生能够参与甚至领导管理层来讨论企业的信息系统，并且学会在工作中通过使用信息技术来实现业务绩效。不管你是在学习会计学、金融学、管理学、运营管理课程，还是在学习市场营销或信息系统课程，本书中的知识和信息都将使你受益终身。

## 章节编排

本书围绕一个描述和分析信息系统的集成架构，提供了关于 MIS 基本概念的全貌，这个架构告诉我们信息系统是由管理、组织和技术要素组成的，并在学生的项目练习和案例学习内容上得到强化。本书共 15 章，书中提供了覆盖 MIS 各个基本主题的实践性项目案例。每章均包含下列内容。

- 学习目标，围绕学生关心的学习问题来组织，每章的本章小结和复习题都是基于这些学习目标来设置的，并且每章的主要内容也基于某一学习目标而展开。
- 开篇案例，介绍现实世界中某个组织的情况，以确立每章的主题和重要性。
- 正文，根据各章所采用的管理、组织与技术模型来分析开篇案例。
- 互动讨论案例，均配有案例分析题。
- MIS 如何有助于我的职业发展，即"职业机会"部分，为学生展示在找工作和职业准备过程中如何利用本书。
- 本章小结，对达成学生学习目标具有关键作用。
- 关键术语，帮助学生复习概念。
- 复习题，帮助学生测试自己掌握了多少知识。
- 讨论题，与每章主题有关的更广泛的题目。
- MIS 实践项目，包括管理决策问题、改善决策以及卓越运营。
- 协同与团队合作项目，帮助学生提高团队工作能力和演讲技能，还有机会使用开源合作工具。
- 案例研究，让学生将每章概念应用于案例中。
- 参考资料。

## 本书特色

本书设置了对学生和教师更具互动性、前沿性和吸引力的内容，这些特色和学习工具将在下面加以说明。

### 现实世界的企业案例

本书将帮助学生了解信息系统和企业绩效之间的直接联系，在世界各地驱使企业使用信息系统和技术的主要业务目标包括：卓越运营、新产品和服务、客户与供应商的密切关系、改善决策、竞争优势和生存。书中的案例向学生展示了某个具体企业是如何应用信息系统来达成这些业务目标的。我们在书中只用新近的商业企业和公共组织案例，以帮助解释每章的重要概念。大部分这些企业或组织的案例都是学生广为熟知的，如优步（Uber）、美国职业棒球大联盟（MLB）、Meta⊖、沃尔玛（Walmart）、亚马逊（Amazon）、谷歌（Google）以及Zoom 等。

## 实践活动

真实世界的业务场景和数据有助于学生切身体验管理信息系统的方方面面，提高学生对这门激动人心的课程的参与度。

- 互动讨论。每章都有两个简短案例被重新设计为互动环节，用来激发学生的兴趣和学习主动性。每个案例都有案例分析题。案例分析题提供了讨论或书面作业的主题。
- MIS 实践项目。每章都有 MIS 实践项目，其中包含 3 种类型的项目：管理决策问题，使用 Microsoft Excel、Access 或网页和博客创建工具进行实际应用软件练习，以及发展互联网商业技能的项目。
- 协同与团队合作项目。每章都有一个协同与团队合作项目，鼓励学生用 Google Drive、Google Docs 或其他开源合作工具进行团队工作，比如第 1 章的协同与团队合作项目是让学生选择团队合作工具。

### 开发职业技能

对于学生来说，要想在瞬息万变的就业市场上取得成功，他们应该了解自己的职业选择，以及如何培养各种技能。在本书中，我们通过以下方式重点关注这些技能。

每一个使用本书的学生都想知道：这本书对我未来的事业有何帮助？"职业机会"部分（在每章的最后，标题以"MIS 如何有助于我的职业发展"出现）会告诉你如何使用本书作为求职和职业发展的工具。面试官通常会问：你为什么想要这份工作？你的沟通能力如何？能否承担多任务工作？团队合作能力如何？领导力如何？如何解决问题？如何实现目标？这些是你在任何一份工作中都需要具备的一般技能和行为，你应该从你的课程和工作经验中提供案例来展示这些技能。当然，雇主也会问一些商业知识和专业技能方面的问题。"职业机会"部分将会告诉你如何利用本书中学到的知识来展示这些技能。

在"职业机会"部分，你会看到一个即将毕业的大学生的初级职位描述，这些描述都是基于一些主要的在线招聘网站的真实工作描述，而且与该章所涉及的主题相关。本书对企业名称和工作地点进行了一定的修改。每章的招聘启事都描述了所需的教育背景、具体的工作技能，并提出了在面试过程中可能出现的一些与业务相关的问题。作者提供了回答这些问题的要点和准备面试的技巧。"职业机会"部分也为学生提供了在本书、网络和社交媒体上能够找到的更多有关工作所需的技术和商业知识信息。

下表是不同企业发布的岗位描述的样例。在这些岗位描述中，有一些需要 MIS 专业的毕业生，有一些需要学过 MIS 课程的毕业生，但是大部分职位并没有那么具体的描述。一些

---

⊖ 曾用名 Facebook。

岗位要求有一定的实习或工作经验，但大部分岗位是适合应届大学毕业生的初级岗位，其中一些岗位提供在职培训。但是，所有这些岗位都需要商业信息系统和应用的知识，以及在数字化环境中工作的能力。

| 章号 | 章名 | "职业机会"部分岗位描述 |
| --- | --- | --- |
| 第 1 章 | 当今全球商业中的信息系统 | 初级金融客户支持和销售助理 |
| 第 2 章 | 全球电子商务与合作 | 初级销售支持专员 |
| 第 3 章 | 信息系统、组织与战略 | 初级业务开发代表 |
| 第 4 章 | 信息系统中的商业伦理和社会问题 | 初级隐私分析师 |
| 第 5 章 | IT 基础设施与新兴技术 | 初级 IT 顾问 |
| 第 6 章 | 商务智能基础：数据库与信息管理 | 初级数据分析师 |
| 第 7 章 | 通信、互联网和无线技术 | 汽车数字顾问 |
| 第 8 章 | 信息系统安全 | 初级身份论证和管理支持专员 |
| 第 9 章 | 实现运营优化和客户亲密：企业应用 | 制造管理培训师 |
| 第 10 章 | 电子商务：数字市场、数字产品 | 初级电子商务数据分析师 |
| 第 11 章 | 管理知识和人工智能 | 初级销售助理 |
| 第 12 章 | 增强决策能力 | 初级数据分析师 |
| 第 13 章 | 建设信息系统 | 初级商务系统分析师 |
| 第 14 章 | 为信息系统和管理项目制定商业案例 | 初级 IT 项目管理助理 |
| 第 15 章 | 管理全球系统 | 初级销售和市场营销实习生 |

学生可以利用"职业机会"部分来形成自己的简历和职业规划，也可以为面试做准备。对教师来说，"职业机会"部分是学生研究和课堂讨论的可选议题。

# 致谢

任何一本著作的出版均包含了许多人的贡献。在此，我们要感谢所有编辑这么多年来给予我们的鼓励、建议和强有力的支持。感谢我们的编辑 Jennifer Niles 和 Stephanie Kiel 以及内容制作人 Rudrani Mukherjee 在项目管理中的作用，还要感谢 Gowthaman Sadhanandham 及其 Integra 团队的制作工作。

我们还要特别感谢提供补充材料的各位作者：Robert J. Mills，犹他州立大学；Chris Parent，里韦大学；Maureen Steddin 和 Roberta Roth，北艾奥瓦大学；John Hupp，哥伦布州立大学。我们要感谢 Carol Guercio Traver 在电子商务主题上的帮助，感谢 Erica Laudon 在"职业机会"部分中的贡献，感谢 Megan Miller 在制作过程中的帮助，感谢 Diana Rihm Craig 在数据库主题方面的帮助。

我们还要特别感谢孟菲斯大学福格尔曼商业与经济学院的 Mark Gillenson 教授，他对敏捷开发和测试的讨论做出了贡献。纽约大学斯特恩商学院的同事、罗切斯特大学西蒙商学院的 Werner Schenk 教授、印第安纳普渡大学韦恩堡分校的 Robert Kostrubanic、费利西亚诺商学院信息管理与商业分析系的 Ethné Swartz 教授、科隆大学的 Detlef Schoder 教授、圣加仑大学的 Walter Brenner 教授、哥廷根大学的 Lutz Kolbe 教授、国际管理发展研究所的 Donald

Marchand 教授提出了其他改进建议。感谢加利福尼亚大学欧文分校的 Ken Kraemer 教授和密歇根大学的 John King 教授，他们对信息系统和组织进行了十多年的讨论。特别感谢印第安纳大学的 Rob Kling 教授，多年来他一直是我们的朋友和同事。

我们还要特别感谢所有评阅者的建议，感谢他们帮助我们完善本书，这些评阅者包括：

Abdullah Albizri, *Montclair State University*

Robert M. Benavides, *Collin College*

Gordon Bloom, *Virginia Commonwealth University*

Brett Cabradillia, *Coastal Carolina Community College*

Qiyang Chen, *Montclair State University*

Amita Chin, *Virginia Commonwealth University*

Lynn Collen, *St. Cloud State University*

Reet Cronk, *Harding University*

Uldarico Rex Dumdum, *Marywood University*

Mahmoud Elhussini, *Montclair State University*

Anne Formalarie, *Plymouth State University*

Sue Furnas, *Collin College*

Scott Hamerink, *Oakland University*

Terry Howard, *University of Detroit Mercy*

Dae Youp Kang, *University of Memphis*

Rajkumar Kempaiah, *College of Mount Saint Vincent*

Channa J. Kumarage, *Saint Cloud State University*

Weiqi Li, *University of Michigan-Flint*

Liu Liu, *Old Dominion University*

Susan Mahon, *Collin College*

Robert Morphew, *Texas Woman's University*

John Newman, *Coppin State University*

Jose Ng, *Montclair State University*

Richard Peterson, *Montclair State University*

Robin Poston, *University of Memphis*

Dr. Michael Raisinghani, *Texas Woman's University*

Patricia Ryan, *Southeast Missouri State University*

Ethné Swartz, *Montclair State University*

Amir Talaei-Khoei, *University of Nevada Reno*

Paulus Van Vliet, *University of Nebraska at Omaha*

# 目 录

译者序
作者简介
前言

## 第 1 部分
## 组织、管理和网络化企业

### 第 1 章　当今全球商业中的信息系统 ⋯⋯⋯ 2
开篇案例　智能商店重塑零售空间 ⋯⋯⋯ 2
1.1　信息系统改变商业的方法及其在当今企业运营和管理中的重要性 ⋯⋯⋯ 4
1.2　信息系统的定义、维度、企业视角，以及确保信息系统为企业提供真正价值的互补性资产的重要性 ⋯⋯⋯ 12
1.3　研究信息系统需要的学术学科及其对理解信息系统的帮助 ⋯⋯⋯ 22
1.4　MIS 如何有助于我的职业发展 ⋯⋯⋯ 24
本章小结 ⋯⋯⋯ 25
关键术语 ⋯⋯⋯ 26
复习题 ⋯⋯⋯ 26
讨论题 ⋯⋯⋯ 26
MIS 实践项目 ⋯⋯⋯ 27
协同与团队合作项目 ⋯⋯⋯ 27
案例研究　UPS 的新技术与过时工作方式产生冲突 ⋯⋯⋯ 27
参考资料 ⋯⋯⋯ 30

### 第 2 章　全球电子商务与合作 ⋯⋯⋯ 31
开篇案例　企业社交网络将夏普公司转型为更创新的互联组织 ⋯⋯⋯ 31
2.1　业务流程及其与信息系统的关系 ⋯⋯⋯ 33
2.2　信息系统如何服务于企业中的各级管理层，如何帮助企业提升组织绩效 ⋯⋯⋯ 35
2.3　合作和社会化商务系统的重要性及其使用的技术 ⋯⋯⋯ 44
2.4　企业中信息系统职能部门的作用 ⋯⋯⋯ 52
2.5　MIS 如何有助于我的职业发展 ⋯⋯⋯ 54
本章小结 ⋯⋯⋯ 55
关键术语 ⋯⋯⋯ 56
复习题 ⋯⋯⋯ 56
讨论题 ⋯⋯⋯ 57
MIS 实践项目 ⋯⋯⋯ 57
协同与团队合作项目 ⋯⋯⋯ 58
案例研究　社会化商务是好的商业模式吗 ⋯⋯⋯ 58
参考资料 ⋯⋯⋯ 60

## 第3章 信息系统、组织与战略 ········· 62

开篇案例　沃尔玛的新超级中心战略 ······ 62

3.1　管理者需要了解的成功构建并使用信息系统的组织特性 ············· 64

3.2　信息系统对组织的影响 ············· 69

3.3　波特的竞争力模型、价值链模型、协同效应、核心竞争力以及网络经济学对企业利用信息系统制定竞争战略的帮助 ··· 73

3.4　战略信息系统的挑战及应对 ······· 86

3.5　MIS 如何有助于我的职业发展 ······ 87

本章小结 ···································· 89

关键术语 ···································· 90

复习题 ······································· 90

讨论题 ······································· 90

MIS 实践项目 ································ 91

协同与团队合作项目 ······················· 91

案例研究　Bed Bath & Beyond 是否已时日无多 ······················· 91

参考资料 ···································· 94

## 第4章 信息系统中的商业伦理和社会问题 ······························· 96

开篇案例　你的智能手机：老大哥最好的朋友 ························· 96

4.1　信息系统引发的商业伦理、社会和政治问题 ························· 98

4.2　指导商业伦理决策的行为准则 ···· 102

4.3　现代信息系统技术和互联网对个人隐私和知识产权保护带来了挑战 ··· 104

4.4　信息系统影响法律责任和义务以及日常生活质量 ······················· 113

4.5　MIS 如何有助于我的职业发展 ···· 122

本章小结 ··································· 123

关键术语 ··································· 124

复习题 ······································ 124

讨论题 ······································ 125

MIS 实践项目 ······························ 125

协同与团队合作项目 ····················· 126

案例研究　Facebook 隐私：你的生活可能被出售 ·················· 126

参考资料 ··································· 129

# 第 2 部分
# 信息技术基础设施

## 第5章 IT 基础设施与新兴技术 ········ 132

开篇案例　美国航空前往云端 ··········· 132

5.1　IT 基础设施及其演变的阶段和驱动力 ································ 134

5.2　IT 基础设施的组成 ··················· 143

5.3　当前计算机硬件平台的发展趋势 ··· 146

5.4　当前计算机软件平台的发展趋势 ··· 155

5.5　管理 IT 基础设施的挑战及其解决方案 ································ 160

5.6　MIS 如何有助于我的职业发展 ···· 163

本章小结 ··································· 165

关键术语 ··································· 166

复习题 ······································ 166

讨论题 ······································ 167

MIS 实践项目 ······························ 167

协同与团队合作项目 ····················· 168

案例研究　JEDI 计划：充满争议的云 ··· 168

参考资料 ··································· 170

## 第6章 商务智能基础：数据库与信息管理 ······························ 171

开篇案例　达美乐比萨掌握数据，细化到每个比萨 ··················· 171

6.1 传统文件环境下管理数据资源的问题 ………………………… 173
6.2 数据库管理系统的主要功能以及关系型数据库管理系统如此强大的原因 ………………… 176
6.3 从数据库获取信息的主要工具和技术 …………………………… 186
6.4 保障数据治理和数据质量对管理企业的数据资源至关重要的原因 … 194
6.5 MIS 如何有助于我的职业发展 …… 195
本章小结 …………………………………… 197
关键术语 …………………………………… 198
复习题 ……………………………………… 198
讨论题 ……………………………………… 199
MIS 实践项目 ……………………………… 199
协同与团队合作项目 ……………………… 200
案例研究 大数据是否能提供答案 …… 200
参考资料 …………………………………… 202

### 第 7 章 通信、互联网和无线技术 …… 203

开篇案例 NHL 凭借无线技术得分 …… 203

7.1 通信网络的主要组成部分和关键网络技术 …………………………… 205
7.2 网络的不同类型 ………………… 209
7.3 互联网和互联网技术及其支持沟通和电子商务的方式 …………… 212
7.4 无线网络、通信和互联网接入的主要技术和标准 ……………………… 227
7.5 MIS 如何有助于我的职业发展 …… 231
本章小结 …………………………………… 233
关键术语 …………………………………… 234
复习题 ……………………………………… 234
讨论题 ……………………………………… 235
MIS 实践项目 ……………………………… 235

协同与团队合作项目 ……………………… 236
案例研究 谷歌、苹果和 Facebook 的互联网体验之战 ………………… 236
参考资料 …………………………………… 239

### 第 8 章 信息系统安全 …………………… 240

开篇案例 电网成为网络战争的战场 …… 240

8.1 信息系统容易受到破坏、出错和被滥用的原因 ……………………… 242
8.2 安全与控制的商业价值 …………… 252
8.3 安全与控制的组织框架的组成要素 ………………………………… 254
8.4 保护信息资源最重要的工具和技术 ………………………………… 258
8.5 MIS 如何有助于我的职业发展 …… 268
本章小结 …………………………………… 269
关键术语 …………………………………… 270
复习题 ……………………………………… 270
讨论题 ……………………………………… 271
MIS 实践项目 ……………………………… 271
协同与团队合作项目 ……………………… 272
案例研究 Equifax 黑客事件是有史以来最糟糕的吗 …………………… 272
参考资料 …………………………………… 275

## 第 3 部分
## 数字化时代的关键系统应用

### 第 9 章 实现运营优化和客户亲密：企业应用 ……………………… 278

开篇案例 兰精集团持续平衡供给与需求 …………………………… 278

9.1 企业系统帮助企业实现卓越运营 …………………………………… 280

9.2 供应链管理系统有助于企业和供应商之间协调计划、生产和物流配送 ……………………… 283

9.3 客户关系管理系统帮助企业提升客户亲密度 …………………… 288

9.4 企业应用的挑战及其利用的新技术 ……………………………… 294

9.5 MIS 如何有助于我的职业发展 …… 298

本章小结 ………………………………… 300
关键术语 ………………………………… 300
复习题 …………………………………… 301
讨论题 …………………………………… 301
MIS 实践项目 …………………………… 301
协同与团队合作项目 …………………… 302
案例研究 新冠疫情中断全球供应链 … 302
参考资料 ………………………………… 304

## 第 10 章 电子商务：数字市场、数字产品 ……………………… 305

开篇案例 电子商务遇见仪表盘："第四屏"之战 …………………… 305

10.1 电子商务、数字市场和数字产品的特征 ………………………… 307

10.2 电子商务的商业模式和收益模式 …………………………… 315

10.3 电子商务改变市场营销 ………… 322

10.4 电子商务对 B2B 交易的影响 …… 328

10.5 移动商务在商务活动中的作用以及最重要的移动商务应用 …… 330

10.6 企业构建电子商务时需要考虑的问题 ……………………………… 333

10.7 MIS 如何有助于我的职业发展 … 334

本章小结 ………………………………… 336
关键术语 ………………………………… 337
复习题 …………………………………… 337
讨论题 …………………………………… 338
MIS 实践项目 …………………………… 338
协同与团队合作项目 …………………… 339
案例研究 商业问题解决案例：优步能成为万物的优步吗 …………… 339
参考资料 ………………………………… 341

## 第 11 章 管理知识和人工智能 ……… 343

开篇案例 人工智能打败放射科医生，在乳腺 X 线影像读片中胜出 … 343

11.1 知识管理系统在企业中的作用 … 345

11.2 AI 和机器学习及其在企业中的应用 ……………………………… 349

11.3 企业级知识管理系统的主要类型及其为企业创造价值的方式 … 363

11.4 知识工作系统的主要类型及其为企业创造价值的方式 …………… 365

11.5 MIS 如何有助于我的职业发展 … 367

本章小结 ………………………………… 368
关键术语 ………………………………… 369
复习题 …………………………………… 369
讨论题 …………………………………… 370
MIS 实践项目 …………………………… 370
协同与团队合作项目 …………………… 371
案例研究 自动驾驶汽车准备好上路了吗 …………………………… 371
参考资料 ………………………………… 374

## 第 12 章 增强决策能力 ……………… 375

开篇案例 大数据和物联网推动精准农业 ………………………… 375

12.1 决策的类型及决策过程的各个阶段 …………………………… 377

| | | |
|---|---|---|
| 12.2 | 信息系统对管理者活动和管理层决策的支持 ·················· 380 | |
| 12.3 | 商务智能和商业分析对决策的支持 ························· 383 | |
| 12.4 | 组织中不同决策群体对 BI 的使用 ························· 390 | |
| 12.5 | MIS 如何有助于我的职业发展 ···· 394 | |

本章小结 ······································· 396
关键术语 ······································· 396
复习题 ········································· 397
讨论题 ········································· 397
MIS 实践项目 ··································· 397
协同与团队合作项目 ····························· 398
案例研究　是否应当由算法给我们做决定 ································· 398
参考资料 ······································· 400

# 第 4 部分
# 建设和管理系统

## 第 13 章　建设信息系统 ·············· 404

开篇案例　万喜能源建立新的员工时间表移动 app ··················· 404

| 13.1 | 新系统的建设引发组织变革 ······ 406 |
|---|---|
| 13.2 | 信息系统开发过程中的核心活动 ····························· 411 |
| 13.3 | 信息系统建模和设计的主要方法 ····························· 416 |
| 13.4 | 建设信息系统的方法 ············ 419 |
| 13.5 | 数字企业时代信息系统建设的新方法 ························· 423 |
| 13.6 | MIS 如何有助于我的职业发展 ···· 427 |

本章小结 ······································· 429
关键术语 ······································· 430

复习题 ········································· 430
讨论题 ········································· 431
MIS 实践项目 ··································· 431
协同与团队合作项目 ····························· 432
案例研究　德事隆将 ERP 迁移到云端 ··································· 432
参考资料 ······································· 434

## 第 14 章　为信息系统和管理项目制定商业案例 ·················· 436

开篇案例　BDO 加拿大公司选择新项目管理软件 ··············· 436

| 14.1 | 管理者为获取和开发新的信息系统建立商业案例的要点 ········ 438 |
|---|---|
| 14.2 | 项目管理的目标及其在信息系统开发过程中的重要性 ········ 444 |
| 14.3 | 信息系统项目的主要风险 ········ 445 |
| 14.4 | 控制风险因素 ·················· 448 |
| 14.5 | MIS 如何有助于我的职业发展 ···· 455 |

本章小结 ······································· 456
关键术语 ······································· 457
复习题 ········································· 457
讨论题 ········································· 458
MIS 实践项目 ··································· 458
协同与团队合作项目 ····························· 459
案例研究　宾夕法尼亚州的失业补偿现代化系统：未竟之事 ········ 459
参考资料 ······································· 461

## 第 15 章　管理全球系统 ·············· 463

开篇案例　新系统助力礼来公司实现全球化标准化 ··············· 463

| 15.1 | 推动业务全球化的主要因素 ······ 465 |
|---|---|
| 15.2 | 发展全球业务的可选战略 ········ 470 |

15.3 全球信息系统和管理解决方案面临的挑战 ················ 472
15.4 开发全球信息系统时需要考虑的问题和技术选择 ············ 476
15.5 MIS 如何有助于我的职业发展 ····· 480
本章小结 ················································ 481
关键术语 ················································ 481
复习题 ·················································· 482
讨论题 ·················································· 482
MIS 实践项目 ············································ 482
协同与团队合作项目 ······································ 483
案例研究　中国的电子商务：机遇和挑战 ···················· 483
参考资料 ················································ 485

# 第 1 部分

# 组织、管理和网络化企业

- 第 1 章　当今全球商业中的信息系统
- 第 2 章　全球电子商务与合作
- 第 3 章　信息系统、组织与战略
- 第 4 章　信息系统中的商业伦理和社会问题

第 1 部分介绍了本书的主题，提出了一系列重要的问题：什么是信息系统？什么是信息系统的管理、组织和技术维度？为什么在当今商业中信息系统如此重要？为什么系统对合作和社会化商务如此重要？信息系统是如何帮助企业获得更大的竞争优势的？广泛使用信息系统会带来哪些商业伦理和社会问题？

# 第1章

# 当今全球商业中的信息系统

## 学习目标

通过阅读本章,你将能回答:

1. 信息系统是如何改变商业的?为什么信息系统在当今企业运营和管理中如此重要?
2. 什么是信息系统?信息系统是如何起作用的?什么是信息系统的管理、组织和技术要素?在确保信息系统为组织提供真正价值的过程中,为什么互补性资产如此重要?
3. 学习信息系统需要用到哪些学科知识?每个学科是如何影响我们对信息系统的理解的?
4. MIS 如何有助于我的职业发展?

## 开篇案例

### 智能商店重塑零售空间

虽然网上购物已有风起云涌之势,但零售商店并未消逝。一些传统零售商正在做出回击,利用信息技术提供吸引消费者进入实体店或改善店内体验的新方法——即使面临保持社交距离的新要求。

法国数字看板公司 Acrelec 正在开创一种新的技术,以帮助零售商管理网上下单消费者的门店路边取货服务。消费者可以在零售商开发的智能手机 app 上进行操作,显示自己正在前来取货,而 Acrelec 的系统会估算消费者抵达特定门店的时间。物体识别摄像头会确定消费者汽车抵达的确切时间与停车位置。Acrelec 对大型零售商、杂货商店和家居装饰商店来说尤其有用。

货架已不再仅仅是储存和展示商品的一个平面。智能货架新系统使用接近度传感器、3D 摄像头、麦克风、RFID 读取器和重量传感器,可支持实体店中的消费者与他们面前的货架进行互动。这些系统可打造高度个性化的购物体验,从根本上改善消费者在实体店内移动的方式。

百事、沃尔玛和艾伯森（Albertsons）等品牌和零售商开始使用 AWM 智能货架，在实体零售环境中复制网络购物的体验。借助超广角低照度高清摄像头，部署智能货架的零售商能够实时查看和跟踪他们的产品。该解决方案突出显示需要补货的特定货架，可提高运营效率，并且能够向消费者进行实时的架上营销。当零售商将智能货架与其移动 app 关联起来后，他们就可帮助消费者通过自己的智能手机和平板电脑自行查找产品所在的位置。

AWM Frictionless 是一款无人结账（walk-in，walk-out，WIWO）解决方案，支持消费者像往常一样购物，然后在离开商店时即自动完成结账。该系统使用数字货架及物体识别摄像头跟踪消费者带离了哪些商品。消费者进入商店时，需携带移动设备并完成人脸识别扫描，这样，当消费者购物离开并通过电子邮件或短信收到收据后，系统就能向消费者的数字账户记账收费。

2020 年 3 月，AWM 在加利福尼亚州圣塔安那市开了一家名为 QuickEats 的低接触无收银小超市，这家小超市位于由 Greenwood & Mckenzie 公司所有的豪华公寓社区。QuickEats 使用了 AWM Frictionless 解决方案，主要销售苏打水、矿泉水、果汁饮料、三明治、奶酪盘、水果和家庭清洁用品等随时取用的产品。

AWM 智能货架能够根据消费者拿取的商品，实现消费者店内体验的个性化。如果消费者实际上并未购买这些商品，例如，拿起一盒曲奇饼干又放回去，则在消费者下次经过该商品时，零售商可通过系统让商品下方的货架显示折扣。库蒂斯·范·霍恩是该店的联合创始人，他认为，智能货架能够给实体店提供与网络购物同样水平的定制和个性化服务。

AWM 公司还提供了一个匿名化的消费者行为跟踪程序，该程序通过数字看板将消费者引导至商店的其他部分，从而实现商品的销售。AWM 公司的解决方案可在各种大小和形式的商店实施，从微型商场到便利店，再到更大规格的零售商，均有适用性。技术正在重新定义货架在零售营销中的作用。

资料来源：Jared Council, "Retailers Hope In-Store Tech Will Keep Shoppers in Stores," *Wall Street Journal*, January 15, 2020; "Micromarket in Santa Ana's Nineteen01 Community," *Businesswire,* March 24, 2020; www.smartshelf.com, accessed April 29, 2020.

这里描述的企业和技术显示了当今信息系统的重要性。如今，随着越来越多的消费者被网上购物和互联网所吸引，零售商店正在努力保持活力以及和消费者的联结。一种解决方案是使用领先的创新信息技术，提供吸引消费者进入实体店的新方法，使店内购物体验更高效、安全、愉快。利用移动工具和物体识别技术，驱动这些重新构想的零售业务的信息流变得更加数字化。

图 1-1 引出了一些主要观点。为了更有效地与在线零售商竞争并利用新技术解决方案，实体零售店正在使用基于物体识别技术、传感器和智能手机的创新系统。使用领先的数字技术驱动业务运营和管理决策是一个重要的话题，将在整本书中对此进行讨论。

同样需要注意的是，信息技术的使用已经改变了 Acrelec 和 AWM 的企业运营方式。为了有效地使用所有新的数字化工具，这些企业必须重新设计工作和程序，来收集、输入和访问信息。必须仔细规划，以确保它们提高了效益、服务和利润。

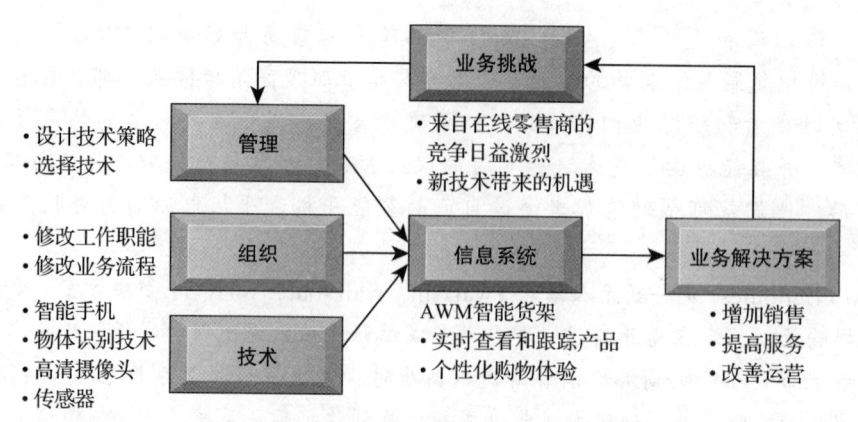

图 1-1　信息系统改变零售业务并改善客户体验

> 请思考：Acrelec 和 AWM 的系统将如何改变零售业务？它们如何改善客户体验？

## 1.1　信息系统改变商业的方法及其在当今企业运营和管理中的重要性

当前在美国和全球其他地区，企业已经和以往大不相同。2019 年，全球在信息技术（IT）和信息技术服务方面的支出接近 3.8 万亿美元（Gartner，2019）。此外，企业在管理咨询和服务上又花费了 1 600 亿美元，其中大部分涉及重新设计企业的业务运营模式，以利用这些新技术（Statista，2020）。实际上，信息技术投资的商业价值绝大部分来自企业内组织、管理和文化方面的变化（Saunders and Brynjolfsson，2016）。图 1-2 显示出 1998—2019 年，美国信息技术领域的资本投资占美国资本支出总额的 40% 以上，包括信息技术设备、软件和研发。

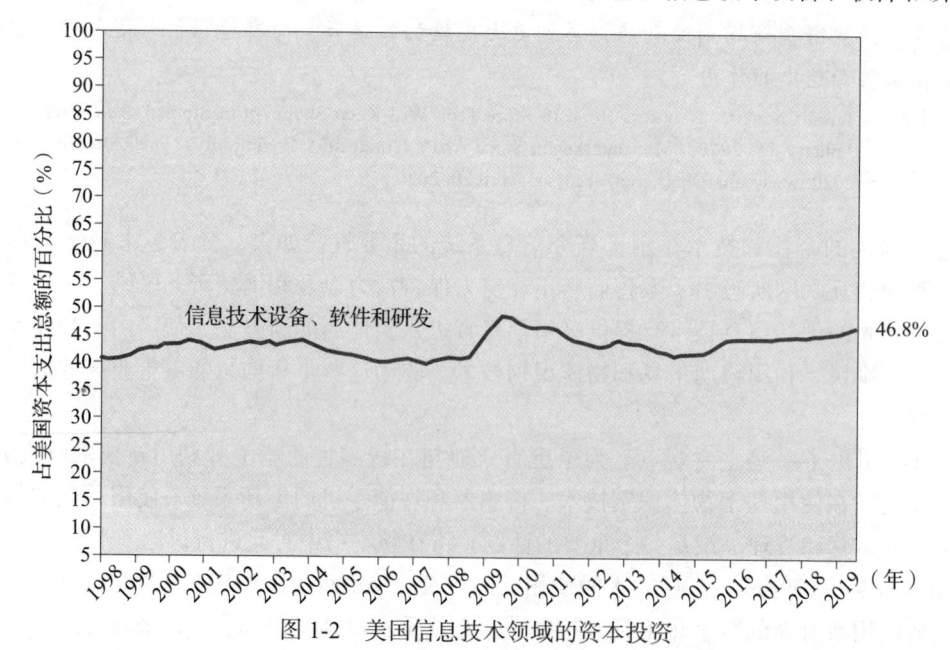

图 1-2　美国信息技术领域的资本投资

注：信息技术投资包括对信息技术设备、软件和研发的投资，1998—2019 年，美国信息技术领域的资本投资占美国资本支出总额（按名义 GDP 计算）的 40% 以上。
资料来源：美国经济分析局。

作为一名管理者，你们中的大多数将在那些大量使用信息系统且大量投资于信息技术的企业中工作。你一定希望知道如何明智地投资于信息技术吧？如果你能做出明智的选择，你的企业将可能超越竞争对手；如果你做出了错误的选择，你的企业将会浪费大量资金。本书致力于帮助你在信息技术和信息系统投资上做出明智的决策。

## 1.1.1 管理信息系统的新变化

管理信息系统的新变化太多了。事实上，现在的世界是利用新技术来管理和组织业务运营的全新的世界。技术、管理和业务流程的不断变化使得 MIS 领域成为当今商学院研究中最激动人心的领域。这里主要讲述 5 个方面的重要变化。

**信息技术创新**。信息技术的持续创新正在改变传统的商业世界。相关的案例包括云计算的普及、基于智能手机和平板电脑、大数据和物联网、商业分析、机器学习系统的移动数字业务平台的发展以及管理者利用社交网络来达到企业目标。这些变化大部分发生在过去的几年间。这些创新使企业家和创新的传统企业创造出了新的产品和服务，开发出了新的模式，改变了企业的日常行为。在这个过程中，当新的业务出现时，旧的业务甚至行业会被颠覆。

**新的商业模式**。像 Netflix、苹果的 TV Channels、亚马逊等流媒体网络视频服务，彻底颠覆了付费视频的发布甚至创造的方式。2020 年，Netflix 在全世界范围内吸引了 167 亿用户，这被称为"网络电视革命"。Netflix 在 2019 年进入付费电视节目创作领域时，拥有 100 个原创性节目，如《美国囧案》《致命信条》《王冠》《大学同学》《老无所依》等，这些节目对传统有线电视节目的制作者提出了挑战，不知不觉中摧毁了有线电视网络在电视节目生产领域的统治地位。苹果公司已经与好莱坞主要电影公司就最近几年的电影和电视节目达成了协议。越来越多的观众不再使用有线电视，只使用互联网来娱乐。

**电子商务扩张**。2019 年全球电子商务销售额接近 3.6 万亿美元（Lipsman, 2019）。电子商务正在改变企业设计、生产、运输商品和服务的方式。电子商务本身也在不断发展中，它打破了传统的市场营销和广告行业的传播方式，使主流媒体和内容生产企业陷入危险的困境。Facebook 和其他一些社交网站，如 YouTube、Twitter、Tumblr、Netflix、苹果音乐，以及许多其他的媒体公司，极大地扩大了 21 世纪电子商务的范畴。它们出售的是服务。当谈及电子商务时，我们一般会想到出售有形商品。这种对电子商务的理解依然非常普遍，也是美国增长最快的零售形式，与之并驾齐驱的是基于销售服务而非产品的全新的价值流。这是电子商务的一种服务模式。移动平台的强劲增长推动了社会商务的发展：98% 的 Facebook 用户通过移动电话和平板电脑获得服务。信息系统和技术是这场基于服务的新的电子商务革命的基础。移动零售电子商务在 2020 年接近 3 000 亿美元（并且每年增长超过 20%）(Meola, 2019)。

**管理变革**。商业企业的管理已经发生变化：有了新的移动智能手机、高速无线 Wi-Fi 网络以及平板电脑，差旅中的销售人员只需几秒钟就能解决经理提出的问题。管理变成了移动的，差旅中的管理人员能够直接、持续地与员工保持沟通。具有大量数据的企业级信息系统的建立意味着管理人员将不会在混乱的迷雾中工作，而是可以在线实时地获取他们做出准确、及时的决策所需要的重要信息。此外，公开使用的网络、微信、微博等已经成为企业沟通、合作和信息分享的重要工具。

**企业和组织变革**。与上个世纪的企业组织相比，21世纪快速成长的商业企业不再强调组织的层级和结构，而更强调员工的多角色、多任务和团队合作。企业更关注员工的能力和技能，而不是职位，强调基于数据与分析进行更快、更准确的决策。企业对技术变革、消费者态度和文化更加敏感，企业利用社交媒体与消费者对话，显示它们非常愿意倾听消费者的心声，因为从某种程度上来说它们别无选择。它们对利用信息技术创造和管理企业以及其他组织的重要性有了更加深入的理解，从某种意义上来说，具有这些特质的商业组织和企业就是21世纪的数字化企业。

在"互动讨论：组织"部分，你可以看到其中的一些趋势，这部分研究了对工作和管理的影响，因为许多企业在2020年新冠疫情期间安排员工居家办公。

⊙ **互动讨论：组织**

### 新冠疫情是否会将居家办公变为常态

随着新冠病毒继续肆虐全球，大企业和小企业都开始改变其工作的方式，关闭办公室而要求大部分或所有员工居家远程工作。

- 新冠疫情期间，ClearRisk公司让自己的全部员工居家工作，提供索赔、车队、事故和保险单证管理的集成化云软件解决方案。
- 包括Reed Smith、Baker McKenzie和Nixon Peabody在内的很多大型律师事务所都在新冠疫情期间关闭办公室，要求员工居家办公。这些律师事务所强调，虽然它们关闭办公室、实施远程工作模式，但它们可以继续服务客户。
- OpenText是一家加拿大企业信息管理产品提供商，它计划削减全球120个办公室中的一半以上，在其1.5万名员工队伍中，有2 000人将永久性居家办公。
- 2020年5月中旬，Twitter通知员工，他们中的大多数人可以无限期居家办公。

依据麻省理工学院的一份报告，有34%之前通勤上下班的美国人称他们在2020年4月第一周时已因新冠疫情暴发而居家办公。新冠疫情之前，常规性居家办公的人口百分比保持在一位数，仅大约4%的美国劳动力人口至少有一半时间居家办公。但由于远程工作信息技术的进步和企业工作文化的变化，居家办公的趋势一直在缓慢增长。新冠疫情可能标志着一个转折点。

很多在新冠疫情期间首次开始居家办公的人很可能会在之后继续这么做。有关保持社交距离的健康新指南将要求一些工作场所进行扩大，以容纳所有员工；或者让较大比例的员工永久性居家办公。

驱动这些变化的信息技术包括宽带高速互联网连接、笔记本电脑、平板电脑、智能手机、电子邮件、消息收发和视频会议工具。随着企业将其工作从面对面模式切换到远程模式，视频会议成为会议的新常态。人们尝试在这一平台上进行畅谈，分享关键信息，生成新的想法，达成共识，以及快速做出决定。

虽然相比于面对面互动而言不甚理想，但视频会议正变得越来越强大、越来越便捷。目前已有很多的选择，包括Skype、Skype for Business、Zoom、Microsoft Teams、Amazon Chime、BlueJeans、Cisco WebEx、GoToMeetings和Google Meet。还有些商务人士使用个人通讯中的工具，如FaceTime和Facebook Messenger（FaceTime可以支持多达32人的小组视频聊天)。

还有更多针对企业使用的视频会议软件，如 WebEx 和 BlueJeans。微软的 Skype 和 Zoom 等其他软件更偏向消费者，也更易于设置，有适合小型企业的免费版或低价版软件。Skype 支持视频聊天、电话和即时通信功能，在单次视频电话中最多可以容纳 50 人。Skype 支持电话录音、保存，以防有人错过会议。Skype 还能在移动设备上提供文件分享、来电显示、语音邮件、独立会话分屏模式和屏幕共享功能。

参与单次 Zoom 视频电话的用户可达 1 000 人，而屏幕上一次性可出现 49 个视频。Zoom 还提供同步屏幕共享和共同注释等协作工具，也支持录制会议和文字记录生成。用户可以调整会议时间，选择多个主持人，并在关闭麦克风和摄像头的情况下通过聊天沟通。

远程工作有明显的好处：降低营运费用，使时间表更为灵活，减少员工通勤时间，降低员工流失率，以及提高生产率（很多企业报告称，新冠疫情期间员工居家办公时生产率并未受到影响）。Global Workplace Analytics 的数据显示，对于一家典型的企业，每名一半时间远程工作的员工一年可节约 11 000 美元左右。

远程工作模式也带来了挑战。并非所有员工均能在家连上互联网，且很多行业的很多工作需要现场进行。约有 85% 的美国成年人在家里有高速宽带互联网服务。但依据皮尤研究中心的一项研究，少数族裔、老年人、农村居民和教育水平较低以及收入水平较低的人群在家中有宽带服务的可能性要更低。此外，1/5 的美国成年人仅通过智能手机访问互联网。孩子年龄较小或居所较小的员工发现居家办公更为困难。

全职员工有远程工作选项的概率是兼职员工的 4 倍。根据 Global Workplace Analytics 的数据，一名典型远程工作者的特征为：接受过大学教育，至少 45 岁，年收入为 5.8 万美元，在员工人数超过 100 人的企业里工作。

虽然电子邮件和短信非常有用，但相比面对面会话的信息交流和人际联结，它们并非有效的沟通工具。远程工作还会抑制人们彼此面对面互动时会产生的创造力与创新思维，视频会议仅是一个不完全的解决方案。研究已发现，在同一房间内一起工作的人们往往要比远程协助者更快地解决问题，而且，当成员远程工作时，团队凝聚力也会受到不利影响。

资料来源：Lindsey Jacobson, "As Coronavirus Forces Millions to Work Remotely, the US Economy May Have Reached a 'Tipping Point' in Favor of Working from Home," CNBC, March 23, 2020; Rita Zeidner, "Coronavirus Makes Work from Home the New Normal," *All Things Work*, March 21, 2020; Dana Mattioli and Konrad Putzier, "The End of the Office," *Wall Street Journal*, May 16-17, 2020; Cate Pye, "Coronavirus: What Does the 'New Normal' Mean for How We Work?" *Computer Weekly*, April 3, 2020; Josh Lowy, "Overcoming Remote Work Challenges," *MIT Sloan Management Review*, April 9, 2020; Derek Thompson, "The Coronavirus Is Creating a Huge, Stressful Experiment in Working from Home," *The Atlantic*, March 13, 2020; Kevin Roose, "Sorry, but Working from Home Is Overrated," *New York Times*, March 10, 2020; Rani Molla, "This Is the End of the Office as We Know It," *Vox*, April 14, 2020.

**案例分析题：**

1. 本案例描述的是什么问题？这个问题引起的管理、组织和技术问题是什么？
2. 描述用于提供此问题的解决方案的信息技术。这是一个成功的解决方案吗？为什么？
3. 居家办公会成为未来的主要工作方式吗？为什么？

## 1.1.2　全球化挑战和机遇：世界是平的

在公元 1 500 年之前，虽然有活跃的区域贸易市场，但并没有真正连接地球上所有大陆的全球经济贸易体系。16 世纪以后，基于航海和船舶技术的进步，全球贸易体系开始出现。在这些发展之后随之而来的世界贸易使世界各国人民和文化更加紧密地联系在一起。工业革命实际上是一种世界性的现象，它的动力来自国与国之间贸易的扩大，使各国在商业中既是竞争对手又是合作伙伴。随着全球贸易的扩大，互联网极大地加剧了各国之间的竞争紧张局势，并加强了贸易带来的好处，同时也造成了劳动力市场的严重混乱。

2005 年，托马斯·弗里德曼（Thomas Friedman）写了一本很有影响力的书，他声称现在的世界是"平的"，他认为互联网和全球通信的发展，大大降低了发达国家经济和文化方面的优势。弗里德曼指出，美国和欧洲国家的人民为了维持经济水平，不得不与来自低收入地区的受过高等教育和积极上进的人竞争工作岗位、市场、资源甚至想法（Friedman，2007）。这种"全球化"对商业企业来说，既是机会又是挑战。

美国和欧亚一些发达工业国家的经济增长越来越依赖于其进出口贸易。2019 年，世界经济约 30% 来自货物和服务贸易。在《财富》世界 500 强企业中，美国有一半的企业近 50% 的收入来自海外业务。例如，2019 年英特尔超过 50% 的收入来自其微处理器的海外销售。

不仅产品跨国流动，工作岗位也在流动，其中包括要求高学历、高工资的岗位。自 2000 年以来，美国已经失去了大约 500 万个制造业工作岗位，流向了海外低工资的生产商，因此制造业现在只占美国就业的一小部分（不到 9%）。在正常情况下，美国每年约有 30 万个服务业工作岗位转移到工资较低的国家，其中许多是技术含量较低的信息系统岗位，但也有建筑、金融服务、客户呼叫中心、咨询、工程甚至放射学等可交易的服务工作岗位。

积极的一面是，美国经济在 2018 年创造了 260 万个新就业岗位。信息系统和其他服务性职业的就业在数量、工资、生产率和工作质量方面都迅速扩大。外包通过降低建造和维护新系统的成本，实际上加速了美国和世界范围内新系统的发展。2019 年，信息系统和技术领域的职位空缺远远超过了申请人数。

作为一名商科学生，你面临的挑战在于如何通过接受教育和在岗实习去学习那些无法被外包的高水平技能。你的企业所面临的挑战是如何避开可离岸外包生产的廉价产品和服务的市场。机遇同样是巨大的。在本书中，你会发现许多企业和个人使用信息系统努力去适应新的全球化环境，有的成功了，有的失败了。

在全球化的背景下，MIS 可以做什么？答案很简单：可以做每一件事情。互联网与全球通信系统融合，极大地降低了在全球范围内的运营和交易成本。如今，中国上海的一个工厂车间和在美国南达科他州拉皮德城分销中心之间的沟通是实时且几乎是免费的。客户现在可以一天 24h 在全球市场内采购，获得可靠的价格和质量信息。企业通过在其他国家寻找低成本的供应商和管理生产设备，实现在全球范围内生产产品和提供服务，极大地降低了成本。互联网服务企业，如 eBay，可以在多个国家复制自己的商业模式和服务，而不必重新设计昂贵的信息系统基础设施。简而言之，信息系统驱动了全球化。

## 1.1.3 新兴的数字化企业

前面描述的所有变化，再加上同等重要的组织再设计，为全数字化企业创造了所需的条件。我们可以按不同的维度来定义数字化企业。**数字化企业**（digital firm）是指那些和客户、供应商和员工的重要商业关系几乎完全可以借助数字化实现的组织。数字化企业通过数字网络管理整个组织或连接多个企业的数字网络完成核心业务流程。

**业务流程**（business process）是指在逻辑上相关的按时间顺序执行一系列任务和行动的集合，以产生明确的业务结果以及组织与协调业务活动的特定方式。开发新产品、获取并完成订单、创建营销计划、聘用员工等都属于业务流程，企业完成业务流程的方式是企业竞争优势的来源（第2章将详细讨论业务流程）。

**关键企业资产**（知识产权、核心能力、财务和人力资源）可以通过数字化方法进行管理。在数字化企业中，支持企业重要决策所需的任何信息可以随时随地获得。

数字化企业对其环境的感知和响应远比传统企业更迅速，这使它们更加敏捷，也利于它们在商业动荡时期存活。数字化企业为创建灵活的全球化组织和管理提供了特殊的机会。在数字化企业中，时间转移和空间移动是司空见惯的。**时间转移**是指业务可以连续开展，每周7天，每天24h，而不是狭义的"工作日"时段，即每天上午9点到下午5点。**空间移动**意味着在全球任一办公场所开展工作（当然在国内各地也是一样的概念），工作被安排在全世界最适合的地方完成。

许多企业，如思科、3M和通用电气，已快要成为完全的数字化企业，它们利用互联网驱动业务的方方面面。其他大多数企业虽然还不是完全的数字化企业，但它们正处于与供应商、客户和员工的紧密数字化集成进程中。

## 1.1.4 信息系统的战略业务目标

为什么今天信息系统如此重要？为什么企业在信息系统和技术上的投入如此多？美国有超过2 500万名业务和财务经理、3 600万专业工人依赖信息系统开展工作。在美国和大多数发达国家，信息系统是开展日常业务以及实现战略业务目标的关键。

如果没有持续地大量投资于信息系统建设，整个经济将不可想象。电子商务企业，如亚马逊、eBay和E*Trade将根本不会存在。今天的服务行业（如金融、保险、房地产），以及个人服务业（如旅游、医药、教育），没有信息系统就无法运作。同样，零售企业（如沃尔玛、西尔斯）以及制造企业（如通用汽车和通用电气）都需要信息系统以保证其生存和发展。正如办公室、电话、文件柜、有电梯的高层建筑曾经是20世纪的商业基础一样，信息系统是21世纪的商业基础。

企业应用信息技术的能力与其执行企业战略并实现企业目标的能力之间的关联越来越紧密（见图1-3）。信息系统能做什么往往决定了企业在未来5年所能做的事情，增加市场份额、成为提供高质量或低成本产品的生产商、开发新产品和提高员工生产效率等，越来越取决于组织信息系统的能力。你对这样的关系理解越深，你作为管理者的价值就越大。

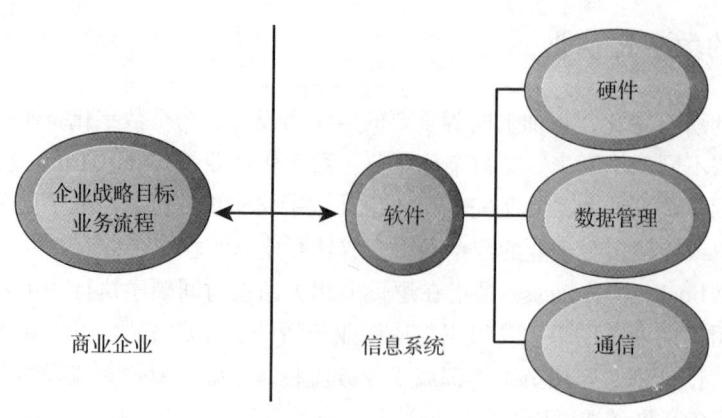

图 1-3　组织和信息系统相互依存

注：在当今的组织体系里，企业信息系统和企业能力的相互依存度日益增长。战略、制度和业务流程的变化越来越依赖于硬件、软件、数据库和通信的改变。通常，企业想做什么将取决于其信息系统允许它做什么。

具体来说，商业企业对信息系统的大量投资主要用于实现以下 6 个战略业务目标：卓越运营，新产品、新服务和新商业模式，与客户和供应商建立密切的关系，决策优化，获得竞争优势，永续经营。

### 1. 卓越运营

企业持续寻求改进其运营效率以获取更高的利润。信息系统和技术是管理者可利用的最重要的工具之一，可以帮助企业实现更高的运营效率和生产效率，特别是在当业务实践和管理行为发生变化时，效果更显著。

全球最大的零售商沃尔玛是将信息系统的能力与卓越的运营实践和辅助管理完美结合实现世界一流运营效率的典范。在 2019 财年，沃尔玛的销售额达到 5 240 亿美元，占全美零售销售额的近 1/10，这很大程度上得益于其零售链管理系统，该系统将供应商与每一家沃尔玛的零售商店实现了数字化链接。只要客户购买了某一商品，供应商就能立刻监测到，从而准确地安排补货。沃尔玛也是全行业最高效的零售商。

### 2. 新产品、新服务和新商业模式

信息系统和技术是企业创造新产品、新服务以及全新的商业模式的主要驱动工具。**商业模式**（business model）是描述企业如何通过生产、交付和销售产品或服务来创造财富的。

当前音乐产业已与 10 年前大不相同。苹果公司把基于唱片、磁带和 CD 载体的传统音乐销售模式转变为基于自有的 iPod 技术平台的合法在线分销模式。苹果公司从包括 iTunes 音乐服务、iPad 和 iPhone 在内的一系列持续不断的创新中获得成功。

### 3. 与客户和供应商建立密切的关系

当企业真正了解并能很好地服务于客户时，客户常会成为回头客，从而购买更多的产品，进而提高企业的收入和利润。同样对供应商来说，企业与供应商的关系越紧密，供应商就能越好地向企业提供重要的服务，从而降低企业成本。如何真正地了解客户或供应商，对拥有几百万线下或在线客户的企业来说是个关键问题。

曼哈顿的文华东方等高档酒店的案例说明，信息系统和技术的使用能让企业与客户建立

密切的关系。这些酒店用计算机记录客户的个人偏好（如他们喜欢的室内温度、入住时间、常拨打的电话号码和常观看的电视频道等），并将这些数据存入大型数据库。为便于远程监控，酒店内每个房间的网络都与酒店的中心网络服务器相连。当客户到达酒店时，酒店系统会根据客户留下的数据资料，自动调整房间内的环境，如调暗光线、设置室内温度或选择合适的音乐等。此外，这些酒店对客户数据进行分析，从中识别出最佳客户，并根据客户偏好开发出个性化的营销活动。

彭尼（J.C. Penney）百货公司的案例说明了信息系统使企业与供应商的关系更加密切所带来的好处。每当美国彭尼百货公司卖出一件衬衫后，该销售记录会立即出现在其供应商——中国香港的 TAL 制衣有限公司（TAL Apparel）的信息系统中。TAL 公司是一家成衣代工生产商，全美衬衫销售量的 1/8 由该企业生产。TAL 公司自己开发了一个计算机分析处理系统，通过该系统分析各种数据，并决定要生产多少件衬衫及其款式、颜色和尺码等。TAL 公司生产出这些衬衫以后，就直接将其配送到每家彭尼百货商店，而不需要送到该零售商的仓库。换言之，彭尼公司的衬衫库存几乎为零，库存成本也就接近于零。

### 4. 决策优化

很多企业管理者至今仍在信息不透明的环境下工作，几乎无法在正确的时间获得正确的信息以进行决策，反而依赖预测、猜测和运气来做决策，其结果是企业产品和服务要么过剩，要么不足，企业资源分配不合理，响应时间滞后。这些糟糕的结果导致了企业生产成本的上升和客户的流失。10 多年来，信息系统和技术的发展已使得管理者利用来自市场的实时数据进行决策成为可能。

例如，威瑞森电信（Verizon）公司是美国最大的通信企业之一，基于网络的数字仪表盘给管理者提供关于客户投诉、每个服务区的网络质量、线路停电或暴雨损坏的线路等实时信息。一旦有了这些信息，管理者就能马上做出决策，给受影响的地区分配维修资源，告知用户维修事宜，并迅速恢复服务。

### 5. 获得竞争优势

企业目标包括卓越运营等多个目标，当企业实现其中一个或多个目标时，也就有可能获得竞争优势。当企业在上述几个方面比竞争对手做得更好、产品质优价廉、能实时响应客户和供应商的需求时，这些综合起来将会给企业创造竞争对手难以匹敌的高销售额和高利润。本章后面将提到的苹果公司、沃尔玛和 UPS 等之所以成为行业翘楚，是因为它们知道如何利用信息系统实现业务目标。

### 6. 永续经营

商业企业会投资一些企业运营所必需的信息系统和技术，有时这些"必需的"信息系统和技术驱动了行业变革。例如，1977 年花旗银行在纽约推出了第一台自动取款机（automated teller machine，ATM），以此吸引客户并为客户提供更便捷的服务。竞争对手紧随其后，也迅速地为客户提供了 ATM 服务，以便和花旗银行抗衡。如今，几乎美国的所有银行都提供了本地的 ATM 服务，并且和国内外 ATM 网络相连，如 Cirrus 网络。现在，银行为零售客户提供 ATM 服务，已经是银行零售业务生存的一种必备要求。

许多联邦和州的法规和规章规定，要求企业及其员工保存记录，包括数字记录。例如，《有毒物质控制法案》(Toxic Substances Control Act，1976)规定，当工人接触 75 000 多种有毒化学物质中的任何一种时，要求企业保存该员工接触记录 30 年。旨在加强上市公司及其审计师责任的《萨班斯－奥克斯利法案》(2002)，要求会计师事务所审计上市公司后必须保存审计工作报告和记录 5 年，包括所有的电子邮件等。其他诸如在医疗保健、金融服务、教育和保护隐私等方面，许多联邦政府和各州均有相应的法律法规，要求美国企业必须保存和记录相关的重大信息。因此，企业需要利用信息系统和技术开发相应的能力以满足这些要求。

## 1.2 信息系统的定义、维度、企业视角，以及确保信息系统为企业提供真正价值的互补性资产的重要性

在此之前，我们已经非正式地使用了"信息技术"和"信息系统"等词，但还没有给出它们的定义。**信息技术**（information technology，IT）是指企业用以实现业务目标所用到的硬件和软件，不仅包括计算机、存储设备和手持移动设备，还包括软件，如 Windows 或 Linux 操作系统、微软的桌面办公软件套装以及大公司常用的众多计算机程序。信息系统比较复杂，需要从技术和企业的视角进行理解。

### 1.2.1 信息系统

**信息系统**（information system）从技术视角被定义为由若干相互连接的部件组成，对组织中的信息进行收集（或检索）、处理、存储和发布的系统，用以支持组织制定决策和管理控制。除了决策支持、协调和控制外，信息系统还可以协助管理者和员工分析问题、可视化复杂对象和创造新的产品。

信息系统包含与组织内或组织所处环境中的重要人员、地点和事情相关的信息。**信息**（information）是指对人有意义和有用的数据。相对而言，**数据**（data）则是指发生于组织中或组织所处物理环境中事件的事实记录，数据需进一步加以组织，才能变成人们能理解和使用的形式。

举一个简单的例子来区分信息和数据。超市收银台扫描产品的条码得到了数百万条数据，汇总并分析这些数据就会得到有意义的信息。例如，在某家商店里销售的所有餐具洗涤剂的数量，在某家商店或销售区域哪个品牌的餐具洗涤剂销售最快，或在某家商店或销售区域的某种品牌餐具洗涤剂的销售总额（见图 1-4）等，都属于信息。

信息系统有三类活动，分别是输入、处理和输出（见图 1-5）。一个组织可以利用这些信息支持决策、控制运营活动、分析问题和创造新产品或服务。**输入**（input）是指获取或收集组织内外的原始数据。**处理**（processing）是指把原始输入数据转变为有意义的表达方式。**输出**（output）是指将处理后的信息传递给需要使用的人或活动。信息系统还需要有**反馈**（feedback），是指将信息输出返回给组织里合适的人员，以及帮助他们评估调整输入。

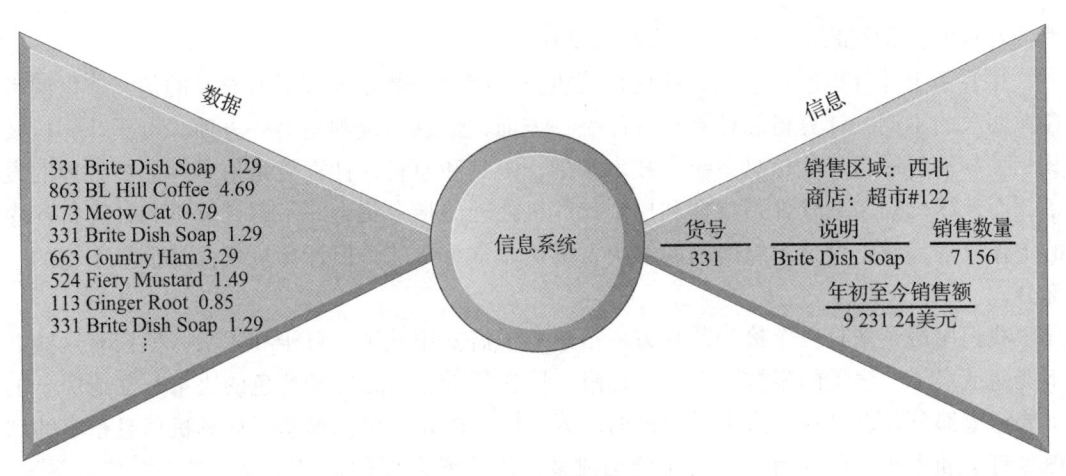

图 1-4　数据和信息

注：从超市收银台获得的原始数据能够被处理和整理成有意义的信息，如洗涤剂的销售数量或某家商店或销售区域洗涤剂的销售总额。

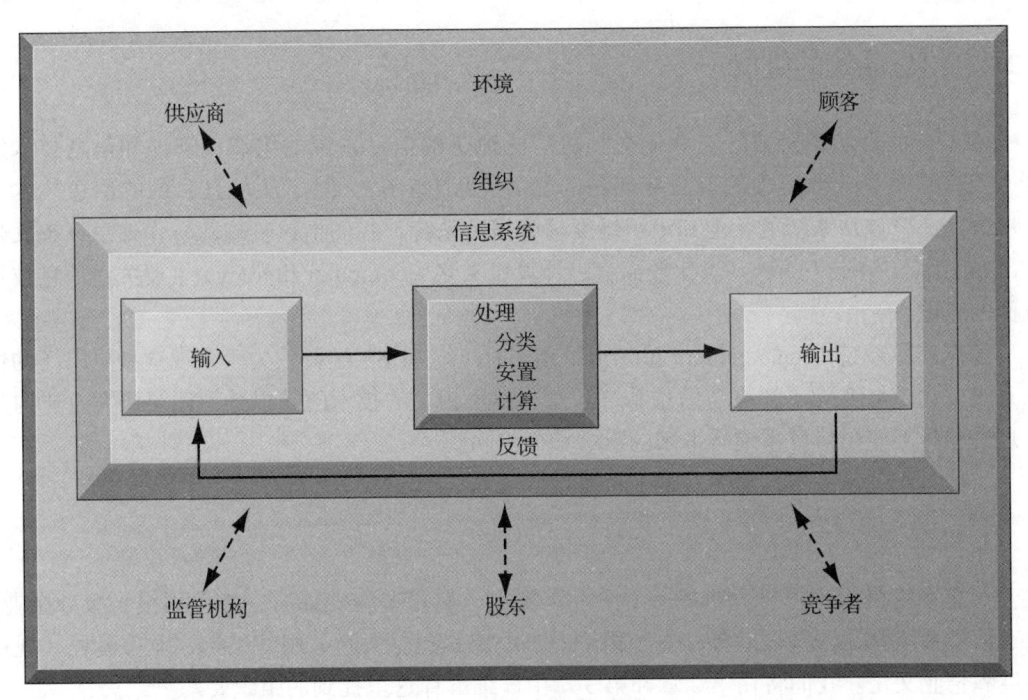

图 1-5　信息系统的功能

注：信息系统包含组织或组织所处环境的信息，通过 3 种基本活动——输入、处理和输出产生组织所需的信息。反馈是将信息输出返回给组织里合适的人员，帮助他们评估或调整输入。环境参与者，如客户、供应商、竞争者、股东和监管机构等，与组织及其信息系统之间相互影响。

在 AWM 智能货架系统中，输入包括扫描货架上的产品和商店货架识别码得到的数字结果，以及消费者选择购买的商品的扫描图像。计算机对这些数据进行存储和处理，以跟踪每个货架上的商品、每位消费者购买或查看的商品、消费者购买和感兴趣的商品的历史记录。然后，系统决定哪些货架上的哪些商品需要补货，以及应该向每位消费者推荐哪些商品。该系统提供有意义的信息，例如特定商店或特定商店货架上在特定日期销售的所有商品、特定消费者购买了哪些商品，以及哪些商品需要补货。

尽管基于计算机的信息系统使用计算机技术把原始数据处理成有意义的信息，但两者存在明显的不同：计算机和计算机程序是一方面，信息系统则是另一方面。电子计算机及其相关软件程序是现代信息系统的技术基础、工具和原料；计算机是信息存储和处理的设备，而计算机程序或软件是指挥和控制计算机处理的指令集合。了解计算机和计算机程序的工作原理，对于设计组织问题的解决方案是非常重要的，但计算机仅仅是信息系统的一部分。

我们用房子来打一个恰当的比方。搭建房子需要用铁锤、钉子和木头，但仅有这些并不能建造房子。房子的架构、设计、装修、景观等所有决定房子特色的决策是建造房子的重要组成部分，也是建造房子最关键的部分。计算机和程序犹如基于计算机信息系统的铁锤、钉子和木头，但仅有它们还不能构成某一组织所需要的信息系统。要理解信息系统，我们必须理解信息系统所要解决的问题，构成解决方案的体系结构、设计要素以及组织流程。

### 1.2.2 信息系统的维度

为了全面理解信息系统，我们必须更广泛地了解信息系统的组织、管理和信息技术维度，及其解决商业环境中的挑战和问题的能力（见图1-6）。除了从信息系统的信息技术维度以外，还应该从系统的管理和组织维度理解信息系统，我们把这种理解看作**信息系统文化**（information system literacy）。比较而言，**计算机文化**（computer literacy）主要关注信息技术方面的知识。

**管理信息系统**（management information system，MIS）学科致力于实现这种更广泛的信息系统文化。MIS除了解决与信息系统开发、使用相关的技术问题以外，还要研究企业内部管理者和员工使用信息系统所带来的影响和行为问题。

下面我们就来了解信息系统的3个维度。

**1. 组织**

信息系统是组织不可分割的一部分。事实上，对某些企业而言，如信用报告服务企业，没有信息系统就无法开展业务。一个组织的核心要素包括人员、组织结构、业务流程、规章制度和企业文化。我们将在第2章和第3章中详细解释这里提到的组织要素。

组织是有结构的，由不同的层级和专业任务组成，体现了清晰的劳动分工部门。商业企业中的权利和责任按层级或者金字塔结构组织。其中，上层由管理人员、专业人员和技术人员组成，下层由操作人员组成。

**高层管理**（senior management）不但要确保企业的财务绩效，而且要制定关于企业产品和服务的长期战略决策。**中层管理**（middle management）负责执行高层管理制定的项目和计划。**运营管理**（operational management）负责监控业务的日常活动。诸如工程师、科学家或架构师等**知识工作者**（knowledge worker）负责设计产品或服务，为企业创造新的知识；诸如秘书或文员等**数据工作者**（data worker）辅助完成所有层级的日程安排和沟通工作；**生产或服务工人**（production or service worker）则真正生产产品和提供服务（见图1-7）。

图 1-6　信息系统不仅是计算机

注：有效地使用信息系统需要理解构成系统的组织、管理和信息技术维度。信息系统为企业创造价值，为企业应对环境挑战提供组织和管理的解决方案。

图 1-7　企业中的管理层次

注：商业组织的管理层级结构包含 3 个基本层次：高层管理、中层管理和运营管理。信息系统服务于每个层级的工作。知识工作者通常与中层管理者一起工作。

企业不同的业务职能部门聘用和培训了很多专家。企业主要的**业务职能**（business function）由企业组织执行完成，包括销售和营销、制造和生产、财务和会计以及人力资源（见表 1-1）。第 2 章将详细描述这些业务职能，以及信息系统如何支持它们的工作。

表 1-1　主要业务职能

| 业务职能 | 目标 |
| --- | --- |
| 销售和营销 | 销售产品和服务 |
| 制造和生产 | 生产并交付产品和服务 |
| 财务和会计 | 管理财务资产，维护财务记录 |
| 人力资源 | 吸引、开发和维护组织的劳动力，维护员工记录 |

一个组织通过其管理层级和业务流程来协调工作，绝大多数组织的业务流程包括通过长期工作积累而形成的用于完成任务的一系列正式的规则，这些规则包含一系列各种各样的操作程序，用于指导员工处理各种任务，如从开发票到响应客户投诉。其中有一些业务流程被正式地记录下来，也有一些业务流程则是非正式的工作经验，如作为一项要求要给合作者或客户回电，这些就没有正式的文件。信息系统使得许多业务流程自动化，如客户如何授信、如何付款等业务流程，通常由一个信息系统来完成，并固化在一系列正式的业务流程中。

每个组织都有被其绝大多数员工所接受的独特的**文化**（culture），或者是该企业的假设基础、价值观和做事的方式。观察周围的大学或学院，你就能感受到组织文化在起作用。大学校园里最基本的假设是教授要比学生知道的多，这个假设是学生来读大学、按照规定的课程计划来上课的理由。

组织文化的一部分可以在信息系统中展现出来。例如，UPS 把客户服务放在第一位，这一点作为 UPS 企业文化的一部分可以在公司的包裹跟踪系统中体现出来（本章后面将描述该系统）。

一个组织中不同的层级和专业具有不同的利益与观点，这些不同的观点通常使公司在关于公司如何运作、如何配置资源和如何分配奖励等方面产生冲突。冲突是组织政治的基础。这些不同的观点、冲突、妥协和共识是所有组织天生的组成部分，信息系统就诞生于这些不同观点、冲突、妥协和共识交织而成的"大锅"中。第 3 章将详细解释组织的这些特性及其在信息系统开发中所带来的影响。

### 2. 管理

管理岗位的工作在于分析、理解组织所面临的各种情境，做出决策并制定解决问题的行动方案。管理者要洞察环境所带来的商业挑战，制定组织战略以应对这些挑战，分配人力和财务资源去协调工作，并争取获得成功。管理者从始至终必须行使负责任的领导力。本书所描述的企业信息系统反映了实际工作中管理者的希望、梦想和现实。

然而，管理者还必须比管理现有事务做更多的事情，他们也应该创造新产品和服务，甚至还要时不时地再造组织。管理的很大一部分责任在于由新知识和信息驱动的创造性工作。在帮助管理者设计、提供新产品和服务，对组织的再定位和再设计方面，信息技术可以发挥强有力的作用。第 12 章将详细探讨管理决策内容。

### 3. 信息技术

信息技术是管理者应对变化的众多工具之一。**计算机硬件**（computer hardware）是指在信息系统中进行输入、处理和输出的物理设备，包括各种尺寸和外形的计算机（包括移动手持终端）；各类输入、输出和存储设备以及连接计算机的通信设备。

**计算机软件**（computer software）是指在信息系统中控制和协调计算机硬件设备的一系列精细复杂的、预先编写的指令。第 5 章将详细介绍当前企业所应用的现代计算机软件和硬件平台。

**数据管理技术**（data management technology）是指管理存储在物理存储媒介里的数据组织的软件。更详细的有关数据组织和存取方法的介绍见第 6 章。

**网络和通信技术**（networking and telecommunication technology）由物理设备和软件组成，连接各类硬件，把数据从一个物理地点传输到另一个物理地点。许多计算机和通信设备能连接成网络来共享声音、数据、图像、音频和影像等。**网络**（network）连接两台或多台计算机以共享数据，或者连接一台打印机这样的资源。

世界上最大和最广泛使用的网络是**互联网**（Internet）。互联网是全球范围的"网中网"，通过采用统一标准（见第 7 章）把全世界数以百万计的网络连接起来。

互联网创造了一种全新的"统一"技术平台，基于这个平台可创建新产品、新服务、新战略和新商业模式。同样的技术平台可在企业内部使用，把公司内部不同的系统和网络连接起来。基于互联网技术的企业内部网络被称为**内联网**（intranet），企业内联网延伸到组织外部的授权用户的专用网络被称为**外联网**（extranet），企业利用外联网可以协调与其他公司之间的业务活动，如采购、设计合作及其他跨组织的业务工作。对当今绝大多数企业而言，使用互联网技术既是企业所必需的，又是一种竞争优势。

**万维网**（World Wide Web）是基于互联网的一项服务业务，使用公认的存储、检索、格式以及以网页方式显示互联网信息的标准。网页包含文字、图形、动画、声音、视频，并和其他网页相连接。通过点击网页上高亮显示的文字或按钮，你可以链接到相关的网页查找信息，也可以链接到网页上的其他地址。网站已经是新型信息系统的基础，如后面的"互动讨论：技术"中介绍的UPS就采用基于网站的包裹跟踪系统。

所有这些信息技术，连同那些运行和管理它们的员工，代表了整个组织能共享的资源，这些资源组成了企业的**信息技术基础设施**（information technology infrastructure）。信息技术基础设施为企业提供了基础或平台，使企业能基于这些基础或平台建立自己的信息系统。每个组织必须认真地设计和管理它的信息技术基础设施，以保证满足公司利用信息系统完成工作所需要的技术服务。本书的第5～8章将介绍信息技术基础设施中每个主要的技术要素，所有这些要素一起工作才能为组织创建技术平台。

"互动讨论：技术"介绍了基于计算机的信息系统中一些常用的典型技术。UPS在信息系统技术方面进行了大量的投资，从而确保该公司更富效率，并且以客户为导向。UPS所采用的一系列信息技术包括条码扫描系统、无线网络、大型计算机主机系统、掌上电脑、互联网以及用于跟踪包裹、计算运费、维护客户记录和管理物流的不同类型的软件。

让我们一起来识别一下刚提到的UPS包裹跟踪系统中的组织、管理和信息技术要素。组织要素反映的是与包裹跟踪系统紧紧联系在一起的UPS的销售和生产职能部门（UPS的主要业务是包裹递送服务），它要求明确说明通过发件人和收件人信息确认包裹、清点库存、跟踪在途包裹、给客户和客户服务代表提供包裹状态报告等工作的必要程序。

该系统也必须给管理者和员工提供信息以满足他们的需求。UPS驾驶员需要接受培训，了解收取包裹和递送包裹的程序，以及如何利用包裹跟踪系统提高工作效率。UPS客户也需要接受一些培训，了解如何使用UPS自主开发的包裹跟踪软件或UPS网站。

UPS管理层负责监控服务水平和成本，促进公司低成本的优质服务战略的实现。管理层决定利用计算机系统提升使用UPS递送包裹服务和跟踪包裹状态的便捷性，从而减少递送成本，增加销售收入。

支持UPS包裹跟踪系统的技术包括掌上电脑、条码扫描器、台式计算机、有线和无线通信网络、UPS数据中心、包裹递送数据的存储技术、UPS自主开发的跟踪包裹软件以及访问公司网站的软件，这些技术的应用形成了一个应对商业挑战的信息系统技术维度的解决方案，在日益激烈的竞争中支持UPS提供了优质低价的服务。

⊙ 互动讨论：技术

## UPS利用信息技术参与全球竞争

1907年，UPS创建于一个狭小的地下室办公室。吉姆·凯西（Jim Casey）和克劳德·瑞安（Claude Ryan），两个来自西雅图的不满20岁的年轻人，骑着两辆自行车，带着一部电话，承诺提供"最好的服务和最低的价格"。遵循这个原则，UPS繁荣发展了100多年，至今已成为全球最大的地面和空中包裹递送公司。它是一家全球化的企业，拥有超过495 000名员工、超过125 000辆运输车，还有572架飞机。

UPS每天在美国及世界各国和地区递送55亿个包裹。尽管有来自联邦快递公司（FedEx）和美国邮政的激烈竞争，但是通过大量投资于先进的信息技术，UPS仍能在小包裹递送服务市场上保持领导地位。UPS每年投入10亿美元来保证提供高水平的客户服务，同时保证低成本和公司整体顺畅地运行。

所有这些均源于贴在包裹上的可扫描条码标签，该条码包含寄件人的详细信息、目的地和包裹应当何时寄到等信息。客户可以使用 UPS 提供的专用软件或者直接通过 UPS 网站，下载并打印他们自己的标签，在包裹被收走以前，"智慧"标签上的信息就已经被传输到 UPS 位于新泽西州莫沃或佐治亚州阿尔法利塔的计算机中心，同时被传输到离目的地最近的包裹集散中心。

该包裹集散中心的调度员下载标签数据，并利用名叫 ORION 的专用软件分析交通、气候条件和每一站的具体位置，为每一个包裹创建最有效的投递路线。每一个 UPS 驾驶员每天平均要经停 120 个地方。仅在美国，一个拥有 55 000 条路线的网络中，即使每位驾驶员每天减少 1mile⊖ 的路线，也可以节省大量的时间、燃料消耗、行驶里程和碳排放——每年可节省多达 5 000 万美元。

这对 UPS 来说是至关重要的，因为整个电子商务物流业的利润率在下降，而 UPS 致力于促进收入增长。过去，UPS 驾驶员一天中可能要在某个零售商那里装卸几个很重的包裹，如今，他们往往要在居民小区多停几站，每家送一个重量很轻的包裹。这种变化需要花费更多的燃料和时间，增加了每个包裹运送的成本。

每个 UPS 驾驶员每天工作的第一件事是拿起一个称为递送信息读取设备（DIAD）的掌上电脑，它可连上无线手机网络。一旦驾驶员登录系统，他今天的投递路线就被下载到 DIAD 上。当领受包裹和送达包裹的时候，DIAD 还能自动地读取客户的签字信息以及包裹的接收和传递信息，包裹的跟踪信息随即被传到 UPS 信息中心进行存储和处理。自此，这些信息就能在全世界范围内获取，为客户提供递送的证明或响应客户的查询。通常，当驾驶员在 DIAD 上按下"完成"键以后不到 60s 的时间，这些新的信息就能在网上被查到。

通过自动化包裹跟踪系统，UPS 在整个包裹递送过程中可以监控甚至调整路线。从送出到接收包裹沿路各站点内的条码设备扫描包裹标签上的运输信息，增加了关于这个包裹递送的进程信息。这些信息会被传送到中央计算机上。客户服务代表可以通过联网到中央计算机的台式计算机检查任何包裹的状态，随时回复客户的询问。UPS 的客户也可以用自己的计算机或手机，通过 UPS 的网站获取这些信息。UPS 已经有了手机 app 和一个手机网站，iPhone、黑莓和安卓等智能手机均可以使用。

任何需要寄送包裹的人都可以联网到 UPS 网站，跟踪包裹、查看包裹运输线路、计算运费、确定运输时间、打印标签和计划收发的时间。在 UPS 网站上收集的这些信息被传至 UPS 中央计算机，处理后再传回给客户。UPS 也开发了工具提供给诸如思科这样的大客户，使它们能把 UPS 系统的跟踪包裹和费用计算等功能嵌入自己的网站，这样不用访问 UPS 网站也可以跟踪包裹的运输状态。

现在 UPS 利用自己多年积累的全球递送网络管理经验为其他公司管理物流和供应链活动。UPS 设立了供应链解决方案部门，给客户提供完全整合的、标准化的服务，其成本只占客户建造自己系统和基础设施所需成本的很小一部分。除物流服务外，该项服务还包括供应链设计和管理、货运代理、海关代理、邮件服务、多式联运和金融服务等。

UPS 的技术和商业服务对各种规模的企业都有帮助，包括小型初创企业。Fondarific 是一家总部位于萨凡纳的公司，生产和销售用于装饰婚礼蛋糕和儿童蛋糕的方糖糖霜。当国际

---

⊖ 1mile=1 609m。

销量猛增时，UPS 使 Fondarific 的销量得以快速增长。UPS 开设了出口课程，教 Fondarific 如何管理国际销售和物流，以及如何使用其 WorldShip 全球运输软件进行 UPS 包裹和货运服务。UPS 还向该公司展示了如何将运输系统与 Quickbooks 会计软件和库存软件集成在一起。

UPS 为总部位于匹兹堡的 4Moms 公司提供金融和运输咨询与服务，4Moms 公司拥有 80 名员工，利用消费技术生产创新的婴儿产品。4Moms 使用 UPS 的 Trade Direct 技术，使公司能够绕过配送中心，直接将货物运送给零售商，从而降低了运费和库存成本。UPS 的 Cargo Finance 服务帮助 4Moms 管理库存在世界各地运输的成本。

资料来源：www.ups.com, accessed April 27, 2020; Sean Galea-Pace, "UPS Supply Chain Introduces Smart Warehouse Technology," *Supply Chain Digital*, April 24, 2020; and Bloomberg, "UPS Sees Payoff from $20Bn Tech Bet," *Supply Chain Brain*, April 24, 2019.

**案例分析题：**

1. UPS 包裹跟踪系统的输入、处理和输出各是什么？
2. UPS 用了哪些技术？这些技术和 UPS 业务战略是如何关联起来的？
3. UPS 信息系统实现了哪些战略性的业务目标？
4. 如果 UPS 的信息系统不可用，将会发生什么？

## 1.2.3　IT 不仅仅是技术：信息系统的企业视角

管理者和企业投资于信息技术和信息系统，是因为它们能给企业带来实实在在的经济价值。建设或维护一个信息系统的决策前提是该项投资回报将会优于对建筑物、机器或其他资产的投资。这种高回报将来自生产效率的提高、业务收入的增加（它也会增加公司的股票市值）或者可能在某个市场上长期领先的战略地位（未来将产生优厚的业务收入）。

从企业视角来看，信息系统是企业创造价值的重要工具。信息系统给管理者提供信息，帮助他们更好地制定决策或优化业务流程，使公司增加业务收入或降低成本。例如，如图 1-4 所示的用于分析超市结账数据的信息系统，该系统就能帮助管理者更好地制定零售超市的进货和促销决策，使企业能增加盈利能力。

如图 1-8 所示，每家企业都有信息价值链，原始信息被系统地采集，并经过不同阶段的处理以后不断增值。对企业而言，信息系统的企业价值，除了投资新信息系统时决策所定的价值以外，大部分取决于该系统能在多大程度上改善管理决策、提升业务流程效率以及提高公司盈利。尽管要建信息系统还有其他原因，但其主要目的就是要帮助公司提升价值。

企业视角关注信息系统的组织和管理特性。信息系统是企业应对环境带来的挑战或问题时，基于信息技术的组织和管理解决方案。本书每章的开篇案例都强调这个概念，开篇案例说明了企业挑战和由此引发的管理与组织决策之间的关系，该决策以 IT 作为解决方案来应对环境所产生的挑战。你可以把开篇案例作为分析任何信息系统或你碰到的信息系统问题的起点。

回顾本章开篇案例，该案例显示了 AWM 智能货架系统如何帮助解决实体店被在线零售商抢走市场份额的商业问题。该系统提供了一种利用新的物体识别技术和无线数字技术提供的机会的解决方案。

AWM 智能货架数字化实现了库存管理、销售和营销的关键业务流程，帮助零售商提高了整体业务绩效。该开篇案例还说明了管理、技术和组织元素如何协同工作以创建系统。

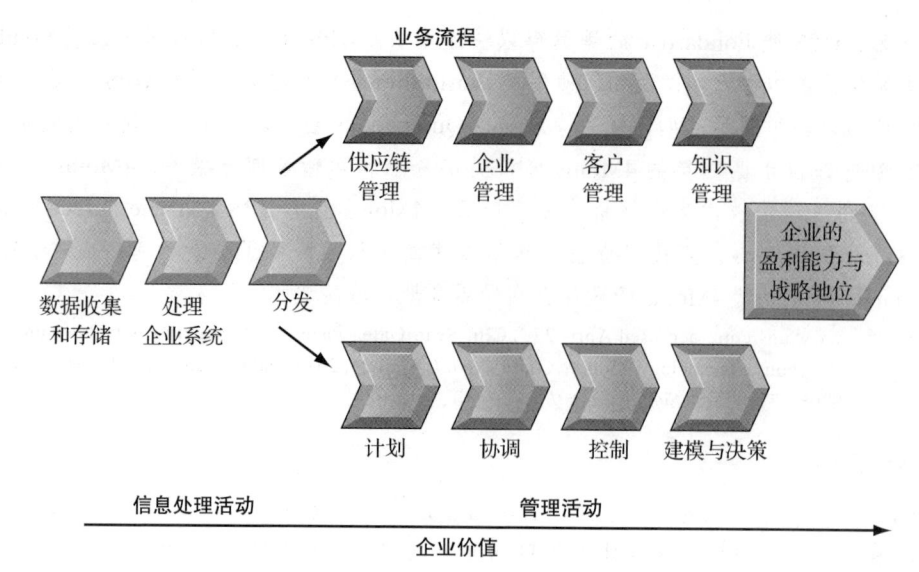

图 1-8 企业信息价值链

注：从企业视角来看，信息系统是一系列获取、处理和分发信息的增值活动的一部分，管理者可利用这些信息来改善决策，提升组织绩效，最终提高公司的盈利能力。

### 1.2.4 互补性资产：组织资本和合适的商业模式

深入了解信息系统的组织与管理维度，有助于我们理解为什么信息系统会让某些企业取得比其他企业更好的收益。对信息技术投资收益的研究显示，信息系统带给企业的收益千差万别（见图 1-9）。有些企业对信息系统投入多，其收益也高（第二象限）；有些企业投入多，但收益却很少（第四象限）；有些企业投入虽少，但收益却高（第一象限）；还有些企业投入少，收益也少（第三象限）。这说明仅对信息技术投资并不能保证获得良好的收益。如何解释这种企业之间的差别呢？

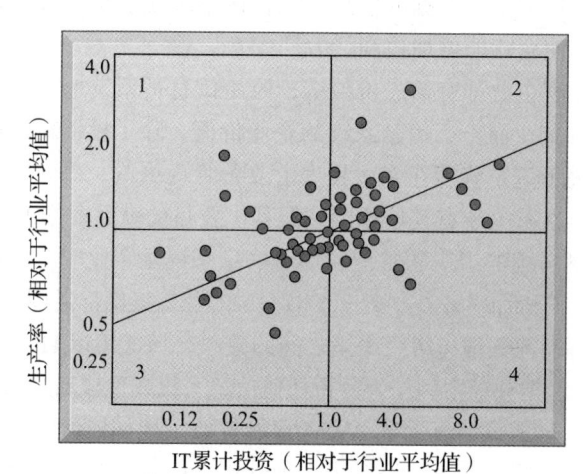

图 1-9 信息技术投资收益的变化

注：一般而言，信息技术投资收益尽管远高于其他资产的投资收益，但企业间仍存在较大的差别。

资料来源：Brynjolfsson, Erik, and Lorin M. Hitt. "Beyond Computation: Information Technology, Organizational Transformation, and Business Performance." *Journal of Economic Perspectives* 14, No. 4 (2000).

答案在于互补性资产这一概念。单纯的信息技术投资不能使组织和管理者更有效率,除非配以相关的组织价值、组织结构和行为模式及其他互补性资产。企业如果真的想获得新的信息技术好处,就必须要改变以前的经营方式。

**互补性资产**(complementary asset)是指那些从基本投资中获得价值的必要资产(Teece,1988)。例如,要实现汽车价值,就需要大量的互补性投资,诸如修建高速公路、马路、加油站,维修设施以及制定标准和法律规范体系等。

研究指出,那些进行技术投资的企业,同时要进行新商业模式、新业务流程、管理行为、组织文化或培训等互补性资产的投资,才能获得高额收益。反之,未对互补性资产进行投资的企业则很少甚至没有从信息技术投资中获得收益(Brynjolfsson,2005;Brynjolfsson and Hitt,2000;Laudon,1974)。这些在组织和管理方面的投资,也被称作**组织和管理资本**(organizational and management capital)。

表1-2列出了企业为实现信息技术投资价值而需要投资的主要互补性资产,包括如建筑物、机器和工具等有形资产。然而,信息技术的投资价值很大程度上取决于对管理和组织的互补性投资。

**表 1-2 提升信息技术投资收益的组织、管理和社会的互补性资产**

| | |
|---|---|
| 组织资产 | 重视效率和效益的支持性企业文化<br>合适的商业模式<br>高效的业务流程<br>分权管理<br>高度分散的决策权体系<br>强大的信息系统(IS)开发团队 |
| 管理资产 | 高层管理对技术投资和变革的强烈支持<br>对管理创新的激励<br>团队合作和协同的工作环境<br>提高管理决策技能的培训项目<br>重视灵活的、基于知识决策的管理文化 |
| 社会资产 | 互联网和通信的基础设施<br>提高劳动力计算机能力的IT强化教育项目<br>标准(包括政府和私营部门)<br>创造公平、稳定的市场环境的法律法规<br>在相关市场协助实施的技术和服务企业 |

主要的互补性组织资产包括重视效率和效益的支持性企业文化、合适的商业模式、高效的业务流程、分权管理、高度分散的决策权体系以及强大的信息系统(IS)开发团队。

主要的互补性管理资产包括高层管理对技术投资和变革的强烈支持、监督和奖励个人创新的激励体系、强调团队合作和协作、培训项目以及重视灵活性和知识的管理文化。

主要的互补性社会资产(一般不是企业自身投资,大多由其他企业、政府和其他市场主要参与者投资)包括互联网和支持互联网文化、教育体系、网络和计算标准、法律法规以及现有的技术和服务企业。

本书强调技术、管理和组织资产及其相互关系的分析框架。本书通过案例研究和练习反映出的最重要的话题就是,管理者需要从更广泛的组织和管理维度去理解当前面临的问题,要不断地思考如何从信息技术投资中获得高于平均水平的实际收益。正如你将在本书中看到的,那些重视与IT投资相关的企业通常会获得丰厚的回报。

## 1.3 研究信息系统需要的学术学科及其对理解信息系统的帮助

信息系统的研究属于跨学科领域，没有单一的理论或观点占据主导地位。图1-10表明了在信息系统研究中提供问题、议题和解决方案时所涉及的主要学科。一般来讲，该领域可以分为技术和行为两种研究方法。信息系统是社会技术系统，尽管它是由机器、设备和"硬性"物理技术组成的，但也需要大量的社会、组织和智力投资才能正常工作。

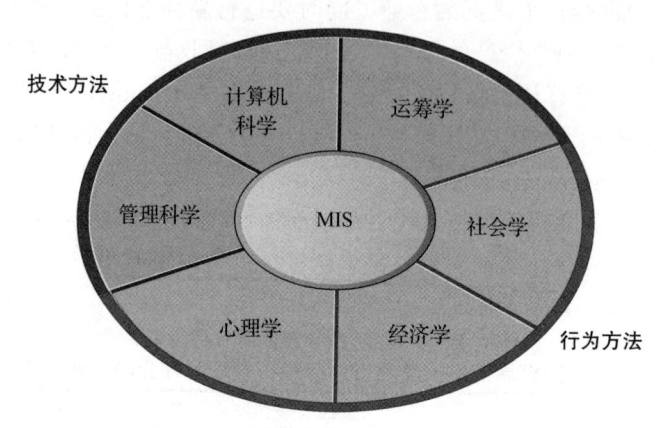

图 1-10 研究信息系统的当代方法

注：信息系统研究所涉及的问题和观点来自技术和行为学科的贡献。

### 1.3.1 技术方法

信息系统的技术方法除了强调信息技术和系统能力以外，还强调基于数学模型来研究信息系统。属于技术方法的学科主要是计算机科学、管理科学和运筹学。

计算机科学注重建立可计算理论、计算方法以及数据有效存储和访问的方法。管理科学强调的是决策模型的开发和管理实践的总结。运筹学专注于参数优化的数学技术，如运输、库存控制和交易成本等。

### 1.3.2 行为方法

伴随着信息系统的开发和长期维护而出现的行为问题是信息系统领域的重要组成部分，诸如战略业务的整合、设计、实施、应用和管理等问题，一般难以采用技术方法中的模型，而需采用行为学科中的理论和方法进行研究。

例如，社会学家研究信息系统着眼于群体和组织如何影响信息系统的开发，以及信息系统如何影响个人、群体和组织。心理学家研究信息系统关注于决策者如何感知和使用正式的信息。经济学家研究信息系统感兴趣的是数字商品的生产、数字市场的动态变化以及新的信息系统如何改变公司内部的控制和成本结构。

行为方法并不忽视技术。事实上，信息系统技术常常会引出行为方面的问题或议题，但是行为方法通常不关注技术的解决方案，而是聚焦于人的态度、管理和组织政策以及行为的变化等。

## 1.3.3 本书的方法：社会技术系统

在本书中，你将会发现许多和以下4个主要角色有关的故事：软硬件供应商（技术专家），投资并寻求从技术中获得价值的商业公司，寻求获得企业价值（和其他目标）的管理者和员工，以及当代的法律、社会和文化环境（公司所处的外部环境）。这些角色共同构成了我们所说的MIS。

对MIS的研究最早专注于商业企业和政府机构对基于计算机的信息系统的使用。MIS结合计算机科学、管理科学和运筹学的研究成果，针对现实世界的问题和信息技术资源管理的需求，以实用为导向开发系统解决方案。此外，它也关注与信息系统开发、应用及其影响有关的行为问题，这些问题也是社会学、经济学和心理学的典型研究领域。

学者和从业者的经验告诉我们，没有单一的方法能对信息系统的现实问题进行有效且全面的理解和研究。信息系统的成功和失败很少完全取决于技术或行为。我们给予学生最好的建议是要从多学科的角度来理解信息系统的观点。事实上，信息系统领域的挑战和令人兴奋之处在于，它需要对多种不同的方法进行借鉴和融合。

对于本书所采用观点的最好诠释是系统的**社会技术观**（sociotechnical view）。这种观点认为，只有通过对运营中所涉及的社会和技术两个系统同时进行优化，才能实现最优的组织绩效。

社会技术观有助于我们避免单纯用技术方法来研究信息系统。例如，信息技术的成本在快速下降，其功能在逐渐增强，但这并不一定或不容易转化为生产率的提升或利润的增加。当一家公司安装了企业级的财务报告系统时，这并不意味着它必然会被很好地应用或有效地利用。同样，当一家公司引入了新的业务程序和业务流程时，这并不意味着员工必然会有更高的劳动生产率，因为缺少新的信息系统来支撑那些业务流程发挥作用。

在本书中，我们强调将公司绩效作为一个整体来考虑进行改进，需要注意技术和行为两个方面，这意味着技术的变化和设计必须符合组织和个人的需求，有时候不得不采用非最优的技术来满足这种需求。例如，移动电话用户接受了某项技术以满足他们的个人需要，其结果是手机厂商要快速地调整技术以迎合用户的期望。组织和个人也要通过培训、学习和有计划的组织变革来进行改变，从而使技术能被利用且蓬勃发展。图1-11显示了社会技术系统中技术设计和组织设计相互调整的过程。

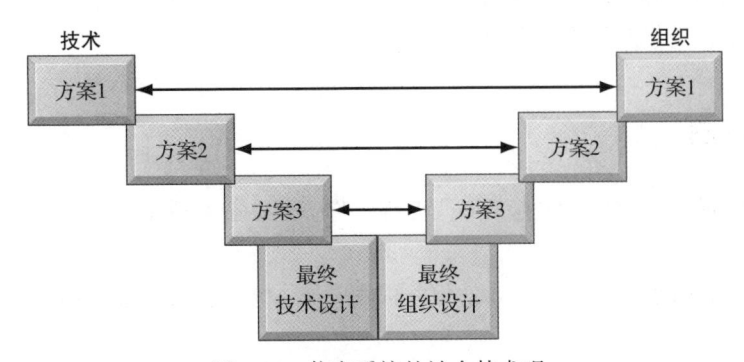

图1-11 信息系统的社会技术观

注：社会技术观认为，当技术与组织双方相互调整直到达到满意的相互适配状态时，系统的绩效才会达到最佳。

## 1.4 MIS 如何有助于我的职业发展

通过本章和本书的指引，将帮助你找到初级金融客户支持和销售助理的工作。

### 1.4.1 公司简介

Power Financial Analytics Data Services 是一家为金融行业提供服务的数据和软件企业，在纽约、亚特兰大、洛杉矶和芝加哥设有办事处，希望招聘一名初级金融客户支持和销售助理。该企业拥有 1 600 名员工，其中大多数是顾问，需要向客户展示如何使用其强大的金融分析软件和数据产品。

### 1.4.2 职位描述

金融客户支持和销售助理是企业咨询服务团队的一部分。咨询团队将综合应用金融和技术的专业知识，并利用 Power Financial Analytics Data Services 的软件，以各种方式为客户提供帮助。企业提供相关软件和咨询方法的在职培训。工作职责包括：
- 提供企业软件的应用服务。
- 帮助团队创建自定义模型和屏幕。
- 在客户的办公室里和研讨会上为其提供培训。
- 通过电话沟通和现场的方式为客户提供专家咨询。

### 1.4.3 岗位要求

- 应届大学毕业生或有 1~2 年工作经验的专业投资人员，具有财务管理、MIS、经济学、会计学、工商管理和数学专业背景的申请者优先。
- 对金融市场具有一定的知识或兴趣。
- 掌握电子表格的实用知识。
- 具备极强的沟通和人际交往能力。
- 渴望在快速变化的环境中学习。

### 1.4.4 面试问题

1. 你的金融背景是什么？你选了哪些课程？你曾经在金融业工作过吗？你在金融业中做过什么？
2. 你对电子表格软件的熟练程度如何？你用 Excel 电子表格完成了哪些工作？可以举例说明你的工作吗？
3. 你能否分析一下金融业的发展趋势，以及它们如何影响 Power Financial Analytics Data Services 的商业模式和客户群？

4. 你有过客户服务的工作经历吗？你能否举例说明如何提供客户服务或支持？

5. 你能否举例说明你曾帮助解决过的与金融相关的问题或其他业务问题？你做过相关研究报告的起草和分析吗？你能提供案例吗？

### 1.4.5 作者提示

1. 利用网络学习金融市场和金融行业的相关知识。

2. 利用网络来研究该企业的金融产品以及它为客户提供的工具和服务。尽可能多地了解它的咨询服务。此外，考察企业在社交媒体平台（如 LinkedIn 和 Facebook）上的趋势和主题。

3. 认真咨询你在这份工作中将如何使用电子表格。提供你在课堂上或工作任务中使用电子表格解决问题的实例。展示你在金融方面所做的电子表格工作。

4. 用你的写作示例来展示你的分析能力和项目经验。论述你是如何帮助客户解决商业问题的，或你在课程中如何解决了商业问题。

## 本章小结

**1-1 信息系统改变商业的方法及其在当今企业运营和管理中的重要性**

组织正试图通过数字化实现其核心业务流程并发展成为数字化公司来提高竞争力和效率。互联网通过在全球范围内大幅降低生产、购买和销售商品的成本，刺激了全球化。新的信息系统趋势包括新兴的移动数字平台、大数据（包括物联网）、更多的远程管理、民主化的决策、机器学习系统以及在商业中越来越多地使用社交媒体。

如今，信息系统已是进行商业活动的基础。如果没有广泛地应用信息技术，许多行业的企业将难以生存，难以获得实现战略业务目标的能力。当前企业正应用信息系统实现六大主要目标：卓越运营，新产品、新服务和新商业模式，与客户和供应商建立密切的关系，决策优化，获得竞争优势，以及永续经营。

**1-2 信息系统的定义、维度、企业视角，以及确保信息系统为企业提供真正价值的互补性资产的重要性**

从技术的角度看，信息系统从组织内外部收集、存储和分发信息以支持组织的各项职能、决策制定、沟通、协调、控制、分析以及可视化。信息系统通过3个基本活动——输入、处理和输出，将原始数据转化为有用的信息。

从企业角度看，信息系统是企业应对问题或挑战时的解决方案，包含管理、技术和组织3个维度的要素。信息系统的管理维度涉及领导力、战略和管理行为等方面的问题，信息系统的技术维度包括计算机硬件、软件、数据管理技术和网络/通信技术（包括互联网），信息系统的组织维度涉及组织层级、职能分工、业务流程、文化和政治利益团体等问题。

为了从信息系统中获得有意义的价值，组织在投资技术的同时必须对相应的组织和管理方面的互补性资产进行适度投资。这些互补性资产包括新的业务模式和商业流程，组织文化和管理行为，合适的技术标准、规则和法律，等等。企业在投资新的信息技术时，只有进行适当的管理和组织变革以支持该技术的使用，才可能获得高回报。

**1-3 研究信息系统的学术学科及其对理解信息系统的帮助**

信息系统研究涉及技术和行为学科的议题与观点。技术方法聚焦于规范的模型和系统能力，包括计算机科学、管理科学和运筹学；行为方法关注信息系统的设计、实现、管理和业务影响等，包括心理学、社会学和经济学。社会技术观既考虑信息系统的技术特性，又考虑其社会特性，其解决方案要求技术和社会之间达到最佳平衡。

## 关键术语

业务职能（business function）
商业模式（business model）
业务流程（business process）
互补性资产（complementary asset）
计算机硬件（computer hardware）
计算机文化（computer literacy）
计算机软件（computer software）
文化（culture）
数据（data）
数据管理技术（data management technology）
数据工作者（data worker）
数字化企业（digital firm）
外联网（extranet）
反馈（feedback）
信息（information）
信息系统（information system）
信息系统文化（information system literacy）
信息技术（information technology，IT）
信息技术基础设施（information technology infrastructure）
输入（input）
互联网（Internet）
内联网（intranet）
知识工作者（knowledge worker）
管理信息系统（management information system，MIS）
中层管理（middle management）
网络（network）
网络和通信技术（networking and telecommunication technology）
运营管理（operational management）
组织和管理资本（organizational and management capital）
输出（output）
处理（processing）
生产或服务工人（production or service worker）
高层管理（senior management）
社会技术观（sociotechnical view）
万维网（World Wide Web）

## 复习题

1-1 指出信息系统的3个主要的新趋势。
- 描述数字化企业的特征。
- 描述在"扁平化"的世界中全球化面临的挑战和机遇。
- 列举并阐述信息系统对当今企业如此重要的6个原因。

1-2 界定信息系统的概念，描述信息系统执行的活动。
- 列举并阐述信息系统的组织、管理和技术维度要素。
- 区分数据和信息、信息系统文化和计算机文化。
- 解释互联网和万维网与信息系统其他技术的关联性。
- 界定互补性资产的概念，阐述它们与信息技术的关系。
- 解释互补性社会、管理和组织资产在提升信息技术投资收益中的必要性。

1-3 列出并说明信息系统技术方法的各个学科。
- 列出并说明信息系统行为方法的各个学科。
- 解释信息系统的社会技术观。

## 讨论题

1-4 信息系统太重要了，以至于不能完全丢给计算机专家。你同意这种说法吗？为什么？

1-5 如果让你来为Major League棒球队建立一个网站，你将会碰到哪些管理、组织和技术方面的问题？

1-6 哪些组织、管理和社会互补性资产让UPS的信息系统获得了成功？

## MIS 实践项目

本部分的 MIS 实践项目将让你通过分析财务报告和库存管理问题，使用互联网软件研究工作岗位的要求，从而获得实践经验。

### 管理决策问题

1-7　Snyders of Hanover 公司每年销售约 8 000 万袋饼干、零食和有机小吃，其财务部门通过使用电子表格和手工流程收集大量的数据并撰写报告。该公司的金融分析师每个月末要花费一周的时间从全球 50 多个部门负责人那里收集电子表格，然后合并数字，再把所有数据录入另一个电子表格，用于制作公司每月的利润表。如果一个部门需要更新已提交给财务部门的电子表格数据，分析师则需要重新回到初始的工作表，然后等待该部门重新提交数据，最后把更新的数据合并到财务报表中。请评估这种情况对经营业绩和管理决策的影响。

1-8　Dollar General 公司经营折扣廉价商店，销售家居用品、清洁用品、服装、健康和美容用品、包装食品等，大多数商品售价为 1 美元。它的商业模式要求维持尽可能低的成本。该公司还没有用自动化的方法来跟踪每个店铺的库存。当送货车到达时，商店管理人员只能大概知道该商店应收到某商品多少箱，但由于商店没有扫描商品包装的技术，因此无法验证每一件包装中确切的商品数。盗窃或其他事故造成的商品损失持续增加，已超过销售总额的 3%。请问：在投资信息系统解决方案之前，要做出什么样的决策？

### 改善决策：利用互联网找到要求信息系统知识的工作岗位

**软件技能要求：基于互联网的软件**
**业务能力要求：寻找工作岗位**

1-9　请访问诸如 Monster.com 等求职网站，花一些时间在线了解和会计、财务、销售、市场营销和人力资源有关的工作岗位。请找出 2～3 个需要具备信息系统知识的工作岗位的描述。这些工作岗位需要哪些信息系统知识？为获得这些工作岗位，你需要做哪些准备？请写一份 1～2 页的报告，总结你的看法。

## 协同与团队合作项目

### 选择团队合作工具

1-10　与 3～4 名同学组成一个团队，仔细研究 Google Drive 和 Google Sites 的功能是否满足团队合作的需要。请比较两种工具的不同功能，如存储团队文档、发布项目公告、搜集资料、分配工作、插图、电子演示文稿和处理感兴趣的网页等。了解每个功能如何与 Google Docs 配合使用。说明为什么 Google Drive 或 Google Sites 更适合你的团队。如果可能，请使用 Google Docs 来集思广益并制作演示文稿汇报小组成果。请使用 Google 工具整理和存储你的演示文稿。

## 案例研究

### UPS 的新技术与过时工作方式产生冲突

本章的"互动讨论：技术"描述了 UPS 的信息技术投资正在如何帮助 UPS 保持包裹递送市场中的竞争力。遗憾的是，UPS 并没有变得它本可以做到的那么有竞争力，因为它运营的关键方面受到了过时技术和人工操作程序的拖累。

虽然UPS的很多IT基础设施属于领先水平，但并非所有的设施都是如此。UPS每天靠8万名驾驶员运送数百万个包裹。约一半的包裹由自动化设施处理，而其余部分却仍靠已有30年历史的设备和人工流程处理。

例如，在UPS位于得克萨斯州麦斯奎特市的包裹分拣中心，当工厂的传送带网出现问题时，一个30岁高龄、冰柜大小、有着一排排红绿灯的模拟控制面板会通知工人。分拣流程的起点是火车将包裹盒卸到传送带上，需要一名工人对齐每个盒子，以便扫描器能够读取盒子正面、顶部或一侧的快递标签。包裹向内移动进入一条由大约50个工人操作的流水线。共有9条传送带，3条在地面上、3条齐腰高，还有3条直接提高过头顶。一名人工分拣员捡起包裹，快速辨认标签，然后将包裹放到正确的传送带上。拐角处的一名工人将包裹分拣到斜槽，包裹沿斜槽向下，然后装卸工将它们装上货车挂车。如果是在一个自动化中心，扫描器会读取包裹的目的地，用称为"Shoe Puck"的装置将包裹推入正确的斜槽。

而在麦斯奎特中心等更老旧、自动化程度更低的设施中，中等大小的包裹要接受4次"接触"，每次"接触"代表了一次处理行为。每次"接触"都增加了分拣错误或损坏包裹的概率。麦斯奎特中心每小时处理约4万件包裹，所以即使人为错误很少，也会累加到比较大的数值。分拣错误的包裹可能会导致UPS的投递延长一天，降低客户服务质量并提高运营成本。

联邦快递（FedEx）的所有地面枢纽，如位于新泽西州爱迪生市的工厂，都已实现自动化。在那里，FedEx的工人仅在卸货和装货的时候"接触"大部分包裹两次。亚马逊的业务同样也是高度自动化的，尤其是其仓库，以将货架移动到工人面前的无人驾驶叉车和机器人为特色。

UPS在距离麦斯奎特中心大约30mile的沃斯堡中心展现了它赶超其他企业的决心。那里，快递盒经过扫描，按目的地分拣，然后经由机器送往出站的车辆。有了六面扫描仪，员工无须关心快递盒哪个面朝上。UPS的员工坐在装有空调的控制室内观看一整墙的平板显示器，显示器实时反馈现场画面。计算机会检测拥堵和其他故障，然后工人可以重新安排传送装置应该将包裹送往何处。在沃斯堡的大厦内，重新安排包裹的递送路线并无人工参与。少数工人沿传送带巡逻，替换那些掉下来的包裹，而这种情况已经极少发生了。指挥分拣网络的是帮助管理包裹流的软件，包括自动化中心与旧的中心之间的流动。该技术可以将目的地已超负荷的包裹分流转移。这一有着750名工人的自动化中心每日可以处理的包裹数量与有着1170名工人的麦斯奎特中心相同，自动化提高了分拣的准确度，同时还生成数据帮助公司优化投递路线，可缩短行驶里程以使用更少的燃油和更少的设备，并提供更好的货运量预测。

相比较而言，竞争对手FedEx的地面包裹有96%通过自动化站点运输。FedEx在多年前就摒弃了过时的设备和人工流程，而新的竞争对手亚马逊根本就无须处理过时的系统。

UPS最初运用"权宜"之计来处理如雨后春笋般兴起的电子商务货运。它增加了更多的班次，延长了工作时间，用新设备来翻新老旧建筑的某些部分。但UPS的管理层深知，若要在21世纪保持竞争力并能够处理电子商务所带来的新配送需求，UPS必须纠正这种情况。

UPS在2019—2022年投资了200亿美元，以充分适配21世纪的购物和货运趋势。大部分投资投到了新的自动化货运和仓储设施，包括7个"超级枢纽"。相比普通设施，这些枢纽分拣包裹的效率要高30%。

过去，UPS处理的多数货物都流向了零售商和商业公司。现在，越来越多的货物以个人家庭为目的地——这些家庭通过互联网购物。UPS所处理的包裹中有50%以上投递到家庭。对于UPS来说，相比在大型企业或办公室投递或接收多个包裹，将包裹运往偏远的郊区家庭需要更高的成本。

虽然UPS的一些高管对将如此大比例的

公司业务转向利润率更低的递送感到担忧，但公司也知道必须接纳电子商务。据 UPS 的发言人史蒂夫·甘特所说，即使被看起来在技术和组织模式上均更为先进的强大的竞争对手包围，电子商务订单的配送仍存在"巨大的机遇"。UPS 计划到 2022 年，除了部分短途运输的包裹，所有包裹都将通过自动化枢纽处理。

在新的电子商务环境下，由于尝试使用过时的货运技术和程序，导致 UPS 丢失了一些业务。在线订单不时负荷过重，引发了瓶颈效应，造成运送延迟，导致一些医疗健康、工业和其他企业客户转而选择 FedEx。亚马逊则正在打造由卡车、中小型货车和飞机组成的运输网络，以处理其大部分网络订单，尤其是城市和郊区的订单。UPS 肯定会受到影响。

UPS 的员工已加入工会，但 FedEx 的地面操作人员并没有加入工会。这会造成不同吗？国际卡车司机兄弟会（International Brotherhood of Teamsters）代表了 26 万名 UPS 驾驶员、分拣员和其他工人，该工会组织希望 UPS 能雇用更多的全职工人来帮助处理激增的 UPS 包裹。工会反对无人机和自动驾驶车辆等技术，担心这些变化会导致用更少的员工完成同样的工作。正如国际卡车司机兄弟会波士顿分会的领导者肖恩·奥布莱恩指出的，技术会优化和削减工作岗位，而工作岗位一旦被取代，"再找回工作就难了"。

FedEx 的地面配送网络中没有加入工会的工人，所以它无须像 UPS 那样处理来自有组织的劳工的反对和阻挠。此外，FedEx 的地面配送网络要比 UPS 的更好，因为它采用了更多现代化的先进技术和操作程序。它无须费力地对采用老旧作业模式的设施进行自动化改造。

据 UPS 称，工会并未严重阻碍公司在自动化上投入更多的努力。购买新机器使旧设施实现自动化的成本已经低到足以使 UPS 同时改造旧设施和建造新设施。

在有些情况中，新的自动化包裹分拣设施帮助 UPS 创造了新的岗位。例如，位于休斯敦市西北部的一个新自动化 UPS 包裹配送中心创造了 575 个全职和兼职岗位。这一占地 23.8 万 ft$^2$<sup>⊖</sup> 的配送中心为公司在休斯敦地区的配送车队增加了 300 辆卡车。

FedEx 从 2005 年起已在其由 37 个地面枢纽组成的配送网络上投入 100 亿美元，而现在正尝试进行精简。有些地方正在关闭之中，如耗资 2.59 亿美元的 FedEx 印第安纳波利斯地面枢纽。FedEx 拥有一些设计灵活的地面枢纽，如位于新泽西州爱迪生市的枢纽。该设施仅占用了一座建筑 1/3 的空间并预留了空间，以便在接到通知后在短时间内通过增加设备完成扩张。这一安排使 FedEx 能够调整自身网络来适应波动更大的网络订单流。

UPS 也在实施其他技术来补充自动化包裹分拣。2017 年，它开始在配送货车内安装无线蓝牙接收器，以降低错装包裹的概率。无线信号在蓝牙信标与佩戴在工人手上和臀部、用以读取 UPS 包裹标签的扫描设备之间传送。如果工人将包裹放到并非开往包裹目的地的配送货车，信标就会发出响亮的哔哔声。当包裹进入正确的货车时，会有不同的哔哔声进行确认。在部署这一技术之前，UPS 并未执行最终扫描来确认所有包裹都在正确的货车上。如果包裹装错货车，驾驶员就必须绕道来投递这些包裹，或者找一名主管来将这些包裹转移到正确的货车上。

除了减少延迟，蓝牙驱动系统还可向客户提供有关即将送达的包裹的更多详细信息。当包裹在早上被扫描时，UPS 的服务系统会更新日期，向客户发送电子邮件，显示其货运状态。注册了这项服务的客户会收到有关其包裹到达日期以及预计交货时间的消息。

蓝牙还有一项增强功能是可通知临时工将 UPS 车辆在当日取件并带回公司分拣中心的外送包裹放到何处。在 11 月到次年 1 月期间，UPS 会雇用近 10 万名临时工。在过去，这些工人必须记下数百个邮政编码才能知道将

---

⊖ 1ft$^2$=0.092 9m$^2$。

包裹放到何处。UPS 开始给部分临时工装配扫描装置和成本并不高昂的蓝牙耳机，耳机会发出"红""绿"或"蓝"等单个词的命令，指明特定的传送带，将包裹运送到指定位置做进一步处理。

新技术使 UPS 处理中心的管理人员能够准确地知道他们每个晚上必须处理多少个无法投递的包裹以及这些包裹何时会到达，这有助于他们规划工作班次来重新安排包裹投递路线。这些信息会以图表的形式实时出现在管理人员的三星智能手机上，图表会显示进仓包裹的数量、包裹处理的速度、哪组工人最忙，从而把员工分配到需求最高的地方。而过去，UPS 的管理人员必须依赖历史数据和通过无线电与驾驶员通话，来估算他们每晚必须处理的无法投递的包裹数量。

所有这些技术投资开始产生回报。较之以往，UPS 已能够更为轻松地处理节假日和新冠疫情期间激增的递送量。

资料来源：UPS, "UPS Kicks Off 2020 Capacity Expansion with Multi-Facility Announcement in Pennsylvania," January 29, 2020; www.ups.com, accessed April 30, 2020; Katherine Feser, "UPS Package Delivery Facility in NW Houston Creates 575 Jobs," *Chron*, January 17, 2019; Bloomberg, "UPS Sees Payoff from $20BN Tech Bet," *SupplyChainBrain*, April 24, 2018; Paul Ziobro, "UPS's $20 Billion Problem: Operations Stuck in the Twentieth Century," *Wall Street Journal*, June 15, 2018; and Elizabeth Woyke, "How UPS Delivers Faster Using $8 Headphones and Code That Decides When Dirty Trucks Get Cleaned," *MIT Technology Review*, February 16, 2018.

**案例分析题：**

1-11 判断 UPS 面临的问题。是技术问题、组织问题还是管理问题？解释你的答案。

1-12 请描述 UPS 对该问题的解决方法。这是一个成功的解决方案吗？为什么？

1-13 画出 UPS 自动化前后的包裹分拣流程示意图。

1-14 自动化包裹分拣如何改变 UPS 的操作和决策？

## 参考资料

Baldwin, Richard. *The Great Convergence: Information Technology and the New Globalization*. Cambridge, MA: Harvard University Press (2016).

Brynjolfsson, Erik. "VII Pillars of IT Productivity." *Optimize* (May 2005).

Brynjolfsson, Erik, and Avinash Collis. "How Should We Measure the Digital Economy?" *Harvard Business Review* (November–December 2019).

Brynjolfsson, Erik, and Lorin M. Hitt. "Beyond Computation: Information Technology, Organizational Transformation, and Business Performance." *Journal of Economic Perspectives* 14, No. 4 (2000).

Bureau of Economic Analysis. *National Income and Product Accounts*. www.bea.gov, accessed April 19, 2020.

Chae, Ho-Chang, Chang E. Koh, and Victor Prybutok. "Information Technology Capability and Firm Performance: Contradictory Findings and Their Possible Causes." *MIS Quarterly* 38, No. 1 (March 2014).

Dedrick, Jason, Vijay Gurbaxani, and Kenneth L. Kraemer. "Information Technology and Economic Performance: A Critical Review of the Empirical Evidence." Center for Research on Information Technology and Organizations, University of California, Irvine (December 2001).

eMarketer. "Mobile Commerce Sales in 2020." Oberlo.com, accessed May 1, 2020.

Friedman, Thomas. *The World Is Flat*. New York: Picador (2007).

Gartner Inc. "Gartner Says Global IT Spending to Reach $3.8 Trillion in 2019." (January 28, 2019).

Hjartar, Klemens, Krish Krishnakanthan, Pablo Prieto-Muñoz, Gayatri Shenai. "The CEO's New Technology Agenda." McKinsey Digital (November 2019).

Hughes, Alan, and Michael S. Scott Morton. "The Transforming Power of Complementary Assets." *MIT Sloan Management Review* 47, No. 4 (Summer 2006).

Lamb, Roberta, Steve Sawyer, and Rob Kling. "A Social Informatics Perspective of Socio-Technical Networks." http://lamb.cba.hawaii.edu/pubs (2004).

Laudon, Kenneth C. *Computers and Bureaucratic Reform*. New York: Wiley (1974).

Lev, Baruch. "Intangibles: Management, Measurement, and Reporting." The Brookings Institution Press (2001).

Lipsman, Andrew. "Global E-Commerce 2019." eMarketer (June 27, 2019).

Meola, Andrew. "Rise of M-Commerce: Mobile Ecommerce Shopping Stats & Trends in 2020." *Business Insider* (December 17, 2019).

Mithas, Sunil, and Roland T. Rust. "How Information Technology Strategy and Investments Influence Firm Performance: Conjecture and Empirical Evidence." *MIS Quarterly* (March 2016).

Nevo, Saggi, and Michael R. Wade. "The Formation and Value of IT-Enabled Resources: Antecedents and Consequences of Synergistic Relationships." *MIS Quarterly* 34, No. 1 (March 2010).

Ross, Jeanne W., and Peter Weill. "Four Questions Every CEO Should Ask About IT." *Wall Street Journal* (April 25, 2011).

Sabherwal, Rajiv, and Anand Jeyaraj. "Information Technology Impacts on Firm Performance: An Extension of Kohli and Devaraj (2003)." *MIS Quarterly* (December 2015).

Saunders, Adam, and Erik Brynjolfsson. "Valuing Information Technology Related Intangible Assets." *MIS Quarterly* (March 2016).

Statista Research Department. "Size of the Global Management Consulting Market, from 2011 to 2020." Statista (April 9, 2020).

Teece, David. *Economic Performance and Theory of the Firm: The Selected Papers of David Teece*. London: Edward Elgar Publishing (1998).

US Bureau of Labor Statistics. *Occupational Outlook Handbook*. (April 10, 2020).

# 第 2 章

# 全球电子商务与合作

## 学习目标

通过阅读本章,你将能回答:

1. 什么是业务流程?它和信息系统的关系如何?
2. 信息系统如何服务于企业中的各级管理层?如何帮助企业提升组织绩效?
3. 为什么合作和社会化商务系统如此重要?这些系统采用了哪些技术?
4. 信息系统职能在企业中扮演了什么样的角色?
5. MIS 如何有助于我的职业发展?

## 开篇案例

### 企业社交网络将夏普公司转型为更创新的互联组织

夏普公司是一家制造和销售 LCD(液晶显示器)、多功能打印设备、计算器、收音机、微波炉和传感器等电信设备、电气和电子设备以及电子元器件的日本跨国企业。夏普公司的经营理念强调,公司并不仅仅追求业务量的扩大,而是还致力于利用独有的创新技术为世界各地的文化和人民福祉做出贡献。从 2016 年开始,夏普公司成为中国富士康集团的子公司,在全球范围内雇用的员工超过 5.2 万人。对于公司持续的创新和商业成功而言,协作与信息分享至关重要。

虽然有令人印象深刻的产品阵容,但随着新的亚洲竞争者对其消费电子业务发起挑战,夏普公司还是陷入了财务困境之中。公司的核心电子制造服务仅有微薄的利润率。富士康一直在与夏普公司的管理层合作,将夏普公司的业务组合多元化并重组公司,以提高其效率和盈利能力。

夏普公司的管理层认为,为了加强夏普公司的全球业务,公司需要改变其工作的方式,包括业务流程和组织文化。过去,员工必须遵循自上而下的决策。指令自上而下流动。夏普公司需要转型到基于双向对话的组织文化,在这种文化中,低层级的员工与高层级的管理人员均能够发挥领导作用。公司的年轻员工正在寻求一种新的制度，以能够彼此自由地分享想法和意见。

为此，夏普公司实施了微软的 Yammer。Yammer 是一个供企业内部使用的企业社交网络平台，同时它也可以创建与供应商、客户和其他组织外部人士的外部网络链接。Yammer 支持员工建立小组进行项目协作以及共享和编辑文档，它还具备新闻动态功能，可以让人了解公司内发生了什么。Yammer 的人员目录（people directory）功能提供了可搜索的联系信息、技能和专业知识数据库。可以通过网页、桌面客户端和移动设备访问 Yammer，Yammer 也可与其他微软工具集成，如 SharePoint 和 Office 365，使其他应用更具"社交作用"。SharePoint 是微软的协作、文档共享和文档管理平台，Office 365 是微软为其桌面端生产力应用程序（如文字处理、数据表、电子演示稿和数据管理）提供的在线服务。

夏普公司在 2013 年 2 月制订了一个 Yammer 试行计划，由员工自愿参加，允许员工写下兴趣爱好以及工作相关的话题。数个月内，已有 6 000 名参加者，且公司内的 Yammer 用户数量已超过 1 万名。夏普公司希望日本国内的所有员工都使用 Yammer，并最终推广到海外办事处。

Yammer 改进了高级管理层与普通员工之间的信息流动。员工之间的沟通有了可观的提升，有些对话发生在不同的部门、不同的地区之间。例如，智能手机开发人员能够在整个公司内分享有关功能和用户友好度的意见，还能够通过阅读 Yammer 的帖子了解正常情况下不会知道的其他部门活动。

有些部门领导人利用 Yammer 向员工征集有关如何在企业内使用最新技术的想法，夏普公司将这些反馈融入产品开发和公司政策中。这种能够在整个公司内收集分散信息并让管理人员自由交流想法和从员工那里获知信息的能力，即象征着夏普公司已发生重大的文化变革。

资料来源："Sharp: A Culture Reborn Through Enterprise Social," www.microsoft.com, accessed February 12, 2020; www.globalsharp.com, accessed January 21, 2020; and Sharp Corporation, "Sharp Is Back with Big Screens," Hexus, February 5, 2019.

夏普公司的经历说明了今天的企业是多么依赖信息系统来提高绩效和保持竞争力。它还表明了支持协作和团队工作的系统对组织创新、执行、增长利润和保持竞争力的能力有多大影响。

图 2-1 让我们注意到本案例和本章提出的要点。夏普公司是一家依赖创新的知识密集型技术公司，但它自上而下的等级制度和文化，阻碍了员工和管理层自由分享信息和创新。这对该公司创造和提供新的领先产品的能力、保持高利润率以及抵御来自其他亚洲公司日益激烈的竞争造成了影响。

夏普公司的管理层发现，最好的解决方案是部署新技术，帮助公司从等级森严的企业知识和工作环境转变为更加民主化的环境。企业社交网络积极调动员工的积极性，使员工能够从同事和管理层那里获得更多的知识。该公司利用微软的 Yammer 社交工具来提高员工的协作和参与度，并与管理层展开对话。现在员工知识的共享更加有效，公司也变得更加创新和高效。

然而，单靠新技术是无法解决夏普公司的问题的。为了使解决方案更加有效，夏普公司必须改变组织文化和业务流程，进行知识的传播和合作，新技术使这些改变成为可能。

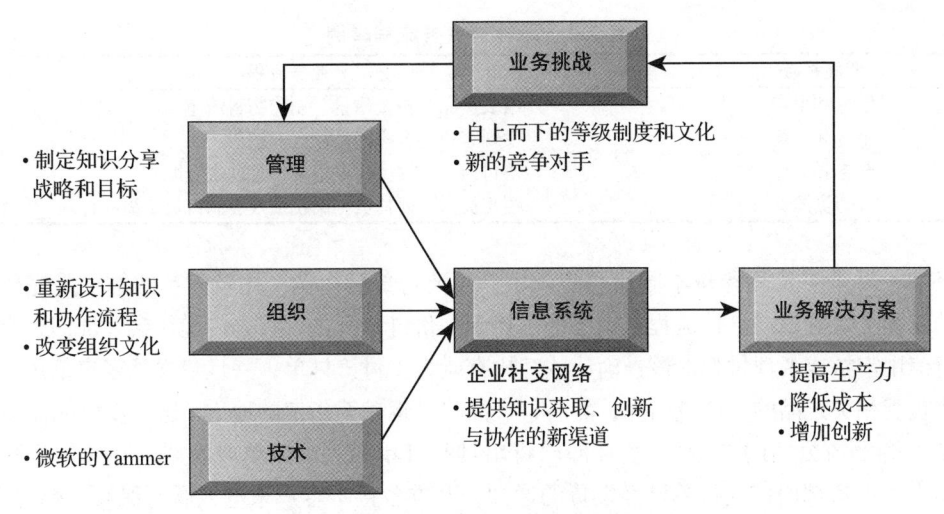

图 2-1　信息系统提升业绩和保持竞争力

> **请思考**：协作和员工敬业度如何帮助夏普公司更具竞争力？使用 Yammer 如何改变了夏普公司的企业文化和工作方式？

## 2.1　业务流程及其与信息系统的关系

企业运营需要处理各种关于供应商、客户、员工、发票、支付以及企业产品和服务等相关的信息，并利用这些信息组织、开展各项工作，从而达到企业高效运营和提高整体绩效的目的。信息系统的应用使企业能够管理各类信息，做出更好的决策，提高企业业务流程的执行效率。

### 2.1.1　业务流程

业务流程的概念在第 1 章中已经提到过，是指以提供有价值的产品或服务为中心而进行的一系列业务工作的组织和协调方式。业务流程是生产产品或提供服务所需要的一系列业务活动的集合，这些业务活动由物流、信息流和业务流程参与者之间的活动组成。业务流程也指企业组织协调工作、信息、知识的特定方式，以及管理层确定的工作协调方式。

企业的业绩好坏很大程度上取决于其业务流程设计和运行的好坏。如果业务流程使企业能够比其竞争对手更创新或更具执行力，这样的业务流程就可以成为企业竞争优势的源泉。同样，如果这些业务流程基于陈旧过时的工作方式，则会妨碍企业的响应能力和效率，此时业务流程也可能会成为企业的负担。本章开篇案例描述的夏普公司在知识共享流程方面的改进清楚地说明了这些观点，本书中的其他案例也说明了这些观点。

每一项业务都可以看作一系列业务流程的集合，其中一些业务流程又是更广范围的业务流程的组成部分。例如，利用有经验的顾问、维基、博客和视频是整个知识管理流程的一部分。许多业务流程专属于特定的职能领域。例如，销售和市场职能负责发现客户的流程，人力资源职能负责招聘员工的流程。表 2-1 给出了每一个职能所负责的一些典型业务流程。

表 2-1  职能性业务流程举例

| 职能领域 | 业务流程 |
| --- | --- |
| 制造和生产 | 组装产品、检查质量、制作物料清单 |
| 销售和市场 | 发现客户、客户产品认知、销售产品 |
| 财务和会计 | 偿付债务、提供财务报表、管理现金账户 |
| 人力资源 | 招聘员工、评估员工岗位绩效、制订员工福利计划 |

还有一些业务流程跨越不同的职能领域，需要跨部门协调。比较简单的例子是完成客户订单的流程（见图2-2）。该流程从销售部门接到一份订单开始，首先传递给会计部门，会计部门进行信用审核或者预付款审核，确认该客户有能力支付该订单；一旦建立了客户信用，生产部门将负责相关产品的生产或出库；然后，产品将被运输至指定的地方（这一步可能需要UPS或FedEx等物流公司的参与）；会计部门将出具与订单相关的账单或发票，并通知客户产品已经运出；销售部门接到订单已经发货的通知，并准备接听客户来电或履行保修索赔等事项。

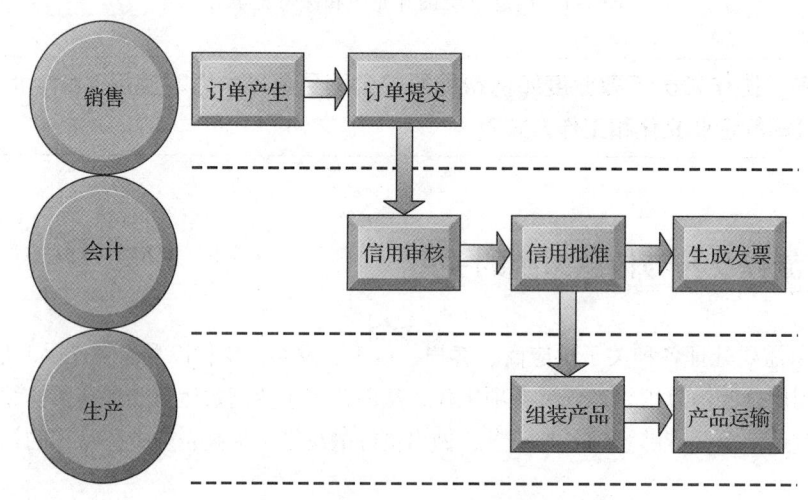

图 2-2  客户订单完成过程

注：完成一份客户订单需要一系列复杂的步骤，销售部门、会计部门以及生产部门必须紧密协调。

初看完成一份订单似乎是一个比较简单的过程，但实际上是一系列非常复杂的业务流程的集成，需要企业中各主要职能部门之间的紧密协调。此外，为了高效地执行并完成订单的所有步骤，需要大量的信息，而且这些信息必须能够在企业内部决策者之间、企业与运输企业等合作伙伴之间以及企业与客户之间快速地流动。基于计算机的信息系统使这一切成为可能。

## 2.1.2  信息技术如何改进业务流程

信息系统到底如何改进业务流程呢？信息系统使业务流程中许多原来依靠手工方式完成的活动实现自动化，如客户信用的审核或发票和运单的产生等。如今的信息技术可以完成更多的事。新技术能改变信息流，使更多的人获取和共享信息，用并行的步骤和任务代替串行，并消除决策过程中的延误。新技术往往会改变一家企业的业务运作方式，转而支持全新的商业模式。从亚马逊下载一本 Kindle 电子书、从百思买在线购买一台计算机或通过 iTunes 下载一段音乐等，都是基于新商业模式的全新业务流程。没有信息技术的支持，要完成这些任务是不可想象的。

这就是为什么对业务流程给予更多的关注如此重要。不仅是在信息系统课程中，还包括在将来的职业生涯中。通过对业务流程的分析，你可以清楚地了解一家企业到底是如何开展工作的。此外，通过对业务流程的分析，你还能够了解如何通过改进流程来改变业务，提升企业效率和效益。业务流程的视角将贯穿本书，这将有助于我们理解如何应用信息技术改进业务流程，从而达到更高的效率、实现更好的创新和更优质的客户服务效果。

## 2.2 信息系统如何服务于企业中的各级管理层，如何帮助企业提升组织绩效

既然你已经了解了业务流程，那么接下来你应该去更深入、细致地了解信息系统在企业中是如何支持业务流程的实现的。企业组织中存在不同的利益、专业职能和管理层级，因此也存在不同类型的信息系统。没有一个单独的信息系统能够提供一个组织需要的所有信息。

企业组织中的每一项主要业务职能，包括销售和市场、制造和生产、财务和会计以及人力资源等，其业务流程均有相应的信息系统支持。各职能系统之间难以共享信息来支持跨职能业务流程，彼此孤立运行的情况已成过去，这类孤立的系统大部分已经被更大规模的、跨职能的集成信息系统所替代，集成信息系统集成了相关的业务流程活动和组织单元。我们将在本部分后续章节中介绍这些集成的跨职能应用系统。

我们在第 1 章中已经描述了在一家典型企业中存在着各层级管理团队的决策，以及能够支持这些主要管理团队决策所需要的系统。每一层级——操作层管理、中层管理以及高层管理都需要不同类型的系统以支持其所做的决策。下面我们将介绍这些系统和它们支持的决策类型。

### 2.2.1 支持不同管理团队的信息系统

一个企业组织需要信息系统支持不同团队和层级的管理需求。这些系统包括事务处理系统和商务智能系统。

**1. 事务处理系统**

业务经理需要系统帮助记录组织中各种基本业务活动的信息，如销售、票据、现金存量、工资发放、信贷决策以及工厂中物料的流动等。**事务处理系统**（transaction processing system，TPS）就提供这类信息。事务处理系统是计算机化的系统，用以执行和记录企业日常性的业务，如销售订单输入、旅馆预约、薪酬、员工档案保管和运输等。

这个层次系统的主要目的是解决常规问题和跟踪组织中的业务流，如库存的零部件还有多少、史密斯先生的付款出现了什么问题等。为回答这类问题，信息通常必须是容易获得的、即时的和准确的。

在企业运营层面，任务、资源和目标是预先设置和高度结构化的。例如，是否授予客户信用的决策是由基层主管根据预设的评判标准做出的，需要判断的仅仅是客户是否满足这些标准。

图 2-3 是薪酬事务处理系统。该系统记录了企业支付给员工的薪酬记录，包含员工姓名、社会保障号码和每周工作小时数的员工工作时间记录卡，代表了该系统的一项事务。一

且该事务输入系统中，它将更新系统中的员工信息主文件（或数据库，见第 6 章），员工主文件长期维护着组织中员工的信息。系统中的数据通过不同的方式可以形成企业管理层和政府部门所需要的各类报告以及给员工的薪水支票。

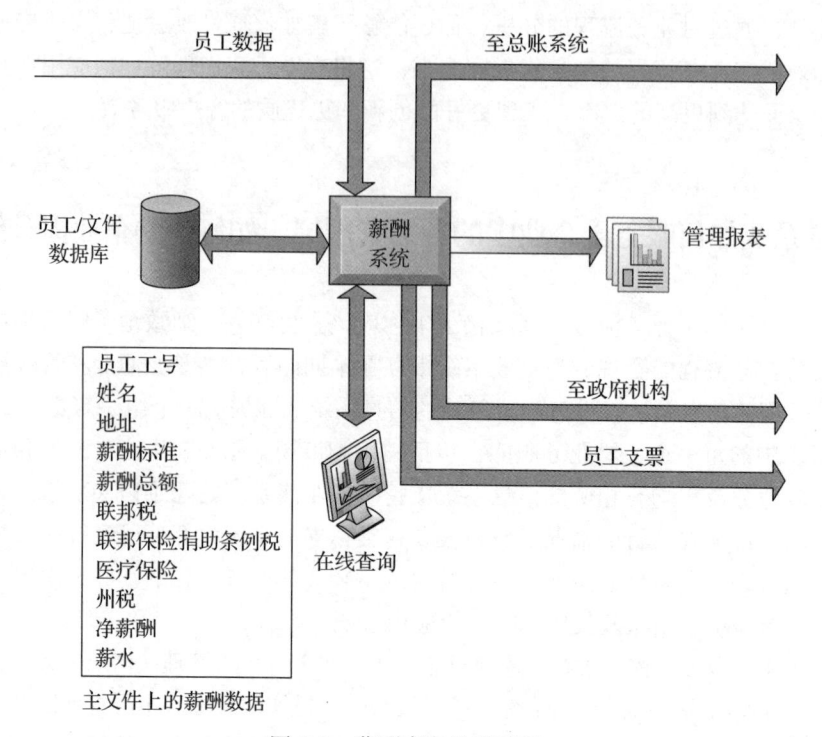

图 2-3　薪酬事务处理系统

注：薪酬事务处理系统输入员工薪酬业务数据（如时间卡），输出包括在线的和纸质的管理报表以及员工支票。

管理者需要事务处理系统来监控企业内部的运营状态以及企业与外部环境的关系，事务处理系统也是其他系统和企业职能部门所需信息的主要产生者。例如，图 2-3 中的薪酬事务处理系统和企业其他会计事务处理系统一起，为企业的财务总账系统提供数据，记录企业的收入和费用，并产生收益表和资产负债表等财务报告。薪酬系统也为企业人力资源部门计算员工保险、退休金以及其他福利提供员工薪酬历史数据，为政府部门如美国国税局和社会保障局提供雇员薪酬数据。

事务处理系统对企业非常重要，它停运几个小时就可能导致整个企业的瘫痪，甚至影响与该企业相关的其他企业。设想一下，如果 UPS 的包裹追踪系统不能工作将会发生什么事？如果航空公司没有计算机支持的预订系统将会怎样？

**2. 商务智能系统**

企业中还有提供信息来支持管理决策的商务智能系统。**商务智能**（business intelligence）是一个现代术语，包括一系列用来组织、分析和提供数据访问的数据和软件工具，以帮助管理者和其他企业用户做出更明智的决策。商务智能可以满足所有层级管理和决策需要。本节对商务智能进行简要介绍，在第 6 章和第 12 章中可以获得更多的相关知识。

商务智能系统支持中层管理者开展监督监测、控制管理、决策制定和行政事务工作。在第 1 章中，我们曾将 MIS 定义为对企业和管理中信息系统的研究，MIS 也可以指为中层管理人员服务的一类特定的信息系统。MIS 为中层管理人员提供关于组织当前运行情况的报告，中层管理人员使用这些信息来监督和控制业务，并预测未来的绩效等。

MIS 根据 TPS 产生的数据进行汇总，生成关于企业基本运行情况的报告，来自 TPS 的基础业务数据被汇总，并常常以定期报告的形式呈现。如今，大量的报告已经实现了在线传递。图 2-4 显示了一个典型的 MIS 如何将来自库存、生产、会计等方面的业务数据转换为 MIS 文件，进而形成报告提交给管理人员的过程。表 2-2 显示了由 MIS 系统产生的报告样本。

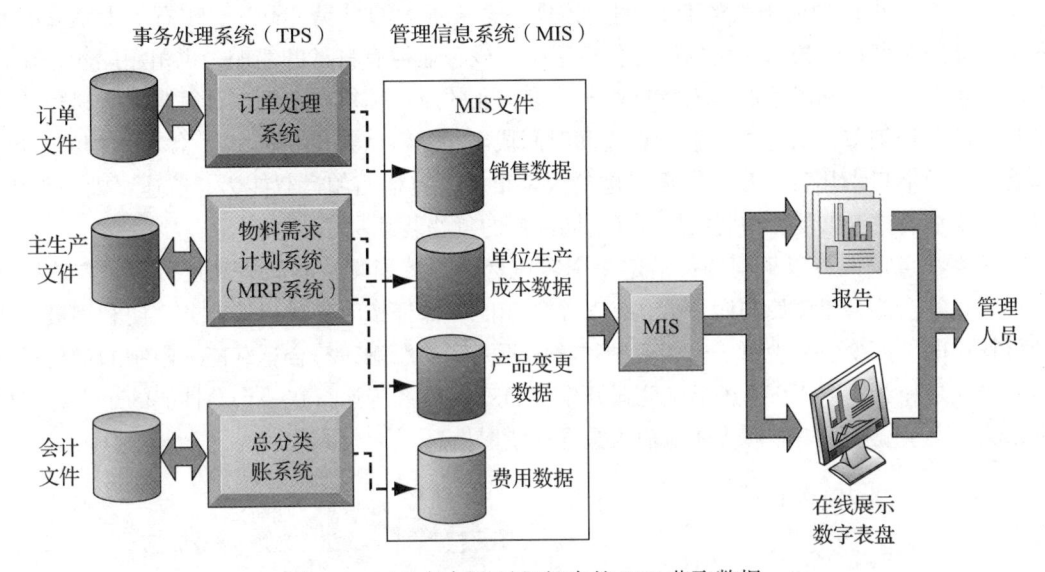

图 2-4　MIS 如何通过组织中的 TPS 获取数据

注：在报告周期结束前，3 个 TPS 将初步汇总的业务数据提供给 MIS 报告系统。管理人员通过 MIS 访问组织的业务数据，MIS 为管理人员提供合适的报告。

表 2-2　MIS 报告样本

| 产品编号 | 产品描述 | 销售区域 | 实际销售（美元） | 计划销售（美元） | 实际与计划对比 |
| --- | --- | --- | --- | --- | --- |
| 4469 | 地毯清洁剂 | 东北部 | 4 066 700 | 4 800 000 | 0.85 |
|  |  | 南部 | 3 778 112 | 3 750 000 | 1.01 |
|  |  | 中西部 | 4 867 001 | 4 600 000 | 1.06 |
|  |  | 西部 | 4 003 440 | 4 400 000 | 0.91 |
|  |  | 总计 | 16 715 253 | 17 550 000 | 0.95 |
| 5674 | 房间清新剂 | 东北部 | 3 676 700 | 3 900 000 | 0.94 |
|  |  | 南部 | 5 608 112 | 4 700 000 | 1.19 |
|  |  | 中西部 | 4 711 001 | 4 200 000 | 1.12 |
|  |  | 西部 | 4 563 440 | 4 900 000 | 0.93 |
|  |  | 总计 | 18 559 253 | 17 700 000 | 1.05 |

注：这份报告展示了由图 2-4 中 MIS 系统产生的年度销售数据概况。

MIS 回答的通常是常规性问题，这些问题都是预先设定的，并有一套预先确定的程序进行解答。例如，一份 MIS 报告可能会列出本季度在一个快餐连锁店中消耗的生菜数量，或者如表 2-2 所示，比较某一特定产品的实际销售与计划销售数据。总的来说，这类系统不具有柔性，分析能力也很有限。大多数 MIS 系统使用的是汇总和比较这类简单的处理程序，而不是复杂的数学模型或统计技术。

商务智能系统中其他类型的系统支持比较非常规性的决策。**决策支持系统**（decisionsupport

system，DSS）关注那些特定且快速变化的问题，这些问题的解答步骤不可能完全被事先明确。这些系统试图回答类似于这样的问题：如果 12 月的销售额加倍，会对我们的生产计划产生什么样的影响？如果一个工厂的计划延迟 6 个月，会对我们的投资回报产生什么样的影响？

DSS 不仅使用来自 TPS 及 MIS 的内部信息，也会使用来自外部的信息，如当前股价或者竞争对手的产品价格等。这些系统的使用者是作为"超级用户"的管理者以及希望运用复杂的分析技术和模型来分析数据的业务分析人员。

举一个很小但功能强大的 DSS 例子，是一家负责运输煤炭、石油、矿石等大宗商品及各类产品的大型运输公司使用的航运估算系统。该企业拥有自己的船舶，也租用船舶，在开放的市场上参与竞标以争取运输货物业务。该企业的航运估算系统可以计算与航运财务和技术相关的各种细节，财务方面包括运输和时间成本（燃料、人工、资金）、各类货物的运价、运费率以及港口费用等。技术方面考虑的因素很多，包括船舶运载能力、航速、港口距离、燃料、淡水消耗量以及货物装载模式（不同港口的货物装载次序）等。

该系统可以回答以下问题：给定一个客户货物的计划交货时间表和运费率，应该用什么样的船舶以什么速度使利润最大化？某个船舶能够保证按时完成运输业务且使利润最大化的最佳速度是多少？一艘由马来西亚驶往美国西海岸的船舶，符合运载能力限制的最佳货物装载模式是什么？图 2-5 描述了该公司开发的 DSS，该系统运行在一台高性能的个人计算机上，菜单式系统使用户能够快速地输入数据或获取信息。

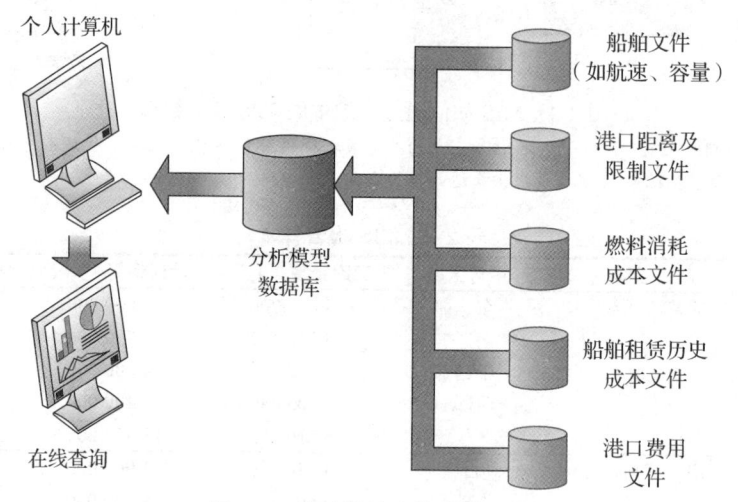

图 2-5　航运估算决策支持系统

注：DSS 运行在一台高性能的个人计算机上，供负责生成运输合同标书的经理日常使用。

上述航运估算 DSS 高度依赖于分析模型的应用。其他类型的商务智能系统越来越多的是数据驱动型，关注从大量的数据中提取有用信息以支持决策。例如，北美大型的滑雪度假村公司（如 Intrawest 和 Vail 度假村）从呼叫中心、住宿餐饮预订系统、滑雪学校及滑雪装备租赁店收集并存储了大量的客户信息。它们使用特殊的软件来分析这些数据，确定每个客户的价值、回报潜力和忠诚度，这样管理者就可以更好地做出有针对性的营销计划决策。

商务智能系统还可以满足高层管理者的决策需求。高层管理者需要的系统应能着眼于战略问题和长期发展趋势，既要关注企业内部，也要关注外部环境。他们会关心如下问题：5 年后，就业市场将会如何？长期的行业成本趋势将如何变化？5 年后，我们应该生产什么产品？

**经理支持系统**（executive support system，ESS）可以支持高层管理者做决策。ESS 专注于需要判断、评估和洞察力的非常规性决策，因为这类决策没有统一的解答程序。ESS 给高层管理者提供容易使用的界面来呈现来自多个源头的数据和图形，通常通过**门户**（portal），即 Web 界面来呈现集成的、个性化的业务内容，给高层管理者提供各种信息。

ESS 综合了来自企业外部的数据（如新的税法或竞争者信息），以及来自企业内部的 MIS 和 DSS 中的汇总信息，通过过滤、精炼、跟踪关键数据，将其中最重要的部分展示给高层管理者。ESS 将越来越多地包含趋势分析、预测和"深入挖掘"细节数据等商务智能分析功能。

例如，世界上最大的独立炼油企业 Valero 的**首席运营官**（chief operating officer，COO）和工厂经理，利用 Refining Dashboard 来显示与工厂和设备可靠性、库存管理、安全和能源消耗相关的实时数据。有了这些数据，COO 及其团队就能根据每个工厂生产计划的执行情况，对在美国和加拿大的 Valero 炼油厂的绩效做出评估。总部就可以了解从企业管理层深入到炼油厂层，乃至某个系统操作层人员的绩效。Valero 的 Refining Dashboard 是数字仪表盘的一个示例，它在单个屏幕上显示用于管理公司的关键绩效指标的图表，如图 2-6 所示。数字仪表盘正逐渐成为管理决策者欢迎的工具。

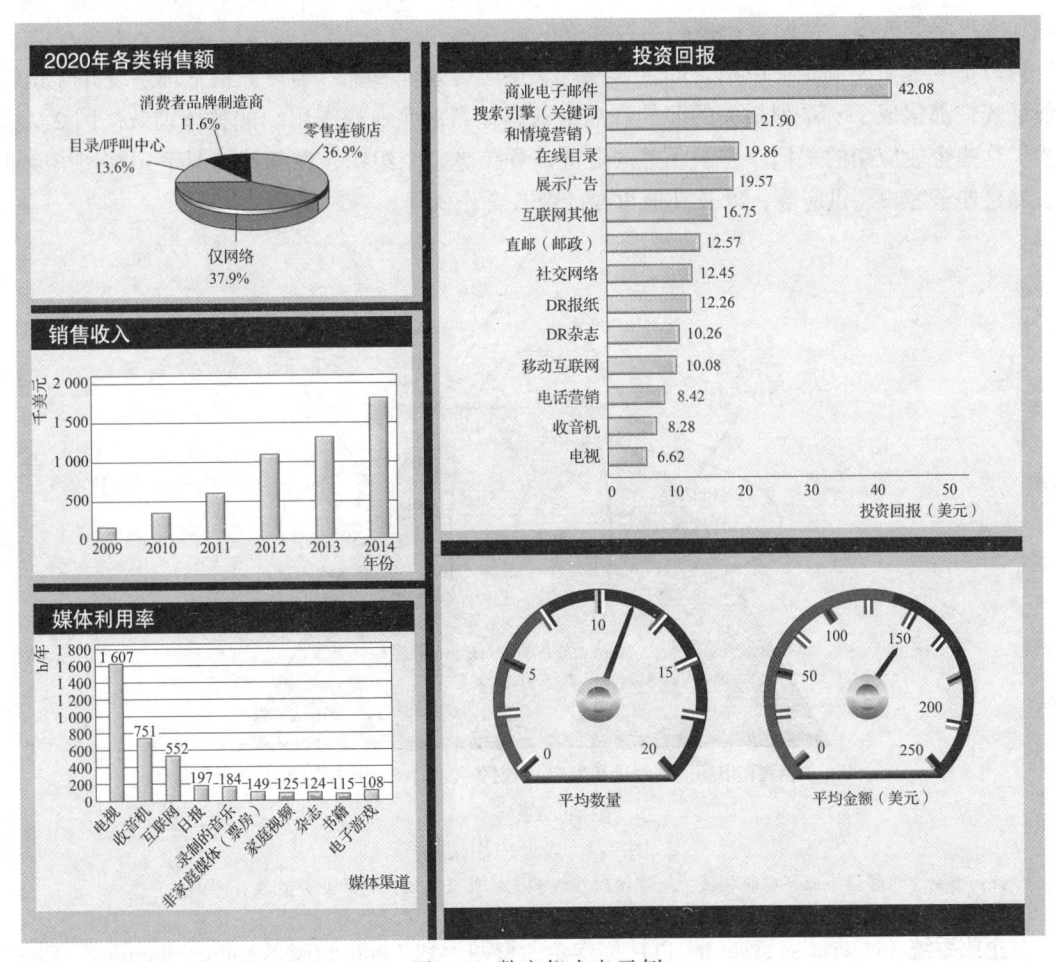

图 2-6 数字仪表盘示例

注：数字仪表盘通常在一个屏幕上显示综合的、准确的信息以支持决策，图形化的 KPI 帮助管理者快速发现需要注意的地方。

## 2.2.2 联结企业的各类系统

回顾之前描述的所有各类不同的系统，你可能会想了解一家企业如何管理来自不同系统中的所有信息，以及维护那么多不同的系统需要付出多少成本。你也许还想了解这些不同的系统之间如何共享信息，管理者和员工之间是怎样协调工作的。实际上，这些问题也都是当今企业需要解决的重要问题。

**1. 企业应用**

在企业中，让所有不同类型的系统一起工作确实是一个重要挑战。一般而言，大企业要么是自然形成的，要么是通过并购小企业组合而成的。随着时间的推移，企业内就会汇集一系列的系统，且大部分系统较为陈旧，这时企业面临的挑战就是设法让这些系统互联互通，并让这些系统像一个单一的企业系统一样工作。针对这一问题有几种解决方案。

一种解决方案是实施**企业应用**（enterprise application），这是指那些跨越组织职能领域的系统，主要用于执行贯穿企业的各类业务流程（其中涉及各层级的管理工作）。企业应用的实施使企业业务流程之间更密切地协调合作，使各业务流程得以集成，从而提升企业资源管理和客户服务效率，帮助企业提高柔性和效率。

以下 4 类主要的企业应用，即企业系统、供应链管理系统、客户关系管理系统和知识管理系统，都集成了一系列相关的职能和业务流程，帮助企业提高组织的整体绩效。图 2-7 描述了这些企业应用的架构，它们涵盖的业务流程跨越整个组织，在某些情况下还将超出企业边界延伸至客户、供应商，以及其他重要的业务合作伙伴。

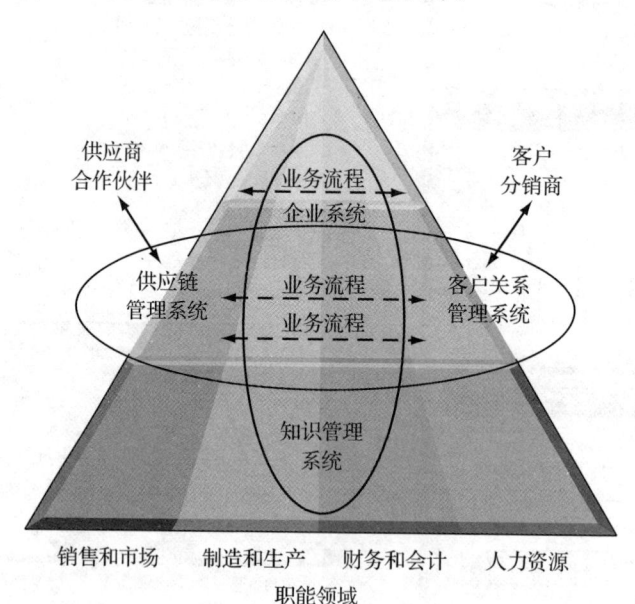

图 2-7 企业应用架构

注：企业应用将横跨业务职能领域，纵穿组织层级甚至扩展至组织外部的业务流程自动化。

**企业系统**（enterprise system）也被称作**企业资源计划**（enterprise resource planning，ERP）系统，通过实施企业系统，将销售和市场、制造和生产、财务和会计、人力资源等职能领域的业务流程整合到一个统一的软件系统中，之前分散在不同系统中的信息也被统一存储到一个综合数据库中，供企业的不同部门使用。

例如，当一位客户下了一份订单，订单数据就会自动流向企业中与该订单相关的业务部门。仓库收到订单后就触发挑拣订单所需的产品，安排发货并通知工厂补充消耗掉的库存产品等工作。会计部门就会被告知要给这位客户提供发票；客户服务代表跟踪订单的每一步进展，及时告知客户订单进展的状态；管理人员能够及时掌握整个企业的信息，对有关日常运营和长期规划做出更加准确及及时的决策。

企业使用**供应链管理**（supply chain management，SCM）系统来管理供应商的关系。这类系统的实施，有助于企业与供应商、采购企业、分销商以及物流企业之间共享关于客户订单、生产、库存状态，以及产品和服务递送的信息，从而有效地管理资源、协调生产以及配送产品和服务，最终达到以最短的时间和最小的成本将正确数量的产品从源头送到消费点的目标，降低产品生产和运输成本，使管理人员更好地决策，安排采购、生产和配送业务，增加企业的盈利能力。

供应链管理系统中的信息流跨越了企业组织的边界，因此供应链管理系统属于**跨组织系统**（interorganizational system）类别。在本书中，你还将发现其他类型的跨组织信息系统，这些系统使企业与客户及外包服务企业之间的电子化联系成为可能。

企业使用**客户关系管理**（customer relationship management，CRM）系统来管理客户的关系。CRM系统提供相关信息帮助企业协调所有与销售、市场、服务有关的业务流程，不断提升业务收入、客户满意度和客户忠诚度，帮助企业识别、吸引、保留最有价值的客户，为现有客户提供更好的服务，提高销售额。

有些企业比其他企业做得好，是因为这些企业拥有更好的关于创新、生产、产品配送和服务的知识，这些知识是独特的、难以模仿的，能够帮助企业形成长期的战略优势。**知识管理系统**（knowledge management system，KMS）的实施能够更好地管理与知识经验获取和应用有关的流程，收集企业范围内所有相关的知识和经验，并使这些知识和经验在需要的时候能够随时随地被员工获取，从而改善业务流程和管理决策。这些系统也能使企业与外部知识源相连接。

在第9章中我们将进一步详细阐述企业系统、供应链管理系统和客户关系管理系统。本章将讨论支持知识管理的协同系统，其他类型的知识管理系统应用将在第11章中介绍。

**2. 内联网和外联网**

企业应用系统深刻地改变了企业开展业务的方式，使企业能够把大量的业务数据整合到一个系统中，但实施这些系统通常非常昂贵，难度很大。由于内联网和外联网能够促进信息在企业内部及企业与客户、供应商之间的流动和整合，因此可以作为一种替代性的工具，也是值得关注的。

内联网简单来讲就是只有企业员工能够访问的企业内部网站。内联网是相对互联网而言的，指的是企业内部的网络，而互联网是指连接组织和其他外部网络的公共网络。内联网采用与互联网同样的技术标准和技术，通常作为大型企业网站中的内部员工的访问区域。外联网与内联网类似，是企业网站中授权供应商可以访问的区域，通常用来帮助与供应商之间的协同生产。

例如，六旗主题乐园公司（Six Flags）管理着遍布北美的18个主题乐园，该企业有一个内联网，为企业 1 900 名员工提供与每个主题乐园日常运营相关的各类新闻和信息，包括天气预报、演出计划安排、团体和知名人士的参观访问细节等。该企业也用外联网给 30 000 名季节性员工提供有关计划变更和乐园事件等方面的信息。我们将在第 7 章中介绍内联网和外联网的更多细节。

### 2.2.3 电子商业、电子商务和电子政务

之前提到的系统和技术都是通过网络和互联网让企业与客户、供应商以及物流合作伙伴间的关系转换为数字化的连接。目前，大量的企业已经利用数字化网络或者基于数字化网络来开展业务，因此在本书中我们将频繁地使用"电子商业"和"电子商务"这些表述。

**电子商业**（electronic business，e-business）是指企业应用数字技术和互联网来执行主要的业务流程，包括企业内部管理相关的各类活动以及协调供应商和其他合作伙伴的各类活动。电子商业涵盖了**电子商务**（electronic commerce，e-commerce）。

电子商务可以看作电子商业中涉及通过互联网买卖商品及服务的部分。电子商务也包括支撑这些市场交易进行的各类活动，如广告、营销、客户支持、安全、配送以及支付等。

电子商业相关的技术也给公共部门带来了相似的变化，各级政府正在应用互联网技术为市民、员工以及企业提供信息和服务。**电子政务**（electronic government，e-government）是指应用互联网和网络技术，使各政府部门和公共服务机构与市民、企业及其他政府分支机构之间的关系数字化。

除了改进政府服务模式之外，电子政务还使政府部门的运行效率更高，让市民更容易获取信息，并且让市民具有与其他市民建立电子化网络的能力。例如，在美国某些州的市民可以在线更新驾照或申请失业金，互联网已成为政治活动和募集资金时快速动员利益群体的强大工具。

⊙ 互动讨论：组织

### 密西沙加市走向数字化

位于多伦多郊区的密西沙加市是加拿大的第六大城市，也是率先利用数字技术提升自身运营和服务的一个城市。它尝试将技术融入其运营以及战略与商业规划之中，在商业计划和预算中对每一市政服务制定了技术路线图。

密西沙加市有着充满活力的多文化人口和繁荣的中心商业区，很多加拿大的公司以及跨国公司都将总部设在那里。但自 1970 年以来，包括密西沙加市在内的大多伦多地区的低收入家庭明显增多，而中等收入家庭数量出现相似的减少。密西沙加市制订了一个智能城市总体计划，提供愿景和框架来指导城市的数字技术普及。城市的领导者认为，数字技术应当可供每个人使用，为初创企业、学校和处于风险之中的家庭提供机会。

密西沙加市已成为技术举措的领导者，如社交媒体和"自带设备"（bring your own device，BYOD）举措——后一举措允许员工将自身移动设备用于工作目的。密西沙加市的网站和在线服务托管于可通过互联网访问的远程云计算中心（本书第 5 章提供了对这些技术的详细讨论）。在部署这些技术时，密西沙加市努力将重点放在可用性、高质量客户体验以及向所有收入和教育水平的居民提供信息技术和技术服务上。

密西沙加市尝试尽可能地实现无纸化，通过视频开展会议和协作，其中参与者可远程参加会议和分享文档。这些努力已显著减少用纸量和通过汽车或飞机参会的出行需求。

移动工具已使之前缺乏计算机、在现场作业的公共交通驾驶员和市政工程运营人员等市政人员可以访问员工信息和运营数据，由此支持实时的运营和决策。与移动通信服务提供商Rogers Wireless合作，密西沙加市将600多辆公交车互联，收集公交车运营和路线数据，由此公众能够获得关于公交车位置的实时信息。收集的公交车数据还用于定期维护、保修和基于里程数的常规保养，由此可以在最短时间内撤离公交车，以在最大限度上减少服务中断。

密西沙加市还额外连接了700辆市政车辆（如消防车、除雪车、市政工程车辆、公园运营车辆以及设施维护车辆），以提供实时的定位信息。例如，已联网的除雪车会向公众提供实时的扫雪车信息以及预期的除雪服务水平。车载传感器跟踪推雪铲启动的时间、撒盐或洒沙子的地点与时间以及这些材料使用的速度。密西沙加市实施了一个高级交通管理系统（advanced traffic management system，ATMS），该系统利用自身的大容量光纤和无线Wi-Fi网络以及Rogers Wireless的移动通信网络关联了700多个交通路口（参见第7章）。

一个市政厅的试行项目在5楼打造了多个独立的工作空间和协作单元，由此市政员工可以选择自己想要落座和工作的位置。该楼层中有90%以上的员工并无固定的办公桌或座机电话，但他们的确有移动技术可以在任何地方被联系上。移动工作环境帮助密西沙加市吸引到更年轻的员工，它也改变了最高管理层工作的方式。密西沙加市的管理人员、特派员和主任们正将台式计算机换成移动设备。

与另外3个城市合作，密西沙加市建立了它自己的高速光纤网络"公共部门网"（Public Sector Network，PSN）。这是加拿大最大的由市政府所有的光纤网络。它支持了一个全市范围的高速光纤网络，可以进行大量数据的传输，还支持了一个无线Wi-Fi网络，可以向公众提供无线连接，以便他们获取众多市政服务。企业网络服务巨头思科（Cisco）的加拿大公司帮助密西沙加市建设了一个广泛的Wi-Fi网络，面向其所有社区中心、图书馆、运动场以及公园和小型商业区等众多室外地点。这一免费的Wi-Fi网络作为"虚拟校园"向全世界的大学生开放。2018年，整个城市的免费公共Wi-Fi用时达到800多万小时。在整个城市如此多的地点提供公共Wi-Fi接入，是密西沙加市平衡技术"富人"居民与技术"穷人"居民之间"数字鸿沟"的一种方法。

密西沙加市与联合之路组织（The United Way）、皮尔区、多伦多大学密西沙加分校、谢尔丹学院以及市内商业改善区（Business Improvement Area，BIA）一起合作，在整个城市建立一个能够向全部社区提供服务和数字技术的移动友好型生态系统。该计划将密西沙加市分为23个确定的社区，每个社区有1个枢纽中心和500个移动套件供居民参加社会支持计划，每个移动套件都含有一台联网的笔记本电脑。枢纽中心由多家加拿大总部位于密西沙加市的大型技术公司联合开发，它们会提供联合办公空间，枢纽中心的员工可以在其中工作。密西沙加市最后将建成100个枢纽中心。它还计划在所有23个社区建设500个"连接点"，提供配置语音支持数字屏幕和免费Wi-Fi连接的市内外空间。"连接点"可能位于公园内、公交车站旁或商场内，市民可以在其中找到免费Wi-Fi、可以坐的地方以及获取各种服务和项目。

资料来源："SMRTCTY Master Plan," smartcity.mississauga.ca, accessed February 9, 2020; Sophie Chapman, "Inside the City of Mississauga's Technology Transformation Journey," *Gigabit*, February 18, 2019; and Eric Emin Wood, "How the City of Mississauga Uses Mobile Technology to Engage Workers and Citizens Alike," *IT World Canada*, May 7, 2018.

**案例分析题：**

1. 描述密西沙加市希望利用数字技术解决的问题。
2. 密西沙加市采用了什么技术来解决问题？描述每种技术以及每种技术在解决方案中所扮演的角色。
3. 在开发解决方案时，密西沙加市必须解决哪些管理、组织和技术问题？
4. 在这种情况下，技术如何改善密西沙加市的运营和决策？

## 2.3　合作和社会化商务系统的重要性及其使用的技术

了解上述系统和信息后，你可能很想知道怎样才能使它们变得有意义。企业中的员工如何一起工作，协调计划和行动，进而实现共同目标？除之前提过的各类系统外，企业还需要专门的系统来支持合作与团队工作。

### 2.3.1　合作

**合作**（collaboration）是指与他人一起工作以达到共同而明确的目标。合作强调任务或使命的完成，通常发生在企业或其他组织中以及企业之间。例如，你可以和东京一位某领域的专家同事合作，而你对这个领域一无所知；你还可以和很多同事合作发布企业博客；如果你在律师事务所工作，你又能与来自审计企业的会计师合作，共同为客户解决税务问题。

合作可能是短期的，只维持几分钟，也可能是长期的，这取决于任务的性质和合作方之间的关系。合作可能是一对一的，也可能是多对多的。

企业中员工之间的合作可能存在于不属于企业正式组织结构的非正式团队中，也可能组成正式的合作团队。**团队**（team）通常有一项企业赋予的特殊使命，团队成员需要通过合作执行一系列具体的任务来完成这一使命。团队的使命可能是"赢得一场比赛"，也可能是"增加10%的在线销售额"。团队的存在通常是短暂的，团队存在的时间取决于该团队需要解决的问题以及找到问题解决方案并完成使命需要的时间。

出于如下原因，合作和团队工作如今比以往任何时候都更为重要。

**工作性质的变化。**在以前的工厂制造生产流程中，每个环节每个阶段都是彼此独立的，各环节之间由管理者负责协调，工作被垂直划分为彼此独立的单元。在每一单元内，工作从一个机床传递到另一个机床，从一个桌面传递到另一个桌面，直到成品完成。如今，在产品生产或服务流程中，参与各方的工作之间需要更紧密的协调和互动。麦肯锡咨询公司（McKinsey & Company）的一份报告指出，在41%的美国劳动力从事的工作中，互动（交谈、电子邮件、演讲以及劝说）已经成为主要的增值活动（McKinsey，2012）。甚至在工厂中，工人也常常以生产小组的方式工作。

**专业工作的增加。**在服务业中，"互动性"的岗位越来越变成需要紧密协调和合作的专业岗位。专业岗位的工作人员要求具有相当程度的教育，需要分享信息和意见以完成工作。每一个岗位的人员要具备解决相关问题的技能，所有的参与者都需要考虑彼此，协同完成工作。

**企业组织的变化**。在工业时代，管理者将工作分解成层级状结构，工作指令自上而下传递，反馈自下而上进行。如今，工作是按工作组和团队来组织的，每个团队成员均按团队自己的方式方法来完成任务，高层管理者负责监控和评估工作结果，但很少下达详细的命令或操作指令。从某种角度讲，这是因为组织中的知识技能和决策权力已经下沉的结果。

**企业规模的变化**。企业的工作场所已经从单点向多点变化，办公机构或工厂遍布于某个区域、国家甚至全球。例如，亨利·福特（Henry Ford）在密歇根州的迪尔伯恩建立了第一个大规模的汽车生产工厂。到 2020 年，福特公司在全球有 61 家工厂并雇用 199 000 名员工。在这种全球化趋势下，设计、生产、营销、分销以及服务等领域的紧密合作的需求显然具有新的重要的意义，尤其是大型跨国企业需要基于全球的团队工作。

**对创新的关注**。虽然我们常常倾向于把企业和科学中的创新归功于某些杰出的个体，但这些杰出的个体大都是与才华横溢的同事组成的团队一起工作的。想想比尔·盖茨和史蒂夫·乔布斯，两位都是被高度敬仰的创新者，都在自己的企业中建立了强有力的合作团队，培养和支持企业创新。他们最初的创新都来源于与同事及合作伙伴之间的紧密合作。换句话来说，创新是一个群体过程和社会过程，大部分创新来源于实验室、企业及政府机构中个体之间的合作。充分的合作实践和强有力的合作技术被认为能够提高创新的成功率和品质。

**工作和企业文化的变化**。大部分关于合作的研究支持这样的观点，即相比于独自工作的个体，多样化的团队能获得更快、更好的成果。当前关于群体的广泛认识（"众包"以及"群体智慧"）也为合作和团队合作提供了文化支持。

## 2.3.2 社会化商务

如今，许多企业采用**社会化商务**（social business）来加强合作。社会化商务是指应用社交网络平台，包括 Facebook、Twitter 以及企业内部的社会化工具，增强企业与员工、客户以及供应商之间的交流互动，使员工建立个人档案、创建组群，以及"跟踪"其他人的动态。社会化商务的目的在于加深企业内外群体之间的交互，促进和提升信息共享、创新和决策水平。

社会化商务的关键词是"对话"，客户、供应商、员工、管理人员甚至监督机构通常在不了解企业和关键成员的情况下可以持续"对话"。

社会化商务的支持者认为，如果企业能够倾听这些对话，就可以强化企业与客户、供应商以及员工之间的联结，增强他们对企业的认同感。

所有这些均需要相当程度的信息透明。人们可以在不受主管或其他任何人干扰的情况下非常直接地与他人分享观点和事实，员工可以直接了解客户或其他员工的想法，供应商可以直接了解供应链合作伙伴的想法，管理者甚至可以从员工那里大致了解他们的工作表现。几乎每一个参与价值创造的人都可以更多地了解他人。

如果能够创造出这样的环境，企业或许就可以提升运营效率、刺激创新、加快决策。如果产品设计师能够根据客户的反馈实时了解他们设计的产品在市场上的表现，他们就能够加快产品的再设计过程；如果员工能够通过企业内外的社会联结获取新的知识和见解，他们就能够工作得更有效率，可以解决更多的业务问题。

表 2-3 描述了企业内外社会化商务的重要应用。本章将关注企业的社会化商务，即社会

化商务在企业内部的应用。第 7 章和第 10 章将描述与客户和供应商有关的企业外部社会化商务应用。

表 2-3 社会化商务的应用

| 社会化商务应用 | 商务应用描述 |
| --- | --- |
| 社交网络 | 通过个人和企业的相关介绍建立联系 |
| 众包 | 利用集体的知识产生新的创意和解决方案 |
| 共享工作区 | 开展项目和任务合作；共创内容 |
| 博客和维基 | 发布和快速获取知识；探讨观点和经验 |
| 社会化商业 | 在社交平台上分享购物经验和看法 |
| 文件共享 | 上传、共享和评论照片、视频、音频、文本等文件 |
| 社会化营销 | 利用社交媒体与客户互动；获取客户的观点 |
| 社区 | 在开放论坛中讨论各种话题；分享专业知识 |

### 2.3.3 合作和社会化商务的商业价值

关于合作的研究很多，商业界和学术界普遍认为，企业越具有"合作性"，取得的成就会越多，合作也显得比以往任何时候更为重要。《麻省理工学院斯隆管理评论》（*MIT Sloan Management Review*）的研究发现，关注合作是数字化先进企业创造商业价值和建立竞争优势的核心（Kiron，2017）。一份关于企业和信息系统管理者的全球调研发现，企业在合作技术方面的投资能够改进组织系统，可以取得 4 倍于投资的回报，其中销售、市场以及研发是受益最多的职能领域（Frost 和 Sullivan，2009）。麦肯锡公司的咨询员曾经预测，应用企业内部和企业之间的社交技术可使企业员工之间的合作效率提升 20% ~ 25%（McKinsey Global Institute，2012）。

表 2-4 汇总了合作和社会化商务能够为企业带来的一些好处。图 2-8 描述了合作是如何影响企业绩效的。

表 2-4 合作和社会化商务

| 利益 | 原因 |
| --- | --- |
| 生产效率 | 与独自工作相比，通过互动和协同工作，员工能够更快地获取专业知识并解决问题，同时发生的错误更少 |
| 质量 | 相比于独自工作，合作能让员工更快地发现和改正错误。合作和社会化的技术可以减少设计和生产过程中的延误 |
| 创新 | 与独自工作相比，合作可以激发员工产生更多的关于产品、服务及管理方面的创新想法，这是多样化和"群体智慧"的优势 |
| 客户服务 | 相比于独自工作，利用合作和社会化工具可以使员工更快、更有效地解决客户投诉和相关问题 |
| 财务业绩（盈利能力、销售额、销售增长） | 基于上述原因，合作性更强的企业具有更高的销售额、销售增长以及更好的财务业绩 |

### 2.3.4 建设合作性文化和业务流程

在企业中，没有相应的组织文化和业务流程的支撑，合作不会自发产生。特别是大型企业，过去被誉为"命令和控制"型组织，在这样的企业中，高层领导需要考虑所有重要的事情，然后命令下级员工执行。由此可以推测，中层管理者的工作就是在各层级间来回传递信息。

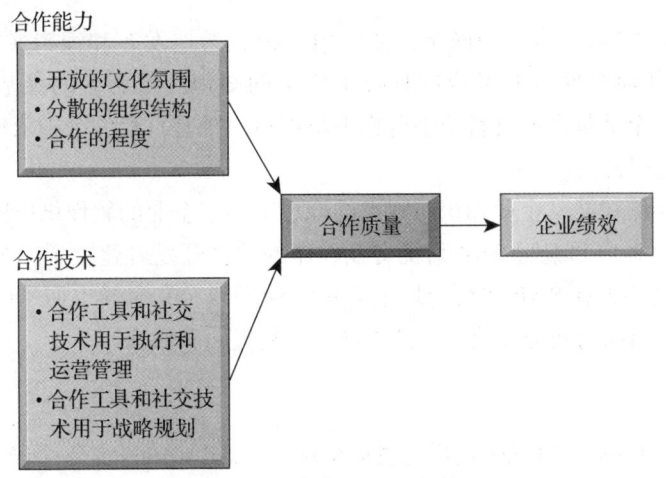

**合作能力**
- 开放的文化氛围
- 分散的组织结构
- 合作的程度

**合作技术**
- 合作工具和社交技术用于执行和运营管理
- 合作工具和社交技术用于战略规划

→ 合作质量 → 企业绩效

图 2-8　合作的必要条件

注：成功的合作需要合适的组织架构和文化，以及合适的合作工具。

在这类"命令和控制"型的企业中，下级员工在执行命令时不必过问太多的问题，他们也没有责任改进流程，团队工作绩效也与奖励无关。如果你所在的小组需要其他小组的帮助，那是老板需要考虑的事情，你不必做横向沟通，只要纵向沟通即可，这样管理者才能够控制整个流程。总之，管理人员和员工的期望合在一起构成了一种文化，即一系列关于共同目标和如何行动的设想。很多商业企业至今仍采取这种运营方式。

在强调合作的企业文化和业务流程的企业中，情况有很大的差别。在这类企业中，高层管理者对结果负责，但依靠员工组成的团队来实施和实现这些结果。企业的政策、产品、设计、流程以及系统更多的是依靠组织中各个层级的团队来构思、创造和建设的。绩效奖励基于团队的绩效来进行，而个人奖励基于个人在团队中的表现来进行。中层管理者的职责是团队建设，协调团队工作和监督团队绩效。企业文化和业务流程更加"社会化"。在这种合作型文化氛围中，高层管理者将合作和团队精神作为企业的重要组成部分，它实际上也实现了高层管理者之间的合作。

## 2.3.5　合作和社会化商务的工具和技术

如果没有信息系统来支持合作和社会化商务，一种合作的、团队导向的文化是难以产生收益的。为了获得工作上的成功，我们必须相互依赖，依赖我们的员工、客户、供应商和管理者，现在有大量的工具可用来支持这样的工作。其中一些工具比较昂贵，而另外一些可以免费在线获取（或者是一些价格适中的付费版本）。让我们来详细了解这些工具。

**1. 电子邮件和即时通信**

**电子邮件**（e-mail）和**即时通信**（instant messaging，IM）已经成为互动性工作中的主要沟通和合作工具，这些工具软件在计算机、手机以及其他无线手持设备上运行，提供文件分享和信息传递等功能。即时通信系统能够让使用者同时与不同的对象进行实时对话。最近几年，电子邮件的使用减少了，通信工具和社交媒体成为最受欢迎的沟通渠道。

### 2. 维基

**维基**（Wikis）实际上是一种网站，能使用户很容易地发布和编辑文本、图形等内容，用户不需要具备任何与网页开发或编程技术相关的知识。最著名的维基网站是**维基百科**（Wikipedia），它是全球最大的百科全书合作编辑项目。维基百科的维护依赖于志愿者，不支付报酬，也不接受广告。

维基是用来存储和共享企业知识与观点的理想工具。企业的软件供应商 SAP AG 为企业外部人员，如企业客户和编写 SAP 系统交互程序的软件开发者建立了一个类似信息库的维基网站。以前，这些人在 SAP 在线论坛上非正式地提问，有时候也回答问题，但那是个低效率的系统，因为相同的问题在论坛中常常被人反复提问和回答。

### 3. 虚拟世界

类似第二人生（Second Life）这样的**虚拟世界**（virtual world）是一个居住"居民"的在线 3D 环境，这些"居民"为自己建立了图形化的化身。IBM、思科和英特尔（Intel）等企业已经使用虚拟世界里的在线会议、面试、特邀演讲会和员工培训等功能。真实世界中的人们通过虚拟世界中的化身，利用手势、聊天对话以及语音通信在虚拟的场所中见面、互动和交流想法。

### 4. 合作和社会化商务平台

现在，市面上已有套装软件产品可以为工作在不同地域的团队提供合作和社会化商务的多功能平台，应用最广泛的是基于互联网的音频会议和视频会议系统，如微软的 SharePoint 和 IBM 的 Notes 等企业合作系统，以及如 Salesforce Chatter、微软的 Yammer、Facebook 的 Workplace 和 IBM 的 Connections 等企业社交网络工具。

**虚拟会议系统**　为了减少旅行花费，使不同地方的人能够见面和合作，许多企业都采用了视频会议及网络会议技术。亨氏、通用电气和百事可乐等均将虚拟会议系统用于产品宣讲、课程培训、战略研讨会，甚至鼓舞人心的报告。

视频会议允许在两个或多个地点的个人通过双向视频和音频传输同时进行通信。高端视频会议系统的特点是远程呈现技术，这是一种集成的音频和视觉环境，允许一个人在他的真实物理位置之外的地方出现。免费或低成本的基于互联网的系统，如 Microsoft Teams、Google Hangouts Meet 和 Amazon Chime，质量较低，但在不断改进，它们对小公司非常有用。苹果的 FaceTime 在一对一或小组视频会议中很有用。Zoom 已经成为一种强大的视频会议工具，具有高端系统的许多功能，但价格要便宜得多，使用起来也更容易。其中一些工具可以在移动设备上使用（参见"互动讨论：技术"）。

⊙ 互动讨论：技术

**高质量的视频会议：物尽其用**

在合作方面，视频会议已经成为各类组织的首选。过去，视频会议仅限于那些拥有专用的视频会议室以及负担得起昂贵的网络和软件费用的大型企业。如今，视频会议已经普及化，人人皆可使用。

这项技术的成本急剧下降，全球互联网和桌面的视频、音频数据传输变得经济实惠。市场上有便宜的移动和桌面工具以及高端的视频会议和网真系统，企业可以用于管理业务流程以及与全球其他人包括客户进行连接和合作。新一代的网真平台不仅提供视频合作，还可以协调来自多源的数据流，把来自移动设备、台式计算机和视频的数字信息集成在一起，创建一个合作的环境，并将信息共享给管理人员和专业人员进行决策。

在2020年新冠疫情封锁期间，Zoom成为全球各地教室和办公室的首选在线会议工具，实现了远程在家办公。Zoom是一个云平台，用于在线视频和音频会议、协作、聊天、屏幕共享和网络研讨会，适用于移动设备、计算机桌面、电话和会议室系统。Zoom允许直接从计算机、移动设备或配置好的Zoom会议室进行视频会议或网络研讨会。Zoom软件提供多种价格和套餐模式。有一个免费的基础版适用于最多100人的短期个人会议，还有功能更全的商业版本，每月每个在线会议主持人收费从14.99美元至19.99美元不等。Zoom最多可容纳1 000个视频参与者、10 000个观众，以及最多49个高清视频同时在线显示。

Zoom技术的两个核心部分是Zoom会议和Zoom会议室。Zoom会议支持在线视频主持的会议，用户只需在其计算机或移动设备上安装Zoom视频会议软件即可免费加入会议。参会者可以从不同地点加入Zoom会议，无论他们是在家中还是在会议室，还可以通过移动电话参会。Zoom会议室由硬件和软件技术组成，为实体会议室提供支持。只需在平板电脑上点击按钮即可激活Zoom会议。所有的视频和音频都集成到会议室的设备和日历系统中。

总部位于得克萨斯州奥斯汀的Nepris是一项基于网络的服务，旨在将教师与行业专家联系起来，使课程主题对学生更具相关性。Nepris通过使用Zoom实现了这一目的。大型企业的员工通常没有足够的时间亲自参观许多不同的教室。Zoom视频会议软件对教师来说易于安装和使用，并且可以在几乎任何设备上运行，包括平板电脑、智能手机或台式计算机。行业专家可以使用Zoom分享他们屏幕上的内容，例如演示文稿或某些过程的演示。

Zoom可以提供高质量的视频流，但如果教室缺乏高端的视频传输能力，它也可以降级到较低的视频分辨率。Nepris还发现Zoom在连接教师、学生和专家方面非常有用，可以弥补他们繁忙的日程安排。Zoom允许最多25个视频流加入会议，以便多个教室可以同时与行业专家互动。用户还可以录制Zoom会议以供日后使用。行业专家无须整天待在教室或前往不同的学校进行演讲。

FCTI是美国领先的自动取款机（ATM）网络和服务供应商，总部设在洛杉矶，并在拉斯维加斯设有办公室。它还与墨西哥瓜达拉哈拉的承包商合作。后来，FCTI被日本的Seven Bank收购，进一步增加了对远程通信和协作的需求。FCTI认为视频会议能够比电子邮件、短信或电话更有效地帮助员工协作。它曾尝试使用互联网视频通话服务进行视频会议，但需要很多配置才能使用该产品。连接经常中断，视频质量也很低。

FCTI采用了Zoom，使视频会议更加精简、容易且经济实惠。管理层特别欣赏Zoom提供的高质量视频。FCTI通过Zoom召开董事会会议，会议室的建造成本仅为高端企业级远程呈现室一小部分的会议室成本。Zoom的平板电脑和智能手机兼容性使参与者能够从远程地点加入会议。例如，FCTI的一些员工在繁忙的机场通过平板电脑加入了Zoom会议，并能够在流畅的高清视频中进行协作。即使部分参与者的航班延误或取消，董事会会议仍然可以进行。

资料来源：Ed Bott, "Best Video Conferencing Services for Business: Zoom, WebEx, AnyMeeting, Slack, and More." *ZDNet*, February 5, 2020; "Leading ATM Provider Builds Employee Relationships Through Video" and "Nepris Inspires Students Through Zoom," www.zoom.us.com accessed February 11, 2020.

**案例分析题：**

1. 本案例中描述的视频会议工具如何促进协作和创新？
2. 本案例中视频会议与描述的组织的业务模式和业务策略有何关系？
3. 描述视频会议技术在本案例中帮助每个组织改进其操作和决策的具体方式。
4. 如果你是一个小型或中型企业的管理者，你会用什么标准来决定是否使用 Zoom 视频会议？

**云合作服务**　谷歌提供了许多在线工具和服务，有一些适合合作，如 Google Drive、Google Docs、G Suite 以及 Google Sites。这些工具大部分都是免费的。

Google Drive 是一种云存储服务，支持文件共享和合作编辑的文件存储与同步。这种基于 Web 的在线文件共享服务允许用户将文件上传到安全的在线存储站点，方便其他人共享文件。Microsoft OneDrive 和 Dropbox 也是领先的云存储服务，都有免费版本和付费版本，具体取决于所需的存储空间和管理要求。用户能够将其在线存储的文件与本地计算机和其他类型的设备同步，可以选择私有或公开文件，并与指定的联系人共享。

Google Drive 和 Microsoft OneDrive 集成了文档创建和共享的工具。OneDrive 为 Microsoft Office 文档和其他文件提供在线存储服务，并与 Microsoft Office 的 app（已安装或在网络上）配合使用，也可以分享到 Facebook 上。Google Drive 与 Google Docs、Sheets 和 Slides 集成起来，形成一个提高工作效率的应用套件，它为用户提供了文档、电子表格和演示文稿的合作性编辑。Google 基于云服务的商务套件叫作 G Suite，也可以和 Google Drive 一起工作。Google Sites 允许用户快速创建面向在线团队的网站，很多人可以在其中合作和共享文件。

**微软的 SharePoint 和 IBM 的 Notes**　微软的 SharePoint 是基于浏览器的合作和文档管理平台，同时还具有一个安装在企业服务器上的强大搜索引擎。SharePoint 有一个基于网页的界面，并且与微软用于提高工作效率的工具（如 Microsoft Office）整合在一起，使员工可以分享 Office 文档，在项目中进行合作。

SharePoint 还可以被用作企业的内部网站，通过一个集中的网络工作空间组织和存储信息，使得团队成员可以协调工作活动、合作生成文档并发布、更新任务清单、执行工作流以及通过维基和博客分享信息。用户可以控制文档版本和文档安全。SharePoint 在一个地方存储和组织信息，因此用户可以在紧密合作完成相关任务、项目及文档的同时，便捷有效地找到相关信息。企业搜索工具可以帮助找到相关的人、专家和内容。SharePoint 现在也是一个社会化工具。

IBM 的 Notes（以前是 Lotus Notes）是一个合作软件系统，具有共享日历、e-mail、信息沟通、协同写作和编辑、共享数据库访问以及在线会议等功能。Notes 软件安装需要在用户桌面或笔记本电脑上，通过 IBM Domino 服务器才能获取相应的应用。Notes 支持 web 并提供了一个应用程序开发环境，使用户可以开发自定义应用程序以满足独特的需求，还增加了博客、微博、维基、在线内容聚合、桌面系统帮助、语音和视频会议以及在线会议等功能。IBM 的 Notes 承诺会提供高水平的安全性和可靠性，具备保护企业敏感信息的能力。

**企业社会化网络工具**　我们刚才描述的工具中已包含支持社会化商务能力的工具，但是还有更多的专门用来支持社会化商务需求的工具，如 Salesforce 的 Chatter、微软的 Yammer、Facebook 的 Workplace 和 IBM 的 Connections。企业社会化网络工具的商业价值在于通过文档、更新和通知功能把组织内的成员连接起来，这与 Facebook 的功能相似，但只限于在企业内部使用。表 2-5 是关于企业社会化网络软件功能的详细描述。

表 2-5 企业社会化网络软件功能

| 社会化软件功能 | 描述 |
| --- | --- |
| 资料文档 | 具有建立成员资料的能力，包括描述成员的个人信息、教育背景、兴趣爱好，也包括与工作相关的协会与专业知识（技能、项目、团队）等 |
| 内容分享 | 分享、存储和管理包括文档、演示报告、图片及视频在内的内容 |
| 递送及通告 | 实时信息流、状态更新以及由特定个人和群体发布的通告 |
| 群组及团队工作区 | 建立分享信息、文档合作、项目合作的群组，设立私密的或公开的小组，保存对话内容，保存团队知识等 |
| 标签及社会化书签 | 表明对特定内容的偏好，类似 Facebook 的点赞功能；标签可以让用户为他们喜欢的内容添加关键词 |
| 许可及隐私 | 保证隐私信息在由关系而建立的合适范围内流通，范围由关系的性质决定；企业社会化网络需要对用户设置查看信息的权限 |

虽然企业社会化网络让很多企业受益，但这些内部社会化网络并不容易实施。这个问题将在本章章末的案例研究中提到。

**5. 管理者清单：评估与选择合作和社会化软件工具**

面对这么多合作和社会化商务工具与服务，企业如何选择合适的合作技术呢？要回答这个问题，我们需要有一个框架来理解这些工具是用来解决什么问题的。一些研究合作工作的学者在 20 世纪 90 年代初期开发了一个基于时间/空间的合作和社会化工具的评估矩阵（见图 2-9），这对我们是非常有帮助的。

|  | 同一时间<br>同步 | 不同时间<br>非同步 |
| --- | --- | --- |
| 同一地点<br>同地协作 | 面对面互动<br>决策室、单显示群件、共享表格、展示墙、室内软件…… | 持续任务<br>团队室、大型公共展示平台、轮班群件、项目管理…… |
| 不同地点<br>远程协作 | 远程互动<br>视频会议、即时通信、聊天/多用户对话/虚拟文字、共享屏幕、多用户编辑…… | 沟通+协调<br>电子邮件、公告栏、博客、非同步会议、小组日历、工作流、版本控制、维基…… |

中央：时间/空间 协作和社会化工具评估矩阵

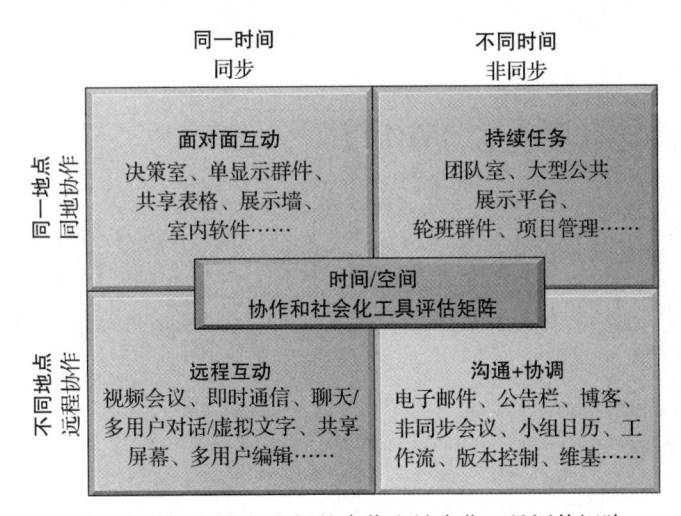

图 2-9 基于时间/空间的合作和社会化工具评估矩阵

注：合作和社会化工具可以根据它们是否支持同一时间或不同时间、同一地点或不同地点的互动，以及这些互动是远程的还是同地的进行分类。

时间/空间矩阵侧重于合作问题的两个维度：时间和空间。例如，你需要与在不同时区的人员进行合作，但是你不能同时见到所有人。在纽约是午夜，而在孟买就是中午，所以就很难组织一个视频会议。显然，时间是全球范围内合作的障碍。

在大型跨国企业、全国范围或区域性的企业中，地理位置也是影响合作的因素之一，由于地理位置分散（拥有不止一个地点的企业）、旅行成本、管理人员有限的时间等因素，使得企业很难把人聚集起来召开一次面对面的会议。

上述描述的合作与社会化技术是克服时间和空间限制的一种方式。利用这个时间/空间框架可以帮助企业选择最合适的合作与团队工具。请注意，有些工具在多时间/空间场景中均适用，如互联网合作套装软件——IBM 的 Notes，既具有同步互动（即时通信、电子会议工具）功能，也具有非同步互动（电子邮件、维基、文档编辑）功能。

下面是一个待办行动事项的清单。如果按照这 6 个步骤操作，就可以为企业找到一个价格适中、风险可控、合适的合作软件。

（1）在时间/空间方面，企业面临的合作方面的挑战是什么？请利用时间/空间矩阵分析你的企业。你的企业可能位于矩阵中的多个单元，每个单元都对应不同的合作工具。

（2）对于你的企业在矩阵中每一个单元面临的挑战，可以采用什么类型的解决方案？请将所有供应商的产品列出一份清单。

（3）请从企业的成本及收益角度分析每个产品工具，成本估算中要包含培训成本，如果有必要的话，也要估算信息系统部门投入的成本。

（4）请识别每个产品工具的安全风险及漏洞风险。你的企业愿意将内部专有信息通过互联网托付给外部服务提供商吗？你的企业愿意承担将重要系统的运营交给其他企业而带来的风险吗？你的供应商有财务风险吗？它们会存在 3～5 年吗？如果供应商倒闭，转换至另一家供应商的成本将是多少？

（5）向潜在用户寻求支持，让它们识别实施和培训中会遇到的问题，有一些工具会比其他工具更易使用。

（6）在候选产品工具中做出选择，并邀请供应商来演示。

## 2.4 企业中信息系统职能部门的作用

我们已经理解了当今的企业运营需要许多不同类型的信息系统的支持。但是谁来负责这些系统的运行呢？谁来负责保证这些系统使用的硬件、软件和其他技术运行正常，并能得到及时更新？企业的终端用户从支持业务的角度来管理这些系统，但技术的管理需要一个专门的信息系统职能部门。

### 2.4.1 信息系统部门

除了那些非常小的企业之外，**信息系统部门**（information system department）是专门负责信息技术服务的正式组织单位。信息系统部门负责维护企业 IT 基础设施的硬件、软件、数据存储和网络的正常运行。我们将在第 5 章中详细介绍 IT 基础设施。

信息系统部门由程序员、系统分析师、项目主管以及信息系统经理等专业人士组成。**程序员**（programmer）是训练有素的技术专家，他们负责编写计算机软件指令。**系统分析师**（system analyst）是企业中信息系统团队和其他部门成员之间的主要联络人，其职责是将业务问题和需求转换为信息和系统的需求。**信息系统经理**（information system manager）是程序员、系统分析师、项目经理、设备经理、通信经理或数据库专家等团队的领导者，也是计算机运维人员和数据录入人员的管理者。此外，硬件供应商和制造商、软件公司、咨询顾问等外部专家也经常会参与信息系统部门的日常运行和长期规划工作。

在很多企业中，信息系统部门的工作由**首席信息官**（chief information officer，CIO）领导，CIO 是全面负责企业中信息技术应用的高层管理者。如今的 CIO 要求同时具备深厚的业务背景和信息系统专业知识，从而能够在信息技术与企业战略进行集成整合的过程中发挥领导作用。有些大型企业中还设置了与 CIO 紧密合作的首席安全官、首席知识官、首席数据官和首席隐私官等职位。

**首席安全官**（chief security officer，CSO）负责企业信息系统的安全工作，制定并确保企业信息安全政策的落实［见第 8 章，有时这个职位也被称为**首席信息安全官**（chief information security officer，CISO），如果信息系统安全和物理安全是分开的话］。CSO 还负责教育和培训用户及信息系统专家关于信息安全的知识，提醒管理层关注安全带来的威胁和系统故障，维护安全保护的工具以及落实企业的安全政策。

信息系统安全和个人数据的保护变得越来越重要，那些收集了大量个人数据的企业已经设立了**首席隐私官**（chief privacy officer，CPO）。CPO 负责保证企业的行为符合现有的数据隐私法律的规定。

**首席知识官**（chief knowledge officer，CKO）负责企业的知识管理项目。CKO 帮助企业设计一些程序和系统，在组织和管理流程中发现新的知识源，并使现有的知识得到更好的应用。

**首席数据官**（chief data officer，CDO）负责企业范围内的信息治理和数据利用，以最大限度地发挥组织的数据价值。CDO 确保企业收集适当的数据以满足其需求，部署用于分析数据的技术，并使用数据分析结果来支持业务决策。这个职位出现在需要处理生成和收集大量数据的组织中（见第 6 章）。

**终端用户**（end user）是指信息系统部门之外的企业各部门人员，应用程序就是为他们开发的。终端用户在信息系统的设计和开发中将起到越来越大的作用。

在计算机刚开始应用于企业时，信息系统部门的成员几乎都是程序员，他们仅在技术方面非常专业。如今，随着信息系统部门在企业组织中起着越来越强有力的变革促进者的作用，系统分析师和网络专家的人数比例也大大增加。信息系统部门要向企业提出新的企业战略建议，新的基于信息化的产品和服务建议，以及协调技术的开发应用与规划中的组织变革之间的关系。

2018—2028 年，信息技术职业预计将增长 12%，增加 546 200 个新工作岗位（美国劳工统计局，2020 年）。尽管所有 IT/IS 职业都显示出高于平均水平的增长，但信息安全分析师、数据科学家、网络分析师、机器学习工程师、云工程师、应用程序开发人员、web 开发人员和商务智能分析师等职位的需求尤其大。对计算机程序员的需求一直在下降，部分原因是随着在线软件服务、云计算和将编程外包给低工资国家的发展，创建计算机程序的过程变得越来越高效。

### 2.4.2 构建信息系统职能

企业的类型多种多样，构建企业中信息系统职能的方式也多种多样。在一个很小的企业中，可能不会有正式的信息系统团队，可能只有一个员工负责企业网络和应用程序的运行，也可能聘请外部人员来提供这些服务。大一点的企业会有一个独立的信息系统部门，因企业的性质和利益不同，这些部门的组建也有不同的路径。

信息系统部门应该如何组织属于 IT 治理的部分。**IT 治理**（IT governance）包括组织内应用信息技术的战略和策略。IT 治理通过明确与 IT 有关的决策权和责任框架来确保企业信息技术的应用支持企业战略和目标的实现。信息系统职能的集中程度应该如何设置？为确保信息技术的有效管理和应用，需要做出哪些诸如 IT 投资回报这样的决策？这些决策应该由谁来做？如何制定并监督这些决策？IT 治理水平较高的企业对这些问题均有清楚的答案。

## 2.5 MIS 如何有助于我的职业发展

通过本章和本书的指引，将帮助你找到初级销售支持专员的工作。

### 2.5.1 公司简介

美国综合补充保险公司（Comprehensive Supplemental Insurance USA）是个人意外、伤残、健康和人寿保险产品的领先企业。企业总部设在明尼阿波利斯，有一个初级销售支持专员的空缺职位。该企业为客户提供补充保险，补充现有的雇主福利计划，在全球有 5 000 人以上的销售队伍。该企业以投资于员工及其职业发展而闻名。

### 2.5.2 职位描述

该职位主要是面向小企业的销售部门，提供全面的系统、行政和数据的管理支持，工作职责包括：

- Salesforce.com 网站的 CRM 系统的日常管理和支持工作，包括管理用户设置、配置文件和角色以及验证数据；
- 协助数据管理，提供系统培训和持续支持；
- 为销售管理人员准备例行的每周、每月和每季度销售报告与关键绩效指标报告；
- 准备代理报告，并根据要求创建新报告；
- 协助与代理商许可和代理补偿相关的各种项目管理。

### 2.5.3 岗位要求

- 较强的 Excel 技能，并具备一定的数据管理知识。
- 较强的客户服务技能。
- 较强的分析、批判性思维和沟通能力。
- 能够在快节奏的环境中完成多项任务的能力。
- 大学学历或 2 年同等工作经验。

## 2.5.4 面试问题

1. 你对 CRM 了解多少？你曾经用过 Salesforce.com 吗？如果用过，你用它做了什么？
2. 你对数据管理了解多少？你曾经用过数据管理软件吗？如果用过，你用它做了什么？
3. 你能用 Excel 做什么？你用 Excel 解决过哪些问题？你学过 Excel 课程吗？
4. 你曾经做过客户服务工作吗？你做了哪些工作？你认为对企业的代理商和客户来说，要胜任一个成功的以客户为导向的角色，需要具备哪些能力？
5. 列举一个你曾经面对的客户服务挑战的例子，并说明你是如何应对这一挑战的。

## 2.5.5 作者提示

1. 回顾本章有关企业应用的内容介绍，了解第 9 章关于 CRM 的讨论以及第 6 章关于数据管理的内容介绍。
2. 通过网络和专业社交网站领英（LinkedIn），可以了解一下有关该企业、其保险产品和服务以及运营方式的更多信息。想一想，企业需要如何支持它的保险代理和客户？为什么 CRM 和数据管理如此重要？你可以询问这个职位的数据管理职责是什么。
3. 了解通过 Salesforce.com 你能做什么，特别是如何设置用户配置文件和角色以及如何验证数据。表达你非常希望了解关于 Salesforce 的更多信息并希望使用此工具来开展工作的愿望。
4. 查询如何使用 Excel，如计算代理佣金。如果你以前从未使用过，那就展示一下你曾经利用 Excel 做过的一些工作（面试时也可带上你曾经做过的一些工作成果），同时表现出你渴望学习 Excel 相关知识来完成工作任务的愿望。

## 本章小结

**2-1 业务流程及其与信息系统的关系**

业务流程是一系列逻辑上相关的活动集合，明确指出了企业任务是如何被执行的，也代表了组织协调任务、信息和知识的独特方式。管理者需要关注业务流程，因为业务流程决定了组织业务执行的好坏，也可能成为企业战略优势的来源。每一个主要业务职能领域都有对应的业务流程，但大多的业务流程是跨职能领域的。信息系统可以将部分业务流程自动化，并且可以帮助企业重新设计和理顺业务流程。

**2-2 信息系统如何服务于企业中的各级管理层，如何帮助企业提升组织绩效**

服务于运营管理的系统统称为**事务处理系统**（TPS），如薪酬系统或订单处理系统，它们跟踪企业开展业务所需的日常性事务。MIS 为中层管理团队提供各类报告，报告中的信息来自从 TPS 中提炼的信息，但未进行深入的分析。**决策支持系统**（DSS）运用先进的分析模型支持特定的且快速变化的管理决策。所有这几类系统都能为管理者和企业员工提供商务智能，帮助他们做出更加明智的决策。这些商务智能系统服务于各个层级的管理，其中包括为高层管理者服务的**经理支持系统**（ESS）。ESS 通过门户以图形、表格和数字仪表盘的形式为高层管理者提供来自企业内部和外部多个来源的信息。

企业应用用来协调多个企业职能和业务流程。企业系统将企业中重要的内部业务流程整合成一个统一的软件系统，以提升组织协调和决策水平。**供应链管理**（SCM）系统帮助企业管理与供应商的关系，优化计划、采购、制造、产品和服务的配送等业务。客户关系管理（CRM）系统帮助企业协调与客户相关的业务流程。**知识管理系统**（KMS）使企业能优化知识的创造、共享和传播。内联网和外联网是基于互联网技术的企业内部私有网络，帮助企业汇总来自各个系统的信息。外联网使企业内部私有网络能够被外界授权的伙伴访问。

### 2-3 合作和社会化商务系统的重要性及其使用的技术

合作是指与他人一起工作以达到共同而明确的目标。社会化商务是指应用企业内部和外部的社交网络平台，吸引员工、客户和供应商参与进来，增强彼此之间的合作。随着企业的全球化、决策的分散化，互动逐渐成为各个岗位基本的增值活动，合作和社会化商务在企业中变得越来越重要。合作和社会化商务可以加强企业创新、提升生产力、改善质量以及客户服务水平。用于合作和社会化商务的工具包括邮件、即时通信、维基、虚拟会议系统、虚拟世界和云上文件共享系统等，合作平台有微软的 SharePoint、IBM 的 Notes 等，企业社会化网络工具有 Chatter、Yammer 以及 Connections 等。

### 2-4 企业中信息系统职能部门的作用

信息系统职能部门是企业中负责信息技术服务的正式组织单元，其职责是维护硬件、软件、数据存储及网络等信息基础设施。信息系统职能部门由程序员、系统分析师、项目主管和信息系统经理等专业人士组成，并通常由信息主管 CIO 领导。

## ■ 关键术语

商务智能（business intelligence）
首席数据官（chief data officer，CDO）
首席信息官（chief information officer，CIO）
首席知识官（chief knowledge officer，CKO）
首席隐私官（chief privacy officer，CPO）
首席安全官（chief security officer，CSO）
合作（collaboration）
客户关系管理（customer relationship management，CRM）
决策支持系统（decision support system，DSS）
数字仪表盘（digital dashboard）
电子商业（electronic business，e-business）
电子商务（electronic commerce，e-commerce）
电子政务（electronic government，e-government）
终端用户（end user）
企业应用（enterprise application）
企业系统（enterprise system）

经理支持系统（executive support system，ESS）
信息系统部门（information system department）
信息系统经理（information system manager）
跨组织系统（interorganizational system）
IT 治理（IT governance）
知识管理系统（knowledge management system，KMS）
管理信息系统（management information system，MIS）
门户（portal）
程序员（programmer）
社会化商务（social business）
供应链管理（supply chain management，SCM）
系统分析师（system analyst）
团队（team）
事务处理系统（transaction processing system，TPS）

## ■ 复习题

2-1 定义业务流程并描述它在企业组织中的作用。
  ● 描述信息系统和业务流程之间的关系。
2-2 描述 TPS 的特点和它在企业中的作用。

● 描述 MIS 的特点并解释它与 TPS 及 DSS 的区别。
● 描述 DSS 的特点并解释它给企业带来的收益。

- 描述 ESS 的特点并解释它和 DSS 的区别。
- 解释企业应用系统如何有助于改善企业绩效。
- 定义企业系统、SCM 系统、CRM 系统和 KMS，并描述它们给企业带来的价值。
- 解释内联网和外联网如何帮助企业整合信息与业务流程。

2-3 定义合作和社会化商务，并解释为什么它们在当今企业中变得如此重要。

- 列举并说明合作和社会化商务给企业带来的价值。
- 描述支持合作所需的组织文化和业务流程。
- 列举并描述各种合作和社会化商务工具。

2-4 描述信息系统职能如何支持企业。

- 比较程序员、系统分析员、信息系统经理、CIO、CSO、CDO 以及 CKO 在企业中的作用。

## 讨论题

2-5 信息系统如何支持图 2-2 所描述的订单完成过程？该系统需要获取的最重要的信息是什么？请解释你的答案。

2-6 请描述从学校图书馆挑选并借出一本书的流程，以及在这些活动中所包含的信息流，并将这些流程画成图。有什么办法能够改进流程，从而改善图书馆或学校的绩效？将改进后的流程画成图。

2-7 请使用时间/空间合作和社会化工具矩阵将夏普公司所采用的合作和社会化技术进行分类。

## MIS 实践项目

本部分的 MIS 实践项目将让你通过分析利用新的信息系统改善业务流程的机会，使用互联网软件规划高效的运输路线，从而获得实践经验。

### 管理决策问题

2-8 位于哈德逊（Hudson）河畔的唐氏木材（Don's Lumber）公司出售各种可以用作地板、桌子、装饰用嵌线、窗户、侧线以及屋顶的建筑材料。木材和其他建筑材料的价格总是不断地在变化。当客户询问一种预制木地板的价格时，销售代表首先查看手工制作的价目表，然后打电话给供应商询问木地板的最新价格。供应商同样需要查询一张手工制作的价目表，这张价目表每天更新一次。因为手头没有随时可用的最新价格信息，供应商通常必须回电话给销售代表。请评述这种情形对企业的影响，说明如何利用信息技术和系统来改进这一业务流程，并分析实施这样的信息技术和系统，需要在哪些方面做出决策。

2-9 亨利硬件（Henry Hardware）是一家位于加利福尼亚州首府萨克拉门托的夫妻店，店主亨利和凯瑟琳要使每一平方米的存储空间都尽可能多地获利。他们以前从未保存过库存或销售记录，货物一旦运达就被存放到店内的货架上，保留供应商的发票仅用于缴税。当一件商品售出后，商品的编号和价格就记录在收银机中。店主根据自己的判断识别需要补货的商品。请分析这种情形对该店的生意会造成什么样的影响？信息系统可以怎样帮助亨利和凯瑟琳做好生意？这个信息系统应当收集哪些数据？哪些决策可以利用信息系统来改善？

### 卓越运营：使用互联网软件来规划高效的运输路线

**软件技能要求**：互联网软件的使用
**商业技能要求**：制订运输路线计划

2-10 在本练习中，你要使用谷歌地图（Google

Maps）画出企业的运输路线并选出效率最高的路线。你刚在 Cross-Country 运输公司任调度员岗位，Cross-Country 运输公司是一家总部位于俄亥俄州克里夫兰市的卡车运输和递送服务公司。你的首项任务是要制订一份运输路线计划，把办公设备和家具从印第安纳州的阿尔卡特郡运送到马里兰州的黑格斯顿。为了给驾驶员提供导引，你需要知道这两个城市之间最有效的运输路线。请使用谷歌地图找出这两个城市之间最短的运输路线，再找出耗时最少的运输路线。比较上述两种运输方案，你建议 Cross-Country 公司采用哪个方案？

## 协同与团队合作项目

### 确定管理决策和系统

2-11 由 3~4 名同学组成一个团队，从《商业周刊》《福布斯》《财富》《华尔街日报》或其他商业出版物中找到关于企业经理的描述，或者在网络上进行研究。收集关于经理应做哪些工作、在企业中扮演什么样的角色的相关信息。确定该经理工作的组织级别和业务职能。列出这位经理所做的决策，以及经理做决策所需的各类信息。给出信息系统如何提供这些信息的建议。如果可能，请使用 Google Docs、Google Drive 或 Google Sites，集思广益并制作演示文稿来汇报你们的结果。

## 案例研究

# 社会化商务是好的商业模式吗

随着业务在全球市场中的分布越来越分散，越来越多的企业转向使用合作技术，包括使用内部社交网络工具。这些工具可以促进员工之间的协同工作和知识共享，并帮助员工更快地做出决策，为产品和服务开发提出更多创新的想法，并使他们更好地投入到工作和企业中。

员工每天会收到大量电子邮件，这些电子邮件必须被打开、阅读、回复、转发或删除，这驱动了企业使用内部社交网络。例如，总部位于曼尼托巴省温尼伯的 Duha 集团，为全球油漆企业生产彩色涂料样品和颜色系统，通过采用 Salesforce 的 Chatter 社交协作工具，每年能够清除 125 000 封多余的电子邮件。总经理埃默里克·杜哈过去每天早上都会收到来自亚洲、欧洲和澳大利亚的 50 封电子邮件，现在他有了一个 Chatter feed，可以了解公司发生的一切。

企业社交网络的另一个驱动因素是"应用程序疲劳"。为了进行协作，许多员工必须登录许多应用程序，从而产生额外的工作。当代企业社会网络系统通常在一个地方集成多种功能。

研究发现，协作工具可以有效地提高效率和生产力，同时使用户能够做出更好的业务决策。这些产品还扩大了创新的潜力。然而，并不是所有的公司都成功地使用了它们。企业社交网络的推出和采用不仅取决于技术的能力，还取决于组织的文化以及这些工具与公司业务流程的兼容性。如果将这些技术应用于有缺陷的业务流程和组织行为，它们将无法提供好处。Microsoft Teams、Chatter、Yammer、Zoom 和 WebEx 等数字协作工具添加到电子邮件、短信和消息传递中，可能会使员工陷入太多的互动中，从而减少了个人深入思考和解决问题的时间。

当企业引进新的社交媒体技术（和其他技术一样）时，很多员工通常会抵制新工具，坚持使用原有的工作方式（如电子邮件），因为他们更加熟悉这些工作方式。有些企业的员工在社交媒体和电子邮件上重复工作，增加了完成工作的时间和成本。巴斯夫（BASF）是世界上最大的化工生产企业，在80多个国家设有子公司和合资企业，BASF曾禁止项目团队使用电子邮件，以鼓励员工使用新的社交媒体工具。

社会化商务需要改变思维方式，组织需要变得更加扁平化，对每个人的想法需要持更加开放的态度。秘书、装配线工人或销售员可能是下一个大创意的来源。因此，让人们喜欢社会化商务工具需要更多"拉"的方法，这种方法能吸引员工以更好的方式工作。大多数情况下，不能强迫员工使用社交应用程序。

社交媒体的关键能力是管理社交网络和分享数字内容，它可以帮助或伤害一个组织。社交网络可以提供丰富的信息资源，这些信息资源提高了组织的生产力、效率和创新力，也可以用来支持那些不愿与外界沟通和交流知识的志同道合的人群。如果员工使用内部社交网络批评他人或追求个人目标，那么工作效率和士气可能会下降。

面向消费者平台（如Facebook和Twitter）的社会化商务应用不一定能很好地应用于各类组织中。企业是否会利用社会化商务来开展业务或创新，社交媒体平台运行是否有效，取决于企业具体的业务目标。此外，在个人生活中积极使用Facebook和Twitter的员工，通常不愿在工作中使用类似的社交工具，因为他们将社交媒体视为非正式的、个人的表达方式，也是与亲朋好友沟通的方式。大多数管理者希望员工使用内部社交工具沟通工作，而不是讨论个人生活。习惯了Facebook和Twitter的员工可能很难想象，不为个人目的，他们如何使用社交工具？这意味着企业不应仅聚焦于技术，而应该首先确定社会化技术应用如何改善员工和管理人员的工作。他们需要详细了解社交网络：员工目前是怎样工作的，他们和谁一起工作，他们的需求是什么，以及克服员工偏见和抵制的措施。

一个成功的社会化商务战略需要领导力和行为变革。只是开展一个社会化项目是远远不够的，管理者需要创造更加开放、透明的工作氛围。习惯于以传统的方式进行合作和开展业务的员工，需要被激励才会使用社交软件。改变一个组织的工作方式，需要招募那些有兴趣帮助设计和建立使用社会化技术工作环境的人员。

管理者需要确保企业使用内部和外部的社交网络能够为企业带来真正的价值。网络上的内容应该是互相关联的、最新的且易于访问的；员工需要能够联系到那些真正拥有他们所需要的信息的人，否则他们将无法接触或难以接触到这些信息。社会化商务工具应适合目前的任务和组织的业务流程，并且员工需要了解如何使用以及为什么使用社会化商务。

举个例子，美国国家航空航天局的戈达德太空飞行中心（NASA's Goddard Space Flight Center）曾经不得不放弃一个名为Spacebook的定制化企业社交网络，因为没有人知道这个社交工具是如何帮助人们做好工作的。Spacebook的设计和开发并未考虑组织的文化和政治因素。这不是一个单独的现象。达科数据（Dimension Data）公司发现，在接受调查的900家企业中，有1/4的企业只关注合作技术的成功实施，而不关心它如何被使用和采纳。

尽管推出内部社交网络具有很大的挑战性，但有些企业还是成功地使用了这些社交网络。标准银行（Standard Bank）是非洲最大的金融服务提供商，在33个国家开展业务（其中19个在非洲），这是一家让社会企业发挥作用的公司。为了跟上21世纪商业的步伐，标准银行已经拥抱了社会企业。该银行正在使用微软的Yammer来帮助它成为一个更有活力的组织。

2013年，标准银行开始使用Yammer，当时该银行为全球高管举办了一场重要的会议，并正在寻找一个协作平台来沟通会议后勤和发布PPT等事项。许多为银行工作的机构和顾问都在使用Yammer，并喜欢这个工具。当与会者看到Yammer是多么直观和有用时，他们就会想在自己的业务中使用它。Yammer的使用量激增，在标准银行采用企业版Yammer后仅6个月，Yammer社交网络的用户就超过了 2 万。标准银行互动营销执行主管 Belinda Carreira 也在接触最有可能从企业社交网络中获益的部门。

标准银行有超过 400 个 Yammer 社交群组。许多群组围绕着项目和解决问题而组织，比如寻找适合非洲国家的信用卡解决方案。Yammer 已经成为一个倾听的平台，员工可以很容易地分享他们的担忧和见解。Yammer 也用于内部教育，它使培训师能够提供比过去更多的视觉化和多样化的材料，包括来自互联网的视频。在一些地方，互联网可能会断网半天，但标准银行的员工仍然可以用手机访问 Yammer。

Carira 指出，如果没有适当的计划和组织支持，Yammer 等社交工具的成功采用和使用将会遇到障碍。必须考虑许多因素。Carreira 建议 Yammer 的实施人员与组织内的 IT 部门、风险和合规团队、人力资源部门、通信部门和执行领导层密切合作。除了内部资源外，标准银行还借鉴了 Yammer 和微软提供的专业知识。

Northwards Housing 是英国曼彻斯特一家提供经济适用房服务的非营利组织，它拥有开放的组织文化，鼓励双向沟通和信息透明。Northwards Housing 有 340 名员工，从收取租金到安排维修和清洁保养，他们包揽一切。该组织想要一种在内部与客户交换信息的方式，这种方式易于使用，并且不需要花费太多时间进行技术更新。Northwards Housing 在 2012 年首次引入了 Yammer，有 85% 的员工使用该网络。

Northward Housing 的业务效率和沟通主管史蒂夫·菲尼根（Steve Finegan）认为，高管的支持对该网络的发展至关重要。Northwards Housing 的首席执行官定期参与讨论，发布感兴趣的新闻故事链接，并发布博客。该组织的执行董事最初对 Yammer 的好处持怀疑态度，但现在他们积极地在网络上发布内容并回答问题。

资料来源："Standard Bank," media.featuredcustomers.com, accessed February 12, 2020; "Building a Better Enterprise with Yammer," Microsoft.com, accessed February 12, 2020; "Duha Group Innovates by Inviting Their Customers into the Manufacturing Process Using Salesforce," www.salesforce.com, accessed March 26, 2020; Ethan Bernstein, Jesse Shore, and David Lazer, "Improving the Rhythm of Your Collaboration," *MIT Sloan Management Review*, Fall 2019, Margaret Jones Cordelia Kroob, "The Growth of an Enterprise Social Network at BASF," www. simply-communicate.com, accessed March 12, 2018; Paul Leonardi and Tsedal Neeley, "What Managers Need to Know About Social Tools," *Harvard Business Review*, November-December 2017; and Dimension Data, "2016 Connected Enterprise Report," 2016.

**案例分析题：**

2-12 请分析影响企业采用内部社交网络系统的管理、组织和技术方面的因素。

2-13 比较本案例中描述的组织采用内部社交网络的经验。标准银行为什么会成功？在这个过程中，管理层扮演了什么角色？

2-14 是否所有的企业都需要推出内部社交网络系统？为什么？

## 参考资料

Aral, Sinan, Erik Brynjolfsson, and Marshall Van Alstyne. "Productivity Effects of Information Diffusion in Networks." MIT Center for Digital Business (July 2007).

Arena, Michael, Rob Cross, Jonathan Sims, and Mary Uhl-Bie. "How to Catalyze Innovation in Your Organization." *MIT Sloan Management Review* (Summer 2017).

Banker, Rajiv D., Nan Hu, Paul A. Pavlou, and Jerry Luftman. "CIO Reporting Structure, Strategic Positioning, and Firm Performance." *MIS Quarterly* 35, No. 2 (June 2011).

Bernstein, Ethan, Jesse Shore, and David Lazer." Improving the Rhythm of Your Collaboration." *MIT Sloan Management Review* (Fall 2019).

Bughin, Jacques, Michael Chui, and Martin Harrysson. "How Social Tools Can Reshape the Organization." McKinsey Global Institute (May 2016).

Bureau of Labor Statistics. "Computer and Information Technology Occupations." *Occupational Outlook Handbook*. bls.gov, accessed February 12, 2020.

Colony, George F. "CIOs and the Future of IT." *MIT Sloan Management Review* (Spring 2018).

Cross, Rob, Thomas H. Davenport, and Peter Gray. "Collaborate Smarter, Not Harder." *MIT Sloan Management Review* (Fall 2019).

Cummings, Jeff, and Alan Dennis. "Virtual First Impressions Matter: The Effect of Enterprise Social Networking on Impression Formation in Virtual Teams." *MIS Quarterly* 42, No. 3 (September 2018).

Forrester Research. "Social Business: Delivering Critical Business

Value." (April 2012).

Frost & Sullivan. "Meetings Around the World II: Charting the Course of Advanced Collaboration." (October 14, 2009).

Gino, Francesca. "Cracking the Code of Sustained Collaboration." *Harvard Business Review* (November–December 2019).

Harvard Business Review Analytic Services. "Collaboration Technology Boosts Organizations." Insight Enterprises Inc. (February 13, 2017).

Kane, Gerald C. "Enterprise Social Media: Current Capabilities and Future Possibilities." *MIS Quarterly Executive* 14, No. 1 (2015).

Kane, Gerald C., Doug Palmer, Anh Nguyen Phillips, and David Kiron. "Finding the Value in Social Business." *MIT Sloan Management Review* 55, No. 3 (Spring 2014).

Kiron, David. "Why Your Company Needs More Collaboration." *MIT Sloan Management Review* (Fall 2017).

Leonardi, Paul, and Tsedal Neeley. "What Managers Need to Know About Social Tools." *Harvard Business Review* (November–December 2017).

Li, Charlene. "Making the Business Case for Enterprise Social Networks." Altimeter Group (February 22, 2012).

Maruping, Likoebe M., and Massimo Magni. "Motivating Employees to Explore Collaboration Technology in Team Contexts." *MIS Quarterly* 39, No. 1 (March 2015).

McKinsey & Company. "Transforming the Business Through Social Tools." (2015).

McKinsey Global Institute. "The Social Economy: Unlocking Value and Productivity Through Social Technologies." McKinsey & Company (July 2012).

Mortensen, Mark. "Technology Alone Won't Solve Our Collaboration Problems." *Harvard Business Review* (March 26, 2015).

Ross, Jeanne. "Architect Your Company for Agility." *MIT Sloan Management Review* (January 10, 2018).

Srivastava, Shirish, and Shalini Chandra. "Social Presence in Virtual World Collaboration: An Uncertainty Reduction Perspective Using a Mixed Methods Approach." *MIS Quarterly* 42, No. 3 (September 2018).

Stackpole, Beth. "The New CIO Charter." *CIO* (Spring 2020).

Weill, Peter, and Jeanne W. Ross. *IT Governance*. Boston: Harvard Business School Press (2004).

# 第 3 章

# 信息系统、组织与战略

## 🕐 学习目标

通过阅读本章,你将能回答:
1. 要成功地构建并使用信息系统,管理者需要知道哪些组织特性?
2. 信息系统对组织有哪些影响?
3. 波特的竞争力模型、价值链模型、协同效应、核心竞争力以及网络经济学如何帮助企业利用信息系统制定竞争战略?
4. 战略信息系统的挑战有哪些,如何应对这些挑战?
5. MIS 如何有助于我的职业发展?

## 🎯 开篇案例

### 沃尔玛的新超级中心战略

近年来,沃尔玛一直都在艰难地打造一个可赢利的电子商务平台。虽然它的电子商业和商店内销售额出现了增长,但这些增长的代价非常高昂。沃尔玛已支出海量资金来改善实体店和发展网络业务,试图取代亚马逊,但亏损因高成本越积越多。2019 年,沃尔玛在美国的电商业务亏损了 20 亿美元。2018 年年底,首席执行官董明伦(Doug McMillon)命令沃尔玛电子商务部门大幅削减支出。

2019 年 12 月,董明伦指出,沃尔玛不会通过打造一个无法赢利的电子商务业务或其他独立风险项目而获胜。相反,沃尔玛会利用其巨大的超级中心——一起致力于吸引消费者并生成利润的企业网。沃尔玛在美国的电子商务销售额获得了 40% 的增长,其中一半以上来自网络杂货自提或商店递送服务的扩张。超级中心是将沃尔玛广泛的地理覆盖面进一步变现的方式。

沃尔玛将其超级中心设想为占地 18 万 $ft^2$ 的庞大商店,提供 10 万种产品,包括杂货、衣服和电视机。同时,超级中心也将成为消费者根据处方配药、转账、理发或配眼镜的地方。很多商店将全年无休,每天 24h 营业,作为社区的聚会场所,青少年可以在此相约见面，老年人则可以在寒冷天气时在此散步。商店可以成为当天自提和配送服务、数字娱乐、医疗诊所以及金融服务的基地。沃尔玛还可以使用超级中心向通过沃尔玛销售的第三方出售仓储和货运能力，使更多企业能够方便地在 Walmart.com 上出售其产品。

  企业的所有组成部分均能彼此互动，以驱动利润的增长。沃尔玛可以使用它从数亿消费者累积的数据，向汰渍和家乐氏等品牌出售在线广告。沃尔玛希望打造一个广告网络，帮助品牌根据沃尔玛消费者的数据针对性地推送在线广告。沃尔玛不会出售个体消费者数据，但会利用匿名化数据帮助企业更为精准地定位广告的受众。

  沃尔玛还计划建立边缘计算中心。在这些中心，数据会在靠近收集地的位置被处理，这可以支持数据更为快速地通过云计算得到处理。边缘计算系统会扩张到沃尔玛的零售点，以供需要快速处理大量数据的自动驾驶车辆和其他系统使用。沃尔玛可以向当地消费者出租数据处理功能，绕开传统的远程云计算供应商。

  但有些专家发出警告，认为沃尔玛的超级中心战略可能最终会因为过于棘手而无法成功实施。有些超级中心的功能可能需要高成本且复杂的工作，但并不能确保可以获得丰厚的回报。而且，即使沃尔玛的超级中心举措进展顺利，它们也存在使沃尔玛偏离核心零售业务的风险，而零售业务本身可要重要得多。

  资料来源：James Brumle, "Walmart's Supercenter Plans Are a Double-Edged Sword," *The Motley Fool*, January 1, 2020; Sarah Nassauer, "Walmart's Secret Weapon to Fight Off Amazon: The Supercenter," *Wall Street Journal*, December 21, 2019; Nica Osorio, "Walmart Secret Weapon in Fighting Amazon Includes Edge Computing, Supercenter, and 5G," *International Business Times*, December 22, 2019.

  沃尔玛的新超级中心战略说明了信息系统帮助企业竞争的一些方式，找到正确的商业战略所面临的挑战，以及如何在该战略中使用技术。如今，零售业是一个极其拥挤并且竞争激烈的领域，无论是在网上还是在实体店里。尽管沃尔玛是世界领先的零售商，但它有强大的竞争对手，比如亚马逊，而且它正在寻找保持业务增长的方法。消费者越来越多地在网上进行零售购物，但事实证明，沃尔玛进军电子商务的成本太高。沃尔玛需要一个新的商业战略，其中仍然包括电子商务，但这可以更好地利用其竞争优势——广泛的实体店位置。

  图 3-1 让我们注意到本案例和本章提出的要点。沃尔玛的商业模式是基于低成本领先战略，但管理层希望扩大其战略，包括更多地关注消费者利基（有针对性的广告），更多地强调创造更方便消费者的购物空间。还有新的服务，比如边缘计算中心。沃尔玛正在利用信息技术来支持其新超级中心的运营，并将其作为一种销售服务（边缘计算）。

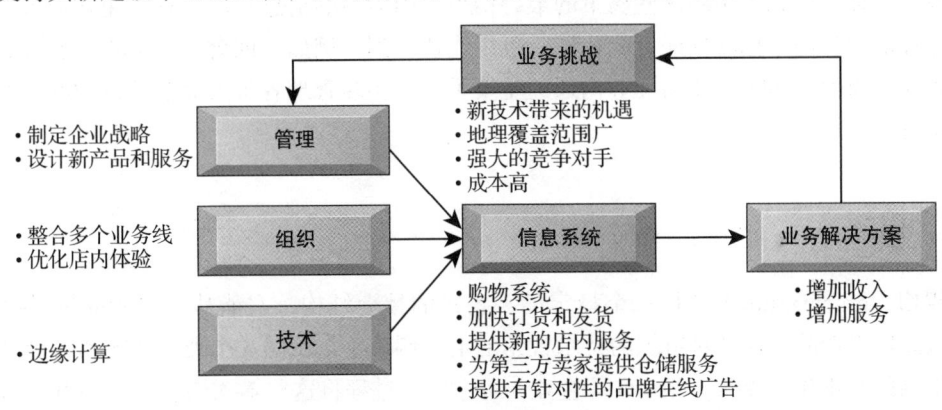

图 3-1　信息系统提升企业竞争力

> 请思考：沃尔玛的超级中心商业战略有哪些组成部分？技术在多大程度上支持这一战略？解释你的答案。

## 3.1 管理者需要了解的成功构建并使用信息系统的组织特性

信息系统和组织互相影响。信息系统由管理者建立，并服务于企业的利益，同时，要从新技术中获利，组织必须了解并接受信息系统带来的影响。

信息技术与组织之间的相互作用是非常复杂的，受很多因素的影响，包括组织架构、业务流程、政治、文化、周围环境以及管理决策等（见图 3-2）。你需要理解信息系统如何改变企业的社交与工作环境。如果你不理解自己的企业，就不可能成功地设计新的信息系统或者理解现有的系统。

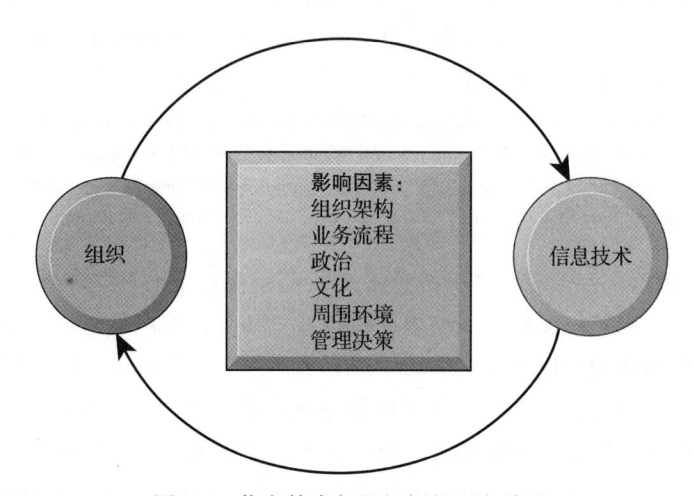

图 3-2 信息技术与组织间的双向关系

注：这种复杂的相互关系受很多因素影响，不仅包括管理者已经做出的或者没有做出的管理决策，还包括组织架构、业务流程、政治、文化和周围环境因素。

作为一个管理者，你要决定企业应该构建哪些系统，这些系统该做什么，如何实施这些信息系统。你可能无法预测这些决策的最终结果，因为新的信息技术投资给企业带来的变化是不能提前预知的，你的预期可能达到，也可能达不到。例如，谁会在几十年前想象到电子邮件和即时通信（IM）会成为业务沟通的主要手段？很多管理者每天会被超过 200 封的电子邮件淹没。

### 3.1.1 组织

**组织**（organization）是指一个稳定的、正式的社会结构，它能从环境中获取并处理资源，从而输出产品。这种对组织的技术视角的定义侧重于组织的 3 个要素。资本和劳动力是环境提供的基本生产要素，组织（即企业）通过生产过程将这些输入转化为产品和服务，这些产品和服务又被环境消费，反过来提供更多的输入（见图 3-3）。

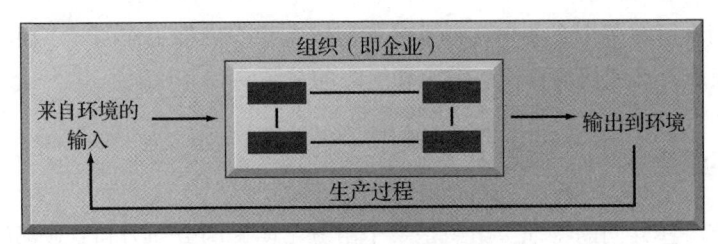

图 3-3 组织的微观经济学定义

注：在组织的微观经济学定义中，资本和劳动力（由环境提供的基本生产要素）被组织（即企业）通过生产过程转化为产品和服务（输出到环境）。产品和服务被环境消费，并提供更多的资本和劳动力，重新输入到这个循环中。

从存续时间和规范性角度来看，一个组织比一个非正式群体（如一群每周五共进午餐的朋友）更稳定。组织是一个正规的法律实体，其内部的规则和程序必须遵守法律法规的要求，同时组织也是一种社会结构，是一系列社会元素的组合，就像一台机器由阀门、凸轮、轴和其他部件按特定的方式和结构组合在一起。

上述组织的定义有效且简单，但对于真实世界中的组织来说，这个定义不具有描述性和预见性。一个更接近组织现实行为的定义是这样表述的：组织是一段时间内通过冲突与解决冲突而形成的一系列权利、特权、义务和责任的平衡体（见图 3-4）。

从企业行为的视角来看，在组织中工作的人形成了自己的工作习惯，他们依附于现有的关系；他们和上司、下属就如何完成工作、工作量的多少以及工作完成的条件等进行洽商。大部分的工作安排和工作感受都不会在正式的规则手册中讨论。

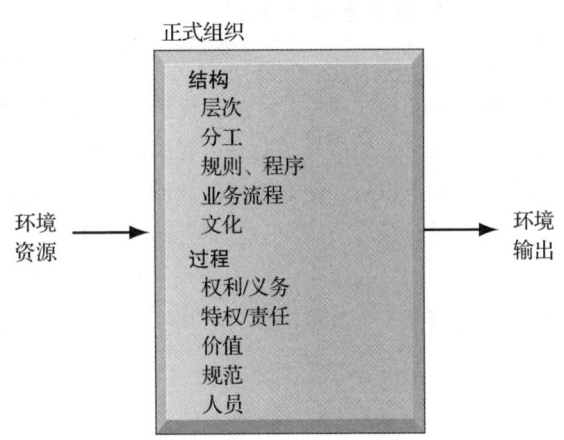

图 3-4 行为视角下的组织

注：行为视角下的组织强调群体关系、价值及结构。

上述定义和信息系统技术有什么关系呢？技术视角的组织定义鼓励我们关注当技术变革被引入企业中时如何组合输入、创造输出。资本和劳动力之间可以相互替换，因此可以说企业具备无限的可塑性。而行为视角的组织定义认为，在构建新的信息系统或者重建老的信息系统时，涉及的远远不止设备或者工作人员的简单重组，信息系统将打破组织长期形成的权利、特权、义务、责任和情感的平衡。

这些要素的变化可能需要持续很长一段时间，具有颠覆性，并且还需要投入更多的资源来支持后续的培训和学习。例如，有效实施一个新的信息系统所需要的时间往往比预期的要长很多，主要是因为实施一个系统是一回事，而教会员工和管理人员使用该系统是另一回事，这两者之间存在滞后。

技术上的变革意味着需要重新安排拥有和控制信息的人、有权力访问并更新信息的人以及对"谁、什么时候、怎样"做决策的人。这个复杂的过程迫使我们去审视工作的设计方式和用于实现输出的过程。

技术视角和行为视角的组织定义并不矛盾，实际上它们是互补的：技术视角的定义告诉我们在竞争的市场中，成千上万的企业是怎样整合资本、劳动力和信息技术的，而行为视角的定义则让我们看清在单个企业中,技术是如何影响组织内部工作的。下面将分别阐述这两个不同视角的组织定义如何解释信息系统和组织的关系。

### 3.1.2 组织的特性

现代组织有一些共同的特征。组织是一个由分工明确的劳动力和专业部门组成的层级机构。在组织中,专业人员被安排在某个权力等级体系中,其中,每个人都要对某个人负责,而权力仅限于受抽象的规章制度或程序所规定的某种特定行为。这些规章制度构成了组织内公正和普遍的决策体系。组织都希望基于技术能力和专业技能(而不是个人关系)来雇用和提拔员工。组织以效率为准则,即用有限的输入获得最大化的输出。组织的其他特性还包括业务流程、组织文化、组织政治、组织环境、组织架构、目标、支持者和领导风格。所有这些特性都将影响组织使用信息系统的种类。

**1. 工作规范和业务流程**

随着时间的推移,包括商业企业在内的所有组织都将变得很有效率,因为企业中的每一位员工均在不断地完善生产产品和提供服务的**工作规范**(routine)。工作规范有时被称为标准操作程序,是为应对工作中几乎所有可能的情况而建立起来的明确的规则、程序和惯例。当员工学会了这些工作规范以后,他们就变得高产、高效,随着效率的提升,企业的成本就会降低。例如,当你去医院时,接待员按照一套完善的工作规范来获取你的基本信息,护士有另一套规范来安排你和医生的见面,而医生也有一套完善的规范来为你诊断。我们在第1、2章中介绍过的业务流程,其实就是这些工作规范的集合。事实上,任何一家企业都是一系列业务流程的集合(见图3-5)。

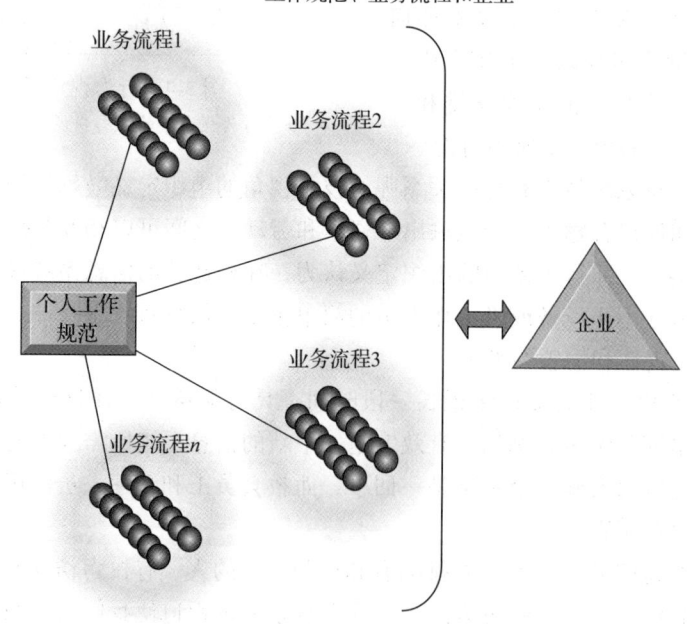

工作规范、业务流程和企业

图 3-5 工作规范、业务流程和企业

注:所有的组织都由个人工作规范和行为组成。一系列的个人工作规范形成业务流程,一系列的业务流程形成企业。新的信息系统应用需要个人工作规范和业务流程发生相应的改变,从而支持组织实现高水平的组织绩效。

### 2. 组织政治

组织内不同的人有不同的职位，有不同的专长，关心不同的事，有不同的视角，因此他们对组织的资源、奖励和惩罚应该怎样分配自然存在分歧。这些分歧对管理者和员工都很重要，会引起每个组织内与资源、竞争及冲突有关的政治问题。政治阻力通常是组织变革（特别是引入新的信息系统）所面临的最大的困难之一。实际上，所有大型信息系统的投资都会给企业带来战略、业务目标、业务流程及程序方面的巨大变革，都会引发政治冲突。了解如何在组织内处理这类政治问题的管理者，往往会比那些不了解的管理者在实施新的信息系统时更容易获得成功。

### 3. 组织文化

每个组织都有一系列基本的、被员工完全确信的、不容置疑的基本假设，这些假设决定了组织的目标与产品。组织文化就是指这一系列的假设，包括组织应该生产什么产品、怎样生产、在哪儿生产、为谁生产等。通常来说，这些文化假设被认为是理所当然的，很少被公开宣传或讨论，企业真正产生价值的业务流程往往隐藏在组织文化中。

观察你所在的大学或学院，就能感受到组织文化的存在。在大学中，最基本的假设是教授知道的应该比学生多，学生到大学的目的是学习，上课需要遵循有规律的时间安排，等等。组织文化具有强大的凝聚力，可以规避一些政治冲突，促进组织内对工作程序和具体实践的理解并达成共识。如果我们都能共享这些最基本的文化假设，那么在其他事情上也更容易达成一致。

同时，组织文化对变革，特别是技术变革来说，具有强大的约束力。大部分的组织都会尽力避免这些基本假设的变动，任何威胁到组织普遍认同的基本假设的技术变革通常都会遭遇巨大的阻力。然而，对于一家企业来说，有些时候要取得进步的唯一明智的选择是采纳一个与现有组织文化不相容的新技术，这时，技术往往会停滞不前，而组织文化则会慢慢调整。

### 4. 组织环境

组织从环境中获取资源，并向环境提供产品和服务。组织和环境之间具有双向关系。一方面，组织向其周围的社会和自然环境开放，并依赖于这些环境。人们愿意忠诚而持续地工作是因为可以从客户那里获得固定工资或收入，如果没有财务资源和人力资源，组织将不可能存在。组织除了要应对客户和竞争对手以外，还必须遵守政府制定的法律法规和其他要求。另外，组织也能对周围的环境产生影响。例如，企业与其他企业组成联盟可以影响政策制定的过程，企业通过广告来影响客户对产品的接受程度，等等。

图 3-6 描述了信息系统帮助组织感知环境的变化，并帮助组织采取应对措施方面的作用。信息系统是感知环境变化的重要工具，能够帮助管理者及时发现需要组织应对的外部变化。

环境通常比组织变化得快。新技术、新产品、大众品位和价值观的变化（其中很多会导致新的法律法规）都会给组织的文化、政治和人员带来压力。大部分组织不能及时适应快速变化的环境。组织标准操作流程中的惰性、现有秩序调整所带来的政治斗争以及对根深蒂固的文化价值观的威胁，都会阻碍组织做出重大变革。年轻的企业往往缺少资源来维持即便是短暂的困难期。因此，1919 年《财富》世界 500 强企业活到今天的只有 10%，这一事实也就不怎么令人惊讶了。

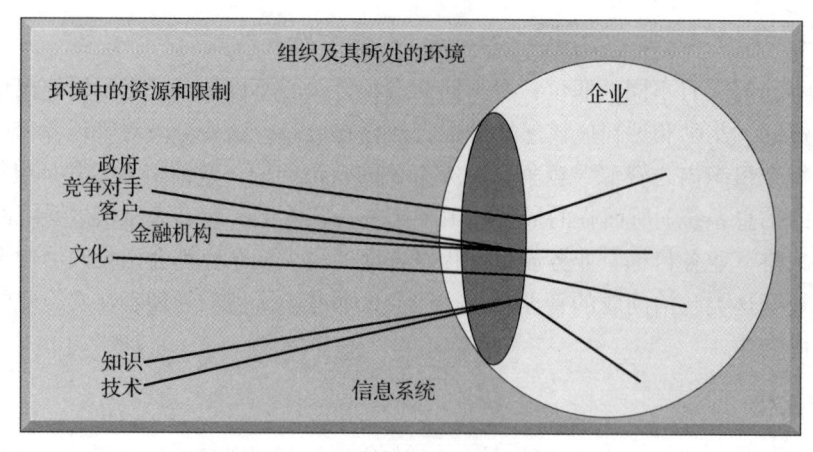

图 3-6 环境与组织的双向关系

注：环境决定组织能做什么，组织也能影响和改变周围环境。信息技术在帮助组织感知环境中的变化，并帮助组织采取应对措施方面起到关键作用。

**颠覆性技术：乘风破浪**　有时一项技术和由此产生的业务创新往往会从根本上改变商业格局和环境，这些创新被称为"颠覆性创新"（Christensen，2003；Christensen、Raynor 和 McDonald，2015）。是什么会导致一项技术具有颠覆性？某些情况下，**颠覆性技术**（disruptive technology）会替代现有产品，而且会比现有产品更好（通常会好很多）。例如，汽车替代了马车，文字处理软件替代了打字机，流媒体音乐服务替代便捷式 CD 播放机，数码相机替代了胶卷相机，等等。表 3-1 描述了一些过去的颠覆性技术。

表 3-1 颠覆性技术：赢家和输家

| 技术 | 描述 | 赢家和输家 |
| --- | --- | --- |
| 微处理器芯片（1971） | 在一个硅芯片上有数千甚至数百万个晶体管 | 微处理器企业（英特尔）、德州仪器是赢家，而晶体管企业（通用电气）则衰落了 |
| 个人计算机（1975） | 体积小、便宜、功能齐全的台式计算机 | 个人计算机制造商（惠普、苹果、IBM）、芯片制造商（英特尔）是赢家，而主机（IBM）、小型机商（DEC）则是输家 |
| 万维网（1989） | 一个即时可用的全球数字文件和页面的数据库 | 在线内容和新闻拥有者获利，而传统出版商（报纸、杂志、广播电视）则是输家 |
| 网络音乐、视频、电视服务（1998） | 在线存储可供下载的音乐、视频、电视广播 | 互联网平台拥有者、互联网骨干通信商（ATT、Verizon）、本地互联网服务商是赢家，而内容拥有者和实体零售商（Tower 唱片、Blockbuster）是输家 |
| 网络服务软件 | 通过互联网提供在线软件远程访问 | 在线软件服务企业（Salesforce.com）是赢家，而传统套装软件企业（微软、SAP、甲骨文公司）是输家 |

在上述案例中，有些行业因颠覆性技术而消失了，而在另一些案例中，颠覆性技术只是扩大了现有市场，通常比现有商品功能更少、成本更低，最终变成现有商品的低成本竞争者。磁盘驱动器就是这样一个例子。在个人计算机市场中使用的便携式硬盘为磁盘驱动器开拓了一个新市场，为小文件提供了廉价的数码存储空间。

有些企业能创造这些技术，并乘势获利；也有些企业学得很快，并迅速调整其业务；还有些企业则因为过时的产品、服务和商业模式而逐渐被市场抛弃。这些被抛弃的企业可能会非常高效地做那些也许不再需要做的事情。还有一些情形是没有企业获利，而消费者却获得了所有的收益。当然，不是所有的变化或技术都是颠覆性的（King 和 Baatartogtokh，

2015）。那些经营时间长一些的企业管理者会及时做出正确的决策，并找到持续竞争的方法。颠覆性技术其实是一个很棘手的问题。发明颠覆性技术的企业叫作"第一先行者"，如果它们缺乏资源来开发这种技术或没有看到这种技术的市场机会，一般都不会从中获益。例如，MITS Altar 8800 曾被广泛认为是第一台个人计算机，但是它的发明者没有获得先发优势，而通常被称为"迅速跟随者"的第二行动者（如 IBM 和微软），反而获得了回报。花旗银行创造的 ATM 给零售银行业带来了革命，但很快被其他银行效仿，现在所有的银行都用 ATM，结果所有好处几乎全给了消费者。

**5. 组织架构**

所有的组织都有一个架构或形状。明茨伯格把组织分为 5 种基本类型（Mintzberg，1971），如表 3-2 所示。一家企业中信息系统的类型以及这些信息系统的问题本质，往往能够反映出这个组织架构的类型。例如，在一家像医院这样的专家型机构中，你通常会发现同时存在着医院行政使用的、医生使用的、护士和社会工作者等其他专业人员使用的患者记录系统。在小型创业企业里，你通常会发现一些因设计匆忙而并不适合长期使用的、糟糕的信息系统。在一个拥有几百个地方运营的多事业部的大型企业里，你通常很难发现一个集成的信息系统，更多的是每个地方或每个事业部都有自己的一套信息系统。

表 3-2　组织架构

| 组织类型 | 描述 | 示例 |
|---|---|---|
| 创业型机构 | 快速变化环境中的年轻的小组织，结构简单，由企业家担任 CEO | 小型创业企业 |
| 机械型机构 | 在一个变化较慢的环境中的大企业，生产标准产品，被一个集中式的管理团队掌控，实行集中决策 | 中等规模的制造企业 |
| 事业部制机构 | 多个机构的组合，被一个中央总部领导，生产或提供不同的产品或服务 | 《财富》世界 500 强企业，如通用电气 |
| 专家型机构 | 基于知识的组织，产品和服务取决于专家的经验和知识。由部门领导掌控，中央集权薄弱 | 法律事务所、学校系统和医院 |
| 临时型组织 | 任务型组织，适应快速变化的环境。由大量的专家组成短期跨学科团队，中央管理薄弱 | 顾问企业，如 Rand 公司 |

**6. 组织的其他特征**

组织都有目标，并用不同的方法达成目标。有的组织具有强制性目标（如监狱），另一些组织具有实用性目标（如企业），还有一些组织具有规范性目标（如学校、宗教团体）。组织服务于不同的群体或拥有不同的赞助者，有些组织服务于自己的成员，有些则服务于客户、股东或公众。不同组织的领导形式大不一样，有的比较民主，而有的则比较集权。组织的不同还体现在它们执行的任务不同和使用的技术不同。一些组织执行的主要是常规性任务，可以简化为一些正式的规则而很少要求主观判断（如汽车零件制造），而另一些组织（如顾问企业）主要执行的是非常规性任务。

## 3.2　信息系统对组织的影响

信息系统已经成为不可缺少的、在线的、互动的工具，深深融入大型组织每分钟的运行和决策过程中。经过10多年的发展，信息系统从根本上改变了组织的经济特性，并大大地增加了优化组织运作的可能性。经济学和社会学的理论和概念有助于我们理解IT所带来的影响。

### 3.2.1 经济影响

从经济学的视角来看，IT既改变了资本的相对成本，也改变了信息的成本。信息系统技术已经被看作一种生产要素，可以替代传统的资本和劳动力。随着成本的降低，IT被用来替代成本一直在上升的劳动力。因此，IT对劳动力的替代会造成中层管理者和文职人员的减少。

随着成本的降低，IT还可以替代其他形式的资源，如仍然相对昂贵的建筑物和机器。所以，随着时间的推移，我们可以期待管理者会增加对IT的投资，因为IT的成本相对于其他资源的成本仍在不断下降。

IT还会影响信息的成本和质量，并改变信息经济学。IT可以帮助企业扩大交易，因为它可以降低交易成本。交易成本是指当企业在市场上购买自己不能生产制造的产品时所带来的成本。根据**交易成本理论**（transaction cost theory），企业和个人总是在寻求降低交易成本的方法，就如同在不断寻求降低生产成本那样。由于搜寻和与供应商沟通成本、跟踪合同进展状况成本、购买保险成本、获得产品信息成本等的存在，因而使用市场的成本也是昂贵的（Coase，1937；Williamson，1985）。就像通用汽车和福特汽车过去所做的那样，企业传统的做法是通过纵向整合，如扩大规模、雇用更多员工、建立自己的供应商和分销商等方式来降低交易成本。

IT特别是网络技术的使用，可以帮助企业以更低的成本（交易成本）参与市场活动，使企业和外部供应商签订合同比使用内部资源更划算。因此，企业可以缩小规模（员工人数），因为将工作外包给竞争激烈的市场比自己雇人要便宜得多。

例如，像福特、丰田、本田那样的汽车制造企业，通过计算机与外部供应商联结，从外部供应商处购买了70%以上的零部件，从而获得经济效益。信息系统也使诸如苹果这样的企业将它们的生产外包给富士康这样的制造商，而不是自己生产。

随着交易成本的降低，企业规模（员工人数）将缩小，因为企业在市场上更容易以更低的价格买到产品和服务，不用再自己制造产品或提供服务了。企业的收入增加了，但其规模可以不变甚至还可能收缩。例如，伊士曼化工企业在1994年从柯达公司分离出来时收入为33亿美元，全职员工有24 000名。到了2019年，该公司仅拥有14 500名员工，却创造了93亿美元的收入。

IT还可以降低内部管理成本。根据**代理理论**（agency theory），企业可以被看成是自利个人之间的"契约纽带"，而不是一个统一的、利益最大化的实体（Jensen和Meckling，1976）。委托人（所有者）雇用"代理人"（员工）代替自己工作。然而，代理人需要持续监督和管理，否则他们将会倾向于追求自己的利益，而不是所有者的利益。当一家企业的规模和范围都逐渐增大时，代理成本或者协调成本也会随之上升，因为所有者需要花越来越多的精力来监督和管理员工。

IT可以通过降低组织获取和分析信息的成本，从而降低组织的代理成本，因为它使管理者更容易监管更多数量的员工。IT 可以让企业减少中层管理人员和文职人员，从而降低企业总体管理成本。我们在前面章节中所列举的一些例子说明，IT 能够扩大小型组织的权力和范围，使小型组织能够用非常少的员工和管理人员来完成诸如处理订单或者跟踪库存等协调性工作。

因为 IT 为企业降低了代理成本及交易成本，所以随着在 IT 上的投资越来越多，我们可以预期企业的规模将越来越小，管理人员将越来越少，而每个员工的平均收益会越来越高。

### 3.2.2 组织和行为的影响

复杂组织的社会学理论也提供了一些解释，让我们来了解一下新的 IT 应用是如何以及为什么会引起企业变革的。

**1. IT 使组织扁平化**

大型官僚组织的产生与发展早于计算机时代，这些组织往往效率不高、变化缓慢，与新组织相比缺乏竞争力。但是现在一些大型组织已经开始缩减组织规模，减少员工数量和组织层级了。

组织行为学研究者认为，IT 能够帮助企业扩大信息的传播范围，给底层员工授权，提高管理效率，从而使组织扁平化（见图 3-7）。IT 可以赋能组织中的决策权下放，因为低层级的员工能够在没有监督的情况下获得决策所需要的信息（这种权力下放也可能是因为员工的教育水平提高，使他们有能力做出明智的决策）。因为现在的管理者能及时获得足够充分的准确信息，进而能更快地做出决策，这样组织就可以配置较少的管理人员。随着管理成本占收入百分比的降低，组织的管理效率也变得更高。

这些变化意味着管理控制的幅度扩大了，高层管理人员可以管理和控制更大范围内的更多具有多个管理层次的传统层级组织员工。事实上，许多企业已精简了数以千计的中层管理人员。

具有多个管理层次的传统层级组织

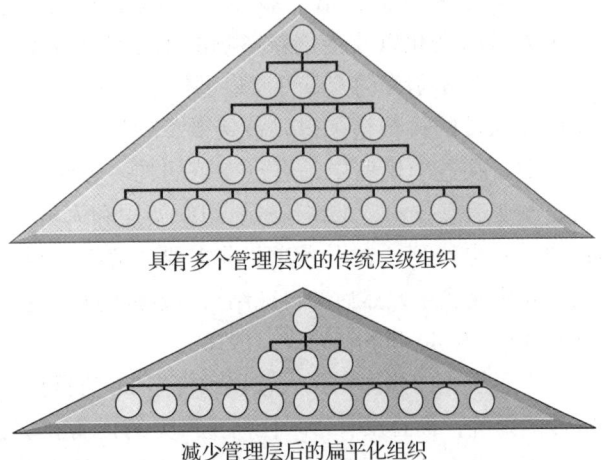

减少管理层后的扁平化组织

图 3-7 扁平化组织

注：信息系统能够帮助减少组织的层级，因为信息系统能够为管理人员提供管理下属所需要的信息，并授予低层级员工更多的决策权。

**2. 后工业化组织**

后工业化理论更多的是基于历史学和社会学，而不是经济学的理论展开的。后工业化理论同样支持 IT 会使组织扁平化的观点。在后工业化社会中，权威更多来自知识和能力，而不仅仅是正式的职位。因为专业工作者更倾向于自我管理，当知识和信息在组织中广泛传播时，决策就可以是分散化的，这样组织就变得扁平化了。

IT能促进任务型组织的形成，即为了在短期内完成一项特定的任务（如设计一款新汽车），将一群专家聚在一起，面对面或者通过网络进行合作；一旦任务完成，这些专家就会加入其他任务团队中。埃森哲公司就是一个例子，492 000名员工中的大多数咨询专家会从一个地方被调动到另一个地方，在超过50个不同国家的客户所在地的项目中工作。

谁来确保自我管理的组织不会走向错误的方向？谁来决定哪个人加入哪个团队工作，工作多长时间？当某人经常转换工作团队时，管理人员如何考核他的绩效？人们如何知道他们的工作前景在哪里？这都要求有新的方式来评价、组织和沟通员工，并非所有的公司都能使虚拟工作真正有效。

**3. 理解组织变革的阻力**

信息系统不可避免地与组织政治相关联，因为它们都能影响关键资源，即信息的获取。信息系统可以影响一个组织中谁为谁做什么，何时、何地和如何做。许多新的信息系统要求员工的个人工作规范发生改变，而这些改变可能会给那些要求重新培训或额外付出努力的员工带来痛苦，因为他们不知道这些努力是否会得到补偿。因为信息系统会潜移默化地改变组织的架构、文化、业务流程和战略，所以当信息系统被实施并引发变革时，必然会遇到强大的阻力。

有几种方式可以描述组织的阻力。关于组织创新阻力的研究表明，组织变革的阻力通常来源于4个主要方面：信息技术、组织架构、组织中人员的文化以及受创新影响的工作任务（见图3-8）。技术引发的变革可以通过任务的再安排、架构和人员的再调整来得以被接受、理解、阻止或击败。在这个模型中，进行变革的唯一方法是同时改变信息技术、工作任务、组织架构和人员。其他学者也谈到了在引入变革前需要"解冻"组织，并快速实施，然后"再冻结"，最终将这些变革制度化（Kolb和Frohman，1970）。

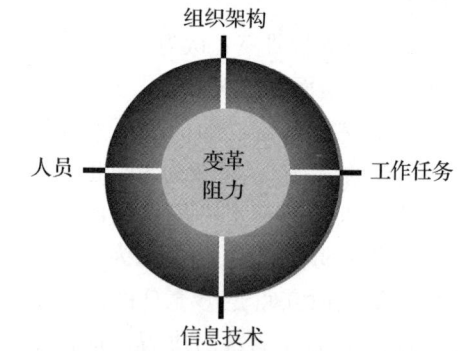

图3-8 信息系统组织创新的阻力

注：实施信息系统会对工作任务、组织架构、人员造成影响。根据这个模型，实施变革时这4个方面必须同时发生变化。

由于组织的阻力太强大，以致许多IT项目投资深陷困境，而且没有带来任何生产力的提高。事实上，关于项目实施失败的研究表明，许多大项目没有达到预期目标的普遍原因不是技术上的失败，而是源于组织和政治对变革的阻力。第14章将详细描述这一问题。因此，作为一个未来参与IT投资的管理者，你对人和组织的处理能力和你对技术知识的掌握一样重要。

### 3.2.3 互联网和组织

互联网尤其是万维网，对许多企业与外部实体之间的关系有着重要的影响，甚至对企业内部组织的业务流程也有很大的影响。互联网增加了组织对信息和知识的可访问性、存取性和传播性，从本质上讲，互联网能大大降低大多数组织的交易和代理成本。例如，全球销售人员通过网站几乎可以实时接收更新的产品价格信息，可以实时接收管理人员通过手机或移动终端上的电子邮件或短消息发送的指令。某些大型零售商的供应商可以直接访问零售商的内部网站，获取精确到每一分钟的销售信息，并即时发起补货订单。

基于互联网技术的应用，并将互联网技术作为企业 IT 基础设施的关键组成部分，企业可以很快重建一些关键的业务流程。如果说之前的计算机网络是先导的话，那么现在的互联网使得业务流程更简单、员工更少、组织更扁平化。

### 3.2.4 设计和理解信息系统的启示

为了真正发挥信息系统的价值，在建设信息系统之前，必须对使用信息系统的组织有清晰的理解。根据我们的经验，在规划一个新的系统时，需要考虑的核心组织因素有以下几点。
- 组织环境。
- 组织架构：结构层级、专业分工、日常工作规范和业务流程。
- 组织文化和政治。
- 组织类型和领导风格。
- 被系统影响的主要利益群体，以及使用系统的员工的态度。
- 信息系统支持的任务类型、决策和业务流程。

## 3.3 波特的竞争力模型、价值链模型、协同效应、核心竞争力以及网络经济学对企业利用信息系统制定竞争战略的帮助

几乎在每一个行业里，你都会发现某些企业做得比其他大部分企业要好，其中总会有一家比较出众的企业。例如，在汽车行业，丰田被认为是表现出众的企业；在在线零售业中，亚马逊是领导者；在线下实体零售行业中，沃尔玛是全球最大的零售商和领导者；在网络搜索方面，谷歌被认为是领导者。

比其他企业做得更好的企业，被认为具有超越其他企业的竞争优势：要么具有其他企业得不到的特殊资源，要么能更高效地使用容易得到的普通资源。这通常是因为它们具有出众的知识和信息资产。不管怎样，从收入增长、盈利能力或者生产率（效率）的提升来看，这些做得好的企业经过长期运营最终会获得在股票市场上比竞争对手更高的估值。

那么，为什么有些企业会比其他企业做得好？它们是如何获得竞争优势的？如何分析和识别企业的战略优势？如何为自己的企业构建战略优势？信息系统如何为企业战略优势做出贡献？这些问题可以通过迈克尔·波特（Michael Porter）的竞争力模型做出回答。

### 3.3.1 波特的竞争力模型

可以说，理解竞争优势最好的模型是波特的**竞争力模型**（competitive forces model，见图 3-9）。该模型为我们提供了关于企业、竞争者和企业环境之间关系的基本概貌。我们在本章前面描述了企业环境的重要性，以及企业对所处环境的依赖性。波特的竞争力模型描述了跟企业有关的总体商务环境，此模型中的 5 种力量决定了企业的命运。

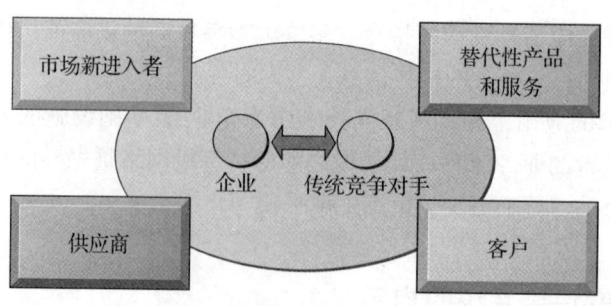

图 3-9　波特的竞争力模型

注：在波特竞争力模型中，企业的战略地位和战略不仅取决于传统的直接竞争对手，同时也受行业环境中其他4种力量的影响。

### 1. 传统竞争对手

所有的企业及其竞争对手共享同一个市场空间，竞争者都在持续不断地引入新产品和新服务，创造更新的、更高效的生产方式，都在持续不断地努力开发品牌，增加客户的转换成本，以此吸引客户。

### 2. 市场新进入者

在自由经济中，劳动力和金融资源都是可流动的，新企业总是在不断地进入市场。有些行业的准入门槛很低，而有些行业的准入门槛则很高。例如，开始做比萨生意或任何其他的小型零售生意就比较容易，但是要进入计算机芯片行业则难得多，不仅需要高额的资金成本，还要求具备那些难以获取的、丰富的经验和专业知识。新企业具有若干个可能的优势：它们没有旧的工厂和设备的困扰；往往可以雇用经验少但更具创意的年轻员工；它们也不会被老得过时的品牌所拖累；比已有的企业"更饥饿"（有更高的积极性）。当然，新企业有这些优势的同时也有弱势：它们需要外部资金来建造新的厂房和购买新的设备，这可能很昂贵；它们的员工队伍缺乏经验，并且缺乏品牌认可度，等等。

### 3. 替代性产品和服务

几乎在每一个行业中，如果你的产品价格过高，那么客户就会寻找可用的替代品。新技术总是在创造新的替代品，甚至石油也有替代品，如乙醇能替代汽油，植物油能替代柴油，而风、太阳能、煤炭和水力能替代工业电能。类似地，互联网和无线电话服务能替代传统的电话服务，进入各家的光缆电话线能替代同轴电缆线。同样，作为 CD 的替代品，互联网音乐服务让你能下载音乐到 iPod 或手机上。行业中的替代品越多，你控制价格的能力就越低，边际利润就会越少。

### 4. 客户

企业的盈利能力在很大程度上取决于它吸引和留住客户（同时阻止客户走向竞争者）以及索要高价的能力。如果客户很容易转换到竞争者的产品和服务，或者客户能迫使企业和竞争者在某个**产品差异化**（product differentiation）很小、所有价格均能及时获取（如在互联网上）的透明市场上展开价格竞争，那么客户的谈判力就会提升。例如，在网上的大学二手书市场，学生（客户）能找到多个供应商提供他们所需的教科书。这种情况下，学生就具有更强的谈判力。

**5. 供应商**

供应商的市场谈判力对企业的利润有重大影响，尤其是当企业不能快速提高价格而供应商可以时。企业的供应商越多，它就越能在价格、质量、供货时间上对供应商有更强的控制力。例如，笔记本电脑的制造商总是有多个相互竞争的供应商提供计算机的关键配件，如键盘、硬盘和显示屏等。

像沃尔玛这样的超市和大型零售商店利用在收银处获取的销售数据来判断卖出了哪些商品、哪些需要补货，沃尔玛的不间断补货系统把订单直接发送给供应商进行补货。该系统使沃尔玛在调整商品以满足客户需要时保持低成本。

### 3.3.2 提升竞争力的信息系统战略

当企业面对所有这些市场竞争时，应当做些什么呢？企业该如何利用信息系统来应对这些力量？如何防止替代品和阻止市场新进入者？一般来讲，有4种竞争战略可以利用信息技术和系统来实现：低成本领先战略、产品差异化战略、聚焦细分市场战略以及加强与客户和供应商的亲密关系战略。

**1. 低成本领先战略**

利用信息系统可以降低运行成本和产品价格。最典型的例子就是沃尔玛，沃尔玛运用神奇的库存补充系统保持商品低价和货架充足，成为美国零售业的领导者。客户在收银台购买商品后，沃尔玛的不间断补货系统立即将新的补货订单发送给供应商；销售点终端系统（point-of-sale，POS）记录每一件结账商品的条码，并直接发送一个交易记录给总部的中央计算机。然后，中央计算机收集所有沃尔玛门店的订单，并传送给供应商。供应商也可以利用网络技术来获取沃尔玛的销售和库存数据。

系统可以迅速补充库存，因此沃尔玛在库存上无须花费很多资金，该系统还能使沃尔玛根据客户的需求调整库存。竞争对手如西尔斯（Sears）的管理费用占总销售收入的24.9%，而沃尔玛通过信息系统降低了运营成本，其管理费用只占销售收入的16.6%（零售行业的运营成本平均占销售收入的20.7%）。

沃尔玛的不间断补货系统也是一个**高效客户响应系统**（efficient customer response system），将客户的购买行为直接与分销、生产、供应链紧密相连，大大提高了客户响应效率。

"互动讨论：组织"部分提供了另一个低成本领先战略的例子——主要货运公司之间的斗争，如 FedEx、UPS 和现在的亚马逊争夺电子商务包裹运输和配送业务的主导地位。

⊙ 互动讨论：组织

**货运战争**

装运和递送对于电子商务的成功而言至关重要，无论是对零售商还是对货运公司本身而言均是如此。FedEx、UPS 和美国邮政服务（USPS）已通过处理来自亚马逊和其他电子商务网站订购的海量产品赚取数十亿美元。便利、无缝衔接的线上订购和货运流程，加上低价甚至免费的递送或隔日达快递服务，是线上商家相对传统实体零售商的竞争优势之一。

"最后一公里"在物流中尤为重要，这是指递送过程中将包裹送到客户门口的最后一步。亚马逊并没有在"最后一公里"使用 USPS、FedEx 或 UPS；相反，它为此打造了一支送货车队，并扩大了自身由波音 737 和 767 组成的货运机队。亚马逊航空是专为运输亚马逊包裹而运营的货运航空公司。到 2021 年，亚马逊航空拥有至少 70 架货运飞机，在美国的 20 多个航空门户城市运营。亚马逊还额外扩张了其机场枢纽业务，在辛辛那提北肯塔基国际机场投资 15 亿美元打造了一个枢纽，并在沃斯堡联盟机场和芝加哥罗克福德国际机场设立了运营部门。

亚马逊对"最后一公里"的接管会从美国邮局（处理亚马逊 62% 的包裹）、UPS（处理亚马逊 21% 的包裹）和 FedEx（处理亚马逊 8% 的包裹）抽走数十亿美元的业务。亚马逊并非在尝试取代这些货运商，而是希望获得对物流的一定控制，从而保证亚马逊的 Prime 会员能够准时拿到隔日达包裹，并使其自身具备处理节假日或恶劣天气期间的极大销售量的能力。亚马逊也会节省成本。摩根士丹利的数据表明，使用自身车队后，对于每个包裹，亚马逊可节省 2~4 美元，也就是每年 20 亿美元。此外，获得对整个货运过程的完全控制使其能够提供更好的客户体验。如果亚马逊无须通过另一货运商运作，它就能更方便地追踪丢失的包裹和立即响应客户的咨询。亚马逊的货运政策已成为其零售快速增长的主要推动因素之一。

2019 年 4 月，在亚马逊宣布为其 Prime 会员推出次日达服务后，FedEx 取消了与亚马逊的快递合同，重新制定了自身的商业战略。FedEx 管理层认为实际上它并不是真的需要亚马逊才能兴旺昌盛，因为在其 700 亿美元的综合年收入中，亚马逊还没占到 1.3%，而且从利润率来讲，亚马逊还是它最不赢利的客户之一。FedEx 管理层还认为，之前与亚马逊的合作对 FedEx 自身的业务造成了冲击。FedEx 已选择的方向要求其聚焦自身的地面递送服务，并与其他零售商和品牌建立新的合作关系来服务更广阔的电子商务市场。

例如，2019 年 6 月，FedEx 和 Dollar General 宣布建立战略联盟，将在数千 Dollar General 门店提供新的、便利的 FedEx 的自行寄件及取件服务。此举旨在增加所有客户获取 FedEx 服务的便利性，尤其是生活在农村社区的人们（Dollar General 广泛分布于这些社区）。FedEx 和 Dollar General 从 2019 年夏末开始在 1 500 多家 Dollar General 门店推出该服务，在 2020 年年底将服务推广到 8 000 多家门店。与 Dollar General 的结盟将使 FedEx 的零售便利网络扩大超 6.2 万个零售点。这一行动将使 90% 以上的美国人都在 FedEx Hold 零售点的 5mile 涵盖范围内。客户可以自行将预先包装好并贴上标签的 FedEx Express 或 FedEx Ground 包裹送到 Dollar General 门店寄件，也可以在邻近的 Dollar General 门店自行取件。

FedEx 认为自己可以取代亚马逊，成为最快、最具成本效益的电子商务递送服务商。2018 年 12 月，FedEx 宣布向零售客户推出选择额外时间的递送服务，向电子商务客户提供次日达和隔夜达服务。为与亚马逊进一步展开竞争，FedEx 还提供每周 7 天无休式包裹递送服务。

UPS 在这一竞争激烈的竞技场上如何表现？与 FedEx 不同，UPS 在进一步深化它与亚马逊的关系。它希望保持中立，而 FedEx 已与亚马逊分道扬镳，更倾向于讨好实体零售商。UPS 也更为依赖 USPS，尤其是周日的递送。FedEx 每天自行递送原本交由 USPS 完成最后一公里的约 200 万个包裹。FedEx 认为，通过自行处理更大量的包裹，它能够更好地利用自身在美国国内的 600 多个分拣和递送中心，由此帮助从商店发货给居民住宅的零售商。但增加短途递送量是否会产生 FedEx 当前正在谋求的那种回报？摩根士丹利的拉维·夏克尔等分析师对此并不确定。

哪家公司会赢得这场零售货运战争？这场战争的结局可能会决定整个电子商务零售行业的未来走向。

**资料来源**：Bloomberg, "FedEx Has a Plan to Battle Amazon Shipping, CEO Says," January 30, 2020; Greg Petro, "Amazon Versus FedEx: The Retail Shipping Wars," *Forbes*, June 28, 2019; and Shep Hyken, "Look Out FedEx and UPS—Is Amazon Going to Disrupt the Shipping Industry?" *Forbes*, January 17, 2019.

**案例分析题：**

1. 为什么货运对电子商务如此重要？解释你的答案。
2. 比较亚马逊、FedEx 和 UPS 的运输策略。它们与每家公司的商业模式有什么关系？
3. FedEx 进军地面运输领域会成功吗？为什么？

**2. 产品差异化战略**

企业可以开发出基于信息系统的新产品和新服务，或者可以极大地改善客户使用现有产品和服务的便捷性。像谷歌、Meta、亚马逊、苹果这样的高科技企业，正在投入数十亿美元研究和部署新服务，并不断增强它们最有价值的服务和产品，从而与潜在的竞争对手形成差异化。例如，2018 年，谷歌更新了谷歌助手，实现了更自然、连续的人机对话和智能显示，可以将助手的输出显示在终端屏幕上。谷歌在它的核心地图服务中增加了助手支持功能，使得与地图的互动更加自然，还给开发者发布了支持文本识别、人脸识别、图形标签和地标识别的机器语言工具包。高科技企业持续不断的创新使得它们的产品独一无二且难以被复制。

制造商和零售商正在利用信息系统创造定制化、个性化的产品和服务，以满足单个客户独特的、明确的需求。例如，某运动品牌在其网站上出售个性化运动鞋，客户可以在网站上挑选运动鞋的种类、颜色、材质、鞋底，甚至可以定制 8 个字母的个性化标签。该企业通过计算机网络把这些订单发送给在中国和韩国的制造工厂。客户定制化服务只需另外加收 10 美元，制造工厂用 3 个星期的时间就可以将鞋子送到客户手中。利用与大批量生产时一样的资源，提供个性化的商品和服务的功能被称为**规模化定制**（mass customization）。

越来越多的企业不仅通过产品本身的功能来区分产品，还通过购买和使用产品的整个体验来区分产品。这就是所谓的"客户体验"。

表 3-3 列举了一系列的企业，它们都已经成功地开发了其他企业很难模仿或者至少需要较长时间才能模仿的基于 IT 的新产品和新服务。

**表 3-3 基于 IT 的新产品和新服务**

| | |
|---|---|
| 亚马逊：一键式购物 | 亚马逊拥有一键式购物的技术专利，并把专利使用权卖给其他零售商 |
| 在线音乐：苹果 iPod 和 iTunes | 一个集成的手持播放器和一个包含超过 4 300 万首歌的在线歌曲库 |
| 高尔夫球杆定制：Ping | 客户可以根据自己的要求定制球杆 |
| 在线个人支付：PayPal | PayPal 支持个人银行账户间的转账，以及银行账户和信用卡账户间的转账 |

⊙ 互动讨论：管理

### 客户体验管理：一项新的战略武器

越来越多的企业正在观察客户与其产品的互动方式，并从其中看出了新的战略机会。它们发现，客户并不想要一场毫无情感、直截了当的交易——他们也想要一次良好的体验。客户体验正兴起成为重大的品牌差异化因素以及愈加强大的商业成功驱动因素。传统的广告正变得愈加困难，IT提供了迎合客户的新方法，而社交媒体会放大糟糕的体验。

客户体验有别于客户服务，因为它包含了整个客户旅程——客户与企业在整个商业关系中的所有互动，包括认识、发现、培养、倡导、购买和服务。

企业发现，产品的体验并不仅限于产品本身。产品体验是围绕产品的一切事情。产品让人的感觉如何？它的效果如何？依据万事达卡（Mastercard）首席体验官（chief experience officer，CXO）唐纳德·切斯特纳特的看法，产品体验要大于产品本身。

CXO是很多企业已创立来管理其客户体验的新职位。在高德纳咨询公司所调查的位于美国、加拿大和英国的近400家大型企业中，有89%在2019年雇用了一位CXO或设置了类似的职位。餐厅连锁店TGI Fridays、公民金融集团（Citizens Financial Group）、猫途鹰（TripAdvisor）和安德玛（Under Armour）正是一些现在已有CXO的企业。

实施成功客户体验战略的企业获得了更高的客户满意度，增加了收入并减少了客户流失率。如果客户曾获得很好的客户体验，他们会愿意支付更高的价格，溢价率可达13%。客户愿意为客户体验评价更高的企业支付140%的溢价，并对企业保持长达6年的忠诚。《彭博商业周刊》的一项调查发现，提供好的客户体验已成为首要战略目标。

当企业能够与客户建立情感联结时，会产生最好的客户体验。例如，一名客户因母亲过世而过迟向网络零售商Zappos退还鞋子，因出色的服务和乐于接受改变而著称的Zappos支付了退货运费并免费让快递公司上门取件。第二天，这位客户收到了送到她家的一束鲜花，鲜花还随附便签，表达了Zappos客服团队的慰问之情。

亚马逊是客户体验管理的领导者，其商业战略关注改进客户与企业定价、付款、结账和货运互动的所有方面。商业流程则关注让客户体验更为愉悦的各种方法。一个例子就是亚马逊的Prime服务，这是一项付费订阅服务，向客户提供本来无法提供或需额外费用的服务，如免费的隔日达服务或音乐和视频流媒体。亚马逊的货运时间过长，所以亚马逊创建了自身的Prime货运网。由于结账过于困难，所以亚马逊推出了针对Prime客户的一键下单功能。客户并未对亚马逊品牌保持忠诚——他们寻求最佳的价格，只要有更便宜的。亚马逊Prime是支付月费或年费的订阅服务。这降低了价格敏感度，因为客户会觉得如果自己不享受已经付过钱的快速送货服务，他们就错过了什么。

Netflix的订阅用户已表示，他们希望有一项服务可以突出显示即将上映的影片，所以Netflix就测试在屏幕顶部显示一块较大的预览单元。然而，虽然客户曾要求此功能，但是他们并不使用它，而且该单元实际上导致客户更难立即进入他们想要观看的节目。Netflix后来解决了这个问题，将即将上映的影片挪到观看者如感兴趣可自行导航前往的区域。

Netflix还做出另一个更改——使追剧用户可以跳过连续剧的片头。在连续剧剧集间隔一周播放、人们在这期间观看其他电视剧时，长时间的片头是合理的。但追剧已变得更加流行，促使Netflix重新审视该类型观看者的客户体验。Netflix发现，以前的片头格式会降低人们连续观看多集同部电视剧的体验。Netflix在部分会员中测试使用了跳过按钮，受试者很喜欢该功能。

音乐流媒体服务提供商Spotify有一个巨大的音乐库，其中有数百万首歌，能满足所有听众的音乐品位。Spotify将个性化播放列表作为其客户体验战略的关键内容之一，它认识到，用户有非常个性化的音乐偏好。个性化的播放列表尝试每天为每名听众提供最爱的歌曲以及他可能喜欢的新音乐。通过将用户已确定的最喜爱歌曲和定制化的推荐结合起来，听众厌倦的概率就会降低，他们会不断地回来继续使用平台寻求更多。

麦当劳在 2016 年年底推出了数字化的自助下单点餐机和送餐到桌服务，助推了其客户体验的提升。麦当劳在午餐和晚餐时间会挤满大量客户，这会打消部分客户下单的念头。在麦当劳实施新的下单系统后，按预计，同店销售额在 2018 年年初增长了 4.1%。加强客户体验帮助麦当劳更好地处理了快餐潮流快速变化和竞争对手能推出相似产品所带来的挑战。

资料来源："You're Not Just Binge Watching Netflix. You're Having an 'Experience,'" *Wall Street Journal*, February 21, 2020; Steven MacDonald, "7 Ways to Create a Great Customer Experience Strategy," SuperOffice. com, February 4, 2020; and Melissa Chue, "5 Winning Customer Experience Examples to Inspire Your Brand's Strategy," Digimind. com, April 27, 2018.

### 案例分析题：

1. 什么是客户体验管理？它如何有助于竞争优势？
2. 信息技术如何支持客户体验管理？请举例。
3. 信息技术和客户体验管理如何改变本案例中描述的组织的运营和决策制定？

### 3. 聚焦细分市场战略

聚焦细分市场是指利用信息系统聚焦于某一特定市场，并且比竞争对手能更好地服务于这个细分市场。信息系统通过产生并分析数据来支持这一战略，为精细销售和精准营销提供支持。信息系统使企业能精确地分析客户的购买模式、口味、偏好等，从而有效地针对越来越小的目标市场精准投放广告和开展营销活动。

这些数据的来源有很多，包括信用卡交易数据、人口统计数据、超市和零售商店的结账数据，以及人们访问网站和与网站交互时收集到的数据。已有一些复杂的软件工具能从这些数据中发现消费模式和内在规律，从而帮助企业决策。数据分析技术促生了一对一营销，创造了基于个人偏好的个性化标签。例如，希尔顿酒店的 OnQ 系统可以收集并分析活跃客户的所有数据，确定每一个客户的喜好和价值。利用这些信息，希尔顿酒店会给最有价值的客户提供一些附加优惠，如延迟退房等。目前的 CRM 系统具备了分析这些庞大数据的能力（见第 2、9 章）。

信用卡企业可以利用这种战略来预测最有价值的持卡人，收集大量的客户购买以及其他行为的数据，通过挖掘这些数据来详细鉴别哪些持卡人具有好的或坏的信用。我们将在第 6、12 章中讨论数据分析的工具和技术。

### 4. 加强与客户和供应商的亲密关系战略

加强与客户和供应商的亲密关系战略是指利用信息系统来强化与供应商的联系，发展与客户的亲密关系。比如，丰田、福特和其他汽车制造商利用信息系统，让其供应商可以获得它们的生产调度计划，甚至允许供应商自行决定如何以及何时将产品运至它们的工厂，这使供应商在生产产品时有了更多的提前期。在客户方面，亚马逊记录了客户购买图书和 CD 的偏好，并能把其他人购买的产品推荐给客户。与客户和供应商的紧密联系将提高**转换成本**（switching cost，从现有商品切换到竞争者的商品的成本），提高供应商和客户的忠诚度。

表 3-4 总结了我们刚才描述的这些竞争战略。某些企业专注于其中某一种战略，但某些企业往往会同时执行多种战略。例如，本章开篇案例表明，沃尔玛传统上奉行低成本领先战略，但它也通过其超级中心和更有针对性的营销为客户提供独特的新服务。

表 3-4　4 种基本的竞争战略

| 战略 | 描述 | 实例 |
| --- | --- | --- |
| 低成本领先战略 | 利用信息系统提供比竞争对手价格更低的产品和服务，同时，它的产品质量和服务水平更高 | 沃尔玛 |
| 产品差异化战略 | 利用信息系统提供差异化产品，并且赋能新的产品和服务 | 优步、苹果 |
| 聚焦细分市场战略 | 利用信息系统专注于某个特殊的细分市场 | 希尔顿酒店 |
| 加强与客户和供应商的亲密关系战略 | 利用信息系统建立与客户和供应商的紧密联系，提高其忠诚度 | 丰田、亚马逊 |

### 3.3.3　互联网对竞争优势的影响

虽然传统的竞争力依然存在，但是互联网的出现使竞争变得越来越激烈（Porter，2001）。任何企业都能使用基于通用标准的互联网技术，这使得企业之间更容易开展价格战，而且新的竞争者更容易进入市场。信息对每个人都开放，因此互联网增加了客户的议价能力，客户可在网上快速发现最低价格的供应商，这使得企业的利润下降很快。表 3-5 给出了波特总结的互联网对商业企业的潜在影响。

表 3-5　互联网对竞争力和行业结构的影响

| 竞争力和行业结构 | 互联网的影响 |
| --- | --- |
| 替代的产品或服务 | 赋能新的替代品的涌现，这些替代品以新的方式满足需求和新功能 |
| 客户的议价能力 | 客户更容易获得全球价格和产品信息，增加了议价能力 |
| 供应商的议价能力 | 企业通过互联网采购，增加了对供应商的议价能力，但是供应商也可以通过降低进入门槛和省去分销商、中介商来获利 |
| 新进入者威胁 | 互联网降低了进入门槛，如无需销售人员、渠道和物理设施。互联网提供了改进业务流程的技术，使得新业务更容易开展 |
| 现存竞争者间的定位和对抗 | 互联网扩展了地域市场，增加了业内竞争者数量，减少了竞争者间的差异。让企业较难维持长期优势，使追求价格竞争的压力剧增 |

互联网严重威胁到了许多行业，甚至几乎摧毁了某些行业。例如，印刷百科全书行业和旅游代理行业几乎被互联网产生的替代品所毁灭，同时互联网也对零售、音乐、图书、零售经纪、软件、电信和新闻报纸业等都产生了重大影响。

然而，互联网也创造了全新的市场，成为成千上万新产品、新服务和新商业模式的基础，也为企业建立品牌和建立庞大且忠诚的客户群体创造了新的机会。亚马逊、eBay、iTunes、YouTube、Meta、Travelocity 和谷歌等都是这样的示例。从这个角度上说，互联网改变了所有行业，迫使企业改变做生意的方式。

**智能产品和物联网**

在工业和消费品领域越来越多地使用传感器，通常被称为物联网（Internet of Things，IoT），它是互联网如何在行业内改变竞争状况并创造新产品和新服务的一个很好的应用。安德玛等众多运动健身企业正在把资金投向可穿戴健康追踪器和健身设备，这些设备利用传感器将用户的运动数据传送给企业的计算中心，这样就可以分析这些数据了。正如第 12 章开篇案例中所描述的，John Deere 的拖拉机上装载了场雷达、GPS 收发器和数百个传感器跟踪设备。通用电气通过对设备中成千上万个传感器产生的数据进行分析，帮助其飞机和风力涡轮机客户改善设备运营，从而创造新业务。这些设备被称为"智能产品"，成为企业销售的大量信息密集型服务的一部分（Gandhi 和 Gervet，2016；Porter 和 Heppelmann，2014；Iansiti 和 Lakhani，2014）。

智能互联网产品的影响力正在显现。智能产品提供了新的功能、更好的可靠性，使客户有更强烈使用产品的欲望，同时也让企业获得可用于改进产品和客户体验的详细信息。这样的产品增加了产品和服务差异化的机会。当你购买了一个可穿戴数字健康产品时，你不仅获得了产品本身，还可以从制造商的云服务器中获取大量的服务。智能产品还加剧了企业之间的竞争，行业中的竞争对手要么创新，要么坐等失去客户。智能产品通常也会提高转换成本，抑制市场新进入者，因为现有客户熟悉了该企业的软件环境。最后，正如许多人认为的那样，当有形产品变得不如使其运行的软件和硬件更重要时，智能产品可能会削弱工业零部件供应商的能力。

### 3.3.4 企业的价值链模型

虽然波特模型对分析竞争力、提出一般性战略建议是非常有用的，但没有明确提出具体应该要做什么，对于如何获得竞争优势没有提供可遵循的方法。如果你的目标是要达到运行最优化，那么应该从哪里开始？这就是企业价值链模型的有用之处。

**价值链模型**（value chain model）强调了那些企业中可以最好地应用竞争战略的具体活动（Porter，1985），以及信息系统中最具战略影响的活动。这个模型指出了企业利用信息系统，最有效地提高市场竞争地位的具体关键支撑点。价值链模型把企业看成一系列基本活动组成的串或链，这些活动能增加企业产品或服务的边际价值。这些活动可分为主要活动和支持活动（见图 3-10）。

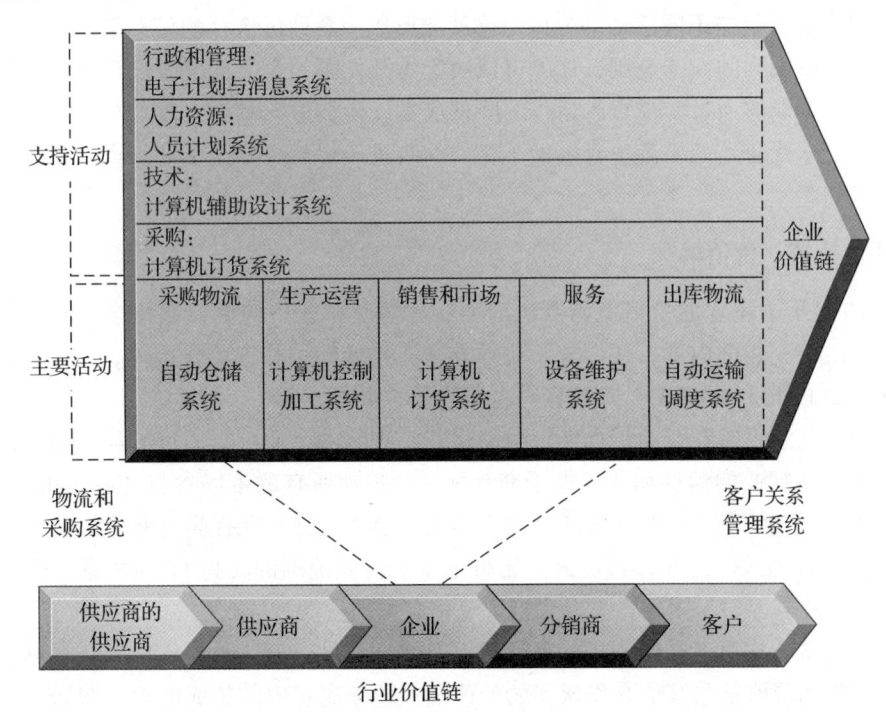

图 3-10　价值链模型

注：该图为企业主要活动和支持活动提供支持的系统的例子，并且也为企业产品或服务增加边际效用的有价值的合作伙伴提供了支持的系统的例子。

**主要活动**（primary activity）是指为客户创造价值的、与企业产品和服务的生产和分销最直接相关的活动，包括采购物流、生产运营、出库物流、销售和市场、服务。采购物流包括接收、储存原材料，为生产进行配送；生产运营是将输入的原材料加工成产成品；出库物流负责储存和配送成品；销售和市场涵盖了企业产品的促销和销售活动；服务活动包括维护和修理企业的产品和服务。

**支持活动**（support activity）是指支持、辅助主要活动开展的活动，包括组织的基础管理（行政和管理）、人力资源（员工招聘、雇用和培训）、技术（改进产品和生产过程）和采购（购买原材料）。

现在，你可以就价值链的每一阶段进行思考："我们如何利用信息系统提高运行效率，改进与客户和供应商之间的关系？"这需要你批判性地考察企业的价值链活动在每一个阶段执行得如何，业务流程如何改善。你也可以开始问："如何利用信息系统改善与客户或供应商之间的关系？"客户和供应商在企业的价值链之外，属于企业扩展的价值链，对企业的成功至关重要。用于协调企业资源的供应链管理系统，以及用于协调销售人员和维修服务人员与客户的客户关系管理系统，这两个系统是由价值链分析得到的最常见的应用系统。我们将在第9章中更详细地讨论这些系统。

利用企业价值链模型，还可以将所在企业的业务流程与竞争对手或相关行业的标杆企业进行比较，从而可以确定行业的最佳实践。**标杆分析法**（benchmarking）是指将企业的业务流程的效率和效益与严格的标准进行对比，然后根据这些标准来评估企业的绩效。行业**最佳实践**（best practice）通常由咨询企业、研究机构、政府部门和行业协会来确定，是有效地达到企业目标的最成功的解决方案或解决问题的方法。

通过对企业价值链不同活动的分析，你就能形成一系列可选择的信息系统应用方案。然后，一旦有了一系列的候选应用，你就可以决定先开发哪一个。优先改进竞争对手忽视的那些价值链，你就能够通过实现卓越运营、降低成本、增加边际利润、改善与客户和供应商的关系来获得竞争优势。如果竞争者也做了相似的改进，你至少不至于处于竞争劣势，最坏的情况也不过如此。

### 延伸价值链：价值网

图 3-10 显示了企业的价值链与其供应商、分销商和客户的价值链相连。毕竟，企业的绩效不仅取决于企业的内部，还取决于企业与其直接或间接相连的供应商、运输企业（物流合作伙伴，如 FedEx 或 UPS），以及客户之间关系的协调。

如何应用信息系统在行业层面实现战略优势？现有的企业可以通过与其他企业合作，利用信息技术制定行业的信息和业务电子交易标准，迫使所有的市场参与者遵守相同的标准。这种努力能够提高效率，使替代性产品变得不太可能，或许还能提高行业准入门槛，从而阻碍市场新进入者进入。此外，行业成员还可以建立行业范围的支持 IT 的联盟、论坛和通信网络来协调与政府部门、国外竞争者和行业竞争有关的活动。

行业价值链让你思考如何利用信息系统更有效地与供应商、战略伙伴以及客户互动。战略优势来自你的价值链与其他合作伙伴的价值链在业务流程中的集成能力。例如，亚马逊想要建立以下系统：

- 方便供应商在亚马逊网站上展示产品和开店；

- 让客户轻松完成购物支付；
- 开发系统来协调产品快速配送至客户；
- 为客户开发物流跟踪系统。

互联网技术使得被称作"价值网"的高度协同的行业价值链成为可能。**价值网**（value web）是一系列独立企业的集合，这些企业利用信息技术协调它们的价值链，共同为市场生产一种产品或提供服务。与传统的价值链相比，它更多地由客户驱动，并且很少通过线性方式运行。

图 3-11 显示了价值网在本行业或相关行业的不同企业中与客户、供应商和贸易伙伴间的协同情况。这些价值网是灵活的，可适应供应和需求的变化。为响应市场条件的变化，这些企业之间的关系可以是捆绑在一起的，也可以是灵活松散的。企业可以通过优化价值网，快速决策谁能以合适的价格和地域位置提供市场所需的产品和服务，从而缩短其进入市场、获取客户的时间。

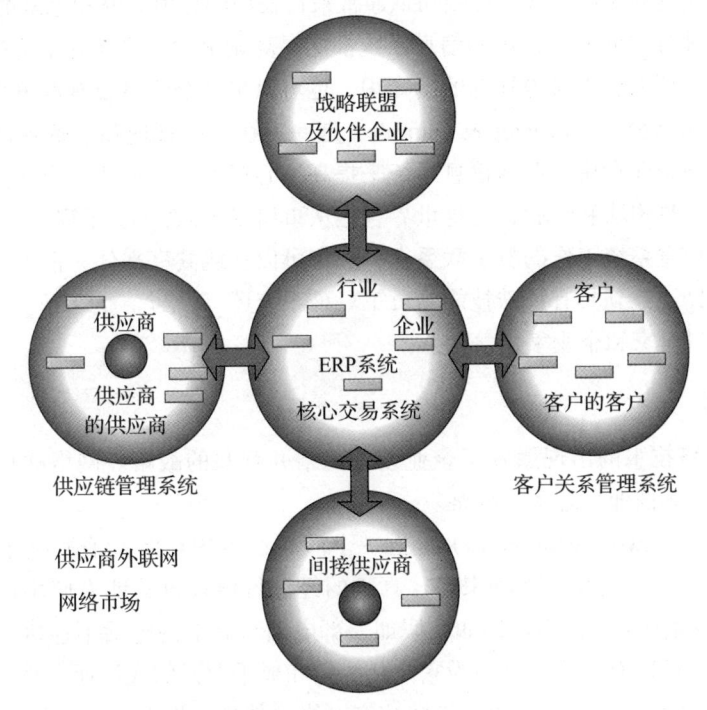

图 3-11 价值网

注：价值网是一个能够协同行业内商业伙伴间价值链的网络系统，能够快速响应供应和需求的变化。

## 3.3.5 协同效应、核心竞争力和网络战略

一家大的企业通常是一系列业务的集合，一般来说，企业在财务上组成一系列业务战略单元，企业绩效直接取决于所有战略单元的绩效。信息系统通过提高企业的协同能力以及核心竞争力来提升这些业务单元的整体绩效。

**1. 协同效应**

协同效应是指当某些单元的输出可以作为其他单元的输入时，或者是两个组织共享市场和专业知识时，这种关系可以降低成本并创造利润。银行和金融企业的合并，如摩根大通和纽约银行合并、美国银行和美国国家金融服务公司合并，都是为了达到这种目的。

在这种协同的情况下,信息技术的用途就是将不同业务单元的运行联结在一起,形成一个整体。例如,通过收购美国国家金融服务公司,美国银行扩展了自身的贷款业务,并挖掘出一大群对其信用卡、消费类业务和其他金融产品感兴趣的新客户。信息系统帮助合并后的企业整合业务、降低零售成本、增加跨市场的金融产品。

**2. 提高核心竞争力**

利用信息系统获得竞争优势还有一种方式,即用信息系统提高核心竞争力。所有业务单元整体绩效的提升,取决于这些业务单元能否开发或形成核心竞争力。**核心竞争力**(core competency)是能使企业成为世界领先者的活动。核心竞争力可能包括成为世界上最好的微型零件设计者、最好的包裹递送服务商或者最好的薄膜制造商。总之,核心竞争力依赖于通过多年实践经验获得的知识,这些实践知识通常来自长期的努力研究和忠诚的员工。

任何支持跨业务单元分享知识的信息系统都能提高竞争力。这样的系统可以支持或者提高现有的竞争力,帮助员工获得外部的新知识,也可以帮助企业将现有竞争力更好地应用到市场中。例如,宝洁公司(Procter & Gamble)是一家在品牌管理和消费者产品创新方面的全球领先企业,该企业利用一系列信息系统来提高核心竞争力。宝洁公司的信息系统帮助从事类似工作的人分享想法和经验,也将世界各地从事研发(R&D)、工程、采购、市场营销、法律事务和业务信息系统工作的员工联系在一起,可以在线共享文件、报告、图表、视频和其他数据,还有助于找到具有特殊技能的员工。该系统还可以与企业外部、正在全球范围内寻找创新产品的科学家和企业家建立联系。

**3. 网络战略**

互联网和网络技术的出现激发了企业创建网络并互联的战略。网络战略包括网络经济学、虚拟企业模式和商业生态系统战略。

**网络经济学**(network economics)是指一个产品产生的经济价值取决于人们利用这个产品的情况。对某些产品及其市场来说,真正的经济价值来自其他人使用产品的情况。这时,"网络效应"就产生了作用。例如,假如一部电话与其他的电话不连接,它的价值是什么呢?电子邮件之所以有价值,是因为它能让我们和成千上万的人沟通。基于网络效应的商业模式在互联网时代已取得了成功,包括社交网络、软件、即时通信应用程序以及像优步(Uber)和爱彼迎(Airbnb)那样按需服务的企业。

在传统经济学(工业经济学和农业经济学)中,生产遵循收益递减的规律。生产资源的投入越多,得到的边际收益越少,当达到某一个临界点后,增加投入将得不到任何额外的回报,这就是收益递减规律,它是大多数现代经济学的基础。

但在某些情况下,收益递减规律会失效。例如,在一个网络中增加一个参与者的边际成本几乎为零,而边际收益却非常大。在电话系统或互联网中,用户越多,对于所有参与者的价值就越高,因为每个用户可以和更多的人联络。然而,运行一个有1 000万个用户的电视台,不会比运行一个只有1 000个用户的电视台花费多很多。社区的价值随规模扩大而大大增加,而新增成员的成本却是微不足道的。随着越来越多的人使用社交网络,Facebook对用户的价值大大增加。

从网络经济学的视角来看,信息技术是具备战略意义的。互联网站点可以被企业用来建立用户社区,方便志趣相投的客户分享经验,这种社区有助于提高客户忠诚度和购物乐趣,从而建立企业与客户之间的特别联系。eBay 是一个在线拍卖网站的巨头，其业务是基于数百万用户展开的，并已利用网络建立了在线社区。在 eBay 上提供商品的人越多，eBay 网站对每一个用户就越有价值，因为在网站上陈列的商品越多，供应商间的低价竞争也越激烈。网络经济学也给商业软件供应商提供了战略机会。使用某软件及软件互补产品的用户越多，软件的价值就越高，这样才会有一个更大的用户基础来保证产品的持续使用和供应商的支持。

另一个网络战略是基于**虚拟企业模式**（virtual company model）创造具有竞争力的业务。**虚拟企业**（virtual company）也被称为虚拟组织，是指利用网络将人员、资产、创意想法联结在一起，使之能和其他企业结成联盟，不受传统的组织边界或者地理位置限制，创造并提供商品或服务的组织。一家企业可以利用别家企业的功能，而不需要在组织上和该企业相连。当企业发现从外部供应商获得产品、服务或功能的成本较低时，或者需要快速抓住市场机遇而自己又缺少相关资源时，虚拟企业模式就很有用。

盖尔斯（GUESS）、安·泰勒（Ann Taylor）、李维斯（Levi Strauss）和锐步（Reebok）等时尚公司委托中国香港的利丰集团管理其服装的生产和运输。利丰集团负责产品开发、原材料供应、生产规划、质量保证和物流等活动。利丰集团没有任何布料、纺织厂或机器，它将其所有工作外包给世界各地 40 个国家的 15 000 多家厂商组成的供应商网络。客户通过自己的外联网下订单给利丰集团，然后利丰集团将订单分解后发送给合适的原材料供应商和工厂，并在那里进行生产。利丰集团通过外联网跟踪每一个订单的全部生产过程并监控质量。作为一家虚拟企业，利丰集团保持了灵活性和适应性，因而它能迅速设计并生产出客户所要求的产品，以适应快速变化的流行趋势。

**商业生态系统和平台**　互联网和新生的数字企业给行业竞争力模型带来了一些改变。传统的波特模型假设企业面临的是一个相对静态的行业环境、相对清晰的行业边界以及相对稳定的供应商、替代品和客户。与仅仅参与单个行业竞争不同的是，如今的企业更多的是参与到一个行业群，不同行业的企业一起提供相关产品和服务，为客户带来价值（见图 3-12）。这些松散耦合但又相互依存的供应商、分销商、外包商、运输服务商和技术制造商组成的网络被称为**商业生态系统**（business ecosystem）(Iansiti 和 Levien，2004）。

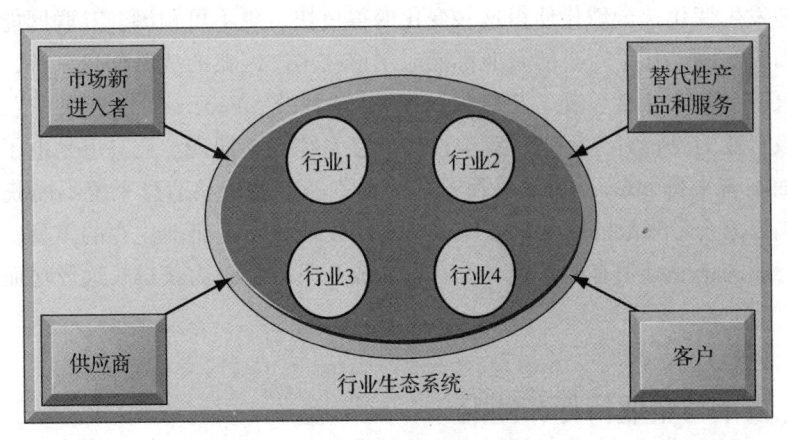

图 3-12　生态系统战略模型

注：数字化时代需要用一个更动态的视角来看行业、企业、客户和供应商的边界，商业生态系统中的竞争发生在行业群中。在商业生态系统模型里，多个行业的企业在一起工作，为客户创造价值。信息技术使这些参与合作的企业在密集型互动中扮演重要角色。

移动互联网平台是商业生态系统的一个典型例子。在此生态系统中有 4 个行业，包括设备制造商（苹果、三星、LG 等）、无线通信公司（AT & T、Verizon、T-Mobile、Sprint 等）、独立软件应用供应商（通常是销售游戏、应用、铃声的小企业）、互联网服务供应商（向移动平台提供互联网服务的供应商）。每一个行业都有自己的成长历史、利益和驱动力。不同行业的不同企业走到一起，形成一个新的移动数字化平台生态系统，为客户创造它们单独行动无法提供的价值。

商业生态系统通常是由一个或几个关键企业主导的生态系统，建立起针对某个细分市场的一些**平台**（platform）。例如，微软和 Facebook 都创建了由信息系统、技术和服务组成的平台，这些平台使来自不同行业的成千上万家企业提升了自己的能力（Van Alstyne 等，2016）。Facebook 是一个被数十亿人和数百万企业用来互动和分享信息，同时购买和销售众多产品和服务的平台。越来越多的企业正试图利用信息系统发展成为关键企业，建立基于 IT 的平台供其他企业使用。同样，进入生态系统的企业也应该考虑如何通过信息系统使自己在关键企业创建的更大的生态系统中成为有利可图的市场参与者。

## 3.4 战略信息系统的挑战及应对

战略信息系统常常会改变组织及其产品、服务和运营程序，驱使组织进入全新的行为模式。要成功地应用信息系统来获得竞争优势，是一件很具挑战性的事，要求技术、组织和管理之间密切配合。

### 3.4.1 保持竞争优势

战略信息系统带来的竞争优势不一定会持续很久，也不一定能保证长期获利，因为竞争对手可以反击或者模仿战略信息系统，所以竞争优势并不总是可持续的。市场、客户期望和技术在不断地发生变化，全球化使得这些变化变得更快、更不可预测。互联网能使竞争优势很快消失，因为实际上几乎所有的企业都能应用该技术。经典的战略信息系统，如美国航空公司 SABRE 计算机订票系统、花旗银行的 ATM 系统、FedEx 的包裹跟踪系统等，均得益于它们是该行业的先行者。后来，竞争性的信息系统不断涌现。亚马逊是电子商务的领导者，但现在面临着来自 eBay、沃尔玛和谷歌的竞争。单独依靠信息系统不能获得持久的商业优势，原先以为会带来战略优势的系统，常常会变成该行业企业生存的工具，即成为每个想要留在该行业的企业必须有的系统，也有可能成为阻碍组织为获得长远成功而进行战略变革的因素。

### 3.4.2 信息技术与企业目标相匹配

关于信息技术和企业绩效的研究表明：①信息技术与企业目标越匹配，企业就可能获得越大的收益；②只有 1/4 的企业能成功地实现信息技术和企业目标的匹配，这些企业中大约有一半的收益来自信息技术和企业目标的匹配（Luftman，2003）。

大多数企业易犯的错误在于：信息技术只追求技术上的完善，并没有很好地为管理和相关利益者服务。管理人员在构建企业信息系统的过程中没有发挥积极的作用，而是忽视了信息技术，他们宣称不懂信息技术，并且容忍了信息技术领域投资的失败，认为信息技术就是一件麻烦事。这样的企业往往付出了巨大的成本，但得到的绩效很差。成功的企业和管理人员要懂得信息技术能做什么以及怎么做，积极使用信息技术，并评估它对企业营收和利润的影响。

**管理备忘录：开展战略性的系统分析**

为了确保信息技术和企业业务相匹配，有效地应用信息系统，从而获得竞争优势，管理人员需要开展战略性的系统分析。为了判断什么样的系统能为企业带来战略优势，管理人员应思考以下这些问题。

（1）企业所处行业的结构是什么？
- 影响行业竞争的因素是什么？有没有行业的新进入者？供应商、客户、替代性产品或服务的相对价格谈判力如何？
- 质量、价格或品牌是竞争的基础吗？
- 在所在行业中，变革的方向和本质是什么？这种变革是从哪儿开始的？
- 目前，所在行业内是如何利用信息技术的？所在企业在应用信息系统方面是领先者还是落后者？

（2）对于所在企业来说，业务和行业价值链是什么？
- 企业如何为客户创造价值？是通过低价格、低交易成本，还是通过高质量？价值链中是否还存在可以为客户创造更多价值、为企业创造更多利润的地方？
- 企业是否采用行业最佳实践来理解和管理业务流程？能否利用供应链管理、客户关系管理和企业系统来获得最大的收益？
- 企业是否有效地发挥了它的核心竞争力？
- 行业供应链和客户在向有利于还是不利于企业的方向变化？
- 企业能否从战略合作或价值网络中获利？
- 信息系统在价值链的哪个环节能给企业带来最大的价值？

（3）所在企业是否已经把信息技术与企业战略、企业目标相匹配起来？
- 企业是否已经正确表达了企业战略和目标？
- 信息技术是否正在改进相关的业务流程和活动，以促进相关战略的实施？
- 是否使用了正确的评价方法，来确保项目进展朝着预定的目标？

## 3.5 MIS 如何有助于我的职业发展

通过本章和本书的指引，将帮助你找到初级业务开发代表的工作。

### 3.5.1 公司简介

Superior Data Quality 是一家位于洛杉矶的快速发展中的企业，提供软件和服务，帮助大型企业管理数据和数据质量。企业正在寻找一个初级业务开发代表。这家企业的数据质量、数据管理工具和服务通过捕获准确的客户地址、电子邮件和电话等数据，帮助企业纠正、标准化和提高客户数据的准确性，删除企业系统中的重复数据，分析数据并发现它们之间的关系，重组和标准化数据以及监控数据，以确保持续的数据质量控制和标准化。这家企业在全球拥有 12 000 名客户，有 450 名员工，并在美国、欧洲和亚洲都设有办事处。

### 3.5.2 职位描述

业务开发代表主要帮助企业的销售团队实现积极的增长目标。企业提供课堂和在职培训，培训内容包括如何与潜在客户和现有客户沟通，如何为产品确定合适的市场，如何编写销售计划，以及如何使用 Salesforce.com 等工具。工作职责包括：

- 研究目标客户，创造潜在的商业机会；
- 支持客户获取销售策略；
- 落实营销活动的策略；
- 寻找潜在客户并确定销售线索，建立和管理销售线索的渠道；
- 汇报市场活动的成功情况。

### 3.5.3 岗位要求

- 学士学位。
- 对销售职业有强烈的兴趣。
- 出色的沟通、人际交往、分析和解决问题的能力。
- 能够在快节奏的环境中完成多项任务的能力。

### 3.5.4 面试问题

1. 你对数据质量和数据管理了解多少？你有这方面的工作经验吗？你是否遇到过数据质量问题？如果是，你能描述一下这个问题是如何解决的吗？
2. 你曾经在工作中使用过 Salesforce.com 吗？你对它了解多少？你是怎么使用这个软件的？
3. 你能举一个你帮助解决过的营销或销售相关问题的例子吗？或者你参与解决的其他问题。你在写作和分析工作方面有相关经历吗？
4. 你和客户有过多次面对面的接触吗？你能描述一下你为客户做了些什么吗？

### 3.5.5 作者提示

1. 复习第 3 章关于 IT 和企业战略的讨论，了解第 6 章关于数据管理包括数据质量的内容。
2. 利用网络了解有关提高数据质量和数据管理的工具与服务的更多信息，并研究该企业在这一领域的具体产品情况。

3. 除了其他社交媒体频道外，还应该查看一下企业在领英上的简介和海报。有没有企业关注的，在不同渠道上一致的主题？做好准备，表现出你了解这家企业所面临的各种业务挑战。

4. 尽可能多地从 Salesforce.com 中了解与该职位职责相关的信息。询问你将在工作中如何使用 Salesforce.com。

5. 询问面试官你可能在工作中遇到的客户数据质量问题。

## 本章小结

3-1 管理者需要了解的成功构建并使用信息系统的组织特性

所有现代组织都是分级的、专业化分工和公正的，有明确的工作规范以达到效率的最大化。组织因不同利益群体而形成各自的文化和政治，它们也受到周围环境的影响。不同的组织具有不同的目标、服务群体、社会角色、领导风格、激励机制、任务类型和组织架构等，这些特性有助于组织应用信息系统的差异。信息系统和组织之间是相互作用、相互影响的。

3-2 信息系统对组织的影响

引入一个新的信息系统会影响组织的架构、目标、工作设计、价值观、利益群体间的竞争、决策方式和日常行为等。同时，信息系统必须以服务重要的组织群体为设计目标，并受到组织架构、业务流程、目标、文化、政治和管理的影响。信息技术能降低交易和代理成本，降低成本的幅度伴随着互联网的使用而增加。新的系统会破坏组织现有的工作模式和权力关系，这也是引入新系统时会遇到强大阻力的原因。

3-3 波特的竞争力模型、价值链模型、协同效应、核心竞争力以及网络经济学对企业利用信息系统制定竞争战略的帮助

在波特的竞争力模型中，企业的战略定位及其战略是由与传统直接竞争者之间的竞争关系所决定的，但它们也在很大程度上受到市场新进入者、替代性产品和服务、供应商以及客户的影响。信息系统可以帮助企业实现低成本、产品和服务差异化、聚焦于细分市场、强化与客户和供应商的关系、提高运营水平以增加进入市场的壁垒等竞争策略。

价值链模型强调了企业中受竞争战略和信息系统影响最大的业务活动。这个模型将企业看成一系列主要活动和支持活动的组合，这些活动给企业的产品和服务带来价值。主要活动是直接与生产和配送相关的活动，而支持活动是辅助主要活动完成的活动。企业的价值链可以和供应商、分销商和客户的价值链相联结，组成价值网的信息系统有助于促进行业标准的应用和行业范围内的联盟，使企业和价值伙伴能更高效地工作，由此提高行业层面的竞争力。

企业是由多个业务单元组成的，信息系统能将独立的业务单元紧密联系在一起，从而帮助企业增加效率，提高服务质量。信息系统能促进跨业务单元的知识共享，从而帮助企业掌控核心竞争力。信息系统发挥网络经济的优势，使得基于用户或订阅者的大型网络企业的商业模式更容易实现。虚拟企业战略是通过网络让企业和其他企业联结在一起，以利用其他企业在生产、市场、分销产品和服务上的功能。在商业生态系统中，多个行业的企业一起合作从而给客户创造价值。信息系统能够支持相关企业间密集的网络互动。

3-4 战略信息系统的挑战及应对

实施战略信息系统通常要求彻底的组织变革，并从一个社会技术水平向更高水平的社会技术转变。要实现这种变革往往很艰难、很痛苦。另外，信息系统的构建可能花费很高，但并非所有的战略信息系统均能给组织带来利润。许多战略信息系统容易被其他企业模仿，因而战略优势并不总是可持续的。

## 关键术语

代理理论（agency theory）
标杆分析法（benchmarking）
最佳实践（best practice）
商业生态系统（business ecosystem）
竞争力模型（competitive forces model）
核心竞争力（core competency）
颠覆性技术（disruptive technology）
高效客户响应系统（efficient customer response system）
规模化定制（mass customization）
网络经济学（network economics）

组织（organization）
平台（platform）
主要活动（primary activity）
产品差异化（product differentiation）
工作规范（routine）
支持活动（support activity）
转移成本（switching cost）
交易成本理论（transaction cost theory）
价值链模型（value chain model）
价值网（value web）
虚拟企业（virtual company）

## 复习题

3-1 定义组织，比较组织在技术视角下的定义和在行为视角下的定义。
- 识别和描述组织特性，这些特性可以有助于解释组织在使用信息系统方面的差异。

3-2 描述信息系统如何影响组织的主要经济学理论。
- 描述信息系统如何影响组织的主要行为学理论。
- 解释为什么引入信息系统时会有巨大的组织阻力。
- 描述互联网和颠覆性技术对组织的影响。

3-3 定义波特的竞争力模型，解释它是如何工作的。
- 描述竞争力模型关于竞争优势的解释。
- 列举并描述企业可利用信息系统实现的4种竞争策略。
- 描述信息系统是如何支持每一种竞争战略的。
- 解释为什么信息技术和企业目标相匹配对于战略性使用信息系统至关重要。
- 定义并描述价值链模型。
- 解释价值链模型是如何用于识别信息系统应用的机会的。
- 定义价值网，并解释它与价值链之间的关系。
- 解释价值网是如何帮助企业识别战略信息系统的应用机会的。
- 描述互联网是如何改变竞争力和竞争优势的。
- 解释信息系统是如何促进企业协同并获得核心竞争力的。
- 描述促进协同、获得核心竞争力是如何提高竞争优势的。
- 解释企业是如何基于网络经济学和生态系统来获利的。
- 定义并描述虚拟企业以及虚拟企业战略带来的好处。

3-4 列举并描述战略信息系统带来的管理上的挑战。
- 解释如何开展战略性的系统分析。

## 讨论题

3-5 有人说可持续的竞争优势已经不存在了，你同意吗？请说明原因。

3-6 有人说像戴尔、沃尔玛这样领先的零售商超过竞争对手的优势不是因为技术，而是在于它们的管理。你同意吗？请说明原因。

3-7 在分析互联网是否能给你的企业带来竞争优势时，应该考虑哪些问题？

## ◼ MIS 实践项目

本部分的 MIS 实践项目将让你通过识别信息系统如何支持企业战略，留住客户以及利用网络工具来配置汽车并给汽车定价，从而获得实践经验。

### 管理决策问题

3-8 梅西百货及其子公司在美国经营着大约 840 家百货商店，这些零售商店销售一系列的商品，包括衣服、室内陈设和家居用品等。高层管理团队决定根据当地客户的偏好，如衣服的颜色、尺码、品牌、样式等，并基于每个梅西百货商店的销售状况来调整产品。信息系统如何帮助梅西百货实施这个新战略？信息系统应收集哪些数据来帮助管理者进行决策，以支持这个战略？

3-9 尽管 T-Mobile 开展了很激进的低价手机销售活动来吸引客户，但它还是丢失了很多给企业带来盈利的签了两年合约的客户。管理人员想要知道为什么那么多客户会离开 T-Mobile，以及如何做才能把他们吸引回来。客户离开的原因是因为糟糕的客户服务、不均匀的网络覆盖还是无线服务的收费？企业如何使用信息系统找到答案？这些系统中的信息可以用来支持哪些管理决策？

**改善决策：使用网络工具配置汽车并给汽车定价**

软件技能要求：互联网软件
业务技能要求：寻找产品信息并定价

3-10 在这个练习中，你自己选择一辆汽车，使用汽车网站上的软件来收集关于这辆汽车的相关产品信息，通过分析这些信息做出重要的购买决策，并评估两个网站作为销售渠道的价值。

例如，你对一辆新的福特锐际（或者其他任何类型的汽车）感兴趣。访问 CarsDirect 网站（www.carsdirect.com）开始你的信息收集。找到福特锐际，研究锐际的不同型号，从价格、性能、安全配置等各方面考虑选择你最喜欢的一款，找到至少两个评价并阅读。再访问汽车制造商的网站，这里是福特的网站（www.ford.com）。比较福特网站和 CarsDirect 网站上对锐际的介绍信息。寻找你选定的那款型号的汽车在本地经销商中的最低价，对 carsdirect.com 和 ford.com 给出改进建议。

## ◼ 协同与团队合作项目

### 识别战略信息系统的机会

3-11 由 3～4 名同学组成一个团队，从《华尔街日报》《福布斯》《财富》或其他商业出版物中选择一家企业，或者在网上做研究。访问该企业的网站，查找该企业的其他信息，并查看该企业是如何使用网络的。在这些信息的基础上，分析这家企业的组织特性，如重要的业务流程、企业文化、组织架构和环境，以及企业的业务战略等。给这家企业提出合适的战略信息系统的建议，包括基于互联网技术的战略信息系统。如果可能，请使用 Google Docs、Google Drive 或 Google Sites，集思广益并制作演示文稿来汇报你们的结果。

## ◼ 案例研究

### Bed Bath & Beyond 是否已时日无多

Bed Bath & Beyond 及其子公司曾被认为是美国首屈一指的大型超市家用物品零售商。它的商店有较好品质的知名品牌以及自有品牌商品，如床上用品、浴室和厨房用品以及小家电。截至 2019 年 3 月 2 日，公司共拥有 1 533 家商店，包括：分布在美国所有 50 个州、哥伦比亚地区、波多黎各和加拿大的 994 家 Bed Bath & Beyond 商店，277 家 World Market、Cost Plus World Market 和 Cost Plus 商店，124 家 buybuy BABY 商店，81 家 Christmas Tree Shops 和 Christmas Tree Shops 以及 That! 商店，以及 55 家 Harmon Face Values 商店。其他子公司包括：Of a Kind，这是一家电子商务网站，主要展示特别委托制作的限量版物品，范围囊括新兴服装和家装设计师产品；One Kings Lane，该子公司提供各种精选的家居用品和设计师产品以及古董单品；PersonalizationMall.com，这是一家个性化产品的网络零售商；Chef Central，这是一家以烹饪和烘焙爱好者为受众的厨房用具、炊具和家居用品网络零售商；Decorist，这是一个在线室内设计平台。Bed Bath & Beyond 由沃伦·艾森伯格和伦纳德·范斯坦于 1971 年创立，总部位于新泽西州尤宁市。

数十年来，Bed Bath & Beyond 一直在其领域内保持领导地位，但现在，它的售卖和营销方式已经落后于时代，被那些采用更创新（以及数字支持型）销售和客户培养方式的既有以及新兴零售商抢走了市场份额。Bed Bath & Beyond 正在被竞争对手占先，包括已扩张其家居用品份额的传统零售商以及在线上直接向客户销售的电子商务新玩家。亚马逊、沃尔玛和塔吉特已推出更便宜的自有品牌家居产品；Wayfair 也来势汹汹，推出激进的广告活动；折扣商店 TJ Maxx 及其 HomeGoods 品牌又造成了另一重竞争。

之前，Bed Bath & Beyond 约有 70% 的商品由商店经理而非集中的采购团队选出，这使 Bed Bath & Beyond 能够按地理位置个性化设置产品库存。两位联合创始人经营公司数十年，在担任联合主席的同时任命史蒂夫·特马雷斯为 CEO。特马雷斯根据地理位置改变商店的规模，商店规模介于 3 500ft$^2$ 到 10 万 ft$^2$ 之间（与 Bed Bath & Beyond 最相似的竞争者 Linens' N Things 的门店平均大小是 3 万 ft$^2$）。在 2008 年的经济衰退期间，大型零售商店的亏损速度要比小型商店快。Linens' N Things 的商店在 2008 年倒闭，Bed Bath & Beyond 得以接手它的大部分市场份额。

2018 年，Bed Bath & Beyond 的收入出现下降。这是公司自 1992 年上市以来首次公布年度亏损，它的股价较 2015 年下跌超过 80%。危机已经酝酿了数十载：Bed Bath & Beyond 是家居用品超市，里面塞满了如此多的商品，以至于产品都需要挂在天花板上。但公司并不具备足够的能力转型融入新的世界——在新世界中，客户点击智能手机的屏幕就能触及成千上万的商品。

Bed Bath & Beyond 太过沉湎于过去，依赖优惠券来吸引购物者，而"将商品堆得高高"的心理导致商店过于凌乱，不再是购物的胜地。依据 Bed Bath & Beyond 前营销高管艾米·拉斯金的看法，管理层并不知道如何在新的数字化环境中进行竞争。

该公司信奉一种非常节俭的文化，甚至不允许员工和管理人员使用便利贴，因为它们被认为太贵（员工和管理人员必须使用废纸）。很多员工都没有笔记本电脑，或者公司发的笔记本电脑已经过时。这一思维定式加上缺乏紧迫感，在早期可能对公司有所助益，但它阻碍了管理层对技术进行大量投资或承担风险（2018 年，Bed Bath & Beyond 的技术投资总计约 2 亿美元，远少于其众多竞争者的相应投资）。"我们不要匆匆忙忙地去犯错"曾是公司最喜欢的格言。Bed Bath & Beyond 花了三年时间进行网站升级，又花了两年时间推出新的客户忠诚度计划。公司试验了新的商店理念，但极少将它们推广到所有连锁店。管理人员经常为细枝末节的事情烦恼。

Bed Bath & Beyond 的网站在 1999 年推出，但据相关人士推测，其仅占总销售额的 20%。而竞争对手 Williams-Sonoma 有 50% 以上的销售额来自线上。即使 Bed Bath & Beyond 在多年前进行了升级，但其网站的很多电子商务功能仍然比较笨拙陈旧。例如，仓库履行在线订单时，仍是人工拣选和包装产品。员工不得不手动输入产品描述和照片，而非实现自动上传。

Bed Bath & Beyond 进行的并购，无论是电子商务还是实体店，均未得到好的回报。相关人士认为 One Kings Lane、And That!、Of a Kind、Decorist、PersonalizationMall.com 和 Chef Central 并不具备盈利能力，因为它们都是极小的电子商务平台，提供的产品也极为专业化，并不会给更大的公司本身带来多少好处。Bed Bath & Beyond 看起来被业绩不佳的小众市场供应商给吸引了，因为它们很便宜。

Bed Bath & Beyond 的业务状况是，很多客户喜欢在它的店里购物，但店内购物本身已不再能够驱动公司的业务增长。公司急需的是更具变革性的收购，这可以改变客户对品牌的认识并使之能够在愈加拥挤和注重数字化的市场中实现差异化并脱颖而出。它需要在实体店和线上都打造独特而令人难忘的产品品类，并以多渠道化和数字化为导向。

Bed Bath & Beyond 已对其数字化渠道做出一些改进，如使内容更有感召力、扩充其在线产品品类、加强在线搜索和导航功能（包括使用图片在网站上寻找物品）和引入优化的结账体验。公司为 Bed Bath & Beyond 和 buybuy BABY 制作了移动 app。还有新的虚拟优惠券钱包 My Offers，可整理和储存纸质以及数字化的优惠券以便在线上或实体店内使用。公司也开始利用实体店为在线订单发货，加快配送服务。

Bed Bath & Beyond 的技术投资集中在四大关键领域：推销、定价、服务和数字化体验。Bed Bath & Beyond 给它的 IT 小组增加了近 500 名员工，其中很多人都被分配到公司的数字化部门。Bed Bath & Beyond 将把重点放在更好地集成它的多个系统，以获得对客户更全面的看法——客户通过多个渠道与公司互动。公司将尝试关联其所有数据并将它们整合到一个集中平台上，使用更具预测性的建模工具（参见第 12 章），以优化定价、降价和开展直邮广告活动。新的销售终端（POS）系统将很多人工流程自动化，并具备提供个性化优惠券的功能。

一项重要的新功能是利用动态定价（根据当时的市场需求进行产品和服务的灵活定价）来实时优化定价决策。Bed Bath & Beyond 当前的产品组合中，有很大一部分也由竞争对手持有。当公司打造更为差异化的产品品类时，它就可以利用富有竞争力、动态变化的价格来脱颖而出。

Bed Bath & Beyond 的商店一直在向"展示更多、储备更少"的模式转型。它计划展现广泛的产品品类，但其中很多并不提供店内购买。客户必须得在店里或家中在线订购这些物品。这一理念就是 Bed Bath & Beyond 不可能在每家商店中都储备它出售的所有东西，但它可以向客户展示这些物品，而客户可利用它的在线库存。专家指出这一方法难以成功执行，因为强迫客户延迟购买并非很好的销售做法。家得宝（Home Depot）能够在不增加实体店的情况下通过提高在线效率改善自身的盈利能力，但这并不意味着 Bed Bath & Beyond 能够复制它的经验。

约有 40% 的 Bed Bath & Beyond 商店将转变为工作实验室，以激发零售创新。在这些商店中，Bed Bath & Beyond 将试验拼配组合、视觉营销和店内体验。管理层希望从这些商店了解到如何激发客户的兴趣，再将经验应用到更多数量的商店。没有两家试验商店是相同的。公司用客户行为、空间生产率、交易、销售额和盈利能力、库存以及新客户、既有客户和重新激活的客户等衡量指标评估其实验店的体验。

Bed Bath & Beyond 正在推出 6 个内部装饰性装修品牌。第一个推出的是 Bee & Willow。Bed Bath & Beyond 计划投资 5 000 万美元用于电子商务配送和个性化产品的仓库上。2016 年秋季，它在得克萨斯州刘易斯维尔市开设了一个 80 万 ft² 的配送中心，用于履行在线订单和改善递送服务。

在扩大寻找范围后，Bed Bath & Beyond 雇用了塔吉特的前首席商品官马克·特里顿担任 CEO。特里顿于 2019 年 11 月 4 日走马上任。特里顿发挥了重要作用，他一直在帮助客户提高在塔吉特顺畅的购物体验，无论是店内购买还是线上购买。他还在将自有品牌连同 Vineyard Vines 和 Hunter Boots 等知名品牌一起引入塔吉特方面发挥了作用。

2019年12月17日，特里顿宣布5名高管将离开 Bed Bath & Beyond，包括负责商品销售、营销、数字化和法务的主管。而公司的首席品牌官已在前一周辞职。这些高管中有3位已经为公司效力20多年。

Bed Bath & Beyond 这一品牌仍对客户有影响力，它的新主管具备他们的前任所缺乏的电子商务和零售经验。虽然已进行大量技术投资，但 Bed Bath & Beyond 还需要完成更多的工作，包括优化库存、降低成本、提供更具特色的产品和完成商店和营销的现代化改造。多年来经营 Bed Bath & Beyond 的高管在战略和决策上犯了错误，把业绩不良的原因归咎于亚马逊等令人敬畏的竞争对手，导致这些问题被无视了。

资料来源：Suzanne Kaper, Nathaniel Meyersohn, "Bed Bath and Beyond Is in Deep Trouble. And It Could Get Worse," *CNN Business*, January 9, 2020; "Bed Bath & Beyond Is 'Running Out of Time'," *CNN Business*, July 22, 2019 and "Bed Bath & Beyond's New CEO Just Laid Off Nearly His Entire C-Suite," *CNN Business*, December 17, 2019; "Amazon Didn't Cripple Bed Bath & Beyond. Its Own Leaders Did." *Wall Street Journal*, June 2, 2019; "Bed Bath & Beyond: A Look at the Potential Turnaround," *Seeking Alpha*, December 10, 2019; Jamie Grill-Goodman, "Bed Bath & Beyond Banks on Store of the Future," *Retail Info Systems*, January 14, 2019; Time Denman, "Bed Bath & Beyond's Plan to Reinvent Itself by 2020," *Retail Info Systems*, April 16, 2018; Rich Duprey, "Bed Bath & Beyond's Acquisition Strategy Doesn't Make Sense," *The Motley Fool*, January 29, 2018 and "Bed Bath & Beyond's New Store Strategy Carries Risk, *The Motley Fool*, December 31, 2017.

**案例分析题：**

3-12 使用竞争力和价值链模型分析 Bed Bath & Beyond。

3-13 阐明 Bed Bath & Beyond 所面临的问题。哪些管理、组织和技术因素导致了这个问题？

3-14 评估 Bed Bath & Beyond 正在尝试实施的解决方案。它会有效吗？为什么？

## 参考资料

Bresnahan, Timothy F., Erik Brynjolfsson, and Lorin M. Hitt, "Information Technology, Workplace Organization, and the Demand for Skilled Labor." *Quarterly Journal of Economics* 117 (February 2002).

Christensen, Clayton M. *The Innovator's Dilemma: The Revolutionary Book That Will Change the Way You Do Business*. New York: HarperCollins (2003).

———. "The Past and Future of Competitive Advantage." *MIT Sloan Management Review* 42, No. 2 (Winter 2001).

Christensen, Clayton M., Michael E. Raynor, and Rory McDonald. "What Is Disruptive Innovation?" *Harvard Business Review* (December 2015).

Coase, Ronald H. "The Nature of the Firm." (1937). In Putterman, Louis and Randall Kroszner. *The Economic Nature of the Firm: A Reader*. Cambridge University Press, 1995.

Cusumano, Michael J., David B. Yoffie, and Annabelle Gower. "The Future of Platforms." *MIT Sloan Management Review* 61 No. 3 (Spring 2020).

Davenport, Thomas H., and Stephan Kudyba. "Designing and Developing Analytics-Based Data Products." *MIT Sloan Management Review* 58, No. 1 (Winter 2016).

Drucker, Peter. "The Coming of the New Organization." *Harvard Business Review* (January–February 1988).

Gandhi, Suketo, and Eric Gervet. "Now That Your Products Can Talk, What Will They Tell You?" *MIT Sloan Management Review* (Spring 2016).

Gurbaxani, V., and S. Whang, "The Impact of Information Systems on Organizations and Markets." *Communications of the ACM* 34, No. 1 (January 1991).

Hagiu, Andrei, and Julian Wright. "When Data Creates Competitive Advantage." *Harvard Business Review* (January–February 2020).

Hitt, Lorin M., and Erik Brynjolfsson. "Information Technology and Internal Firm Organization: An Exploratory Analysis." *Journal of Management Information Systems* 14, No. 2 (Fall 1997).

Iansiti, Marco, and Karim R. Lakhani. "Digital Ubiquity: How Connections, Sensors, and Data Are Revolutionizing Business." *Harvard Business Review* (November 2014).

———. "From Disruption to Collision: The New Competitive Dynamics." *MIT Sloan Management Review* 61 No. 3 (Spring 2020).

Iansiti, Marco, and Roy Levien. "Strategy as Ecology." *Harvard Business Review* (March 2004).

Ibarra, Herminia. "Take a Wrecking Ball to Your Companiy's Iconic Practices." *MIT Sloan Management Review 61, No. 2* (Winter 2020).

Jacobides, Michael G. "In the Ecosystem Economy, What's Your Strategy?" *Harvard Business Review* (September–October 2019).

Jensen, M. C., and W. H. Meckling. "Specific and General Knowledge and Organizational Science." In *Contract Economics*, edited by L. Wetin and J. Wijkander. Oxford: Basil Blackwell (1992).

———. "Theory of the Firm: Managerial Behavior, Agency Costs, and Ownership Structure." *Journal of Financial Economics* 3 (1976).

Kauffman, Robert J., and Yu-Ming Wang. "The Network Externalities Hypothesis and Competitive Network Growth." *Journal of Organizational Computing and Electronic Commerce* 12, No. 1 (2002).

King, Andrew A., and Baljir Baatartogtokh. "How Useful Is the Theory of Disruptive Innovation?" *MIT Sloan Management Review* (Fall 2015).

King, J. L., V. Gurbaxani, K. L. Kraemer, F. W. McFarlan, K. S. Raman, and C. S. Yap. "Institutional Factors in Information

Technology Innovation." *Information Systems Research* 5, No. 2 (June 1994).

Kling, Rob. "Social Analyses of Computing: Theoretical Perspectives in Recent Empirical Research." *Computing Survey* 12, No. 1 (March 1980).

Kolb, D. A., and A. L. Frohman. "An Organization Development Approach to Consulting." *MIT Sloan Management Review* 12, No. 1 (Fall 1970).

Laudon, Kenneth C. "A General Model of the Relationship Between Information Technology and Organizations." Center for Research on Information Systems, New York University. Working paper, National Science Foundation (1989).

____. "Environmental and Institutional Models of Systems Development." *Communications of the ACM* 28, No. 7 (July 1985).

____. *Dossier Society: Value Choices in the Design of National Information Systems*. New York: Columbia University Press (1986).

Laudon, Kenneth C., and Kenneth L. Marr. "Information Technology and Occupational Structure." (April 1995).

Leavitt, Harold J., and Thomas L. Whisler. "Management in the 1980s." *Harvard Business Review* (November–December 1958).

Leonardi, Paul. "You're Going Digital. Now What?" *MIT Sloan Management Review* 61, *No. 2* (Winter 2020).

Luftman, Jerry. *Competing in the Information Age: Align in the Sand* (2nd ed.). Oxford University Press USA (August 6, 2003).

March, James G., and Herbert A. Simon. *Organizations*. New York: Wiley (1958).

McDonald, Rory, and Kathleen M. Eisenhardt. "The New-Market Conundrum*.*" *Harvard Business Review* (May–June 2020).

McGrath, Rita Gunther. "The New Disruptors." *MIT Sloan Management Review* 61 No. 3 (Spring 2020).

Mintzberg, Henry. "Managerial Work: Analysis from Observation." *Management Science* 18 (October 1971).

Parker, Geoffrey, Marshall Van Alstyne, and Xiaoyue Jiang. "Platform Ecosystems: How Developers Invert the Firm." *MIS Quarterly* 41, No. 1 (March 2017).

Porter, Michael E. *Competitive Advantage*. New York: Free Press (1985).

____. *Competitive Strategy*. New York: Free Press (1980).

____. "Strategy and the Internet." *Harvard Business Review* (March 2001).

____. "The Five Competitive Forces That Shape Strategy." *Harvard Business Review* (January 2008).

Porter, Michael E., and James E. Heppelmann. "How Smart, Connected Products Are Transforming Competition." *Harvard Business Review* (November 2014).

Porter, Michael E., and Scott Stern. "Location Matters." *MIT Sloan Management Review* 42, No. 4 (Summer 2001).

Ross, Jeanne W., Cynthia M. Beath, and Martin Mocker. "Creating Digital Offerings Customers Will Buy." *MIT Sloan Management Review* 61, No. 1 (Fall 2019).

Sabherwal, Rajiv, Sanjiv Sabherwal, Taha Havakhor, and Zach Steelman," How Does Strategic Alignment Affect Firm Performance? The Roles of Information Technology Investment and Environmental Uncertainty." *MIS Quarterly* 43 No. 2 (June 2019).

Shapiro, Carl, and Hal R. Varian. *Information Rules*. Boston, MA: Harvard Business School Press (1999).

Siggelkow, Nicolai, and Christian Terwiesch. "The Age of Continuous Connection." *Harvard Business Review* (May–June 2019).

Song, Peijian, Ling Xue, Arun Rai, and Cheng Zhang. "The Ecosystem of Software Platform: A Study of Asymmetric Cross-Side Network Effects and Platform Governance." *MIS Quarterly* 42 No. 1 (March 2018).

Suarez, Fernando Fl, James Utterback, Paul Von Gruben, and Hye Young Kang. "The Hybrid Trap: Why Most Efforts to Bridge Old and New Technology Miss the Mark." *MIT Sloan Management Review* 59, No. 3 (Spring 2018).

Taneja, Hemant, and Kevin Maney. "The End of Scale." *MIT Sloan Management Review* (Spring 2018).

Tushman, Michael L., and Philip Anderson. "Technological Discontinuities and Organizational Environments." *Administrative Science Quarterly* 31 (September 1986).

Van Alstyne, Marshall W., Geoffrey G. Parer, and Sangeet Paul Choudary. "Pipelines, Platforms, and the New Rules of Strategy." *Harvard Business Review* (April 2016).

Weber, Max. *The Theory of Social and Economic Organization*. Translated by Talcott Parsons. New York: Free Press (1947).

Williamson, Oliver E. *The Economic Institutions of Capitalism*. New York: Free Press, (1985).

Wixom, Barbara H., and Jeanne W. Ross. "How to Monetize Your Data." *MIT Sloan Management Review* 58, No. 3 (Spring 2017).

Zhu, Feng, and Nathan Furr. "Products to Platforms: Making the Leap." *Harvard Business Review* (April 2016).

Zhu, Feng, and Marco Iansiti. "Why Some Platforms Thrive and Others Don't." *Harvard Business Review* (January–February 2019).

# 第 4 章

# 信息系统中的商业伦理和社会问题

## 学习目标

通过阅读本章,你将能回答:

1. 由信息系统引发的商业伦理、社会和政治问题有哪些?
2. 指导商业伦理决策的具体行为准则有哪些?
3. 为什么现代信息系统技术和互联网给个人隐私和知识产权保护带来了挑战?
4. 信息系统如何影响法律责任和义务以及日常生活质量?
5. MIS 如何有助于我的职业发展?

## 开篇案例

### 你的智能手机:老大哥最好的朋友

每天的每一分钟,在世界的每个角落,都有数十家公司正在跟踪数亿携带手机人士的精确定位并将数据储存到庞大的数据库中,其中一个被跟踪的人可能就是你。访问过这些数据的任何人都可以看到你和谁见了面、你晚上在哪里、你在哪里祈祷,抑或你是否去看了精神病医生或去过按摩会所。

有着 10 多亿用户的谷歌地图可能是世界上最受欢迎的定位 app,其大部分用户的位置都被跟踪了。谷歌、Meta 和其他大型科技公司更有可能保存它们收集的位置数据以供内部使用,但诸如 Reveal Mobile 等很多在移动 app 幕后运行的小型公司,也会在你知情或不知情的情况下,从你手机的传感器收集位置数据。

位置数据有很多用途,如提供地图和驾驶方向、方便支付、分析城市交通模式以及在新冠疫情期间识别美国人是否保持社交距离。但位置信息通常会被发送给营销公司,用于打造针对性的广告。一旦公司合法获得位置数据,它们如何处理数据就几乎没有法律限制了,包括出售数据以获利。每个 app 有可能向 5 ~ 10 个其他 app 传输数据。你的数据与其他数据结合起来,由此获得对你的更多了解。很难知道哪个 app 在分享人们的位置数据并因此获利。

这是如何被允许的？下载一个 app 时，为使用该 app，手机用户通过点击屏幕上的"我同意"来"同意"服务条款。下载 app 并同意服务条款可能会将用户的敏感信息暴露给广告网络、数据经纪商和其他技术公司。有些使用定位功能的 app 这么做时会明确披露，但还有很多并不进行明确披露。有些公司甚至因一种目的收集数据，但将数据用于另一目的。

依据法律，位置跟踪公司仅需在其隐私政策中描述它们的做法，而这些隐私政策往往是难懂的法律文件，对于普通人而言极不易理解。如果一家私人公司合法收集位置数据，它可以以它想要的任何方式自由地分发或分享这些数据。位置跟踪公司称它们利用的位置数据是匿名的，但时间和地点的综合记录仍能够识别真人的身份。

要想知道哪些公司接收了你的位置信息以及它们如何处理该信息，这往往是近乎不可能的事情。位置数据的收集基本上不受监管，而这些公司中有些可以合法地获取对手机位置传感器的访问权限，然后购买和出售该信息。小型位置跟踪公司能够利用软件开发工具包（software development kit，SDK，是指可用于在 app 内构建包括位置跟踪功能在内的各种功能的小程序），在大型 app 程序开发商成熟的 app 中插入自己的跟踪程序。SDK 被内置于成千上万的 app 之中。通常使用 SDK 的 app 类别包括旅游、娱乐、地图和导航、社交网络、购物、游戏和体育。

在《纽约时报》的一项意见测试中，音乐 app iHeartRadio 要求用户允许定位服务"以找到你最喜爱的 DJ"。然后，iHeart 将用户手机的精准地理位置发送给数据公司 Cuebiq 进行处理，如衡量人们是否会在看了在线广告后去商店。iHeartRadio 表示它对位置数据的使用遵守"所有适用法律"，且它的隐私政策包含"有关位置使用的充分披露"。iHeartRadio 在之后版本的 app 中修改了同意页面，在其中包含了更多详细信息。

资料来源：New York Times Editorial Board, "The Government Uses 'Near Perfect Surveillance Data' on Americans," *New York Times*, February 7, 2020; Stuart A. Thompson and Charlie Warzel, "Smartphones Are Spies. Here's Whom They Report To," *New York Times*, December 20, 2019 and "Twelve Million Phones, One Dataset, Zero Privacy," *New York Times*, December 19, 2019.

开篇案例中描述的移动电话位置跟踪给隐私带来的挑战，说明技术是一把双刃剑。它可以带来许多好处，包括使用智能手机查看在线地图、驾驶路线或当地天气和商业新闻的功能。与此同时，数字技术为侵犯隐私和使用可能造成伤害的信息创造了新的机会。

图 4-1 突出了本案例和本章提出的要点。数据管理和分析、移动通信和物联网（IoT）的进步为组织创造了机会，可以在任何给定时间跟踪许多使用智能手机的个人的位置。这里描述的组织正受益于收集和使用基于位置的数据来监控移动电话用户的行为，以便将这些信息用于营销和其他目的。使用移动电话用户的位置数据同时剥夺了个人的利益，因为它可能侵犯他们的隐私。个人可能会受到工作歧视或基于位置跟踪所揭示的行为模式的特别审查。移动位置跟踪几乎没有隐私保护。

开篇案例提出了商业伦理困境，因为它显示了两种利益在起作用，一种是那些通过移动位置跟踪提高利润甚至帮助许多人的组织的利益，另一种是那些强烈认为企业和公共机构不应该使用个人数据侵犯隐私或伤害个人的组织的利益。作为管理者，你需要敏锐地觉察到信息系统带给你的企业、员工和客户的积极影响和消极影响，你需要了解如何解决涉及信息系统的商业伦理困境。

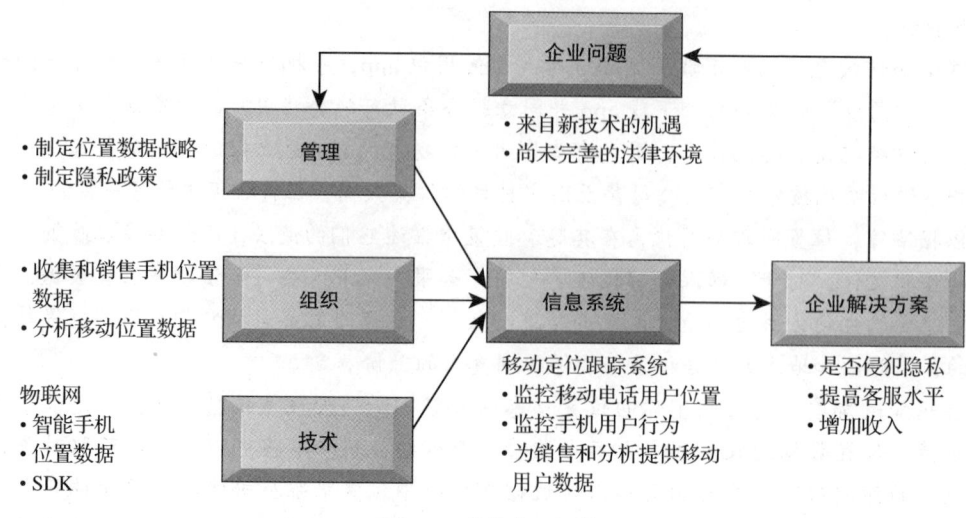

图 4-1　商业伦理困境

> 请思考：手机位置数据是否会造成商业伦理困境？为什么？是否应该制定新的隐私法来保护从移动电话用户收集的个人数据？为什么？

## 4.1　信息系统引发的商业伦理、社会和政治问题

在过去的 20 多年里，我们见证了美国和全球企业最具商业伦理挑战的时期。表 4-1 给出了近年来一小部分中高层管理人员商业伦理判断失败的案例，这种失败案例在许多行业中都存在。

表 4-1　近年来一小部分中高层管理人员商业伦理判断失败的案例

| | |
|---|---|
| Volswagen AG | 在美国超过 50 万辆柴油车和全球大约 1 050 万辆柴油车上安装了"作弊装置"排放软件，使这些柴油车在监管测试中达到美国的排放标准，而在实际驾驶中却向空气中排放了非法水平的污染物，大众汽车的 6 名高管受到刑事指控，其中包括奥利弗·施密特（Oliver Schmidt），他被判处 7 年监禁和 40 万美元罚款 |
| 富国银行（2018） | 富国银行承认开设了数百万个虚假账户，操纵抵押贷款条款，强迫汽车贷款客户购买不必要的保险，这家银行被联邦政府罚款 25 亿美元 |
| 通用汽车（2015） | 通用汽车 CEO 承认，这家企业掩盖故障点火开关的问题已有 10 多年了，造成至少 114 名客户死亡，全球超过 1 亿辆车受到影响 |
| 高田公司（2015） | 高田公司的高管承认，他们掩盖了数百万辆汽车多年来使用有故障的安全气囊的事实，3 名高管被认定犯罪，高田公司被罚款 10 亿美元，2017 年 6 月，高田公司宣布破产 |

在现今的法律体系下，触犯法律和被证明有罪的管理者几乎都会被送进监狱。1987 年美国通过的联邦量刑准则授权联邦法官根据犯罪的货币价值、企图阻止犯罪被发现的阴谋、使用结构性金融交易掩盖犯罪及不配合检察官调查（美国量刑委员会，2004）等情况，对企业高管施加严厉的判决。

企业过去经常为卷入民事指控和犯罪调查的员工承担法律辩护费用，现在则鼓励其员工

和检察官合作，以减少对整个企业妨碍调查的指控。这些进步意味着，作为一个管理者或员工，你需要比以往更多地考虑你的决策的正确性、合法性以及是否符合商业伦理。

虽然这些商业伦理失效和法律判决不当的情况不是由信息系统引起的，但信息系统在许多错误中起了"帮凶"的作用。在许多案例中，这些犯罪者巧妙地利用财务报告信息系统掩盖犯罪，希望不被查出。

我们将在第8章中介绍信息系统的控制问题。本章我们基于信息系统的应用，讨论多种行为的商业伦理问题。

**商业伦理**（ethics）是关于对和错的原则，作为自由的道德主体，个人可以依照商业伦理原则做出行为选择。因为信息系统的实施会带来巨大的社会变革的机会，威胁到了已有的权势、金钱、权利和义务的分配，所以信息系统在个人和社会两个方面引发了新的商业伦理问题。如同蒸汽机、电力、电话等其他技术一样，信息技术可以促进社会进步，也可以用来犯罪，威胁宝贵的社会价值。信息技术的发展将在许多方面产生利益，但也会让另一些方面付出代价。

互联网和电子商务的兴起使得信息系统中的商业伦理问题变得更加迫切。互联网和数字技术使得比以往更容易汇总、集成和发布信息，由此引发了关于如何正确使用客户信息、保护个人隐私和保护知识产权的新忧虑。

由信息系统引发的其他紧迫的商业伦理问题还包括建立关于信息系统的问责制，设立保障系统质量的标准以保护个人和社会的安全，以及维护被认为对信息社会生活质量必不可少的价值和制度。当使用信息系统的时候，有必要问一问："什么是商业伦理和有社会责任的行动方案？"

### 4.1.1 思考商业伦理、社会和政治问题的模型

商业伦理、社会和政治问题紧密相连。作为一名信息系统的管理者，你所面对的商业伦理困惑往往反映了社会和政治的争论。图4-2可以用来思考这些关系。把社会想象成一个夏日相对平静的"池塘"，个体、社会与政治机构形成了局部平衡的生态系统。个体知道如何在此"池塘"中行动，因为社会机构（家庭、教育、组织）已经形成了完善的行为规则，同时这些规则得到了政治领域制定的法律支持，这些法律规定了合法的行为，并对违法行为进行惩罚。现在我们扔一块石头到池塘的中央，会有什么情况发生呢？当然是产生涟漪。

想象一下这不是一块石头，而是新的信息技术和系统的强大震动对相对平静的社会造成的扰动。突然间，个体行动者面临不受旧规则约束的新情况；社

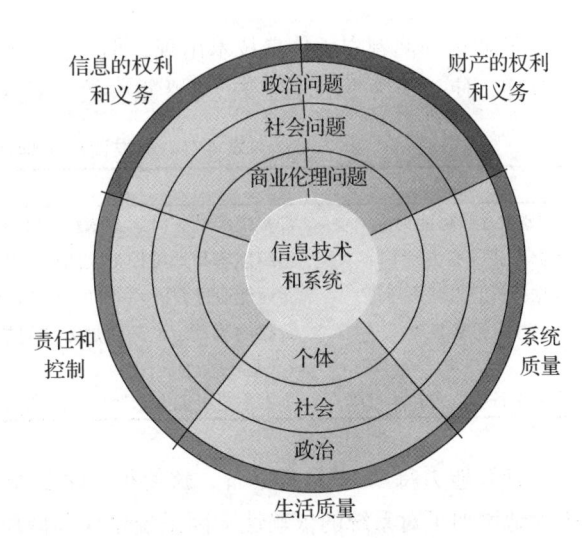

图 4-2 信息社会中商业伦理、社会和政治问题的关系

注：新的信息技术的引入产生了连锁反应，引发了必须在个体、社会和政治层面去解决新的商业伦理、社会和政治问题。

会机构对这些涟漪也不能在一夜之间做出反应,可能要花上几年时间形成规矩、期望、社会责任、政治的正确态度或者认同的规则;政治机构也需要时间来制定新法律,而且在新法律实施之前常常需要时间来证明其真实的危害。在这期间,你可能不得不采取行动,也可能必须在一个法律的灰色地带中行动。

我们可以用这个模型来说明连接商业伦理、社会和政治问题的动态关系。这个模型对识别信息社会道德方面的主要问题也很有用,这些问题跨越了个体、社会和政治的各个层次。

### 4.1.2 信息时代的 5 个道德维度

由信息系统引发的主要商业伦理、社会和政治问题包括以下道德维度。

- 信息的权利和义务:个体和组织相对于自身来讲具有什么样的信息权利(information rights)?它们能保护什么?
- 财产的权利和义务:传统的知识产权在数字社会中如何进行保护?在数字环境中,跟踪和核算所有权是很难的,而忽视这些产权却很容易。
- 责任和控制:当个体和集体的信息与财产权利受到伤害时,谁能以及谁要负起责任和义务?
- 系统质量:为保护个人的权利和社会的安全,我们需要什么样的数据标准和系统质量标准?
- 生活质量:在以信息和知识为基础的社会中,应当保留什么样的价值观?我们应当保护哪些机构免受伤害?新的信息技术支持什么样的文化价值和实践?

我们将在 4.3 节和 4.4 节中详细阐述这些道德维度。

### 4.1.3 引发商业伦理问题的关键技术趋势

商业伦理问题先于信息技术出现,但是信息技术加重了商业伦理问题,影响了已有的社会秩序,使一些法律不合时宜或者严重失效。引发商业伦理问题的技术趋势如表 4-2 所示。

表 4-2 引发商业伦理问题的技术趋势

| 趋势 | 影响 |
| --- | --- |
| 每 18 个月计算能力翻一番 | 许多组织的关键运营依赖于计算机系统,因而更容易受系统故障的影响 |
| 数据存储成本快速下降 | 组织能容易地维护个人的详细数据库,关于个体的数据收集就没有限制了 |
| 数据分析能力突飞猛进 | 企业能通过分析大量的个人数据形成个人行为的详细描述,大规模人群监测成为可能 |
| 网络技术迅猛发展 | 数据的流动、从任何地方访问数据的成本呈指数级下降,对数据的访问变得更加难以控制 |
| 移动设备影响力持续增强 | 个人手机可能在未经用户同意或知悉情况下被跟踪,始终在线的设备变成了一种束缚 |

计算能力每 18 个月翻一番,这使得大多数企业能将信息系统用于核心生产过程,结果极大地增加了对系统的依赖性、因系统错误和低质量的数据而造成的脆弱性。社会规则和法律还没有对这种依赖性做出调整,以致保证信息系统的可靠性和准确性的标准并未被普遍接受或推行(见第 8 章)。

数据存储技术的进步和存储成本的快速下降使私营企业和公共组织能够维护更大量的数

据库，包括员工、客户和潜在客户的数据库。数据存储的进步使侵犯个人隐私的违法行为代价既便宜又有效，能够存储 TB 级和 PB 级的海量数据存储系统变得随处可用，使得各种规模的企业都可以用来存储客户数据并识别客户。

海量数据分析技术的进步是另一项引发商业伦理问题的技术趋势，因为企业和政府部门都能找到个人的详细信息。有了这些现代数据管理工具（见第 6 章），企业可以比以往更加容易地汇总和组合存储在计算机里的海量数据。

思考你产生数字化信息的各种方式，包括信用卡消费、拨打电话、订阅杂志、租借录像、邮购、银行记录、地方/州/联邦政府的记录（包括法院和警方的记录）和访问网站等。通过合理地把这些数据收集起来，进行汇总和挖掘，不仅能显示你的信用信息，而且还能显示你的驾驶习惯、品位、社交、阅读和观看的内容、政治兴趣等。

产品销售企业从这些源头购买信息，用以更精准地定位并开展营销活动。第 6 章和第 12 章分别描述了企业如何通过分析来自多源的海量数据来迅速识别客户的购买行为模式，并提出个性化的营销措施。用计算机将多源数据进行整合，并建立个人的详细数字档案叫作**画像**（profiling）。

例如，数千个最受欢迎的网站允许网络广告经纪商谷歌的营销平台 Marketing Platform（原 DoubleClick）跟踪访问者行为，以换得基于 Marketing Platform 收集的访问者信息的广告收入。Marketing Platform 利用这些信息给每个网络访问者画像，当访问者访问 Marketing Platform 的相关网站时，就给画像加入了更详细的信息。随着时间的推移，Marketing Platform 就能形成一个关于客户网上消费和行为习惯的数字档案，卖给相关企业，帮助它们投放更精准的网络广告，广告商也可以把消费者的线下信息和线上信息整合起来，比如在商店用信用卡消费的信息。信用卡消费信息使得市场研究人员、电话营销人员、直邮企业都能访问到个人信息。信息技术的发展使侵犯隐私更加便利。

LexisNexis Risk Solutions（以前是 ChoicePoint）公司从警察局、犯罪和机动车记录、信用和雇用历史、现在和以前的住址、专业执照和保险索赔等方面收集了大量的数据，汇总和保存了几乎美国所有成年人的数字档案。它把这些个人信息出售给企业和政府机构。对个人数据的需求是非常巨大的，以至于像 Risk Solutions、Acxiom、Nielsen、Experian、Equifax 和 CoreLogic 这样的数据经纪企业的生意非常火爆。全球最大的两家信用卡企业维萨（Visa）和万事达（Master Card），计划将信用卡使用信息、客户社交网络及其他信息连接起来创立客户画像，并卖给广告企业。

一种新的数据分析技术叫作**隐性关系认知**（nonobvious relationship awareness，NORA），该技术为政府和企业提供了更强的画像能力。NORA 可以从各种不同的来源取得个人信息，如求职申请、电话记录、客户名单和"通缉"名单等，并研究这些信息之间的关系，以发现背后复杂的联系，这项技术可帮助识别罪犯和恐怖分子，如图 4-3 所示。

NORA 技术可以在数据产生时扫描数据和提取信息，所以当一个人和恐怖分子共用一个电话号码时，在他登机前就可以马上发现。这个技术被看作对国土安全很有价值的一个工具，但是它对隐私有影响，因为它能提供与个人有关的详细的活动轨迹和各类关联关系。

最后，包括互联网在内的网络技术的发展，大大降低了海量数据流动和存取的成本，提供了用 PC、移动设备以及云服务器来远程挖掘巨大数据池的可能性，人们已经无法想象侵犯隐私的规模和精度了。

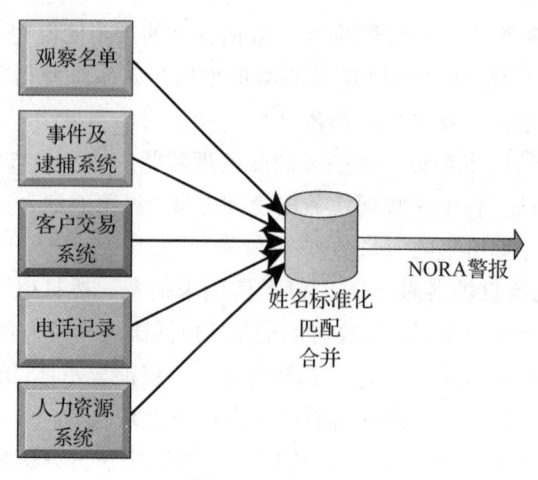

图 4-3  NORA

注：NORA 可以从各种来源获取人员信息，并发现这些信息之间复杂的、隐藏的联系。例如，若一个申请去赌场工作的人和一个已知的罪犯共用一个电话号码，NORA 就会发现这一联系，并向赌场的人事招聘经理发出警报。

## 4.2 指导商业伦理决策的行为准则

商业伦理与有自由权力的人有关。商业伦理是关于个人的选择：当面对多种可选择的行动方案时，什么是正确的道德选择？这些商业伦理选择的主要特点是什么？

### 4.2.1 基本概念：责任、问责和法律责任

商业伦理是个人做出的决策，个人对其行动后果负责。**责任**（responsibility）是商业伦理行为中的关键组成部分。责任意味着你接受由于你所做决策而产生的潜在成本、责任和义务。**问责**（accountability）是一个系统和社会制度的特性，它意味着有一种机制来决定谁该采取行动和谁来负责。一个没有能力去发现谁做了什么的制度和机构，从本质上讲也就没有能力进行商业伦理分析以及采取商业伦理行为。**法律责任**（liability）将责任的概念扩展至法律领域。法律责任是政治制度的一个特性，法律允许个体挽回由其他个体、制度和机构造成的损失。**正当法律程序**（due process）是法制社会的特性，它是一个了解和理解法律的过程，让人们有能力向上级申诉，以保证法律被正确地应用。

这些基本概念组成了分析信息系统和相关人员的商业伦理的基础架构。首先，信息技术由社会机构、组织和个人来应用，信息系统本身不产生影响，信息系统的任何影响都存在于机构、组织和个人行为的后果之中。其次，技术应用后果的责任应该落在应用这些技术的机构、组织和个人身上。采用对社会负责任的方式来应用信息技术，意味着你能够并且将对你的行为后果负起责任。最后，在商业伦理和政治社会中，所有人都可以通过正当法律程序来挽回损失。

### 4.2.2 商业伦理分析

当你遇到了一个可能涉及商业伦理问题的情况时，你该如何分析它？以下 5 个步骤可能

会有帮助。

（1）识别和描述清楚事实。弄清楚谁对谁做了什么？在何处、何时和如何做的？在许多情况下，你会惊讶于初始报告与事实不符，你会发现弄清楚简单的事实就能直接有助于问题的解决，也有助于让商业伦理困境中的对立各方就事实真相达成一致。

（2）明确矛盾或困境，并发现其中包含的更高层次价值。商业伦理、社会和政治问题总是与更高层次的价值有关。纠纷的当事人总是声称要追求更高的价值（即自由、隐私、产权保护和自由企业制度等）。通常，商业伦理问题会遇到两难的困境：两个截然相反的行动都支持了有意义的价值。例如，本章开篇案例指出了两种截然相反的价值：一方面是让组织更高效、成本更低的需求，另一方面是尊重个人隐私的需求。

（3）确认利益相关者。每一个商业伦理、社会和政治问题都有利益相关者，如同游戏中对结果有兴趣的玩家，谁在这种情况下投资，通常谁就有话语权。找到这些群体的身份和他们的需求，这将对以后设计解决方案很有用。

（4）确定你有理由采取的方案。你将发现没有一种方案能满足各方的利益，但有些方案会比其他方案好一些。有时候，一个好的或符合商业伦理的解决方案并不总是平衡各方利益相关者的结果。

（5）明确你的方案的潜在后果。有些方案在商业伦理上正确，但从其他方面来看是灾难性的；有些方案适用于某种情况，但不适用其他类似的情况。你要问自己："如果我一直坚持选择这个方案，结果将会怎样？"

### 4.2.3　可选的商业伦理原则

一旦完成了分析，你应当采用商业伦理的哪些原则和规则来决策呢？应当根据哪些更高层次的价值观来做出判断？虽然你能决定在商业伦理原则中你将遵循哪个，如何对它们进行排序，但是考虑历史上形成的根植于文化中的一些商业伦理原则也是非常有帮助的。

（1）己所不欲，勿施于人——**黄金规则**（the golden rule）。换位思考，设想自己是接受决策的对象，这样有助于决策的公平性。

（2）如果采取这个行动对每个人来说都是不对的，那么任何人不得采取这个行动——**康德绝对命令**（immanuel kant's categorical imperative），又叫康德伦理学原则。问问你自己："如果每一个人都这样做，这个组织或社会能生存吗？"

（3）如果不能反复采取某个行动，那么根本不应该采取这个行动——**光滑斜坡规则**（slippery slope rule）。如果一个行动现在带来一些可接受的小变化，但是如果它重复下去，长此以往它将带来不可接受的变化。"一旦开始沿着光滑的路径下滑，你可能就无法停止了。"

（4）采取能获得较高或较大价值的行动——**功利原则**（utilitarian principle）。该原则假定你可以对价值排定优先级，并且能够理解各种行动的后果。

（5）采取最小伤害或最小潜在成本的行动——**回避风险原则**（risk aversion principle）。某些行动的失败概率很低但有极高的失败成本（如在市区建立核发电设备），或失败概率中等但有较高的失败成本（如超速驾驶和汽车事故）。我们应当尽量避免失败成本极高的行动，注意降低事故发生的概率。

（6）除非有特别明确的声明，否则假定几乎所有有形和无形的物体都是由其他人所拥有的——"没有免费的午餐"伦理规则（ethical no-free-lunch rule）。如果别人创造了对你来说有用的事物，它就有价值，你应当假设创造者期望对此得到补偿。

那些不符合上述原则或规则的行动值得我们密切关注，缺乏商业伦理的行为有可能和其本身一样伤害你和你的企业。

### 4.2.4 专业行为守则

当一群人声称自己是专业人士的时候，由于他们对知识、智慧和尊重的特别要求，他们就负有特殊的权利和义务。专业行为守则是由专业协会发布的，如美国医学会（American Medical Association，AMA）、美国律师协会（American Bar Association，ABA）、信息技术专业协会（Association of Information Technology Professionals，AITP）和计算机协会（Association for Computing Machinery，ACM）等。这些专业群体通过确定准入条件、资格和技能，对所属领域的专业人士进行监管。商业伦理守则是专业人士在社会公共利益面前用以规范自己的承诺，如避免伤害他人、尊重产权（包括知识产权）和尊重隐私是 ACM 的商业伦理和专业行为守则的基本道德要求。

### 4.2.5 现实中的商业伦理困境

信息系统带来了新的商业伦理困境，其中一群人的利益可能和另一群人相对立。例如，美国许多企业正在使用语音识别软件，使计算机能够识别客户，并回答客户的一系列问题，从而减少客户服务人员的员工数。许多企业正在监视员工在互联网上的行为，防止他们在非企业业务活动中浪费企业资源（见第 7 章的"互动讨论：管理"案例）。

在上述情况下，你可以发现相对立的价值观，争辩的双方都有支持者。例如，企业可能争辩说，它有权通过信息系统的应用来提高劳动生产率，减少工人规模，进而降低成本，以便在行业中生存；被信息系统替代的员工可能会争辩，雇主对其福利负有责任。企业主感到有必要监控员工的电子邮件和互联网应用，以减少生产力的消耗；员工却认为，他们应当可以用电子邮件代替电话来处理一些个人事务。对事实的深入分析有时可能会带来妥协的结果，即给每一方"半块面包"。请试用前述的商业伦理分析原则来分析这些例子，看怎么做才是正确的。

## 4.3 现代信息系统技术和互联网对个人隐私和知识产权保护带来了挑战

本节将进一步解释图 4-2 所描述的信息系统商业伦理的 5 个维度。在每一个维度上，我们会介绍商业伦理、社会和政治层面的内容，并用真实的例子说明其中的价值、利益相关者和方案的选择。

### 4.3.1 信息权：互联网时代的隐私和自由

隐私（privacy）是个人独处的要求，是不受他人或相关组织包括国家的干扰和监督的诉求。隐私保护的诉求也包含在工作场所。目前，数百万名员工正承受着数字和其他高科技技术的监督。信息技术和系统威胁到了个人隐私保护的诉求，使侵犯隐私成本更低、更有利可图、更高效。

隐私保护的诉求在美国、加拿大和德国以各种方式受到宪法保护，在其他国家也通过各种条令受到保护。在美国，隐私保护的诉求主要通过两个法案来实现：《美国宪法第一修正案》保障言论和结社自由；《美国宪法第四修正案》保护公民免受不合理的搜查、扣押个人文件或住所，同时保护正当的法律程序。

表4-3描述了美国与个人信息相关的主要联邦隐私保护法规，涉及领域包括信用报告、教育记录、财务记录、报纸记录和电子通信等。1974年修订的《隐私法案》是这些法律中最重要的一项，规范了联邦政府收集、使用和披露信息的行为。现在大多数联邦政府的隐私法规仅适用于联邦政府，极少对私人部门领域做出规范。

表 4-3 美国的相关隐私法规

| 通用的联邦隐私法规 | 影响私人机构的隐私法规 |
| --- | --- |
| 1966年修订的《信息自由法案》 | 1970年《公平信用报告法案》 |
| 1974年修订的《隐私法案》 | 1974年《家庭教育权和隐私权法案》 |
| 1986年《电子通信隐私法》 | 1978年《金融权隐私法案》 |
| 1988年《计算机匹配和隐私保护法》 | 1980年《隐私保护法案》 |
| 1987年《计算机安全法》 | 1984年《有线通信政策法案》 |
| 1982年《联邦管理者财务正直法》 | 1986年《电子通信隐私法案》 |
| 1994年《驾驶员隐私保护法》 | 1988年《视频隐私保护法案》 |
| 2002年《电子政务法》 | 1996年《健康保险流通与责任法案》(HIPAA) |
|  | 1998年《儿童网络隐私保护法案》(COPPA) |
|  | 1999年《金融服务现代化法案》(《格雷姆-里奇-比利雷法案》) |

大多数美洲和欧洲的隐私法规基于**公平信息规范**（fair information practice，FIP）制度，该制度首先出现在美国联邦贸易委员会（Federal Trade Commission，FTC）1973年所写的报告中，2010年修订时将侵犯隐私的技术纳入其中（美国卫生教育和福利部，1973）。FIP是关于收集和使用个人信息的一系列管理制度，其基本理念是信息记录持有者和个体间利益的相互依存。例如，个人有兴趣参与了一项交易，信息记录持有者（通常是企业或政府机构）需要个人的信息支持这项交易。信息一旦被收集，个人就对这个记录拥有所有权，未经本人许可，个人信息不能用于支持其他活动。1998年FTC重述和扩展了原来的FIP，为网络隐私保护提供了指引。表4-4描述了FTC公平信息规范的原则。

表 4-4 FTC公平信息规范的原则

1. 告知/提醒（核心原则）。网站在收集信息前，必须公开其信息操作过程，包括收集者身份、数据用途、数据其他接收者、收集性质（主动/被动）、自愿或被要求状态、拒绝的后果，以及保护数据的保密性、完整性和质量的步骤

2. 选择/同意（核心原则）。必须有一个选择机制，允许消费者选择他们的信息如何被用于支持交易处理以外的第二个目的，包括内部应用和传给第三方的应用

3. 获得/参与。消费者应该可以用一个及时的、不费劲的处理过程评价和辩驳他们被收集的信息的正确性和完整性

4. 安全。数据收集必须采取可靠的步骤，保证用户信息的正确性和安全性，防止非授权应用

5. 执行。必须有一种机制强制推行FIP原则，包括自我规范、能够保护消费者合法权益的立法、联邦法令和法规的推行

FTC 的 FIP 原则被用作推动隐私立法变革的指导方针。1998 年 7 月，美国国会通过了《儿童网络隐私保护法案》（Children's Online Privacy Protection Act，COPPA），要求网站在收集 13 岁以下儿童的信息前应得到他们父母的同意。FTC 建议通过附加的立法，保护广告网络中的在线消费者的隐私，这些网络企业收集消费者的网络活动记录，形成了详细的用户画像，然后其他企业使用这些信息来精准投放网络广告。FTC 为其隐私保护框架增加了 3 个方面的规范：企业应采纳"隐私设计"，开发保护隐私的产品和服务；企业应增加数据应用的透明度；企业应征得用户同意，为其提供明确的选项，使其可以选择退出数据收集计划。其他拟议的互联网隐私立法侧重于保护网上使用个人识别号码，如社保号码；保护从互联网上收集到的不受 COPPA 保护的个人信息；限制数据挖掘在国土安全方面的应用。FTC 将其隐私政策扩展到行为定位、智能手机跟踪、物联网（IoT）和移动健康应用程序（FTC，2019；2015）。2018 年，FTC 与 P2P 支付应用 Venmo、优步和 RealPage 达成和解，以解决这些公司的运营系统中的隐私和数据安全问题。

民意调查显示，人们对网络营销人员的不信任持续存在。尽管美国在联邦层面对隐私问题进行了许多研究，但近年来并没有重大的立法。皮尤研究中心 2016 年的一项调查发现，91% 的美国人认为消费者已经失去了对他们在线个人信息的控制，86% 的人已经采取措施保护他们的在线信息。

近年来，隐私保护也被加入关于撤销金融服务管制和保护个人健康信息的相关法律中。1999 年的《格雷姆–里奇–比利雷法案》（Gramm-Leach-Bliley，Act）中的条款解除了早期对银行、证券企业和保险企业间的关联限制，包括对消费者金融服务的隐私保护。所有的金融机构被要求披露在保护非公开个人信息方面的隐私保护政策和实践，并允许客户退出与第三方机构实行信息共享的安排。

1996 年的《健康保险流通与责任法案》（Health Insurance Portability and Accountability Act，HIPAA）在 2003 年 4 月 14 日正式生效，该法案对涉及医疗记录的隐私保护使患者有权获取由健康服务供应商、医院、医疗保险商持有的个人医疗记录，以及有权决定他们的信息被如何使用和披露。医生、医院和其他健康服务供应商必须将患者信息的披露限制到最低程度，以符合法律要求。

**1. 欧洲的数据保护指令**

2018 年，欧盟委员会实施了**《通用数据保护条例》**（General Data Protection Regulation，GDPR），这是自 FTC 颁布《公平信息实践原则》（Fair Information Practices Principles）20 年来最重要的隐私立法。它适用于收集、存储或处理欧盟公民个人信息的所有企业和组织，这些保护适用于全球，无论行为发生在哪里（欧盟委员会，2018；Satariano，2018）。

GDPR 是保护个人身份信息（personally identifiable information，PII）的更新框架，取代了 1998 年的早期数据保护指令。在欧洲，隐私保护历来比美国强得多。在美国，没有联邦机构负责执行隐私法规，而且没有单一的隐私法规来管理私人企业对个人信息的使用。相反，隐私法规是零散的，按行业划分（例如，医疗隐私法、教育隐私法和金融隐私法）。这些规定由 FTC 执行，通过企业的自我监管以及个人通过法院起诉机构或企业以追讨赔偿。这既昂贵又很少发生。

在欧盟，数据保护法是全面的，适用于所有组织，并由每个国家的数据保护机构执行，以追查公民提出的投诉，并积极执行隐私法。GDPR保护各种各样的PII：基本身份信息，如姓名、地址和身份证号码；网络数据，如位置、IP地址、cookie数据和RFID标签；健康和遗传数据；手机号码；驾驶执照及护照号码；生物识别和面部数据；种族和民族数据；政治观点；性取向。

这个新框架的主要目标是加强公民对自己个人信息的权利，并加强对公司的监督，以确保它们实施这些个人权利。另一个重点是协调28个欧盟成员国之间相互冲突的数据保护标准，并建立一个统一的欧盟机构来实施和执行这些规定。此外，对在全球范围内在欧盟运营或处理与欧盟公民有关的数据的所有组织强制执行这些条件，而不管该组织位于何处。

对于个人，GDPR要求组织允许消费者在一个月内免费访问其所有个人信息；删除个人资料（被遗忘权）；确保数据的可迁移性，这样消费者就不会被绑定到某个特定的服务中；保证消费者有权就损害赔偿或滥用个人信息向供应商提起诉讼，包括集体诉讼。

加强了组织要求，包括要求组织设立一名向高级管理层报告的数据保护干事；在收集数据前要求明确同意（积极选择加入），并取消默认的选择加入流程；发布数据收集的理由和保留期限；在72h内报告违规和黑客行为；对于与合作伙伴或其他企业共享的数据，组织需要对这些数据负责，并列出与之共享数据的所有企业的清单；在所有新系统中嵌入隐私保护（设计隐私）；将个人定位和重新定位限制在受众级别的匿名数据上，而不是基于亲密的个人资料进行定位；将个人数据的收集限制为只收集支持某项任务或事务所需的个人数据，并在收集完成后不久将其删除。滥用个人身份信息可被处以高达2 000万美元或该组织全球收入的4%的罚款，以较高者为准。最后，欧盟将通过政府间隐私保护协议对美国等非欧盟国家执行GDPR要求，以确保在非欧盟国家处理的欧盟数据符合GDPR标准。隐私保护协议是较早的"安全港"协议更具可执行性的版本。安全港是一种私人自我调节的政策和执行机制，旨在实现政府监管机构和立法机构的目标，但不涉及政府监管或执行（Lomas，2018）。

GDPR显然是针对Meta、谷歌、Twitter和其他基于广告的网络企业，这些企业通过跟踪网络上的个人数据，将这些数据与来自企业和数据经纪企业的其他数据合并，建立全面的数字画像（档案），并向这些人投放广告，从而收集个人数据。谷歌和Meta在欧洲都非常受欢迎，并主导着它们的市场。但与此同时，它们也因侵犯隐私和不保护个人信息而受到广泛批评。

**2. 互联网对隐私的挑战**

互联网技术对个人隐私保护提出了新的挑战。用户在网上的任何活动都能被跟踪和记录下来，包括访问的网站或网页、访问的网络内容、在网站上查看或购买了什么物品等。这些监视和跟踪大多发生在访问者不知情的情况下。个人行为不仅被单个网站跟踪，而且也被微软广告、雅虎及谷歌的Marketing Platform这些广告网络监控，这些广告网络可跟踪用户在数千个不同网站上的浏览行为。网站发布商和广告企业都支持跟踪个人跨网站的行为，因为这么做能使广告投放更精准，广告企业也向网站发布商支付费用。对这些个人信息的商业需求实际上是无法被满足的，但是这些行为侵犯了个人隐私。

Cookie是用户访问网站时被记录并存于计算机硬盘中的一些短文本文件。Cookie可以识别访问者的网络浏览器软件，并跟踪在这个网站上的访问活动。当访问者再次访问已保留Cookie记录的网站时，网站的软件系统就会自动查找访问者的计算机，找到该Cookie记录，从而可以了解访问者过去做了些什么。也有可能会更新 Cookie 文件，这取决于访问者的活动情况。有了这种方法，网站可以对每一个访问者定制他感兴趣的内容。例如，如果你在亚马逊网站上买了一本书，当你用相同的浏览器再次访问时，这个网站将显示你的名字并欢迎你，还会根据你过去的购买历史推荐你感兴趣的图书。本章前面描述的谷歌 Marketing Platform 就是利用 Cookie 建立了访问者详细的网络购物档案，并分析网站访问者的行为。图 4-4 描述了 Cookie 是如何运作的。

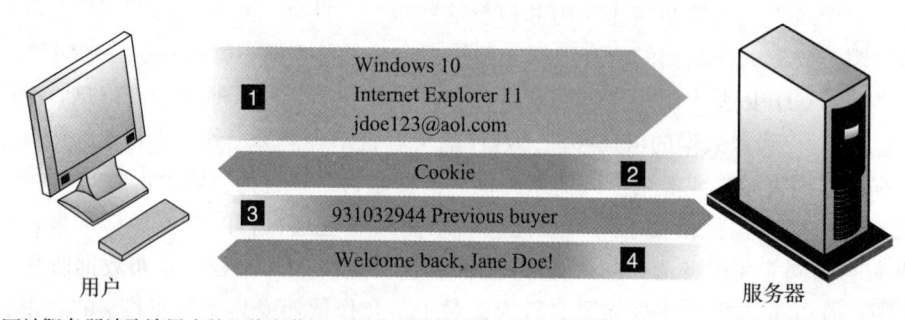

1. 网站服务器读取该用户的网络浏览器，并确定操作系统、浏览器名称、版本号、互联网地址和其他信息。
2. 用户的浏览器接收服务器传送的一个包含用户身份信息的小的文本文件（称为Cookie），并将其存储在用户的计算机硬盘上。
3. 当用户再次访问该网站时，网站服务器查找以前存于用户计算机上的Cookie内容。
4. 网站服务器读取Cookie，识别访问者，并调用用户数据。

图 4-4　Cookie 如何识别网站访问者

注：Cookie 是由网站在访问者的计算机上编写的。当访问者返回该网站时，网站服务器从 Cookie 中请求 ID 号码，并使用该 ID 号码访问服务器存储在该访问者上的数据，然后网站可以使用这些数据来显示个性化的信息。

尽管使用 Cookie 技术的网站不能直接获得访问者的姓名和地址，但是，如果访问者已经在这个网站上注册过，那么网站就能将注册信息和 Cookie 数据整合起来，用于识别访问者。网站所有者还可以把 Cookie 数据、其他网站收集到的数据和其他数据，如线下调研或纸质分类目录的数据，整合起来构建非常详细的访问者画像。

监视互联网用户还有更狡猾和隐秘的工具。**网络信标**（web beacon），又称网络爬虫（或"跟踪文件"），是一些小的软件程序，隐附在电子邮件和网页上，用来记录用户的在线点击流，并把这些信息传送到拥有跟踪文件的计算机上。网络信标由第三方企业通过付费方式放置在一些受欢迎的网站上，并能通过这些网络信标来接触网站的受众。那么，网络跟踪到底有多普遍呢？在《华尔街日报》发表的一系列原创性文章中，研究人员分析了 50 个最受欢迎的美国网站的跟踪文件，揭示了网络监控系统的普遍性。在这 50 个网站中，他们发现访问者的计算机上被安装了 3 180 个跟踪文件。只有一个网站，即维基百科，没有跟踪文件。2/3 的跟踪文件来自 131 家企业，它们的主要业务是通过识别和跟踪互联网用户来创建用户画像，并将用户画像出售给那些寻找特定类型用户的广告企业。最大的网络追踪者是谷歌、微软和 Quantcast，它们都在卖广告给广告企业和营销人士。对这 50 个最受欢迎网站的持续研究发现，它们的跟踪文件数目已翻了 5 倍。原因在于网络广告竞拍业务的增长使得广告商需要购买用户网络浏览行为的数据。

另一类**间谍软件**（spyware）可以通过搭载较大的应用程序，秘密地把自己装到一个互联网用户的计算机上。一旦装好，这个间谍软件将被网站用来给用户推送横幅广告和其他未经请求的内容，并且也可以向其他计算机报告用户在互联网上的活动。第 8 章将详细讨论这类侵入性软件。

全球大约有 80% 的网络用户都在使用谷歌搜索引擎及其他谷歌服务，这使谷歌成为全球最大的在线用户数据收集商。无论谷歌在数据处理上怎么做，都会对网络隐私产生巨大的影响。大多数专家认为谷歌拥有全球最大的个人信息集合，超过了任何政府部门。最近几年与谷歌竞争的是 Meta。

谷歌在 2007 年收购了广告网络企业 DoubleClick（如今的谷歌 Marketing Platform）后，开始使用行为定位功能来帮助它推送基于用户搜索活动的相关广告，当用户从一个网站转向另一个网站时也会标识用户，并向用户推送展示广告和旗帜广告。谷歌允许跟踪软件存在于它的搜索页上，并通过 Marketing Platform 在整个互联网上跟踪用户。谷歌有一个程序让广告商基于谷歌用户的搜索历史及用户发送给谷歌的其他信息［如年龄、人口统计数据、地区和其他网络活动（如博客）等］来投放定向广告。谷歌的 AdSense 程序能使广告商选择关键词，并基于搜索历史，为不同的细分市场设计广告，如帮助一个服装网站制作和测试针对女性青少年的广告。现在，谷歌在 YouTube 和谷歌移动应用程序上展示定向广告，它的 Marketing Platform 广告网络也提供定向横幅广告。

美国允许企业收集市场上的交易信息，并将这些信息用于其他的市场用途，无须得到信息所有权人的**知情同意**（informed consent）。这些企业认为，当用户同意使用网站的服务时，也就同意了网站收集他们在网站上的活动信息。知情同意的**选择性退出**（opt-out）模式允许企业收集个人信息，除非用户特别提出不能收集相关数据。而隐私保护的倡导者更愿意看到知情同意的**选择性加入**（opt-in）模式得到更广泛的应用，这样的话，企业就会被禁止收集任何个人信息，除非用户特意选择同意信息的收集和应用。默认的选择是企业不得收集用户信息。

网络行业更希望通过自律而不是隐私立法来保护用户，包括谷歌的 Marketing Platform 在内的网络广告行业协会的成员创建了另外的行业协会，叫作网络广告倡议联盟（Network Advertising Initiative，NAI），它们建立了自己的隐私保护政策，帮助用户选择性地退出网络广告程序，并提供给用户滥用信息的赔偿。

微软、Mozilla 基金会、雅虎和谷歌等少数企业都已发布了自己的政策，努力消除公众对网络跟踪的担心。2015 年发布的微软 IE 11 浏览器将"选择性退出"选项作为默认配置，但现在这一状况变成"选择性加入"作为默认配置，因为大多数网站不用"选择性退出"功能。其他浏览器也有"选择性退出"选项，但需要用户主动将这个选项打开，而大多数用户都不会这样做。AOL 也发布了"选择性退出"政策，允许网站用户选择不被跟踪。雅虎遵循 NAI 的基本准则，允许用户"选择性退出"跟踪和网络爬虫。谷歌也减少了跟踪数据的保留时间。

总的来看，大多数互联网企业都在保护用户隐私上做得不够，用户也没有做他们应该做的来保护自己的隐私。那些靠广告来支持日常运营的商业网站，大多数的收入来源于贩卖用户信息。即使是那些在网站上发布了隐私政策的企业，其中仍有一半的企业并没有监控它们的网站是否在遵守这些政策。绝大多数的网络用户表示自己关心网络隐私，但不到一半的用户会阅读网站的隐私条款。一般来说，网站的隐私政策条款常常晦涩难懂，需要一定程度的法律知识才能理解（Laudon 和 Traver，2020）。如今，Meta 和谷歌等企业认为隐私政策其实就是数据使用政策。但是，隐私的概念与用户权利联系在一起，而企业却没有清楚地认识到这一点。数据使用政策只是告诉用户他们的信息是如何被使用的，而不会涉及权利问题。

**3. 技术解决方案**

除了立法以外，已有几项新技术能在用户和网站进行互动时保护他们的隐私。这类工具主要被用于加密电子邮件、匿名使用电子邮件或浏览网页，从而保护用户的计算机不接受Cookie，或者监测和删除间谍软件。但是，大部分技术解决方案还是不能避免用户在站点间转换时不被跟踪。

许多浏览器都有"不跟踪"选项。对那些选择了"不跟踪"选项的用户而言，他们的浏览器会发送申请给网站，要求不被跟踪，但是网站并没有义务满足浏览者不被跟踪的请求。目前，网络广告业还没有就如何应对不跟踪要求达成一致意见，同时也没有立法要求网站停止跟踪。移动设备上的专有浏览器加密软件或 app 为消费者提供了一个很好的机会，至少他们的消息是私密的。

### 4.3.2 财产权：知识产权

现代信息系统已经对现有的知识产权保护的法律和社会实践提出了巨大的挑战。**知识产权**（intellectual property）是指由个人或者企业创造出来的有形的和无形的智力产品。因为计算机化的信息很容易被复制，并且在网上传播也轻而易举，所以信息技术使得知识产权保护太困难了。目前，知识产权得到法律全方位的保护形式有 4 种：版权、专利、商标和商业秘密。

**1. 版权**

**版权**（copyright）是一种法定授权，旨在保护知识的创造者，在他们生前和过世后 70 年内，其作品不被其他人出于任何目的复制。对企业拥有的作品，其版权保护延续至它被创造后的 95 年。美国国会把版权保护的范围扩展至图书、期刊、讲座、戏剧、作曲、地图、绘画、任何类型的艺术作品和电影图片。版权法的真正意图是鼓励创造性和保护所有权，保证创作者获得与其作品有关的财务和其他利益。大多数工业国家都有自己的版权法，国家之间也有相应的国际惯例和双边协定来协调和加强这些法律的执行。

20 世纪 60 年代中期，美国版权局开始实施软件程序登记制度。1980 年，美国国会通过了《计算机软件版权法案》，明确规定了对软件程序源代码和商业销售的原始代码复制品的保护，在保护购买者使用软件的同时，也保护了创造者的合法权益。

版权保护法反对复制整个软件程序或者部分程序的行为，一旦被侵权，被保护者很容易获得侵权赔偿金。版权保护的缺点是作品背后的创意没有被保护，只保护了作品的表象。竞争者可以使用你的软件，了解它是如何运作的，然后按照相同的思想和逻辑编制一个新的软件，这不属于侵犯版权。"外观和感受"的版权侵权诉讼如同一个创意与其产品表象之间的区别。例如，20 世纪 90 年代早期，苹果起诉微软和惠普侵犯苹果 Macintosh 界面的设计风格，声称被告抄袭了其视窗重叠的表现方式。被告反驳说，视窗重叠的呈现方式只有一种，因此根据版权法的合并原则，这是不受保护的。当创意思想与其产品表现方式合而为一时，其表现方式不能被版权法保护。

通常，法庭会遵循 1989 年"Brown Bag 软件公司和赛门铁克公司"的案例判据进行推理。在这个案例中，法庭详细分析了被指控侵权的软件，认为相似的概念、功能、通用性功能特点（如下拉式菜单）和颜色等不受版权法保护（Brown Bag Software vs. Symantec Corp.，1992）。

**2. 专利**

专利（patent）给予专利所有者对其发明背后的创意独占权 20 年的保护期。专利法的真正意图是保护新机器、新设备或新方法的发明者获得他们劳动的全部财务收益和其他奖励，同时为了使发明被推广使用，在专利所有人的许可下，使那些希望使用专利创意的人能得到详细的图解资料。美国专利授予权是由美国专利及商标局予以确定的。

专利法的关键概念是原创性、独特性和发明性。直到 1981 年，美国最高法院裁定计算机程序可以成为申请专利的一部分。从那以后，美国每年授予几百个软件专利，同时有几千个软件专利正在等待审议。

专利保护的优点在于它使得软件背后的概念和思想得以保护，其困难在于要满足严格的标准，如非显而易见性（也就是作品必须反映特殊的理解和贡献）、原创性、新颖性，而且从专利申请到专利保护需要耗费多年的等待时间。

在 2011 年所谓的世纪专利侵权案的审判中，苹果起诉三星侵犯了其在 iPhone、iPad 和 iPod 上的专利。2012 年 8 月 24 日，加利福尼亚州陪审团在联邦地区法院判了苹果决定性的胜利和三星的败诉，法院判三星赔偿苹果 10 亿美元，同时，法院还判罚三星不能在美国销售其新款平板电脑 Galaxy 10。这个裁定为竞争对手可以与行业领先企业的产品（如苹果的 iPhone）有多少的相似度才能避免侵犯领先企业的设计及实用专利权树立了标准。在后来的专利纠纷中，三星也赢得了苹果侵权案，该案禁止几款较旧的 iPhone 和 iPad 设备在市场上销售。2014 年，苹果再次起诉三星，声称三星侵犯了其 5 项专利，涉及三星 Galaxy 5 系列产品上照片、视频和列表的硬件和软件技术。2015 年，美国最高法院裁定三星确实抄袭了苹果的设计专利，但是把苹果要求的赔偿金额从 20 亿美元减少到了 9.3 亿美元。2018 年 5 月，这场官司又回到了法庭，要求计算三星侵权造成的损失。

事情变得更加复杂的是，苹果已经成为三星闪存处理器、图形芯片、固态驱动器和显示器件的最大的客户之一，这些元件广泛应用于苹果的 iPhone、iPad、iPod Touch 设备和 MacBook 中。三星和苹果的专利案例也反映了领先的计算机公司之间的复杂关系。

**3. 商标**

商标（trademark）用来区分市场上产品的标志、符号和图像。商标法通过确保消费者获得的是他们所购买的真实东西来保护消费者，同时也保护企业对产品进入市场的投资。典型的商标侵权行为发生在一家企业盗用竞争对手的商标的时候。当一家企业通过弱化商标和产品之间的联系来稀释另一家企业的价值时，侵权也就发生了。例如，如果一家搜索引擎企业复制了谷歌的商标标识、颜色和图片，那么它就侵犯了谷歌的商标权，这家企业也会弱化谷歌搜索服务与其商标之间的联系，可能会在市场上造成混乱。

**4. 商业秘密**

任何知识性的工作成果，如公式、仪器装置、专利或者数据汇编等，这些用于商业目的且没有公布于众的，均可以归为**商业秘密**（trade secret）。美国各州对于商业秘密的保护政策不尽相同。

总的来说，商业秘密法是对产品背后的创意提供的垄断性保护，尽管这种垄断是非常脆弱的。含有新奇或独特的要素、流程或汇编的软件也属于商业秘密的范畴。商业秘密法不仅要保护工作成果中那些显而易见的外在表现形式，更要保护工作成果中真实的创意。为了主张这些权利，成果的创造者或所有者必须与员工或客户签订保密协议，避免这些商业秘密被披露给公众。

不过，商业秘密法也有它的局限性，因为几乎所有的软件都或多或少含有独特的内容，但是当软件被广泛应用时，实际上很难将那些创意或思想保护起来。

**5. 知识产权的挑战**

现代信息技术，尤其是软件，对现有的知识产权制度提出了严重的挑战，由此引发了重大的商业伦理、社会和政治问题。数字媒体不同于图书、期刊和其他媒体，更容易被复制、传输、更改和盗窃，难以维护其独特性。

互联网等数字网络的广泛使用使得对知识产权的保护更为困难。在网络广泛应用以前，软件、图书、杂志文章、影片胶卷的复制必须通过纸张、计算机磁盘、磁带等物理介质，这就给复制制造了一些障碍。有了网络以后，信息能被广泛地再生产和传播。国际数据企业和软件联盟（也叫 BSA）对全球软件的调研显示，2018 年安装在个人计算机上的软件中 37% 有盗版行为（The Software Alliance，2018）。

互联网的设计初衷就是要在世界范围内自由地传输信息，包括版权信息。你可以非常容易地复制任何信息，并分发给全世界成千上万的人，即使他们使用不同的计算机系统。信息可以在一个地方被非法复制，然后通过其他系统和网络被传播，不管参与者是不是想参与侵权。

有了互联网，用户就开始在互联网上非法复制和传播音乐文件。共享文件服务不断涌现，如 Napster 和后来的 Grokster、Kazza、Morpheus、Megaupload 以及 The Pirate Bay 等，帮助用户查找和交换数字音乐文件，包括那些被版权保护的音乐。非法的音乐文件共享非常流行，只需要在某个地方占用 20% 的网络带宽即可，这威胁着音乐录制行业的生存。尽管音乐录制行业在几次法律诉讼中均取得了胜利，也关闭了一些此类网络服务，但还是不能完全阻止非法的文件共享。电影和电视行业也进行着类似的斗争。几个欧洲国家曾经与美国当局合作，关闭了一些非法分享网站，但结果不一。

随着诸如 iTunes 网上音乐商店的合法化和诸如 Pandora 流媒体服务的发展，非法的文件共享业务逐渐消失。苹果的 iTunes Store 合法地付费给音乐及娱乐节目制作商，创建了一个良性闭环的市场环境，使音乐和影视作品不易被非法复制和传播，只能在苹果的设备上使用。亚马逊的 Kindle 也保护了出版商和作者的权益，因为它的图书不能在网络上复制及传播。网络广播服务的涌现，如 Pandora、Spotify 和好莱坞电影（如 Hulu 和 Netflix 网站）等，也因为这些流媒体不易被不同的设备复制而阻止了盗版的扩散。尽管这些合法的网络音乐平台取得了不错的业绩，但自 2000 年以来，艺术家和唱片企业的收入下降了 50%，成千上万的工作岗位消失了。

1998 年的《数字千年版权条款》（Digital Millennium Copyright Act，DMCA）也提供了版权保护的保障。DMCA 遵循了《世界知识产权组织条约》的规定，使得逃避基于技术的版权保护成为非法行为。互联网服务供应商（ISP）一旦发现版权有问题，就必须在其网站上撤下版权的侵权人及其内容。作为软件和信息行业协会（SIIA）代表，微软和其他从事软件及信息内容的企业表示将忠于新的法律，严格执行现行法律，在全球范围内保护知识产权。SIIA 开通了一条反盗版的热线以鼓励个人举报盗版行为，举办培训班以帮助组织和软件与侵权行为做斗争，出版指导手册以帮助员工合法使用软件。

## 4.4 信息系统影响法律责任和义务以及日常生活质量

与隐私和知识产权保护一样，新的信息技术对个人和机构的法律责任及社会实践提出了挑战。如果一个人被一台受软件控制的机器所伤，那么谁应该被问责？谁应该负法律责任？像 Facebook 和 Twitter 这样的社交网站，应该对有人发布色情内容或种族歧视内容负责吗？或者说它们应该对用户发布的任何内容负责吗（因为它们是运营商，就如电话系统一样）？互联网又该怎么样呢？如果你将你的信息处理任务外包给云服务供应商，而云服务供应商无法提供足够合适的服务，那你能做什么呢？云服务供应商一般会认为是你使用的软件有问题，而不是云服务器有问题。

### 4.4.1 与计算机相关的法律责任问题

2018 年，运动服装制造商安德玛披露，黑客入侵了其名为 MyFitnessPal 的健身应用程序，窃取了超过 1.5 亿用户账户的数据。这些数据包括电子邮件地址、密码和用户名，以及其他未公开的信息。该企业的股票在宣布这一消息后下跌了 2%，可能导致 MyFitnessPal 用户对这款应用失去信心（Shaban，2018）。信用卡信息不包括在内，但该应用程序的 200 万用户也会在应用程序中输入他们详细的运动和饮食信息。如果个人或企业的个人和商业数据从他们每天经常接触的企业被盗，那么谁应该为个人或企业所遭受的经济或人身伤害负责？信息系统经理是否应对企业系统可能造成的危害负责？除了信息技术经理之外，只要计算机软件是机器的一部分，并且机器对某人造成了身体上或经济上的伤害，软件的生产者和操作人员就可以对损害承担责任。只要软件像图书一样存储和显示信息，美国法院就不愿意让作者、出版商和书商对内容负责（欺诈或诽谤的情况除外）。因此，法院对追究软件生产者的责任持谨慎态度。

一般来说，要让软件生产者对他们的软件产品负责是非常困难的（甚至是不可能的），因为他们的软件产品被认为像图书一样，不管这会造成物理还是经济上的损害。从历史上看，美国的图书和期刊的印刷出版商没有被追究过责任，因为担心责任索赔会干扰第一修正案保障言论自由的权利。然而，如果软件控制的机器涉及人，机器制造商可能要承担损害赔偿责任，就像波音 737 MAX 飞机的情况一样，软件和传感器出现故障，或者设计不当。

⊙ 互动讨论：管理

### 波音 737 MAX 坠机事件：发生了什么，原因是什么

2018 年 10 月 29 日，从印度尼西亚雅加达起飞后不久，狮航 610 号班机一头撞进了爪哇海。航班上的所有 189 名乘客以及机组人员均不幸遇难。2019 年 3 月 10 日，埃塞俄比亚航空 302 号班机在相似情形下坠机，导致飞机上 157 人全部丧生。两次航班均使用同一型号

的飞机，即波音737 MAX 8，且两次事故均因波音737 MAX 内旨在预防飞机突然熄火的同一自动化系统造成。

虽然波音737飞机有很多型号，但该机动特性增强系统（MCAS）仅出现在波音737 MAX 上，该机型在10年前出产，于2017年首飞。MCAS 设计用于纠正波音737 MAX 的一个设计错误。波音公司当时希望在自己的窄体机队中能增加一款更省油的机型以与空客A320neo 竞争。这本来会花费波音公司很多年。然而，波音公司并未设计一款全新的飞机，相反，它选择给737机身增加一个更经济但尺寸更大的发动机，由此使现有的737机型变得更省油、更具竞争力。新发动机是用在标准737机型上的，但是由于太大而无法安装在现有737机型机翼的中间位置上，所以波音公司将发动机安装在机翼的更高位置。这一新的发动机位置会使机头在飞行过程中上仰，引起飞机突然熄火和坠机。MCAS 旨在预防机头抬得过高。

飞机外部的传感器会在检测到机头上仰时自动激活 MCAS，拉直飞机。甚至在飞机并不处于自动驾驶状态时，MCAS 也会激活，而且，即使飞行员进行纠正，MCAS 也会按其逻辑重复这一操作多次。在狮航坠机事故中，传感器错误地将机头计算为上仰，而实际上当时机头保持直线水平。这些错误的读数传送至 MCAS，后者反复尝试将机头朝向地面来拉直飞机。最终，MCAS 将机头对准地面，程度十分严重，导致飞行员无法重新将机头拉回来，而飞机俯冲撞入海中。

波音公司如此急切地想要利用737 MAX 节省时间与资金，以至于安全因素只能屈居次位。波音公司向美国联邦航空管理局（Federal Aviation Administration，FAA）施压，以允许其自行认证737 MAX 的大部分开发。在几乎无监管的情况下，波音公司专注于以创纪录的速度尽可能地提高燃油效率。依据一位 FAA 官员的说法，到2018年，波音公司已获允许认证其自身工作的96%。

FAA 的确允许每家美国飞机制造商自行认证新飞机的部分开发工作。这是因为 FAA 需要额外的1万名员工和超过18亿美元的资金来承担所有这些工作。FAA 允许波音公司自行认证新的 MCAS 软件，而波音公司证明 MCAS 是安全的。FAA 几乎将全部控制权交予波音公司，指派了两名经验相对不足的 FAA 工程师监管波音公司的早期系统工作。FAA 的工程师开始调查首起波音737 MAX 坠机事件时，他们只有极少关于 MCAS 系统的信息，且并不完全了解它。他们关于这架飞机的文件里面不包含完整的安全审查。

MCAS 的原始版本依赖至少两种传感器的数据，但波音公司的最终版本仅使用了一种传感器。在狮航和埃塞俄比亚航班的坠机事故中，正是单个受损的传感器导致飞机做出无可挽救的俯冲。依据三位 FAA 官员的说法，波音公司从未向参与确定飞行员培训需求的 FAA 员工披露这一变化。波音公司要求在飞行员手册中移除系统描述时，FAA 同意了。结果，大多数 MAX 飞行员在首次坠机事故之前并不知道这一软件。波音公司并未向737 MAX 的试飞员提供有关 MCAS 会以多快速度压低机头或压低急剧程度的详细情况说明，也没有说明系统依赖单个传感器（而非两个）来确认有关机头角度输入数据的准确性。

监管机构已确定飞行员可以在无大量重新训练的情况下驾驶新的737 MAX 飞机，因为它们与之前几代的737飞机几乎相同，这为波音公司节省了更多的资金。所有驾驶737 MAX 飞机的飞行员都未曾用飞行模拟器接受训练。相反，波音公司用 iPad 提供了2h 的新飞机课程，给飞行员一份13页的手册解释737 MAX 与更早737机型之间的区别。波音公司从未对飞行员进行新的 MCAS 软件的培训，很多飞行员也不知道这一功能的存在。波音公司之后称其不想给飞行员造成过多的信息负担，但737 MAX的生产是如此仓促，以至于在737 MAX完工的时候飞行模拟器都没有准备好。

波音公司出售了本可以阻止两起事故的昂贵的附加安全功能。第一个附加功能是两个外部传感器，可告知飞行员其攻角（即飞机与风向之间的夹角）。第二个附加功能是一个不一致警报，它会在传感器给出错误读数的时候开启。狮航和埃塞俄比亚航空公司都是使用了不具备这些安全功能的标准737 MAX型号，因为两家航空公司的管理层认为他们无法承担这些功能的费用（波音公司现在已将这些功能的其中一项纳入其标准的737 MAX套餐中，并推荐驾驶MAX机型的所有飞行员接受完整的飞行模拟器培训）。

在埃塞俄比亚坠机事故后一天，中国停飞了国内的所有737 MAX飞机。其他国家也跟进照办。FAA一开始为737 MAX进行辩护，但最后屈服于巨大的压力而在2019年3月13日停飞该机型。波音公司停止向其客户交付所有MAX飞机，未履行的订单价值5 000亿美元。737 MAX本该成为波音公司的主要造钱机之一，预计会占未来交付量的2/3和年利润的40%。截至2020年3月，波音公司的市值下降了一半。在监管机构等待波音公司做出一系列修正的时候，737 MAX仍处于停飞状态，且如果禁令持续时间过长，波音公司可能会不得不暂停生产。坠机事故受害人的家属对波音公司提起了100多起诉讼。737 MAX飞机和波音公司自己的未来看起来布满了乌云。

资料来源：David Slotnick, "Nearly a Year After It Began, the Boeing 737 Max Crisis Still Drags On. Here's The Complete History of the Plane That's Been Grounded Since 2 Crashes Killed 346 People 5 Months Apart," *Business Insider*, March 5, 2020; Al Root, "Boeing Stock Is Down 50% Since the 737 MAX Was Grounded 1 Year Ago. Is It Cheap Enough?" *Barrons*, March 12, 2020; Niraj Chokshi, "Boeing Said to Add Another Fix to 737 MAX to Appease Regulators," *New York Times*, March 11, 2020; Oliver Taylor, "10 Facts About the Boeing 737 MAX Air Crashes," *ListVerse*, April 8, 2019; Natalie Kitroeff, Daid Gelles, and Jack Nicas, "The Roots of Boeing's 737 MAX Crisis: A Regulator Relaxes Its Oversight," *New York Times*, July 27, 2019; Jack Nicas, Natalie Kitroeff, David Gelles, and James Glanz, "Boeing Built Deadly Assumptions into 737 Max, Blind to a Late Design Change," *New York Times*, June 1, 2019; Andrew Tangel and Andy Pasztor, "Boeing's Own Test Pilots Lacked Key Details of 737 MAX Flight-Control System," *Wall Street Journal*, May 3, 2019; Robert Wall and Andrew Tangel, "Safety Fears Put Boeing on the Defensive," *Wall Street Journal*, March 11, 2019; and Andrew J. Hawkins, "Everything You Need to Know About the Boeing 737 MAX Airplane Crashes," *The Verge*, March 22, 2019.

### 案例分析题：

1. 这个案例描述的问题是什么？你认为这是商业伦理困境吗？为什么？

2. 描述管理、组织和技术因素在波音737 MAX安全问题中的作用。管理层在多大程度上负有责任？

3. 波音公司提供的解决方案是否足够？解释你的答案。

4. 波音公司和FAA可以采取什么措施来防止这个问题的发生？

那么，软件即服务呢？自动取款机是银行向客户提供的一种服务。如果这项服务出现了问题，客户会觉得不方便，或许会因为无法及时获得现金而造成经济上的损失。是否应该将保护责任扩展到软件生产商和财务、会计、模拟或营销系统的运营商身上呢？

软件和图书很不一样。软件的用户可能认为软件是没有错误的。和图书比起来，软件更不容易检查出错误，也更不容易和其他软件进行质量比较，软件实际上是在执行一个任务，而不像图书那样只是在描述一个任务。人们依赖服务本质上就是依赖软件。软件在日常生活中具有重要的作用，因此即使软件仅提供信息服务，相关责任法也应该将软件包含在内。

电话系统是传输的共同载体，从来没有对所传输的信息内容负责，但它必须以合理的费率和可被接受的可靠性向所有人提供服务。但是，有线网络是不受监管的私有网络，而使用公共无线电波的广播在内容和设施方面受各地方和联邦政府的管制。在美国，除少数网站以外，网站一般不对其发布的内容负责，无论内容是由网站所有者还是由用户放上去的。

### 4.4.2　系统质量：数据质量和系统错误

2018 年，许多大型的云服务供应商都经历了严重的中断，美国和欧洲的站点和服务都中断了。Google Cloud 经历了一次宕机，导致 Snapchat、Spotify 和 Pokemon GO 等整个平台瘫痪。亚马逊网络服务（Amazon Web Services，AWS）遭遇了一次宕机，导致亚马逊自己的 Alexa 以及 Atlassian、Slack 和 Twilio 等几项企业服务瘫痪。微软 Azure 服务中断，影响了其在北欧的存储和网络服务。

云计算服务的中断仍然时有发生。随着越来越多的企业依赖云服务供应商，并将数据和运营集中在一小群云服务供应商处，这些中断已经引起了人们对云服务可靠性和质量的质疑。这些中断可以接受吗？

对于因使用系统而导致意外后果的法律责任问题，有一个相关但又独立的商业伦理问题：什么是一个可接受的、技术上可行的系统质量水平？在什么情况下系统经理可以说："停止试验，我们已经尽力完善了这个软件。发布吧！"个人和组织需要察觉到可避免的、可预测的后果，并承担纠正的责任。然而，现实中只有部分系统错误是可预测和可纠正的，有些错误若要纠正，需要付出很大的代价，为追求完美而付出那么大的代价在经济上是不可行的，因为没有人能支付得起这样的产品。

例如，在发布产品前，软件企业会尽量调试好软件，但它们也知道向市场推出的软件是有瑕疵的，因为要修复所有微小的错误所花费的时间和成本将妨碍这些产品的发布。如果这个产品不推向市场会怎样？社会的总体福利会波动，甚至可能会有所下降吗？进一步说，计算机服务厂商的责任是什么？是否应该撤回那些永远不可能完美的产品，是警告用户还是忘掉风险（让买主自己意识到风险）？

之所以出现性能差的系统主要是因为：①软件瑕疵和错误；②由自然或其他原因引起的硬件和设备故障；③输入的数据质量差。在第 8 章中，我们会讨论为什么任何复杂的软件代码都不可能做到零缺陷，为什么软件瑕疵的严重性不可估算。因此，软件的完善还存在着技术壁垒，用户必须清楚这个潜在的问题。软件行业至今尚未形成性能并非完美但可接受的行业标准。

虽然新闻上时不时有软件瑕疵和设备故障的报道，但到目前为止，企业信息系统失败最普遍的原因是数据质量问题。几乎没有企业定期评估它们的数据质量，仅有个别的组织报告其数据的错误率在 0.5%～30%。

### 4.4.3　生活质量：平等、互通和边界

随着技术能力的增强，新的信息技术和系统带来的负面的社会成本在不断攀升，这些

消极的社会后果并不是指侵害个人的权利或财产犯罪行为，而是指那些可能会极大地伤害个人、社会和政治机构的事件。计算机和信息技术在带来好处的同时，也极有可能在破坏我们的文化和社会的价值观。使用信息系统的好处和坏处是否能平衡？谁来对坏的后果负责？接下来，我们需要从个人、社会和政治角度来看信息系统带来的负面的社会后果。

### 1. 大型科技企业：集中经济和政治力量

2019年，亚马逊占所有电子商务零售额的一半以上，占所有图书销售额的75%。谷歌占在线搜索市场的87%。Facebook（包括Instagram）占所有社交网络用户的86%以上，占互联网用户总数的60%。90%的新在线广告收入流向了谷歌或Facebook。75%的视频流媒体用户使用Netflix，53%使用YouTube，33%使用亚马逊。在办公领域，微软占据主导地位，全球约80%的个人计算机使用Windows软件和软件产品。苹果占据了美国智能手机市场的48%（谷歌占据了剩下的52%）。数以百万计的苹果应用程序只能在苹果手机上运行，同样，安卓应用程序也只能在安卓手机上运行。在这些所谓的大型科技企业的新世界里，寡头垄断和垄断统治着网络和移动平台。这些企业创造的财富不可避免地转化为政治影响力：这些企业在华盛顿和各州首府聚集了一支游说者大军，以确保可能影响其市场和税收问题的立法或立法调查能够反映他们的利益。大型科技企业已将其在华盛顿的游说力度增加到每年300多亿美元，仅次于金融企业的游说（Lohr、Isaac和Popper，2019）。

市场力量的集中在美国或欧洲并不新鲜。从1890年美国的《谢尔曼反托拉斯法》开始，直至20世纪60年代，垄断一直被认为是对竞争和小型初创企业的威胁，通常会限制自由贸易。垄断企业通常通过收购规模较小的竞争对手来扩大规模，或者通过开发类似的产品来击垮它们，或者通过在短时间内大幅降低价格来进行掠夺性定价，迫使较小的企业退出市场。大型科技企业在这些行为方面有明确的记录。但是反垄断思想在20世纪70年代转变为一个不同的危害标准：消费者福利。按照这种观点，规模本身并不是一种危险，反竞争行为也不是。相反，价格和消费者福利变得至关重要。只要消费者不被迫支付更高的价格，市场力量就不重要，不会对社会或经济造成损害。在这种观点下，因为Meta、谷歌和亚马逊提供的服务要么是免费的，要么是非常低的成本，所以不会造成伤害。

批评人士指出，除了价格，消费者福利还受到其他方面的损害，即阻止新的创新企业进入市场，或阻止它们作为独立企业存活足够长的时间来繁荣发展。小型初创企业发起的指控反竞争和不公平做法的投诉和法律诉讼，以及对大型科技企业滥用个人隐私的担忧，引发了大量批评文章和几项国会调查。如今，大型科技企业成为公众强烈批评、立法调查和监管行动的目标。许多评论家呼吁将大型科技企业拆分为独立的业务，就像1911年《谢尔曼反托拉斯法》拆分了标准石油公司，以及摄影、烟草、钢铁、铁路、肉类包装、电信和计算机领域的其他垄断企业（Kang、Streitfeld和Karni，2019）。

### 2. 变化的快速性：减少竞争的响应时间

信息系统有助于创造更加高效的国内和国际市场。通常，企业需要几年的时间来适应竞争，但如今快速变化的全球市场减少了竞争响应时间。基于时间的竞争有它不好的一面：你所在的企业可能因为没有足够的时间来响应全球竞争而在一年内被消灭，一起消失的还有你的工作岗位。我们正承受着"准时社会"的风险，连同"准时岗位"和"准时工作场所、家庭和假期"。优步（见第 10 章）和其他按需服务的企业所带来的影响是为员工提供没有福利和保险的准时工作。

### 3. 维护边界：家庭、工作和休闲

无所不在的计算、通信、游牧计算（nomad computing）、移动计算以及"在任何地方可做任何事"的计算环境的危害正在变为现实。把工作与家庭、纯粹的休闲时间分开的传统边界已经被弱化了。

虽然传统上作家可以在任何地方工作，但信息系统的出现伴随着知识工作职业的增加，意味着越来越多的人将原本用于休闲或者和家人、朋友交流的时间也变成了工作时间。工作的"大伞"正在扩展，远超过每天 8h，已延伸到交流时间、休假时间和休闲时间。智能手机的爆炸式增长和使用给许多员工带来了从不离开工作的感觉，即他们从来没有离开过工作。

当人们把休闲时间也花在计算机上时，就开始威胁到亲密的社会关系。互联网和手机的广泛使用，哪怕是出于娱乐目的，也正逐渐使人们远离家庭和朋友。这在青少年中可能会导致有害的反社会行为，如网络欺凌现象。

人与人之间关系的弱化具有非常大的危害。从历史上看，家庭和朋友为个人提供了强大的支持，使每个人在社会中找到一个平衡点：保留私人的生活，为每个人提供一个地方来收集和交流他们的想法，并以不同于雇主的方式来思考和想象。

### 4. 依赖性和脆弱性

如今，我们的企业、政府、学校和私人团体（如教堂）等也越来越依赖于信息系统，因而一旦系统失效，它们都将脆弱不堪。想想看，如果国家的电网关闭了，又没有备用设施来弥补电子系统的缺失，会发生什么？现代信息系统就像电话系统一样无处不在，令人不安的是，现代信息系统还没有像电话、无线电、电力、电视或其他公共设施技术那样的监管体系或标准。信息系统应用标准和监管的缺失，正在唤起人们对国家标准和监管的呼声。

### 5. 计算机犯罪和滥用

计算机等新技术的应用也为犯罪创造了新的机会、新的项目、新的犯罪方式和新的伤害他人的办法。**计算机犯罪**（computer crime）是通过使用计算机或者攻击计算机系统来进行的非法行动。未经授权的访问或企图损害计算机的行为，即使是在偶然的情况下发生的，现在也被视为犯罪行为。最常见的计算机犯罪类别包括恶意软件、网络钓鱼、网络中断、间谍软件、拒绝服务攻击。所有计算机犯罪的真正代价是一个未知数，但估计有数十亿美元。关于计算机犯罪，第 8 章有更详细的讨论。

**计算机滥用**（computer abuse）是涉及计算机的一系列行为，可能是合法但不道德的行为。互联网和电子邮件的普及引发了一类计算机滥用的行为，即垃圾邮件，对个人和企业而言，垃圾邮件已经成为一个严重的问题。**垃圾邮件**（spam）是由一个组织或个人发送给大量互联网用户的无用的电子邮件，给用户展示不感兴趣的产品或服务。垃圾邮件发送者大多数发送的是推销色情、欺诈性交易和服务、各种骗局以及其他未被广泛认可的产品。一些国家通过了法律，禁止垃圾邮件或限制其使用。在美国，如果不涉及欺诈行为，且电子邮件的发件人和主题能被正确识别，这类垃圾邮件依然是合法的。

垃圾邮件迅速增长，是因为给互联网用户发送几千份广告信息的成本只有几美分。2019年，垃圾邮件占所有电子邮件的比例约为55%（Statista，2020）。大多数垃圾邮件源自僵尸网络，通过数千台被捕获的计算机发起并转发。处理数十亿无用的电子邮件所消耗的计算和网络资源以及时间成本巨大，因此垃圾邮件对企业造成了大量的资源浪费（估计每年超过500亿美元）。

身份盗窃和金融盗窃的网络罪犯把智能手机作为目标，用户查看电子邮件、进行网上银行业务、支付账单和披露个人信息是网络罪犯的机会。手机垃圾邮件通常以短信的形式出现，但越来越多的用户在Facebook新闻和消息服务中收到垃圾邮件。

互联网服务供应商和个人可以通过使用垃圾邮件过滤软件，在垃圾邮件进入接收者邮箱前将其阻断，不过垃圾邮件过滤软件也可能会过滤掉合法的信息。垃圾邮件制造者知道如何躲避过滤，通过不断地改变电子邮件的账号，以图像的方式展示垃圾邮件信息，以附件或电子贺卡的形式发送垃圾邮件，或使用由僵尸网络控制的他人的计算机等方式发送邮件（见第8章）。许多垃圾邮件是从某个国家发送的，但垃圾邮件的网站往往是由另一个国家托管的。

与美国相比，欧洲更严格地规范了垃圾邮件。2002年5月，欧洲议会通过了一个未经请求发送商业信息的禁令，即数字营销只能针对事先同意的人。

美国的《2003年反垃圾邮件法》（CAN-SPAM Act of 2003）自2004年1月1日起生效，没有规定垃圾邮件是非法的，但确实禁止了欺骗性的电子邮件，要求商业电子邮件显示正确的主题、能识别真实的发送者，并提供给接收者在邮件地址表中轻易地移除其姓名的方法。这个法律也禁止使用虚假的返回地址。即使这个法律，现实中也只有少数人被起诉，因为互联网的安全系数特别低，再加上发送者使用离岸服务器及僵尸网络，大体而言对垃圾邮件的影响是微不足道的。目前，大多数大规模的垃圾邮件已经转移到俄罗斯和东欧，在那里，黑客控制了全球的僵尸网络，能产生数十亿的垃圾邮件信息。近年来，最大的垃圾邮件网站之一是位于俄罗斯圣彼得堡的Festi。Festi的出名在于它是全球伟哥垃圾邮件行业背后的垃圾邮件制造者。

**6. 就业：信息技术和岗位再造**

信息技术能够带来巨大的收益，因此企业再造工作在信息系统领域非常受欢迎。但也有人指出，业务流程再造可能会导致几百万中层经理和文员失去他们的工作。一些经济学家警告说，信息和计算机技术会威胁到中产及白领阶层的工作（工厂里的蓝领也一样）。埃里克·布林约尔弗森（Erik Brynjolfsson）和安德鲁·麦卡菲（Andrew P. McAfee）认为，近年来自动化的步伐加快了，这主要是由于技术的融合，包括机器人、数控机床、计算机化的库存控制、模式识别、语音识别和电子商务等。其结果是机器现在可以做很多人类所做的工作，包括技术支持、呼叫中心工作、X射线读片，甚至审查法律文档（Brynjolfsson和McAfee，2011）。

上述观点与其他经济学家的观点形成鲜明对比，这些经济学家认为新技术创造的新的就业岗位的数量多于被取代的就业岗位的数量。例如，在IT资本投资最高的金融行业，就业人数反而有所增长或保持不变，而电子商务的发展虽然导致了零售业工作岗位的减少，但增加了仓库工人、主管和送货员的工作岗位。经济学家相信，那些受过良好教育的技术型工人在这些快速增长的行业会得到更好的就业机会，而失去工作的只是那些缺少技能的蓝领工人以及年龄较大、受教育程度较低的中层管理人员。这些群体是否可以轻松地重新获得高质量、高收入的工作，目前很难下定论。在"互动讨论：技术"部分将探讨这个问题。

### 7. 公平与准入：种族和社会阶层分化日益加剧

是否每个人都有同等的机会参与数字时代？在美国和其他地区中存在的社会、经济和文化的鸿沟，能否被信息技术缩小？还是差距会扩大，让好的变得更好？

这些问题现在还没有确切的答案，因为信息系统技术对社会各群体的影响尚未彻底被认知。众所周知，使用信息、知识、计算机以及获取教育机构和公共图书馆这些资源的机会，对于不同的民族和社会阶层是不平等的，许多其他的信息资源也是如此。有研究发现，即使近几年来计算机的拥有量和互联网访问量在美国猛增，但一些贫穷的人和少数民族群体只拥有较少的计算机和互联网访问量。虽然在获得计算机方面的鸿沟不大，但是同一种族内收入较高的家庭相对于收入较低的家庭，更容易获得家用计算机和访问互联网的带宽。此外，高收入家庭的孩子更有可能利用互联网达到接受教育的目的，而低收入家庭的孩子更有可能花时间去娱乐和玩游戏，这被称为"浪费时间"的差距。

如果不加以纠正，这个**数字鸿沟**（digital divide）可能会导致在一个社会中，一群是具有计算机知识和技能的信息富人，另一群是没有计算机知识和技能的信息穷人。公益组织希望通过给每个人提供数字信息服务（包括互联网）来缩小这个数字鸿沟，就像现在基本的电话服务一样。

⊙ 互动讨论：技术

### 智能手机是否会伤害孩子？可能会，也可能不会

对于我们很多人而言，智能手机已经变得不可或缺，但它们也因对我们，尤其是孩子的思维和行为方式的影响而受到批评。父母、教育工作者、心理学家，甚至连硅谷的杰出人物都对智能手机变得愈加谨慎，他们认为即使是作为学习工具，手机的好处也被过分夸大了，而上瘾和阻碍发育的风险似乎更高。

使用智能手机的普通美国青少年平均在 10 岁时获得首个手机，并每天使用手机超过 4.5h（包括发短信和打电话）。有 78% 的青少年每小时至少查看一次手机，有 50% 的青少年报告称感到对手机"上瘾"。大量研究表明，过度使用智能手机和社交媒体会对大脑仍在发育之中的孩子的身心健康产生负面影响。从在课堂上分心到更高的自杀和抑郁风险，这些不利影响的范围较大。

波士顿儿童医院媒体和儿童健康中心（Center on Media and Child Health）与加拿大阿尔伯塔大学对 2 300 多名教师展开了调查。他们发现，有 67% 的教师报告称课堂上被数字技术吸引注意力的学生数量正在增加。这些教师中，有 75% 认为学生将注意力集中在教育任务上的能力已有所下降。美国圣迭哥州立大学心理学教授简·特温格的研究发现，在美国，相比于每天在电子设备上花不到 1h 的青少年，每天花 3h 或更多时间的青少年有超过 35% 的概率会出现自杀的风险，而每天花 5h 或更多时间的青少年则有超过 71% 的概率。该研究还表明，重度社交媒体使用者的八年级学生抑郁的风险要超过 27%。而对于将平均以上时间花在体育运动、与朋友闲逛或做家庭作业的八年级学生抑郁的风险要低得多。此外，每天花 5h 或更多时间在电子设备上的青少年有超过 51% 的概率每晚睡眠时间少于 7h（对比而言，推

荐的每晚睡眠时间是 9h）。

　　这些结果现在受到其他学术研究者的质疑。加利福尼亚大学尔湾分校的心理学教授坎迪斯·L.奥杰斯和北卡罗来纳大学格林斯伯勒分校的心理学教授马德琳·R.詹森在《儿童心理学与精神病学杂志》（*Journal of Child Psychology and Psychiatry*）上发表了一篇论文，调查了社交媒体使用与青少年抑郁和焦虑之间的联系的约 40 项研究。他们发现这种联系较小且并不一致。剑桥大学的艾米·奥本的一项分析以及斯坦福社交媒体实验室（Stanford Social Media Lab）的创始人杰夫·汉考克的相似工作得出了类似的结论。杰夫·汉考克对 226 项关于手机用户健康状况的研究进行了分析，得出结论认为，如果将手机的影响与睡眠、吸烟或合理饮食的不利影响进行比较，那么净影响大体上为零。

　　简·特温格的批评者指出，虽然她的研究发现智能手机的出现与心理健康问题报告的增多存在相关性，但并未证明手机就是起因。是更为抑郁的青少年会花更多时间在手机上，还是青少年因为花更多时间在手机上而变得抑郁？可能的情况是抑郁程度升高导致青少年过度使用手机，且抑郁和焦虑有其他可能的解释。此外，在智能手机更为盛行的欧洲大部分地区，焦虑比例和自杀率看起来并未出现升高。现有的关于智能手机使用的研究并未显示因果关系数据，所以对于数字技术是否会改变心理、导致更糟的情况，并无确定性的证据。

　　这些研究者并非在主张智能手机的密集使用没有关系。过度使用手机的孩子可能会错过其他宝贵的活动，如锻炼。此外，研究的确也证明过度使用手机会加剧特定弱势群体的问题，如存在心理健康问题的孩子。但他们认为手机并不是导致广泛社会问题的根源，如青少年焦虑比例攀升以及睡眠剥夺问题。在大多数情况下，手机是一面镜子，它揭示了即使没有手机孩子们也会出现的问题。

　　资料来源：Nathaniel Popper, "Panicking About Your Kids' Phones? New Research Says Don't," *New York Times*, January 17, 2020; Brian Resnick, "Have Smartphones Really Destroyed a Generation? We Don't Know," *Vox*, May 16, 2019; Jack Nicas, "Apple Cracks Down on Apps That Fight iPhone Addiction," *New York Times*, April 27, 2019; Nellie Bowles, "Human Contact Is Now a Luxury Good," *New York Times*, March 23, 2019 and "A Dark Consensus Emerges About Screens and Kids Begins to Emerge in Silicon Valley," *New York Times*, October 26, 2018.

**案例分析题：**

1. 找出本案例研究中描述的问题。在什么意义上这是一个商业伦理困境？
2. 比较赞成或不赞成儿童和青少年使用智能手机的研究结果。
3. 应该限制儿童和青少年使用智能手机吗？为什么？

## 4.4.4　健康风险：RSI、CVS 和认知下降

　　如今，最常见的职业病是**重复性使力伤害**（repetitive stress injury，RSI）。RSI 是由于肌肉被迫做重复性动作而引起的，这些动作常常带有高冲击的负荷（如网球）或几万次低冲击负荷（敲击计算机键盘）。据估计，RSI 的发病率影响多达全体劳动力的 1/3，占所有残疾病例的 1/3。

　　RSI 最大的单一来源是计算机键盘。与计算机相关的最常见的 RSI 是**腕管综合征**（carpal tunnel syndrome，CTS），压力通过手腕的骨骼结构施加在中枢神经上而产生疼痛。这种压力

是由于长期重复的键盘操作引起的,一个打字员在一个班次中可能敲击键盘 23 000 次。CTS 的症状包括麻木、射痛、抓不住东西、刺痛等。已有数百万名职工被确诊患有该病。它影响了 3%～6% 的劳动力(LeBlanc 和 Cestia,2011)。

RSI 是可以避免的。设计一个平衡腕部位置的工作台(用一个腕垫支持腕部)、正确的显示器位置和脚垫均可纠正姿势,从而减少 RSI 的发生。符合人体工学的校正键盘也可以作为一个选择。这些措施还应配合经常性的间歇休息以及员工的岗位轮换。

RSI 不是计算机引起的唯一疾病。背部和颈部疼痛、腿部紧张和脚痛也会因为工作台的人体工学设计不佳而产生。**计算机视觉综合征**(computer vision syndrome,CVS)是指使用台式计算机、笔记本电脑、智能手机、手持视频游戏机的显示屏所导致的眼部疲劳状况。CVS 影响到了 90% 每日使用相关电子设备 3h 以上的人群,其症状通常是暂时的,包括头疼、视觉模糊、眼睛干燥和发炎等。

除了这些疾病,计算机技术或许正在损害我们的认知能力,至少是在改变我们思考及解决问题的方式。有专家认为,尽管互联网使人们更容易获取、创造和使用信息,但它也正妨碍人们专注、独立地思考问题。他们还认为,过度使用计算机或手机会降低智力。麻省理工学院的一位学者认为,计算机的使用鼓励人们查找答案,而不是真正地解决问题。这种观点认为,与聆听、画画、争论、观察和探索相比,人们在阅读网页或者写电子邮件时,不会学到很多东西(Henry,2011)。

无论是从个人、社会、文化还是政治角度来看,计算机都已经成为我们生活的一部分。随着信息技术持续地改变我们的世界,信息系统的伦理问题和我们的选择都变得更加困难。当我们步入第一个数字世纪时,上述的所有商业伦理和社会问题将会进一步凸显。

## 4.5 MIS 如何有助于我的职业发展

通过本章和本书的指引,将帮助你找到初级隐私分析师的工作。

### 4.5.1 公司简介

得克萨斯州 Pinnacle 空军基地的人力资源办公室有一个初级隐私分析师的职位空缺。该办公室管理着 6 800 多名军人及其家属和 1 250 名文职人员的详细人事记录,包括工作经历、薪酬、医疗保健和退休福利等。

### 4.5.2 职位描述

初级隐私分析师负责协助员工记录的保存,并帮助确保遵守所有联邦和州的隐私法规。工作职责包括:
- 分析和制定与办公室职能相关的隐私政策和流程;
- 记录和跟踪《隐私法案》的要求,协助审查,编辑和准备响应记录,并跟踪所有隐私办公室通信;

- 监督并回复针对政府隐私保护办公室的书面、口头和电子信函与询问，包括敏感的受益人、人员的信函；
- 协调隐私保护办公室的会议；
- 审查并分析数据和文件，评估各种项目规划、报告和执行活动的方案、问题和立场等。

### 4.5.3 岗位要求

- 文科或商科学士学位。
- 具有较强的沟通和组织能力。
- 有记录保管和文件系统方面的经验。

### 4.5.4 面试问题

1. 你在隐私保护领域有什么背景或工作经验？
2. 你对《隐私法案》了解多少？
3. 你对处理书面和电子信函的隐私保护的具体做法了解多少？
4. 如果你被要求改进组织的隐私保护，你将如何进行？
5. 你是否曾经处理过涉及隐私保护的问题？你在其中起到了什么作用？

### 4.5.5 作者提示

1. 回顾本章内容，重点复习有关信息系统和隐私的章节。
2. 利用网络了解更多关于《隐私法案》和隐私保护人事记录的程序与政策。
3. 尽可能了解更多关于在美国军事基地或其他组织的员工记录保存和隐私保护的信息。
4. 假设你在隐私领域没有任何实际经验，请谈谈你对隐私的了解以及为什么保护敏感的个人数据非常重要，并表示你会非常有兴趣学习和了解更多关于隐私的工作。

## 本章小结

**4-1 信息系统引发的商业伦理、社会和政治问题**

信息技术正在不断引发变革，但相应的法律和可接受的操作规则现在还没有出台。包括互联网在内的不断增长的计算能力、存储和网络能力扩展了个人和组织的活动范围，扩大了它们的影响。现在，信息的交流、复制和加工在网络环境下变得更加容易，这对保护隐私和知识产权提出了新的挑战。信息系统引发的主要商业伦理、社会和政治问题围绕着信息的权利和义务、财产的权利和义务、责任和控制、系统质量和生活质量5个维度展开。

**4-2 指导商业伦理决策的行为准则**

用于商业伦理判断的6项原则包括：黄金规则、康德绝对命令（康德伦理学原则、光滑斜坡规则、功利原则、回避风险原则以及"没有免费的午餐"伦理规则。这些原则需要和商业伦理分析结合使用。

**4-3 现代信息系统技术和互联网给个人隐私和知识产权保护带来了挑战**

现代的数据存储和数据分析技术使企业很容易通过多种来源收集到个人的隐私信息，分析这些数据后可以创建关于个人及其行为的详细的数字画像。数据流在互联网上流动,会在许多点被监视,Cookie 和其他网络监视工具可以密切跟踪网络访问者的活动。并非所有的网站都有很强的隐私保护政策,它们在应用个人信息之前,不一定征求用户的知情同意。传统的版权法对保护软件知识产权也是不够的,因为数字信息可以非常容易地被复制,并可以通过互联网同时传输到许多不同的地方。

**4-4 信息系统影响法律责任和义务以及日常生活质量**

新的信息技术正在挑战现有的法律责任和社会实践,并让个人与机构对其他人造成的伤害负责。虽然计算机系统带来了效率和财富,但它们也带来了一些负面的影响:计算机的错误可能会严重伤害个人和组织;数据质量差也可能会给企业带来损失;在业务流程再造中,计算机可能会代替员工,从而导致员工下岗;拥有和使用计算机的能力可能会加大社会经济在不同的族群和社会阶层间的差异;计算机的广泛应用增加了计算机犯罪和滥用的机会;计算机也会引起健康和认知问题,如 RSI、CVS 以及不能集中精力深入思考和执行复杂任务。

## 关键术语

问责(accountability)
腕管综合征(carpal tunnel syndrome,CTS)
计算机滥用(computer abuse)
计算机犯罪(computer crime)
计算机视觉综合征(computer vision syndrome,CVS)
版权(copyright)
数字鸿沟(digital divide)
《数字千年版权条款》(Digital Millennium Copyright Act,DMCA)
正当法律程序(due process)
"没有免费的午餐"伦理规则(ethical no-free-lunch rule)
商业伦理(ethics)
公平信息规范(fair information practice,FIP)
黄金原则(golden rule)
康德绝对命令(immanuel Kant's categorical imperative)
信息权利(information rights)
知情同意(informed consent)

知识产权(intellectual property)
法律责任(liability)
隐性关系认知(nonobvious relationship awareness,NORA)
选择性加入(opt-in)
选择性退出(opt-out)
专利(patent)
隐私(privacy)
画像(profiling)
重复性使力伤害(repetitive stress injury,RSI)
责任(responsibility)
回避风险原则(risk aversion principle)
安全港(safe harbor)
光滑斜坡规则(slippery slope rule)
垃圾邮件(spam)
间谍软件(spyware)
商业秘密(trade secret)
功利原则(utilitarian principle)
网络爬虫(web beacon)

## 复习题

4-1 阐述商业伦理、社会和政治问题是如何相互联系的,并给出一些例子。
- 列出并描述加剧商业伦理问题的关键技术趋势。
- 区分责任、问责和法律责任。

4-2 列出并描述商业伦理分析的 5 个步骤。
- 明确描述 6 项商业伦理原则。

4-3 界定隐私和合法的信息行为。
- 阐述互联网如何挑战个人隐私和知识产权保护。

- 阐述知情同意、立法、行业自律和技术工具如何有助于保护互联网用户的个人隐私。
- 列出并界定保护知识产权的3个不同的法律体系。

4-4 阐述为什么很难界定软件失效和故障的法律责任。
- 列出并描述导致系统质量问题的主要原因。
- 列出并描述计算机和信息系统影响生活质量的4个方面。
- 定义并描述 CVS 和 RSI,并阐述它们和信息技术的关系。

## 讨论题

4-5 软件服务的供应商,如 ATM,是否应当对系统失败而导致的经济损失负有法律责任?

4-6 企业是否应该对信息系统导致的失业负责?为什么?

4-7 请讨论允许企业使用大量的个人数据用于行为定位的优点和缺点。

## MIS 实践项目

本部分的 MIS 实践项目将让你通过分析网络应用程序数据经纪商,用博客工具创建一个简单的博客,以及分析网络浏览器的隐私处理问题,从而获得实践经验。

### 管理决策问题

4-8 InfoFree 的网站与大量的数据库相连,可以整合数百万人的个人数据。用户在 InfoFree 网站上可以根据地点、年龄、性别、收入水平、家庭价值观和兴趣来购买消费者的营销列表。一个人一旦可以得到如纽约 Peekskill 社区每个人的数据列表,那么这个人一年至少可以赚15万美元。像 InfoFree 这样的数据经纪商会引发隐私问题吗?为什么?如果你的名字和其他人的数据也在这个数据库中,你希望保护你的隐私,对访问应该采取哪些限制?请考虑以下数据用户:政府机构、你的雇主、私营企业和其他个人。

### 卓越运营:创建一个简单的博客

**软件技能要求:创建博客**
**商业技能要求:博客和网页设计**

4-9 在本项目中,你将学习如何利用 Blogger.com 网站上可用的博客创建软件,来创建一个你设计的简单博客。选择一项运动、爱好或一个感兴趣的话题作为博客的主题。请给这个博客命名,定一个标题,选择一个模板。在此博客上发布至少4篇文章,每篇文章上加一个标签。如果需要,请编辑你的帖子。上传一张照片,如把你硬盘或网页上的一张照片添加到博客中。请添加其他注册用户(如团队成员)对你的博客进行评论的功能。简单描述你的博客将如何为企业推销与主题相关的产品和服务。列出 Blogger.com 网站上能使你的博客变得更有用的工具,并描述它们的商业用途。保存博客,并提交给老师。

### 改善决策:分析网络浏览器的隐私

**软件技能要求:网络浏览器软件**
**商业技能要求:分析网络浏览器隐私保护特征**

4-10 本项目将有助于你提高利用主流网络浏览器软件的隐私保护功能方面的互联网技能。检查两个主流 Web 浏览器(如 Internet Explorer、Microsoft Edge、Mozilla Firefox 或 Google Chrome)的隐私保护功能和设置。从提供的功能和易用性两方面,比较这两种浏览器的功能。
- 隐私保护功能是如何保护个人隐私的?
- 隐私保护功能如何影响企业在互联网上的行为?
- 哪个浏览器在隐私保护方面做得更好?为什么?

## 协同与团队合作项目

### 制定企业的商业伦理规范

4-11 由3～4名同学组成一个团队，制定企业关于隐私和保护的行为规范，包括员工的隐私、客户的隐私以及企业网站用户的隐私。务必考虑到电子邮件隐私、雇主对工作场所的监控以及企业对雇员非工作行为的信息（如生活方式、婚姻安排等）使用等情况。如有可能，请使用 Google Docs、Google Drive 或 Google Sites 等工具，集思广益并制作演示文稿来汇报你们的结果。

## 案例研究

### Facebook 隐私：你的生活可能被出售

Facebook 的企业使命是赋予人们建立社群的权力，并让世界融合在一起。2017年和2018年，当人们知道 Facebook 失去了用户在该网站上共享的个人信息的控制权时，这一崇高的使命受到了沉重的打击。在2016年美国总统大选期间，Facebook 允许俄罗斯情报和政治顾问利用其平台，意图加剧现有的政治分歧，迫使人们远离社群并彼此疏远。

2018年1月，一家名为剑桥分析（Cambridge Analytica）的企业，专注于政治咨询和投票概况分析，该企业的创始人和前员工透露，企业收集了多达8700万 Facebook 用户的个人信息，并利用这些信息来影响美国2016年总统大选。Facebook 不会出售用户的个人信息，但允许第三方 app 获取 Facebook 用户的个人信息。在这种情况下，出于研究目的，英国某研究人员获得了5万个 Facebook 用户的访问权限。他开发了一个应用测试，声称可以测量用户的性格特征，在 Facebook 上不仅可以收集同意接受调查的用户的个人信息，还可以收集这些用户在 Facebook 社交网络中所有人的个人信息。该研究人员将收集到的数据出售给了剑桥分析，用来在总统选举中发送有针对性的政治广告。

2017年10月的参议院听证会上，Facebook 作证说俄罗斯特工利用 Facebook 的社交网络来干预2016年美国总统大选。俄罗斯情报机构互联网研究机构（Internet Research Agency）的数千名俄罗斯黑客构建并操作了一组自动化软件机器人，向 Facebook 的美国用户发送了超过13万条虚假消息和虚构的故事（软件机器人是一种执行自动化任务的软件程序，经常出于恶意目的在互联网上运行，具体请参阅第8章）。他们还使用了7.5万个伪造的 Facebook 账户和23万个软件机器人，在 Facebook 上向大约1.46亿人发送了俄罗斯的信息。这些消息基于 Facebook 在正常业务过程中收集的个人信息来定位人群，包括用户的宗教信仰、肤色、族群、个人兴趣和政治观点，并针对不同政治观点的人群发送定向广告，目的是加剧他们之间的社会冲突。

这一切是怎么发生的呢？事实证明，Facebook 的系统设计和管理模式使开展这方面的工作非常简单且廉价。一旦 Facebook 向广告商、应用程序开发人员或研究人员授予访问权限，其控制信息使用方式的能力将非常有限。Facebook 很少对第三方协议和政策进行审查，以确保其合规性。Facebook 的高管表示，当他们听到有8700万 Facebook 用户的个人信息被俄罗斯情报机构收集，并被剑桥分析用来发送定向政治广告时，他们与其他人一样震惊。

更加糟糕的是，2018年6月上旬，就在剑桥分析丑闻发生且 Facebook 被迫解释其隐私措施并承诺进行整改的几个月之后，《纽约时报》报道称，Facebook 与至少60家设备制造商以及选定的应用程序开发商建立了数据共享合作关系。Facebook 允许苹果、三星、亚马逊和其他销售手机、平板电脑、电视和视频游戏机的公司，在未经用户明确同意的情况下，不仅获取 Facebook 用户的数据，还获取用户朋友的个人数据。所有这些做法都违反了2012年与 FTC 达成的隐私和解协议。在该协议中，Facebook 同意停止在用户控制个人数据的能力方面欺骗用户，并停止在不通知用户的情况下与第三方共享数据。

事实上，Facebook 并没有改变其行为，而是继续欺骗用户，声称它可以保护他们的隐私。根据公司的电子邮件，Facebook 的高级管理人员，包括创始人兼 CEO 马克·扎克伯格，显然知道这种欺骗行为。2019 年，Facebook 的隐私问题最终导致 FTC 创纪录的 50 亿美元罚款，原因是 Facebook 明显故意违反了 2012 年的和解协议。Facebook 还同意接受监管机构在隐私问题上的新监管，并制定处理个人信息的新做法和政策。虽然 50 亿美元是一大笔钱，但对于一家年收入 560 亿美元的公司来说，罚款可能不足以改变其实际行为。用批评人士的话来说，这笔罚款对 Facebook 的收入几乎没有影响。Facebook 对用户的大规模监控没有具体限制，新的隐私政策将由 Facebook 制定，而不是 FTC。该和解协议还规定，Facebook 高管和董事不必为过去违反 2012 年和解协议和侵犯用户隐私的行为承担任何个人责任，并使该公司免受任何有关过去违规行为的指控。换句话说，过去被抹去了。

Facebook 具有多种引人注目的实用功能。它可以帮助家庭找到丢失的宠物，允许现役士兵与家人保持联系；它可以使较小的企业有机会进一步开展电子商务，使较大的企业有机会巩固自己的品牌；最重要的是，它可以使你更轻松地与你的朋友、亲戚、当地餐馆保持联系。总之，Facebook 的功能几乎涉及所有你感兴趣的事物，这就是许多人使用 Facebook 的原因，它为用户提供了真正的价值。但是，使用 Facebook 平台的代价是广告商以及你可能不认识的其他人在共享你的个人信息。

Facebook 在历史上曾多次侵犯隐私和失误，这使人们不得不怀疑它是否应对数十亿人的个人数据负责。与欧洲国家不同，美国没有法律赋予消费者知道 Facebook 等公司收集了什么数据的权利。根据《公平信用报告法》，你可以质疑信用报告中的信息，但直到最近几年，你还是无法获得 Facebook 收集的关于你的数据。

你以为你的"脸"还是你的吗？在 Facebook 上是不可能的，因为面部识别软件可以为用户的照片添加标签。注册后，会自动打开"标签建议"功能，无须用户同意。2016 年，联邦法院受理了指控 Facebook 未经用户同意就使用照片标签权利的诉讼，指控其违反了旨在保护生物识别数据隐私的州的法律。

《消费者报告》的一项研究发现，在使用 Facebook 的 1.5 亿美国人中，每天至少有 480 万人愿意以某种方式分享他们的使用信息。其中包括计划在特定的日子旅行，这使得窃贼可能会利用这段时间安排抢劫；或者对特定健康状况或治疗的页面点赞，这可能会让保险企业拒绝对你承保。信用卡企业和类似组织已经开始参与网络活动，他们会根据与你相似的其他人的行为来决定你的信用评级。雇主可以使用你在 Facebook 上的点赞来评估你的个性和行为。有 1 300 万用户从未调整过其在 Facebook 上的隐私控制，这使得使用 Facebook 应用程序的朋友可以在你不知情的情况下，将你的数据不知不觉地传输给第三方。

那么，为什么有这么多人在 Facebook 上分享生活的敏感细节呢？通常是因为用户没有意识到自己的数据是以这种方式被收集和传输的。如果 Facebook 用户的朋友信息是由该用户的应用程序收集的，则不会通知该用户。Facebook 的许多功能和服务在启动时都是默认启用的，无须通知用户。Siegel+Gale 的一项研究发现，Facebook 的隐私保护政策比那些密密麻麻的政府公告或典型的银行信用卡协议还要难懂得多。你是否知道，每当你通过 Facebook 登录某网站时，Facebook 都会与该网站共享一些个人信息，并可以跟踪你在该网站中的活动？在你下次访问 Facebook 时，请先单击"隐私设置"，然后思考是否可以理解你的选择。

但是，有迹象表明，无论是出于自愿还是被迫，Facebook 都将在收集数据的过程中承担更多的责任。作为一家上市企业，Facebook 已邀请投资者和监管机构进行更多的审查。2018年，由于美国的猛烈批评，以及欧洲新的

GDPR 的实施，Facebook 更改了它的隐私政策，用户可以更轻松地选择自己的隐私偏好，可以确切地了解他们同意的是什么，可以下载用户的个人档案以及 Facebook 收集和共享的包含面部图像在内的信息等；限制新闻源中的点击诱饵和垃圾邮件；更加密切地监视应用程序开发人员对个人信息的使用；加大力度消除数百万个虚假账户；等等。Facebook 雇用了 1 万名新员工和几百个事实调查企业来识别和消除虚假新闻，有史以来第一次被迫对用户发布的内容进行控制，从这个意义上讲，它变得更像是对内容负责的传统出版商和新闻媒体。不幸的是，正如研究人员所料以及 Facebook 高管了解的那样，很少有用户（估计少于 12%）愿意花时间了解和调整他们的隐私选项。实际上，用户的选择并不是对 Facebook 使用个人信息的有影响力的审查。

尽管美国的 Facebook 用户几乎无法获取 Facebook 收集的关于他们的数据，但其他国家和地区的用户会好一些。在欧洲，已经有超过 10 万个 Facebook 用户对他们的数据发出了获取请求，并且欧洲法律要求 Facebook 在 40 天内响应这些请求。来自法国、西班牙、意大利、德国、比利时和荷兰的政府隐私监管机构一直在积极调查 Facebook 的隐私控制措施，因为欧盟正在推行更为严格的隐私保护法规。

CEO 马克·扎克伯格在 2020 年 1 月表示，Facebook 未来 10 年的主要目标之一是为 Facebook 上的每个人建立更强大的隐私保护。例如，Facebook 为其所有成员提供了一个 "Off-Facebook Activity" 工具。这个工具允许人们查看和控制其他应用程序和网站与 Facebook 共享的数据。然而，尽管 Facebook 已经关闭了几个侵犯隐私的功能，并加强了其同意程序，但该公司的数据使用政策明确规定，作为使用该服务的条件，用户必须允许公司在广告中使用他们的个人信息。用户的默认选项是 "选择加入"；大多数用户不知道如何控制其信息的使用；如果他们想使用 Facebook，他们就不能 "选择退出" 所有分享。这被研究人员称为 "控制悖论"：即使用户有权控制他们的个人信息，他们通常也会选择不使用这些控制。虽然用户可以限制自己信息的某些用途，但对 Facebook 数据特性的深入了解是必要的。Facebook 不仅在 Facebook 上展示广告，还通过 Facebook 受众网络（Facebook Audience Network）在整个网络上展示广告，该网络会跟踪用户在其他网站上的活动，然后向这些网站上的用户投放广告。

有批评者质问 Facebook 为什么不能提供像音乐流媒体网站那样的按月付费的免广告服务，还有人质问 Facebook 为什么不允许用户仅选择退出跟踪。但是，对于 Facebook 而言，这种要求是非常难以满足的，因为它的商业模式完全建立在用户在数据使用政策中声明的 Facebook 可以不受限制地使用其个人信息的条款上。这项政策非常公开地表明，如果你使用 Facebook，则表示你同意了它的服务条款，正是这个条款使 Facebook 可以与第三方共享你的信息。

资料来源：Mark Zuckerberg, "Starting the New Decade by Giving You More Control. You're Your Privacy," abut.fb.com, January 28, 2020; Geoffrey A. Fowler, "Facebook Will Now Show You Exactly How It Stalks You—Even When You're Not Using Facebook," *Washington Post*, January 28, 2020; Mike Isaac and Natasha Singer, "On Wednesday, the Federal Trade Commission Placed New Conditions on Facebook for Privacy Violations," *New York Times*, July 24, 2019; "A $5 Billion Fine for Facebook Won't Fix Privacy," *New York Times*, July 25, 2019; Devin Coldewey and Natasha Lomas, "Facebook Settles with FTC: $5 Billion and New Privacy Guarantees," *Techcrunch*, July 24, 2019; John D. McKinnon, Emily Glazer, Deepa Seetharaman, and Jeff Horwitz, "Facebook Worries Emails Could Show Zuckerberg Knew of Questionable Privacy Practices," *New York Times*, June 12, 2019; Federal Trade Commission, "In the Matter of Facebook, a Corporation," FTC, July 24, 2019; Deepa Seetharaman and Kirsten Grind, "Facebook Gave Some Companies Access to Additional Data About Users' Friends," *Wall Street Journal*, June 8, 2018; Cecilia Kang and Sheera Frenkel, "Facebook Says Cambridge Analytica Harvested Data of Up to 87 Million Users," *New York Times*, April 24, 2018; Eduardo Porter, "The Facebook Fallacy: Privacy Is Up to You," *New York Times*, April 24, 2018; and David Mayer, "Facebook Is Giving You New Privacy Options, But It's Clear What It Wants You to Choose," *Fortune*, March 19, 2018.

## 案例分析题：

4-12 请分析 Facebook 的商业伦理行为。这个案例展现的商业伦理困境是什么？

4-13 隐私和 Facebook 的商业模式之间有什么样的关系？

4-14 请描述 Facebook 隐私政策和系统功能的不足，哪些人员、组织和技术因素导致了这些弱点？

4-15 在不侵犯隐私的情况下，Facebook 能否建立一个成功的商业模式？请解释你的答案。Facebook 可以采取什么样的指标来衡量这种商业模式成功的可能性？

## 参考资料

Adjerid, Idris, Eyal Peer, and Alessandro Acquisti. "Beyond the Privacy Paradox: Objective Versus Relative Risk in Privacy Decision Making." *MIS Quarterly* 42, No. 2 (June 2018).

Anderson, Chad, Richard L. Baskerville, and Mala Kaul. "Information Security Control Theory: Achieving a Sustainable Reconciliation Between Sharing and Protecting the Privacy of Information." *Journal of Management Information Systems* 34, No. 4 (2017).

*Bilski v. Kappos*, 561 US (2010).

*Brown Bag Software vs. Symantec Corp.* 960 F2D 1465 (Ninth Circuit, 1992).

Brynjolfsson, Erik, and Andrew McAfee. *Race Against the Machine.* (Digital Frontier Press, 2011).

Davenport, Thomas H., and Julia Kirby. "Beyond Automation." *Harvard Business Review* (June 2015).

European Commission. "2018 Reform of EU Data Protection Rules," https://ec.europa.eu (2018).

European Parliament. "Directive 2009/136/EC of the European Parliament and of the Council of November 25, 2009." European Parliament (2009).

Federal Trade Commission. "FTC Releases 2018 Privacy and Data Security Update." (March 2019).

Gopal, Ram D., Hooman Hidaji, Raymond A. Patterson, Erik Rolland, and Dmitry Zhdanov. "How Much to Share with Third Parties? User Privacy Concerns and Website Dilemmas." *MIS Quarterly* 42, No. 1 (March 2018).

Henry, Patrick. "Why Computers Make Us Stupid." *Slice of MIT* (March 6, 2011).

Kang, Cecelia, David Streitfeld, and Annie Karni. "Antitrust Troubles Snowball for Tech Giants as Lawmakers Join In." *New York Times* (June 3, 2019).

Kang, Cecelia, and Kenneth P. Vogel. "Tech Giants Amass a Lobbying Army for an Epic Washington Battle." *New York Times* (June 5, 2019).

Kim, Antino, Atanu Lahiri, Debabrata Dey, and Gerald C. Kane, "'Just Enough' Piracy Can Be a Good Thing." *MIT Sloan Management Review* 61 No. 1 (Fall 2019).

Laudon, Kenneth C. *Dossier Society: Value Choices in the Design of National Information Systems.* (New York: Columbia University Press, 1986).

Laudon, Kenneth C., and Carol Guercio Traver. *E-Commerce 2019: Business, Technology, Society,* 15th ed. (Upper Saddle River, NJ: Prentice-Hall, 2020).

LeBlanc, K. E., and W. Cestia. "Carpal Tunnel Syndrome." *American Family Physician* 83, No. 8 (2011).

Lohr, Steve, Mike Isaac, and Nathaniel Popper. "Tech Hearings: Congress Unites to Take Aim at Amazon, Apple, Facebook and Google." *New York Times* (July 16, 2019).

Lomas, Natasha. "EU Parliament Calls for Privacy Shield to Be Pulled Until US Complies." *TechCrunch* (July 5, 2018).

Manyika, James, and Michael Spence. "The False Choice Between Automation and Jobs." *Harvard Business Review* (February 5, 2018).

Pew Research Center. "The State of Privacy in America." (January 20, 2016).

RIAA. "RIAA Releases 2019 Year-End Music Industry Revenue Report." (2020).

Satariano, Adam. "The European Union on Friday Enacts the World's Toughest Rules to Protect People's Online Data." *New York Times* (May 24, 2018).

Shaban, Hamza, "Under Armour Announces Data Breach, Affecting 150 Million Myfitnesspal App Accounts." *Washington Post* (March 29, 2018).

Sivan, Liron, Michael D. Smith, and Rahul Telang. "Do Search Engines Influence Media Piracy? Evidence from a Randomized Study." *MIS Quarterly* 43 No. 4 (December 2019).

The Software Alliance. "BSA Global Software Survey 2018." (June 2018).

Statista. "Global Spam Volume as Percentage of Total Email Traffic from January 2014 to September 2019, By Month." statista.com, accessed March 15, 2020.

U.S. Department of Health, Education, and Welfare. *Records, Computers, and the Rights of Citizens* (Cambridge: MIT Press, 1973).

U.S. Senate. "Do-Not-Track Online Act of 2011." Senate 913 (May 9, 2011).

U.S. Sentencing Commission. "Sentencing Commission Toughens Requirements for Corporate Compliance Programs." (April 13, 2004).

Venkatesh, Viswath, Tracy Ann Sykes, Frank K. Y. Chan, James Y. L. Thong, and Paul Jen-Hwa Hu. "Children's Internet Addiction, Family-to-Work Conflict, and Job Outcomes: A Study of Parent–Child Dyads." *MIS Quarterly* 43 No. 3 (September 2019).

Wessel, Max, and Nicole Holmer. "A Crisis of Ethics in Technology Innovation." *MIT Sloan Management Review* 61 No. 3 (Spring 2020).

Wolcott, Robert C. "How Automation Will Change Work, Purpose, and Meaning." *Harvard Business Review* (January 11, 2018).

# 第 2 部分

# 信息技术基础设施

- 第 5 章　IT 基础设施与新兴技术
- 第 6 章　商务智能基础：数据库与信息管理
- 第 7 章　通信、互联网和无线技术
- 第 8 章　信息系统安全

第 2 部分通过介绍硬件、软件、数据库、网络技术以及用于安全和控制的工具与技术，帮助读者理解信息系统的技术基础。本部分要回答以下问题：今天的企业需要什么样的技术来完成工作任务？为确保这些技术能帮助提高企业的绩效，我们需要知道些什么？这些技术未来会如何变化？需要什么样的技术和步骤来保障信息系统是可靠的、安全的？

# 第 5 章

# IT 基础设施与新兴技术

## 学习目标

通过阅读本章，你将能回答：
1. 什么是 IT 基础设施？IT 基础设施演变的阶段和驱动力是什么？
2. IT 基础设施的组成部分有哪些？
3. 当前计算机硬件平台的发展趋势是什么？
4. 当前计算机软件平台的发展趋势是什么？
5. 管理 IT 基础设施的挑战及其解决方案是什么？
6. MIS 如何有助于我的职业发展？

## 开篇案例

### 美国航空前往云端

美国航空集团公司（以下简称"美国航空"）是一家大型美国航空公司，也是世界上最大的航空公司。它的员工超过 12.8 万名，每年运输的乘客大约 2 亿人次。美国航空和美鹰航空每天向 50 多个国家的近 350 个目的地提供平均近 6 700 个航班。

航空业保持激烈的竞争状态，其中竞争差异化的一个关键领域就是乘客体验质量。航空公司与乘客沟通以及提供预订、座位分配、出票、改签以及其他乘客服务的能力已愈加依赖数字渠道。乘客正在要求更多与航空公司在线互动的工具，希望自身的需求能够得到更为无缝的响应。

当乘客因恶劣天气状况而被迫改签机票时，美国航空尤其希望向乘客提供更好的自助服务功能。虽然美国航空的信息系统能够让乘客改签到下一个最好的航班，但如果乘客想要了解其他选项，则必须打电话给预订处或拜访机场代理。美国航空希望乘客能够通过其网站、移动 app 或自助服务机立即在线看到这些其他选择并更新他们的航班选择。

遗憾的是，美国航空传统的 IT 基础设施阻碍了其向乘客提供如此重要的服务，阻碍了它作为企业想做的一切事情。美国航空使用自有的计算中心和大型主机计算机来处理每天的数百万次交易。它面向乘客的既有应用程序以孤岛形式存在，服务乘客所需的所有数据片段都无法轻易组合和集成。每一改变都需要在多达三个地方开展相同的工作，且各自均由不同的团队管理。

为更好、更快地响应乘客的需求，美国航空将其重要的计算工作从本地的计算中心迁移到 IBM Cloud 中。IBM Cloud 的云计算服务套件属于远程计算中心的按需服务，由 IBM 进行管理，可通过互联网访问，提供运行一家公司系统所需的计算机硬件、软件、存储、网络和其他服务。

IBM 和美国航空合作开发了专门为利用云技术而设计的新应用程序。美国航空仅用了四个半月的时间就开发出了新的动态改签 app，这比利用 IBM 过时的 IT 基础设施开发所需时间的一半还少。新 app 可在出行计划中断的情况下向乘客提供重要的信息和控制权，为每位乘客找到最佳的解决方案。app 引领乘客完成改签流程、处理重新出票、发放登机牌以及发送消息变更乘客行李运送路径。乘客的反馈非常积极。

在开发动态改签系统的同时，IBM 和美国航空还致力于将 aa.com 网站、乘客移动 app 和自助服务机 app（所有 IBM 面向乘客的界面）迁移到 IBM Cloud 中。这将使乘客能够用手机或计算机预付行李托运费并检查行李包。对于很多其他航空公司，乘客已经能够这么做了，但对于美国航空，直到现在才可以。

迁移到 IBM Cloud 还使美国航空能够免于支付升级既有硬件的大额资本支出，大幅提高服务器的性能和可靠性，并减少最终用户响应时间。对于利用 IBM 云服务完成的计算工作，IBM 向美国航空提供全天候的应用支持和管理。之前用于维持低效、过时技术的时间现在可以用来处理新的业务需求，帮助美国航空为乘客进行创新并超越竞争者。

资料来源："IBM Cloud Flies with American Airlines," www.ibm.com, accessed January 27, 2020; www.aa.com, accessed January 28, 2020;Chris Preimesberger, "American Airlines Heads for a New Cloud with IBM," *eWeek*, June 29, 2017;and Becky Peterson, "American Airlines Looks to the IBM Cloud to End Travel Hell," *Business Insider*, January 27, 2017.

美国航空的经验说明了 IT 基础设施在当今开展业务中的重要性。正确的技术、合适的价格能够提高组织绩效。美国航空的硬件和软件平台已经过时，对于增加新的乘客服务（如动态改签）来说，成本太高，操作不便。这阻碍了公司的高效运营，因为它本可以吸引并留住乘客。

图 5-1 强调了本案例和本章提出的要点。在 IT 基础设施中使用云计算使美国航空能够开发关键应用程序，以便更快地为其乘客提供服务，并将其 IT 系统的操作和管理委托给云服务供应商 IBM 的外部专家。公司只支付按需使用的计算能力，不需要进行广泛和昂贵的前期 IT 投资。美国航空正在遵循混合云战略，即组织自己维护部分 IT 基础设施，部分使用云计算服务。

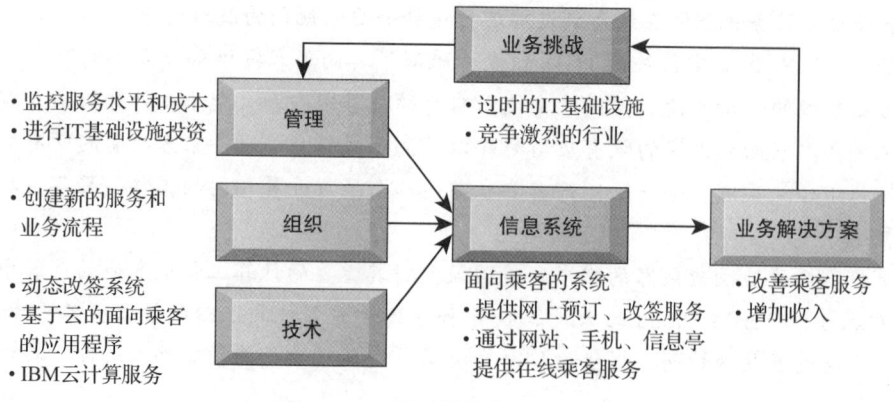

图 5-1 IT 基础设施与新兴技术

> 请思考：使用云计算如何帮助美国航空变得更具竞争力？美国航空使用云计算基础设施的商业利益是什么？

## 5.1 IT 基础设施及其演变的阶段和驱动力

在第 1 章中，我们将 IT 基础设施定义为为企业特定的信息系统应用提供平台的共享技术资源。IT 基础设施包括在硬件、软件、服务（如咨询、教育和培训）方面的投资，这些投资在整个企业或企业的业务部门内实现共享，为客户服务、供应商合作以及内部业务流程的管理提供了基础（见图 5-2）。

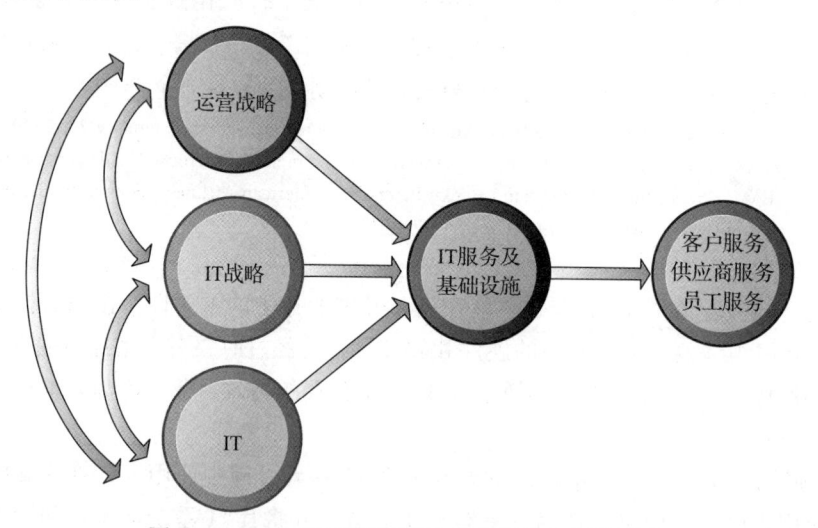

图 5-2 企业、IT 基础设施和业务能力之间的联系

注：一家企业的 IT 基础设施的直接功能是向客户、供应商和员工提供服务。在理想的情况下，这种基础设施应该支持企业的运营战略和信息系统战略。新的 IT 对企业的运营战略、IT 战略以及客户服务都能产生巨大的影响。

到 2020 年，全球提供 IT 基础架构（硬件、软件、网络和 IT 服务）的企业形成了价值约 3.9 万亿美元的行业（Gartner，2020）。基础设施投资占大型企业 IT 支出的 25%～50%，其中金融服务企业的 IT 投资超过所有资本投资的一半以上。

## 5.1.1 IT基础设施的定义

IT基础设施包括运营整个企业必需的一系列物理设备和应用软件的集合，也包括由管理层预算所决定的企业范围内的人员和技术能力。IT基础设施及其服务包括：

- 用于提供计算服务的计算平台，该平台将员工、客户和供应商连接到一个密切关联的数字环境中，包括大型主机、中型主机、台式计算机、笔记本电脑、移动便携设备和远程云计算服务等；
- 为员工、客户和供应商提供数据、音频和视频连接的通信服务；
- 存储、管理和分析企业数据的数据管理服务；
- 提供企业范围内各业务部门共享的ERP、CRM、SCM、知识管理等方面的应用软件服务，包括在线软件服务；
- 为计算、通信和数据管理服务所需的物理设施的安装和管理服务；
- IT管理服务，包括规划与开发基础设施、与业务部门协调IT服务、管理IT支出的账目以及提供项目管理服务等；
- IT教育服务，包括为员工提供信息系统应用的培训，为管理者提供如何规划和管理IT投资的培训；
- IT研究与开发服务，包括研究未来可能帮助企业建立竞争优势的IT项目和投资。

从这种"服务平台"视角看IT基础设施，可以更容易地理解其投资能够带来的商业价值。例如，购买一台以满负荷3.5GHz运转并且与高速互联网连接的个人计算机约需1 000美元，如果不知道谁会使用它、怎样使用它，就很难评估其实际的商业价值。然而，如果考虑这些工具提供的服务，其价值就显而易见了，即这台新的个人计算机能够使一个年薪10万美元的高薪员工访问企业的信息系统和公用互联网，每天能够为这位员工获取互联网信息，可节省1h的等待时间。如果这台计算机不能和互联网接入，该员工对企业的价值贡献可能会减少一半。

## 5.1.2 IT基础设施的演变

当今组织中的IT基础设施是过去50多年来计算平台演变的结果。演变过程可分为5个阶段，每个阶段都体现了不同的计算能力配置和基础设施构成要素（见图5-3）。这5个阶段分别为通用主机/小型机阶段、个人计算机阶段、客户机/服务器阶段、企业计算阶段、云计算及移动计算阶段。

某一阶段的主流技术，在其他阶段也可能为某种用途服务。例如，一些企业仍然使用传统的主机系统，或将主机用来支持大型网站和企业级应用的服务器。

**1. 通用主机/小型机阶段（1959年至今）**

1959年，IBM 1401和IBM 7090晶体管计算机的出现，标志着主机型计算机开始得以广泛地应用于商业中。1965年，IBM推出的IBM 360系列，使得**主机型**（mainframe）计算机真正为人们所认识。IBM 360是第一款拥有强大操作系统的商用计算机，其高级型号的机型可以提供分时、多任务、虚拟内存等功能。IBM在主机型计算机领域处于领导地位。主机型计算机拥有非常强大的功能，能够支持数千个远程终端，通过专用通信协议和数据线与中央主机远程连接。

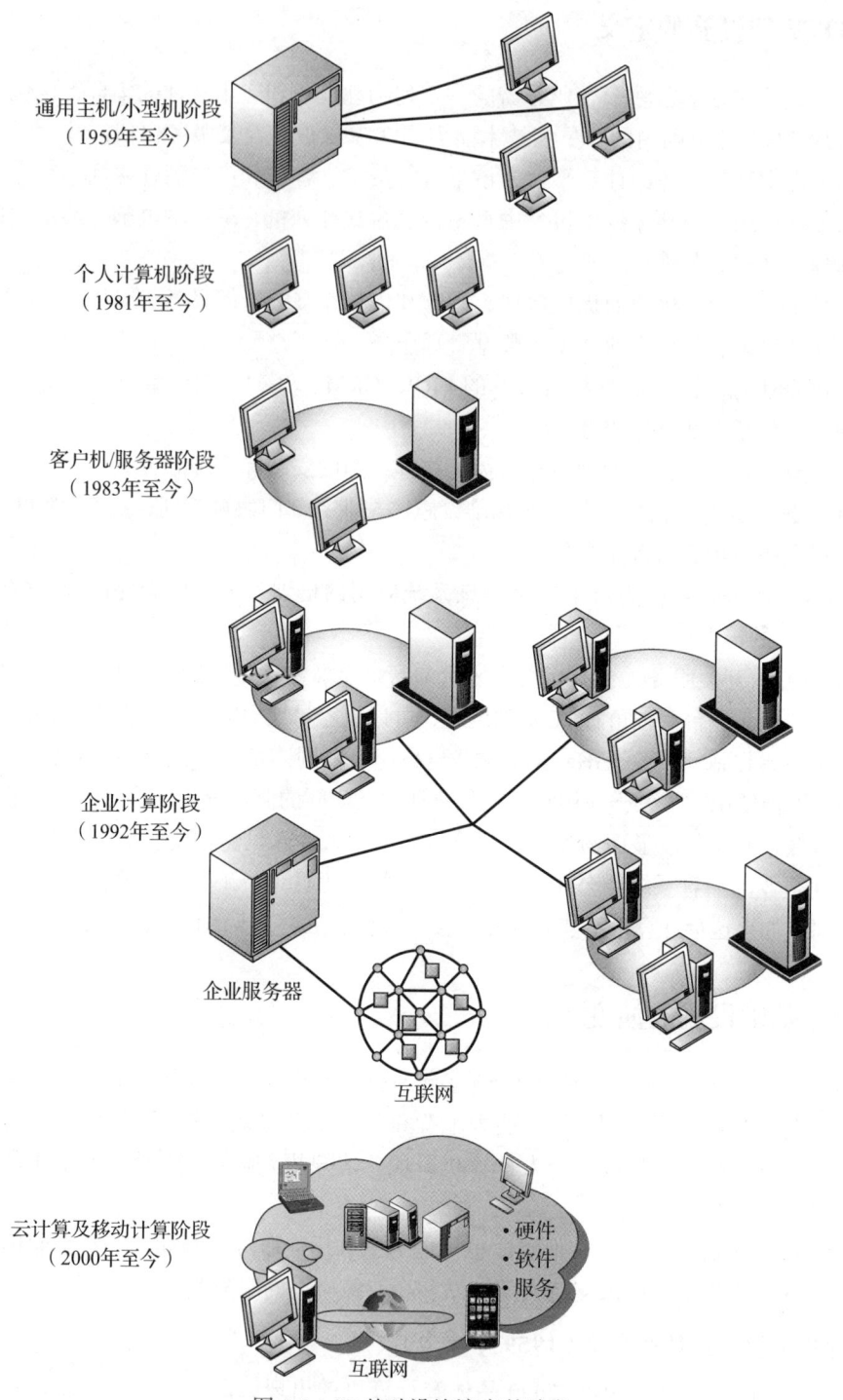

图 5-3 IT 基础设施演变的阶段

注：这里给出了代表 IT 基础设施 5 个演变阶段特征的典型计算机配置。

这一阶段采用高度集中的计算模式。计算机系统都是由专业的程序员和系统操作员集中控制（通常在企业的数据中心）。各种基础设施几乎都由同一软件和硬件生产商提供。

这种模式在 1965 年数据设备公司（Digital Equipment Corporation，DEC）推出了**小型计**

算机（minicomputer）后开始发生变化。DEC 生产的小型计算机（如 PDP-11 和后来的 VAX 系列）功能强大，但价格远远低于 IBM 的主机，这使得分布式计算模式成为可能。这种分布式计算模式可以按照各个部门或业务单元的特殊需求来定制，而不必通过分时方式来共享一台大型主机。近年来，这种小型计算机发展成为中型计算机或中型服务器，成为网络的一个组成部分。

### 2. 个人计算机阶段（1981 年至今）

第一批真正的个人计算机（personal computer，PC）最早出现在 20 世纪 70 年代，如施乐公司的 Alto、MITS 公司的 Altair 8800、苹果公司的 Apple I 和 Apple II 等，但这些计算机并没有得到普遍的应用。通常认为，1981 年 IBM PC 的出现标志着个人计算机时代的开始，这是因为 IBM PC 是第一台在美国的企业中普遍应用的设备。起初使用基于文本命令的 DOS 操作系统，后来发展为使用 Windows 操作系统的 Wintel PC（使用 Windows 操作系统以及 Intel 微处理器的个人计算机），成为标准的桌面 PC。由于平板电脑和智能手机的普及，全世界 PC 的销量减少了 10% 以上，但 PC 依然是企业中最普遍的工具。大约 88% 的桌面 PC 使用 Windows 操作系统，8% 使用 Mac OS 操作系统。由于 iPhone 和安卓设备销量的增加，Wintel 作为计算机操作平台的统治地位逐渐降低。

随着 20 世纪 80 年代和 90 年代初期 PC 的普及，涌现出了大量的个人桌面软件工具，如文字处理软件、电子制表软件、电子演示软件以及小型数据管理软件等，这些软件在个人用户和企业用户中都得到了广泛应用。此时的 PC 还是独立的系统，直到 20 世纪 90 年代 PC 操作系统的进一步发展，才具备了将孤立的 PC 连接成网络的能力。

### 3. 客户机/服务器阶段（1983 年至今）

在**客户机/服务器计算**（client/server computing）阶段中，被称为**客户机**（client）的台式计算机或便携式计算机通过网络与功能强大的**服务器**（server）连接在一起，服务器向客户机提供各种服务和计算能力。计算机的处理任务在这两类设备上完成，客户机主要作为输入的用户终端，服务器主要对共享数据进行处理和存储、提供网页，或者管理网络活动。服务器一词具有两方面的含义：一方面是指应用软件，另一方面是指用于运行网络软件的计算机物理设备。服务器可以是一台主机，今天大多数服务器是具有更强大功能的 PC，使用较便宜的芯片，通常在一个计算机机箱或者服务器机架中内置多个处理器。

最简单的客户机/服务器网络由客户机通过网络与服务器连接而成，这两类计算机具有不同的处理分工。这种架构称为**两层客户机/服务器架构**（two-tiered client/server architecture）。虽然在很多小型企业中可以见到这种两层架构的客户机/服务器网络，但大多数企业采用的是更为复杂的**多层客户机/服务器架构**（multitiered client/server architecture），通常被称为 **N 层客户机/服务器架构**（N-tier client/server architecture）。在多层客户机/服务器架构中，整个网络的工作负荷根据所请求的服务类型在不同层次的服务器中均衡（见图 5-4）。

例如，在第一层上，**web 服务器**（web server）负责响应服务请求，对存储的 web 页面进行定位和管理，向客户机提供 web 页面。如果客户机请求访问企业系统（如查询产品清单或价格），这一请求就会由**应用服务器**（application server）来处理。应用服务器软件处理在用户和企业后台业务系统之间的所有应用操作。应用服务器可以与 web 服务器放在同一台计算机上，也可以放在专用的计算机上。第 6 章和第 7 章将进一步介绍应用于电子商务和电子事务处理的多层客户机/服务器架构的其他软件。

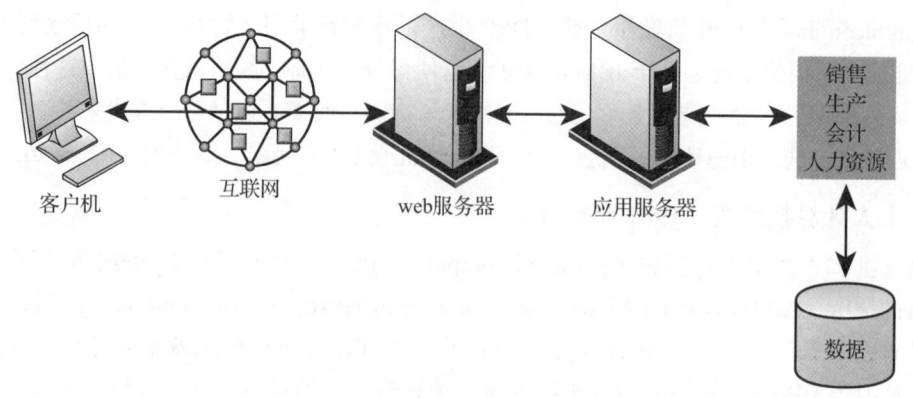

图 5-4　多层客户机/服务器网络

注：在一个多层客户机/服务器网络中，客户机的服务请求由不同层上的服务器来处理。

客户机/服务器架构使得企业可以将计算任务分散到一些较便宜的小型计算机上，相比于采用集中处理的主机系统，能大大降低成本，使企业的计算能力得以增强，企业应用软件得以增长。

Novell Netware 公司曾是在客户机/服务器阶段刚出现时的技术领导者，但今天的微软通过 Windows 操作系统（Windows Server、Windows 10 等）成为市场领导者。

### 4. 企业计算阶段（1992 年至今）

20 世纪 90 年代初期，企业开始应用一些网络标准和软件工具将分散的网络和应用整合，形成覆盖整个企业的基础设施。1995 年以后，随着互联网发展成为可靠的通信环境，企业开始应用**传输控制协议/互联网协议**（transmission control protocol/Internet protocol，TCP/IP）作为连接分散的局域网的网络标准。第 7 章将会深入讨论 TCP/IP。

随之形成的 IT 基础设施把不同的计算机硬件和较小的计算机网络连接成了一个覆盖整个企业的网络，使得信息可以在组织内部以及不同组织之间自由流动。不同类型的计算机硬件，包括主机、服务器、个人计算机及移动设备等都可以连接起来，还可以进一步与公共基础设施（如公用电话网、互联网和公共网络服务等）相连接。企业基础设施同样需要软件的支持，把分散的应用连接起来，使数据能够在企业内部的各业务部门之间自由传输，如企业应用（参见第 2 章和第 9 章）和 web 服务（将在 5.4 节讨论）。

### 5. 云计算及移动计算阶段（2000 年至今）

互联网带宽的提升推动了客户机/服务器模式更进一步向"云计算模式"的方向发展。**云计算**（cloud computing）是指提供通过网络（通常是互联网）访问计算资源共享池的一种计算模式，其中计算资源包括计算机、存储、应用和服务。这些"云"计算资源可以以按需使用的方式，从任何联网的设备和位置来访问。

如今的云计算是发展最快的计算形式。成千上万的服务器位于云数据中心，云数据中心可以被台式计算机、便携式计算机、平板电脑、娱乐设备、智能手机以及其他连接到互联网上的客户端设备访问。亚马逊、谷歌、IBM 以及微软等企业都建立了庞大的、可扩展的云计算中心，为那些希望在远程运行其 IT 基础设施的企业提供计算能力、数据存储、应用开发工具和高速互联网连接服务。谷歌、微软、SAP、甲骨文公司和 Salesforce.com 等软件生产商以销售服务的方式通过互联网交付其应用软件服务。

### 5.1.3 IT 基础设施发展的技术动因

上面所述的 IT 基础设施的发展变化，源自计算机处理能力、内存芯片、存储设备、通信和网络软硬件以及软件设计等方面的发展，这些使得计算机的计算能力呈指数上升，而成本却呈指数下降。下面将介绍其中一些最重要的进展情况。

**1. 摩尔定律和微处理能力**

1965 年，戈登·摩尔（Gordon Moore）是仙童半导体公司（Fairchild Semiconductor）研究与开发实验室的主任。他在《电子学》杂志上撰文指出，自从 1959 年微处理器芯片诞生以来，在一块芯片上可集成的元件数量每年翻一番，且每个元件（通常是晶体管）的制造成本最低。这个论断随后成为著名的**摩尔定律**（Moore's law）的基础。摩尔后来把芯片上元件数量的增长率调整为每两年翻一番。

摩尔定律至少有 3 种版本，但没有一种是摩尔本人的表述：①微处理器的处理能力每 18 个月翻一番；②计算能力每 18 个月翻一番；③计算成本每 18 个月下降一半。

图 5-5 揭示了微处理器上晶体管数量与每秒百万条指令（millions of instructions per second，MIPS）之间的关系。MIPS 是用来衡量处理器能力的一个常用指标。图 5-6 表示晶体管成本以指数级下降，且计算能力以指数级上升。例如，2018 年，你可以购买一个拥有 25 亿个晶体管的英特尔 i7 处理器芯片，每个晶体管的价格约为千万分之一美元。

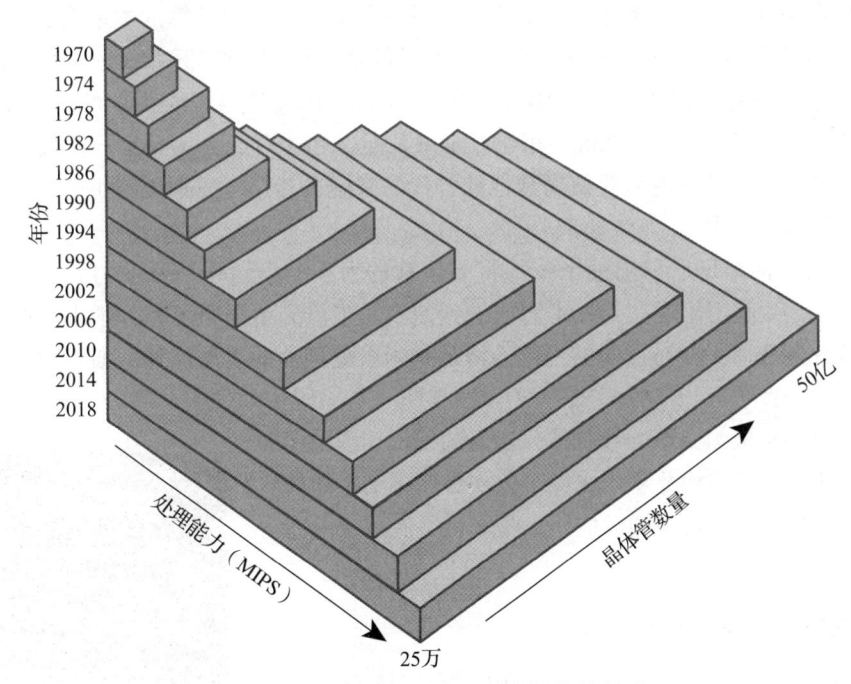

图 5-5　摩尔定律与微处理器性能的提升

注：把 50 亿个晶体管组合成一个极小的微处理器，使其处理能力呈指数增长，可达 25 万 MIPS 以上（每秒执行约 26 亿条指令）。

资料来源：作者的估算。

摩尔定律
自1965年起

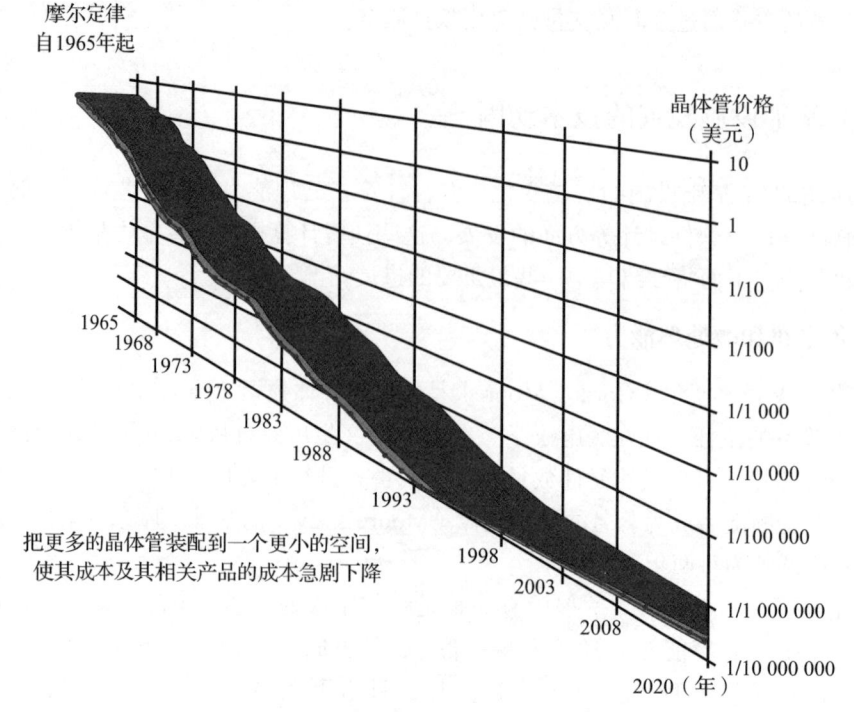

晶体管价格
（美元）

10
1
1/10
1/100
1/1 000
1/10 000
1/100 000
1/1 000 000
1/10 000 000

1965 1968 1973 1978 1983 1988 1993 1998 2003 2008 2020（年）

把更多的晶体管装配到一个更小的空间，
使其成本及其相关产品的成本急剧下降

图 5-6　摩尔定律与晶体管成本的下降
注：生产技术的变压以及大规模生产，推动了芯片和使用芯片的产品成本的大幅下降。
资料来源：作者的估算。

微处理器集成的晶体管数量呈指数上升，处理能力翻倍，但计算成本呈指数下降，这种趋势将不会持续很久。在过去的 5 年里，成本降低从每年的 30% 下降到个位数；芯片制造商继续使芯片小型化。2018 年，晶体管尺寸为 14nm，已无法与人类头发的大小（8 万 nm）相比，而应与病毒的大小（400nm）相比。未来几年，芯片可能会达到半导体尺寸的物理极限。因此，芯片制造商可能需要使用其他的替代品来制造芯片，而不再使用硅，或者寻找其他方式使计算机更强大。

芯片制造商甚至可以利用纳米技术将晶体管的大小缩小到几个原子的大小。**纳米技术**（nanotechnology）使用比现在的技术所能做到的小几千倍的单个原子和分子来制造芯片与其他装置。芯片制造商正在研发能够生产经济的纳米管处理器的生产流程。斯坦福大学的科学家已经制造出一台纳米计算机。

纳米管是一种极为微小的管状体，比人的发丝还细 10 000 倍。它由六角形的碳结构叠卷构成，可以作为非常细小的导线或者在超小型的电子设备中加以应用，是一种具有强导电能力的导体（见图 5-7）。

**2. 大规模数字存储定律**

推动 IT 基础设施变化的第二个动因是大规模数字存储定律。数字信息的总量差不多每年翻一番（Lyman 和 Varian，2003）。所幸的是，数字信息的存储成本每年以 100% 的指数

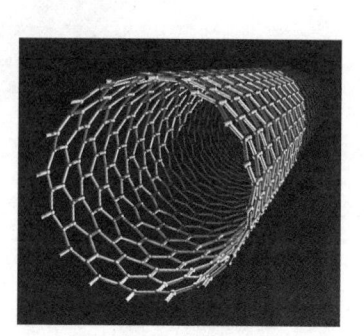

图 5-7　纳米管

率下降。图 5-8 表明了 1 美元的磁存储介质能存储的信息的千兆字节数，1950—2018 年几乎每 15 个月就翻一番。2020 年，1 TB 容量的硬盘驱动器的零售价大约为 50 美元。

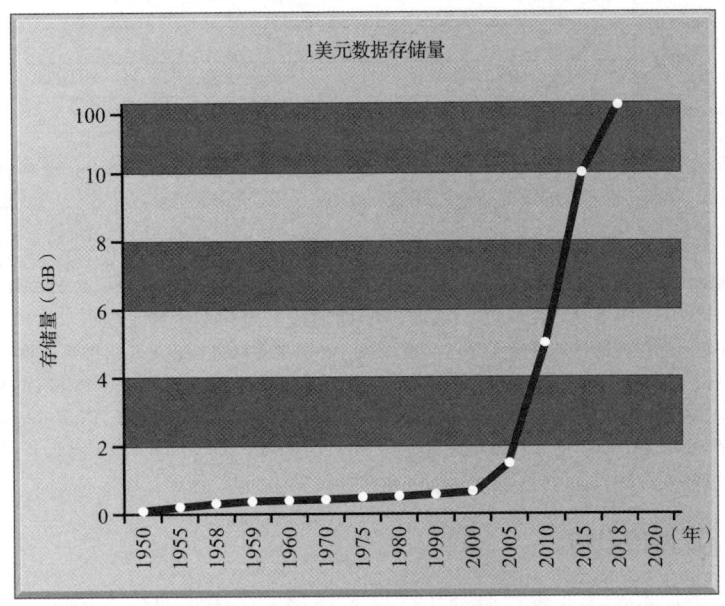

图 5-8　1950—2018 年 1 美元数据存储量呈指数级增长

注：像谷歌 Drive 这样的云存储服务，100G 的存储量每月只需 1.99 美元。
资料来源：作者的估算。

**3. 梅特卡夫定律和网络经济学**

摩尔定律和大规模数字存储定律说明了为什么今天的计算资源如此充足。但是，为什么人们还需要更多的计算资源和存储空间呢？网络经济学和互联网的发展给出了一些答案。

以太局域网技术的发明者罗伯特·梅特卡夫（Robert Metcalfe）在 1970 年指出，网络的价值或能力随着网络中成员数量的增加而呈指数增长梅特卡夫等人指出，随着越来越多的人加入网络，就会出现**规模报酬递增**（increasing returns to scale）。如果网络成员数量呈线性增加，那么整个网络的价值将呈指数增长，并且可以随着网络成员数量的增加而持续增长。数字网络使得实际连接和潜在连接的网络成员数量成倍增长，其社会价值与商业价值驱动人们对信息技术的需求不断增长。

**4. 互联网通信成本的下降**

推动 IT 基础设施不断发展的第 4 个技术动因是通信成本的迅速下降以及互联网规模的指数增长。2020 年，全球有大约 45 亿互联网用户（internetworldstats.com，2020）。图 5-9 显示了互联网和电话网的通信成本呈指数下降趋势（使用互联网的用户在不断增长）。当通信成本降低到非常低的水平甚至接近于零的时候，对于通信设备和计算设备的使用自然就会急剧增长。2008 年，消费者为 1Mbps 支付 9.01 美元。10 年后的 2018 年，这一价格已降至 0.76 美元（NCTA，2019）。

为了充分利用互联网带来的商业价值，企业必须大幅扩展与互联网的连接（包括无线连接），并大幅提升其客户机/服务器网络、客户机桌面和移动计算设备的能力。这种发展趋势必将持续下去。

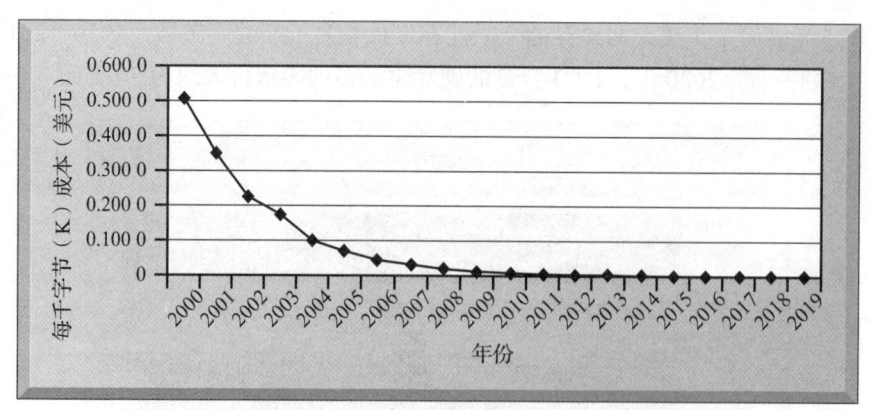

图 5-9 互联网和电话网的通信成本呈指数下降趋势

注：通过互联网和电话网进行通信的成本呈指数下降，推动了全球通信和计算需求的爆炸性增长。

资料来源："Average Internet Connection Speed in the United States from 2007 to 2017 (in Mbps), by Quarter" Statista, 2018; "Home Broadband Adoption 2006," by John B. Horrigan, PEW Research 2007; "Internet Speeds: How Fast Does Internet Speed Grow?"by Xah Lee. Date: December 30, 2006. Last updated: January 22, 2017, http://xahlee.info/comp/bandwidth.html.

**5. 标准和互联网的影响**

无论是现在还是未来，如果没有被生产商和客户广泛接受的技术标准，企业基础设施和互联网计算就不会得到快速发展。**技术标准**（technology standard）是对产品兼容性和网络通信能力规范的描述。

技术标准释放出了强大的规模经济能量，生产厂商能够按照同一标准生产产品并使得产品的价格下降。如果没有规模经济的作用，无论如何计算，其成本都会造成远大于现在的成本。表 5-1 列出了对 IT 基础设施形成有重要意义的一些技术标准。

表 5-1 计算技术中的一些重要标准

| 标准 | 意义 |
| --- | --- |
| 美国信息交换标准代码（ASCII）（1958） | 使得不同的计算机生产厂商生产的计算机之间能够交换信息；后来用作输入/输出设备（如键盘和鼠标）与计算机连接的通用语言。1963 年，被美国国家标准协会（American National Standards Institute）采纳 |
| 面向商业通用语言（COBOL）（1959） | 一种容易使用的程序语言，极大地拓展了程序员编写商业应用程序的能力，并能减少软件开发成本。1959 年由美国国防部资助研发 |
| Unix（1969—1975） | 一种强大的多任务、多用户、可移植的操作系统，首先由贝尔实验室于 1969 年研发，后来版权公开使用（1975 年），可以在不同生产厂商生产的各种计算机上运行。20 世纪 80 年代，被 Sun、IBM、惠普等企业采用，成为应用最为广泛的企业级操作系统 |
| 以太网（Ethernet）（1973） | 一种把台式计算机连接到局域网的网络协议，使得客户机/服务器计算模式和局域网得到了广泛应用，进一步促进了个人计算机的广泛使用 |
| 传输控制协议/互联网协议（TCP/IP）（1974） | 一组通信协议及一个通用寻址方案，能够使数以百万计的计算机连接起来形成一个巨大的全球网络（互联网）。后来，又被用来作为局域网和内联网默认的网络协议。20 世纪 70 年代由美国国防部研发 |
| IBM/Microsoft/Intel 个人计算机（1981） | 为个人桌面计算设计的 Wintel 标准，以标准的英特尔处理器和其他标准设备、微软 DOS 以及后来的 Windows 软件为基础。这一标准的出现以及低成本的产品，为 25 年来遍及全球的所有组织计算能力的急剧增长奠定了基础。今天每天有 10 亿台以上的个人计算机在企业和政府部门的各种活动中发挥着重要作用 |
| 万维网（1989—1993） | 一种以 web 形式对包含文本、图像、音频和视频的电子文档进行存储、检索、格式化和信息显示的标准，形成了总量达数以亿计的网页 |

20 世纪 90 年代，企业开始逐步转向标准化的计算和通信平台。Wintel PC 配合 Windows 操作系统和微软 Office 桌面软件成为标准的桌面和移动客户端计算平台（它与其他标准如苹果公司的 iOS、Macintosh 操作系统及 Android 操作系统等一起，成为当前的技术主流）。Unix-Linux 被广泛用来作为企业服务器操作系统，这使得替换掉专用和昂贵的主机型基础设施成为可能。在通信方面，**以太网**（Ethernet）标准使个人计算机能够在小型局域网（local area network，LAN）中连接在一起（参见第 7 章），TCP/IP 标准使这些局域网连接形成企业网络，进而连接到互联网。

## 5.2　IT 基础设施的组成

如今的 IT 基础设施的组成主要有 7 类，图 5-10 中列出了主要的供应商。对这些要素的投资要求在各类要素之间进行协调以使企业的基础设施整体上协调一致。

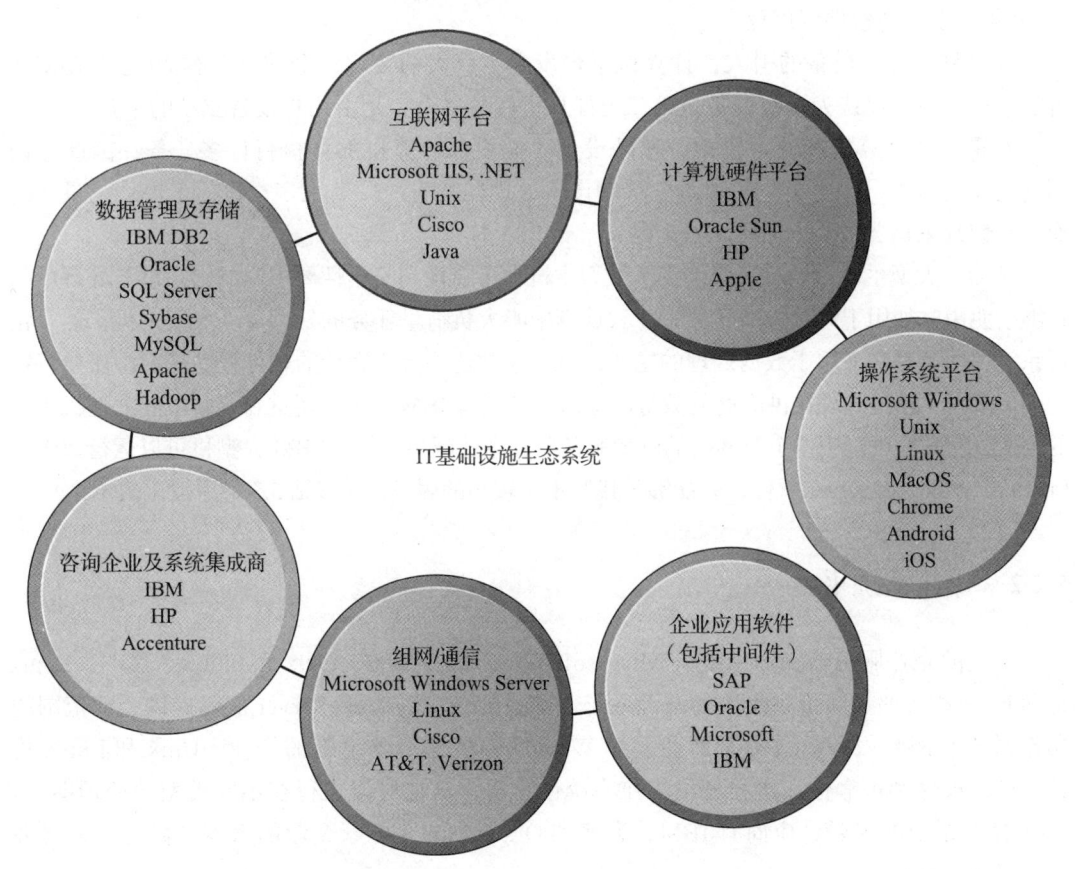

图 5-10　IT 基础设施生态系统

注：7 类主要组成部分必须相互协调，为企业提供协调一致的 IT 基础设施。

过去，提供这些产品的技术供应商相互竞争，它们通常向购买者提供一些不兼容、专用和不完整的解决方案。但是，迫于大客户的压力，这些供应商逐渐以战略合作伙伴的形式相互合作。例如，像 IBM 这样的硬件和服务供应商与一些主要的企业应用软件供应商合作，与系统集成商建立战略合作关系，并承诺无论其用户希望使用何种数据库产品都可以进行合作（尽管 IBM 也在销售它自己的数据库管理软件 DB2）。

另一个重大的变化是，很多企业正在将更多的 IT 基础架构转移到云端或外部服务机构，而使自己拥有并管理更少的资源。企业的 IT 基础设施将逐渐成为部分拥有、部分租用或授权、部分位于现场、部分由外部供应商或云服务提供的组件和服务的组合。

### 5.2.1 计算机硬件平台

2020 年，全球企业在计算机硬件设施上的开支达 6 880 亿美元，包括主机、服务器、PC、平板电脑和智能手机等。所有这些设备构成企业（和个人）计算的计算机硬件平台。

大部分的企业计算集中在由英特尔和 AMD 制造与设计的微处理芯片上。英特尔和 AMD 处理器通常被称为"i86"处理器，因为一开始 IBM 的 PC 使用了 Intel 8086 处理器，之后所有的英特尔（和 AMD）芯片向下兼容此处理器，例如，你可以在新买的 PC 上运行一个 10 年前设计的软件应用程序。

随着移动计算设备的引入，计算机平台发生了巨大的变化，全球已经有 20 亿人在使用智能手机。你可以认为这些设备是第二类计算机硬件平台，是由用户设备驱动的平台。

在第一类计算机硬件平台中，移动设备不需要像计算机那样执行许多任务，因此它们消耗更少的电力，产生更少的热量。移动设备处理器的生产厂商很多，包括苹果、三星和高通，它们都采用 ARM 公司设计的架构。

然而，大型主机并没有完全消失。大型主机在可靠性和安全性要求高的大宗事务处理中仍在继续使用，如用于海量数据的分析、云计算中心大负荷量任务的处理等。大型主机仍然是银行系统和通信网络中用于数据处理的主要设备，通常这些行业运行的软件程序较旧，需要特定的硬件平台。不过，现在供应商的数量已经减少到只有 IBM。IBM 还重新调整了其大型机系统的用途，使它们可以用作企业网络的巨型服务器和企业网站。单个 IBM 大型机可以运行数千个 Linux 或 Windows Server 软件，并能够替代数千个较小的服务器（参见 5.3 中虚拟化的讨论）。

### 5.2.2 操作系统平台

领先的企业服务器操作系统有 Microsoft Windows Server、Unix 和 Linux。其中，Linux 是和 Unix 相关的、廉价且强大的开源系统。Microsoft Windows Server 能够提供企业范围的操作系统和网络服务，适用于那些基于 Windows 的 IT 基础设施的企业。Unix 和 Linux 均具有可扩展性和可靠性，比大型机操作系统便宜得多，也可以运行在不同类型的处理器上。Unix 操作系统的主要供应商有 IBM、惠普和 Oracle-Sun，各家企业的版本稍微有些差异并且有部分不兼容。

80% 以上的 PC 使用微软 Windows **操作系统**（operating system）来管理计算机的资源及其活动。但是，与过去相比，客户端操作系统有了很大的变化，新的操作系统可用于便携移动数字设备或连接云的计算机。

谷歌的 Chrome OS 是一款用于网络计算机的云计算轻便操作系统。该程序不是存储在用户端的 PC 上，而是通过互联网和 Chrome 网页浏览器来使用的。用户数据存储在互联网的服务器上。**安卓**（Android）系统是一款开源操作系统，适用于谷歌领导的开放手机联盟（Open Handset Alliance）开发的移动设备（如智能手机和平板电脑），是全球最流行的智能手机平台。与其竞争的产品是苹果的 iOS，这是一款为 iPhone、iPad 和 iPod Touch 开发的移动操作系统。传统的客户端操作系统软件是围绕鼠标和键盘来设计的，然而现代触摸技术使用起来更加自然和直观。iOS 是非常流行的 iPad、iPhone 和 iPod Touch 等苹果公司产品中使用的操作系统，它以**多重触控**（multitouch）界面为特征，用户可以使用一个或多个手指，而无须用鼠标或键盘来操作屏幕上的对象。微软的 Windows 10 和 Windows 8 也有多重触控功能，可以用于平板电脑和 PC 上，许多安卓系统的设备也是如此。

### 5.2.3 企业应用软件

2020 年，全球用于企业应用方面的软件费用约 5 030 亿美元，这些应用软件是 IT 基础设施的组成部分。第 2 章介绍了各种类型的企业应用软件，第 9 章将会对这些软件逐一做详细介绍。最大的企业应用软件供应商是 SAP 和甲骨文公司。企业应用软件还包括中间件（middleware），由 IBM 和甲骨文公司等供应商提供，用来连接企业现有的各种应用系统，实现企业内系统的全面集成。微软正试图进入企业应用软件的低端产品市场，专门为中小企业提供产品。

### 5.2.4 数据管理和存储

企业数据库管理软件负责组织和管理企业的数据，使其能够得到有效的使用。第 6 章会进一步介绍这一类软件。IBM（DB2）、甲骨文公司、微软（SQL Server）和 SAP Sybase（Adaptive Server Enterprise）是数据库管理软件供应商中的主导者。MySQL 是一款 Linux 环境下的开源关系型数据库产品，目前由甲骨文公司所拥有。Apache Hadoop 是一种用来管理大规模数据集的开源软件架构（见第 6 章）。

### 5.2.5 网络和通信平台

2020 年，全球企业在通信设备上的开支约 1.5 万亿美元（Gartner，Inc.，2020）。Windows Server 是占据主导地位的局域网操作系统，Linux 和 Unix 紧随其后。大型企业的广域网主要使用各种版本的 Unix 操作系统。几乎所有的局域网和广域企业网络都使用 TCP/IP 作为网络通信标准（见第 7 章）。

思科和瞻博网络公司（Juniper）是主要的网络硬件供应商。通信平台主要由提供语音和数据接入、广域网、无线网服务和互联网接入服务的电信/电话服务企业提供。美国主要的电信服务供应商有 AT&T 和 Verizon。这一市场随着无线移动服务、高速互联网服务和网络电话服务等新的供应商的出现而快速发展。

### 5.2.6 互联网平台

互联网平台涵盖硬件、软件和管理服务以支持企业的 web 网站，包括网站托管服务、路由器和有线/无线设备。**网站托管服务**（web hosting service）提供的是一个大型网站服务器或一组服务器的维护服务，并为付费用户提供空间来维护其网站。

互联网革命使服务器计算机发生了真正的爆炸式增长，许多企业利用成千上万的小型服务器来运行其互联网应用。通过增加服务器的尺寸和功能，以及运用能够使单台服务器运行更多程序的软件工具，业界一直在稳步减少服务器计算机的数量。随着组织向云计算服务过渡，独立服务器计算机的使用正在减少。互联网硬件服务器市场越来越集中到 IBM、戴尔、甲骨文和惠普等企业，其价格也在大幅下降。

web 软件应用开发工具和组件市场主要有微软（微软的 Visual Studio 和 .NET 系列开发工具）、Oracle-Sun 以及其他一些独立软件开发商，包括 Adobe 等。第 7 章将深入细致地探讨企业互联网平台。

### 5.2.7 咨询与系统集成服务

当今，即便是一家大型企业，也可能已经没有专门的人员、技能、预算来部署和维护其整个 IT 基础设施。建立新的 IT 基础设施需要对业务流程、操作程序、培训教育以及软件集成等方面进行重大变革（见第 13、14 章）。领先的咨询企业能够提供这些方面的专业知识服务，如埃森哲（Accenture）、IBM Services、惠普、Infosys 和 Wipro 等。

软件集成是指将企业旧的遗留系统与新的基础设施相融合，确保基础设施的各个组成部分之间相互协调。**遗留系统**（legacy system）一般是指为主机型计算机建立的那些旧的事务处理系统，企业为了避免因更换和重新设计而产生更高的成本而继续使用。如果这些旧的系统可以和当前的基础设施整合，从成本上考虑就没必要更换。

## 5.3 当前计算机硬件平台的发展趋势

计算机硬件和网络技术急剧增长的能力极大地改变了企业组织其计算能力的方式，企业更加重视网络、移动便携设备方面的计算能力和以服务的形式获得更多的计算能力。以下分别介绍硬件的 8 个发展趋势。

### 5.3.1 移动数字平台

第 1 章指出，新型的移动数字计算平台正在兴起，它替代了个人计算机和大型计算机。iPhone 和安卓智能手机已经具有很多个人计算机的功能，包括数据传输、浏览网页、收发邮件、即时通信、显示数字内容以及与企业内部系统进行数据交换。移动平台还包括上网本、**平板电脑**（tablet computer）和电子书阅读器。上网本专门针对无线通信和互联网访问进行了优化设计，平板电脑如 iPad、电子书阅读器如亚马逊的 Kindle，具有访问网页的能力。

智能手机和平板电脑逐渐用于商用计算和个人应用。例如，通用汽车公司的高层管理者会使用智能手机应用软件对汽车销售、财务绩效、生产指标和项目管理状况等信息进行挖掘分析。

可穿戴计算设备是移动数字平台的新成员，包括智能手表、智能眼镜、智能身份证和运动跟踪器等。可穿戴计算技术有许多商业用途，特别是在不需要中断工作的情况下向仓库或现场的工人传递信息。

## 5.3.2 IT 消费化和 BYOD

智能手机和平板电脑的普及、易用以及大量可供使用的应用程序，极大地激发了员工在工作环境中使用自己的移动设备的兴趣，这种现象被通俗地称为"**自带设备**"（bring your own device，BYOD）。BYOD 是 IT 消费化的一个方面。IT **消费化**（consumerization of IT）是指新的 IT 首先出现在个人消费者市场，然后才扩散到组织的商业应用中。IT 消费化不仅包括移动个人设备，还包括起源于个人消费者市场软件服务的商业应用，如谷歌和雅虎的搜索引擎、Gmail、Google Apps、Dropbox，甚至是 Facebook 和 Twitter 等。

IT 消费化迫使企业重新思考获取和管理信息技术装备与服务的方式。历史上，至少在大型企业中，主要由 IT 部门负责选择和管理企业及员工使用的 IT 与应用，负责向员工提供能够安全访问企业信息系统的台式计算机或笔记本电脑。IT 部门负责整个组织的硬件和软件，确保组织业务得到保护，以及信息系统能够服务于组织的目标和管理。如今，员工和业务部门在 IT 的选择过程中发挥了更大的作用，在很多情况下，员工需要使用自己的笔记本电脑、智能手机和平板电脑来访问企业的网络。企业要管理和控制这些属于员工个人的技术设备，并保障它们能够服务于企业的需求，就显得更加困难。本章章末的案例研究将探讨 BYOD 和 IT 消费化给管理带来的一些挑战。

⊙ 互动讨论：管理

### 企业应当如何对待 BYOD

几乎每个有智能手机的人都希望能够将手机带去上班并在工作中使用它，很多雇主可能希望员工这么做。MarketsandMarkets 的一项 BYOD 趋势调查发现，到 2018 年初，北美企业中的 BYOD 采用率接近 50%。将便携设备用于工作任务可每天为员工节约 58min，同时将生产率提高 34%。但如果管理不当，BYOD 也会造成问题。

每名员工都携带自己的设备在工作中使用时，IT 部门存在丧失对硬件控制的风险。如无管理移动设备的政策或工具，组织会无法控制安装什么 app 或程序、如何保障设备的安全或下载什么文件。过去，企业能够控制员工使用什么技术，由此防止隐私侵犯、黑客行为和对企业信息的未授权访问。未能控制硬件就意味着更多漏洞。这是与 BYOD 的重量级权衡：向员工提供更大的灵活度，但同时可能将企业暴露于更多风险中。

当员工将自己的设备带到工作中时，他们可能会受到诱惑，在岗时就将它们用于娱乐目的或和朋友聊聊近况。员工陷入短信、YouTube 视频和检查 Facebook 更新的无尽黑洞是一件极其容易的事情，生产率会受到影响。

BYOD 要求企业的很大一部分 IT 资源专门用于管理和维护组织内的大量设备。移动数字领域相当复杂，市场上有各种各样的设备和操作系统。苹果的 iOS 被视为一个封闭系统，只能在有限数量的不同苹果移动设备上运行。安卓在全球智能手机市场享有统治地位，但全世界有数千种基于安卓的不同型号的设备。

如果允许员工用一种以上移动设备和操作系统工作，企业需要一种有效的方法来跟踪记录员工正在使用的所有设备。如要访问企业信息，企业的网络必须进行配置，以接收来自该设备的连接。当员工更改个人手机，如切换移动通信运营商、更改手机号码或干脆买了新的移动设备时，企业将需要快速且灵活地确保员工仍能够保持生产效率。企业需要系统来跟踪员工在使用什么设备、设备在什么位置、它是否正在使用之中以及它装备了什么软件。对于无准备的企业，跟踪谁获得了什么数据的访问权限，可能就如同一个噩梦。

对于被移动设备所访问的企业信息的安全保障，存在重大问题。如果某一设备被盗或遭到破坏，企业需要有方法确保敏感或机密信息不会不受限制地被任何人获取。移动性将资产和数据相比仅位于企业墙内、在企业机器上时处于更大的风险之中。企业通常使用使它们能够远程清除设备数据或加密数据的技术，这样在设备被盗时，设备就会无法使用。

兄弟工业（Brother Industries）非常强调安全性，因此它一开始尝试采用BYOD时，限制相当多。兄弟工业是一家总部位于日本的打印设备全球制造商，2012年将iPhone和iPad作为其标准的移动设备。但这一早期的BYOD计划并不允许访问苹果的应用商店。希望从苹果直接下载商业应用程序的员工必须向管理层申请许可。而后兄弟工业放松了这些严格的限制，采用了一个移动管理平台，在安全保护企业网络与服务器的同时允许员工安装他们所需的app。员工仍感到不满意，因为他们仍然无法阅读电子邮件所附的密码保护文件，而且电子邮件和日历无法正确显示。在工作现场的员工不得不返回办公室查看文件附件。

这些问题在兄弟工业为自身以及子企业采用MobileIron进行企业移动性管理后得到了缓解。员工能够查看电子邮件的密码保护文件并在更大范围内使用符合企业规章的app。管理层可以监控正在使用什么app以及如何使用。但兄弟工业还未为整个企业进行单个移动设备管理解决方案的标准化。兄弟工业本身、其日本和美国的子企业以及亚洲的工厂使用MobileIron，但其他亚洲销售企业和欧洲子企业使用不同的解决方案。允许这一差异是因为另外的这些地点对移动设备有不同的使用偏好和使用方式。

总部位于伦敦的专业服务跨国企业Arup使用MobileIron管理更广泛范围的基于iOS、安卓和Windows移动操作系统的设备。Arup为建筑和其他人造环境提供工程、规划、项目管理和咨询服务，在34个国家拥有1.4万多名员工。很多Arup员工在其工作活动中使用移动设备和app，他们的工作活动通常是现场工作，移动性提高了他们的生产效率。Arup重点指出了一系列生产力app并强调企业有能力支持BYOD，由此鼓励员工将其设备加入企业的BYOD计划。Arup的移动政策因地区而异。在美国和欧洲，很多员工装配企业所有的移动设备，但他们也能够通过一个自助服务门户注册自己的个人设备。而亚洲的员工则是从一个企业批准的清单中挑选移动设备。Arup的BYOD计划包含数千台移动设备，其中65%基于iOS，30%基于安卓，其余基于Windows。

资料来源："Brother Industries Switches to MobileIron for Optimal Mobile Business Technology" and "Arup Builds a Mobile-First Future with MobileIron," www.mobileiron.com, accessed March 6, 2020; Lilach Bullock, "The Future of BYOD: Statistics, Predictions and Best Practices to Prep for the Future," *Forbes*, January 21, 2019; and Stasmayer Incorporated, "The 'Bring Your Own Device' Trend: Is It Worth It?" www.stasmayer.com, accessed March 10, 2018.

**案例分析题：**

1. 允许员工使用个人移动设备工作有什么好处和坏处？

2. 在决定是否允许员工使用个人移动设备工作时,应该考虑哪些管理、组织和技术因素?

3. 比较和评估本案例研究中描述的企业如何应对 BYOD 的挑战。

4. 允许员工使用自己的智能手机工作将为企业节省资金。你同意吗?为什么?

### 5.3.3 量子计算

**量子计算**(quantum computing)使用量子物理学的原理来表示数据,并对这些数据进行操作。传统的计算机只能以 0 或 1 的形式处理数据比特,而不能同时处理,但量子计算可以同时处理 0、1 或两者的数据单元。量子计算机通过同时处于多个状态的能力获得巨大的处理能力,从而使其能够以比现在的方法快数百万倍的速度来解决一些科学和商业问题。IBM 通过 IBM Cloud 向大众提供了量子计算。谷歌的 Alphabet、微软、Intel 和 NASA 也在研究量子计算平台。量子计算目前仍然是一种新兴技术,但它的实际应用在快速增长。

### 5.3.4 虚拟化

**虚拟化**(virtualization)是指提供一组不受物理配置或地理位置限制能够访问的计算资源(如计算能力或数据存储)。虚拟化能够使单一的物理资源(如服务器或存储设备)以多种逻辑资源的形式呈现给用户。例如,一台服务器或主机可以配置为运行一种操作系统(或者不同的操作系统)实例,使得它好像是很多不同的计算机。对于软件程序来说,每个虚拟服务器看上去都好像是真正的服务器,多个虚拟服务器也可以在同一台计算机上并行。VMware 公司是为 Windows 和 Linux 服务器提供虚拟化软件的主要供应商。

服务器虚拟化是通过在一台物理计算机上安装多个系统,从而降低技术成本的普遍方法。大多数服务器只发挥了 15%~20% 的性能,虚拟化可以将服务器的性能发挥到 70% 或更高。更高的运行效率意味着处理相同的工作所需要的计算机数量更少,用于存放机器的数据中心空间更少,同时能耗更低。虚拟化还能促进硬件管理的集中与合并。

虚拟化还可以将多个物理资源(如存储设备或服务器)整合为单个逻辑资源,如在**软件定义存储**(software-defined storage,SDS)中那样,将管理数据存储的软件与硬件分离。企业通过使用软件就可以集中安排多个存储设备资源,并有效地分配以满足特定的应用需求。SDS 使企业能够以较低的成本购买计算机硬件和云存储硬件,从而大大减少存储资源利用不足或利用过度的现象。

### 5.3.5 云计算

现在,企业和个人都可以远程使用虚拟化 IT 基础设施来执行所有的计算工作,就像云计算一样。云计算是一种计算模式,其中计算机处理、存储、软件和其他服务都通过网络由虚拟资源共享池提供。这些计算资源的"云"可以根据需要从任何连接的设备和位置进行访问。图 5-11 说明了云计算的概念。

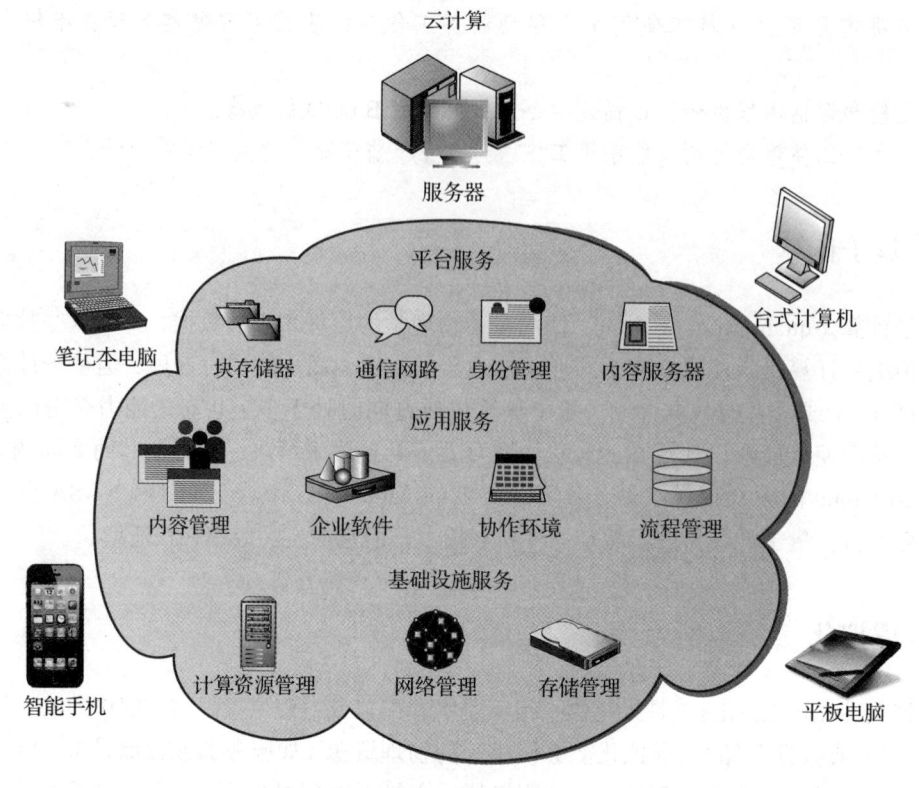

图 5-11 云计算

注：在云计算中，硬件和软件是通过网络（通常是互联网）提供的一组虚拟化资源。企业和员工可以随时随地用任何设备访问应用程序和 IT 基础设施。

美国国家标准与技术研究所（The U.S. National Institute of Standards and Technology，NIST）将云计算定义为具有如下基本特征（Mell 和 Grance，2009）。

- **按需自服务**：用户能够按需要自动获取如服务器时间或网络存储一类的计算能力。
- **泛网络接入**：通过标准的网络和互联网设备可以访问云计算资源，包括移动平台。
- **与位置无关的资源池**：计算资源聚集在一起为各类用户提供服务，根据用户需求，动态分配不同的虚拟资源，用户通常不用知道计算资源的位置在何处。
- **高度灵活性**：计算资源能够迅速组织、增加或减少，以满足用户需求的变化。
- **可测量的服务**：云资源的使用费用按照实际的资源使用量来计算。

云计算由 3 种不同类型的服务构成。

- **基础设施即服务**（infrastructure as a service，IaaS）：客户从云服务商处获取处理、存储、网络及其他计算资源来运行信息系统。例如，亚马逊利用其闲置的 IT 基础设施能力来提供具有广泛用途的云环境，出售其 IT 基础设施服务。这些服务包括可供存储客户数据的**简单存储服务**（simple storage service，S3）和可供客户运行其应用的**弹性计算云服务**（elastic compute cloud，EC2）。客户仅需按其实际的计算和存储能力的使用量来付费（参见"互动讨论：组织"部分）。图 5-12 展示了亚马逊提供的网络服务的服务范围。

- **软件即服务**（software as a service，SaaS）：客户通过网络使用供应商提供的安装在供应商云基础设施上的软件。谷歌的 G Suite 是提供 SaaS 服务的领先者，它提供常见的在线商业应用程序。此外还有 Salesforce.com，它在互联网上提供 CRM 及相关的软件服务。它们都向客户按年收取订阅费，其中谷歌还有一个精简的免费版。用户通过 web 浏览器访问这些应用，数据和软件保存在供应商的远程服务器上。

- **平台即服务**（platform as a service，PaaS）：客户使用云服务供应商提供的基础设施和编程工具来开发自己的应用。例如，微软为软件开发和测试提供了在 Azure 云服务上的 PaaS 工具和服务。另一个例子是 Salesforce.com 的 Salesforce 平台。

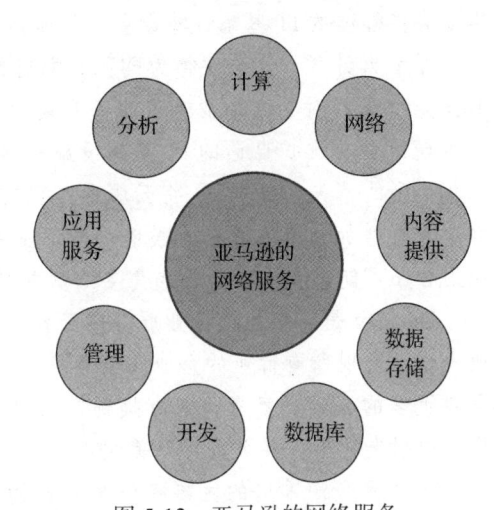

图 5-12　亚马逊的网络服务

注：亚马逊网络服务（Amazon Web Services，AWS）是亚马逊在其云平台上提供给用户的一系列网络服务。AWS 是美国最大的云计算服务供应商。

⊙ 互动讨论：组织

## 展望云

如果要查看计算在哪里进行，请仰望云端。现在，云计算是增长最快的计算形式。根据全球云服务供应商 AllCloud 的《2020 年云基础设施报告》，85% 的受访企业表示，它们到 2020 年年底将把大部分工作负载放在云上，24% 的企业计划只使用云。

云计算已成为各种规模的企业负担得起的选择，不管是小型的互联网初创企业，还是像 Netflix 和 FedEx 这样的成熟企业。例如，AWS 为订阅的企业提供灵活的计算能力、数据存储以及数据管理、消息传递、支付和其他服务，这些服务可以根据业务需要一起或单独使用。任何拥有互联网连接且有一点钱的人，都可以利用与亚马逊自己用于运营零售业务相同的计算系统。只要客户提供有关所需的服务器空间、带宽、存储和其他任何服务的需求，AWS 就可以自动分配这些资源。你无须支付每月或每年的费用来使用亚马逊的计算资源，而是完全按照所需的资源进行付费即可。规模经济使成本保持在较低水平。

云计算确实吸引了许多企业客户，因为云服务供应商会负责处理 IT 基础架构所有的维护和保养工作，从而使这些企业把更多的时间花费在更高价值的工作上。初创企业和较小的企业不再需要构建自己的数据中心。随着像亚马逊这样随时可用的云基础设施的出现，这些小企业也可以获取那些以前仅供大企业使用的技术功能。

总部位于旧金山的 99designs 经营着一个在线市场，将需要标识、宣传册、服装和包装设计的企业或个人与能够提供这些服务的设计师联系起来。它拥有超过 160 万注册用户，每秒会收到两个新的设计提交任务。设计师通过回应张贴在网站上的客户设计简报来竞争工作。该企业使用 AWS 托管其信息系统，因为它可以轻松满足流量和用户逐年快速增长带来的计算需求，而无须在新信息技术上进行高额前期投资。99designs 使用 AWS 进行数据管理、托管应用程序和存储非常大量的设计数据（超过100TB）。AWS帮助99designs减少了需要直接管理的IT基础设施数量，从而持续节省运营成本。

尽管云计算一直被吹捧为购买和拥有信息技术的一种更便宜、更灵活的选择，但情况并非总是如此。对于大企业来说，每月向公共云供应商支付10 000或更多员工的服务费实际上可能比企业维护自己的IT基础设施和员工更昂贵。企业还担心使用按次付费模式会带来意想不到的"失控成本"。将云服务与现有IT基础设施集成，错误、管理不善或异常高的网络流量将增加云服务用户的账单。当企业决定将IT基础设施从内部转移到基于云的设置时，应用程序可能需要重大升级或需要淘汰并替换。

Densify是一家为大企业服务的云优化企业，它调查了70家全球企业和200名云行业专业人士，发现所有行业的企业在云服务上的超支可能高达42%。这些企业一直在估计比实际需要更多的云计算容量，或者提前购买他们从未使用过的备用容量。这可能导致每年在IT预算中损失数十万甚至数百万美元。

云计算广泛采用的主要障碍是对云的可靠性和安全性的担忧。2018年9月，恶劣天气导致硬件停机，微软Azure云服务中断，影响了36个云服务。一些服务需要两天时间才能恢复存储。2019年6月2日的网络拥塞问题导致许多谷歌云服务、G Suite应用程序和YouTube瘫痪了大约4h。大量使用谷歌云服务的品牌，如塔吉特、美国国立卫生研究院、eBay、贝宝和Snapchat，都可能受到此次宕机的影响。2019年8月31日，由于公用事业停电，AWS在北弗吉尼亚州的一个数据中心发生了停电，并且在过去5年中还经历了其他重大的云中断。随着云计算的不断成熟和主要云基础设施供应商获得更多的经验，云服务及其可靠性稳步提高。专家建议，对于那些宕机将是主要风险的企业，应考虑使用另一种计算服务作为备份。

2016年2月，Netflix在完成了一个长达10年的项目后关闭了自己的数据中心，并专门使用亚马逊的云服务来运营其业务。管理层很高兴不用再提前几个月来估算企业所需的硬件、存储和网络需求了，也不用束缚企业的资源来保护和维护硬件了。AWS将提供Netflix目前所需的任何硬件，而Netflix拥有自己的软件，这对于内容驱动型业务更为重要。

尽管Netflix、Intuit和Juniper Networks等企业都采用了"云优先"战略，即所有的计算工作都在云中进行，但其他企业正在缩减云计算投资。这些企业发现，它们缺乏内部专业知识，无法有效地管理向亚马逊网络服务（Amazon Web Services）和微软Azure等公共云服务的转移。如果它们必须恢复、移动或访问它们的信息，成本就会成倍上升。云带来了新的复杂性。

在线文件托管企业Dropbox是AWS早期的一个成功案例，但它从未在AWS上运行其所有系统。Dropbox建立世界上最大的数据存储之一的战略依赖于拥有自己的计算资源。Dropbox移除了与AWS一起运行的大部分系统，以构建更适合其需求的系统，在3年内节省了近7 500万美元的基础设施成本。然而，这种转变代价高昂。该企业花费了超过5 300万美元在3个托管设施中定制架构，以容纳EB级存储。Dropbox将其余10%的用户数据存储在AWS上，部分原因是将数据本地化到美国和欧洲。

许多大企业正在将更多的计算转移到云端，但无法完全迁移，因为传统系统最难切换。大多数中型和大型企业都倾向于采用混合云的方法。顶级的云服务供应商（如亚马逊、谷歌、微软和IBM）出于某些目的，使用自己的公有云服务，但它们继续在私有服务器上保留了某些功能。对可靠性、安全性和变更风险的担忧使它们很难将关键的计算任务转移到公有云。

资料来源:"AllCloud Reveals Current and Emerging Trends in Cloud Infrastructure," https://allcloud.io/press_releases/allcloud-revealscurrent-and-emerging-trends-in-cloud-infrastructure, January 15, 2020, accessed May 11, 2020; "Top IT Outages of 2019," StatusCast, January 2020; "AWS Case Study: 99designs," https://aws.amazon.com, accessed March 7, 2020; Chris Preimesberger, "How Cloud Environments Will Evolve Over the Next Few Years," *eWeek*, March 12, 2019; Angus Loten, "Rush to the Cloud Creates Risk of Overspending," *Wall Street Journal*, July 25, 2018; Trevor Jones, "Dropbox Is Likely an Outlier with Its Successful Cloud Data Migration off AWS," searchaws.com, February 28, 2018; Andy Patrizio and Tom Krazit, "Widespread Outage at Amazon Web Services' U.S. East Region Takes Down Alexa, Atlassian Developer Tools," *GeekWire*, March 2, 2018.

**案例分析题:**

1. 云计算服务给企业提供了什么样的好处?解决了哪些问题?
2. 云计算的缺点是什么?
3. 什么样的企业最有可能受益于使用云计算?为什么?

第 2 章介绍了 Google Docs、Mircosoft 365 和相关的软件服务,以实现桌面生产力和合作。这些是最受用户欢迎的软件服务,在企业中使用得越来越多。Salesforce.com 是一家领先的软件服务企业,通过互联网租赁软件服务为客户提供 CRM 和其他应用软件解决方案。其中,它的销售云和服务云提供了改善销售和客户服务的应用,销售云能够使企业通过电子邮件、移动、社交、网络和连接产品与客户进行数字化营销互动。Salesforce.com 还提供在线合作和参与的社区云平台,以及部署销售、服务、营销和自定义分析应用的分析云平台。

Salesforce.com 也是 PaaS 的领先企业。它的 Salesforce 平台使客户可以开发、启动和管理自己的应用程序,而无须处理创建软件所需的基础设施。Salesforce 平台提供了一组开发工具和 IT 服务,使用户能够自定义 Salesforce.com 的 CRM 应用,或者构建全新的应用,并在 Salesforce.com 的数据中心基础设施云端运行。Salesforce.com 还在其 AppExchange 上列出了其他独立开发商的软件,AppExchange 是在 Salesforce 平台上运行的第三方应用程序的在线市场。

云分为公有云和私有云。**公有云**(public cloud)由云服务供应商拥有和维护,可以供公众和行业机构使用,如亚马逊的 Web Services。公有云服务通常用于具有公共信息和产品描述的网站、一次性大型计算项目、开发和测试新的应用以及诸如数据、音乐和照片等在线存储等消费者服务。Google Drive、Dropbox 和 Apple iCloud 都是这种消费者公有云服务的主要案例。

**私有云**(private cloud)由某个组织运营,可以由组织自身或者第三方来管理,可以在组织的工作场所内,也可以在工作场所外。同公有云一样,私有云也能够实现无缝分配存储、计算能力或其他资源,以按需提供的方式提供计算资源。需要柔性 IT 资源以及云服务模式的企业,在保留对自己的 IT 基础设施控制的同时,均在向私有云方面加速发展。

使用公有云的组织不拥有基础设施,不需要进行大量的硬件和软件投资。取而代之的是,它们从远程服务供应商那里购买计算服务,仅需为实际使用的计算资源付费,或按月或按年订购的方式付费。**按需计算**(on-demand computing)一词,就是指这类服务。

云计算也有一些不足。除非用户有特殊要求,数据存储和控制一般由供应商负责。有些企业担心把重要的数据和系统委托给供应商,而这些供应商与其他企业也有合作,这样会存在安全风险。企业希望它们的系统能够全天候工作，不希望因云基础设施故障给企业带来任何业务损失。然而，企业把更多的计算机处理和存储转移到某种形式的云基础设施，已是大势所趋。尤其是对初创企业、IT 资源和预算有限的小企业而言，公有云的服务特别有效。

大型企业可能采用**混合云**（hybrid cloud）计算模式，即用自己的基础设施处理最核心的业务，使用公有云计算运行次要的系统或在业务高峰期间提供额外的处理能力。表 5-2 比较了 3 种云计算的模式。云计算将使企业从拥有固定的基础设施转向更为灵活的基础设施，一些由企业自己拥有，一些向计算机硬件供应商拥有的大型计算机中心租用。

表 5-2 云计算模式比较

| 云类型 | 描述 | 管理者 | 用户 |
| --- | --- | --- | --- |
| 公有云 | 为不同的用户提供计算、存储和软件服务的第三方服务，对公众开放 | 第三方服务供应商 | 不太关注隐私的企业、寻找 IT 服务按需付费的企业、缺少 IT 资源和专家的企业 |
| 私有云 | 只为某个企业运营的云基础设施，可以部署在企业内部，也可以在企业外部 | 内部的 IT 部门或专属的第三方运营商 | 对隐私和安全有特殊需求的企业、必须控制数据归属权的企业 |
| 混合云 | 公有云和私有云服务的组合，由不同的实体维护 | 内部的 IT 部门、专属托管、第三方供应商 | 需要 IT 内部控制，同时又希望在公有云上租用一部分 IT 基础设施的企业 |

### 5.3.6 边缘计算

让连接到云计算系统中所有的笔记本电脑、智能手机、平板电脑、无线传感器网络和本地服务器与某个中央公有云数据中心交互处理所有的数据，这种效率是很低的，成本也是高昂的。**边缘计算**（edge computing）是一种优化云计算系统的方法，在网络边缘、靠近数据源的一组链接服务器上执行某些数据处理，目的在于减少本地计算机和其他设备与中央云数据中心之间来回传输的数据量。

当传感器或其他物联网设备不需要经常连接到中央云时，边缘计算的部署就非常有用。例如，大海中的石油钻井平台可能有数千个传感器产生大量的数据，这是为了确认系统是否正常工作。这些数据不需要一产生就通过网络发送出去，因此，本地边缘计算系统可以对数据进行编译，并将每日报告发送到中央数据中心或云端进行长期存储。这样，通过网络只发送重要的数据，边缘计算系统减少了网络传输的数据量。

边缘计算还可以降低数据传输和处理的延迟，因为数据不必通过网络传输到远程数据中心或云端进行处理。这对于那些毫秒级延迟都无法忍受的情况是非常理想的，比如金融服务、制造业或自动驾驶汽车。

### 5.3.7 绿色计算

为了抑制硬件的急剧增长和能源的消耗，虚拟化成为促进绿色计算的一种主要技术。**绿色计算**（green computing）或**绿色 IT**（green IT），是指以对环境影响最小化为目标的实践和技术，用来指导对计算机、服务器及其相关设备如显示器、打印机、存储设备及网络和通信系统等的设计、生产、使用和处置。

据 Green House Data 称，世界上数据中心使用的能源与 30 个核电站的产能一样多，占世界所有能源使用量的 1.5%。降低计算机能耗一直是"绿色"的重中之重。企业数据中心可以轻松地消耗超过标准办公大楼 100 倍以上的电力。所有这些额外的能耗对环境和企业运营成本都有负面影响。考虑到能源效率问题，数据中心的设计采用先进的空气冷却技术、节能设备、虚拟化和其他节能措施。像微软、谷歌、Meta 和苹果这样的大企业，正在广泛使用节电设备和风力、水力发电技术，以清洁能源的数据中心来减少碳排放。

### 5.3.8 高性能及节能处理器

降低能源需求和硬件增长的另一种途径是采用更有效、更节能的处理器。当代微处理器的特征是在一个芯片上有多个处理器核（处理器核执行读取指令和运行指令操作）。**多核处理器**（multicore processor）是指一个集成电路板上集成了两个或多个处理器核，以增强其性能，减少能源消耗，提高多任务并行处理的效率。这项技术使得两个或两个以上的处理器集成在一起，与资源匮乏的单核处理器芯片相比，能耗低、散热及处理速度快。如今的个人计算机一般已拥有了双核、四核、六核和八核的处理器，服务器一般具有 16 核和 32 核处理器。

英特尔及其他芯片生产商开发出了能耗最低的微处理器，这对延长小型移动数字设备中电池的供电时间非常关键。具有高效能的微处理器，像苹果的 iPhone 和 iPad 使用的 A10、A11 Bionic 和 A12 Bionic 处理器以及英特尔的 Atom 处理器等都能用在轻量的智能手机、平板电脑、智能汽车以及医疗设备中。

## 5.4 当前计算机软件平台的发展趋势

当前计算机软件平台的发展主要有 4 个主题。
- Linux 和开源软件。
- 网络软件：Java、HTML 和 HTML5。
- 网络服务和面向服务的架构。
- 软件外包和云服务。

### 5.4.1 Linux 和开源软件

**开源软件**（open source software）是由全世界成千上万的程序员共同编写的软件。根据开源软件专业协会权威机构 OpenSource.org 的定义，开源软件是免费使用并可以被用户修改的软件。由初始源代码衍生出来的软件也应该是免费的。严格来说，开源软件并不受任何操作系统或硬件技术的限制。

流行的开源软件包括 Linux 操作系统、Apache HTTP 网络服务器、Mozilla Firefox 网络浏览器以及 Apache OpenOffice 桌面软件包。谷歌的安卓手机操作系统和 Chrome 网络浏览器都是基于开源工具开发的。你可以从**开放源码促进会**（Open Source Initiative，OSI）获得更多关于开放源码概念的知识。

最出名的开源软件应该是 Linux，一个与 Unix 相关的操作系统。Linux 操作系统最初由芬兰程序员林纳斯·本纳第克特·托瓦兹（Linus Benedict Torvalds）编写，并于 1991 年 8 月首次在互联网上发布。Linux 应用程序可以嵌入移动电话、智能手机、平板电脑和其他个人电子设备中。用户可以从互联网上下载 Linux 的免费版本，也可以购买价格低廉的商业版本，并得到如 Red Hat 一类供应商的工具和支持。

尽管 Linux 并不用于大多数桌面系统，但是它在服务器、主机型计算机和超级计算机中是领先的操作系统。IBM、惠普、英特尔、戴尔和甲骨文公司都将 Linux 作为提供给企业的核心服务产品。Linux 对企业软件平台具有深远的影响，包括更低的成本、更好的可靠性和适应性，这是因为 Linux 可以在各种主要的硬件平台上运行。

### 5.4.2　网络软件：Java、HTML 和 HTML5

**Java** 是由 Sun Microsystems 创建的，是独立于操作系统和处理器的、面向对象的编程语言，已经成为网络领先的交互式编程环境。Java 平台已嵌入移动电话、智能手机、汽车、音乐播放器、游戏机、服务交互式内容和按次付费服务的机顶电缆系统中。Java 软件可以在任何计算机或计算设备上运行，不管设备使用什么特定的微处理器或操作系统。在使用 Java 的每个计算环境中，Java 虚拟机提供了解释和可以运行在该机器上的 Java 编程代码的环境。代码以这种方式只需要编写一次，就可以在有 Java 虚拟机的任何机器上使用。

Java 开发者可以编写出小的**应用程序**（applet），这种应用程序可嵌入网页并下载到网络浏览器上运行。**网络浏览器**（web browser，web 浏览器）是一个有图形界面的，可以用来显示网页、访问网站和其他互联网资源的简单易用的软件。微软的 Internet Explorer 和 Microsoft Edge、Mozilla 的 Firefox、谷歌的 Chrome 以及苹果的 Safari 都是具有代表性的浏览器。在更加复杂的企业电子商务应用中，Java 往往用于开发与企业后台事务处理系统进行通信的程序。

**HTML**（hypertext markup language）是一种网页描述语言，用来描述如何在一个网页中放置文本、图形、影像和声音等，并创建与其他网页和对象的动态链接。通过这些链接，用户只需要点击高亮的关键词或图形，就能够立刻使链接的文档传输过来。

HTML 最初设计是用来创建和链接以文本内容为主的静态文档。然而，如今的网页更具社交性和交互性，很多网页具有多媒体元素：图像、音频和视频。第三方的插入式应用程序，如 Flash、Silverlight 和 Java 等，需要把这些丰富的媒体元素与网页相集成。但是，这种添加方式需要额外的编程，给计算机处理带来了限制。新一代技术 **HTML5** 解决了这一问题，它能够使图像、音频、视频及其他元素直接嵌入一个文档，且不需要与处理器相关的额外编程。HTML5 还能够使网页在不同类型的显示设备中运行，包括移动设备和台式机，还支持离线存储在 web 中运行的应用程序的数据。

其他流行的 web 应用编程工具包括 Ruby 和 Python。Ruby 是一种面向对象的编程语言，以构建 web 应用的速度和易用性而闻名，Python（因其清晰性而受到赞赏）被用于构建云计算的应用程序。

## 5.4.3 网络服务和面向服务的架构

**网络服务**（web service，web 服务）是指一组松散耦合连接的软件，通过标准的 web 通信标准和通信语言相互交换信息。无论系统使用什么样的操作系统或编程语言，web 服务都能使两个不同的 web 服务器之间交换信息。web 服务可以用来构建基于 web 开放标准的应用程序，连接两个不同组织的系统，也可以用来创建连接一个组织内不同系统的应用程序。不同的应用程序之间可以通过 web 服务的标准来相互通信，而无须进行耗时的定制编程。

web 服务的技术基础是**可扩展标记语言**（extensible markup language，XML）。XML 由万维网联盟（World Wide Web Consortium，W3C，负责监督 web 推广的国际组织）在 1996 年开发，比用于标注 web 网页的超文本标记语言 HTML 功能更强大、更灵活。HTML 只能描述怎样将数据显示在网页上，而 XML 则可以对数据进行描述、通信和储存。在 XML 中，一串数字不仅仅是一串简单的数字，通过 XML 标记，可以进一步描述这串数字代表的是价格、日期还是邮政编码等。表 5-3 为 XML 语句举例。

表 5-3　XML 语句举例

| 普通语句 | XML 语句 |
| --- | --- |
| Subcompact | <AUTOMOBILETYPE="Subcompact"> |
| 4 passenger | <PASSENGERUNIT="PASS">4</PASSENGER> |
| $16,800 | <PRICECURRENCY="USD">$16,800</PRICE> |

通过给文档中的内容元素按其含义做标记，XML 使计算机可以自动操纵和解释数据，并对数据进行处理而无须人为干预。web 浏览器和计算机程序，如订单处理、ERP 软件，可以根据 XML 设定的规则来应用和显示数据，使得 web 服务可以在不同的处理之间传递数据。

web 服务按照标准的 web 协议，通过 XML 消息进行通信。基于 web 网络协议，软件应用程序可以自由地连接到其他应用程序，而不需要对每个需要进行通信的应用程序进行定制编程。所有的通信共享同一标准。

所有用来构建企业软件系统的 web 服务的集合构成了所谓的面向服务的架构。**面向服务的架构**（service-oriented architecture，SOA）是一系列**自包含服务**（self-contained service）的集合，它们之间相互通信，共同创建一个实际运行的应用软件。企业的工作任务通过执行一系列服务来完成。软件开发人员可以根据需要以不同的组合方式重新使用这些服务，把它们装配成不同的应用软件。

实际上，几乎所有的主要软件供应商都提供通过 web 服务来构建和集成软件应用的工具及其完整的平台。例如，微软将 web 服务工具加入 Microsoft.Net 平台。

Dollar 公司通过 web 服务把自己的在线预订系统与美国西南航空公司（Southwest Airlines）的网站连接起来。虽然两家企业的系统基于不同的技术平台，但是客户可以在西南航空公司的网站上预订机票，同时也能预约 Dollar 公司的汽车。Dollar 公司使用了 Microsoft.NET 的 web 服务技术作为中介，将西南航空公司网站的订单翻译成 web 服务协议，然后转换成 Dollar 公司计算机可识别的格式。

其他汽车租赁公司也曾经将它们的信息系统和航空公司的网站相连，但是它们没有用 web 服务，因此需要逐个建立连接。web 服务为 Dollar 公司的计算机与其他企业的信息系统之间的"对话"提供了一种标准途径，而无须与每一家企业都建立专门的连接。Dollar 公司现在正在利用 web 服务将其应用系统直接与小型旅行社、大型旅行社的预订系统相连接,还建立了供移动电话和智能手机使用的无线 web 网站。web 服务使一家企业与其他合作伙伴的信息系统相连或者是支持新的无线设备时都不需要编写新的软件代码(见图 5-13)。

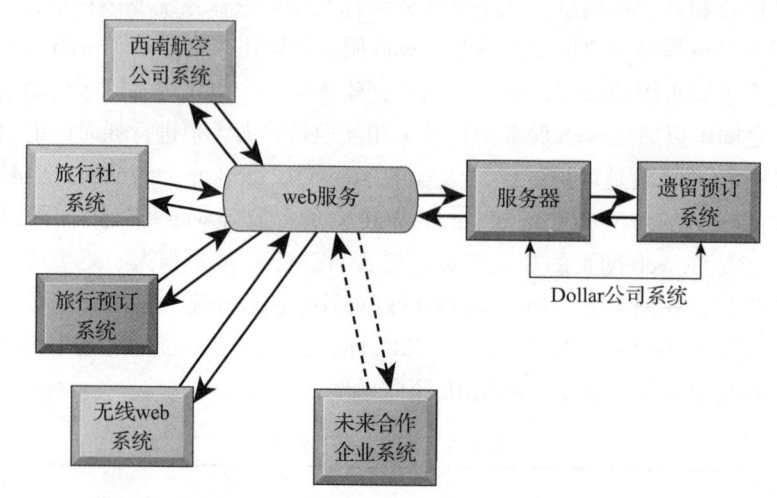

图 5-13　Dollar 公司如何使用 web 服务

注:Dollar 公司使用了 web 服务提供的标准化的中介,与其他企业的信息系统之间"对话"。该企业使用这些 web 服务与其他企业的信息系统连接,无须为每个合作企业的系统建立专门连接。

### 5.4.4　软件外包和云服务

如今,很多企业仍然在继续使用能够满足业务需求的遗留系统,因为替换这些系统的成本极高。企业需要的新的应用软件,大多数从外部购买或租用。图 5-14 显示了美国的企业通过外部渠道获得软件应用呈快速增长趋势的情况。

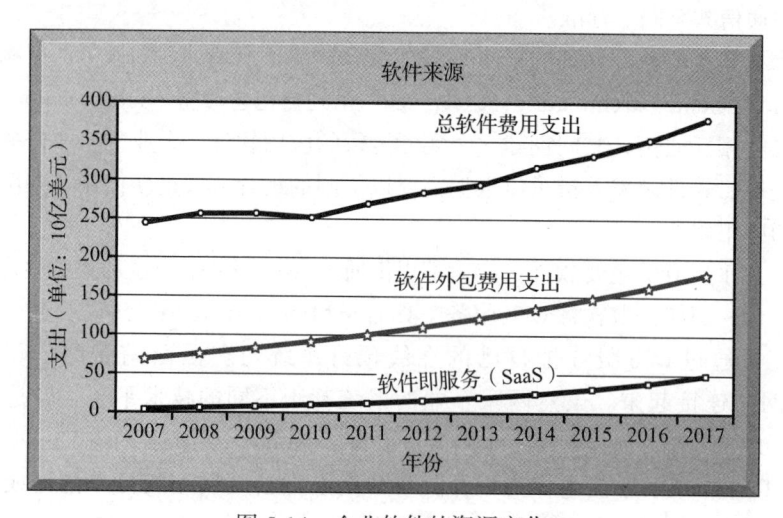

图 5-14　企业软件的资源变化

注:2017 年,美国企业在软件上的开支超过 3 800 亿美元。其中,约 4.7%(179 亿美元)的支出用于购买企业外部不同的供应商提供的软件,约 13%(490 亿美元)的支出用于 SaaS 供应商提供的基于云的在线服务软件。

资料来源:BEA National Income and Product Accounts, 2018.

企业从外部获得软件通常有 3 个来源：向商用软件供应商购买软件包、向外部供应商外包定制应用开发（离岸外包和在岸外包均可）以及基于云的软件服务和工具（SaaS/PaaS）。

### 1. 软件包和企业软件

在前面已经述及，企业应用软件包是当前 IT 基础设施中的重要组成部分。**软件包**（software package）是一个已编写好的可以通过购买方式获得的一组软件程序，企业无须自主开发一些特定的功能，如支付薪酬或处理订单。

企业应用软件包的供应商，如 SAP、甲骨文公司等，开发出了功能强大的软件包，能够支持一个企业在全球的主要业务流程，包括仓储管理、CRM、SCM、财务管理和人力资源管理等。这些大型企业软件系统为企业提供了一体化集成的全球性应用软件系统，所需费用大大低于企业自行开发相关软件所需付出的成本。第 9 章将详细介绍企业系统。

### 2. 软件外包

软件**外包**（outsourcing）是指企业将软件定制开发或现有系统程序的维护以合同方式委托给外部企业，这类企业通常在劳动力成本比较低的地区以离岸方式来运作。例如，2013 年，宜家宣布与德国基础设施解决方案公司 Wincor Nixdorf 签订了为期 6 年的离岸 IT 外包协议。Wincor Nixdorf 在 25 个国家的 300 家宜家门店建立了 12 000 个 POS 系统。Wincor Nixdorf 为宜家提供的服务包括系统的定制和运行，以及更新运行在这些系统上的软件和应用程序。拥有一家离岸软件外包服务的供应商帮助宜家减少了运营门店的工作量（Existek，2017）。尽管有很多提供复杂业务服务并且有经验的离岸外包服务企业，尤其是印度的企业，它们为企业客户提供新程序的开发，但是离岸软件外包服务供应商主要还是提供底层维护、数据录入及呼叫中心的运营等服务。然而，随着离岸外包服务供应商员工工资的上涨，管理离岸项目的成本也倍增（参见第 13 章），一些已经交给离岸外包的工作又返回到美国国内的企业。

### 3. 基于云的软件服务和工具

像 Microsoft Word 和 Adobe Illustrator 这样的软件产品过去通常以盒装形式在一台机器上运行。如今，我们更倾向于从供应商的网站上下载软件，或者通过互联网以云服务的方式使用软件，支付使用费。

基于云的软件及其数据托管在功能强大的数据中心的服务器上，用户可以通过互联网连接和标准的 web 浏览器来访问。除了谷歌或雅虎为个人和小型企业提供的免费或廉价软件之外，企业软件和一些复杂的业务功能也可以以服务方式从一些主要的商业软件供应商那里获得。不需要购买和安装软件程序，企业可以租用这些功能相同的服务，费用可以按固定的租赁费或按次使用的方式来支付。Salesforce.com 是 SaaS 的一个典型例子，它以按需软件服务的方式提供 CRM。

为了管理与外包服务供应商或者技术服务供应商的关系，企业需要签订一份包含**服务等级协议**（service level agreement，SLA）的合约。SLA 是客户和服务供应商之间的正式合约，它对服务供应商的职责和客户要求的服务等级进行明确说明，包括要详细说明所提供服务的性质和等级、衡量服务质量的标准、支持的方式、安全保障和故障恢复、硬件和软件所有权及升级、客户支持、付款和合约终止条件等方面的条款。

**4. 混搭和应用**

如今，用于处理个人事务或工作事务的软件可能由可互换的组件组成，可以与互联网上的其他应用程序自由集成。个人用户和企业可以自由组合和匹配这些软件组件，以创建自己的应用程序，并与他人共享信息。这种生成应用软件的方式叫作**混搭**（mashup），其核心就是利用不同的应用软件资源产生一个新产品，得到"整体大于部分之和"的效果。当你对你的 Facebook 进行个性化配置或者在你的博客中加入显示视频或幻灯片的功能时，就是在混搭。

web 混搭将两个或多个在线应用整合，创造出一个能够提供比原来的资源更多用户价值的混合产品。例如，ZipRealty 使用谷歌地图和在线房产数据库提供的数据。**应用程序**（app）是在互联网、计算机、手机或平板电脑等设备上运行的小型软件程序，这些程序一般在互联网上下载。谷歌把它的在线服务称为 app。但是当我们谈论现在的 app 时，主要是针对移动数字平台上开发的应用，正是这些 app 将智能手机和平板电脑转化为通用的计算工具。现在，iOS 和 Android 移动操作系统上均有数百万个 app。

某些下载的 app 不能访问 web，但大多数 app 可以访问 web 内容，这比传统的 web 浏览器提供了更快访问 web 内容的能力。app 为用户提供了一个简化的、不用浏览器就能执行一系列操作的能力，从阅读报纸到购物、搜索、个人健康监测、玩游戏和购物等。管理人员也越来越多地把 app 作为企业系统的门户，因为现在很多人通过移动设备访问互联网，有人认为 app 是"新的浏览器"。随着消费者被 app 的外观和操作速度所吸引，app 也开始影响传统网站的设计和功能。许多 app 是免费的或者收费很低，远低于传统软件，这进一步增强了它们的吸引力。移动平台的成功很大程度上取决于它们提供的 app 的数量和质量。实际上 app 将用户绑定到特定的硬件平台上：随着用户在自己的手机里添加越来越多的 app，切换到竞争对手的移动平台的成本也随之上升。

目前，最常下载的 app 是游戏、新闻、天气、地图/导航、社交网络、音乐和视频/电影等。而企业用户也可以使用一些重要的 app，如创建和编辑文档、连接到企业系统、安排和参加会议、跟踪出货和语音服务等。大多数大型在线零售商都有消费者在线购买商品和服务的 app。

## 5.5 管理 IT 基础设施的挑战及其解决方案

建立和管理统一的 IT 基础设施有诸多方面的挑战，包括应对平台和基础设施的变化（包括云和移动计算）、管理和治理以及做出明智的基础设施投资决策等。

### 5.5.1 应对平台和基础设施的变化

企业成长时通常会迅速扩张其基础设施，企业收缩时则会受困于那些在业务好的时候过多购买的基础设施。如果 IT 基础设施的投资是固定成本的购买和许可，企业基础设施的可扩展性会如何呢？**可扩展性**（scalability）是指计算机、产品或系统在不中断工作的前提下，能够向更多的用户提供服务的能力。新的应用需求、企业的兼并和收购、经营规模的变化等都会影响计算机的工作载荷量，在规划硬件能力时必须考虑上述因素。

使用移动计算或者云计算平台的企业需要采取新的策略、程序和工具来管理这些平台，需要记录用于工作事务的所有移动设备的使用情况，并制定和开发出相应的措施与工具来对这些设备进行跟踪、升级并保证其安全性，对设备中运行和使用的数据与程序进行控制。

许多企业通常会利用**移动设备管理软件**（mobile device management，MDM）来帮助监控、管理和保护那些运行于多个不同操作系统之上的、由不同运营商提供服务的各类移动设备。MDM 的使用使 IT 部门可以监控移动设备的使用情况，可以安装或更新必要的软件，可以备份或恢复移动设备及其数据，当设备被盗或丢失时可以及时删除设备中的软件和数据。使用云计算和 SaaS 的企业需要与远程供应商更新合约安排，在需要时确保关键应用的硬件和软件能够正常运行，并且符合企业的信息安全标准。企业管理层的责任是要确定计算机响应的时间、关键任务系统的可用性等方面的可接受水平，以确保达到所期望的性能。

### 5.5.2 管理和治理

应该由谁来控制和管理企业的 IT 基础设施，是长期困扰信息系统管理层以及 CEO 的问题。第 2 章介绍了 IT 治理的概念，并讨论了一些相关的问题。关于 IT 治理还有一些重要的问题，包括由各个部门负责做自己的 IT 应用决策，还是应该集中控制和管理？信息系统的集中管理与部门管理之间的关系是什么？IT 基础设施的经费应该在各个业务部门之间如何分配？每个企业都需要根据自己的实际情况对上述问题做出回答。

### 5.5.3 做出明智的基础设施投资决策

IT 基础设施是企业的一项主要投资，如果在这方面投资过多，则会导致设备闲置浪费，并可能拖累企业的财务状况；如果在这方面投资过少，则会导致一些重要的业务功能难以实现，从而在竞争中落后于在这方面做得好的竞争对手（在 IT 投资方面做得好的企业）。企业究竟该在 IT 基础设施方面花多少钱呢？这是一个很难回答的问题。

与之相关的问题是，企业是应该购买并维护自己的 IT 基础设施，还是应该向外部供应商（包括提供云服务的供应商）租用？购买或租用是一个典型的所谓**"租用与购买"决策**（rent-versus-buy decision）问题。

云计算是提高可扩展性和灵活性的一种低成本途径，但是，企业在采纳前需要从安全性以及对业务流程和工作流的影响等方面进行仔细的评估。在某些情况下，租用软件的成本总和会比自己购买和维护软件的成本还要高，或者说企业在云服务方面过度消费了（Loten，2018）。然而，使用云服务还是有许多好处的，包括明显降低硬件、软件、人力资源和维护成本等。迁移到云计算可以使企业专注于核心业务，而不是技术问题。

**1. 技术资产的总持有成本**

拥有技术资产的实际成本包括采购与安装硬件和软件的初始成本，后续硬件和软件的升级、维护、技术支持、培训等管理成本，以及运行及安置这些技术的设施和房屋成本。**总持**

有成本（total cost of ownership，TCO）模型可以用来分析这些直接成本和间接成本，帮助企业确定实施一项技术的实际成本。表 5-4 给出了在进行 TCO 分析时需要考量的最重要的因素。

表 5-4　TCO 的成本要素

| 基础设施要素 | 成本要素 |
| --- | --- |
| 硬件采购 | 计算机硬件设备的采购成本，包括计算机、终端、存储和打印机 |
| 软件采购 | 为用户购买软件或许可的成本 |
| 安装 | 安装计算机硬件和软件的成本 |
| 培训 | 对信息系统专业人员及终端用户的培训成本 |
| 技术支持 | 提供后续技术支持、服务台等方面的成本 |
| 维护 | 硬件和软件的更新成本 |
| 基础设施 | 相关基础设施的购买、维护和技术支持成本，如网络和专用设备（包括后备存储设备） |
| 宕机时间 | 因硬件或软件故障导致系统不能使用而给业务处理带来的效率损失的成本 |
| 空间占用和能耗 | 安置技术设备的房屋设施成本、技术设备的能耗成本 |

当考虑以上所有成本要素时，一台个人计算机的总持有成本相当于其购买价格的 3 倍。为员工装备移动计算设备而提高的效率和效益，必须与把这些设备集成到企业的 IT 基础设施以及为其提供技术支持所产生的成本相平衡。其他的成本要素包括无线通话费用、终端用户培训费用、求助支持费用，以及具体应用的软件费用等。如果移动设备需要运行许多不同的应用，或者需要与后台系统（如企业应用）集成，则成本会更高。

硬件和软件的采购成本只占 TCO 的 20%，因此管理者需要格外注意管理成本，对企业的硬件和软件的全部成本有全面的了解。此外，企业通过良好的管理可以降低部分管理成本。很多大型企业拥有冗余的、不兼容的硬件和软件，往往是因为由职能部门负责技术采购决策而带来的后果。

除了转向云服务，企业还可以通过采用集中化与标准化的硬件和软件资源来降低总持有成本。如果企业能够使用最少数量的计算机型号种类和软件类型，那么就可以缩减 IT 基础设施保障人员的规模。在一个集中化的基础设施中，系统管理和故障维修可以集中进行。

**2. IT 基础设施投资的竞争力模型**

图 5-15 给出的竞争力模型有助于回答这样的问题：一家企业应该花多少钱用于 IT 基础设施的建设？

（1）企业客户服务的市场需求。将企业目前向客户、供应商以及员工提供的服务列成一份服务清单。按服务对象分类进行调查，根据每类客户的情况，了解目前企业提供的服务是否能满足其需求。例如，是否有客户抱怨查询价格和交付情况很难得到及时的回答？是否有员工抱怨难以找到工作中所需要的有用信息？是否有供应商抱怨难以了解企业的生产需求？

（2）企业的运营战略。分析企业的 5 年发展战略，评估一下哪些新的服务和能力对实现战略目标是必需的。

（3）企业的 IT 战略、基础设施及成本。根据企业的 5 年发展战略，审核信息技术规划，并对它与企业战略的匹配度进行评价。用 TCO 分析法确定 IT 基础设施总成本。如果企业没有 IT 战略规划，就需要制定能够充分考虑企业的 5 年发展战略规划要求的 IT 战略规划。

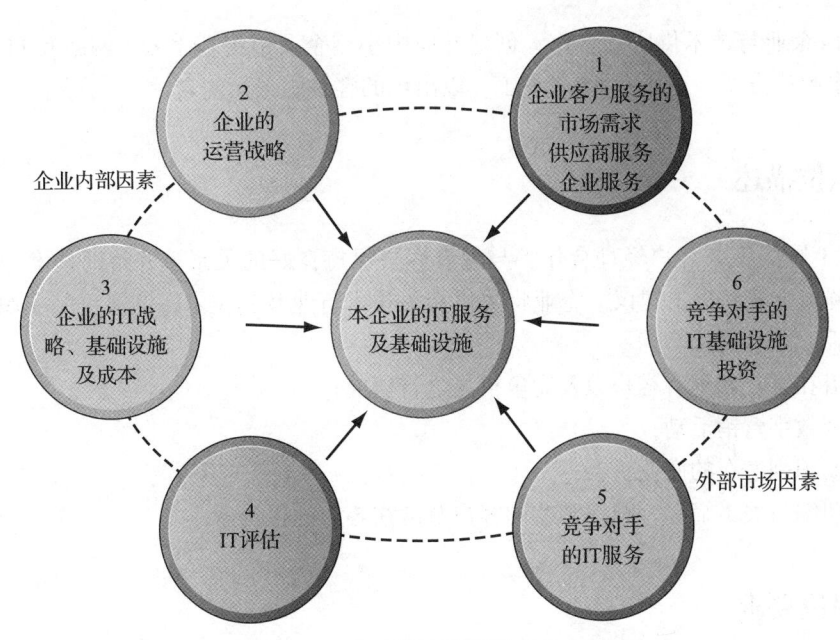

图 5-15　IT 基础设施投资的竞争力模型

（4）IT 评估。你的企业是否落后于技术曲线或 IT 的发展潮流？这两种情况都要避免。企业通常不需要去购买那些仍然处于实验阶段的、昂贵的、不可靠的先进技术。你应该把钱花在已经建立标准的技术上，以及那些 IT 厂商正在竞争的技术上，并且需要考察在哪里能够找到多个供应商。但是，你也不希望迟迟不对新技术进行投资，也不希望看到竞争对手在新技术的基础上开发新的商业模式和能力。

（5）竞争对手的 IT 服务。尝试评估竞争对手向客户、供应商和员工提供的技术服务。制定定量和定性的措施，将竞争对手的指标与自己进行对比。如果服务水平不足，企业就会处于竞争劣势，应该寻找一种能让企业在服务水平上卓越的方式。

（6）竞争对手的 IT 基础设施投资。将企业的 IT 基础设施投资与竞争对手进行比较。许多企业会公开 IT 创新的支出。如果竞争对手试图对 IT 支出保密，那么你可以在上市企业的年度报告 SEC Form 10-K 中找到 IT 投资信息，因为这些支出会影响企业的财务业绩。

企业对 IT 基础设施的投资并不一定要与竞争对手花同样多或者更多的钱，也许可以找到更为经济的服务提供方式，这会带来成本优势。但是，如果在 IT 基础设施投资上比竞争对手低太多，则可能会导致企业绩效不佳或市场份额下降。

## 5.6　MIS 如何有助于我的职业发展

通过本章和本书的指引，将帮助你找到初级 IT 顾问的工作。

### 5.6.1　公司简介

总部设在亚特兰大的一家全国性技术咨询企业 A1 Tech IT Consulting 正在招聘一名初级

IT 顾问。该企业与技术供应商合作，创建并向中小型企业销售基于云、网络和 IT 托管服务的前沿技术解决方案。企业有 65 名员工，以出色的客户服务而闻名。

### 5.6.2 职位描述

初级 IT 顾问将与客户经理合作，与现有客户保持良好的关系，并帮助技术顾问为潜在客户制订解决方案和提出建议。企业将提供有关技术行业及其技术咨询流程的在职培训。工作职责包括：

- 对潜在客户和现有客户以及竞争格局进行研究；
- 管理数字营销活动；
- 协助识别潜在的商业机会；
- 定期编写关于筛选、跟踪和监测客户及潜在客户的报告。

### 5.6.3 岗位要求

- 学士学位或同等学力。
- 能够通过电话、电子邮件或面对面与客户进行良好的沟通。
- 较强的组织、表达和写作能力。
- 能够在快节奏的环境中工作，并作为成员有效参与团队合作。
- 熟练使用 Microsoft Office（Word、Excel 和 PPT）。
- 有较强的组织能力、表达能力、写作能力以及学习的意愿。

### 5.6.4 面试问题

1. 你对云计算和 IT 托管服务了解多少？你熟悉常见的操作系统、安全性和数据管理平台吗？你在工作中使用过这些系统和服务吗？你用它们做过什么？
2. 你和客户有过多次面对面的接触吗？你能描述一下你和客户在一起时做了哪些工作吗？你曾经帮助客户解决过技术问题吗？
3. 你有数字化营销的经验吗？
4. 你帮助解决过销售问题或其他业务问题吗？你写过分析或研究报告吗？你能举个例子吗？
5. 你对 Microsoft Office 的熟练程度如何？你用 Excel 电子表格做过什么工作？

### 5.6.5 作者提示

1. 认真学习本章以及本书的第 6 章和第 8 章，特别关注云计算、网络技术和托管技术服务。
2. 利用网络研究这家企业是如何与其他技术企业合作提供 IT 服务的。了解这些合作伙伴以及它们提供的工具和服务。

3. 你如何使用 Microsoft Office？如果有可能，请提供使用这些工具解决课堂问题或工作任务的示例。带上你写作的例子来展示你的分析能力和项目经验。

4. 表示你对进一步了解关于技术行业和企业使用的技术与服务非常感兴趣。

5. 查看企业的领英、Facebook 和 Twitter，了解与企业有关的战略趋势和重要问题。

## 本章小结

**5-1 IT 基础设施及其演变的阶段和驱动力**

IT 基础设施是共享的技术资源，它为企业特定的信息系统应用提供平台。IT 基础设施包括在整个企业中共享的硬件、软件和服务。

IT 基础设施演变的 5 个阶段：通用主机/小型机阶段、个人计算机阶段、客户机/服务器阶段、企业计算阶段、云计算及移动计算阶段。摩尔定律指出了计算机技术处理能力的指数型增长与成本下降之间的关系，即每 18 个月微处理器的能力翻一番，而计算的价格降低一半。大规模数字存储定律是关于数据存储成本呈指数下降的规律，它表明花费 1 美元能在磁介质上存储的千兆字节数据量大约每 15 个月翻一番。梅特卡夫定律表明网络对其使用者带来的价值随着网络成员的增加呈指数上升。通信成本的快速下降，以及在技术行业中日益增强的计算和通信标准应用的一致性，也促进了计算机使用的急剧增长。

**5-2 IT 基础设施的组成**

主要的 IT 基础设施组件包括计算机硬件平台、操作系统平台、企业应用软件、网络和通信平台、数据库管理软件、互联网平台以及咨询与系统集成服务。

**5-3 当前计算机硬件平台的发展趋势**

计算逐渐转移到移动数字平台上进行。量子计算是一种新兴技术，它可以通过同时处于多个状态的能力来显著提升处理能力。IT 消费化是指源于消费者市场的 IT 有了商业用途。虚拟化是指不受物理配置或地理位置的限制来访问的计算资源。在云计算中，企业和个人通过网络（包括互联网）获得计算能力和软件服务，而不是在自己的计算机上购买、安装硬件和软件。多核处理器是一种由两个或多个处理核连接在一起以提高性能的微处理器。绿色计算包括生产、使用和处置 IT 硬件的实践和技术，以尽量减少对环境的负面影响。

**5-4 当前计算机软件平台的发展趋势**

开源软件由来自全球的程序员共同编制和维护，用户通常可以免费下载。Linux 是一种强大的、具有弹性的开源操作系统，它可以在不同的硬件平台上运行，被广泛用于 web 服务器中。Java 是一种与操作系统和硬件无关的编程语言，是 web 编程的一种主流的交互式编程环境。HTML5 能够在 web 文档中直接嵌入图像、音频和视频，而无须额外进行编程。web 服务是一组松散耦合连接的软件，它以开放的 web 标准为基础，可以与任何应用软件和操作系统兼容。它可以用于构建基于 web 的应用软件，用来连接不同组织间的系统或者同一组织中的不同系统。企业可以从外部渠道购买其应用软件（包括软件包），或者把软件定制开发外包给外部供应商（可能是离岸供应商），或者租用在线软件服务（SaaS）。混搭是把两种不同的软件服务合并在一起，生成新的软件应用和服务。应用是在移动设备上运行、在互联网上获得的软件。

**5-5 管理 IT 基础设施的挑战及其解决方案**

主要挑战包括应对平台和基础设施的变化、管理和治理以及做出基础设施投资决策等。解决方案的框架包括运用竞争力模型来分析 IT 基础设施的投资规模、战略性基础设施投资方向，以及确定信息技术资产的 TCO。技术资产的 TCO 不仅包括计算机硬件和软件的初始成本，还包括硬件和软件的升级、维护、技术支持和培训等方面的成本。许多企业正在转向云计算，以降低其 IT 平台成本。

## 关键术语

安卓（Android）
应用服务器（application server）
应用程序（app）
自带设备（BYOD）
Chrome 操作系统（chrome OS）
客户机（client）
客户机/服务器计算（client/server computing）
云计算（cloud computing）
IT 消费化（consumerization of IT）
边缘计算（edge computing）
绿色计算（green computing）
超文本标记语言（hypertext markup language，HTML）
混合云（hybrid cloud）
iOS
Java
遗留系统（legacy system）
Linux
主机型（mainframe）
混搭（mashup）
小型计算机（minicomputer）
摩尔定律（Moore's law）
多核处理器（multicore processor）
多层（N 层）客户机/服务器架构［multi-tiered（N-tier）client/server architecture］
多重触控（multitouch）
纳米技术（nanotechnology）
按需计算（on-demand computing）
开放源代码软件/开源软件（open source software）
操作系统（operating system）
外包（outsourcing）
私有云（private cloud）
公有云（public cloud）
量子计算（quantum computing）
可扩展性（scalability）
服务等级协议（service level agreement，SLA）
服务器（server）
面向服务的架构（service-oriented architecture，SOA）
软件即服务（software as a service，SaaS）
软件包（software package）
软件定义存储（software-defined storage，SDS）
平板电脑（tablet computer）
技术标准（technology standard）
总拥有成本（total cost of ownership，TCO）
Unix
虚拟化（virtualization）
网络浏览器/web 浏览器（web browser）
网页托管服务（web hosting service）
网页服务器/web 服务器（web server）
网络服务/web 服务（web services）
Windows
Windows 10
Wintel PC
可扩展标记语言（extensible markup language，XML）

## 复习题

5-1 从技术和服务的角度给出 IT 基础设施的定义。
- 列出 IT 基础设施演变的各个阶段，并简要说明其特征。
- 定义并描述以下术语：web 服务器、应用服务器、多层客户机/服务器架构。
- 简述摩尔定律及大规模数字存储定律。
- 简述网络经济、通信成本下降以及技术标准如何对 IT 基础设施产生影响。

5-2 列出并描述企业需要管理的 IT 基础设施的组件。

5-3 简述移动平台、IT 消费化和云计算的发展。
- 解释企业如何从虚拟化、绿色计算和多核处理器中受益。

5-4 定义并简述开源软件和 Linux，并解释它们的商业价值。
- 定义 Java 和 HTML5，并解释其重要性。
- 定义并简述 web 服务以及 XML 的作用。
- 列出软件的 3 种外部来源的名称并做简要说明。

5-5 列举并说明 IT 基础设施给管理带来的挑战。
- 定义并简述软件的混搭和应用。
- 解释如何使用竞争力模型和计算技术资产的 TCO 来帮助企业制定良好的基础设施投资策略。

## 讨论题

5-6 为什么组织选择计算机硬件和软件是重要的管理决策？在选择计算机硬件和软件时，需要考虑哪些管理、组织和技术方面的问题？

5-7 组织应该通过软件服务供应商来提供其所需的所有软件吗？为什么？在进行这方面决策时，需要考虑哪些管理、组织和技术方面的因素？

5-8 云计算的优点和缺点各是什么？

## MIS 实践项目

本部分的 MIS 实践项目将让你通过管理 IT 基础设施和 IT 外包的解决方案，用网络搜索编制一个销售会议预算，从而获得实践经验。

### 管理决策问题

5-9 匹兹堡大学医疗中心（The University of Pittsburgh Medical Center，UPMC）依靠信息系统运营了 19 家医院以及 1 个包括数个医疗保健网站的网络和国际商业风险投资机构，每年新增服务器和存储技术的需求大约以 20% 的速度增长。UPMC 为每项应用配置一台独立的服务器，并且其服务器和计算机使用了不同的操作系统，包括 Unix 和 Windows 的几个版本。UPMC 需要管理来自不同供应商的技术，包括惠普、Sun、微软和 IBM。请评价这种状况对 UPMC 的运营绩效所产生的影响。在提出解决方案时，需要考虑哪些因素以及做出怎样的管理决策？

5-10 Qantas 航空是澳大利亚最大的航空企业，油价高涨和全球性航班乘坐率下降给该企业带来了很大的成本压力。为了保持竞争力，企业需要寻找一条出路，既能降低成本又能保持高水平的客户服务。企业拥有一个 30 年历史的数据中心。现在管理层需要决定是采用新技术产品替换原有的 IT 基础设施，还是把数据中心外包出去。在考虑是否外包时，Quntas 航空的管理层需要考虑哪些因素？如果决定外包，请列出需要在服务等级协议中注明的条款要点并做简要说明。

### 改善决策：利用网络搜索编制营销会议预算

**软件技能要求**：基于互联网的软件应用
**业务技能要求**：搜索交通和住宿费用

5-11 Foremost 合成材料公司计划在 10 月 19—20 日举办为期两天的营销会议，并于 18 日晚举行欢迎会。120 位销售代表和 16 名管理人员将全天参会。每位销售代表都安排单间，另外还需要两间会议室，一间可容纳全部销售代表和一些访客（200 人），另外一间可容纳一半的销售代表。管理层为销售代表的住宿费提供了 195 000 美元的预算。企业希望把会议地点选在佛罗里达州的迈阿密（Miami）或马可岛（Marco Island），会议酒店选择希尔顿（Hilton）或者万豪（Marriott）。

搜索希尔顿和万豪两家酒店的主页，寻找上述城市中能够满足企业举办会议要求的酒店，费用要控制在预算内。然后查找会议前一天下午抵达的航班。参会者来自洛杉矶（51 人）、旧金山（30

人)、西雅图(22 人)、芝加哥(19 人)和匹兹堡(14 人)。查明这些城市飞往目的地的机票价。做完这些工作后,编制一个会议预算,包括机票费用、客房费用和每人每天 70 美元的餐费。

### ◼ 协同与团队合作项目

**评估服务器和移动操作系统**

5-12 与 3～4 名同学组成一个小组,选择服务器或移动操作系统进行评估。你可以研究并比较 Linux 与 Unix 的功能和成本,也可以比较服务器的 Windows 操作系统的最新版本。或者,你也可以比较 Android 移动操作系统与 iPhone 的 iOS。如有可能,请使用 Google Docs、Google Drive 或 Google Sites,集思广益并制作演示文稿来汇报你们的结果。

### ◼ 案例研究

## JEDI 计划:充满争议的云

大部分企业已将其部分计算业务迁移到云端,现在美国的军队也想跟进照做。在云中统一信息已变得比以往任何时候都必要,因为武装部队部署了大量遥感器、半自动武器和人工智能应用。所有这些功能都需要立即、瞬时访问从很多不同地点收集的极大量数据。现在,这已变得愈加重要,因为美国网络司令部的地位已提升,与负责中东军事活动的中央司令部或防御美国本土的北方司令部持平。

JEDI 计划是美国国防部的一项计划,旨在对其 IT 基础设施进行现代化改造,由此前线员工、军官和士兵能够以现代企业的速度访问和操作数据。JEDI 计划的目标是为整个美国国防部(DOD)打造统一的云基础设施,其将加快传输给战斗部队的数据流和分析流。新计划属于一项更大举措的组成部分,即用更高效和便于管理的企业模式取代各军事部门特定的系统和网络。

2018 年 7 月 26 日,美国国防部发布了联合企业防御基础设施(JEDI)云计划的招标书,征求能够支持非机密、机密和绝密要求且以使用商业服务为重点的云服务解决方案。JEDI 计划要求由单个云计算供应商承担为期 10 年、价值 100 亿美元的政府合同,其将担任美国国防部的独家云计算供应商。美国国防部维护着支持非机密和机密要求的 500 多套公共和私有云基础设施。国防部当前的云服务处于分散管理状态,导致在企业范围层面管理数据和服务的复杂性更上一个台阶。当前的国防部系统为碎片化的,减慢了国防部在国内外的决策进程,大多数美国军队依靠在 20 世纪 80 和 90 年代建造的过时的计算机系统。美国国防部已经支出数十亿美元,试图使这些系统能够彼此对接。美国国防部想要和需要的是支持快速数据驱动决策和为国防部军事行动提供全球范围支持的企业云。JEDI 合同是五角大楼技术现代化工作的核心。

为期 10 年的 JEDI 合同引发了亚马逊、微软、甲骨文公司、IBM 和谷歌的大决战,各方均在争取变革部队云计算系统的工作(谷歌在 2018 年 10 月因未能提交正式标书而中途退出,称军事工作与企业禁止在武器中使用人工智能的原则相冲突)。

甲骨文公司、IBM 和微软称美国国防部不应就 JEDI 计划使用单一云服务供应商。有些专家支持它们的观点。纽约大学计算机科学与工程专业的副教授贾斯汀·卡波斯表示,单个云解决方案超出常规。很多公司使用多个云服务供应商,因为这更加安全。微软的国家安全业务总经理利·马登则表示,微软希望赢得合同,但有 80% 的企业使用多个云服务供应商。其他专家也指出,部署单个云解决方案与商业市场已确立的最佳实践和行业趋势相矛盾。他们认为,如此大的一份合同不应授予单独一家公司。JEDI 计划的支持者称，使用单个供应商会降低军事 IT 系统的复杂度并简化通信。

甲骨文美国公司和 IBM 均提交了针对 JEDI 云招标的授标前抗议，称其偏向于亚马逊和微软。美国审计署在 2018 年年底驳回了这些抗议。最后，在全球有众多数据中心的亚马逊和微软成为最终入围者，且微软在 2019 年 10 月获授了合同。

五角大楼的云执行指导小组（Cloud Executive Steering Group）描述了将扩展到整个美国国防部 IT 基础设施的巨大云迁移采购过程，主要侧重于基础设施即服务（IaaS）和平台即服务（PaaS）。美国国防部并不希望建造和维护自身的数据中心和系统；相反，它希望利用当前市面上云技术的既有力量，并通过广泛的自定义设置避免对其进行限制。美国国防部希望与行业保持同步，能够利用新的商业软件解决方案。五角大楼的采购法规在过去一直是创新的障碍。内部采购策略需要进行修订以充分利用商业云平台。

所设想的 IaaS 须不局限于一个数据中心。其他需求涉及供应商监控、一致性、失效备援、可扩展性，甚至是人工智能（AI）方面。美国国防部希望能够在这些领域立即利用商业创新。如果美国国防部利用市面上的云解决方案，其将获得基础技术来向战士提供更好的软件，同时具备更好的安全性、更低的成本和更简单的可维护性。

2020 年 2 月 13 日，一名联邦法官命令五角大楼暂停有关已授予微软的 JEDI 合同的工作。亚马逊一直以来都被认为是最有希望赢得 JEDI 合同的供应商，因为它在云计算领域拥有统治地位（它拥有 45% 的市场份额），且有为美国中央情报局（CIA）构建云服务的经验。但它的投标因利益冲突指控而被蒙上阴影。亚马逊在 2019 年 12 月提起诉讼以阻止合同授予微软，声称对微软的选择受到了时任总统特朗普对亚马逊公开抱怨的不当影响。亚马逊的 CEO 杰夫·贝佐斯是《华盛顿邮报》的老板，该报纸经常批评特朗普和他的政策。

甲骨文公司作为领先的政府承包商，是大型数据库处理软件的知名供应商，在国会展开大量游说，以找到在五角大楼和白宫有影响力的亚马逊反对者。甲骨文公司向法院提出质疑，认为亚马逊存在利益冲突，但并未胜诉。行业专家指出，甲骨文公司正在云计算领域奋起直追，且承担了很多会被云端迁移替换的联邦合约。阻碍实施 JEDI 计划可能会帮助甲骨文公司在更长时间内保留其现有业务。虽然甲骨文公司很可能并无赢得 JEDI 合同的机会，但是如果 JEDI 合同分解为多个更小的部分，它可能会获得部分业务。

微软在云计算市场占 25% 的份额，后来它设立了足够的加密服务器设施，能够处理 JEDI 所要求规模的数据。专家一开始认为微软仅能获得一部分 JEDI 业务，且五角大楼会和很多私人公司一样使用多个云服务供应商。微软曾被视为其他政府云计划的最热门选择，包括情报合同。

虽然有所争议，但是 JEDI 作为云创新的驱动者，将在美国政府以及整个私营部门产生巨大的连锁效应。当下，云计算已经成熟，成为公共和私营部门数字变革的基石，也是人工智能、大数据和物联网（IoT）等新兴技术的引擎。

2010 年，时任美国政府 CIO 的维韦克·孔德劳宣布联邦机构采用云优先政策。从那以后，联邦政府的云支出已增加 500%。但数字政府中心（Center for Digital Government）在 2019 年进行的一项调查发现，政府机构的云迁移仍面临着阻碍，包括数据移动性、安全性、合规性以及确保恰当的培训和技能。JEDI 计划预计将对所有这些方面产生巨大影响。

虽然所有联邦政府必须确保在自身迁移到云时不会危及安全，但是对于五角大楼来说，这个门槛要更高，原因很明显，因为这是攸关国家安全的事情。JEDI 计划应当成为促进前沿性的安全进步和最佳实践发展的催化剂，这些的好处将最终外溢到政府以及私营部门的所有云用户。更好的企业云也会为五角大楼在整个军队扩大 AI 系统应用的计划提供支持。巨大的政府项目可在最初的范围之外产生积极的影响。

资料来源：Sydney J. Freedberg Jr."Experts Debate: Should JEDI Cloud Be Saved?" Breaking Defense, May 4, 2020; Joao-Pierre S. Ruth, "Amazon Gets Temporary Injunction to Halt $10B JEDI Project," *Information Week*, February 14, 2020; Stephan Fabel, "What Everyone Is Missing About the Controversial JEDI Project: Positive Ripple Effects," *Venture Beat*, December 14, 2019; Daniel Howley, "What Is Project JEDI? The $10 Billion Pentagon Project Trump Is Holding Up," *Yahoo Finance*, August 2, 2019; Kate Conger, David E. Sanger, and Scott Shane, "Microsoft Wins Pentagon's $10 Billion JEDI Contract, Thwarting Amazon," *New York Times*, October 25, 2019; and Heidi M. Peters, "The DOD's JEDI Cloud Program," *CRS Insight*, December 12, 2018.

## 案例分析题：

5-13 描述JEDI项目。为什么它如此重要？它要解决什么问题？

5-14 这个项目提出了哪些管理、组织和技术问题？

5-15 JEDI合同应该授予单个供应商吗？为什么？

## 参考资料

Amazon Web Services. "Overview of Amazon Web Services." (January 2020).

Benitez, Jose, Gautam Ray, and Jörg Henseler. "Impact of Information Technology Infrastructure Flexibility on Mergers and Acquisitions." *MIS Quarterly* 42 No. 1 (March 2018).

Carr, Nicholas. *The Big Switch*. New York: Norton (2008).

David, Julie Smith, David Schuff, and Robert St. Louis. "Managing Your IT Total Cost of Ownership." *Communications of the ACM* 45, No. 1 (January 2002).

Existek. "Offshore Outsourcing: 3 Examples of Successful IT Outsourcing." (June 22, 2017).

Flamm, Kenneth. "Measuring Moore's Law: Evidence from Price, Cost, and Quality Indexes." University of Texas at Austin Preliminary Draft (2017).

Gartner, Inc. "Gartner Forecasts Worldwide Public Cloud Revenue to Grow 17 Percent in 2020." (November 13, 2019).

_____. "Gartner Says Global IT Spending to Reach $3.9 Trillion in 2020." (January 15, 2020).

Guerin, Roch, Kartik Hosanagar, Xinxin Li, and Soumya Sen. "Shared or Dedicated Infrastructures: On the Impact of Reprovisioning Ability." *MIS Quarterly* No. 4 (December 2019).

Guo, Zhiling, and Dan Ma. "A Model of Competition Between Perpetual Software and Software as a Service." *MIS Quarterly* 42 No. 1 (March 2018).

Internet World Stats. "World Internet Usage and Population Statistics." Internetworldstats.com, accessed March 15, 2020.

King, Charles. "IBM Demonstrates the Enduring Value of Mainframe Computing." *eWeek* (April 15, 2020).

Loten, Angus. "Rush to the Cloud Creates Risk of Overspending." *Wall Street Journal* (July 25, 2018).

Lyman, Peter, and Hal R. Varian. "How Much Information 2003?" University of California at Berkeley School of Information Management and Systems (2003).

Mattioli, Dana, and Aaron Tilley. "Amazon Has Long Ruled the Cloud. Now It Must Fend Off Rivals." *Wall Street Journal* (January 4, 2020).

Mell, Peter, and Tim Grance. "The NIST Definition of Cloud Computing." Version 15. *NIST* (October 17, 2009).

Moore, Gordon. "Cramming More Components Onto Integrated Circuits," *Electronics* 38, No. 8 (April 19, 1965).

NCTA Research. "The Shrinking Cost of a Megabit." (March 28, 2019).

Netmarketshare. "Desktop Operating System Market Share." www.netmarketshare.com, accessed March 10, 2020.

Preimesberger, Chris. "At a High Level: AWS vs. Azure vs. Google Cloud." *eWeek* (August 1, 2019).

Retana, German F., Chris Forman, Sridhar Narasimhan, Marius Florin Niculescu, and D. J. Wu. "Technology Support and Post-Adoption IT Service Use: Evidence from the Cloud." *MIS Quarterly* 42, No. 3 (September 2018).

Schuff, David, and Robert St. Louis. "Centralization vs. Decentralization of Application Software." *Communications of the ACM* 44, No. 6 (June 2001).

Song, Peijian, Ling Xue, Arun Rai, and Cheng Zha. "The Ecosystem of Software Platform: A Study of Asymmetric Cross-Side Network Effects and Platform Governance." *MIS Quarterly* 42 No. 1 (March 2018).

Stango, Victor. "The Economics of Standards Wars." *Review of Network Economics* 3, Issue 1 (March 2004).

Tucci, Linda. "The Shift to Edge Computing Is Happening Fast: Here's Why." SearchCIO.com (April 2019).

Uotila, Juha, Thomas Keil, and Markku Maula. "Supply-Side Network Effects and the Development of Information Technology Standards." *MIS Quarterly* 41 No. 4 (December 2017).

# 第 6 章

# 商务智能基础：数据库与信息管理

## 学习目标

通过阅读本章，你将能回答：
1. 在传统文件环境下管理数据资源会遇到哪些问题？
2. 数据库管理系统（DBMS）的主要功能是什么？为什么关系型数据库管理系统会如此强大？
3. 为了提高企业绩效和决策能力，从数据库获取信息的主要工具和技术有哪些？
4. 为什么保障数据治理和数据质量对管理企业的数据资源至关重要？
5. MIS 如何有助于我的职业发展？

## 开篇案例

### 达美乐比萨掌握数据，细化到每个比萨

达美乐比萨（Domino's Pizza）是世界上最大的比萨外送连锁店，在 70 个国家拥有近 1.5 万家门店，每年要供应数百万个比萨。达美乐比萨有 50% 以上的零售额来自数字渠道。你可以用 Twitter、Facebook、智能手表、电视、车载娱乐系统（如福特的 Synch 和亚马逊的 Echo）、短信和达美乐比萨的网站以及通过打电话或到达美乐比萨门店订购比萨。

达美乐比萨被来自 8.5 万个内外部不同来源的 17TB 结构化以及非结构化客户数据所淹没。所有这些宝贵的数据提供了潜在的竞争优势，但企业无法轻松分析这些数据，以深入地了解其客户和他们的购买模式。获取数据的工具和流程较多，导致数据质量出现问题。达美乐比萨有超过 1.1 万名企业用户以及希望构建和使用他们自身数据库的营销机构。这些数据管理问题也阻碍了企业快速响应来自其网站的潜在客户。

达美乐比萨选择了一项基于 Talend 的解决方案，该公司提供数据集成、数据管理、企业应用集成、数据质量、云存储和大数据处理的软件工具与服务，以便组织能够在单一环境中管理它们的企业数据。Talend 可以清理来自不同来源的数据，使数据更为准确和一致以供企业内的多个不同小组使用。来自达美乐所有实体店的销售终端系统、供应链中心和

销售渠道的数据均被输入一个企业管理框架，该框架因加入第三方来源的数据（如美国邮政服务的数据和竞争对手的数据）而变得更加丰富。利用 Talend 的主数据管理（master data management，MDM）软件并利用 Apache Hadoop 管理大量结构化和非结构化的数据，达美乐比萨可以轻松从数百万订单交易中识别独一无二的客户。

通过它的新数据管理平台，达美乐比萨现在有单一、一致的数据来源可以用于改进财务和物流方面的业务表现，以及在多种客户互动点打造一对一的购物体验。企业现在可以将每一客户作为个体评估他们的购买行为，同时分析一个家庭内居住的多名客户，确定哪位成员是主要的买家、哪位对达美乐比萨的优惠券反应最好以及各成员对用于联系达美乐比萨的渠道是何反应。企业可以根据拟合客户画像的客户统计模型向单个客户或家庭提供不同的优惠券和产品优惠。

数据还有助于达美乐比萨评估单家门店和特许经营组的业绩，以驱动它们的增长。达美乐比萨还可以定制更可能适用于特定门店客户群的优惠券和特别优惠，还可以告诉他们哪些优惠有效、哪些无效，同时考虑到市场情况、与其他市场的比较以及企业的竞争环境。所有这些信息使达美乐比萨的管理层更加确定企业在尽可能快地为客户提供最好的产品。达美乐比萨已成为一家数据驱动型的企业。

资料来源："Big Data & Predictive Analytics Solutions, Domino's Case Study," accessed February 4, 2020; "Domino's: Mastering Data–One Pizza at a Time," www.talend.com, accessed February 4, 2020; and Bernard Marr, "Big Data-Driven Decision-Making at Domino's Pizza," *Forbes*, April 6, 2018.

达美乐比萨的经验说明了数据管理的重要性。经营业绩取决于企业能用数据做什么或不能做什么。达美乐比萨是一家蓬勃发展的企业，但运营效率和管理决策都受到来自许多不同渠道的大量未整合的客户数据的阻碍，这些数据难以收集和分析。企业如何存储、组织和管理其数据对组织效率有着巨大的影响。

图 6-1 概述了本案例和本章的要点。达美乐比萨已经从许多不同的渠道积累了大量的客户数据，包括实体店、在其网站上的订单和各种社交媒体渠道。市场营销活动和针对粉丝的个性化优惠并没有达到应有的效果，因为很难收集和分析所需的数据，以获得对每个客户的详细了解。解决方案是集成达美乐比萨来自所有渠道的客户数据，以创建用于报告和分析的单一数据源，并使用 Talend 软件集成不同的客户数据片段，以便企业为每个客户构建单个配置文件。该解决方案改善了客户营销和商店业绩，同时降低了成本。

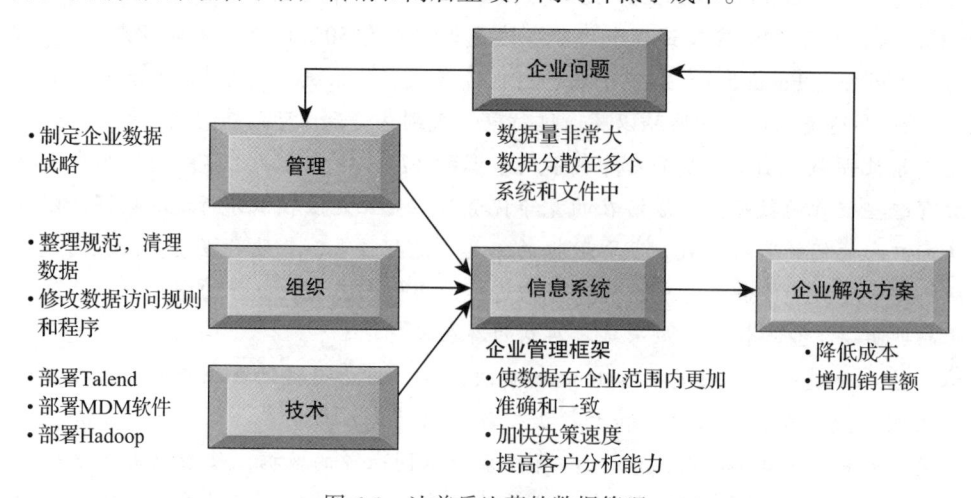

图 6-1　达美乐比萨的数据管理

为了使这个解决方案起作用，达美乐不得不将其数据重新组织成全企业范围的标准格式；制定存取及使用数据的规则、责任及程序；并提供工具，使用户可以访问数据以进行查询和报告。

新的企业管理框架通过提供更全面和准确的客户数据以及简化访问每个客户的所有业务数据，提高了运营效率和决策能力。通过帮助达美乐更详细地了解自己的客户，该解决方案增加了向客户销售的机会，以及营销和销售活动的有效性。

> 请思考：达美乐比萨的数据管理问题对业务的影响是什么？如何更好地利用其客户数据来提高运营效率和管理决策？

## 6.1 传统文件环境下管理数据资源的问题

一个有效的信息系统能为用户提供准确、及时和相关的信息。准确的信息是指没有错误的信息，及时的信息是指当决策者需要这些信息时就可以获得的信息，相关的信息是有用且为工作或决策所需要的信息。

你也许会惊奇地发现许多企业难以获得准确、及时或相关的信息，这是因为信息系统中的数据没有得到很好的管理和维护，由此可见数据管理的重要性。为了理解这个问题，让我们先了解信息系统如何在计算机文件中管理数据，以及传统的文件管理方法。

### 6.1.1 文件组织术语和概念

计算机系统组织数据以层次结构的方式，从位和字节开始，进而到字段、记录、文件和数据库（见图6-2）。**位**（bit）代表计算机可处理的最小单位数据。若干位组成一个**字节**（byte），表示某个字符，可以是字母、数字或其他符号。一组字符组成一个词、一组文字或一个完整的数字（如姓名或年龄），称之为一个**字段**（field）。若干相关字段，如学生姓名、选修的课程、日期以及成绩组成一条**记录**（record）。一组相同类型的记录称之为**文件**（file）。

例如，图6-2中的记录就构成了一个学生的课程文件。一组相关文件则组成一个数据库。图6-2中的学生课程文件可以和学生的个人历史文件以及财务文件组合在一起，形成一个学生数据，一条记录描述了一个实体。**实体**（entity）是指需要存储和维护信息的人、地点、事物或事件。用以描述某一特定实体的特征或性质称为**属性**（attribute）。例如，学生学号、课程、日期和评分都是课程实体的属性。这些属性的值可以从描述课程实体记录中的字段里找到。

### 6.1.2 传统文件环境的问题

在大多数组织里，由于缺少整个企业范围内的规划，各系统往往会由相应部门独自开发，会计、财务、生产制造、人力资源以及销售和营销等部门都开发了各自的系统和数据文件。图6-3显示了传统的文件处理方式。

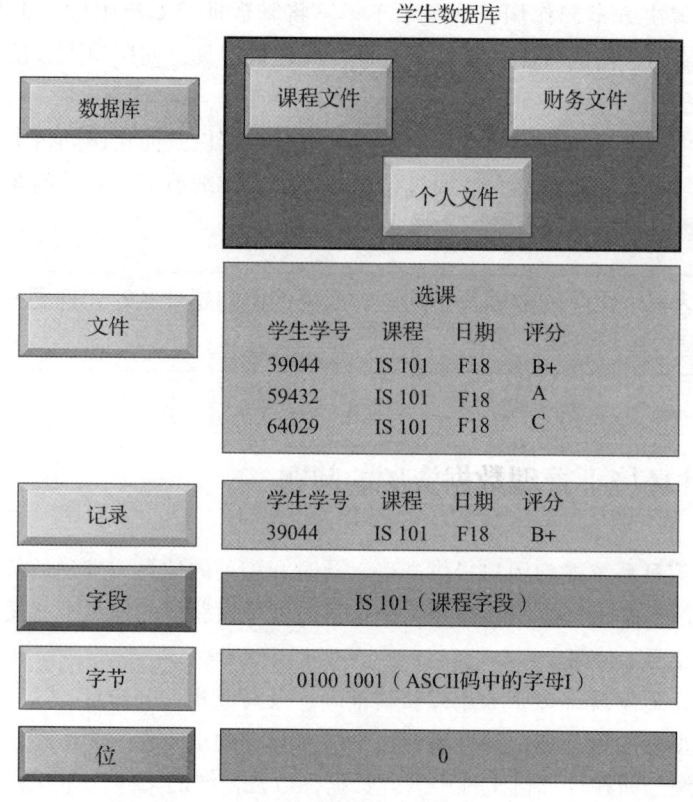

## 图 6-2 数据层级结构

**学生数据库**

- 数据库：课程文件、财务文件、个人文件
- 文件：选课

| 学生学号 | 课程 | 日期 | 评分 |
|---|---|---|---|
| 39044 | IS 101 | F18 | B+ |
| 59432 | IS 101 | F18 | A |
| 64029 | IS 101 | F18 | C |

- 记录：

| 学生学号 | 课程 | 日期 | 评分 |
|---|---|---|---|
| 39044 | IS 101 | F18 | B+ |

- 字段：IS 101（课程字段）
- 字节：0100 1001（ASCII码中的字母I）
- 位：0

注：计算机系统以层次结构的方式管理数据，从位开始，也即 0 或者 1。若干个位可组成字节，用来表示一个字符、数字或其他符号。多个字节可组成一个字段，相关字段可组成一个记录，相关记录组合起来可形成文件，相关文件可组成一个数据库。

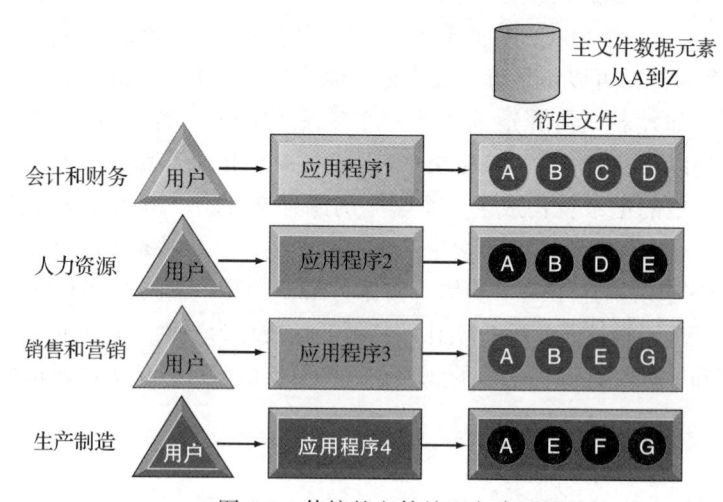

## 图 6-3 传统的文件处理方式

主文件数据元素 从A到Z

衍生文件：
- 会计和财务 → 用户 → 应用程序1 → A B C D
- 人力资源 → 用户 → 应用程序2 → A B D E
- 销售和营销 → 用户 → 应用程序3 → A B E G
- 生产制造 → 用户 → 应用程序4 → A E F G

每个应用系统都有其相应的数据文件和计算机程序。例如，人力资源部门可能存储着员工数据主文件、薪资文件、医疗保险文件、退休金文件和邮件列表文件等几十个甚至上百个文件和程序。从企业的角度来看，这个过程会导致不同部门创建、维护和运行多个主文件。

由于这个过程可能持续 5 年或 10 年，企业就会被数以百计难以维护和管理的程序文件和应用系统所困扰。这将会导致系统数据冗余与不一致、程序–数据依赖、缺乏灵活性、数据安全性低以及缺乏数据共享和可用性等问题。

### 1. 数据冗余与不一致

**数据冗余**（data redundancy）是指相同的数据出现在多个数据文件中，也就是多个地方重复存储相同的数据。当企业的不同部门独立地收集并存储相同的数据时，数据冗余就会发生。数据冗余不仅会浪费存储空间，也会导致**数据不一致**（data inconsistency），即同样的实体属性可能会有不同的值。以图 6-2 中的"课程"实体为例，一些系统中的"日期"可能更新了，另一些系统中可能没有更新。又如，"学生学号"在不同的系统中可能有不同的名称，有些系统可能用的是"学生学号"，另一些系统可能用的是"学号"。

数据不一致还可能源自用不同的编码系统来表示同一个属性值。例如，一个服装零售商的销售、库存和生产系统可能使用不同的编码来表示衣服尺寸。一个系统可能用"extra large"来表示衣服的尺寸，而另一个系统可能用"XL"来表示同一尺寸。这种不一致将使企业很难建立基于整合不同数据来源的 CRM 系统、SCM 系统或企业系统。

传统的文件处理方式是让企业的每个业务部门开发各自的应用程序，而每个应用程序都要求有独自的数据文件，而这些数据文件其实可能就是一个主文件的子集，这就导致了数据冗余与不一致、处理不灵活以及存储资源的浪费。

### 2. 程序–数据依赖

**程序–数据依赖**（program-data dependence）是指当文件和程序需要更新和维护时，存储在其中的数据也需要更新和维护。每个传统的计算机程序都必须包含描述其处理的数据的位置与特性。在传统文件环境中，程序的任何改变都需要程序所访问的数据做出相应的改变。例如，如果一个原始数据文件由 5 位数改为 9 位数，其他需要 5 位数的程序就不能正确运行了。这种改变可能会造成数百万美元的花费。

### 3. 缺乏灵活性

经过大量的编程工作后，传统文件系统可以生成例行报告，但是无法根据临时性要求生成报告或及时满足临时的信息需求。对于临时的信息需求，系统虽有相应的数据，但要从中提取非常不易，这可能需要几个程序员花上几个星期才能将所需数据汇总成一个新的文件。

### 4. 数据安全性低

数据缺乏统一的控制和管理，因此信息的获取与发布难以控制，管理层可能无从得知谁正在使用甚至是修改系统中的数据。

### 5. 缺乏数据共享与可用性

由于存放在不同文件和部门中的数据之间无法关联，要做到数据共享或及时获取信息几乎是不可能的，更谈不上数据在组织的不同职能部门或不同区域中自由流动。如果用户在两个不同的系统中发现同一信息有不同的值，他们就会怀疑数据的准确性，也许就不再想使用这些系统了。

## 6.2 数据库管理系统的主要功能以及关系型数据库管理系统如此强大的原因

数据库技术可以避免传统文件处理方式产生的许多问题。严格来讲，**数据库**（database）是指一系列数据的有序集合，通过集中数据，以及控制冗余数据，有效地为多个应用程序服务。对于每一个应用程序来说，数据似乎只存储在一个地方，而不是将每个应用程序的数据存储在单独的文件中。一个数据库可以服务于多个应用程序。例如，企业会建立一个统一共享的人力资源数据库，而不是将员工数据分散存储于单独的信息系统和单独的人事、薪资和福利文件中（见图6-4）。

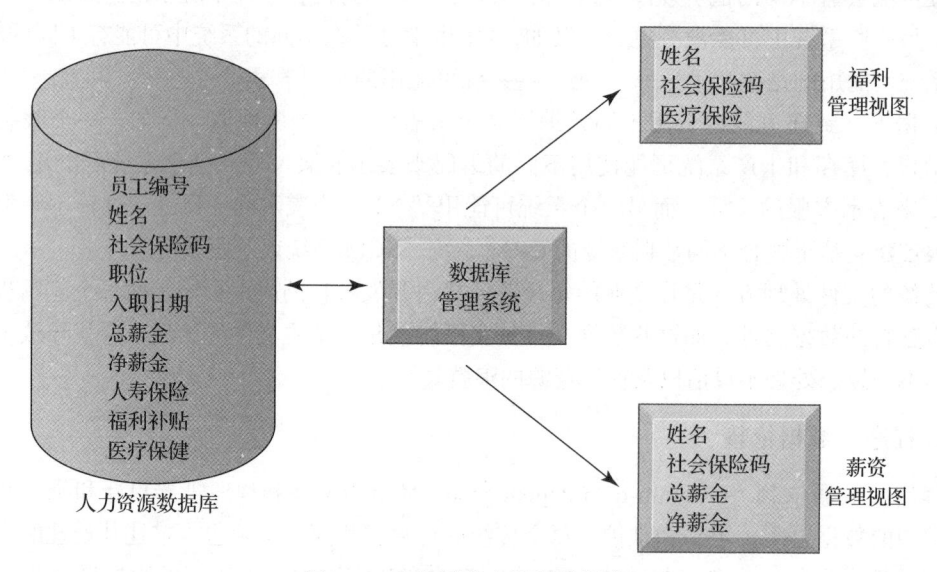

图 6-4　多视图人力资源数据库

注：根据用户的信息需求，一个统一的人力资源数据库可从多个视图查看数据。图 6-4 显示了两个可能的视图，一个是福利管理人员感兴趣的视图，另一个则是薪资部门人员感兴趣的视图。

### 6.2.1 数据库管理系统

**数据库管理系统**（database management system，DBMS）是指一个组织用来集中数据，并有效地管理数据，可由应用程序存取数据的软件。DBMS 是应用程序和物理数据文件之间的接口，当应用程序需要某个数据项时（如总薪金），DBMS 就会从数据库中调出此项数据，并将其传输给应用系统。而使用传统数据文件时，程序员必须详细说明程序所需要的数据大小和格式，并指明计算机存取数据的位置。

DBMS 将数据的逻辑视图与物理视图进行了区分，由此可使程序员或终端用户无须了解数据实际存放的方式与位置。逻辑视图是指终端用户或业务专家需要了解的数据形式，而物理视图则显示数据在实际存储介质中的组织与构建方式。

数据库管理软件使得用户可以根据所需的不同逻辑视图访问物理数据库。如图 6-4 所示的人力资源数据库，福利管理人员可能需要由员工姓名、社会保险码和医疗保险覆盖范围等所组成的数据视图。薪资部门人员可能需要员工姓名、社会保险码、总薪金和净薪金等的数据视图。所有这些数据都存放在一个数据库中，企业可以非常容易地进行管理。

## 1. DBMS 解决传统数据文件环境中的问题

DBMS 通过最大限度地减少存放重复数据的单独文件，降低数据的冗余和不一致。DBMS 不能彻底消除数据冗余，但能使数据冗余得到控制。即使组织内存在一定程度的数据冗余，DBMS 可以确保重复出现的数据具有相同的值，因此消除了数据的不一致。DBMS 将程序和数据分开，确保数据可以独立存取。每次写入不同的程序时，不必详细说明程序使用的数据具体在哪里。由于用户和程序员都可以从数据库中查询数据，而无须编写复杂的程序，这就提升了信息的可获取性和可用性，降低了程序开发和维护的成本。DBMS 使任何一个组织集中管理数据、使用数据和保证数据安全成为可能。由于数据在一个地方存取，而不是分散在许多不同的系统和文件中，因此整个组织内部的数据共享变得更加容易。

## 2. 关系型 DBMS

现代 DBMS 使用不同的数据库模型来描述实体、属性与关系。**关系型 DBMS**（relational DBMS）是当今在个人计算机、大型计算机与大型主机上使用最广泛的一种 DBMS。关系型数据库用二维表（称之为"关系"）来表示数据，可以被称为一个文件。每个表都包含一个实体及其属性的数据。Microsoft Access 是适用于台式计算机系统的关系型 DBMS，而 DB2、Oracle Database 和 Microsoft SQL Server 是适用于大型主机和中型计算机的关系型 DBMS，MySQL 是非常受欢迎的开源 DBMS。

让我们来看看关系型数据库如何组织供应商和零件的数据（见图 6-5）。关系型数据库分别用一个单独的表来表示实体"供应商"和实体"零件"。每个表均包含数据的行和列，每个实体的数据单元存储为单独的字段，每个字段都代表这个实体的一个属性。在关系型数据库中，字段也被称为列。对于实体"供应商"，供应商号码、名称、街道、城市、州和邮政编码都作为独立的字段存储在供应商表中，每个字段都代表了实体"供应商"的一个属性。

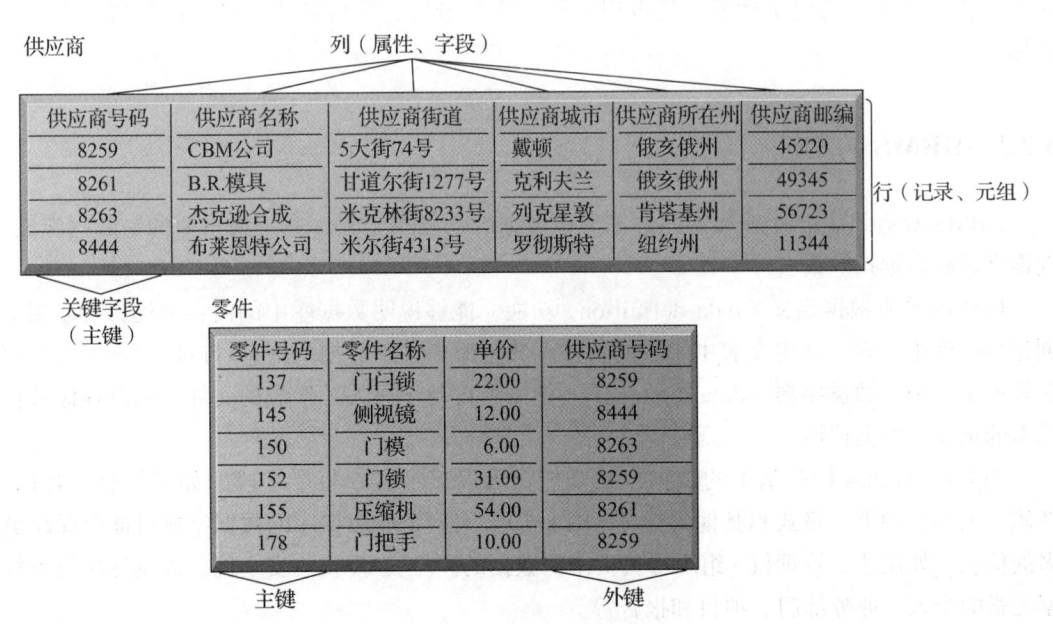

供应商

| 供应商号码 | 供应商名称 | 供应商街道 | 供应商城市 | 供应商所在州 | 供应商邮编 |
|---|---|---|---|---|---|
| 8259 | CBM公司 | 5大街74号 | 戴顿 | 俄亥俄州 | 45220 |
| 8261 | B.R.模具 | 甘道尔街1277号 | 克利夫兰 | 俄亥俄州 | 49345 |
| 8263 | 杰克逊合成 | 米克林街8233号 | 列克星敦 | 肯塔基州 | 56723 |
| 8444 | 布莱恩特公司 | 米尔街4315号 | 罗彻斯特 | 纽约州 | 11344 |

列（属性、字段）／行（记录、元组）／关键字段（主键）

零件

| 零件号码 | 零件名称 | 单价 | 供应商号码 |
|---|---|---|---|
| 137 | 门闩锁 | 22.00 | 8259 |
| 145 | 侧视镜 | 12.00 | 8444 |
| 150 | 门模 | 6.00 | 8263 |
| 152 | 门锁 | 31.00 | 8259 |
| 155 | 压缩机 | 54.00 | 8261 |
| 178 | 门把手 | 10.00 | 8259 |

主键　　　　　　　　　　　外键

图 6-5　关系型数据库表

注：关系型数据库以二维表格组织数据。图 6-5 中的实体为"供应商"和"零件"，展示了每个实体及其属性。供应商号码在供应商表中是主键，在零件表中是外键。

某个供应商的真实信息存储在表中，被称为"行"。一行通常代表一条记录，或者用专业术语称为**元组**（tuple）。实体"零件"的数据也有自己独立的表。

在"供应商"表中，"供应商号码"是唯一识别每条记录的字段，这就使得每条记录都可以被检索、更新或分类，这样的字段被称为**关键字段**（key field）。每个关系型数据表中都有一个字段被指定为**主键**（primary key）。关键字段是表中每行所有信息的唯一标识，并且主键不能重复。在"供应商"表中，"供应商号码"是主键，而"零件号码"是"零件"表中的主键。供应商表和零件表中都有"供应商号码"这一字段。在供应商表中，"供应商号码"是主键。当字段"供应商号码"出现在"零件"表中时，则称为**外键**（foreign key），外键本质上是一个查找字段，用来查找特定零件所对应的供应商信息。

**3. 关系型 DBMS 的操作**

只要关系型 DBMS 中的任意两个表中有相同的数据元素，就可以很容易从数据库中的表为用户提供所需要的数据。假设需要从数据库中查询零件号为 137 和 150 的供应商名称，需要来自"供应商"表和"零件"表的信息。这两个文件中有共同的数据元素"供应商号码"。

在关系型 DBMS 中，可以使用 3 项基本操作获得有用的数据集，分别是**选择**（select）、**连接**（join）和**投影**（project），如图 6-6 所示。"select"操作可以建立一个子集，包含文件中所有符合所设定条件的记录，也就是说，"select"创建一个子集包含了符合特定条件的行。在本例中，我们从零件表中选择了零件号码等于 137 或 150 的记录（行）。"join"操作可以联合多个表给用户提供比单个表更多的信息。在本例中，我们把已经简化的零件表（只包含 137 号和 150 号零件信息）和供应商表合成了一个单独的新表。

"project"操作可以创建一个只有列组成的子集，它允许用户建立仅包含所需信息的新表。在本例中，我们从新表中提取以下列：零件号码、零件名称、供应商号码和供应商名称。

## 6.2.2 DBMS 的功能

DBMS 具有组织、管理和访问数据库中数据的功能与工具，其中最重要的是数据定义、数据字典和数据操纵语言。

DBMS 具有**数据定义**（data definition）功能，能够说明数据库中的内容结构，可以用来创建数据库中的表，并定义表中字段的特性。数据库中关于数据的信息可以以文件形式存储在数据字典中。**数据字典**（data dictionary）是一个自动化或人工形成的文件，用以存储数据元素的定义与数据特性。

微软的 Access 具有基本的数据字典功能，可以显示表中每个字段的如下信息：名称、性质、大小、种类、格式和其他属性（见图 6-7）。大型企业数据库的数据字典可能会保存更多的信息，如用法、管理权（组织中负责维护数据的岗位）、授权、安全性，以及使用每个数据元素的个人、业务部门、项目和报告等。

第 6 章 商务智能基础：数据库与信息管理　179

零件

| 零件号码 | 零件名称 | 单价 | 供应商号码 |
|---|---|---|---|
| 137 | 门闩锁 | 22.00 | 8259 |
| 145 | 侧视镜 | 12.00 | 8444 |
| 150 | 门模 | 6.00 | 8263 |
| 152 | 门锁 | 31.00 | 8259 |
| 155 | 压缩机 | 54.00 | 8261 |
| 178 | 门把手 | 10.00 | 8259 |

"select" "零件号码" =137或150

供应商

| 供应商号码 | 供应商名称 | 供应商街道 | 供应商城市 | 供应商所在州 | 供应商邮编 |
|---|---|---|---|---|---|
| 8259 | CBM公司 | 5大街74号 | 戴顿 | 俄亥俄州 | 45220 |
| 8261 | B.R.模具 | 甘道夫街1277号 | 克利夫兰 | 俄亥俄州 | 49345 |
| 8263 | 杰克逊合成 | 米克林街8233号 | 列克星敦 | 肯塔基州 | 56723 |
| 8444 | 布莱恩特公司 | 米尔街4315号 | 罗彻斯特 | 纽约州 | 11344 |

基于供应商号码的"join"

| 供应商号码 | 零件名称 | 供应商名称 |
|---|---|---|
| 8259 | 门闩锁 | CBM公司 |
| 8263 | 门模 | 杰克逊合成 |

"project" 所选择的列

图 6-6　关系型 DBMS 的 3 项基本操作

注：通过 "select" "join" "project" 操作能把两个不同表中的数据合并生成新表，并只显示所选择的属性。

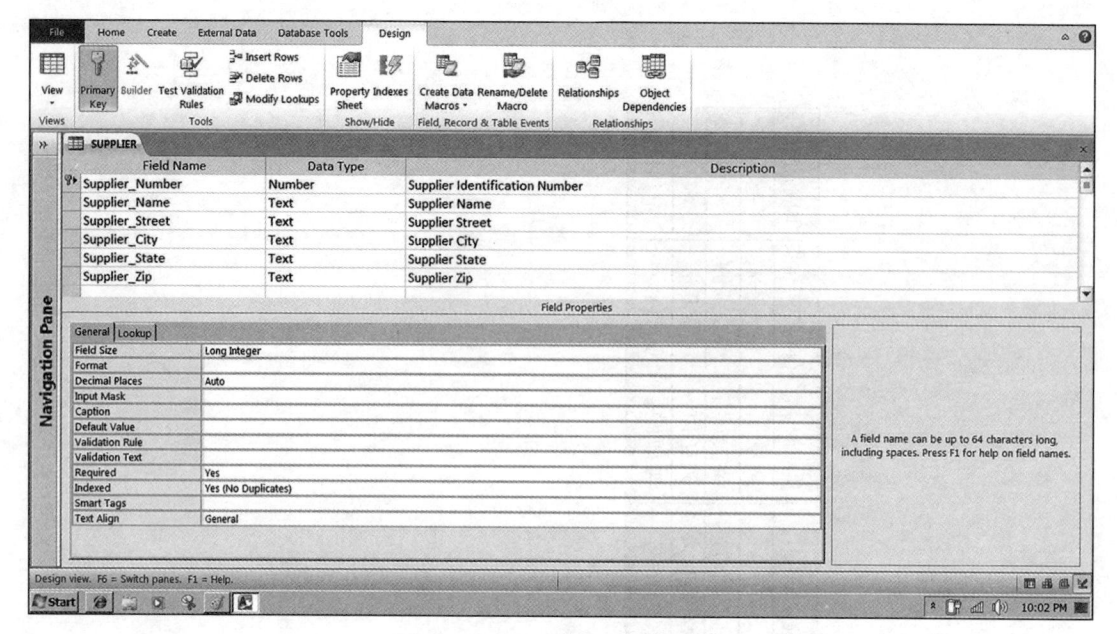

图 6-7  Access 数据字典的特性

注：微软的 Access 具有基本的数据字典功能，可以展示数据库里每个字段的大小、格式和其他特性。图 6-7 所展示的是"供应商"表中的信息。供应商号码（Supplier_Number）左边的小图标表示这是关键字段。

**查询与报告**

DBMS 提供了访问和操作数据库中数据的工具。大多数 DBMS 都有专门的语言，称之为**数据操纵语言**（data manipulation language），用于增加、更改、删除和检索数据库中的数据。这种语言包含很多指令，终端用户和编程专员可以从数据库中提取数据，用以满足信息需求和开发应用系统。现今最流行的数据操纵语言是**结构化查询语言**（structured query language，SQL）。查询是对数据库中数据的请求。图 6-8 说明了 SQL 查询可以生成如图 6-6 所示的新组合成的表。

```
SELECT PART.Part_Number, PART.Part_Name, SUPPLIER.Supplier_Number,
SUPPLIER.Supplier_Name
FROM PART, SUPPLIER
WHERE PART.Supplier_Number = SUPPLIER.Supplier_Number AND
Part_Number = 137 OR Part_Number = 150;
```

图 6-8  SQL 查询例子

注：图 6-8 显示的是用 SQL 查询零件号码为 137 或 150 的供应商。这里产生的结果与图 6-6 中是一致的。

DB2、Oracle 或 SQL Server 等都属于大中型计算机的 DBMS，用户在使用这些数据库时，都是利用 SQL 从数据库中检索所需信息。微软的 Access 也使用 SQL，但它提供了自己的一套用户友好的工具，用来查询数据库，并能把数据库中的数据整理为更精练的报告。

微软 Access 的特性能够让用户通过标识他们想要的表和字段以及结果来创建所需要的查询，然后在数据库中选择符合特定条件的行。这些步骤最后都依次转化为 SQL 指令。图 6-9 介绍了如何利用 Access 查询工具构建与 SQL 相同的指令来选择零件和供应商。

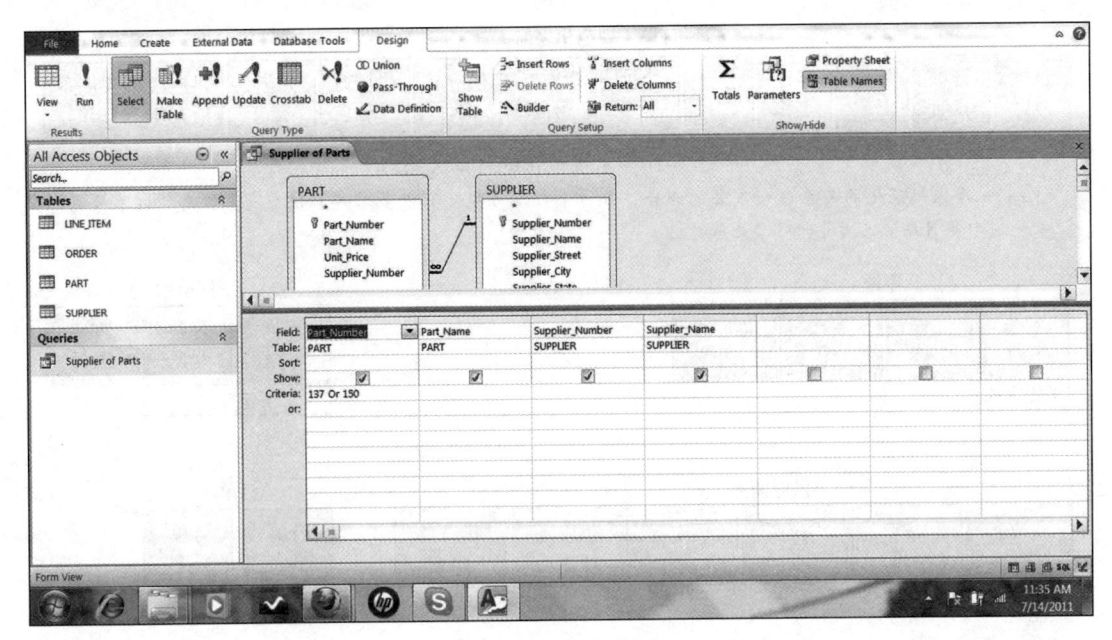

图 6-9　Access 查询

注：图 6-9 显示的是如何用微软的 Access 查询创建工具来创建与图 6-8 一致的查询，图中显示查询中用到的表、字段和选择条件。

微软的 Access 和其他 DBMS 都具有生成报表的功能，所需数据可以通过更结构化和更精练的格式表示出来，而不仅仅局限于查询。虽然 Access 也可以生成报表，但 Crystal Reports 是在大企业 DBMS 中应用十分广泛的报表生成器。Access 还有开发桌面系统应用的功能，包括创建数据输入屏幕、报表和交易处理逻辑生成等工具。

## 6.2.3　数据库的设计

要创建一个数据库，首先要弄清楚数据之间的关系、数据库中要维护的数据类型、数据如何被使用，以及从企业角度管理数据需要做哪些改变。数据库的设计包括概念设计和物理设计，其中，概念设计是从业务角度来看的数据库的抽象模型，而物理设计要描述出数据库如何安装在直接存取的物理储存设备上。

**规范化和实体 – 关系图**

数据库的概念设计描述的是数据元素在数据库中是如何组合的。在概念设计中需要确定数据之间的关系，以及能满足业务信息需求最有效的数据组合方式，还需要确定冗余数据元素以及满足具体应用程序要求的数据元素的组合，最后对数据组合进行整理、细化和简化，直到数据库中所有数据呈现出整体合理的逻辑关系为止。

为了有效地使用关系型数据库模型，需要将复杂的数据组合进行简化，以达到冗余数据的最小化和棘手的多对多关系最小化。从复杂的数据组合中形成小型、稳定、灵活及适应性强的数据结构的过程称为**规范化**（normalization）。图 6-10 与图 6-11 显示了这个过程。

订单（规范化之前）

| 订单号码 | 订单日期 | 零件号码 | 零件名称 | 单价 | 零件数量 | 供应商号码 | 供应商名称 | 供应商街道 | 供应商城市 | 供应商所在州 | 供应商邮编 |

图 6-10　未规范化的订单关系

注：一个未规范化的关系包含重复的组合，如一个订单可能会有很多零件和供应商，但是"订单号码"和"订单日期"之间是一对一关系。

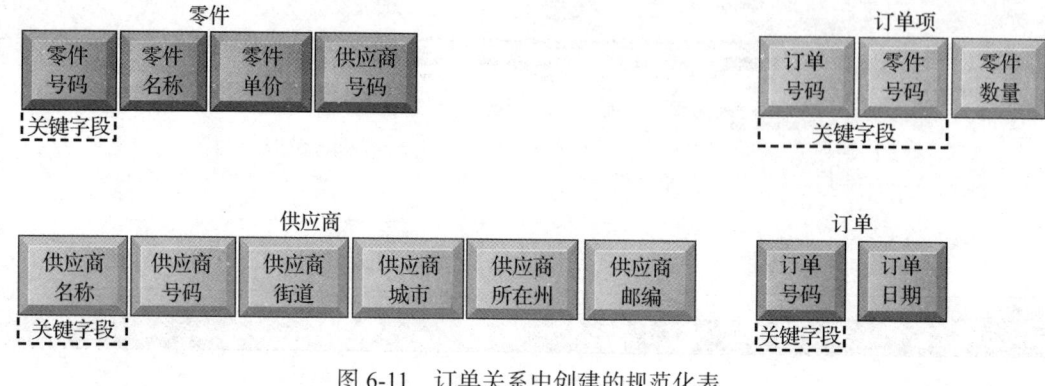

零件

| 零件号码 | 零件名称 | 零件单价 | 供应商号码 |

关键字段

订单项

| 订单号码 | 零件号码 | 零件数量 |

关键字段

供应商

| 供应商名称 | 供应商号码 | 供应商街道 | 供应商城市 | 供应商所在州 | 供应商邮编 |

关键字段

订单

| 订单号码 | 订单日期 |

关键字段

图 6-11　订单关系中创建的规范化表

注：在规范化之后，原来的订单关系被分解成为 4 个小的关系表。"订单"表中只剩下 2 个属性，而"订单项表"中有一个由"订单号码"和"零件号码"组成的联合键或连接键。

在这个业务模型中，一个"订单"中可以包含多个"零件"，而一个"零件"只能由一个"供应商"提供。如果我们要创建一个名为"订单"的关系，并且包含这里所说的所有字段，即使这个订单的零件仅仅来自一个供应商，那么对于订单中的每一个零件，也不得不重复供应商的名称和地址。这个关系就包含了我们所说的重复数据组合，因为对于某个供应商来说，一个订单中可能包含很多零件。一个更有效的组织数据的方法就是把这个"订单"分解成更小的关系，每一个关系只描述单个实体。如果一步步地规范化"订单"关系，就可以得到图 6-11 所示的规范化表。

关系型 DBMS 要满足**参照完整性**（referential integrity）原则，使相连接的表保持关系的一致性。当一个表含有指向另一个表的外键时，如果指向的表没有相应的记录，含有外键的表是不能加入这条记录的。在本章之前提到的数据库中，外键"供应商号码"连接着"零件"表和"供应商"表。只有在"供应商"表中含有"供应商号码"8266 这条记录时，才能够在"零件"表中添加来自"供应商号码"8266 的零件。如果在"供应商"表中删除了"供应商号码"8266 这个供应商，就必须在"零件"表中删除相应的记录。换句话说，不能存在无供应商的零件。

数据库设计人员用**实体–关系图**（entity-relationship diagram）来表示数据模型，如图 6-12 所示。图 6-12 表示了"供应商""零件""订单项"和"订单"这些实体之间的关系。其中，矩形框代表实体，连接矩形框的线代表关系，用两根短竖线结尾的连线表示实体之间存在一对一关系，用一条短线和一个箭头结尾的连线表示实体之间存在一对多关系。图 6-12 表示一个"订单"中可以包含很多"订单项"（因为在一个订单中，一个"零件"可以被多次订购和出现），每个"零件"只能由一个"供应商"提供，同一个"供应商"可以供应很多"零件"。

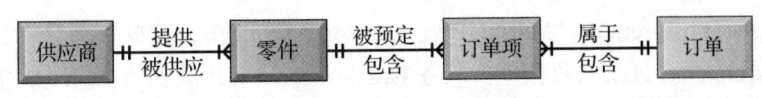

```
供应商 ──提供/被供应── 零件 ──被预定包含── 订单项 ──属于/包含── 订单
```

图 6-12　一个实体–关系图

注：图 6-12 展示了实体"供应商""零件""订单项"和"订单"之间的关系，在创建图 6-11 的数据库时可能会用到此模型。

需要特别强调的是，如果企业业务没有适当的数据模型，系统则无法有效地支撑业务，而企业会缺乏效率，因为不得不处理那些可能不准确、不完整或者难以获取的数据。理解组织中的数据及其关系以及应该如何在数据库中表示这些数据，也许是读者学习这门课程的重要收获。

例如，Famous Footwear 是一家在 49 个州拥有 800 多家连锁店的鞋业公司，一直以来难以实现其"适当款式的鞋子在适当的商店以适当的价格出售"这一目标，是因为 Famous Footwear 的数据库无法实现快速调整存货的功能。这家企业虽然有一个在中型机上运行的 Oracle 关系型数据库，但这个数据库最初不是为应对市场变化，而是为管理层生成标准报表而设计的。管理人员不能获得每个商店库存的准确数据。后来，企业不得不围绕这个问题建立一个可以将销售和库存数据整合在一起的新的数据库，以便更好地进行库存分析和管理。

## 6.2.4　非关系型数据库、云数据库和区块链

在过去的 30 多年里，关系型数据库技术一直是主流技术。云计算、前所未有的数据量、web 服务巨大的工作量以及存储新类型数据的需求都要求数据库不能只用表、行和列的形式来组织数据的传统关系模型。为了达到这一目的，许多企业都转向使用"NoSQL"的非关系型数据库技术。**非关系型数据库管理系统**（nonrelational database management system）使用更灵活的数据模型，可以利用许多分布式的计算机来管理大型数据集，而且可以方便地对数据进行扩展和收缩。非关系型数据库可以加速用户在大量的结构化和非结构化数据中的简单查询，其中非结构化数据包括 web、社会化媒体、图形和其他形式的数据，这些数据都很难用传统的基于 SQL 的工具进行分析。

有几种不同的 NoSQL 数据库，每个数据库都有自己的技术特性和行为。Oracle NoSQL 数据库就是一个例子，亚马逊的 SimpleDB 也是一个例子，它是运行在云端的亚马逊的一项 web 服务。SimpleDB 提供了一个简单的 web 服务界面，可以使用户方便地创建和存储多个数据集、查询数据和返回结果。它不需要提前定义一个正式的数据库结构，即使有新的数据加入，也不需要改变定义。

MetLife 的 MongoDB 是开源代码的 NoSQL 数据库，汇集了来自 70 多个独立管理系统、索赔系统和其他数据源的数据，包括半结构化和非结构化数据，如健康记录和死亡证明图像。NoSQL 数据库能够管理结构化、半结构化和非结构化的数据，而不需要按照关系数据库的要求，通过烦琐的、昂贵的和耗时的数据库映射，将所有的数据规范化为严格的模式。

**1. 云数据库和分布式数据库**

亚马逊和其他的云计算服务商提供了关系型数据库引擎服务。**亚马逊的关系型数据库服务**（Amazon Relational Database Service，Amazon RDS）提供 MySQL、Microsoft SQL Server、

Oracle Database、PostgreSQL、MariaDB 或 Amazon Aurora 作为数据库引擎，其服务基于使用量定价。Oracle 拥有自己的数据库云服务 Oracle Database，微软的 Azure SQL 数据库是一个基于微软的 SQL Server DBMS 的云关系型数据库服务。基于云的数据管理服务对一些初创企业或中小型企业很有吸引力，它们可以花费比购买封装的数据库产品更低的价格获得数据库功能（见"互动讨论：技术"部分）。

⊙ 互动讨论：技术

### 云数据库新工具帮助斐济沃达丰做出更好决策

斐济沃达丰（Vodafone Fiji Limited）是一家 100% 本地所有的无线电信服务供应商，其网络有 76 万多名订阅用户。公司有 260 名员工，收入为 1.85 亿美元。沃达丰集团是一家总部位于英国的跨国电信企业集团，主要服务亚洲、非洲、欧洲和大洋洲。斐济沃达丰与沃达丰集团以及其他运营公司密切合作，为斐济人提供最前沿的技术。斐济沃达丰占了斐济电信服务市场 85% 的份额。

预付费客户占了斐济移动电信市场的 96%（相比较而言，仅有不到 25% 的美国移动客户使用预付费服务）。预付费客户不受移动服务合同的约束，因此他们始终在寻找更好的省钱方式。斐济沃达丰必须为其客户想出更好的优惠，以劝说他们继续使用自身的服务。不幸的是，斐济沃达丰的系统无法传递针对该任务的信息。

公司缺乏足够的计算能力、存储能力和数据管理工具来快速分析数据，所以无法做出有关应向哪些客户提供什么优惠以及这么做的恰当时间的明智决定。数据储存在本地的多个数据库中。更糟糕的是，Amalgamated Telecom Holdings（斐济沃达丰的主要股东）收购了多家服务于萨摩亚、美属萨摩亚、瓦努阿图、库克群岛和基里巴斯等地附近市场的其他电信公司。需要管理和挖掘获得洞见的数据增加了 3 倍。所有这些企业在不同的系统里有不同格式的不同类型的数据。

斐济沃达丰的首席商务官罗纳德·普拉萨德及其团队估计，升级公司的本地系统将需公司支出约 250 万美元。他们选择 Oracle Autonomous Data Warehouse Cloud（自治数据仓库云，ADWC）和 Oracle Analytics Cloud（分析云）服务作为解决方案，这要合适得多，成本效益也要高得多。Oracle Autonomous Data Warehouse Cloud（Oracle ADWC）是一项完全管理的、高性能的弹性云服务，可为储存在数据库中的数据提供分析能力。环境针对数据仓库工作负荷进行优化，支持所有标准的 SQL 和商业情报（business intelligence，BI）工具。Oracle ADWC 提供了一个易于使用、完全自主的数据库，可随着工作负荷的增加而弹性扩展，提供快速查询性能，且不要求数据库管理。斐济沃达丰得以在云中提取、迁移和转换来自不同渠道的数据，分析速度可以快得多。

通过自动化管理 Oracle 数据库所需的很多常规任务，Oracle Autonomous Database（自治数据库）能够解放数据库管理员（database administrator，DBA），让他们能够开展更高层级、更具战略性的工作。仓库系统自行处理大量单调乏味的技术性工作。斐济沃达丰无须雇用具备专业数据库管理技能的员工，而这在像斐济这样的小型就业市场具有挑战性。一个本地数据仓库可能会需要公司两个月的时间来实施，而公司设置 Oracle ADWC 仅需 30 min，且在一个星期内就可完成报告功能的部署。斐济沃达丰仅需为所消耗的计算资源付费。

Oracle Analytics Cloud 是一个基于云的平台，可接受来自几乎任何渠道（桌面、企业、数据中心）的任何形式或大小的数据，具备收集、整合和转换数据以及编制交易和分析报告与仪表板的能力。Oracle Analytics Cloud 提供自助功能，以供用户执行假设（what-if）建模和分析。用户由此具备能力能够可视化和发掘数据，包括利用大数据。

斐济沃达丰现在能够轻松地从所收集数据中获得洞见，根据不断变化的市场动态调整促销活动。它能够针对性地选中有可能会取消沃达丰服务的客户以及最有可能对某一优惠做出回应的客户。仓库系统可生成通话模式报告以确保客户订立最优的服务组合，或针对有4G计划的客户提供免费试用，以吸引他们订购数据流量套餐。针对特定蜂窝基站定制的推销活动可以鼓励客户在低利用水平时段上网。

仅在数分钟内，就可以生成50多种报告供决策者使用。查询要比之前快5min完成。曾经需125min的数据挖掘程序，通过Oracle ADWC现在仅需25min；同样，原本在之前的本地系统中需用时294s的聚合查询，利用Oracle ADWC后仅需5s。通过检查客服电话数据，仓库分析工具已能够识别自动化响应中琐碎的、重复的查询，由此将呼入电话减少8%～10%，解放客服代理，让其将重点放在基于特定客户画像的向上销售和交叉销售上。同样是由3名成员组成的普拉萨德团队，现在已能够高效地处理收购前4倍的工作量。

资料来源：www.vodafone.com.fj, accessed January 12, 2020; Tara Swords, "Call to Action," *Profit Magazine*, Fall 2019; and www.oracle.com, accessed January 12, 2020.

**案例分析题：**
1. 阐述斐济沃达丰面临的问题。哪些管理、组织和技术因素导致了这个问题？
2. 评估Oracle自治数据仓库和Oracle分析云作为斐济沃达丰的解决方案。
3. 新的Oracle工具如何改变斐济沃达丰的决策？
4. 使用云服务对斐济沃达丰有利吗？解释你的答案。

现在，谷歌将Spanner分布式数据库技术以云服务的方式提供。**分布式数据库**（distributed database）是指存储在多个物理位置的数据库，即数据库的一部分或副本实际上存储在某个地方，而其他部分或副本存储在其他地方。Spanner使我们能够在全球数百个数据中心的数百万台机器上存储数据，并使用特殊的计时工具精确同步所有位置的数据，确保数据始终一致。谷歌使用Spanner来支持各种云服务，现在，谷歌正将这项技术提供给其他可能需要这种能力来经营全球业务的企业。

**2. 区块链**

**区块链**（blockchain）是一种分布式数据库技术，可以使某企业或组织能够在没有中央权威机构的情况下，在网络上几乎实时地创建和验证交易。区块链系统将交易数据作为分布式账本存储在计算机网络中，数据库中的数据由网络中的计算机不断地进行核对。

区块链维护着一个不断增长的记录列表，这些列表被称为区块，每个区块都包含一个时间戳和指向前一个区块的链接。一旦一个数据区块被记录在区块链账本上，它就不能被更改。当有人想要增加一项交易时，网络中的参与者（所有人都有现有区块链的副本）通过运行算法来评估和验证该项提议的交易。对区块链账本的任何合法更改在几秒钟或几分钟内就会被记录在整个区块链上，并且这些记录通过加密技术被保护起来。区块链系统对商业企业具有吸引力的是它对交易参与者的加密和身份认证，确保了只有合法的参与者才能输入信息，并且只接受经过验证的交易。一旦记录形成，交易就不能更改。图 6-13 说明了区块链是如何完成一个订单的。

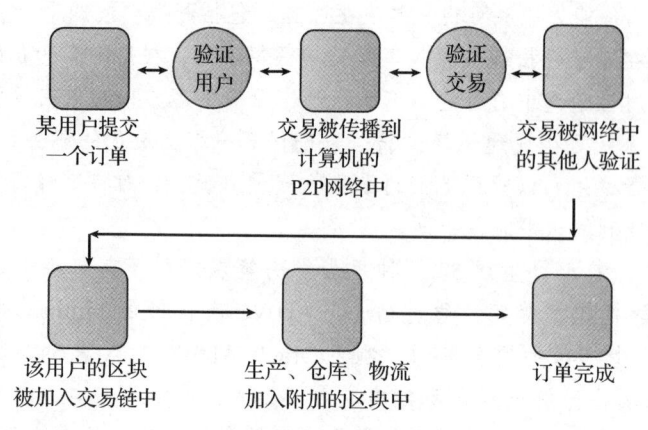

图 6-13 区块链如何工作

注：区块链系统是一种分布式数据库，用于记录 P2P 计算机网络中交易。

使用区块链数据库的企业有很多好处。区块链网络从根本上降低了验证用户、验证交易的成本，以及存储和处理数千家企业交易信息的风险。区块链可以为参与的企业提供单一的、简单的、低成本的交易系统，而不是成千上万的企业分别建立自己的私有交易系统，然后与供应商、运输商和金融机构的系统进行集成。使用**智能合约**（smart contract）有助于记录交易过程的标准化。智能合约是执行企业间交易规则的一套计算机程序，如产品的价格、如何运输、何时完成交易、谁来为交易融资、融资条款是什么等。

区块链的简单化和安全性对存储和保护金融交易、供应链交易、药物记录与其他类型的数据记录具有吸引力。区块链是比特币、以太坊和其他加密货币的基础技术。第 8 章将提供更多有关使用区块链保护交易的详细信息。

## 6.3 从数据库获取信息的主要工具和技术

企业使用数据库记录各类信息，如支付货款、处理订单、跟踪客户信息和支付员工工资等。但是，企业也需要数据库来提供帮助企业更高效运作的信息，使管理者和员工能制定更好的决策。如果企业想要知道哪个产品是最受欢迎的，谁是最有价值的客户，答案就蕴藏在数据中。

### 6.3.1 大数据的挑战

组织收集到的大多数数据是关于事务处理的数据，比较适合采用关系型 DBMS 来管理。但是现在，来自网络、电子邮件和社交媒体内容（推文和状态信息），以及从传感器获得的机器产生的数据（用于智能电表、制造传感器和电表）或电子交易系统产生的数据引发了数据量的爆炸式增长。这些数据可能是非结构化或半结构化的，所以不适合用行和列的关系型数据库来表示。**大数据**（big data）是用来描述那些容量巨大且已经超出了传统 DBMS 所能够获取、存储和分析的数据集。

大数据通常以"3V"为特征：数据量极大、数据类型和数据源极多以及数据处理的速度极快。大数据并不特指具体的数量，但通常指的是从 PB（petabyte）级到 EB（exabyte）级范围的数据，换句话说就是来自不同数据源的从数十亿条到数千亿条的记录。与传统数据相比，大数据以更大的量级和更快的速度产生。例如，一台航空喷气式发动机仅在 30min 内就可以产生 10TB（terabyte）的数据，而每天有超过 25 000 次航班。Twitter 的使用者每天产生超过 8TB 的数据。根据国际数据中心（International Data Center，IDC）技术研究公司的研究，每两年数据量就会翻倍，因此，组织可用的数据量将呈指数增长。

相比于小数据集而言，企业对大数据产生浓厚的兴趣是因为可以从大数据中发现更多的业务模式和有趣的关系，使企业可以洞察客户的行为、气象模式、金融市场活动或者其他现象。例如，全球在线图片市场公司 Shutterstock 存储了 2 400 万张图片，而且每天要增加超过 10 000 张。企业要找到优化用户购买体验的方法，就需要分析它的大数据，了解其网站访问者放置光标的位置，以及在购买之前停留在图像上的时间等。大数据在公共部门也有很多用途，如市政府一直在使用大数据来管理交通流量和打击犯罪。"互动讨论：管理"部分展示了美国职业棒球大联盟如何使用大数据来提高球员和球队的表现。

⊙ 互动讨论：管理

## 大数据棒球

大数据和分析技术正在席卷整个商业界，连职业体育行业也不例外。棒球、橄榄球、足球、冰球、网球，甚至帆船比赛都在寻找方法来分析选手和竞争团队的数据，以提高成绩。正如我们所知，分析技术和大数据的应用对棒球比赛产生了革命性的影响，包括换防、改变挥杆路线以及球队如何购买和培养选手。

鉴于美国职业棒球大联盟（Major League Baseball，MLB）球队预算中存在的巨大差距，富有的棒球队一般在招募最佳球员时具备优势。迈克尔·刘易斯（Michael Lewis）在 2003 年出版的《点球成金》(*Moneyball*) 一书，其中描述了奥克兰运动家队经理比利·比恩（Billy Beane）是如何利用大数据分析技术指导球员招募和培养决定，从而将处于劣势的奥克兰运动家队转变为获胜球队的。严格的统计分析已表明，相比速度和击中率等在更早之前被重视的指标，上垒率和长打率是进攻成功的更好指标（且在公开市场上获得成本更低）。这些观察结果公然挑战了很多棒球球探和教练的传统棒球知识与信念。比利·比恩根据这些发现重新组建了奥克兰运动家队，通过利用先进的分析技术获得有关每名球员价值和对球队成功贡献的洞见，打造了一支在多年间持续获胜的球队——这些洞见之前被更富有的球队所轻视。

大数据帮助波士顿红袜队赢得了 2004 年的世界职业棒球大赛，以及帮助圣路易斯红雀队在 2006 年和 2011 年赢得胜利。如今，大联盟的每支球队都在不同程度上使用大数据和深度分析来支持有关比赛众多方面的决策。但有些球队，如匹兹堡海盗队、芝加哥小熊队和休斯敦太空人队，比其他球队的动作要慢，直到它们更为彻底地接受大数据之后，才摆脱了表现不佳的困境。

大数据分析得出的结果改变了棒球队对特定球员技能的重视程度。之前无法量化的技能现在获得了更多关注，包括外野、跑垒和盗垒。外野技能现在受到格外的重视。例如，洛杉矶天使队的中外野手迈克·特劳特得到了球队老板的高度评价，因为他是一位出色的外野手和跑垒员，也是一位异常聪明的棒球运动员，即使他的本垒打统计数据并不属于一流水平。现在，最大的挑战并非是否在棒球中使用大数据，而是如何有效地使用大数据。数据的解读并不总是容易的，区分"噪声"和实际可付诸行动的信息也不简单。球员和投手必须处理的数据量可能会超负荷，包括投球利用率、挥棒平面、旋转速度等。当一名球员进入击球员区时，就其在陷入困境之前能够吸收多少信息而言，每名击球员都是不同的。有些人希望知道投手在特定情况下会做什么，包括投手会利用多少投球以及利用它们的频率，而还有一些人则希望带着清晰的头脑进入比赛，专注于找球。在不过分剖析、不过分分心于当前任务之外的情况下，一个人仅能利用这么多数据。

很多棒球专家仍认为传统的球员评估方法以及直觉、金钱和运气仍是球队获胜的关键因素。例如，旧金山巨人队使用大数据和统计数据，但其球员招募决定仍基于球探和教练的意见。依据巨人队替补教练罗恩·沃特斯的看法，数字真的无法说明有关球员的一切品质；所以巨人队将统计数据与球探、教练和球员经验结合起来，尤其是当应对国家联盟以外的对手时，球队并不常见到这些球员。罗恩·沃特斯认为，能够利用球员个体的优势，这更多的是依靠了解球员和他的能力，而非统计数据。手臂好的游击手能够较平常打得离本垒板更远，而速度快的跑垒员能够较平常跑得更接近本垒板。防守对手存在统计不相关的细微差别，但统计数据可以在你不够了解球员、不知道在他们身上预期什么时提供帮助。

资料来源：www.statsperform.com, accessed January 25, 2020; www.mlb.com, accessed January 25, 2020; "Sports Analytics Market Size, Shares 2020 By Top Key Players: IBM, SAP, SAS, Tableau Software, Oracle, STATS, Prozone," *MarketWatch*, January 30, 2020; "Nick San Miguel, 'San Francisco Giants: Analytics Are Not the Answer',"www. aroundthefoghorn.com, accessed February 4, 2020; Richard Justice, "MLB Clubs Stay Focused on Future of Analytics," www.mlb.com, accessed March 14, 2019; "Changing the Game: How Data Analytics Is Upending Baseball," *Knowledge @ Wharton*, February 21, 2019; and "A View from the Front Lines of Baseball's Data-Analytics Revolution," *McKinsey Quarterly*, July 2018.

然而，为了从这些数据中获得商业价值，企业需要利用新的技术和工具来管理与分析非传统数据及传统数据，还需要了解利用数据解决哪些问题以及大数据的局限性。获取、存储和分析大数据可能会非常昂贵，而且来自大数据的信息并不一定有助于决策者做出决策。清楚地了解大数据将为企业解决什么样的问题是非常重要的。本章章末的案例研究探讨了这些问题。

### 6.3.2　商务智能基础设施

假设你想获得关于整个企业当前运营、未来趋势和变化的简洁可靠的信息。如果你在一个大型企业工作，这些数据可能要从相互分离的系统中获取，如销售、制造和财务系统，甚至还可能需要借助外部系统，如人口统计或竞争对手的数据。渐渐地，你可能需要使用大数据。现代商务智能的基础设施包括一系列的工具，这些工具用来从大量的、不同类型的半结构化和非结构化的商业数据中获取有用信息，其核心包括数据仓库和数据集市、Hadoop、内存计算和分析平台，其中一些功能可以从云服务中获取。

**1. 数据仓库和数据集市**

用于分析企业数据的传统工具是数据仓库。**数据仓库**（data warehouse）是一个数据库，存储着决策者认为有潜在价值的当前和以往的企业数据。这些数据产生于很多关键的业务系统，如销售系统、客户系统和生产系统，也可能来自网上的交易数据。数据仓库从企业内多个业务系统中提取出当前和历史的数据，这些数据与来自外部的数据相结合，通过纠正那些不准确和不完整的数据来进行转换，并根据管理报告和分析数据的要求进行重组，然后再加载到数据仓库中。

数据仓库可以让任何有需要的人访问数据，但是数据仓库中的数据不能被更改。数据仓库系统也提供一系列专门的、标准化的查询工具、分析工具和图形报告工具。

大多数企业除了创建服务于整个组织的企业级中央数据仓库外，还可以创建小规模的、分散的数据仓库，称作数据集市。**数据集市**（data mart）是数据仓库的一个子集，是为特定用户群建立的主题更加聚焦的企业数据或综合数据库。例如，一个企业可能会开发一个面向营销与销售主题的数据集市来处理消费者信息。图书销售商 Barnes & Noble 曾经维护过一系列的数据集市，一个用于汇总零售店 POS（point of sales）机中的销售数据，另一个用于汇总大学书店的销售数据，还有一个用于汇总在线销售数据。

**2. Hadoop**

关系型 DBMS 和数据仓库产品并不适合组织和分析大数据，也不适合那些在数据模型中不容易用行和列来表示的数据。为了处理那些非结构化、半结构化以及结构化的海量数据，很多组织使用一种分布式系统基础架构 Hadoop。Hadoop 是由 Apache 软件基金会管理的一个开放源代码的软件框架，它支持组织在低廉的计算机硬件上进行分布式并行处理海量数据。

它将大数据问题分解成许多子问题，并把它们分布在数千个计算机上作为处理节点，然后将这些结果整合成为一个容易分析的小数据集。你可能已经通过 Hadoop 在互联网上找到最便宜的机票、找到一家饭店的方位、在谷歌上搜索或者在 Facebook 上联系一个朋友。

Hadoop 由几个关键服务组成：用于数据存储的**分布式文件系统**（Hadoop Distributed File System，HDFS）和用于高效并行数据处理的 MapReduce（一种映射与归约编程模型）。HDFS 将 Hadoop 集群中无数个存储节点的文件系统连接成一个大的文件系统。Hadoop 上的 MapReduce 受谷歌的 MapReduce 系统启发，将大数据集分解，并将工作分配给集群中的多个节点。HBase 是 Hadoop 上的一个非关系型数据库，它提供了快速访问存储在 HDFS 中的数据的功能，以及运行大规模实时应用的业务处理平台。

Hadoop 可以处理不同类型的海量数据，包括结构化的交易数据、Facebook 和 Twitter 上的半结构化数据、网络服务器日志文件中复杂的数据以及非结构化的音频与视频数据。Hadoop 在一组普通的服务器上运行，其处理器可以按需进行增加或移除。很多企业利用 Hadoop 来分析十分庞大的数据，也用于存储载入数据仓库之前的那些非结构化和半结构化的数据。雅虎利用 Hadoop 追踪并分析用户行为，以根据用户的兴趣调整它的网站首页。生命科学研究公司 NextBio 利用 Hadoop 和 HBase 为制药企业的基因研究进行数据处理。像 IBM、惠普、甲骨文公司和微软这样的顶级数据库供应商都有自己的 Hadoop 软件产品。还有一些其他的供应商则提供从 Hadoop 移入或移出数据的工具，或者提供在 Hadoop 里分析数据的工具。

### 3. 内存计算

另一种协助大数据分析的方法就是利用**内存计算**（in-memory computing），这是一种主要依靠计算机的内存（RAM）来存储数据的方法（传统的 DBMS 利用磁盘存储器系统）。用户直接访问存储在内存中的数据，这样可以消除从传统的、基于磁盘的数据库中检索和读取数据的瓶颈，同时也能大大缩短查询时间。内存计算使得在整个内存内部处理大数据成为可能，数据规模能达到一个数据集市或小的数据仓库的水平。原来那些需要花费几个小时或者几天的复杂业务计算，现在几秒钟内就可以完成，甚至可以通过手持设备完成。

前面的章节提到过当代先进的计算机硬件技术使得内存处理成为可能，如强大的高速处理器、多核处理器以及计算机存储器价格的下降。这些技术帮助企业以最优的方式使用存储器，以较低的成本提高处理能力。这些技术帮助公司优化内存的使用，加速处理性能，同时降低成本。领先的内存数据库产品包括 SAP HANA、Oracle Database In-Memory、Microsoft SQL Server 和 Teradata Intelligent Memory。

### 4. 分析平台

商业数据库供应商基于关系型和非关系型数据库技术已经开发了专门的高速**分析平台**（analytic platform），用来分析大数据集。分析平台具有预配置的硬件和软件系统，专门为查询处理和分析而设计。例如，IBM 的 Pure Data System for Analytic 以紧密集成的数据库、服务器和存储器为特色，能够比传统系统处理复杂查询快 10～100 倍。分析平台还提供包括内存计算系统和 NoSQL 非关系型数据库管理系统，现在分析平台在云服务中也很常见。

图 6-14 显示了由一系列本书所描述的那些技术组成的一个现代商务智能基础设施。当前的和历史的数据是从多个运营系统中提取出来的，包括网络和社交媒体数据、物联网数据、非结构化的音频/视频数据和其他外部数据。有些企业已开始将所有不同类型的数据放入一个数据湖中。**数据湖**（data lake）是指原始的非结构化数据或大部分尚未分析的结构化

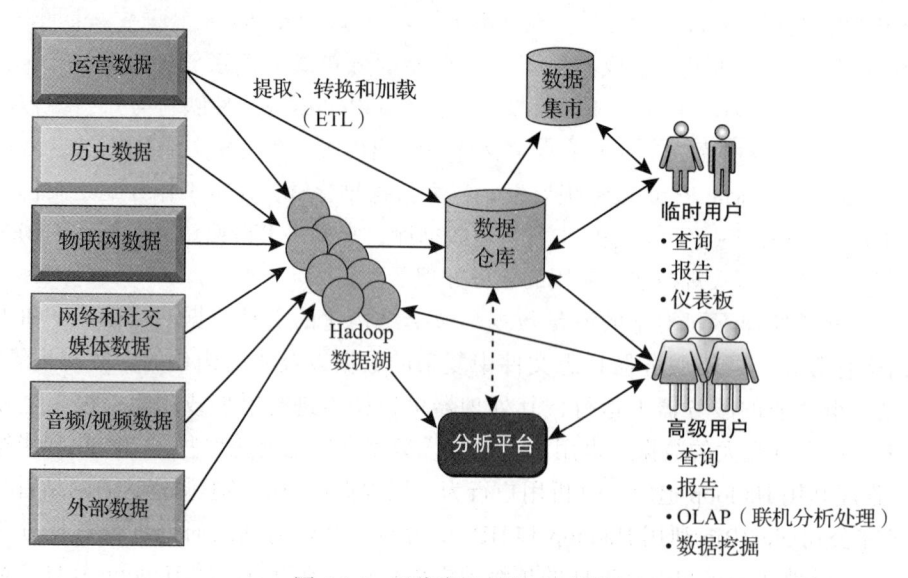

图 6-14 现代商务智能基础设施

注：现代商务智能基础设施具有管理和分析来自多个数据源的、大规模的、不同类型数据的功能与工具，为一般企业用户设计了易用的查询和报告生成工具，也为高级用户设计了复杂的分析工具。

数据的存储库，可以通过多种方式访问这些数据。数据湖将这些数据以其原有的格式存储，直到需要时再使用。HDFS 通常用于在一连串的计算机节点上存储数据湖的内容，Hadoop 集群也可用于预处理其中的一些数据，以供数据仓库、数据集市或分析平台使用，也供高级用户直接查询，其输出包括报告和仪表板以及查询结果。第 12 章将更详细地讨论各种类型的 BI 用户和 BI 报告。

### 6.3.3 分析工具：关系、模式与趋势

一旦企业具备了商务智能技术，就可以利用数据库查询和报告系统、多维数据分析及数据挖掘技术对数据进行深入挖掘和分析。本部分将介绍这些分析工具。关于商务智能的分析及应用，我们将在第 12 章中详细介绍。

**1. 联机分析处理**

假设你的企业在东部、西部及中部地区销售螺母、螺栓、垫圈和螺钉 4 种不同的产品。如果你想问一个相当简单的问题，如在过去的一个季度中销售了多少个垫圈，你可以通过查询销售数据库轻松得到答案。但是如果你想知道每一个区域垫圈的销量是多少，并对比实际销量和目标销量的情况时，那该怎么办？

为了得到答案，你可能需要使用**联机分析处理**（online analytical processing，OLAP）。OLAP 支持多维数据分析，可以让用户从多个维度、不同方式来分析同一数据。信息的每一个方面，如产品、价格、成本、区域或者时间，都代表一个不同的维度。所以，产品经理可以使用多维数据分析工具了解 6 月东部地区销售了多少个垫圈，与上个月、上一年以及与预测的销量对比会怎么样。OLAP 能够使用户在相当短的时间里在线获取此类突发问题的答案，即使这些数据存储在非常大的数据库中，如历年的销售数据库中，也可以快速找到答案。

图 6-15 给出了用于表示产品、地区、实际销量和计划销量的多维数据模型。一个实际销量的矩阵可以放在计划销量的矩阵之上，形成一个六面立方体。如果你按一个方向将立方体旋转 90°，展现的是产品的实际销量和计划销量的对比；如果再旋转 90°，你将看到不同地区的实际销量和计划销量的对比。如果按原来的视角旋转 180°，就会看到产品的计划销量和地区的计划销量的对比。立方体还可以嵌套在立方体中，建立更复杂的数据视图。企业既可以使用专门的多维数据库，也可以使用专门的工具，在关系型数据库中创建数据多维视图。

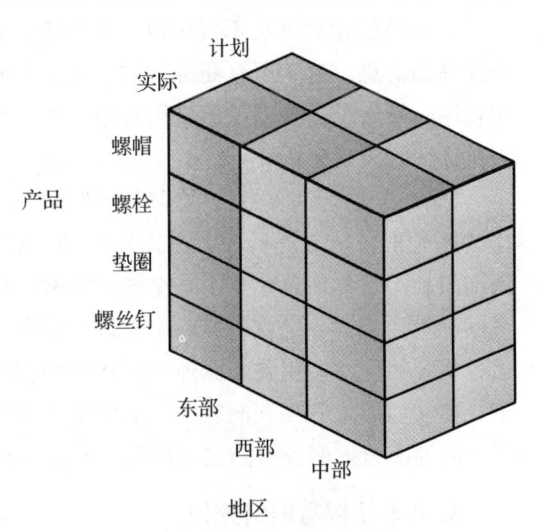

图 6-15　多维数据模型

注：图 6-15 显示了产品和地区两个维度的销售情况。如果你把这个立方体旋转 90°，展现的是产品的实际销量和计划销量的对比。如果你再旋转 90°，你将会看到不同地区的实际销量和计划销量的对比。通过转动，你也可以得到其他视图。

**2. 数据挖掘**

传统的数据库查询只能解决类似"编号

403 的产品在 2020 年 2 月发了多少货"这样的问题。OLAP（或多维分析）能够支持更复杂的信息请求，如"按季度和销售地区对比过去两年 403 产品的销量"。有了 OLAP 和查询导向的数据分析，用户需要对自己想要查询或了解的信息有一个清晰的认识。

**数据挖掘**（data mining）更多的是以探索为驱动的。数据挖掘为企业提供了基于数据的洞察能力，通过在大型数据库中发现隐藏的业务模式和关系，推断出业务规则，预测未来的行为。这种深入洞察企业数据的方式是无法通过 OLAP 来实现的。这些业务模式和业务规则可以用来改善决策和预测效果。数据挖掘的类型包括关联、序列、分类、聚类和预测。

- **关联**（association）是指与单个事件相连发生的事情。比如，关于超市购物模式的研究可能会发现，当人们购买了爆米花之后，有 65% 的概率会购买可乐。但当有促销活动时，购买可乐的概率有 85%。这样的信息会帮助管理者做出更好的决策，因为他们已经了解到通过促销可以赢利的信息。
- **序列**（sequence）是指与时间相关的事件。例如，某人购买了一套新房，那么在两个星期之内，购房者购买一台新冰箱的概率为 65%，在一个月之内购买烤箱的概率为 45%。
- **分类**（classification）是指在事先已经分好类目的基础上，依据一组相应的推断规则，来识别新项目所属某个类目的方法。例如，信用卡或电话企业十分担心失去稳定的用户，分类就可以帮助发现那些将要流失的客户特征，并通过建模分析帮助管理者推测出哪些客户将要流失，这样管理者就可以设计一些特殊的活动来挽留这些客户。
- **聚类**（clustering）是指当没有群组被预先定义时，完成与分类相似的工作。数据挖掘方法能够从数据中发现不同的群组。比如，从银行卡的消费行为发现多个不同的群组，或者根据人口统计信息和个人投资种类将消费者进行分类。
- 虽然上述这些方法都涉及**预测**（forecasting），但预测的方法不同。预测是指基于一系列现有值来预测将来值。例如，预测可用来帮助管理者估计连续变量的未来值，如销售数据。

这些数据挖掘方法不仅可以完成关于模式或趋势的高级分析，如有需要还可以深入挖掘更详细的信息。对于所有商务应用领域、政府和科研工作，市场上都已有相应的数据挖掘应用程序。最常见的数据挖掘应用程序是为一对一的市场营销战略或者为识别带来收入的客户提供详细的模式分析。

Caesars 是全世界最大的娱乐游戏公司，即之前著名的 Harrah 娱乐公司。这家公司能够持续地对来自玩老虎机或者进入娱乐场、宾馆时收集到的客户数据进行分析。Caesars 的营销部门利用这些信息建立了一个详细的客户档案，并基于客户对企业产生的价值来建立客户详细标签。例如，数据挖掘让 Caesars 知道一个老客户在它的游船上最喜欢的游戏体验是什么，相应的住宿、用餐和其他娱乐活动的偏好是什么等。这些信息也可以指导企业的管理决策，如在如何培养高利润客户、如何促进客户更多消费以及如何吸引更多潜在的高利润客户等方面的决策。商务智能大大提高了 Caesars 的利润，成为整个企业商业战略的核心。

**3. 文本挖掘与网络挖掘**

在任何一个组织中，以文本格式存在的非结构化数据占据了 80% 以上有用的信息，这些数据也是企业想要分析的大数据的一个主要来源。电子邮件、备忘录、电话中心记录、调查反馈、法律案件、专利描述及服务报告等都是一些高价值的数据，可以用于帮助员工制定更好的业务决策。**文本挖掘**（text mining）工具可以用来帮助企业分析这些数据。这些工具能从这些非结构化大数据中提取关键信息，发现模式及关系，并对这些信息进行总结。

企业可以利用文本挖掘来分析客户服务中心的电话记录，在帮助分析主要的服务和维修问题的同时，还可以用来评估客户对企业的情感。**情感分析**（sentiment analysis）工具可以用来挖掘电子邮件、博客、社交媒体、调查表格中的文字信息，从而可以分析出客户（或舆情）对某个特定主题持同意或反对的意见。例如，卡夫食品公司利用社区智能门户（community intelligence portal）工具和情绪分析工具，在众多社交网络、博客和其他网站上收集消费者对产品的评论并进行分析，帮助公司更好地理解相关的评论，而不仅仅是跟踪品牌被提及的情况。当用户谈论他们如何烧烤以及使用什么酱料和香料时，卡夫食品公司能够识别出他们的情绪和感受。

网络是另一个揭示客户行为模式、趋势和见解的非结构化大数据的主要来源。从互联网中发现并分析有用的模式和信息的方法被称为**网络挖掘**（web mining）。企业可利用网络挖掘工具来更好地理解客户行为、评估网站的有效性或者量化营销活动的效果。例如，营销人员使用 Google Trends 服务来了解人们对什么感兴趣以及哪些是他们想要购买的。Google Trends 服务是谷歌搜索引擎中用来跟踪各种词汇和短语流行程度的工具。

网络挖掘通过网络内容挖掘、网络结构挖掘和网络使用挖掘来寻找数据中的模式。网络内容挖掘是指从网页内容（包括文本、图片、音频和视频数据）中提取知识的一个过程。网络结构挖掘分析的是与某网站结构相关的数据。例如，指向某文档的链接数说明了该文档被关注的程度，而出自某文档的链接数则说明了在该文档中主题的丰富性或多样性程度。网络使用挖掘分析的是用户与网站的互动数据，这些数据是网络服务器记录下来的所有对网站资源的服务请求。网络使用数据记录了用户在网站上的浏览或交易行为，并在服务器日志里收集这些数据。分析这些数据能够帮助企业决定特定客户的价值，制定跨产品的交叉营销战略，分析各类促销活动的效果。

本章章末的案例研究描述了一个组织使用这些分析工具和商务智能技术应对"大数据"挑战的经历。

### 6.3.4 数据库与网络

你是否曾经利用网络订购商品或者浏览产品目录？如果是的话，那么你很可能在使用连接到企业内部数据库的网站。现在很多企业通过网站让客户和合作伙伴获得内部数据库中的部分信息。

假设客户通过网络浏览器想要搜索某个网络零售商数据库中的价格信息。图 6-16 显示了客户通过互联网访问零售商内部数据库的过程。客户利用计算机或手机上的浏览器，通过互联网访问零售商网站，客户的网络浏览器软件通过 HTML 命令与 web 服务器进行通信，这样就可以向企业的数据库发出数据请求。app 有助于客户更快地访问企业数据库。

图 6-16 内部数据库与网络连接

注：客户利用计算机浏览器或移动 app 访问企业内部数据库。

由于很多后端数据库不能够直接接受 HTML 的命令，所以 web 服务器将数据请求传输给 HTML 命令转换器，转换成 SQL 命令，此时，这些命令就可以被数据库管理系统处理了。在客户/服务器环境下，DBMS 安装在一台专用计算机里，该计算机叫作**数据库服务器**（database server）。DBMS 接收 SQL 命令并提供所需的数据，再通过中间件将数据传输到 web 服务器上，然后以网页的形式将其传递给用户。

图 6-16 中显示了工作在 web 服务器和 DBMS 之间的中间件，它是运行在一个专用计算机上的应用服务器（见第 5 章）。应用服务器处理的是所有基于浏览器的计算机和企业后端应用系统或数据库之间的应用连接，包括交易处理和数据存取。应用服务器从 web 服务器那里获得请求，按照业务逻辑来处理相应的业务，并负责与组织后端系统或者数据库的连接。有一种解决方案是，处理这些操作的软件可以是自定义程序或脚本。

客户通过网络访问企业内部数据库有很多优势。首先，网络浏览器比专属查询工具更容易使用。其次，对于内部数据库而言，网络接口几乎不需要或只需要很少的变动，且在原有系统中增加一个网络接口的费用比重新构建这个系统来改进客户访问流程的费用要少得多。

通过网络访问企业数据库正在创造新的效率、机遇和商业模式。ThomasNet.com 提供了超过 50 万个工业产品供应商的在线目录，涵盖化学、金属、塑料、橡胶和汽车零部件等领域。该公司的前身是 Thomas Register 公司，过去它经常通过邮寄发出大量的纸质目录，而现在它只需要通过网站向在线用户提供这些信息就可以了，并已成了一家规模更小、更精细化的公司。

还有一些企业也已经创建了通过网络访问大型数据库的全新业务。一个典型案例就是社交网络平台 Facebook，它帮助用户互相保持联系和结识新朋友。Facebook 拥有超过 16 亿活跃用户的数据，包括他们的兴趣爱好、朋友、照片和相应的分组。Facebook 通过维护巨大的数据库存储和管理这些数据。公共部门也有很多可上网的数据库，帮助消费者或市民获得有用的信息。

## 6.4 保障数据治理和数据质量对管理企业的数据资源至关重要的原因

建立数据库只是开始。为了确保企业中的数据准确、可靠，并且在需要的时候可以随时被使用，企业需要制定专门的策略和程序来管理数据。数据治理包括策略和程序，通过这些策略和程序可以将数据作为组织资源进行管理。它建立了组织共享、传播、获取、标准化、分类和编目信息的规则。这些规则包括确定哪些用户和组织单位可以共享信息，信息可以在哪里共享，谁负责更新和维护信息，以及如何保护数据资源（参见第 8 章）。例如，企业的信息策略可能会规定，只有薪酬和人力资源部门的特定成员有权更改或查看敏感的员工数据，如员工的工资或社会保险号码。这些部门有责任确保这些员工数据的准确性。

### 保障数据质量

当今的组织严重依赖数据来驱动运营和决策，因此保障数据质量尤为重要。如果客户的电话号码或账户余额不正确，会发生什么？如果数据库对你销售的产品给出了错误的价格，会有什么影响？不准确、不及时或与其他信息来源不一致的数据会给企业带来严重的运营和财务问题，即使有精心设计的数据库和信息策略。当错误的数据被忽视时，它们往往会导致错误的决策、产品召回，甚至经济损失。

Gartner公司报告称，《财富》1 000强的企业数据库中超过25%的关键数据是不准确或不完整的，包括错误的产品代码和产品描述、错误的库存描述、错误的财务数据、错误的供应商信息和错误的员工数据。其中一些数据质量问题是由多个系统产生的冗余和不一致的数据引起的。例如，销售订购系统和库存管理系统可能都维护组织产品的数据。但是，销售订购系统可能使用术语Item Number，而库存系统可能将同一属性称为Product Number。服装零售商的销售、库存或制造系统可能使用不同的代码来表示某个属性的值。一个系统可能将衣服尺寸表示为extra large，而另一个系统可能表示为XL。在数据库的设计过程中，应该为使用该数据库的所有业务领域一致地命名和定义描述实体（如客户、产品或订单）的数据。

如果你在同一天内收到了几封同样的直邮广告，这很可能是因为你的名字在数据库中被反复存储了几次。你的名字可能被拼错了，或者你曾经在一个场合中用到中间名字的首字母，而在其他场合中没有用，还有可能是信息一开始是写在纸上的，但没有被正确地输入系统里。由于这些不一致数据的存在，数据库就会把你当成不同的人。于是，我们经常会收到寄给"Laudon""Lavdon""Lauden"或"Landon"的重复邮件。

如果一个数据库设计得很合理，并且建立了企业级的数据标准，就能极大地降低数据的重复或者不一致等错误的发生率。但是，大多数数据质量问题都产生于数据的输入过程，如名字拼写错误、数字错位以及错误或遗漏的编码。随着企业的业务转移到互联网，并允许客户和供应商在网站上输入数据，且直接更新内部系统，将会出现越来越多的这类错误。

在新的数据库运行之前，组织需要识别和纠正错误的数据。一旦数据库开始运行，就需要建立一套更好的数据质量管理规则。数据质量分析一般从**数据质量审计**（data quality audit）开始，数据质量审计是对信息系统中数据的准确性和完整性的结构性审核，其实施可以是对整个数据文件的审核，也可以是对部分数据文件的抽样审核，还可以是对终端用户数据进行质量评估的调查。

**数据清洗**（data cleaning/data scrubbing）是指检测和纠正数据库中不正确、不完整、格式不对或者冗余的数据的一系列活动。数据清洗不仅纠正错误，还可以增强来自不同信息系统的数据集的一致性。业界已有专门的数据清洗软件可以自动地检查数据文件、纠正数据中的错误，并将数据整合成企业要求的统一格式。

数据质量问题不仅仅是业务问题，它也给个人带来了严重的问题，影响了他们的财务状况，甚至他们的工作。例如，信用机构保存的关于消费者信用历史的不准确或过时的数据可能会阻止信誉良好的个人获得贷款或降低他们找到或保住工作的机会。

## 6.5 MIS如何有助于我的职业发展

通过本章和本书的指引，将帮助你找到初级数据分析师的工作。

### 6.5.1 公司简介

总部位于俄亥俄州克利夫兰的大型多元化能源企业 Mega Midwest Power 有一个初级数据分析师的空缺职位。该公司为中西部和大西洋中部地区的 500 万客户提供配电、输电和发电以及能源管理和其他能源的相关服务。

### 6.5.2 职位描述

工作职责包括：
- 维护多个数据库（包括 SAP）中变电站设备数据和相关数据的完整性；
- 查询多个系统中的数据库；
- 不断完善现有的数据管理和程序控制制度；
- 根据发现的数据问题提出相应的完善建议并实施流程变更；
- 开展具体的业务研究，收集数据，编写报告和总结；
- 拓展关于政策、实践和程序方面的知识。

### 6.5.3 岗位要求

- 商科、金融、会计、经济学、工程或相关学科专业的学士学位。
- 1~2 年专业工作经验。
- 熟悉 Microsoft Office 工具（Excel、PPT、Access 和 Word）。
- 较强的分析能力，包括关注细节、解决问题和决策的能力。
- 较强的口头和书面沟通能力、团队合作能力。
- 熟悉变电站设备。

### 6.5.4 面试问题

1. 你对变电站设备了解多少？你是否用过 SAP for Utilities 软件系统？
2. 你对数据管理和数据库了解多少？你使用过数据管理软件吗？如果使用过，你用它做了哪些工作？
3. 你用 Excel 和 Access 做过哪些工作？解决了哪些问题？你上过 Access 或 Excel 的课程吗？
4. 你在分析问题和制订具体解决方案方面有什么经验？你能举一个解决问题的例子吗？

### 6.5.5 作者提示

1. 学习一下电力行业设备维护和电力资产管理及预测性维护软件的内容。阅读 IBM、德勤和英特尔关于预测性维护的博客，并观看 YouTube 上通用电气和 IBM 关于此主题的视频。
2. 复习本章关于数据管理和数据库的内容，以及第 12 章关于商务智能的讨论。思考一下这个职位对你在数据库方面有什么要求。

3. 对 SAP for Utilities 系统的功能进行研究，并咨询你将如何使用此软件以及需要哪些技能，观看 SAP 的 YouTube 视频。

## 本章小结

**6-1 传统文件环境下管理数据资源的问题**

传统的文件管理技术使得组织很难系统跟踪和整理所用到的数据，也难以灵活访问数据。各职能部门和团队使用独立的文件，久而久之，这种传统的文件管理环境产生了一系列的问题，如数据冗余和不一致、程序－数据依赖、缺乏灵活性、安全性低以及缺乏数据共享与可用性等。DBMS 很好地解决了这些问题，通过软件可将数据和数据管理集中化，这样就能保证企业需要的所有数据只有一个相同的数据来源。利用 DBMS 可使数据冗余和不一致的情况最少化。

**6-2 数据库管理系统的主要功能以及关系型数据库管理系统如此强大的原因**

DBMS 的主要功能包括数据定义、数据字典和数据操作语言。数据定义功能是建立数据库的结构和内容。数据字典是一个自动或手动形成的文件，存储了关于数据库中数据的信息，包括名称、定义、格式和数据元素的描述。数据操作语言是一种访问和操作数据库中数据的专业语言（如 SQL）。

由于关系型数据库的灵活性和易访问性，它已成为组织并维护信息系统中数据的主要方法。关系型数据库通过行与列关系的二维表来组织数据。每个表包含数据的实体及其属性。每一行代表一条记录，每一列代表一种属性或字段。为便于检索或操作，每个表中包含一个关键字段作为每条记录的唯一识别。只要关系型数据库中任意两个表有一个共同的数据元素，就可以很容易地将它们合并，并向用户提供所需的数据。非关系型数据库因为能管理关系型数据模型不易处理的数据类型，已经变得越来越流行。关系型和非关系型数据库产品都可用于云计算服务。

设计数据库需要进行逻辑设计和物理设计。逻辑设计是从业务角度对数据库进行建模，数据模型应该反映其关键的业务流程和决策要求。当设计关系型数据库时，将复杂的数据群分解成小型的、稳定的、灵活的和自适应的数据结构的过程被称为规范化。精心设计的关系型数据库应该不具有多对多的关系，特定实体的所有属性仅适用于该实体。表的设计需要满足参照完整性的原则，确保表与表之间的关系保持一致。实体－关系图以图形的方式描绘了关系型数据库中实体（表）之间的关系。

**6-3 从数据库获取信息的主要工具和技术**

现代数据管理技术拥有一系列从企业不同类型的数据中获取有用信息的技术和工具，包括半结构化和非结构化的大数据。这些技术和工具包括数据仓库和数据集市、Hadoop、内存计算以及分析平台。OLAP 以多维结构来表示数据的关系，可以用数据立方体的形式来可视化展现，并进行更复杂的数据分析。数据挖掘可以通过分析大规模的数据（包括数据仓库中的数据）来找到可用于预测未来行为及指导决策的模式和规则。文本挖掘工具帮助企业分析大量的非结构化文本数据集合。网络挖掘工具帮助企业从互联网中分析并发现有用的模式和信息，包括分析网络结构挖掘、用户在网站上的使用行为挖掘以及网页内容挖掘。传统数据库可以通过中间件连接到网络或网络接口，以便用户访问组织内部的数据。

**6-4 保障数据治理和数据质量对管理企业的数据资源至关重要的原因**

开发数据库环境需要管理组织数据的策略和程序，以及良好的数据模型和数据库技术。数据治理包括组织中维护、分发和使用信息的组织策略和程序。不准确、不完整或不一致的数据可能导致企业在产品定价、用户账户管理和库存数据等方面的错误，还可能导致企业决策的失误，这将会给企业带来严重的运营和财务问题。企业必须有相应的措施来保障数据的高质量，包括开发企业级的数据标准、不一致性和冗余最小化的数据库，以及规范的数据质量审计制度、使用数据清洗软件等。

## 关键术语

分析平台（analytic platform）
属性（attribute）
大数据（big data）
比特/位（bit）
区块链（blockchain）
字节（byte）
数据清洗（data cleansing/data scrubbing）
数据定义（data definition）
数据字典（data dictionary）
数据治理（data governance）
数据不一致（data inconsistency）
数据湖（data lake）
数据操作语言（data manipulation language）
数据集市（data mart）
数据挖掘（data mining）
数据质量审计（data quality audit）
数据冗余（data redundancy）
数据仓库（data warehouse）
数据库（database）
数据库管理（database administration）
数据库管理系统（database management system，DBMS）
数据库服务器（database server）
分布式数据库（distributed database）

实体（entity）
实体-关系图（entity-relationship diagram）
字段（field）
文件（file）
外键（foreign key）
内存计算（in-memory computing）
关键字段（key field）
非关系型数据库管理系统（nonrelational database management system）
规范化（normalization）
联机分析处理（online analytical processing，OLAP）
主键（primary key）
程序-数据依赖（program-data dependence）
记录（record）
参照完整性（referential integrity）
关系型DBMS（relational DBMS）
情感分析（sentiment analysis）
结构化查询语言（structured query language，SQL）
文本挖掘（text mining）
元组（tuple）
网络挖掘（web mining）

## 复习题

6-1 列出并描述数据层级中的每个组成部分。
- 定义并解释实体、属性与关键字段的重要性。
- 列出并描述传统文件环境下存在的主要问题。

6-2 定义数据库和DBMS。
- 简单描述DBMS的主要功能。
- 定义关系型DBMS，并解释它是如何组织数据的。
- 阐述关系型DBMS的3种操作。
- 解释为什么非关系型数据库非常有用。

- 定义并描述规范化和参照完整性，并解释它们在设计关系型数据库中的作用。
- 定义并描述实体-关系图，并解释它在数据库设计中的角色。

6-3 定义大数据，并描述管理大数据和分析大数据的技术。
- 列出并描述当代商务智能技术基础设施的组成部分。
- 描述OLAP的功能。
- 定义数据挖掘，并描述它与OLAP有何不同，以及数据挖掘常用的几类方法。
- 解释文本挖掘、网络挖掘与传统数据挖掘有什么不同。
- 描述用户如何通过互联网访问企业内部数据库中的信息。

6-4 定义数据治理并解释它如何帮助组织管理数据。
- 列出并描述最重要的数据质量问题。
- 列出并描述保障数据质量的最重要的工具和技术。

## 讨论题

6-5 有种观点：没有糟糕的数据，只有糟糕的管理。请讨论这句话的含义。

6-6 终端用户最终应如何参与 DBMS 的选择和数据库设计？

6-7 如果一个组织没有信息策略，会导致什么样的后果？

## MIS 实践项目

本部分的 MIS 实践项目将让你通过分析数据库质量问题，建立整个企业的数据标准，使用互联网搜索在线数据库以获取海外商业资源，从而获得实践经验。

### 管理决策问题

6-8 Emerson Process Management 是一家提供测量、分析和监控仪器设备及服务的全球供应商，总部位于美国得克萨斯州奥斯汀市。该企业设计了一个新的数据仓库，通过分析客户行为来提升企业的服务和营销水平。然而，这个数据仓库中的数据来自欧洲、亚洲和其他地区的事务处理系统，其中充斥着不正确和冗余的数据。设计这个数据仓库的团队自认为这些区域所有的销售组织都采用同一种方式来录入客户姓名和地址，而实际上，这些不同国家的销售组织输入报价、账单、装运和其他数据时采用了多种方式。请评估这些数据质量问题带来的潜在商业影响，并讨论需要制定什么样的决策和采取什么样的措施才能解决这个问题。

6-9 你的产业供应商希望创建一个数据仓库，以便管理人员可以获取企业范围内的关键销售信息概况，从而确定最畅销的产品、关键客户和销售趋势。你的销售和产品信息存储在两个不同的系统中：在 Unix 服务器上运行的部门销售系统和在 IBM 大型机上运行的企业销售系统。你希望创建一个统一的标准格式来整合来自这两个系统的数据。请回答以下问题。
- 如果这些数据没有统一的标准格式，会产生哪些业务问题？
- 用单一标准格式创建一个可以存储两个系统数据的数据库有多容易？确定需要解决的问题。
- 问题应该由数据库专家还是一般业务经理来解决？解释一下。
- 谁应该有权最终确定数据仓库中该信息的企业范围内统一的格式？

### 改善决策：搜索在线数据库获取海外业务资源

**软件技能要求**：在线数据库
**业务技能要求**：研究针对海外运营的服务

6-10 本项目主要练习搜索在线数据库的技能，寻找偏远地区的产品和服务信息。你的企业位于北卡罗来纳州的格林斯伯勒，生产各种办公家具。你正在考虑在澳大利亚开一家工厂，生产并销售产品。你需要与为你的办公室和工厂提供相关服务的组织联系，包括律师、会计、进出口专家、通信设备和安装企业。请访问下列在线数据库以确定本次出差你希望会见的企业：Australian Business Directory Online、AustraliaTrade Now 和 Nationwide Business Directory of Australia。如果有必要，可用雅虎和谷歌搜索引擎，然后完成下列任务。
- 列出本次你出差应该联系的企业名称，并确定它们在你建立办公室的过程中能给你提供哪些重要帮助。
- 从名称的准确性、完整性、易用性和整体有效性方面评价你所使用过的数据库。

## ◘ 协同与团队合作项目

### 识别在线数据库中的实体和属性

6-11 请你与3～4名同学组成一个小组，选择一个在线数据库进行研究，如 AOL Music、iGo.com 或 Internet Movie Database。浏览其中一个网站，查看它提供的信息。列出企业运营这些网站时必须在数据库中跟踪的实体和属性，画出所列出的实体之间的关系图。如果可能，请使用 Google Docs、Google Drive 或 Google Sites，集思广益并制作演示文稿来汇报你们的结果。

## ◘ 案例研究

## 大数据是否能提供答案

如今的企业要处理来自社交媒体、搜索引擎、传感器以及传统来源的"雪崩式"的数据。据估计，世界各地每天产生 2.5 万亿字节的数据。利用好"大数据"以改善业务决策和绩效已经成为各类组织的主要机会之一，但同时也面临巨大的挑战。

诸如亚马逊、YouTube 和 Spotify 之类的企业通过分析它们收集的有关客户兴趣和购买行为的大数据，创建了数百万个个性化推荐，企业得以蓬勃发展。许多在线分析大数据的服务会帮助消费者寻找最低价格的服务，包括汽车、计算机、服装、机票、酒店客房以及许多其他类型的商品和服务。大数据还为体育（参见本章的"互动讨论：管理"）、教育、科学、医疗保健和执法等领域带来益处。

医疗健康企业现在正在分析大数据以确定慢性病和常见病的最有效、最经济的治疗方法，并向患者提供个性化的护理建议。例如，美国的罗得岛州已使用 InterSystems 的 HealthShare Active Analytics 工具在全州范围内收集和分析患者数据。该州的质量研究所（Quality Institute）发现，在该州超过 25% 的人口中进行的主要实验室试验约有 10% 在医学上是无必要的。之后，该发现帮助罗德岛州收紧了支出并提高了医疗质量。大数据分析正在帮助研究者精准确定患者和治疗之间的差异如何影响健康结果。例如，大数据的粒度可帮助专家检测和诊断多种哮喘的变种，给医生指出各患者的独特病情所需的准确治疗方案。

但是大数据的使用也存在局限性。许多企业急于开始大数据项目，而没有事先考虑好大数据项目的关键绩效指标，以及衡量项目成功的业务目标。遨游在数字的海洋中，并不一定意味着可以获得正确的信息，或者做出更明智的决策。大数据分析专家认为，太多的企业被大数据的前景所诱惑而草率地开展了大数据项目，最后什么也没得到。这些企业盲目收集和分析大量的数据，缺乏明确的目标，也不知道分析大数据会如何有助于实现它们的目标，或者希望大数据回答什么样的问题。如果缺乏对大数据进行适当的筛选、组织和管理（思考一下数据的质量），组织也将无法从中受益。

大数据并非始终反映了情感或直觉。例如，乐高在 2002—2003 年面临破产时，它利用大数据确定了千禧一代的注意力持续时间短，会轻易感到厌倦。从数据中得出的这一信息导致乐高不再重视标志性的小积木，而是更倾向于简单的大型积木。这一改变只是加速了乐高的衰落，所以公司决定进入消费者家中，尝试重新与曾经忠诚的客户建立联系。在与 11 岁的德国男孩会面后，乐高发现，对于孩子们，玩游戏并展示自己对某件事情的掌握程度要比获得即时满足更宝贵。而后，乐高在 2014 年的电影大获成功后再次转型，成为世界上最大的玩具制造商。模式和趋势有时会具有误导性。

海量的数据并不一定会提供更可靠的见解。有时候，被分析的数据并非所需数据的真正有代表性的样本。例如，美国的选举民意调查员非常努力地想要获得人口的代表性样本，因为大多数人并没有固定电话。对于民意调查员而言，联系手机用户要更耗时、成本更高，而手机用户现在已占某些样本的 75%。美国法律禁止手机自动拨号，所以民意调查员必须单独手动拨号并拨打更多电话，因为手机用户往往会屏蔽未知来电者。Twitter 上的意见并未反映美国人口的整体意见。老年人、穷人或内向的人往往不使用社交媒体，甚至不使用计算机，他们通常会被排除在外。

虽然大数据在检测相关性上非常好用，尤其是在分析较小数据集可能会错过的微妙相关性方面，但大数据并不一定会显示因果关系或哪些相关性是有意义的。例如，检查大数据可能会发现，美国犯罪率的下降与 Blockbuster 等音像出租商店的减少高度相关，但这并不一定表示两个现象之间存在任何有意义的关联。数据分析师需要对他们尝试利用大数据解决的问题有一定的业务知识。

有些东西可以测量，仅这一点不表示它应该被测量。例如，假设一家大型企业希望衡量它的网站流量与 Twitter 上被提及量的关系。它构建了一个数字仪表盘来持续显示结果。过去，该企业的大多数销售潜在客户和最终销售额来自贸易展览会和会议，转而将 Twitter 上被提及量作为关键的衡量指标改变了销售部门的关注点。销售部门将精力和资源投入到对网站点击量和社交媒体流量的监测上，而这产生了很多绝不会促成销售的潜在客户。

所有数据集和数据驱动的预测模型均反映了数据选择人员以及分析执行人员的偏见。谷歌利用它从网页搜索中收集的数据开发了它认为属于尖端水平的算法，以确定有多少人有流感以及该疾病是如何传播的。它尝试关联人们的位置和谷歌上与流感相关的搜索，由此来计算美国患有流感的人数。与之后由美国疾病控制中心（CDC）收集的传统数据相比，谷歌一直在高估流感患病率。多位科学家提出，谷歌被当年美国严重流感季的广泛媒体报道给"欺骗"了，它被社交媒体的报道进一步放大。预测流感趋势的模型基于一个有瑕疵的假设，即谷歌上与流感相关的搜索率是实际患流感人员数量的准确指标。谷歌的算法仅看数字，而不考虑搜索结果的背景。

纽约市警察局（NYPD）开发了一款名为 Patternizr 的工具，利用模式识别来发现潜在的罪犯。该软件搜索了 NYPD 数据库所有 77 个警区的数十万份犯罪记录，根据一组识别特征，发现一系列犯罪很可能由同一个体或同一些个体犯下。过去，分析师必须手动审查报告来识别模式，这是一个非常耗时、低效的过程。有些专家担心 Patternizr 会在无意中延续偏见。NYPD 使用 10 年的手动识别模式数据来训练 Patternizr，从数据中删除了性别、种族和特定位置等属性。但如果种族和性别曾在用于建模预测的既往警察行动中发挥作用，这些工作可能就不会消除 Patternizr 的种族和性别偏见。依据 Gartner 咨询公司的分析师达林·斯图尔特的看法，Patternizr 会"清扫"出拟合系统所推测画像的所有个体。斯图尔特称，在最好的情况下，被 Patternizr 识别的有些人会被添麻烦、受到侮辱。而在最糟糕的情况下，无辜的人会被监禁。

企业现在正在积极收集和挖掘有关人们购物习惯、收入、爱好、居所以及（通过移动设备）场所间移动的海量数据。它们利用这些大数据发现有关人们的新事实，根据微妙的模式将他们分类并将他们标记为"风险"（例如，贷款违约风险或健康风险），预测他们的行为并操纵他们以获得最大利润。隐私专家担心人们会未经正当程序被贴上标签，遭受不良后果，而没有能力回击，甚至不知道自己被歧视。

Progressive 等保险公司通过安装到汽车上

的小型设备来分析驾驶员的驾车习惯，表面上则是为了给驾驶员更优惠的保险费率，但可以降低汽车保险费率的有些标准被认为是歧视性的。例如，保险公司喜欢不在深夜开车以及不在车里花较多时间的人。但贫困的人更有可能上夜班并且必须花更长时间通勤上班，这可能会增加他们的汽车保险费率。

越来越多的企业求助于计算机化的系统来过滤和雇用求职者，尤其是工资较低的服务部门的工作。这些系统用于评估岗位候选人的算法可能会阻碍符合资格的申请人获得这些工作。例如，这些算法中有些已经确定，从统计上而言，相比通勤时间较长或交通不太可靠的人或住在现有地址时间不长的人，通勤时间较短的人更有可能会有更长的在岗时间。如果询问"你的通勤时间是多长"，通勤时间较长的申请者就该岗位而言会得到较低的评分。虽然这些考虑因素在统计上可能是准确的，但是这样筛选求职者公平吗？

资料来源：Grant Wernick, "Big Data, Small Returns," *Data-Driven Investor*, January 13, 2020; "Big Data 2020: The Future, Growth and Challenges of the Big Data Industry," www.i-scoop.com, accessed January 25, 2020; Brian Holak, "NYPD's Patternizr Crime Analysis Tool Raises AI Bias Concerns," searchbusinessanalytics.com, March 14, 2019; Lisa Hedges, "What Is Big Data in Healthcare and How Is It Already Being Used?" October 25,2019; Alex Bekker, "Big Data: A Highway to Hell or a Stairway to Heaven? Exploring Big Data Problems," *ScienceSoft*, May 19,2018; and Gary Marcus and Ernest Davis, "Eight (No, Nine!) Problems With Big Data," *New York Times*, April 6, 2014.

## 案例分析题：

6-12 通过分析和使用大数据，一个企业或组织可以获得哪些商业利益？

6-13 请列举在本案例中描述的使用大数据提升组织决策的两个例子，以及使用大数据没有提升组织决策的两个例子。

6-14 描述使用大数据的局限性。

6-15 所有组织都应该使用大数据分析吗？为什么？在企业决定使用大数据之前，应该解决人员、组织和技术方面的哪些问题？

## 参考资料

Aiken, Peter, Mark Gillenson, Xihui Zhang, and David Rafner. "Data Management and Data Administration: Assessing 25 Years of Practice." *Journal of Database Management* (July–September 2011).

Beath, Cynthia, Irma Becerra-Fernandez, Jeanne Ross, and James Short. "Finding Value in the Information Explosion." *MIT Sloan Management Review* 53, No. 4 (Summer 2012).

Bessens, Bart. "Improving Data Quality Using Data Governance." *Big Data Quarterly* (Spring 2018).

Buff, Anne. "The Conundrum of Data Governance." *Big Data Quarterly* (Fall 2019).

Clifford, James, Albert Croker, and Alex Tuzhilin. "On Data Representation and Use in a Temporal Relational DBMS." *Information Systems Research* 7, No. 3 (September 1996).

DalleMule, Leandro, and Thomas H. Davenport. "What's Your Data Strategy?" *Harvard Business Review* (May–June 2017).

Davenport, Thomas H. *Big Data at Work: Dispelling the Myths, Uncovering the Opportunities.* (Boston, MA: Harvard Business School, 2014.)

Duncan, Alan D., Mei Yang Selvage, and Saul Judah. "How a Chief Data Officer Should Drive a Data Quality Program." Gartner Inc. (October 14, 2016).

Eckerson, Wayne W. "Analytics in the Era of Big Data: Exploring a Vast New Ecosystem." TechTarget (2012).

Experian Information Solutions. "The 2018 Global Data Management Benchmark Report." (2018).

Felin, Teppo, and Karim Lakhani. "What Problems Will You Solve with Blockchain?" *MIT Sloan Management Review* 60, No. 1 (Fall 2018).

Henschen, Doug. "MetLife Uses NoSQL for Customer Service Breakthrough." *Information Week* (May 13, 2013).

Hoffer, Jeffrey A., Ramesh Venkataraman, and Heikki Toppi. *Modern Database Management,* 13th ed. (Upper Saddle River, NJ: Prentice-Hall, 2019).

Kroenke, David M., David J. Auer, Robert C. Yoder, and Scott L. Vandenberg. *Database Processing: Fundamentals, Design, and Implementation,* 15th ed. (Upper Saddle River, NJ: Prentice-Hall, 2019).

Lukyanenko, Roman, Jeffrey Parsons, Yolanda F. Wiersma, and Mahed Maddah. "Expecting the Unexpected: Effects of Data Collection Design Choices on the Quality of Crowdsourced User-Generated Content." *MIS Quarterly* 43, No. 2 (June 2019).

Madnick, Stuart. "Blockchain Isn't as Unbreakable as You Think." *MIT Sloan Management Review* (Winter 2020).

Marcus, Gary, and Ernest Davis. "Eight (No, Nine!) Problems with Big Data." *New York Times* (April 6, 2014).

McKendrick, Joe. "Building a Data Lake for the Enterprise." *Big Data Quarterly* (Spring 2018).

———"Data Governance in the Era of Heightened Regulation." *Big Data Quarterly* (Summer 2019).

———"Seven Trends Shaping Big Data into 'All Data'," *Big Data Quarterly* (Fall 2019).

O'Keefe, Kate. "Real Prize in Caesars Fight: Data on Players." *Wall Street Journal* (March 19, 2015).

Qu, Xinxue (Shawn), and Zhengrui Jiang. "A Time-Based Dynamic Synchronization Policy for Consolidated Database Systems." *MIS Quarterly* 43 No. 4 (December 2019).

Redman, Thomas C. "Data's Credibility Problem." *Harvard Business Review* (December 2013).

Richardson, John. "This Is the Decade of Clean Data Management." *Supply Chain Brain* (February 7, 2020).

Ross, Jeanne W., Cynthia M. Beath, and Anne Quaadgras. "You May Not Need Big Data After All." *Harvard Business Review* (December 2013).

Wallace, David J. "How Caesar's Entertainment Sustains a Data-Driven Culture." *DataInformed* (December 14, 2012).

# 第 7 章

# 通信、互联网和无线技术

## 学习目标

通过阅读本章,你将能回答:
1. 通信网络的主要组成部分和关键网络技术是什么?
2. 网络有哪些不同类型?
3. 互联网和互联网技术是如何工作的?它们是如何支持沟通和电子商务的?
4. 无线网络、通信和互联网接入的主要技术和标准是什么?
5. MIS 如何有助于我的职业发展?

## 开篇案例

### NHL 凭借无线技术得分

棒球、篮球、橄榄球等体育运动现在已经大量使用信息技术来提高运动员和队伍的表现以及提升观众的观看体验(参见第 6 章"互动讨论:管理")。如今的体育迷并不想仅仅观看一场体育比赛;他们希望参与其中,期望获得更多信息和互动,即数据加强型观赛、现场直播、按需点播视频、移动 app、社交媒体。为吸引粉丝、赞助商和广播公司,数字技术已成为必须。

但有人可能会说冰球引入数字技术的时间已经有点晚了。美国国家冰球联盟(NHL)由 31 支球队组成(24 支位于美国,7 支位于加拿大),它在使用比赛生成数据和先进衡量指标方面过晚了,缺乏实际的数据来支持人们对球员和球队在比赛中表现如何的很多主观意见。现在,这即将发生改变。NHL 正在给自己竞技场中的所有 31 支球队部署冰球和球员跟踪系统。该系统对比赛中冰球以及每支球队球员的每一动作进行跟踪。系统每秒能够跟踪比赛中的冰球 2 000 次,达到英寸<sup>⊖</sup>级别精度,且能够同等准确地跟踪球员。它会准确、即时地检测球员的传球、射球、位置、速度和冰上时间。球员滑冰的速度到底有多快?他控制冰球的

---

⊖ 1 英寸 =0.025 4 米。

时间有多长？他在得分区的时间有多长？现在这些问题都可以得到解答。

NHL 的冰球和球员跟踪技术包括在竞技场椽子上安装的 14～16 个天线、4 个用于支持跟踪功能的摄像头、放置在各队伍每位球员护肩上的 1 个无线传感器以及每场比赛 40 个内置红外和射频传感器的冰球。安装在椽子以及各竞技场上层的设备以每秒数百次的频率记录球员和冰球上各传感器的 $x$、$y$、$z$ 坐标。研发商 SportsMedia Technology 开发了这一系统，包括一个 OASIS 系统软件，其会整理数百万的坐标数据点，以生成统计数据，如一位球员的最高速度或总控球时间。

有关球员速度和执行的大量数据正在改变教练、广播公司和粉丝与比赛互动的方式。当然，所有的新数据和衡量指标都会被教练和球队经理用于提高球队表现，而且，这些数字还会增加竞技场内以及通过电视或移动设备观赛的粉丝的体验感，尤其是年轻观众。在有些情况中，这两种类型的观看体验甚至可能会包含专用于显示冰球和球员数据的数字化直播。

依据 NHL 总裁加里·贝特曼的说法，球员和冰球的跟踪一开始旨在给人们提供更多对比赛的认识、显示比赛的独特之处以及帮助人们更好地了解冰球运动。但利用这些数据的商业机会已经得到进一步扩展。冰球的粉丝可以更深入地参与该体育运动，无论是通过游戏、虚拟联盟还是丰富他们自身对游戏的经验与见解，而这更高的参与水平将为 NHL 及其俱乐部创造更多收入。通过无线技术收集的体育大数据的确"打破了赛场格局"。

资料来源：Tom Gulitti, "NHL Plans to Deploy Puck and Player Tracking Technology Next Season," NHL.com, January 25, 2019; Brian Horwath, "Technology Gets a Second Chance to Make the NHL More Broadcast-Friendly," Vegas Inc., December 9,2019; and Laine Higgins, "Big Data Is Coming to the National Hockey League," *Wall Street Journal*, October 10,2019.

NHL 的案例说明了当代网络技术提供的一些强大的功能和应用机会。NHL 比赛现在使用无线网络和无线传感器技术来密切跟踪球员的速度和位置以及冰球，以及其他影响比赛结果的变量，并将比赛信息即时传递给球迷和广播公司。

图 7-1 概述了上述案例和本章的要点。NHL 冰球有很多粉丝，但他们越来越适应数字媒体，并呼吁利用这些媒体来增强他们对这项运动的体验。管理层意识到，利用无线网络技术和物联网（IoT）带来的机遇，可以扩大 NHL 的球迷基础，加深球迷的参与度。因此，NHL 可以为电视转播和移动设备流媒体提供实时比赛统计数据和内容，从而提高这项运动的知名度、球迷的兴趣和收入。

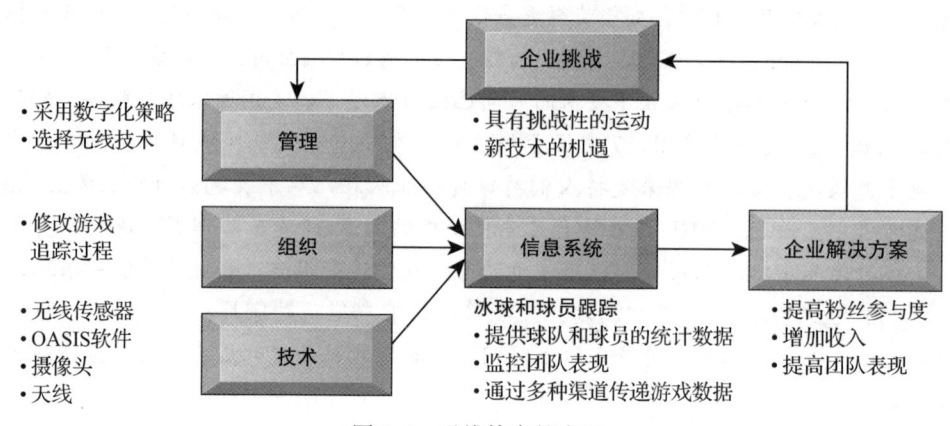

图 7-1　无线技术的应用

> 请思考：为什么无线技术在 NHL 中扮演了如此重要的角色？请描述这项技术如何改变了 NHL 提供和使用比赛数据的方式。

## 7.1 通信网络的主要组成部分和关键网络技术

运营企业或在企业里工作离不开网络，你需要快速地与客户、供应商和员工沟通。在 1990 年之前，企业一般使用邮政系统、语音电话或传真系统来沟通。然而，现在的企业员工通过计算机、电子邮件、短信、互联网、移动电话和笔记本电脑连接到无线网络来开展沟通。如今的网络和互联网几乎已经是"做生意"的同义词。

### 7.1.1 网络和通信的趋势

在过去，企业使用的是两种完全不同类型的网络：电话网络和计算机网络。电话网络处理语音通信，而计算机网络则处理数据通信。在整个 20 世纪，人们都使用语音传输技术（硬件和软件），由电信运营商建立电话网络，世界各地的电信运营商几乎都是垄断经营。计算机网络最初是由计算机公司为在不同地方的计算机之间传输数据而建立的。

由于对电信的管制不断放松和信息技术的持续创新，电话和计算机网络基于共享的网络标准与技术，已融合成一个统一的数字网络。今天的电信运营商，如美国的 AT&T 和 Verizon 等，提供数据传输、互联网接入、移动电话服务和电视节目，而不仅仅是语音服务。有线电视企业，如 Cablevision 和 Comcast 等，提供语音服务和互联网接入。计算机网络已经扩展到网络电话和视频服务。

语音和数据通信网络都在变得更强大（快）、更便携（小和移动）和更便宜。例如，2000 年，互联网的连接速度通常是 56Kbps，但如今大多数美国家庭都有由电信公司和有线电视公司提供的高速**宽带**（broadband），网络运行速度可达 5～900Mbps，服务成本也呈指数下降，从 2000 年的 50 美分/Kb 到如今远低于 1 美分/Kb。

语音和数据通信以及互联网接入正逐渐被无线宽带平台所取代，如移动手机、移动手持设备和计算机无线网络。超过 70% 的美国互联网用户（2.32 亿人）使用智能手机、平板电脑以及计算机访问互联网。

### 7.1.2 计算机网络

如果在同一间办公室里连接两个或更多员工的计算机，那么你需要一个计算机网络。最简单的网络由两台或两台以上的计算机相连而成。图 7-2 显示了一个简单的网络所包含的主要硬件、软件和传输部件：两台客户端计算机和一台专用服务器计算机、网络接口、一个传输介质、网络操作系统软件，以及一台集线器或交换机。

网络里的每台计算机均有一台用来连接计算机和网络的网络接口设备，用来连接网络部件的连接介质可以是电话线、同轴电缆，也可以是针对手机的无线信号和无线局域网络（Wi-Fi 网络）。

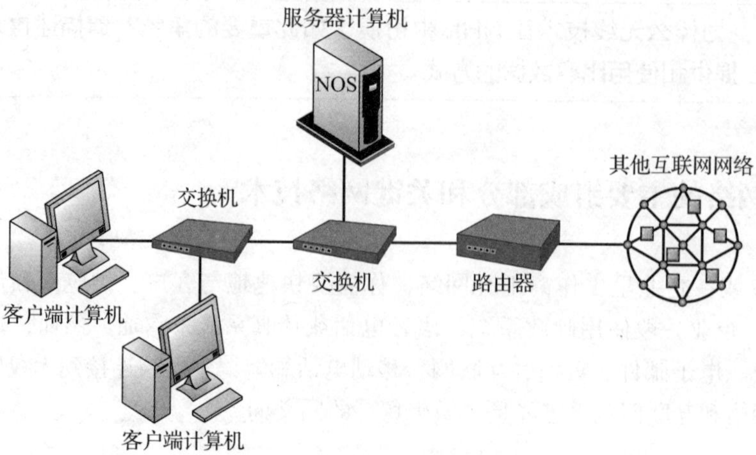

图 7-2 简单的计算机网络组件

注：图 7-2 给出了一个简单的计算机网络，包括客户端计算机、存于专用服务器计算机上的网络操作系统（NOS）、连接设备的电缆、交换机和路由器。

**网络操作系统**（network operating system，NOS）负责路由、管理网络通信和协调网络资源，它可以驻留在网络中的每台计算机上，也可以驻留在网络上的所有应用程序专用的服务器计算机上。服务器计算机是在计算机网络上对客户端计算机执行重要网络功能的计算机，如显示网页、存储数据和存储网络操作系统（从而能够控制网络）。微软的 Windows Server 和 Linux 是应用最广泛的网络操作系统。

大多数网络还包含一个交换机或集线器，作为计算机之间的连接点。**集线器**（hub）是连接网络部件、向其他连接设备发送数据包的简单设备。**交换机**（switch）比集线器更智能，可以过滤并将数据转发到网络上指定的目的地。

如果想和另一个网络（如互联网）通信，该怎么办呢？你需要一个路由器。**路由器**（router）是在不同的网络中，将数据包按不同的路径传输，确保数据发送到正确地址的通信处理器。

网络交换机和路由器均有内置在硬件中的专用软件，用来指挥网络中数据的传输，这会带来网络瓶颈，使网络配置过程更复杂和耗时。**软件定义网络**（software-defined networking，SDN）是一种网络方法，其中许多控制功能由一个运行在独立于网络设备的廉价服务器上的中央程序来管理，这在拥有许多不同硬件的云计算环境中尤其有用，因为它允许网络管理员以一种更加灵活和有效的方式来管理通信负荷。

**大企业里的网络**

上面描述的网络可能适合于小企业，对于那些拥有许多分公司和成千上万员工的大企业而言，其网络是什么样的呢？随着企业的成长，小网络可以构成企业范围内的网络基础设施的一部分。一家大企业的网络基础设施由大量相互连接的小型局域网和企业内部网组成。许多强大的服务器用于支持企业的网站、企业内联网以及外联网，还有一些服务器连接到其他大型计算机中用于支持后台系统。

图 7-3 描述了一个典型的比较复杂、大规模的企业网络，其中该网络基础设施支持销售人员使用移动电话和智能手机、移动员工连接到企业网站、企业内部网络使用无线局域网

（Wi-Fi 网络）等。除了这些计算机网络，企业的网络基础设施通常还包括一个独立的电话网络，用于处理大多数语音数据。许多企业正在摒弃传统的电话网络，而使用运行在现有数据网络上的网络电话（稍后对此进行介绍）。

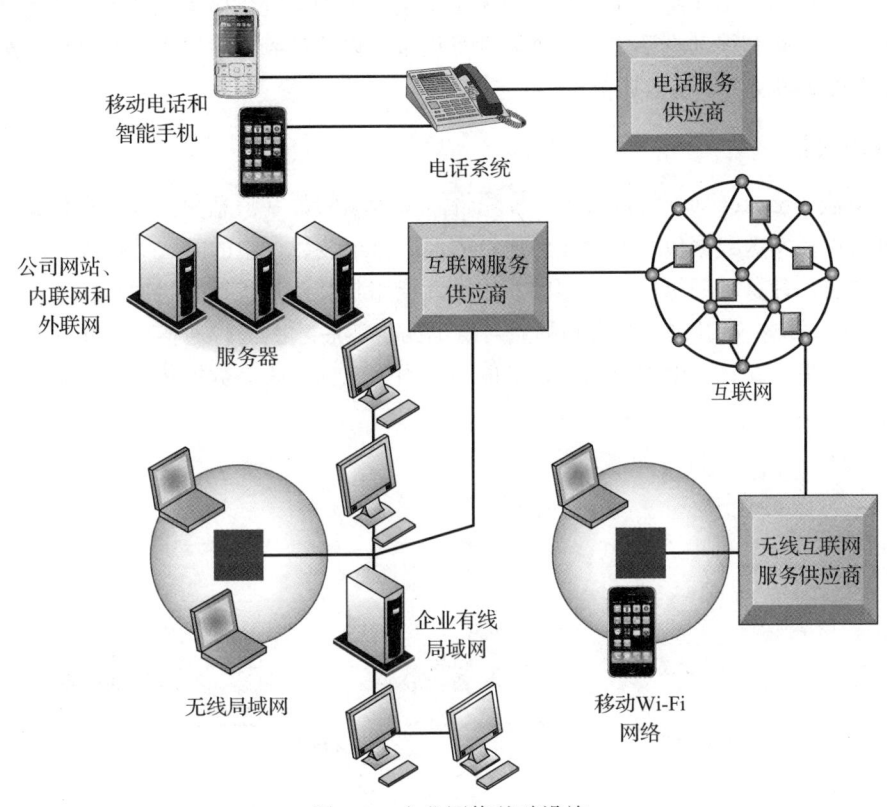

图 7-3　企业网络基础设施

注：现代企业的网络基础设施是一个不同网络的集合，从公共交换电话网络到互联网，到连接企业工作团队、部门或办公楼的企业局域网。

从图 7-3 可以看到，大型企业的网络基础设施使用多种技术，从普通的电话服务和企业数据网络到互联网服务、无线互联网和移动电话等。如今的企业面临的主要问题之一是如何将不同的通信网络整合成统一的顺畅的网络系统，能够使信息从企业的一处流动到另一处，从一个系统流动到另一个系统。

## 7.1.3　关键的数字网络技术

当代数字网络和互联网的 3 个关键技术是客户机 / 服务器计算模式、分组交换技术以及连接不同网络和计算机的通信标准（其中最重要的是传输控制协议 / 互联网协议，即 TCP/IP）。

**1. 客户机 / 服务器计算模式**

第 5 章介绍的客户机 / 服务器计算模式是一个分布式计算模式，其中部分处理能力由价格便宜的小型客户端计算机完成，如计算机、笔记本电脑或手持设备等，这些强大的客户端计算机在网络服务器的控制下，通过网络相互连接。这个服务器的功能主要是设置网络通信规则，为每个客户端分配一个地址，这样其他计算机就可以在网络上找到它了。

客户机/服务器计算模式已经在很大程度上取代了集中式主机处理模式，在集中式主机处理模式中，由一个大型中央主机来完成几乎所有的处理任务。客户机/服务器计算模式已经广泛应用于部门、工作组、车间及其他无法由集中式构架提供服务的业务。这也使诸如计算机、笔记本电脑和移动电话之类的个人计算设备可以连接到互联网上。互联网是最大的客户机/服务器计算模式实现的典范。

### 2. 分组交换

**分组交换**（packet switching）是一种先将需要传输的数字消息分割成数据包，沿着不同的可用通信路径发送数据包，然后在到达目的地后再组装数据包的方法（见图7-4）。在分组交换发展之前，计算机网络使用租用的专用电话线路与其他远程计算机通信。在电路交换网络中（如电话系统）先组建一个完整的点对点电路，然后才能进行通信。这些专用的电路交换技术非常昂贵，并且会浪费可用的通信能力，因为无论是否有数据传输，电路都要维持在可用状态。

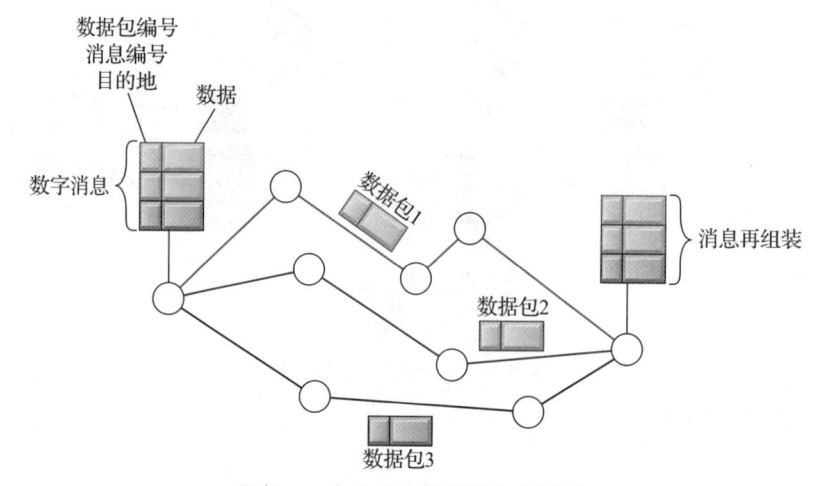

图 7-4　分组交换网络和分组通信

注：需要传输的消息被分为小的数据包，通过不同的通信渠道独立传输并在最终目的地重新组装。

分组交换能更有效地使用网络通信能力。在分组交换的网络中，消息首先被分解为小的、固定的数据包。数据包包括地址信息和检查数据传输是否错误的信息。数据包经由路由器在各种通信信道传输，每个数据包都是单独传输的。来自同一数据源的数据包被路由器分发到许多不同的路径和网络传输中，在到达目的地时重新组装成原始信息。

### 3. TCP/IP 和互联

在典型的电信网络中，信息的传输需要由不同的硬件和软件组件共同来完成。同一网络中的不同组件相互通信须采用一组通用的规则，称之为协议。**协议**（protocol）是一套规则和程序，用于管理网络中两点之间传输的信息。

过去，多个不同的专有和不兼容的协议常常迫使企业从同一供应商处购买计算和通信设备。但是如今，企业网络越来越多地使用统一的、通用的全球标准，即**传输控制协议/互联网协议**（transmission control protocol/Internet protocol，TCP/IP）。TCP/IP 在 20 世纪 70 年代早期得以发展，被美国国防部高级研究计划局（DARPA）用于帮助科学家实现在不同类型的计算机之间远距离传输数据。

TCP/IP 使用一系列的协议，主要是 TCP 和 IP。TCP 是指传输控制协议，处理数据在计算机之间的传输。TCP 在计算机间建立连接，按序列传输数据包，确认发送数据包。IP 是指互联网协议，负责交付数据包和在传输过程中拆分与重组数据包。图 7-5 描述了美国国防部 TCP/IP 参考模型的 4 个层次。

（1）应用层。应用层允许客户机应用程序访问其他层，并定义应用程序用来交换数据的协议。其中一个应用程序协议是超文本传输协议（HTTP），用来传输网页文件。

（2）传输层。传输层负责提供应用层通信和打包服务。这一层包括 TCP 和别的协议。

（3）网络层。网络层负责寻址、分发和打包 IP 数据包。互联网协议是用于此层的协议之一。

（4）网络接口层。在参考模型的底层，网络接口层负责通过任何一种网络技术从中间网络层接收数据包。

图 7-5　TCP/IP 参考模型

注：图 7-5 描述了 TCP/IP 参考模型的 4 个层次。

即使是基于不同的硬件和软件平台的两台计算机，都可通过 TCP/IP 进行通信。数据从一台计算机通过 TCP/IP 的 4 层发送到另一台计算机，从计算机的应用层开始发送，通过网络接口层传输。在数据到达接收计算机时，如果接收计算机收到一个损坏的包，那么它会要求发送数据的计算机重新发送。当接收计算机给予正确响应时，则进行反向过程。

## 7.2　网络的不同类型

让我们先来看看可供企业使用的网络技术。

### 7.2.1　信号：数字信号和模拟信号

网络通信有两种信号：模拟信号和数字信号。**模拟信号**（analog signal）是由通过通信媒介产生的一种连续波形来表示的信号，用于语音通信。最常见的模拟设备有电话、扬声器和 iPod 耳机，所有这些设备都会产生耳朵可以听得到的模拟波形信号。

**数字信号**（digital signal）则是由离散的二进制波形表示的信号，不是连续的波形。数字信号的通信有两个离散状态：1 和 0，分别表示电脉冲的开和关。计算机使用的是数字信号，所以需要一个调制解调器将这些数字信号转换成模拟信号，这样才可以通过电话线、电缆线或使用模拟信号的无线介质来接收和发送信号（见图 7-6）。**调制解调器**（modem）表示调制器和解调器的组成。电缆调制解调器通过有线网络将计算机连接到互联网。DSL 调制解调器通过电信运营商的固定电话网络将计算机连接到互联网上。无线调制解调器和传统的调制解调器具有同样的功能，可将计算机连接到无线网络（可以是手机网络或 Wi-Fi 网络）。

图 7-6　调制解调器的功能

注：调制解调器是一种将数字信号转换成模拟信号（反之亦然）的装置，以便计算机通过模拟网络（如电话和电缆网络）传输数据。

### 7.2.2　网络的类型

网络有许多不同的种类，并有多种分类方法，其中一种分类方法就是根据网络的地理范围来分类（见表 7-1）。

表 7-1　网络类型

| 类型 | 范围 |
| --- | --- |
| 局域网（LAN） | 可达 500m；办公室或楼层 |
| 校园区域网（CAN） | 可达 1 000m；大学校园或企业设施 |
| 城域网（MAN） | 城市或大都市区 |
| 广域网（WAN） | 跨洲或全球性的地区 |

**1. 局域网**

如果你在一个使用网络办公的企业工作，你可能会通过局域网同其他员工和团队连接。**局域网**（local area network，LAN）可以连接周围半径 500m 之内的个人计算机和其他数字设备。局域网通常用来连接一个小办公室内的几台计算机、同一栋楼内的所有计算机或附近一些建筑物内的所有计算机。局域网也被用于连接到远距离的广域网（将在本章后面介绍）和其他世界各地使用互联网的网络上。

如图 7-2 所示的一个简单的计算机网络可以作为小型局域网模型在办公室使用。计算机本身就可以作为一种专用网络文件服务器，为用户提供访问网络中的共享计算资源，包括软件程序和数据文件等。

服务器决定由谁访问什么内容，以及排队序列。路由器连接局域网和其他网络，可以是互联网，也可以是另一个企业网络，这样局域网就可以与外部网络进行信息交换。最常见的局域网操作系统是 Windows 和 Linux。

以太网是占主导地位的局域网标准，它规定了在一个具体的网络中，计算机之间的物理介质、访问的控制规则和系统中用于传输数据的一套标准化的字符串。最初，以太网支持的数据传输速率仅为 10Mbps。而现在较新的版本，如千兆以太网，可以支持的数据传输速率为 1Gbps。

图 7-2 所示的局域网采用了客户机 / 服务器的体系结构，该网络的操作系统安装于一个

简单的服务器中,服务器主要为网络提供控制能力和资源。另外,局域网也可以使用对等网络(peer-to-peer,P2P)结构。P2P 网络平等地对待所有的处理器,主要用于少于 10 个用户的小型网络中。P2P 网络上不同的计算机可以通过直接接入网络就能交换数据,并且不需要有专门的服务器就可以共享外围设备。

较大的局域网有许多客户端和服务器,每个独立的服务器都用于特定的服务,如存储、管理文件和数据库(文件服务器或数据库服务器)、管理打印机(打印服务器)、存储和管理电子邮件(邮件服务器)、存储和管理网页(web 服务器)。

**2. 城域网和广域网**

**城域网**(metropolitan area network,MAN)是跨越大都市的网络,通常覆盖中心城区和其主要郊区,其地理范围介于广域网和局域网之间。**广域网**(wide area network,WAN)可以跨越广泛的地理距离,如整个地区、国家、大洲甚至整个地球。最常见、最强大的广域网是互联网,计算机通过电话系统、专用电缆系统、租用线路或卫星等公共网络连接到广域网。

### 7.2.3 传输媒介和传输速度

网络使用不同种类的物理传输介质,包括双绞线、同轴电缆、光纤电缆和无线传输介质等,每种介质都有其优点和局限性。任何介质都可能有一个跨度很大的传输速度,这取决于软件和硬件的配置。表 7-2 列出了这些介质的不同特性。

表 7-2 物理传输介质及其特性

| 传输介质 | 说明 | 传输速度 |
| --- | --- | --- |
| 双绞线(CAT5) | 由多股铜线绞合而成,用于语音和数据通信。CAT5 是最常见的 10Mbps 局域网电缆,最大距离为 100m | 10~100Mbps |
| 同轴电缆 | 厚绝缘铜线,高速数据传输,比双绞线少受干扰。目前主要用于有线电视和较远的网络(超过 100m) | 可达 1Gbps |
| 光纤电缆 | 透明的玻璃纤维,由激光器产生的光脉冲传输数据,用于高速传输数据,比其他的物理传输介质更昂贵,难以安装,通常用于骨干网 | 15Mbps~6+Tbps |
| 无线传输介质 | 基于各种频率的无线电信号,包括地面和卫星微波系统和蜂窝网络,用于长距离、无线通信和互联网接入 | 可达 600+ Mbps |

**带宽:传输速度**

通过通信介质发送的数字信息总量可以用**比特 / 秒**(bits per second,bps)来衡量,一个信号的变化或周期,需要发送一个或几个比特,因此,每种通信介质的传输能力是其频率的函数,每秒通过该介质发送的周期数以赫兹(hertz)为单位来测量,1 赫兹等于该介质的一个周期。

在一个特定的通信信道内可容纳的频率范围为信道**带宽**(bandwidth),带宽是指在单个信道上的最高频率和最低频率之间的差值。频率的范围越大,带宽越大,则信道的传输容量也就越大。

## 7.3 互联网和互联网技术及其支持沟通和电子商务的方式

互联网已经成为一种不可或缺的个人和商业工具。但是，互联网究竟是什么？它是如何工作的？互联网技术能对商业运行提供怎样的帮助？让我们来了解一下互联网最重要的一些特征。

### 7.3.1 互联网

互联网已经成为世界上应用最广泛的公共通信系统。它最大限度地实现了客户机/服务器的计算技术和网络互联，可以同世界各地上百万的个人网络相连接。这种全球网络始于20世纪70年代初期，当时作为美国国防部的网络，主要用于连接世界各地的科学家和大学教授。

大多数家庭和小企业通过向互联网服务供应商订阅连接到互联网上。

**互联网服务供应商**（Internet service provider，ISP）是一个拥有永久连接互联网权限的商业组织，它把临时连接权限销售给客户。EarthLink、NetZero 和 AT&T 都是互联网服务供应商。个人同样可以通过其所在企业、大学或者研究中心等拥有指定网络域名的组织连接到互联网。

ISP 的互联网连接有多种服务方式。通过传统的电话线和调制解调器连接（网络速度为56.6Kbps）曾是世界上最常见的连接，但它现在基本上已被宽带连接取代了。数字用户线路（DSL）、电缆、卫星网络和T线路等都提供了这些宽带服务。

**数字用户线路**（digital subscriber line，DSL）技术运用现有电话线来传递声音、数据和视频，由于使用类型和距离的关系，传输速度为 385Kbps ~ 100Mbps。大部分家庭服务供应商提供 100Mbps 的宽带，Fios（Verizon 的光纤电缆服务商）可以提供 900Mbps 的宽带。**有线互联网连接**（cable internet connection）是由有线电视供应商利用数字有线电视同轴电缆线路向家庭和企业提供高速互联网接入，速度可达 20 ~ 100Mbps，有线互联网下载速度接近 1Gps。在 DSL 和有线服务不可用的地区，可以通过卫星上网，尽管一些卫星网络连接的数据上传速度低于其他宽带服务。

T1 和 T3 是国际电话数字通信标准。它们是可被租用的专用线路，适用于需要保证高速通信服务水平的企业或政府机构。**T1 线路**（T1 line）保证传送速度可达 1.54Mbps，而 T3 线路提供的传送速度可达 45Mbps。互联网本身不提供类似这种有保证的通信服务水平，而仅仅是"尽力而为"。

### 7.3.2 网络寻址和构架

如本章前面所述，互联网以 TCP/IP 为基础。每个连接到互联网（或另一个 TCP/IP 网络）上的设备都会被分配一个由数字串组成的唯一的**互联网协议**（Internet protocol，IP）地址。当一个用户在互联网（或其他的 TCP/IP 网络）上向另一个用户发送消息时，这个消息首先被分解成数据包，每个数据包均包含目标地址。接着，这些数据包从客户端被发送到网络服务器，再从该网络服务器发送到其他必要的服务器，最后到目标地址的计算机上。到达目标地址时，这些数据包重新组装成原始消息。

**1. 域名系统**

由于用户要记住一串很长数字的字符串相当困难，所以用一种称为**域名**（domain name）的约定自然语言代替 IP 地址。**域名系统**（domain name system，DNS）用域名代替 IP 地址，DNS 服务器上的数据库存放着 IP 地址到相应的域名之间的映射关系。用户想要访问在互联网上的计算机，只需要知道域名即可，如 Expedia.com。

DNS 具有层次状的结构（见图 7-7），其最上层被称为根域名，这个根的下层子域被称为顶级域名，顶级域名的子域被称为二级域名。顶级域名是上网者熟悉的具有 2～3 个特征的名字，如 .com、.edu、.gov，和其他各国的代码，如 .ca 代表加拿大、.it 代表意大利。二级域名分为两部分，一部分是相关的顶级名字，另一部分是一个二级名字，如 buy.com、nyu.edu 或 amazon.ca。在层次状结构的最底层域名指向是在互联网或专用网络中特定的计算机。

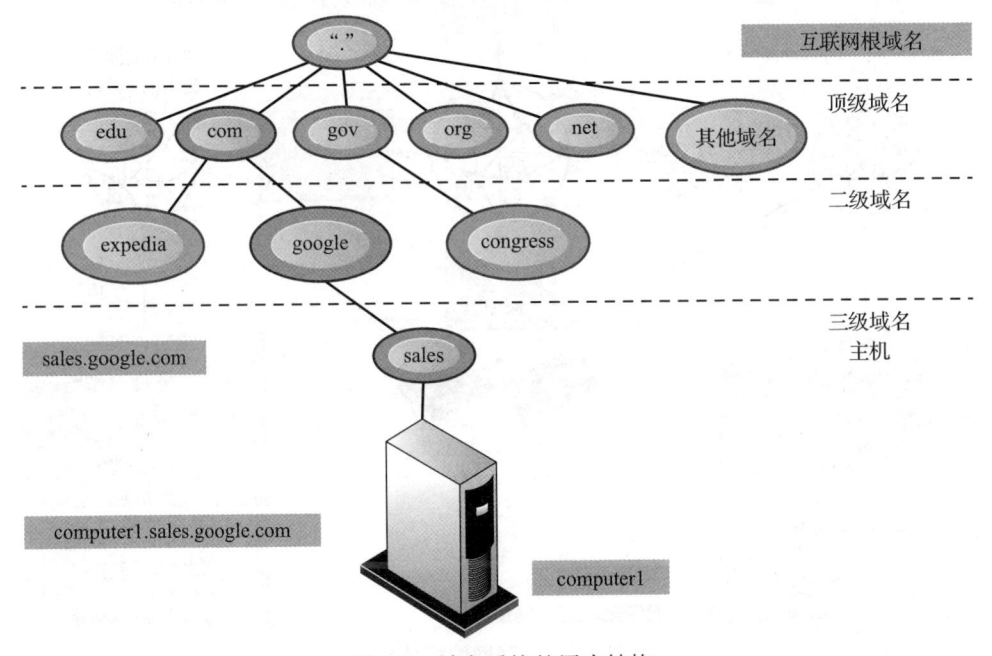

图 7-7　域名系统的层次结构

注：域名系统是一个分层的系统，包括根域名、顶级域名、二级域名和在第三级上对应有专门服务器的域名。

目前最常见的、可用的、官方允许的域名扩展如下所示。每个国家均有自己的域名，如 .uk 和 .fr（分别对应英国和法国）。国际上的新的顶级域名使用非英文字符，未来这个列表会扩展到更多的组织和行业。

| | | |
|---|---|---|
| .com | commercial organization/businesses | 商业组织/事业 |
| .edu | educational institutions | 教育机构 |
| .gov | U.S. government agencies | 美国政府机关 |
| .mil | U.S. military | 美国军事组织 |
| .net | network computers | 网络计算机组织 |
| .org | nonprofit organizations and foundations | 非营利组织和基金会 |
| .biz | business firms | 商业公司 |
| .info | information providers | 信息供应商 |

## 2. 网络架构和治理

互联网数据流通过洲际高速骨干网运输，通常在千兆比特范围内运行（见图 7-8）。这些主干线通常属于某个长途电话企业（网络服务供应商）或某个国家。本地的连接线路往往由区域性的电信运营商或有线电视企业所拥有，并将家庭和企业客户连接到互联网。这些区域网络服务商也将线路租给 ISP、私营企业和政府机构。

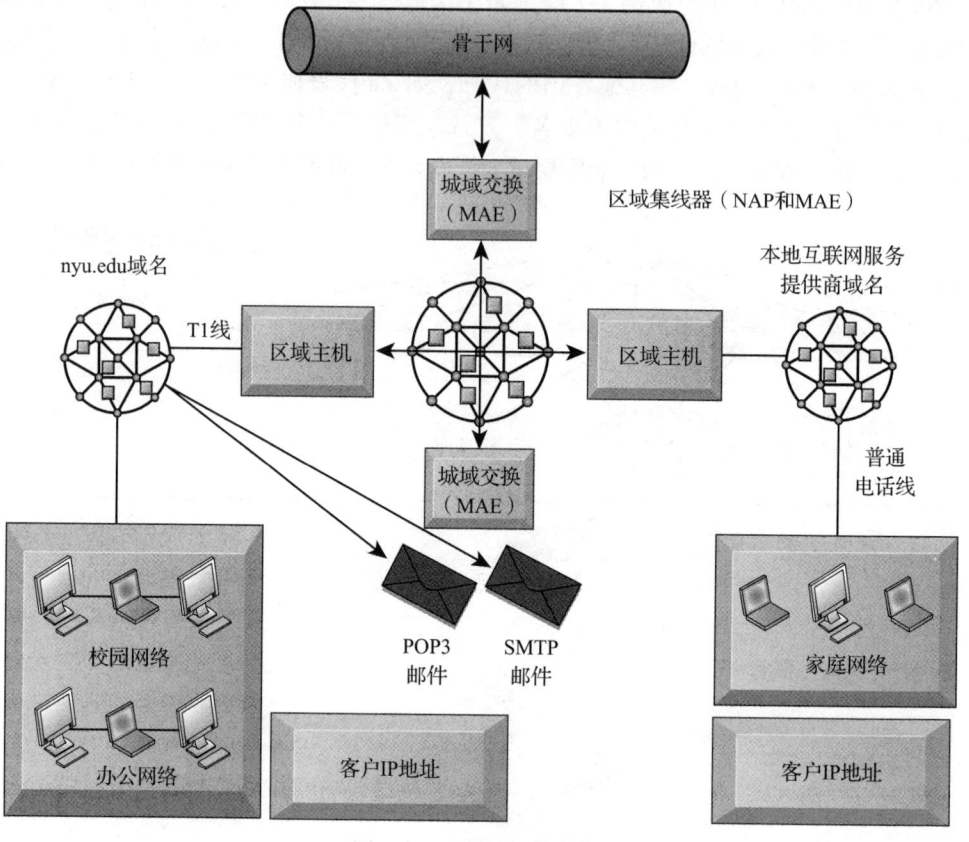

图 7-8 互联网网络结构

注：互联网的骨干网连接区域网，依次帮助接入互联网供应商、大企业和政府机构。网络接入点（NAP）和城域交换（MAE）是骨干网交叉区域、本地网络和其他骨干网拥有者连接处的中心。

每个组织都要为自己的网络和本地网络连接服务付费，其中一部分是支付给远程中继线的所有者。个人互联网用户使用 ISP 服务也需要付费，无论使用频率如何，通常都要付一笔固定的订阅费。然而，全球互联网政策是由一些专业组织和政府机构制定的，包括互联网架构委员会（Internet Architecture Board，IAB），它帮助定义互联网的整体结构；互联网名称与数字地址分配机构（Internet Corporation for Assigned Names and Numbers，ICANN），它帮助管理互联网的域名系统；以及万维网联盟（World Wide Web Consortium，W3C），它为网络设定超文本标记语言和其他编程标准。

这些组织影响政府机构、网络所有者、互联网服务供应商和软件开发人员，目标是保持互联网尽可能高效地运行。互联网还必须符合其所在主权和民族国家的法律，以及存在于民族国家内部的技术基础设施。虽然在互联网和网络的早期，很少有立法或行政干预，但这种情况正在改变，因为互联网在信息和知识的传播中发挥着越来越大的作用，包括一些人认为令人反感的内容。

### 3. 未来互联网：IPv6 和 Internet2

互联网的最初设计并不是用来服务数十亿的用户和处理大量数据传输的。由于互联网用户的快速增长，全球使用旧地址协议的 IP 地址即将被用完。基于 32 位地址的旧的寻址系统正在被 IPv6（互联网协议第 6 版）的寻址模式所替代，这个模式含有 128 位地址（$2^{128}$），换句话说，将有超过 1 000 万亿个地址。IPv6 与当今销售的大多数调制解调器和路由器兼容，如果 IPv6 在本地网络中不可用，则 IPv6 将回到旧的寻址系统。随着旧设备的更新，过渡到 IPv6 将需要几年的时间。

Internet2 是一个先进的网络联盟，为来自 100 多个国家的 317 所美国大学、60 个政府机构、43 个地区和州教育网络、59 家领先公司和 70 个国家研究与教育网络合作伙伴提供服务。为了连接这些社区，Internet2 开发了一个高容量、100Gbps 的网络，作为可能最终迁移到公共互联网的前沿技术的测试平台，包括大规模网络性能测量和管理工具、安全身份和访问管理工具，以及调度高带宽、高性能电路等功能。

## 7.3.3 互联网服务和通信工具

互联网基于客户机/服务器技术运行。个人用户通过诸如 web 浏览器软件的客户端应用来使用互联网，完成他们在做的事情。互联网上的数据，包括电子邮件和网页等，都存储在服务器中。某个用户在互联网上从远程计算机向 web 服务器发出一个请求信息，然后，服务器把请求信息通过互联网返还给用户。如今的客户端平台不仅包括 PC 和其他计算机，还包括智能手机和平板电脑。

### 1. 互联网服务

一台连接互联网的 PC 可以使用很多种类的服务，包括电子邮件、聊天和即时通信、新闻组、Telnet、**文件传输协议**（file transfer protocol，FTP）和万维网等。表 7-3 是关于这些服务的简短描述。

表 7-3 主要的互联网服务

| 名称 | 支持的功能 |
| --- | --- |
| 电子邮件 | 人与人之间的消息传递；文件共享 |
| 聊天和即时通信 | 交互式会话 |
| 新闻组 | 在电子布告板上进行讨论 |
| Telnet（远程登录） | 登录一个计算机系统，在另外一台计算机上工作 |
| 文件传输协议（FTP） | 在计算机和计算机之间传输文件 |
| 万维网 | 使用超文本链接检索、格式化和显示信息（包括文本、音频、图形和视频） |

互联网服务是由一个或多个软件程序实现的，所有的服务都可以在一台独立的服务器上运行，也可能是不同的服务被分配到不同的计算机上。图 7-9 描述了这些服务在一个多层客户机/服务器结构上的运行方式。

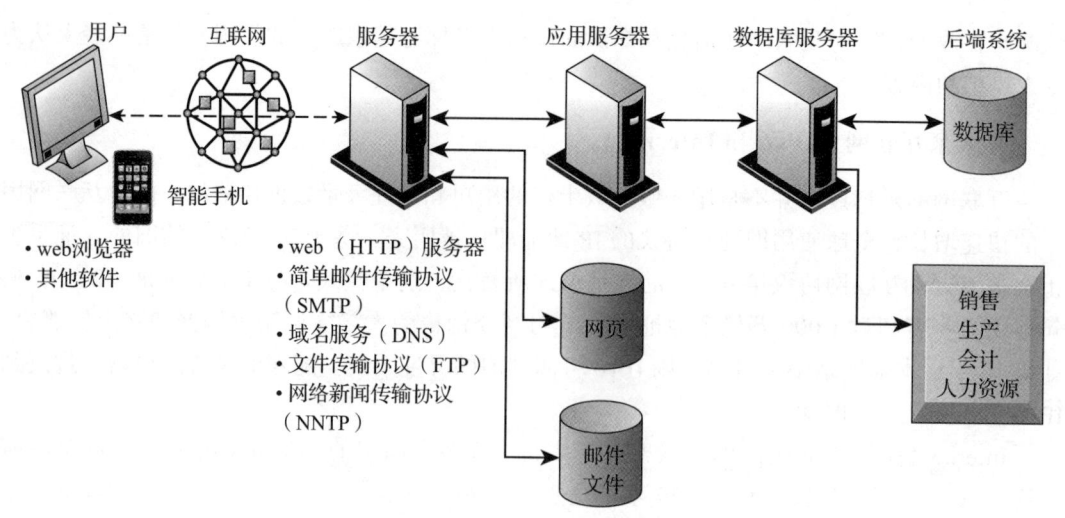

图 7-9  互联网上客户机／服务器处理流程

注：运行 web 浏览器和其他软件的客户机可以通过接入互联网访问服务器里的一组服务，这些服务可能在一个或多个特定的服务器上运行。

**电子邮件**（e-mail）将消息从一台计算机传送到另一台计算机，也可以将消息发送给不同的接收者或转发消息，并在消息中附加文本内容或多媒体文件。如今，大多数电子邮件通过互联网传送。电子邮件的成本远远低于等效的语音或快递的成本，大多数的电子邮件只需几秒钟就可以到达世界的任何地方。

网上聊天可以使两个或两个以上的人同时连接到互联网，并进行交互式对话。现在聊天系统支持语音聊天、视频聊天，以及书面对话。很多网上零售商在它们的网站上提供聊天服务，以吸引访客、鼓励重复购买和改善消费者服务。

**即时通信**（instant messaging，IM）是指能够使参与者创造自己的私人聊天渠道的一种聊天服务。即时通信系统可以提醒用户他私人通讯录上的某人上线了，这样用户就可以发起与他人的聊天会话。面向消费者的即时通信系统包括雅虎的 Messenger、美国在线的 Instant Messenger 和 Facebook 的 Messenger 等。关注安全的企业会使用专用的通信系统，如 IBM 的 Sametime。

**新闻组**（newsgroup）是全球范围内的讨论组，是在互联网电子公告板上分享信息和观点的工具，如放射性物质或摇滚乐队的信息。任何人都可以将信息放到公告板上供他人阅读。

员工使用电子邮件、即时通信和新闻组等工具应该能提高工作效率，但是"互动讨论：管理"部分的案例表明，情况并非总是如此。现在，许多管理者认为他们需要监视甚至控制员工的在线活动。那么这样做道德吗？尽管有很多商业原因充分地解释了为什么企业需要监视员工的电子邮件和网络活动，但这对员工隐私来说意味着什么呢？

⊙ 互动讨论：管理

### 网络监控员工：是正确的还是不道德的商业行为

互联网已经成为一个非常有价值的商业工具，但同时也给人们的工作带来了巨大的干扰。员工在工作时间内浏览不合适的网站（Facebook、购物、体育等）、发送和接收个人电子邮件、与朋友聊天、下载视频和音乐等，浪费了宝贵的工作时间。根据国际数据公司的调研，30%～40% 的互联网接入花在与工作无关的浏览上，60% 的网上购物发生在工作时间段。英国招聘网站 MyJobGroup.co.uk 对 1 000 名英国员工进行了调查，发现近 6% 的人每天花 1h 以上的时间使用包括 Facebook 在内的社交媒体。这大约是他们工作时间的 1/8。由此推而广之，在英国 3 400 万劳动力中，可能有大约 200 万人在做同样的事情，这给英国经济造成了约 140 亿英镑的生产力损失。

很多企业已经开始监控员工的电子邮件和互联网的活动，有些时候员工并不知情。现在有许多工具可以用来监控，如 Veriao Investigator、OsMonitor、IMonitor、Work Examiner、Mobistealth 和 Spytech。这些工具能够让企业记录员工的在线搜索、监控文件下载和上传、记录键盘输入、追踪电子邮件和聊天记录，甚至对计算机屏幕上显示的某些屏幕进行截图。即时通信、短信和社交媒体的监控工具也在增加。

微软使用自己的 Office 365 服务收集和分析员工与客户之间的聊天、电子邮件和会议频率的数据，以衡量员工的生产力、管理效率和工作与生活的平衡。跟踪电子邮件、聊天记录和日程安排可以显示员工每周平均花费 20h 的时间工作。该企业只允许管理人员查看 5 人或 5 人以上的团队。

微软的销售团队成员已经收到了个性化的仪表盘，显示他们如何花费时间，但这些信息对管理人员是保密的。仪表盘就如何建立联系网络、如何花更多时间与客户相处而不是参加内部会议提供了建议。

微软还向 Macy's Inc. 等企业出售工作场所分析软件。Macy's Inc. 通过监测员工在工作时间之外发邮件和上网的时间，来分析员工工作与生活平衡方面的数据。抵押贷款巨头房地美（Freddie Mac）使用微软的工具来衡量员工在会议上花了多少时间，并试图确定其中一些会议是否多余。

尽管美国企业可以监控员工在工作时的互联网和电子邮件活动，但这种监控道德吗？是一种正确的商业行为吗？当员工在工作时间专注于个人事务时，管理者会担心员工的工作效率。员工在个人事务上花太多的时间，就会给企业带来损失。有些员工甚至花时间在网上追求自己的兴趣爱好，而这段时间可能是需要客户付费的，这样会造成客户被过度收费的现象。

企业网络上的个人流量过高，也可能堵塞企业的网络，使企业无法开展正常的业务。为美国运输行业服务的 GMI 保险公司发现，员工下载了大量的音乐和流媒体视频，并将其存储在企业服务器上，造成 GMI 服务器的可用空间不断减少。

员工在雇主的办公场所或利用雇主的设备使用电子邮件或网页（包括社交网络）时，无论他们做什么，包括任何非法的事情，都是以企业的名义在做。因此，雇主可能会被追查、被要求担责。很多企业的管理层害怕其员工或交易的种族主义、在性方面露骨或其他可能令人不适的材料会导致不利报道，甚至是对企业的诉讼。即使最后发现企业无责任，应对诉讼也可能积欠巨额律师费。企业也害怕机密信息和商业机密通过电子邮件或社交网络被泄露出去。美国企业有合法的权利监测员工在工作时间使用企业设备做什么事情。问题在于，电子监视是否为维持高效、积极的工作场所的恰当工具？有些企业尝试在企业网络上采取零容忍的方式禁止所有个人活动。有些企业则禁止员工访问特定网站或社交站点，密切监控电子邮件消息，或限制个人在网页上花的时间。

是否所有员工都应当在工作时受到监控？不一定。并非每一个劳动力、工作场所或工作文化和环境都合适采用电子监视。这取决于雇主想要打造怎样的企业和工作环境。有些雇主主要担忧的是，电子监视可能会损害致力于培养信任、员工忠诚度和能动力的工作文化。在这样的环境中，对员工的电子监视最终可能会对生产效率产生严重的反作用。

没有一个解决方案是完美无缺的。有专业人士认为，企业应该制定关于员工的电子邮件、社交媒体和网络使用的制度，许多员工根本就没有意识到企业有权监视和收集他们的数据。这些制度应该包括明确的基本规则，按职位或级别规定在什么情况下员工可以使用企业的设备收发个人电子邮件、写博客或网上冲浪。这些制度还应告知员工企业是否对这些活动进行了监控，并说明原因。

实施这些制度应该有特定的企业需求和组织文化。例如，投资企业应该允许员工访问其他的投资网站。一个依赖广泛信息共享、创新和独立的企业，可能会发现监控员工会产生比解决问题更多的问题。

参考资料："How Do Employers Monitor Internet Usage at Work?" wisegeek.com, accessed March 1, 2020; Sarah Krouse, "The New Ways Your Boss Is Spying on You," *Wall Street Journal*, July 19, 2019; www.privacyrights.org , accessed February 15, 2020; and Susan M. Heathfield, "Surfing the Web at Work," thebalanecareers.com, November 25, 2019.

**案例分析题：**

1. 管理者是否应当监控员工的电子邮件和互联网的使用？为什么？
2. 请描述一家实施有效的电子邮件和网络使用制度的企业。
3. 管理者是否应当提醒员工，他们的网络行为会受到监控？还是管理者应该秘密监控？为什么？

### 2. IP 语音

互联网已经成为受欢迎的语音传输和企业网络平台。**IP 语音**（voice over IP，VoIP）技术用分组交换技术以数字形式传送语音信息，减少了本地和长途电话网络的通信费（见图 7-10）。通常，通过公共电话网络传输的语音呼叫会通过互联网协议或公共互联网在企业网络中传送。使用配有麦克风和扬声器的计算机或者支持 VoIP 的电话就能进行语音通话。

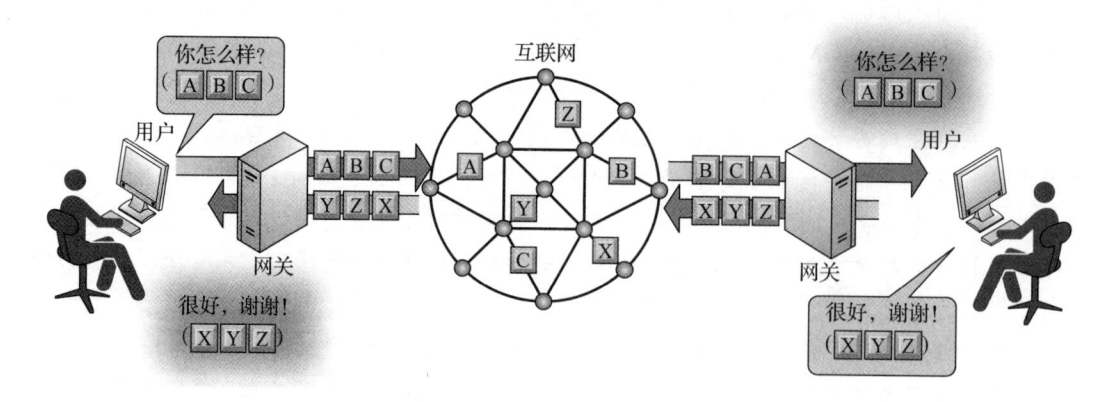

图 7-10 IP 语音是如何运行的

注：IP 语音电话可以数字化，将语音消息分成几个数据包。数据包沿着不同的路径传输，在最终目的地处被重新组合。离呼叫目的地最近的一个处理器被称为网关，用来安排数据包以适当的顺序和方向传送到对应电话号码的接收者或对应 IP 地址的接收计算机上。

像时代华纳和 Cablevision 这样的有线电视企业提供了与其高速互联网和有线电视产品捆绑在一起的 IP 语音服务。Skype 使用 P2P 网络，在全球范围内提供免费的 IP 语音服务，而谷歌则拥有自己免费的 IP 语音服务。

虽然 IP 电话系统需要进行前期投资，但 IP 语音可以将通信和网络管理成本降低 20%～30%。例如，IP 语音每年为维珍娱乐集团（Virgin Entertainment Group）节省 70 万美元的长途电话费用。除了降低长途电话成本和取消个人电话每月的费用外，IP 网络还为电信和计算服务提供了一种简单的语音数据基础设施。企业不再需要维护独立的网络或者为每种类型的网络提供支持服务和人员。

### 3. 统一通信

过去，企业用于有线和无线数据、语音通信和视频会议的每个网络都是彼此独立的，且由信息系统部门分开管理。如今，企业可以利用统一的通信技术将不同的通信模式合并成一个统一的通信服务。**统一通信**（unified communication）集成了语音通信、数据通信、即时通信、电子邮件和电子会议等不同的模式，使用户可以在不同通信模式中无缝切换。

CenterPoint Properties 是芝加哥地区一家主要的工业房地产企业，利用统一通信技术为每一笔房地产交易建立了一个合作网站，提供一个单点访问结构化和非结构化数据的通道。集成的技术允许团队成员只需要轻轻一点，就可操作电子邮件、即时消息、电话或者视频会议。

### 4. 虚拟专用网络

如果你正在管理一个市场营销团队，负责企业新产品的开发和服务，而团队成员分布在美国各地，你会怎么办？你会希望能够在家同其他人进行电子邮件及其他方式的通信，且不受外界干扰。过去解决这个问题的方法是通过大型专用网络公司提供的安全、私密和专用的网络进行通信，但这种方法花费颇高。现在较为经济的方法是在公共互联网上建立虚拟专用网络。

**虚拟专用网络**（virtual private network，VPN）是一个安全的、加密的专用网络，是在一个公用网络中利用大型网络（如互联网）的规模经济和管理设施进行配置而得以实现（见图 7-11）的网络。VPN 提供安全的、加密的通信，且成本比由传统的非互联网供应商提供相同功能的安全通信专用网络要低得多。VPN 同样为集成的语音和数据网络提供网络基础设施。

已有若干个协议用于保护数据在公共互联网上的传输，包括**点对点隧道协议**（point-to-point tunneling protocol，PPTP）。基于互联网安全隧道技术，数据包被加密和包装在 IP 数据包中。通过把一个网络信息打包的方

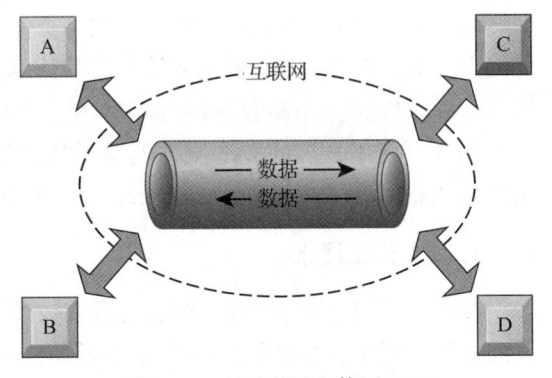

图 7-11　在互联网上使用 VPN

注：VPN 是一个通过互联网上的安全隧道连接的专用的、安全的计算机网络，通过对数据进行编码，并基于互联网协议进行打包来保护互联网上传输的数据。通过把网络消息打包的方式来隐藏内容，企业可以创建一个公共互联网上的专有连接。

式来隐藏内容，企业就可以建立起贯穿公共互联网的专用连接网络。

### 7.3.4 万维网

万维网是最流行的互联网服务。它是利用公认的标准来存储、检索、格式化和显示信息，基于客户机/服务器结构的系统。web页面通过超文本技术不仅可以把不同的文件链接起来，还可以链接到有声音、视频或动画文件的网页。如果你点击一个图像或一个短片进行播放，那么你就点击了一个超文本。一个典型的**网址**（website）是链接各主页的网页集合。

#### 1. 超文本

web页面以标准的**超文本标记语言**（hypertext markup language，HTML）为基础，该语言对文档进行格式化处理，并包含动态链接到存储在相同或远程计算机的其他文档和图片（见第5章）。web网页可以通过互联网访问，是因为基于**超文本传输协议**（hypertext transfer protocol，HTTP）。超文本传输协议是在web上传送页面的通信标准。例如，当在浏览器中输入一个网址时，如http://www.sec.gov，浏览器会向sec.gov服务器发送一个HTTP请求来访问sec.gov主页。

HTTP是每个web地址开始的第一组字母，紧随其后的是存储文档的特定的服务器域名。大部分企业都有自己的域名，与企业的官方名字相同或相关。目录路径和文件名称是web地址中两个重要的信息，可以帮助浏览器追踪请求页面。这个地址被叫作**统一资源定位**（uniform resource locator，URL）。当在一个浏览器上输入地址时，URL可以准确地告诉浏览器软件去哪里寻找信息。例如，在http://www.megacorp.com/content/features/082610.html 中，http是展示网页的协议名称；www.megacorp.com是域名；content/features是目录路径，用来标识页面在域web服务器中的存储位置；082610.html是文件名和格式的名称（这是一个HTML页面）。

#### 2. web服务器

web服务器是用来定位和管理存储网页的软件。它可以在存储网页的计算机里定位用户的网页请求，将这些网页发送到该用户的计算机中。服务器应用程序通常安装在专用的计算机上运行，甚至它们都可以被部署在小型组织中的单个计算机上。

如今，使用最多的web服务器是微软的**互联网信息服务**（Internet information service，IIS）和Apache HTTP Server。Apache是一个免费的开源产品，可以在网络上下载。

#### 3. 网上信息搜索

没有人确切地知道世界上网页的真实数量。浅层网络是指web中搜索引擎可以访问到的页面部分。例如，谷歌在2019年索引了大约50亿个页面，这反映了大部分可公开访问的网页。但是，深层网络包含大约1万亿个额外页面，其中许多是专有的（例如《华尔街日报》在线的页面，没有订阅或访问码就无法访问），或者存储在受保护的公司数据库中。Facebook是一个封闭的网络，拥有超过20亿用户的文本、照片和媒体页面，其页面不能被谷歌或其他搜索引擎完全搜索到。深网的一小部分被称为**暗网**（dark web），它们被故意隐藏在搜索引擎之外，使用隐藏的 IP 地址，只有通过特殊的网络浏览器才能访问，以保持匿名性。暗网已经成为犯罪分子的避风港，因为它允许在完全匿名的情况下买卖非法商品，包括信用卡和社会保障号码。

**搜索引擎**　显然，要在如此多的网页中立刻找到有用的特定网页是一个重要问题。问题是你如何在成千上万的网页中找到一两个你真正想要的网页呢？**搜索引擎**（search engine）就是试图解决在 web 上立即找到有用信息的问题的工具，可以证明，它们是互联网时代的"杀手级应用"。如今的搜索可以筛选 HTML 文件、微软 Office 应用文件、PDF 文件以及音频、视频和图片文件。世界上有上百种搜索引擎，但是绝大多数的搜索结果是由谷歌、百度、雅虎和微软的必应等搜索引擎提供的（见图 7-12）。虽然我们通常认为亚马逊是一家网上商店，但它也是强大的搜索引擎供应商。

web 搜索引擎始于 20 世纪 90 年代早期，开始是作为浏览新产生的 web、访问页面和将每个页面的信息内容聚集起来的、相对简单的一个软件程序。第一代搜索引擎以简单关键字为页面索引，给用户提供的是那些可能与他们搜索并不真正相关的页面列表。

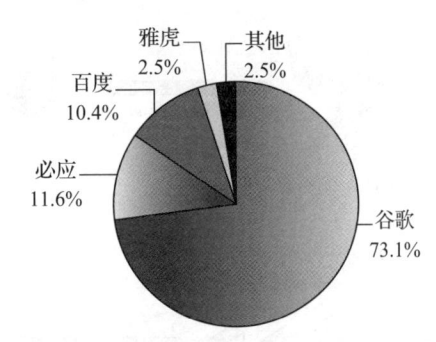

图 7-12　最佳 web 搜索引擎的市场份额

资料来源：基于 2020 年 2 月 Net Market Share 的数据。

1994 年，斯坦福大学计算机专业的学生大卫·菲罗和杨致远创造了一个专门的网页列表，称之为"Yet Another Hierarchical Officious Oracle"，或雅虎（Yahoo）。雅虎开始时并不是一个搜索引擎，而是一个经过编辑选择的、编辑认为有用的信息分类目录。现在，雅虎主要依赖于微软必应的搜索结果来开展业务。

1998 年，另外两个斯坦福大学计算机专业的学生拉里·佩奇和谢尔盖·布林发布了第一个版本的谷歌。这个搜索引擎与之前的不同，它不仅按每个网页的词进行索引，而且还根据每个页面的相关性将搜索结果进行排序。该页面排序系统（称为 PageRank 系统）是谷歌的专利，其本质是通过计算页面的被链接数量以及它链接的页面数量来衡量该网页的流行程度。这样做的前提是假设流行的 web 页面与用户想要的 web 页面更加相关。布林开发了一个独特的 web 爬虫程序，即不仅仅是以页面中的关键字为索引，而且还包括文字组合（如作者和文章的标题）。这两个想法成了谷歌搜索引擎的基础。图 7-13 显示了谷歌是如何工作的。

**移动搜索**　来自智能手机和平板电脑的**移动搜索**（mobile search）占所有搜索的 50% 以上，并且在未来几年内还会迅速扩张。谷歌、亚马逊和雅虎开发了新的搜索界面，使智能手机的搜索和购物更加方便。谷歌修改了以前的搜索算法，支持用户在智能手机屏幕上方便地搜索。虽然智能手机被广泛应用于购物，但用户实际购买时通常优先使用笔记本电脑或 PC，其次是使用平板电脑。

**语义搜索**　要使搜索引擎变得更个性化和更有帮助的另外一种方法，就是使搜索引擎能够理解我们真正想要的是什么。**语义搜索**（semantic search）的目标是建立一个能真正理解人类的语言和行为的搜索引擎。谷歌和其他搜索引擎企业一直在优化搜索引擎算法，以获得更多用户想要的内容和搜索的意义。谷歌的蜂鸟搜索算法是基于整个句子的意思，关注字词背后的含义，而不是基于每个独立的字词。例如，如果你搜索的是一个长句，如"2020年谷歌年度报告的财务数据"，蜂鸟搜索算法得出你真正想要的是谷歌的母公司 Alphabet 2020 年 2 月向美国证券交易委员会提交的 SEC Form 10K 报告。

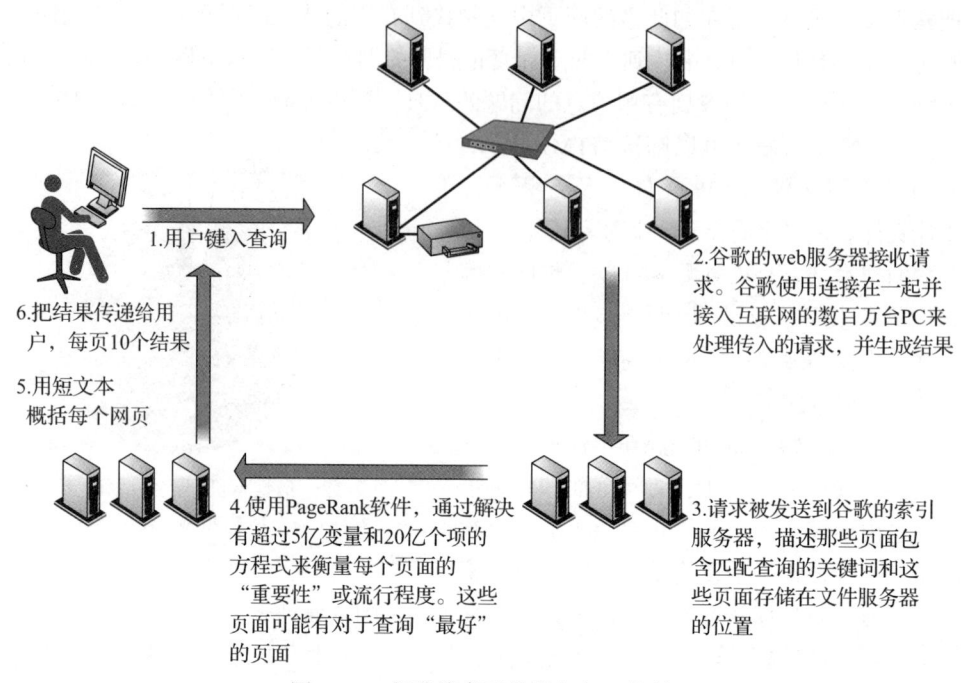

图 7-13 谷歌搜索引擎是如何工作的

注：谷歌搜索引擎一直不间断地抓取 web，对每个网页内容进行索引，计算每个网页的流行程度，并存储这些页面，以便快速回应用户查看页面的请求。整个过程要花费约 0.5s。

谷歌搜索也利用知识图谱（Knowledge Graph），即使用搜索算法预测你在搜索主题时可能想要了解的其他信息。基于知识图谱得到的结果显示在屏幕的右侧，包括你正在搜索的主题或人物的更多信息。例如，如果你搜索"Lake Tahoe"，搜索引擎将返回关于 Tahoe 的基本信息（海拔、平均气温和当地的鱼类等）、地图和酒店住宿。谷歌已将**预测搜索**（predictive search）用于大多数搜索结果中，搜索算法在你输入搜索词时会猜测你正在寻找什么，并对相关的搜索关键词提出建议。谷歌一直在使用数学建模和人工智能机器学习（见第 11 章）来改进其搜索算法，以使其对查询的响应更加准确和智能（Copeland, 2019）。

**图像搜索和可视化网站**　尽管搜索引擎最初是为了搜索文本文档而设计的，但是随着互联网上照片和视频的爆炸式增长，对这些视觉对象进行搜索与分类的需求也随之增长。人脸识别软件可以创建某个人脸的数字版本。你也可以在 Facebook 上通过使用数字图像来查找和识别好友。Facebook 现在正在使用人工智能技术来提高面部识别能力。

随着网络变得更加可视化，搜索照片、图像和视频变得越来越重要。**可视化网站**（visual web）是指用图片代替文本文档的网站，在那些网站上用户可以搜索图片，产品图片取代了一般网站的产品展示广告。Pinterest 是一个社交网站，为用户（以及品牌）提供了一个有趣图片的在线白板，2020 年全球每月访问量达到 3.35 亿。Instagram 是可视化网站的另一个例子，是一个照片和视频的共享网站，允许用户拍摄、编辑照片，并与其他社交网站（如 Facebook、Twitter）的朋友分享。2020 年，Instagram 每月的活跃用户达 10 亿。

**智能代理购物机器人** 第 11 章将描述内置的智能软件代理功能，即可以通过聚集或筛选信息和执行某些任务来帮助用户。**购物机器人**（shopping bot）利用智能代理软件在互联网上搜索购物信息。比如，像 MySimon 或 PriceGrabber 这样的购物机器人，以及 Trivago 这样的旅游搜索工具，可以帮助有兴趣购买或租赁度假房间的人根据用户提供的标准过滤和检索信息，与供应商协商价格和交付条款等。

**搜索引擎营销** **搜索引擎营销**（search engine marketing，SEM）已经成为当前主要的广告平台和购物工具。搜索信息是网络上最受欢迎的功能之一。超过 90% 的网络流量来自搜索引擎，而搜索引擎营销占数字广告支出的 44% 以上（eMarketer，2019）。有了这个庞大的用户群体，搜索引擎营销成为最赚钱的网络营销和广告渠道。当用户在谷歌、必应、雅虎或其他搜索引擎上输入搜索关键词时，他们会收到两种类型的列表：赞助商链接，即广告用户已付费的链接（通常位于搜索结果页面），以及没有付费的自然搜索的结果。此外，广告用户可以购买在搜索结果页面边上的小文本框。付费的赞助广告是互联网广告增长最快的广告形式，是强大的新营销工具，可以在恰当的时机将消费者的兴趣与广告信息精确匹配。搜索引擎营销通过用户的搜索过程来获利。

搜索引擎营销非常有效（它拥有最高的点击率和最高的投资回报率），因此许多企业都在寻找对搜索引擎识别的网址进行优化的方法。**搜索引擎优化**（search engine optimization，SEO）是指利用一系列技术提高网站的质量和网络流量的过程。当搜索字段中输入特定关键词和短语时，这些技术可以帮助相关企业网站在主要的搜索引擎页面中取得更高的排名，其中的一项关键技术就是使企业网站的关键词同期望客户用于搜索的类似关键词相匹配。例如，如果网站用关键词"照明"而不是"灯"，而且大部分目标客户都搜索"照明"这一关键词，那么该网站很有可能会在搜索引擎页面的排名中占得头筹。如果该网站连接着尽可能多的其他网站，那么该网站也有优势，因为搜索引擎会根据这些链接来评估该网页的流行程度和它如何链接网络上的其他内容。

搜索引擎也可能会被骗子利用。他们通过建立上千个空壳虚假网站并将它们链接在一起，或把它们链接到某个零售商网址，以此来欺骗谷歌搜索引擎。企业也可以付钱给这些所谓的"链接农场"，使其链接到企业网址。为了解决这个问题，谷歌改变了其搜索算法，对链接质量进行了更为严格的审查，以降低那些有可疑链接模式的网站的排名。

一般而言，搜索引擎对那些无力开展庞大的营销活动的中小企业而言是很有用的，这是因为消费者会通过搜索引擎寻找所需的产品或服务，而这些消费者被营销人员称之为"热门潜在客户"，即那些经常搜寻信息并有购买冲动的人。此外，搜索引擎往往只收取点击费用，企业不必为不起作用的广告付费，只有当广告被点击之后才付费。而消费者受惠于搜索引擎营销，是因为广告仅仅在当消费者搜寻特定产品的时候才会出现。这样，搜索引擎营销为消费者节省了精力、减少了搜索成本（包括人工寻找产品的差旅成本）。最近的研究显示，对于商家和消费者而言，搜索带来的全球价值超过 8 000 亿美元，其中 65% 的收益以更低的搜索成本和价格返回到消费者手中（麦肯锡公司，2011）。

### 4. 网上分享信息

如今的网站不仅能让人们开展合作和分享信息，还能创建新的服务和在线内容，可以支持实时的用户互动、社会参与（共享）和用户生成内容。这些特性背后的技术和服务包括云计算、软件混搭和应用、博客、RSS、维基和社交网络等。我们已经在第 5 章中描述了云计算、混搭和应用，并在第 2 章中介绍了社交网络。

**博客**（blog）是网络日志的流行称呼，通常包含一系列按时间排序的作者日志（从新到旧）和相关网站的链接，包括博客链接（其他博客的链接）和转发日志（从其他博客引用并且置顶的日志）。大多数博客允许读者在其日志下面写评论。创建一个博客的行为通常被称为"写博客"。博客往往由第三方服务商来提供，如 Blogger.com、TypePad.com 和 Xanga.com。如今，博客的功能已经被加入到如 Facebook 这样的社交网络，以及如 IBM Notes 这样的协同工作平台中。WordPress 是一款领先的开源博客工具和内容管理系统。**微博**（microblogging）是一类在 Twitter 或其他有空间或大小限制的平台上的一种应用，是一种以非常少的内容为特征的博客，如短句、个人图片或视频链接等。

博客页面通常因博客服务或软件所提供的模板不同而不同。因此，数百万没有 HTML 等技术的人可以在他们自己的网页上发博客，并且与其他人分享内容。尽管博客已成为个人发表意见的流行工具之一，但博客也有商业用途（见第 2 章和第 10 章）。

如果你是一个狂热的博客阅读者，你可以使用**简易信息聚合**（RSS）来收藏你喜欢的博客，不必经常检查它们是否更新。RSS 是 Really Simple Syndication 或 Rich Site Summary 的缩写，是将指定的内容从网站上抽取出来，然后自动传送到用户计算机上的一种应用。RSS 阅读软件把网站或博客上的材料聚在一起，你可以指定它从这些网站进行搜索，并把更新后的信息发给你。RSS 阅读器能在谷歌和雅虎的网站上使用，而且已经被嵌入主流的 web 浏览器和电子邮件程序中。博客允许访客为原始内容添加评论，但不允许访客编辑原始内容。与此相反，维基是一个访客可以添加、删除和修改其内容的合作网站，包括作者以前的成果。维基一词源于夏威夷语的"快速"（quick）。

维基软件通常提供为用户已经定义好的页面布局和内容模板，显示用户可编辑的软件程序代码，然后把内容呈现到基于 HTML 页面的 web 浏览器上。某些维基软件只允许用户编辑文本格式内容，而另外一些则允许使用表格、图片或一些交互性的内容，如投票或游戏等。大多数维基都提供审查其他用户成果和纠正错误的功能。

维基百科使得信息共享变得很容易，所以它有很多商业用途。美国国土安全部的国家计算机安全中心（National Cyber Security Center，NCSC）开发了一个维基软件，用于促进与其他联邦机构共享有关威胁、攻击和响应的信息，并作为技术和标准信息的存储库。皮克斯维基（Pixar Wiki）是一个宣传皮克斯动画工作室工作成果的合作交流维基，允许任何人创建或编辑关于皮克斯电影的文章。

**社交网络**（social network）的网站使用户能够建立朋友和同事的社交圈。每个成员可以创建一个"近况"，即展示照片、视频、音频文件和文本的网页，然后将这些近况分享给那些被标识为朋友或亲密关系的其他人。社交网络网站具有较高的交互性，提供实时的用户控制，依赖于用户生成的内容，并建立在广泛的社会参与、分享内容和观点的基础上。美国主要的社交网站包括 Facebook、Twitter 和 LinkedIn（用于商务人际关系）。

社交网站深刻地改变了人们在网上花费时间的方式，人们与其他人交流的方式，企业同客户、供应商和员工保持联系的方式，商品和服务供应商如何从客户那里学习以及广告主如何吸引潜在消费者的方式。大型社交网站也正在变成应用开发平台，用户可以向社区的其他成员开发和销售软件应用。仅 Facebook 一家就有数百万个应用和网站与之集成，包括游戏、视频分享以及与朋友和家人通信的应用。第 2 章和第 10 章详细地讨论了社交网络的商业应用，你可以在本书的其他章节中找到有关社交网络的讨论。

### 5. 网络的未来

互联网的趋势已越来越清晰。它的主要功能是将为用户提供更多的工具，让人们能够更好地理解互联网上数万亿个页面，或者智能手机上数百万个应用，包括可视化的甚至是三维的（3D）网络，也就是说你将来可以在 3D 环境中浏览页面（请回顾本章前面关于语义搜索和视觉搜索的讨论）。

即将来临的是一个无所不在的网络，它可以控制万物，从控制城市的交通信号灯和用水量，到控制你客厅的灯光和汽车的后视镜，以及管理你的日历和约会等。这个网络被称为物联网，是基于物理世界数十亿的互联网传感器，通过唯一的标识符来识别物体、动物和人，并且不需要人与人或人与机器之间进行交互就能通过网络传输数据。

通用电气、IBM、惠普和甲骨文，以及数百家规模较小的初创公司，正在通过广泛使用远程传感器和快速云计算构建智能机器、工厂和城市。随着时间的推移，越来越多的日常物品将连接到互联网，并将能够向其他设备识别自己，从而创建能够感知和响应数据变化的网络。章节开篇案例中描述的 NHL 冰球和球员跟踪系统是一个物联网应用，正如"互动讨论：技术"讨论的数据驱动废物管理系统一样。你将在第 2 章和第 12 章中找到更多关于物联网的示例。

⊙ 互动讨论：技术

### 物联网助力废弃物管理

2003 年，旧金山市设定了一个极为雄心勃勃的目标：零废弃，这意味着城市所生成的废弃物将 100% 进行回收并制成堆肥，而非倾倒到废弃物填埋场。现在，旧金山已经接近实现这一目标。归功于一项大型的政治、经济和教育计划，旧金山已能够将其 80% 的废弃物从填埋场分流，这一比例超过美国的所有其他大型城市。信息技术也在其间发挥了重要作用，主要是通过提供更为高效的废弃物分拣方法和改进全市范围的废弃物收集服务。

旧金山与废弃物回收管理公司 Recology 合作，后者也有一个远大的愿景，即创造"一个没有废弃物的世界"。这家已有百年历史的公司自豪地称自己为"资源回收领导者"，不断进行研究和实施废弃物处理新技术。这些技术包括光学分拣，利用红外传感器根据塑料的尺寸、形状和结构进行自动塑料分拣；还包括一个填埋场气体捕获系统，可将填埋场生成的甲烷气体转变为电能。

Recology 的多数废弃物管理在它的 2 000 辆卡车上进行。Recology 更新了自身的 JD Edwards EnterpriseOne ERP 系统以支持无纸化车队维护。机械工现在可以用该系统立即在线查看和填写工单，而经理也能够在线查看工单，无须再追踪车上的纸质工单。

Recology 的卡车驾驶员曾用人工表格报告燃油油量，而办公室的工作人员必须手动打字将其输入系统中。现在，加装在每辆卡车燃油系统上的 IoT 传感器会自动检测并将数据直接发送到 JD Edwards 车队管理模块，其中无须人力参与。新的卡车将配置与其控制器局域网（controller area network，CAN）总线相连的 IoT 设备，该总线协议可支持设备在应用中进行相互通信而无需主机。IoT 设备将每天从每辆车上收集 100 多万个数据点，包括油门位置、速度、液压执行器动作和燃油用量。Recology 的 IT 总监迈克·麦克劳克林和他的团队将能够决定向 ERP 系统发送哪种数据以便更有效地管理卡车车队。

Recology 的经理也能够使用 EnterpriseOne Orchestrator 的功能，根据数据采取行动。例如，一辆卡车的油量较低时，Orchestrator 可以给卡车驾驶员发送电子邮件，让其给油箱加油。如果卡车零部件显示错误，Orchestrator 可以安排卡车进行维修。对人力需求的减少解放了经理和员工的时间，让他们可以将注意力更多地集中在创造价值的方法上，如进行废弃物审计以寻找更多让公司参与回收和堆肥的机会。

所有这些技术的改进已提供大量效益，但 Recology 希望做得更多，来管理由它负责处理的越来越多的可堆肥、可回收材料。一种可能性是在废弃物流的不同点安装 IoT 传感器，对废弃物的生成、回收和堆肥进行监测。旧金山的新创公司 Compology 已开发出技术，可监测和分析附装在大型垃圾桶上的 IoT 传感器的数据。废弃物收集车驾驶员一般每天按照特定路线行使，途中停车收集路线上的每个容器的废弃物，无论这些容器是否需要清空。他们在看到垃圾箱之前并不知道它是不是满了，且每个容器内的垃圾量因天、因周、因季节而异。Compology 的传感器可每天多次拍摄垃圾箱内部的高分辨率照片，并将照片发送到云端。在云端，垃圾运输公司可以监测垃圾箱是否满了，优化垃圾车的路线和时间表，由此垃圾车就不会浪费时间收集空垃圾箱或半满垃圾箱里的垃圾。这一技术的潜在用途是可以用于估算垃圾中不可回收物品的百分比。配置这一信息，像旧金山这样的城市就能找到那些产生太多需送往填埋场的废弃物的家庭或企业。

除了废弃物处理，Recology 还提供外展服务和教育服务，积极地与社区合作，促进其零废弃目标的实现。消除旧金山剩余的 20% 的废弃物要比消除前面的 80% 艰难得多，这仅靠新技术无法完成。旧金山居民仍每年给垃圾填埋场运送 60 万 t 的废弃物。为了大幅降低这一数字，旧金山居民需要更加清醒地使用可回收产品、克制浪费习惯。人们往往会低估自身的浪费程度以及废弃物的可回收或可堆肥程度。消费者行为研究已发现，人的行为会受到其知识水平的影响。我们希望，旧金山所收集的有关废弃物生成、回收与堆肥影响的数据能使居民更加了解自身的浪费行为，并鼓励他们采取行动。

资料来源：www.recology.com，accessed March 2, 2020; Monica Mehta, "Zero-Waste Innovation," *Profit Magazine*, Spring 2019; Neil Sequeira, "IoT Applications in Waste Management," IoT for All, January 22, 2019; www.compology.com，accessed June 18, 2019; and Anne Poirot, "How IoT Technology Could Solve San Francisco's Waste Problem," Medium.com, May 15, 2017.

**案例分析题：**

1. 确定本案例中描述的问题，是人的问题、组织的问题，还是技术的问题？解释你的答案。
2. 信息技术和物联网在帮助城市处理废弃物管理问题方面发挥了什么作用？描述用于此目的的 IT 应用程序。
3. 作为一个解决方案，这些 IT 应用程序有多成功？解释你的答案。

App 应用是未来网络中的另一个趋势。移动平台中 app 应用的增长是惊人的。在美国，超过 80% 的手机使用时间是花在 app 上而不是浏览器上。app 的优点是可以让用户直接访问内容，比加载浏览器和搜索内容要快得多。

伴随网络发展，相关的趋势包括云计算、软件即服务商业模式的更广泛使用、移动平台和互联网接入设备之间无所不在的连接、从分散孤立的应用和内容到一个无缝连接、交互操作的转变等。

## 7.4 无线网络、通信和互联网接入的主要技术和标准

智能手机、平板电脑和支持无线的 PC 已经变成了便携式工具和计算平台，除了让你可以像以前在桌面上执行很多计算任务一样，还有很多其他功能。第 1 章和第 5 章有关移动数字平台的讨论已经介绍了**智能手机**（smartphone，如 iPhone、安卓手机和黑莓手机等）能使手机的功能和移动笔记本电脑的 Wi-Fi 功能结合起来，把音乐、视频、互联网接入和电话服务都放在一个设备中。智能手机是增长最快的支持互联网接入的无线网络设备。大部分互联网正在努力提供移动的、可随处接入并传送视频、音乐和网络搜索的宽带服务。

### 7.4.1 蜂窝系统

如今，96% 的美国成年人拥有手机，81% 的人拥有智能手机。移动设备现在是领先的数字平台，智能手机和平板电脑的总活动时间占数字媒体花费时间的 2/3（Anderson，2019）。

数字蜂窝服务技术使用了若干个竞争性标准。在欧洲和美国以外的大部分国家，使用的标准是全球移动通信系统（Global System for Mobile Communications，GSM）。GSM 的优势在于国际漫游功能。美国也有 GSM 手机系统，包括 T-mobile 和 AT&T 两家公司。

在美国，另一个与 GSM 竞争的标准是**码分多址**（code division multiple access，CDMA）技术，Verizon 和 Sprint 两家公司采用这种技术。CDMA 是在第二次世界大战中由军方开发的。它允许所有使用者同时使用全部频带，可以同时传输若干频率，并随时间变化随机分配给用户一段频率，这使得 CDMA 比 GSM 更有效率。

早期的蜂窝系统主要用于语音传输和有限的以简短的文本信息格式传输数据。对移动中的用户（如在车里）来说，**3G 网络**（3G network）的传输速度有 144Kbps，对静止的用户来说，3G 的传输速度可达 2Mbps，3G 能为电子邮件、浏览 web 和在线购物等活动提供平稳的传输速度，但对于视频来说就显得太慢了。**4G 网络**（4G network）拥有更快的速度：下载达到 100Mbps，上传达到 50Mbps，在智能手机上看高清视频也足够了。LTE（long term evolution）和 WiMax（world interoperability for microwave Access，见下一节）是当前的 4G 标准。

现在的无线网络技术被称为 **5G**（5G network），旨在支持千兆量级的大量数据传输，与 3G 和 4G 相比，5G 具有更少的传输延迟，同时能连接更多的设备（如传感器和智能设备）。自动驾驶汽车、智能城市和物联网的广泛应用都需要 5G 技术。AT&T、Verizon 和其他运营商已经开始推出 5G 网络了，这也将提高智能手机的速度和密集的数据处理。移动互联网用户将能够在几秒钟内下载整部电影。

### 7.4.2 无线网络和互联网接入

能让 PC 和移动设备接入互联网的高速无线网络有多种技术。这些新的高速服务拓展了

互联网接入，使得传统的有线互联网服务无法覆盖的地方都能有网络，并且实现了无所不在的计算（任何地点、任何时间）。

**1. 蓝牙**

蓝牙（bluetooth）是基于 802.15 无线网络标准的技术称呼，主要用于创建一个小型的**个人局域网络**（personal area network，PAN）。它在 10m 以内的区域使用低功率、短波无线电通信，最多可连接 8 个设备，在 2.4GHz 带宽上的传送速度最高可达 722Kbps。

无线手机、呼叫器、计算机、打印机和计算设备使用蓝牙可互相通信，甚至不需要用户直接干预就能相互操作（见图 7-14）。例如，某个人可以使用一台笔记本电脑通过无线网发送一个文档文件到一台打印机上。蓝牙可以把无线键盘、鼠标连接到 PC 或将无线耳机连接到手机。蓝牙具有低功耗的特性，比较适合电池供电的笔记本电脑或手机。

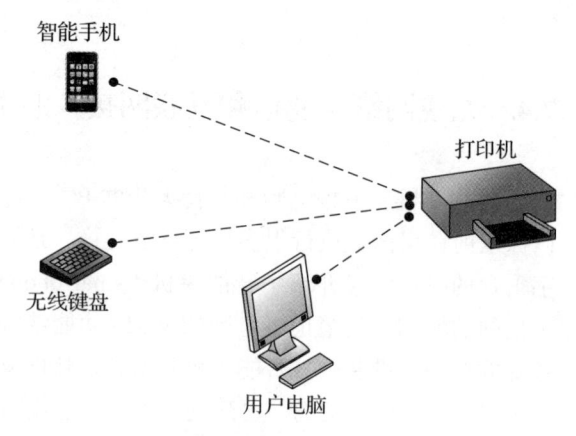

图 7-14　蓝牙网络

注：蓝牙使得一系列的设备，如移动电话、智能手机、无线键盘和鼠标、PC 和打印机等，通过无线网在 10m 的范围内相互连接在一起。除了连接功能外，蓝牙还可以用于类似的设备间传递数据，如从一台 PC 传送数据到另一台 PC。

尽管蓝牙一般适用于个人网络，但它在大企业也有用武之地。例如，FedEx 的驾驶员用蓝牙将他们手持终端上获取的数据传输到蜂窝发送器中，然后再将数据传送到公司的计算机中，这样驾驶员不再需要花时间手动将手持设备接入发射器。蓝牙为 FedEx 每年节省 2 000 万美元。

**2. Wi-Fi 和无线互联网接入**

无线局域网和无线互联网接入的 802.11 系列标准也被称为 Wi-Fi。这些标准中第一个被广泛采用的是 802.11b，在不需要许可证的 2.4GHz 的带宽里，传输速度最高可达 11Mbps，有效距离为 30～50m。802.11g 标准在 2.4GHz 的带宽上的传输速度最高可达 54Mbps。802.11n 的传输速度可以超过 100Mbps，802.11ac 的传输速率最高可达 1Gbps。如今的 PC、笔记本电脑、iPhone、iPad 和其他智能手机均支持 Wi-Fi。

在大多数 Wi-Fi 通信中，无线设备通过某个接入点与有线局域网进行通信，其中接入点是一个由无线电接收器/发射器和连接有线网络、路由器或集线器的天线组成的盒子。图 7-15 显示了一个 802.11 标准的无线局域网的示意图，其中一些移动

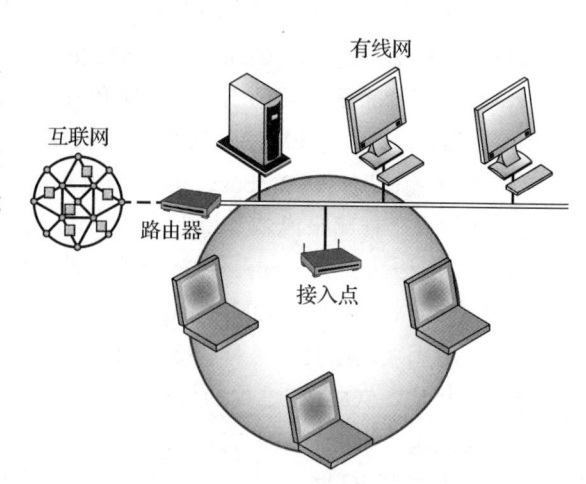

图 7-15　802.11 标准的无线局域网

注：装有网卡的笔记本电脑通过接入点连接到有线局域网。接入点将有线网络中的信号通过无线电波传送到客户端适配器，客户端适配器将信号转化成移动设备可以理解的数据。然后，客户端适配器从移动设备传送数据到接入点，接入点再转发数据到有线网络中。

设备通过接入点连接到一个较大的有线局域网，然后连接到互联网，大多数无线设备是客户机，这些客户机连接的服务器位于有线局域网中。接入点控制了无线站，并作为主干有线局域网和无线局域网之间的桥梁。

如今，最受欢迎的 Wi-Fi 功能是高速无线互联网接入服务。在这种情况下，接入点接入某个网络连接中，该连接可能是有线电视网或 DSL 电话服务。在无线接入点信号范围内的计算机，可以通过无线连接接入互联网。

**无线热点**（hotspot）通常由一个或多个提供公共无线互联网接入的接入点组成。某些无线热点是免费的，不需要额外的软件就可以使用，而某些可能就需要通过提供信用卡卡号来注册和确认用户的账户才能上网。

不同规模的企业都在使用 Wi-Fi 网络，以提供低成本的无线局域网和互联网接入。在旅馆、机场休息室、图书馆、咖啡厅和大学校园里都有 Wi-Fi 热点，提供移动上网服务。

然而，Wi-Fi 技术也面临若干挑战，其中一个是 Wi-Fi 的安全问题，Wi-Fi 无线网络很容易受到入侵者的攻击。第 8 章会提供更多关于 Wi-Fi 安全问题的内容。

Wi-Fi 的另一个缺点是容易受到附近相同频谱系统的干扰，如无线电话机、微波炉或其他无线局域网等。而基于 802.11n 标准的无线网络解决了这个问题，通过使用多个无线天线串联来传送和接收数据，采用**多输入多输出技术**（multiple input multiple output，MIMO）来协调多个同时发送的无线电信号。

### 3. 全球微波接入互操作性（WiMax）

世界上有很多地区还没接入 Wi-Fi 或有线宽带连接。Wi-Fi 系统的有效范围一般不超过 100m，这使得那些没有有线电视或 DSL 服务的群体很难利用无线接入来访问互联网。

电气和电子工程师协会（Institute of Electrical and Electronics Engineer，IEEE）开发了一个名为 WiMax 的新标准来解决这些问题。WiMax，即全球微波接入互操作性（Worldwide Interoperability for Microwave Access，WiMax），是 IEEE 标准 802.16 的流行术语。它的无线接入范围可达 50km，传输速度可达 30～40Mbps（静止状态可达 1Gbps）。

WiMax 的天线足够强大，能支持高速互联网连接到千里之外的家庭和企业屋顶的天线。带有 WiMax 功能的蜂窝手机和笔记本电脑已经在市场上出现了。移动 WiMax 是一项 4G 网络技术，本章前面对该技术已有过讨论。

## 7.4.3 RFID 和无线传感器网络

移动技术创造了新的工作效率，改变了整个企业的工作方式。除了刚刚已经描述过的无线网络系统以外，无线射频识别系统和无线传感器网络对企业也有重大的影响。

### 1. 无线射频识别系统和近场通信

**无线射频识别**（radio frequency identification，RFID）系统为供应链跟踪商品的活动提供了强大的技术支持。RFID 系统使用一种内嵌微型芯片的小电子标签，这种标签包含商品及其位置的数据信息，可以在很短的距离内发送无线电信号到 RFID 阅读器中。然后，RFID 阅读器将数据通过网络传送到计算机上进行处理。与条码不同，RFID 标签不需要直接视线接触就可以被读取。

RFID 标签是以电子方式编程的信息，其中包含能唯一识别产品的信息和其他的相关信息，如产品所在的位置、制造地点和时间、生产过程中的状态等。阅读器可以发射 1in～100ft①范围内的无线电波。当 RFID 标签在阅读器的范围内时，标签被激活，并开始发送数据。阅读器捕获这些数据，对它们进行解码，并通过有线或无线网络将其发送回主机做进一步处理（见图 7-16）。RFID 标签和天线有不同的形状和尺寸。

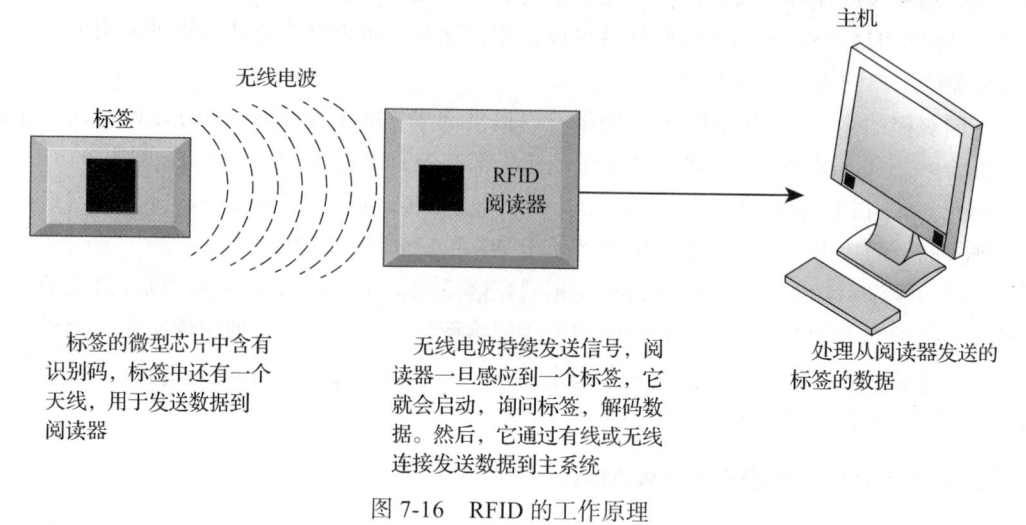

图 7-16　RFID 的工作原理

注：RFID 使用低功率无线电发射器读取存储在标签里的数据，有效距离范围为 1in～100ft。阅读器获得来自标签的数据后，将其通过网络发送到主机进行处理。

在库存控制和供应链管理中，RFID 系统能比条形码系统获得和管理有关仓库或生产过程中更详细的信息。当大量的产品同时运送时，RFID 系统可以跟踪到每个托盘，甚至是装载的每个产品。通过 RFID 系统，企业可以随时了解货物是存放在仓库里还是在零售店的货架上，这项技术帮助像沃尔玛这样的企业改善货物的接收和仓储运营。

沃尔玛在商店的收货处安装了 RFID 阅读器，用来记录带有 RFID 标签的托盘和货物的运送情况。当装有货物的箱子从存储区域运到销售区域的时候，RFID 阅读器只需 1s 就可以读取标签中的数据。应用软件将沃尔玛 POS 系统的销售数据和 RFID 的库存数据结合起来就可以确定货架上那些将要卖完的商品，并在商品卖完之前自动产生需要从仓库中补货的商品列表。这些信息帮助沃尔玛减少缺货的情况，增加销量，从而大大降低成本。

过去，RFID 标签的成本太高了，以至于难以广泛应用，但是现在，在美国一个标签大约 7 美分。随着成本的降低，RFID 对于很多应用来说具有很高的性价比。

除了安装 RFID 阅读器和标签系统，企业可能还需要更新硬件和软件，以处理由 RFID 系统产生的大量数据，这些数据的总量可能高达数十甚至数百 TB。

还需要有专门的应用软件用于过滤和整合 RFID 产生的数据，以防止 RFID 数据在商业网络和系统应用中过载。原有的应用系统通常需要被重新设计，以接收大量频繁产生的

---

① 1ft=0.304 8m。

RFID 数据，并与其他应用系统分享这些数据。目前部分企业软件供应商都提供了嵌有 RFID 的供应链管理应用系统。

像 Apple Pay、Google Wallet 这样的点击式服务使用了与 RFID 相关的技术，称之为**近场通信**（near field communication，NFC）。NFC 是一种短距离无线连接标准，利用电磁无线电场使两个兼容设备能够在彼此相距几厘米的距离内交换数据。智能手机或其他 NFC 兼容设备发出射频信号，然后与兼容的阅读器或智能海报中的 NFC 标签进行交互。这种信号产生流经 NFC 标签的电流，允许设备和标签之间进行通信。在大多数情况下，标签是被动的，只发送信息，而其他设备（如智能手机）处于主动状态，可以发送和接收信息（也有两个组件都是主动的 NFC 系统）。

NFC 已被广泛用于无线支付服务、检索信息，甚至可以用于随时随地与朋友交换视频或信息。你可以通过把手机放在朋友的手机上，把网站链接从你的手机分享到朋友的手机上，或者在博物馆或展览中在有 NFC 标签的海报前摇一下手机，手机就可以显示你在观看的信息了。

**2. 无线传感器网络**

如果想采用先进的技术来监视建筑的安全或检测空气中的有害物质，可以使用无线传感器网络。**无线传感器网络**（wireless sensor network，WSN）是指在某个物理环境中，由互相连接的无线设备组成的网络，用于在大的空间内提供多点监测。这些设备都有内置的处理、储存、射频传感器和天线，都被连接到互联的网络中，将获取的数据传到计算机进行分析。这些网络通常有数百个到数千个节点。图 7-17 显示了无线传感器网络的一种类型，数据从各个节点流经网络到达有更强处理能力的服务器，该服务器可能还起到互联网网关的作用。

无线传感器网络可应用于很多领域，如监控环境变化、监控交通或军队活动、保护财产、有效地操作和管理机器与车辆、建立安全边界、监控供应链管理或者检测化学、生物或放射性物质等。

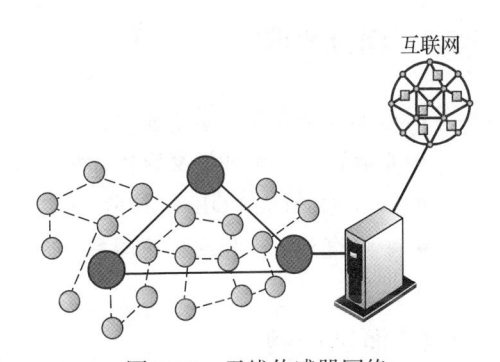

图 7-17　无线传感器网络

注：小圈代表低层级节点，大圈代表高层级节点。低层级节点相互传送数据，或向高层级节点传送，这样传输数据更快，而且有利于改善网络性能。

RFID 系统和无线网络的应用加速了本章前面介绍的 IoT 的发展，像喷气发动机、发电厂涡轮机、农业传感器之类的机器，可以不断地收集数据并通过互联网发送数据进行分析。本章开篇案例描述的 NHL 冰球和球员跟踪系统是 IoT 应用的一个例子。第 2 章和第 12 章有更多关于 IoT 的示例。

## 7.5　MIS 如何有助于我的职业发展

通过本章和本书的指引，将帮助你找到一份汽车数字顾问的工作。

### 7.5.1 公司简介

A1Western Car Dealers 是南加州一家规模较大且发展迅速的汽车经销商，正在寻找一位汽车数字顾问来执行其数字营销计划。该企业有 500 多辆待售车辆、170 名员工以及 3 个销售和维修新车、二手车的地点。

### 7.5.2 职位描述

汽车数字顾问是团队的一分子，协助经销商团队进行在线营销，包括 SEO 和 SEM、社交媒体和声誉管理以及网站管理。工作职责包括协调经销商老板、经销商经理和市场经理，具体工作如下：
- 在线广告、SEO 和 SEM；
- 社交媒体管理，包括管理所有社交媒体、内容日程以及开发新内容；
- 在线声誉管理；
- 网站管理；
- 维护经销商的博客。

### 7.5.3 岗位要求

- 市场营销专业大学毕业生。
- 掌握数字营销和社交媒体知识。
- 具备 Microsoft Office 技能。
- 了解汽车销售和内容管理系统。

### 7.5.4 面试问题

1. 你上过"数字营销"课程吗？
2. 你有没有数字营销活动经验？你用过 SEO 和 SEM 吗？你如何评估社交媒体活动和用户增长的效果？
3. 你有没有使用社交媒体管理软件的经验？
4. 你有没有在线声誉管理或在线库存管理的经验？
5. 你有没有开过博客？
6. 你对 Microsoft Office 软件的熟练程度如何？

### 7.5.5 作者提示

1. 复习本章关于 SEO、SEM 和博客的内容，以及了解第 10 章关于电子商务营销和建立电子商务网站的内容。
2. 利用网络了解更多关于 SEO、SEM、社交媒体管理、在线声誉管理的内容及其相关的软件工具。研究如何利用标准化工具来生成评估报告，以及如何根据社交媒体数据来进行整合分析和建议。

3. 了解一下大城市的主要汽车经销商是如何使用社交媒体渠道的。它们在 YouTube、Instagram、Facebook 和 Twitter 上创建内容吗？哪些渠道能够提高观众的参与度？

4. 关于网站管理和所需的软件技能方面，咨询一下你到底需要做些什么。

5. 咨询一下这项工作所需的 Microsoft Office 技能。带上你用这个软件所做工作的案例。

## 本章小结

**7-1 通信网络的主要组成部分和关键网络技术**

一个简单的网络由两台及以上相互连接的计算机组成。基本的网络组件包括计算机、网络接口、连接介质、网络操作系统软件以及集线器或交换机等。大企业的网络基础设施包括传统电话系统、移动蜂窝通信、无线局域网、视频会议系统、企业网站、内联网、外联网，以及本地的局域网、广域网、包括互联网在内的组网。

现代网络的发展受到客户机/服务器计算模式的兴起、分组交换技术的使用以及传输控制协议/互联网协议（TCP/IP）作为连接不同网络和计算机（包括互联网）的通用通信标准的影响。协议提供了一系列通用的规则，确保通信网络中不同组件之间的通信。

**7-2 网络的不同类型**

物理传输媒介主要有双绞电话线、同轴电缆、光纤电缆和无线传输介质。

局域网可以将 500m 以内的计算机和数字设备连接在一起，如今许多企业运用局域网来完成各类企业计算任务。城域网可以覆盖某个城市区域。广域网可以覆盖广泛的地理范围，从数千米到跨越大陆，通常是独立管理的专用网络。

数字用户线路（DSL）技术、有线网络连接和 T1 线路通常用于高容量网络连接。

**7-3 互联网和互联网技术及其支持沟通和电子商务的方式**

互联网是全球性的网络，它基于客户机/服务器计算模式和 TCP/IP 网络参考模型。互联网上的每一台计算机都有唯一的 IP 地址。DNS 将 IP 地址转变为易理解的域名。互联网架构委员会和世界互联网协会等组织和政府机构共同建立了全球互联网政策。

互联网的主要服务包括电子邮件、聊天和即时通信、新闻组、远程登录、文件传输协议和万维网。网页以超文本标记语言为基础，可以显示文本、图形、视频和音频等。网站目录、搜索引擎和 RSS 技术可以帮助用户在网络上找到需要的信息。RSS 技术、博客、社交网络和维基百科等是现代网络上信息分享能力的主要应用。未来的网络将会有更多的语义搜索、视觉搜索，app 应用会更加流行，许多不同设备（IoT）的互连性将更增加。

企业也开始通过 VoIP 技术来传输语音，使用低成本的 VPN 代替私人广域网。

**7-4 无线网络、通信和互联网接入的主要技术和标准**

蜂窝网络正在朝高速、高带宽和数字分组交换的传输方式发展。宽带 3G 网络可以以 144kbps～2Mbps 的速度传输数据，4G 网络可以以 100Mbps 的速度传输数据，而能够在许多设备之间传输千兆比特的 5G 网络已经推出。

蜂窝网络的主要技术标准包括 CDMA 以及 GSM。

无线计算机网络的标准包括应用于小型个人区域网络（PAN）的蓝牙（802.15）、局域网（LAN）的 Wi-Fi（802.11）以及城域网（MAN）的 WiMax（802.16）。

RFID 系统提供了一种强大的技术功能来跟踪货物的移动，它使用了带有物品信息及其位置数据的微型电子标签。RFID 阅读器读取这些标签传送的无线电信号，并通过网络将数据传送到计算机进行处理。无线传感器网络（WSN）是由相互连接的无线传感器和传输设备组成的网络，这些设备被安装在某个物理环境中，能提供对大范围空间中多个点的监测。

## 关键术语

3G 网络（3G network）
4G 网络（4G network）
5G 网络（5G network）
带宽（bandwidth）
博客（blog）
蓝牙（bluetooth）
宽带（broadband）
有线互联网连接（cable Internet connection）
聊天软件（chat）
暗网（dark web）
数字用户线路（digital subscriber line，DSL）
域名（domain name）
域名系统（domain name system，DNS）
电子邮件（e-mail）
文件传输协议（file transfer protocol，FTP）
赫兹（hertz）
无线热点（hotspot）
集线器（hub）
超文本传输协议（hypertext transfer protocol，HTTP）
即时通信（instant messaging，IM）
物联网（Internet of Things，IoT）
互联网协议地址（Internet protocol address）
互联网服务供应商（Internet service provider，ISP）
互联网 2（Internet2）
局域网（local area network，LAN）
城域网（metropolitan area network，MAN）
微博（microblogging）
调制解调器（modem）
近场通信（near field communication，NFC）
网络操作系统（network operating system，NOS）
分组交换（packet switching）
对等网络（peer-to-peer，P2P）

个人区域网络（personal area network，PAN）
预测性搜索（predictive search）
协议（protocol）
无线射频识别（radio frequency identification，RFID）
路由器（router）
简易信息聚合（Really Simple Syndication/Rich Site Summary，RSS）
搜索引擎营销（search engine marketing，SEM）
搜索引擎优化（search engine optimization，SEO）
搜索引擎（search engine）
语义搜索（semantic search）
购物机器人（shopping bot）
智能手机（smartphone）
社交网络（social network）
软件定义网络（software-defined networking，SDN）
交换机（switch）
T1 线路（T1 line）
远程登录（telnet）
传输控制协议/互联网协议（transmission Control Protocol/Internet Protocol，TCP/IP）
统一通信（unified communication）
统一资源定位（uniform resource locator，URL）
虚拟专用网络（virtual private network，VPN）
可视化网站（visual web）
IP 语音（voice over IP，VoIP）
网站（website）
广域网（wide area network，WAN）
维基百科（Wiki）
无线传感器网络（wireless sensor network，WSN）

## 复习题

7-1 描述一个简单网络的特征和一家大企业的网络基础设施。
- 描述主要网络技术和当代通信系统的发展趋势。

7-2 定义模拟信号和数字信号。
- 区分 LAN、MAN 和 WAN。

7-3 定义互联网，说明它如何工作，并解释它如何实现商业价值。
- 解释域名系统（DNS）和 IP 寻址系统是如何工作的。
- 列出并说明主要的互联网服务。
- 定义并说明 VoIP 和 VPN，并解释它们如何实现商业价值。
- 列出并说明网络上查找信息的各种方法。
- 描述网络搜索技术如何用于营销。

7-4 定义蓝牙、Wi-Fi、WiMax 和 3G、4G、5G 网络。
- 描述每种网络的能力以及每种网络分别最适合的应用。
- 定义 RFID，解释其工作原理，并描述它们如何实现商业价值。
- 定义 NFC 并解释其工作原理。
- 定义 WSN，解释其工作原理，并描述各种可能的应用场景。

## 讨论题

7-5 据说在不久的将来，智能手机将成为我们每个人拥有的最重要并且是唯一的数字设备。请讨论这句话的含义。

7-6 所有大型零售商和制造企业都应该应用 RFID 吗？为什么？

7-7 在确定互联网能否为企业带来竞争优势时，需要考虑哪些问题？

## MIS 实践项目

本部分的 MIS 实践项目将让你通过评估通信技术并进行通信技术选择，使用电子表格软件来完成通信服务的选择，使用网络搜索引擎来完成商业研究获得实践经验。

### 管理决策问题

7-8 你为家得宝、劳氏和其他家居建材商店供应陶瓷地砖。你已经被要求在每箱瓷砖上使用 RFID 标签，来帮助客户改善对你和其他供应商的商品的仓储管理。利用网络来分析 RFID 系统的硬件、软件和网络组件的成本，并思考应该考虑哪些因素。关于贵公司是否应该采用这种技术的关键决策是什么？

7-9 BestMed 医疗用品公司销售医疗和外科产品及设备给 700 多个制造商、医院、诊所和医疗办公室。该公司在西部和中部各州的 7 处不同地方雇用了 500 人，包括客户经理、客户服务、支持代表以及仓库管理员。员工通过传统的电话语音服务、电子邮件、即时通信和手机来沟通。管理层正在咨询企业是否应该采用统一的通信系统。你认为，应该考虑哪些因素？采用这类技术的关键决策是什么？如果有必要，可以使用网络来查找更多关于统一通信的信息和成本。

**改善决策：使用电子表格软件评估无线服务**
　　软件技能要求：电子表格公式、格式
　　业务技能要求：分析通信服务和成本

7-10 在这个项目中，你将使用网络来研究无线服务的选择问题，需要利用电子表格软件来计算一个销售团队的无线服务成本。你想给位于密苏里州圣路易的 35 人销售团队配备具有语音、短信、互联网接入、照片拍摄和发送等功能的移动手机。请利用网络选择两个提供良好的全国性以及地方性的无线服务的供应商。研究每个供应商提供的移动手机的功能和无线计划。假设 35 名销售人员中的每一位都需要在美国提供无限制的语音、文本和数据服务，并能够拍摄和发送照片。请使用电子表格软件分析每个用户两年内价格最划算的无线服务和手机。鉴于这个练习的目的，你不需要考虑公司折扣。

**卓越运营：在商业研究中使用网络搜索引擎**

**软件技能要求：网络搜索工具**
**业务技能要求：研究新科技**

7-11 该项目将培养你在商业研究中使用网络搜索引擎的互联网技能。

使用谷歌和必应搜索引擎获取关于乙醇作为汽车燃料替代品的信息。如果你愿意，也可以试试别的搜索引擎。比较不同的搜索引擎获得的信息数量和质量。哪个工具最容易使用？哪个为你的研究提供最好的结果？为什么？

## 协同与团队合作项目

### 评估智能手机

7-12 请与3～4名同学组成一个小组，比较iPhone与另一个具有相似功能的智能手机的功能。你们的分析应该考虑每个设备的购买成本、可以运行的无线网络、计划和手机成本，以及可用的服务。你们还应考虑每个设备的其他功能，包括可用的软件、安全性能以及与现有企业或PC应用集成的功能。你们会选择哪个设备？你们的选择是基于什么样的标准？如果可能，请使用 Google Docs、Google Drive 或 Google Sites，集思广益并制作演示文稿来汇报结果。

## 案例研究

## 谷歌、苹果和Facebook的互联网体验之战

互联网行业三大巨头——谷歌、苹果和Facebook，正在进行一场史诗般的竞争，以主导用户的互联网体验。它们的竞争主要集中在以下几个方面：搜索、音乐、视频和其他媒体以及做这些事情需要连接的设备。具有先进功能且能随时随地接入互联网的移动设备，正在迅速超越传统的台式计算机，成为最受欢迎的工具。如今，人们花费超过一半的时间在网上使用移动设备来利用日益增长的云计算能力。毫无疑问，如今的科技巨头正在积极地争取掌控这个新网络世界。

由PC起家的苹果，迅速将业务拓展到软件和电子产品领域。随着MP3播放器、iPod 和 iTunes 数字音乐服务的发展，苹果以iPhone、iPod Touch 和 iPad 为主要产品进入了移动计算领域。现在，苹果希望成为互联网的首选计算平台。

苹果的竞争优势不在于其硬件平台，而在于其卓越的用户界面和移动软件应用 app。苹果拥有超过200万个移动和平板设备的 app。app极大地丰富了使用移动设备的体验，无论是谁，只要创建了最具吸引力的设备和应用程序，都会获得比竞争对手更大的竞争优势。app 成了传统浏览器的新替代品。

苹果在创新方面蓬勃发展。2011年，苹果发布了 Siri（语音解释和认识界面），这是一种集语音搜索、导航工具和个人助理服务为一体的工具。Siri 持续不断地提高个性化的能力，因为它可以从语音交流中提高对用户的熟悉程度。作为反击，谷歌迅速发布了自己的智能助手工具 Google Now 和 Google Assistant。

苹果正面临着来自中国和韩国的智能手机的竞争，这些手机具有更大的屏幕和更低的价格。iPhone 的销量开始放缓，但苹果并不仅仅依靠硬件产品来实现未来的发展，其服务一直在苹果生态系统中占有很大的份额，已经成为主要的收入来源。苹果拥有超过10亿个活跃的手机用户，创造了一个庞大的愿意购买服务构成新的收入来源的用户基础。苹果的服务业务包括音乐（下载和订阅）、视频销售和租赁、书籍、app（包括在 app 内购买、订阅和广告）、iCloud 存储和支付等，每年增长18%。

随着苹果推出更多的硬件产品，如手表和 HomePod 等，它的服务收入将继续扩大和

多样化,加深与苹果用户的联系。根据 CEO 蒂姆·库克(Tim Cook)的说法,苹果已经成为全球最大的服务企业之一。然而这种以服务为导向的战略并非没有担忧,因为谷歌和 Facebook 在服务领域都存在激烈的竞争,苹果将需要在非苹果设备上提供一些服务,以留在这个市场上。谷歌仍然是全球领先的搜索引擎,在笔记本电脑和台式计算机的网络搜索中占 75% 左右,在移动搜索市场中占 90% 以上。谷歌母公司 Alphabet 约 84% 的收入来自广告,其中大部分是在谷歌的搜索引擎上。谷歌主导着在线广告。但是,谷歌作为互联网门户的地位正在下降,新的搜索初创企业专注于操作和 app,而不是网页。Facebook 也正成为通往网络的重要门户。

2005 年,谷歌收购了安卓开源移动操作系统,在移动计算领域展开竞争。谷歌向智能手机制造商免费提供安卓系统,使许多手机制造商将安卓系统作为标准,而谷歌通过用户购买 app 和广告间接产生收入。相比之下,苹果只允许自己的设备使用其专有的操作系统,所有销售的 app 也只能运行在苹果的产品上。安卓系统可以在全球 80% 的智能手机上部署,也是平板电脑最常见的操作系统,也可以在手表、汽车仪表盘和电视机上运行,覆盖了超过 4 000 种不同种类的设备。谷歌的目标是将安卓系统扩展到尽可能多的设备上。

谷歌的安卓手机操作系统在未来几年可以获得更多的市场份额,这对于苹果来说可能是一个挑战,因为苹果一直试图保持客户忠诚度,并将软件开发商集中在 iOS 平台上。未来,不管谁成为智能手机操作系统的主导,都将会通过 app 来控制智能手机用户的使用时间,并通过内置渠道在移动设备上投放广告。尽管谷歌搜索技术还无法轻松浏览用户的 app,但谷歌已开始对移动 app 中的内容进行索引,并在智能手机上提供指向谷歌搜索结果的链接。谷歌搜索一半以上来自移动手机,因此谷歌修改了搜索算法,除了考虑传统的搜索网站排名的 200 多个因素以外,还考虑了"移动友好性",使得某些网站在手机上看起来很不错。移动广告的每次点击费用一直低于桌面广告,但两者的差异正在缩小。谷歌也一直在完善设计,以便提供更简洁的移动搜索页面。

谷歌的 7 项产品和服务,包括搜索、YouTube 和地图,都拥有超过 10 亿的用户。谷歌的最终目标是将其服务和设备结合在一起,这样谷歌用户就可以全天无缝地与谷歌互动,每个人都想使用谷歌。未来几年,谷歌将努力使其搜索和相关服务更加强大和用户友好,这主要是基于该企业在人工智能和机器学习方面的投资(参见第 11 章)。其目标是将搜索发展成一种更智能的辅助功能,计算机可以理解人们在说什么,并在正确的时间用正确的信息进行对话。Google Assistant 旨在为用户和搜索引擎之间提供持续的对话。

Facebook 是世界上最大的社交网络服务平台,每月活跃用户有 26 亿之多。人们使用 Facebook 与朋友、家人保持联系,并表达一些重要的事情和看法。Facebook 的开发平台为开发人员提供了能够构建与 Facebook 集成的应用和网站,以共享全球的用户网络,并提供个性化的社交产品。Facebook 已经成为用户访问互联网的主要门户。甚至对很多人来说,Facebook 就是互联网,无论他们要在互联网上做什么,都是通过 Facebook 进行的。

Facebook 一直在寻求把用户流量和用户数据转化为广告收入的途径,期望越来越多的收入来自智能手机和平板电脑。截至 2018 年年初,全球超过 95% 的活跃用户账户通过智能手机接入社交网络。Facebook 的广告业务允许企业根据用户的真实身份和表达的兴趣来定位用户,而无须通过用户的网络浏览习惯和其他在线行为来进行猜测。

2019 年年初,Facebook 超过 98% 的全球收入来自广告,其中 92% 来自移动广告。许多广告都是根据年龄、性别和其他人口统计数据精准定位的。Facebook 现在是谷歌在移动广告市场的有力竞争对手,并正试图与新兴的移动平台竞争。Facebook 和谷歌共同主导着数字广告行业,几乎贡献了该行业所有的增长。Facebook 对其主页进行了全面改革，为广告商提供了更多的机会和更多的信息，以便其针对市场进行投放。Facebook 还正在扩大 Instagram feed、Stories、WhatsApp、Facebook Watch 和 Messenger 等产品的广告投放力度，尽管大部分广告收入仍来自其新闻的推送业务。Facebook 的个性化搜索工具也对谷歌的主导地位构成了挑战。Facebook 的 CEO 马克·扎克伯格（Mark Zuckerberg）坚信，社交网络是人们使用网络最理想的方式，也是人们获得其他内容（包括新闻和视频）最理想的方式，因而也将成为企业理想的营销平台。当然，扎克伯格也知道，仅仅依靠社交网络是无法实现长期增长和繁荣的。在过去的几年里，Facebook 已经进入了虚拟现实、即时通信、视频等领域。

Facebook 正在挑战 YouTube 作为个人视频首选入口的地位，开发了自己的电视频道，并通过部署聊天机器人使其信息更加"智能"。聊天机器人是一种简化的软件代理，运行在 Facebook Messenger 服务的后台，它可以理解你输入的内容或者你所说的话，并及时回答问题或执行任务。在 Facebook Messenger 中，你可以与朋友或企业聊天，安全地汇款，分享图片和视频。扎克伯格曾表示，他打算通过吸引发展中国家的用户，用负担得起的网络连接来帮助下一个 10 亿人上网。Facebook 已经在新兴市场推出了几项服务，旨在让更多的人上网，这样他们就可以探索网络应用，包括 Facebook 的社交网络。Facebook 希望通过使用无人机和卫星以及其他技术，将互联网传输到服务欠缺的地区。扎克伯格认为 Facebook 最终可以成为服务欠缺地区的互联网服务供应商。

个人数据的货币化进一步推动了 Facebook 和谷歌的商业模式变革。然而，这种商业模式也威胁到了个人隐私。Facebook 和谷歌的用户监控系统已经受到了来自大西洋两岸用户、监管机构和立法者的指责。人们要求限制 Facebook 和谷歌收集与使用个人数据的呼声越来越高，尤其是在爆出所谓的"俄罗斯特工试图利用 Facebook 左右美国选民"，以及 Facebook 不受控制地与第三方企业共享用户数据（见第 4 章章末的案例研究）的消息后。两家企业都必须接受欧盟的新隐私法，即《通用数据保护条例》（GDPR）的规定，该法要求企业在处理数据之前要获得用户的同意，美国可能也会有更严格的隐私立法。业界已经呼吁互联网企业减少对广告业务的依赖，而更多地依赖订阅的商业模式，尽管任何限制用户数据使用的努力都会使以广告为业务收入的互联网企业（包括 Facebook 和谷歌）的商业模式面临风险。苹果的隐私保护功能也给 Facebook 和谷歌的广告驱动型商业模式带来了压力，该功能允许其设备的用户选择不接受定向广告。

这些科技巨头也因其垄断行为而受到审查。在美国，谷歌占据了 89% 的互联网搜索业务，95% 的互联网年轻人使用 Facebook 产品，谷歌和苹果提供了 99% 的手机操作系统。有批评者呼吁拆分这些大企业，或者像标准石油公司和美国电话电报公司那样监管它们。2018 年 7 月，欧盟监管机构对谷歌母公司处以 50 亿美元的罚款，原因是该企业迫使使用谷歌安卓操作系统的手机制造商安装谷歌搜索和浏览器应用程序。不到一年后，欧盟反垄断监管机构又对 Alphabet 处以 17 亿美元的罚款，原因是其 AdSense 业务部门的限制性广告行为。这些企业是否已经变得如此庞大，以至于压榨了用户和扼杀了创新？政府对这一问题的回应，必将影响到苹果、谷歌和 Facebook 的业绩，以及它们能给用户提供什么样的互联网体验。

资料来源：Brent Kendall and John D. McKinnon, "DOJ, States Plan Suits Against Google," *Wall Street Journal*, May 16–17, 2020; Tripp Mickle, "Apple Posts Record Revenue on Strong iPhone, App Sales," *Wall Street Journal*, January 28,2020 and "With the iPhone Sputtering, Apple Bets Its Future on TV and News," *Wall Street Journal*, March 25, 2019; Daisuke Wakabayashi, "Google Reaches 41 Trillion in Value, Even as It Faces New Tests," *New York Times*, January 16, 2020; Wayne Rush, "How Google, Facebook Actions Could Bring Big Tech Under Attack in US," *eWeek*, March 22, 2019; Tripp Mickle and Joe Flint, "Apple Launches TV App, Credit Card, Subscription Services," *Wall Street Journal*, March 25, 2019; Associated Press, "EU Fines Google a

Record $5 Million over Mobile Practices," July 18, 2018; "Search Engine Market Share," www.netmarketshare.com , accessed March 16, 2020; "Device Usage of Facebook Users Worldwide as of January 2020," statista.com, accessed March 17, 2020; David Streitfeld, Natasha Singer, and Steven Erlanger, "How Calls for Privacy May Upend Business for Facebook and Google," *New York Times*, March 24, 2018.

**案例分析题：**

7-13　请比较苹果、谷歌和 Facebook 的商业模式及其核心竞争力。

7-14　为什么移动计算对这 3 家企业而言如此重要？请评价每家企业的移动战略。

7-15　你认为哪家企业及其商业模式最有可能赢得互联网竞争？为什么？

7-16　如果苹果、谷歌或 Facebook 主导了用户的互联网体验，会对其他企业和个人消费者产生什么不同的影响？请解释你的回答。

## 参考资料

Alphabet, Inc. "Form 10K for the Fiscal Year Ending December 31, 2019." Securities and Exchange Commission, filed February 3, 2020.

Anderson, Monica. "Mobile Technology and Home Broadband, 2019," Pew Research Center (June 12, 2019).

Bera, Ana. "80 Mind-Blowing IoT Statistics (Infographic)," *safeatlast* (February 25, 2019).

Chen, Brian X. "What You Need to Know about 5G in 2020." *New York Times* (January 8, 2020).

Chiang, I. Robert, and Jhih-Hua Jhang-Li. "Delivery Consolidation and Service Competition Among Internet Service Providers." *Journal of Management Information Systems* 34, No. 3 (Winter 2014).

Comscore. "The Global State of Mobiles." (2019).

Copeland, Rob. "Google Lifts Veil, a Little, into Secretive Search Algorithm Changes." *Wall Street Journal* (October 25, 2019).

eMarketer. "Digital Ad Spending March 2019." (2019).

"Facebook by the Numbers: Stats, Demographics & Fun Facts." *Omnicore* (February 10, 2020).

Fitz Gerald, Drew, and Sarah Krouse. "How 5G Will Change So Much More Than Your Phone," *Wall Street Journal* (February 26, 2019).

Frick, Walter. "Fixing the Internet." *Harvard Business Review* (July–August 2019).

Gong, Jing, Vibhanshu Abhisek, and Beibei Li. "Examining the Impact of Keyword Ambiguity on Search Advertising Performance: A Topic Model Approach." *MIS Quarterly* 42, No. 3 (September 2018).

He, Amy. "Average U.S. Time Spent with Mobile in 2019 Has Increased U.S. Adults Spend More Time on Mobile than They Do Watching TV." *eMarketer* (June 4, 2019).

Herrman, John. "Big Tech Isn't Going Anywhere." *New York Times* (November 17, 2019).

Huang, Keman, Michael Siegel, Keri Pearlson, and Stuart Madnick. "Casting the Dark Web in a New Light." *MIT Sloan Management Review* 61 No.1 (Fall 2019).

Maayan, Gilad David. "The IoT Rundown for 2020: Stats, Risks, and Solutions." *Security Today* (January 13, 2020).

McKinsey & Company. "The Impact of Internet Technologies: Search." (July 2011).

McKinsey Global Institute. "Connected World." (February 2020).

National Telecommunications and Information Agency. "NTIA Announces Intent to Transition Key Internet Domain Name Functions." (March 14, 2014).

Panko, Raymond R., and Julia L. Panko. *Business Data Networks and Security*, 11th ed. (Upper Saddle River, NJ: Prentice-Hall, 2019).

Pew Research Center. "Mobile Fact Sheet." (June 12, 2019).

"Search Engine Market Share." Netmarketshare.com, accessed March 2, 2020.

# 第 8 章

# 信息系统安全

## 学习目标

通过阅读本章，你将能够回答如下问题：
1. 为什么信息系统容易受到破坏、出错和被滥用？
2. 安全与控制的商业价值是什么？
3. 安全与控制的组织框架有哪些组成要素？
4. 保护信息资源最重要的工具和技术有哪些？
5. MIS 如何有助于我的职业发展？

## 开篇案例

### 电网成为网络战争的战场

美国电网是一个复杂的数字兼物理系统，对商业和日常生活至关重要。它由 7 000 多个发电站、5.5 万多个变电站、16 万 mile 的高压输电线以及 550 万 mile 的低压配电线路组成。这一发电机、变电站和电线组成的网络组织成为由 66 家供需平衡机构和 5 000 家不同公用事业单位运营的三大互联片区。电网内有很多漏洞，可能会被渗透计算机系统的黑客所滥用。至少从 2013 年开始，对美国电网的入侵就持续存在。

这些黑客攻击具备弄垮全美的全部或部分电力服务的能力。网络攻击可能使国家的大片地区停电数周甚至数月，导致医院的生命支持系统停用、清洁水供给与公共卫生系统中断、财务和运输系统大量瘫痪。伦敦劳埃德银行在 2015 年的一项研究发现，对美国西北部 50 台发电机的网络攻击可能导致 9 300 万人断电，使经济损失超过 2 340 亿美元。

过去数年中，俄罗斯的黑客已经攻击了美国的一家公用事业单位、一家核电站和多家能源公司。根据美国国土安全部（DHS）和 FBI 的资料，俄罗斯在为一起对美国基础设施的大规模网络攻击提前做准备。DHS 已确认电网黑客为与俄罗斯政府有密切关联的组织"蜻蜓"（又名"奇异熊"）。

负责监管美国和加拿大电网的北美电力可靠性公司已发布标准与指南，指导电力公司应如何保护电网。这些标准与指南已帮助发电厂和高压输电网络变得更安全，但对于直接通往家庭和工作场所的低压配电网络供电，其安全性仍处于落后状态。

尤其容易遭受攻击的是承包商和分包商用于服务电网的系统，这些对黑客入侵的防范准备要更少。俄罗斯黑客之前得以访问这些较小的系统，将其作为进入美国电网的后门。为获得访问电网的用户名和密码，黑客在面向公用事业工程师的网站上植入恶意软件，并发送包含已被污染附件的电子邮件。在有些情况下，黑客能够侵入监测和控制电流的系统。像博纳维尔电力管理局和太平洋电力公司等一些大型公用事业系统也被攻击了，此外还有多家为美国陆军基地供应应急电源的能源公司，都成了攻击目标。

美国和其他国家可能易受攻击，但并没有坐以待毙。自2012年以来，美国已在俄罗斯电网的控制系统植入侦察探头。2019年6月，美国增加了其数字电网入侵，表明了特朗普政府想要更为激进地部署网络工具的意愿。除了针对俄罗斯在美国选举期间所实施的信息误导和黑客活动的更为公开的活动之外，美国还在俄罗斯电网以及其他目标中植入了可能会造成严重后果的恶意软件。这些新的网络入侵在一定程度上是作为警告，但也是在为将来一旦美俄之间出现重大矛盾而爆发实施网络攻击做出准备。它们还提高了出现大型网络对抗的可能性。

资料来源：Matthew J. Schwartz, "Hackers Increasingly Probe North American Power Grid," *Bank Info Security*, January 10, 2020; Rebecca Smith and Bob Barry, "America's Electric Grid Has a Vulnerable Back Door—and Russia Walked Through It," *Wall Street Journal*, January 10, 2019; David E. Sanger and Nicole Perlroth, "U.S. Escalates Online Attacks on Russia's Power Grid," *New York Times*, June 15, 2019; Shelby Lin Erdman, "How Vulnerable Is the U.S. Power Grid to a Cyberattack? 5 Things to Know," *AJC*, March 19, 2018; and Melanie Kenderdine and David Jermain, "U.S. Power Grid Needs Defense against Looming Cyberattacks," *The Hill*, March 23, 2018.

图8-1展示了本案例和本章提出的要点。美国电网庞大而复杂，有许多不设防的入口供恶意入侵者使用。使用电网的小型组织缺乏意识、资源和工具来防止员工回应黑客的策略，以获取访问电网系统的身份验证信息。

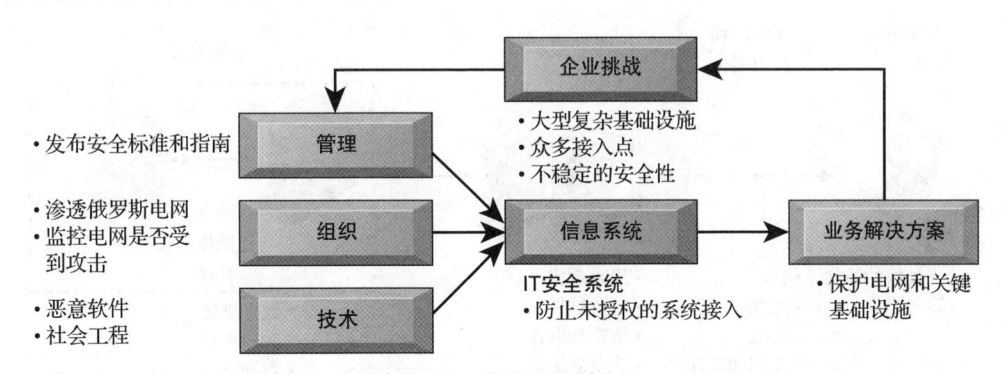

图8-1 信息系统安全

美国已经采取了反制措施来入侵俄罗斯的电网系统，但需要更好的技术、教育和程序来保护电网中未受保护的部分。事情很严重，很可能预示着未来对关键系统的入侵。同样令人不安的是，导致美国电网遭到黑客攻击的安全漏洞在企业和其他组织中也很常见。

> **请思考：**黑客利用了哪些安全漏洞？哪些管理、组织和技术因素导致了这些安全弱点？这些问题对企业的影响是什么？美国电网的黑客攻击是否可以被阻止？

## 8.1 信息系统容易受到破坏、出错和被滥用的原因

你是否能想象如果你的计算机没有防火墙和反病毒软件就连上互联网会发生什么？你的计算机会在几秒钟内瘫痪，可能要花很多天才能修复。如果你使用计算机来支持业务运营，当计算机瘫痪时，你可能无法将把货物卖给客户或向供应商下订单。你可能发现，一旦计算机被外来者入侵，你有价值的数据也许会被盗窃或毁坏，包括机密的客户付款信息。如果太多的数据被毁坏或者泄露，交易可能再也无法进行。

简而言之，如果你经营一家企业，你需要把安全与控制放在首位。**安全**（security）是指一系列用来防止对信息系统非授权的访问、更改、盗窃或者物理损害的策略、步骤和技术措施。**控制**（control）是指确保组织资产安全、保证资产记录的准确性和可靠性以及对其处置要符合管理标准的方法、策略和组织流程。

### 8.1.1 系统容易受到破坏的原因

当大量的数据以电子形式存储时，它们受到破坏的威胁要远高于手工文档记录的数据。通信网络使不同地区的信息系统相互连接在一起，而非法访问、滥用、欺诈的潜在威胁不只存在于某个区域，而是存在于网络中的任何连接点。图 8-2 列举了当前信息系统最常见的安全威胁，这些威胁来自技术、组织、环境以及不当的管理决策等方面的因素。在图 8-2 的多层客户机/服务器计算环境中，每个层次和层次间的通信都有可能存在漏洞。客户机层可能会因用户引入错误或者未经授权的访问而对系统产生损害，也有可能在网络传输期间被人盗取有价值的数据，或未经授权篡改数据。同样，辐射也会在各个接入点扰乱网络。入侵者可以发动拒绝服务攻击，或者用恶意软件干扰网站运行，或想方设法侵入企业系统，毁坏或更改企业存储在数据库或文件中的数据。

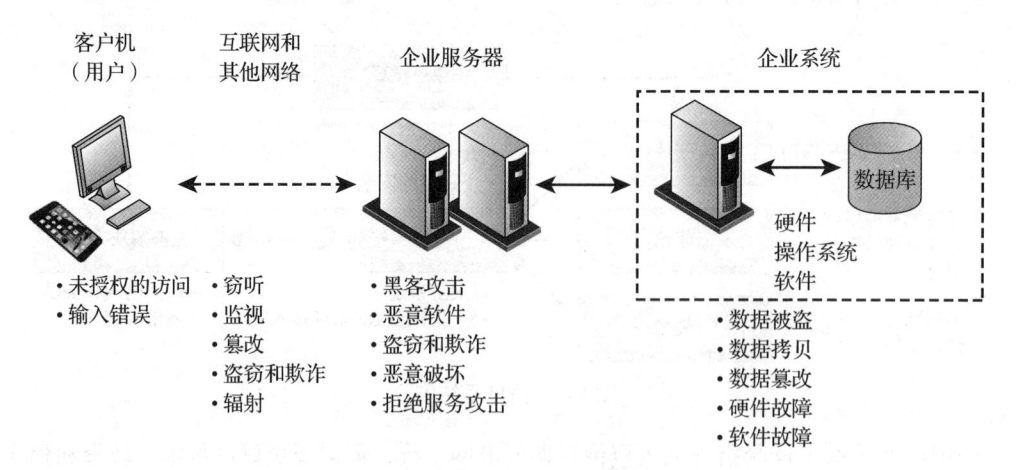

| 客户机<br>（用户） | 互联网和<br>其他网络 | 企业服务器 | 企业系统 |
|---|---|---|---|
| • 未授权的访问<br>• 输入错误 | • 窃听<br>• 监视<br>• 篡改<br>• 盗窃和欺诈<br>• 辐射 | • 黑客攻击<br>• 恶意软件<br>• 盗窃和欺诈<br>• 恶意破坏<br>• 拒绝服务攻击 | 硬件<br>操作系统<br>软件<br>• 数据被盗<br>• 数据拷贝<br>• 数据篡改<br>• 硬件故障<br>• 软件故障 |

图 8-2 当前的安全挑战和漏洞

注：一个基于 web 的应用系统体系结构通常包括 web 客户机、服务器和与数据库连接的企业信息系统，每个组成部分都有可能存在安全挑战和漏洞。另外，水灾、火灾、停电及其他电气问题也都会导致网络中任何连接点的中断。

系统故障如果不是因为配置不当引起的计算机硬件崩溃所致，那么就是因为使用不当或

者犯罪行为所造成的。程序错误、安装不当或未经授权的更改均有可能会导致计算机软件失灵，而停电、水灾、火灾或者其他自然灾害也会引发计算机系统的故障。

在与国内外其他企业合作时，如果有价值的信息存储在组织控制之外的网络或计算机上，那么也会使系统容易遭受破坏。没有强大的安全保障，有价值的数据可能会丢失、被毁坏或者错误地落入他人之手，从而泄露重要的商业秘密或者个人隐私信息。

移动电话、智能手机和平板电脑的便捷性也容易造成数据的丢失或被盗。智能手机具有与其他互联网设备相同的安全漏洞，即易受恶意软件和外来者的入侵。企业员工使用的智能手机中通常存有一些敏感的数据，如销售数量、客户姓名、电话号码和电子邮件地址等，入侵者可以通过这些便捷式设备进入企业的内部系统。

**1. 互联网的弱点**

互联网属于大型公用网络，对所有人开放，因此会比内部网络更易受攻击。互联网如此巨大，一旦被滥用，其影响是非常深远的。当互联网成为企业网络的一部分时，组织的信息系统更易受到外来者的侵入。

电子邮件、即时通信（IM）和 P2P 文件共享程序的广泛使用，也会增加网络的漏洞。电子邮件的附件有可能是恶意软件或未经授权访问企业内部系统的跳板。员工可能会使用电子邮件传送有价值的交易机密、财务数据或者客户的保密信息给未经授权的接收者。互联网上的 IM 在某些情况下可以被用作进入一些不太安全的网络的后门。通过 P2P 网络共享文件，如非法共享音乐文件，也可能向外界传播恶意软件，或者把个人和企业计算机上的信息向外界泄露。

**2. 无线网络的安全挑战**

蓝牙和 Wi-Fi 网络都容易受到非法入侵。使用 802.11 标准的 LAN 也可能被外部入侵者通过笔记本电脑、无线网卡、外置天线和黑客软件等轻易地侵入。黑客使用这些工具可以发现没有防护的网络，监视网络流量，在某些情况下还能够进入互联网或企业网络。

Wi-Fi 传输技术的设计是为了使基站之间更容易发现和听到彼此的声音。识别 Wi-Fi 网络中接入点的**服务集标识**（service set identifier, SSID）可以多次广播，能够很容易地被入侵者的窃听程序窃取（见图 8-3）。很多地区的无线网络没有基本的保护来**抵御驾驶攻击**（war driving），窃听者开车经过某个建筑物或者在外面停车时，就可以拦截无线网络的通信。

通过某个接入点连接的入侵者通过使用正确的 SSID 就能够访问网络上的其他资源。例如，入侵者可以使用 Windows 操作系统看

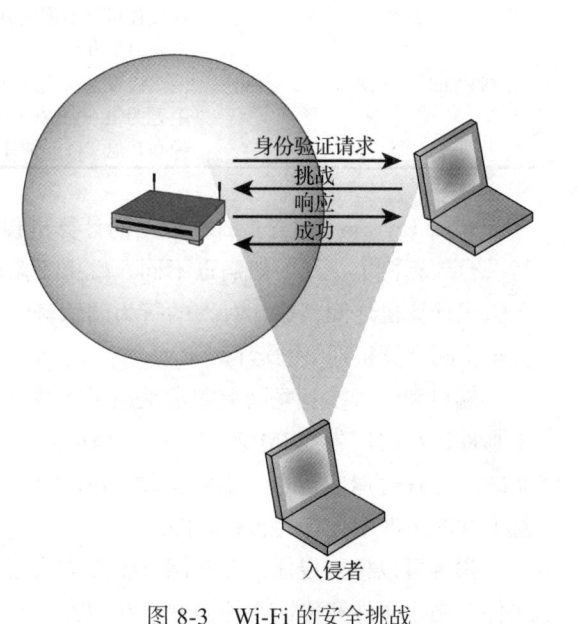

图 8-3　Wi-Fi 的安全挑战

注：许多 Wi-Fi 网络容易被入侵者渗透，它们利用窃听程序获得地址，未经授权便可以访问网络中的资源。

到还有哪些用户连接到网络，然后进入他们的计算机硬盘驱动器，打开或复制其中的文件。

入侵者还会利用收集到的信息，在靠近用户物理位置的不同的无线频道上设置恶意接入点，这样强行使用户的**无线网络接口控制器**（network interface controller，NIC）与该恶意接入点关联起来。一旦关联成功，黑客就可以通过恶意接入点捕获毫无戒心的用户的用户名和密码。

### 8.1.2 恶意软件：病毒、蠕虫、特洛伊木马和间谍软件

含有恶意代码的软件被称为**恶意软件**（malware）。恶意软件存在各种形式的威胁，如计算机病毒、蠕虫和特洛伊木马（见表 8-1）。**计算机病毒**（computer virus）是一种通常在用户不知情的情况下，附着在其他软件程序或数据文件上的欺诈性软件程序。绝大多数计算机病毒会产生有效载荷（payload），其中有些可能是无恶意的，例如发出显示消息或图片的命令，有些则具有极强的破坏性，可以毁坏程序和数据，阻塞计算机内存，格式化计算机硬盘，甚至导致程序运行不当。当人们发送带有附件的电子邮件或者复制已感染病毒的文件时，病毒就会从一台计算机传到另一台计算机。

表 8-1 恶意软件例子

| 名字 | 类型 | 描述 |
| --- | --- | --- |
| Cryptolocker | 勒索软件/木马病毒 | 窃取用户的照片、视频和文本文档，用几乎不可破坏的非对称加密技术来加密，要求用户支付赎金 |
| Conficker | 蠕虫病毒 | 2008 年 11 月首次发现，至今仍然是一个问题，该病毒利用了 Windows 软件中的缺陷来控制计算机，并将它们连接到可以远程操纵的虚拟计算机中，全球有近 1 000 万台计算机处于其控制之下，很难去除 |
| Sasser.ftp | 蠕虫病毒 | 该病毒首次出现在 2004 年 5 月，通过攻击随机 IP 地址在互联网上扩散，让计算机不断崩溃并重新启动，并会传染更多的受害者，全球受影响的计算机有数百万台，损失估计在 148 亿~ 186 亿美元 |
| ILOVEYOU | 病毒 | 该病毒首次出现在 2000 年 5 月 3 日，以 Visual Basic 脚本编写的脚本，以主题为 ILOVEYOU 的电子邮件的附件发送，并用自己的副本覆盖音乐、图像和其他文件，估计损失在 100 亿~ 150 亿美元 |

**蠕虫**（worm）病毒是一种独立的计算机程序，可以在网络上将自己从一台计算机拷贝到另一台计算机上。与一般病毒不同，蠕虫不附着在其他计算机程序文件上，而是可以自己运行，在计算机之间扩散，对人的行为的依赖性不强。蠕虫会毁坏数据和程序，同样也会扰乱甚至中断计算机网络的运行。

蠕虫和病毒在互联网上通常是通过下载的软件文件、电子邮件传送的附件、被泄露的电子邮件、在线广告或 IM 来扩散的。病毒同样从被感染的硬盘或者计算机入侵到计算机信息系统。尤其普遍的病毒是**下载驱动**（drive-by download）的恶意软件，它是在用户有意或无意下载的文件中含有的恶意软件。

黑客可以像入侵任一互联网设备那样入侵智能手机，在用户无干预情况下自动下载恶意文件、删除文件和传输文件，擅自在后台安装运行程序来监控用户操作，并有可能将智能手机转换成僵尸网络中的机器人，向他人发送电子邮件和短信。据 IT 安全专家称，移动设备现在成了最大的安全隐患，其安全风险超过了大型计算机。卡巴斯基实验室报告称，2018 年发生了 1.165 亿次恶意的移动恶意软件攻击，是前一年的两倍（卡巴斯基实验室，2019 年）。

安卓是目前广泛采用的移动操作系统，也是大多数黑客攻击的平台。移动设备病毒对企业信息系统构成了严重的威胁，因为现在有许多无线设备与企业信息系统相连。

博客、维基以及像 Facebook、Twitter 和 LinkedIn 这样的社交网站，已经成为恶意软件发挥作用的新渠道。因为在这些社交媒体中，即使一些信息是不合情理的，网站的会员也会信任从朋友那里收到的信息。例如，Facebook Messenger 病毒是由被窃取的 Facebook 账户发送的网络钓鱼消息引起的。恶意垃圾邮件会被发送给受害者 Facebook 联系人列表中的每个人（2-Spyware，2020）。

物联网也带来了新的安全挑战，这些挑战主要来自互联网的连接设备、平台和操作系统以及它们之间的通信，甚至是它们连接的系统。这就需要新的安全工具来保护物联网设备和平台免受信息攻击与物理破坏，需要新的工具来加密设备间的通信，新的方法来应对诸如电池耗尽之类的攻击。许多物联网设备（如传感器）自带的处理器和操作系统比较简单，可能不支持复杂的安全方法。

**特洛伊木马**（Trojan horse）是一种软件程序，看似良性，实则不然。特洛伊木马本身并不是病毒，因为它不会自我复制，但它通常是将病毒或其他恶意代码引入计算机系统的一种方式。特洛伊木马这个词来自希腊人在特洛伊战争期间，用来欺骗特洛伊人打开大门的大木马。

现代特洛伊木马的一个例子是宙斯（ZeuS）特洛伊木马，它在 2009 年感染了 360 多万台计算机，其威胁至今仍然存在。它在人们使用计算机时秘密捕捉人们的按键，从而窃取用户的银行登录信息。宙斯主要通过驱动下载和网络钓鱼传播，其变种很难根除。

**SQL 注入攻击**（SQL injection attack）利用 web 应用软件中的漏洞，将恶意程序代码引入系统和网络中。这些漏洞发生在 web 应用程序无法正确验证用户在网页上输入的数据时，这种情况在网上订购时很有可能发生。这时攻击者利用输入验证错误，将流氓 SQL 查询发送到底层数据库来访问数据库，植入恶意代码或访问网络上的其他系统。被称为勒索软件的恶意软件已在桌面设备和移动设备上疯狂增长。勒索软件试图通过控制计算机、阻止打开文件或显示恼人的弹出信息来敲诈用户。例如，2019 年，在名为 Sodinokibi 的勒索软件侵入得克萨斯州的 22 个城市的计算机系统并加密其数据后，这些城市被窃取了数百万美元（Fruhlinger，2020）。你有可能会在下载受感染的附件、点击电子邮件中的链接或访问错误的网站时不幸获取了勒索软件。

某些类型的**间谍软件**（spyware）也是恶意软件。这些间谍软件被偷偷安装在计算机上，监控用户浏览的网页，并投放广告。已经记录在册的间谍软件有数千种。许多用户发现这种间谍软件会侵犯用户的隐私，让人很烦心。某些形式的间谍软件特别可恶。**键盘记录器**（keylogger）能够记录计算机上的每个按键，从而窃取软件的序列号、进行互联网攻击、访问电子邮件账户、获取受保护的计算机系统的密码或者获取个人信息，如信用卡或银行账号等。前面描述的宙斯木马就是使用键盘记录器的实例。还有的间谍软件能够重置 web 浏览器主页，重新定向搜索请求，或占用过多的计算机资源，使计算机运行缓慢。

### 8.1.3 黑客与计算机犯罪

**黑客**（hacker）是指那些企图在未授权的情况下访问计算机系统的个人。在黑客团体内，"骇客"或"破袭者"（cracker）一词专门用来形容具有犯罪意图的黑客。而在公共舆论中，二者通常不加区分。黑客通过寻找网站和计算机系统安全防御的弱点来进行非授权的访问。黑客的活动不仅仅是系统入侵，而且还包括盗窃货物和信息、损坏系统和**恶意破坏网络**（cybervandalism）、故意污染甚至破坏网站或企业信息系统。

**1. 电子欺骗和嗅探器**

黑客通常通过伪造的电子邮件地址或者假冒他人来伪装自己，以隐藏自己的真实身份。**电子欺骗**（spoofing）是指通过把伪造的网站伪装成目的网站，从而把网页链接误导至另一个与用户实际希望访问的网站不同的地址。例如，如果黑客把用户误导至一个伪装的、看似与真实网站无异的网站，他们就能收集和处理订单，从而有效地从真实网站中偷走业务及用户的敏感信息。"计算机犯罪"小节将对电子欺骗的形式进行更详细的讨论。

**嗅探器**（sniffer）是一种在网络中监控信息传输的窃听程序。在合法使用的情况下，嗅探器程序能帮助发现网络中潜在的问题或者网络犯罪活动。一旦用于犯罪目的，它反而会具有伤害性并且十分难以发现。嗅探器程序使黑客能够从网络中盗取有价值的私有信息，包括电子邮件消息、企业文件和机密报告等。

**2. 拒绝服务攻击**

在**拒绝服务攻击**［denial-of-service（DoS）attack］中，黑客向网络服务器或 web 服务器发送成千上万个虚假通信或服务请求，网络服务器接收到太多的服务请求，以致连合法的请求也不能及时响应，从而造成网络崩溃。**分布式拒绝服务攻击**［distributed denial-of-service（DDoS）attack］是指同时使用许多计算机，从众多的发射点来攻击网络。

尽管 DoS 攻击不会破坏信息或者非法进入企业的信息系统，但它们通常会导致网站关闭，使合法用户不能访问网站。对于那些交易繁忙的电子商务网站而言，这种攻击所带来的损失是极为高昂的，在网站关闭期间用户不能进行交易。对于那些网络保护能力比大型企业更弱的中小企业来说，它们的网络更容易受到攻击。

DDoS 的攻击者经常在网络所有者不知情的情况下，利用成千上万感染了恶意软件的"僵尸"计算机，把它们组织成一个**僵尸网络**（botnet）。黑客通过用机器人恶意软件感染其他人的计算机来创建这些僵尸网络，然后打开一个后门，攻击者就可以通过这个后门发出指令。然后受感染的计算机便成为"奴隶或僵尸"，听命于属于其他人的主计算机。一旦黑客让足够多的计算机感染，就可以利用积累起来的僵尸网络资源来发起 DDoS 攻击、网络钓鱼攻击或者发送"垃圾邮件"。世界上 90% 的垃圾邮件和 80% 的恶意软件都是由僵尸网络发送的。有一个例子是关于 Mirai 僵尸网络，2016 年 10 月，它感染了众多的物联网设备（如连接互联网的监控摄像头），然后利用这些设备对 Dyn（互联网流量的监控和路电服务器）发起了 DDoS 攻击。Mirai 僵尸网络压垮了 Dyn 服务器，导致 Etsy、GitHub、Netflix、Shopify、SoundCloud、Spotify、Twitter 和其他一些主要网站瘫痪。2018 年 1 月，Mirai 僵尸网络的变种攻击了金融企业，Mirai 变种仍然活跃。

**3. 计算机犯罪**

大多数的黑客活动都是犯罪行为，上述讨论的系统漏洞往往成为**计算机犯罪**（computer crime）的目标。计算机犯罪被美国司法部定义为"任何涉及利用计算机技术知识实施的刑事违法行为，可以对其调查和起诉"。表 8-2 给出了把计算机作为犯罪目标和工具的例子。

表 8-2 计算机犯罪例子

| 以计算机为犯罪目标 |
| --- |
| 攻破计算机保密数据的防护系统 |
| 未经授权进入计算机系统 |
| 蓄意进入受保护的计算机，然后实施诈骗 |
| 蓄意进入受保护的计算机，肆无忌惮地破坏 |
| 蓄意发送程序、程序代码或命令破坏受保护的计算机 |
| 恐吓要对受保护的计算机进行破坏 |
| **以计算机为犯罪工具** |
| 盗取商业秘密 |
| 非法拷贝软件、受版权保护的知识产权，如文章、书籍、音乐和影像等 |
| 谋划诈骗 |
| 使用电子邮件恐吓或骚扰他人 |
| 蓄意拦截电子通信 |
| 非法访问电子通信，如电子邮件、语音邮件等 |
| 利用计算机制作和传播儿童色情作品 |

没有人知道计算机犯罪问题危害程度的严重性，有多少系统被入侵？有多少人参与了犯罪活动？或者带来了多大的经济损失？根据埃森哲和波耐蒙研究所的《第九次年度网络犯罪成本研究报告》，2018 年基准组织的网络犯罪安全平均年成本为 1 300 万美元（埃森哲 2019 年）。许多企业都不愿意报告计算机犯罪所带来的损失，因为计算机犯罪可能涉及它们的员工，或担心公开计算机的易攻击性会使企业的声誉受损。在计算机犯罪中最廉价的攻击类型是 DoS 攻击、植入病毒和基于网络的攻击等。

**4. 身份盗用**

随着互联网和电子商务的发展，身份盗用已经成为一个极为棘手的问题。**身份盗用**（identity theft）是指冒名获得他人关键信息，如社会保障号、驾照号、信用卡号等，以假冒他人名义实施的犯罪。作案者利用这些信息可能以受害者的名义获得信贷、商品或服务，或者给盗用者提供虚假证件。身份盗用在互联网上防不胜防，尤其是信用卡信息是网络黑客攻击的主要目标（参见本章章末的案例研究）。根据 Javelin Strategy & Research 的《2020 年身份欺诈研究报告》，2019 年身份欺诈损失达到 169 亿美元（Javelin Strategy，2020）。

**网络钓鱼**（phishing）也是一种越来越普遍的电子欺诈手段。网络钓鱼活动包括仿冒合法企业的虚假网站，或发送电子邮件来获取用户的个人隐私数据。这类邮件内容通常是要求接收者通过回复邮件或者进入一个虚假网站，填写信息或回拨某一电话号码来更新或确认某一记录，从而获取接收者的社保号、银行卡和信用卡信息以及其他保密数据。eBay、PayPal、亚马逊、沃尔玛和很多银行都极易被钓鱼网站盯上。有一种被称为**鱼叉式网络钓鱼**（spear phishing）的欺骗方式更具有针对性和欺骗性，因为其信息的来源似乎很可信，如来自收件人的同事或者朋友。

被称为"邪恶双胞胎"和"嫁接"的网络钓鱼技术更难被发现。**邪恶双胞胎**（evil twin）是一种在机场休息室、酒店或咖啡店等场合，伪装成提供可信的 Wi-Fi 无线网络的欺骗网络。这种欺骗网络看起来与合法的公共网络完全相同。当用户登录网络时，欺骗者试图在用户不知情的情况下获取其密码或信用卡号码。

嫁接（pharming）技术能将用户引导到一个欺骗性的网页，尽管用户在使用的浏览器中输入了正确的网址。一旦欺诈者能够访问互联网服务供应商（ISP）存储的加速网页浏览的互联网地址信息，而 ISP 的服务器上运行的软件有缺陷时，欺诈者就有可能侵入系统并更改这些网址。

根据波耐蒙研究所和 IBM Security 的《2019 年数据泄露成本报告》，在全球 507 家接受调查的公司中，数据泄露的总平均成本为 392 万美元（波耐蒙研究所，2019）。此外，数据泄露事件对品牌的伤害也很大，而且难以量化。除了本章案例研究中描述的数据泄露事件以外，表 8-3 列出了一些关于数据泄露的主要事件。

表 8-3　主要的数据泄露事件

| 数据泄露事件 | 简况 |
| --- | --- |
| 万豪酒店 | 2018 年 11 月，这家全球最大的酒店公司透露，其喜达屋酒店预订数据库遭到黑客攻击，可能泄露了多达 5 亿客人的个人信息，暴露的数据包括姓名、电话号码、电子邮件地址、护照号码、出生日期和信用卡号码，黑客复制并加密了数据，并采取措施将其删除；2020 年 3 月，在两名员工的登录凭证被盗用后，万豪酒店再次遭到黑客攻击 |
| 雅虎 | 2016 年 9 月和 12 月，雅虎披露自己曾是有史以来两次最大数据泄露的目标，2013 年和 2014 年分别有超过 10 亿用户账户和 5 亿用户账户的敏感信息被盗，黑客找到了一种伪造凭证的法，可以在没有密码的情况下登录一些用户的账户，这些数据泄露事件使雅虎在 2017 年 6 月被 Verizon 收购时，将售价降低了 3 亿美元；2017 年 10 月，Verizon 报告称，雅虎的每一个账户实际上都遭到了黑客攻击，涉及 30 亿个账户，包括电子邮件、Tumblr、Flickr 和 Fantasy |
| 索尼公司 | 2014 年 11 月，黑客窃取超过 100TB 的企业数据，包括商业秘密、电子邮件、人事记录和尚未发布的电影副本等，恶意软件删除了索尼公司的系统数据，导致数亿美元的损失，也影响到了企业品牌形象；2011 年 4 月初，索尼系统被黑客入侵，入侵者从 PlayStation 网络和索尼在线娱乐网站获取了用户个人信息，包括信用卡、借记卡和银行账号等 |
| 家得宝公司 | 2014 年被恶意软件程序入侵，窃取了商店的注册用户信息，同时伪装成防病毒软件，560 万张信用卡账户被盗用，5 300 万个客户电子邮件地址被盗 |

美国国会在 1986 年的《计算机欺诈与滥用法案》（Computer Fraud and Abuse Act）中对计算机犯罪做出了司法解释，认定未经授权进入计算机系统的行为为非法行为。大多数州也有类似的法律，欧洲国家也有类似的立法。美国国会于 1996 年通过了《国家信息基础设施保护法案》（National Information Infrastructure Protection Act），该法案认定在全美联邦内传播恶意软件和黑客的网站攻击行为都是犯罪行为。

美国的相关法律，如《窃听法》《电信欺诈法》《经济间谍法》《电子通信隐私法》《电子邮件威胁和骚扰法》和《儿童色情法》等，涵盖了各种计算机犯罪行为，包括拦截电子通信、使用电子通信进行欺诈、窃取商业秘密、非法访问电子通信、使用电子邮件进行威胁或骚扰、传播或保存儿童色情作品等。所有 50 个州、哥伦比亚特区、关岛、波多黎各和维尔京群岛都颁布了立法，要求私营或政府实体通知涉及个人身份信息的安全漏洞。

**5. 点击欺诈**

在搜索引擎中，当你点击一个显示出来的广告时，就意味着你可能是该产品的潜在买家，广告商通常就要为每次点击付费。**点击欺诈**（click fraud）是指在不了解广告商或购买意图的情况下，个人或计算机程序被欺骗性地点击了在线广告。在谷歌和其他网站按点击次数付费的在线广告中，点击欺诈是一个严重的问题。

有些企业雇用了第三方（通常来自低收入国家）来欺骗性地点击竞争对手的广告，通过抬高其营销成本来削弱竞争对手。点击欺诈也可以用软件程序进行点击，僵尸网络常用于此目的。谷歌的搜索引擎试图监视点击欺诈，并做出了一些改变来抑制这一现象。

**6. 全球威胁：网络恐怖主义和网络战**

上述提到的发布恶意软件、拒绝服务攻击、网络钓鱼等网络犯罪活动是无国界的。恶意软件攻击服务器在200多个国家和地区发生过。互联网的全球化使得网络犯罪可以在全世界任何地方实施，可以危及全世界的任何地方。

互联网漏洞使个人甚至整个国家极易成为以政治目的为动机的黑客进行破坏和间谍活动的攻击目标。**网络战**（cyberwarfare）是一种国家支持的活动，旨在通过入侵他国的计算机或网络来造成伤害和破坏，以削弱和击败该国，还包括防御这些类型的攻击。网络战比传统战争更加复杂。虽然许多潜在的目标是军事，但一个国家的电网、金融系统、通信网络、投票系统也可能会遭到攻击。还有像恐怖分子或犯罪集团这样的非国家行动者，可能会发动袭击事件，这类事件往往难以判断谁应该为此负责。各国必须不断警惕新的恶意软件和其他可能会被利用的技术，某些由技术黑客组织开发的技术，也会公开出售给感兴趣的政府。

网络战攻击已经变得越来越广泛、复杂，并且具有极强的潜在破坏性。外国黑客窃取了美国石油、水管道和电网的源代码与蓝图，并数百次渗透到能源部的网络中。多年来，黑客偷走了导弹跟踪系统、卫星导航装置、无人侦察机以及尖端喷气式战机的计划。

美国情报部门称，有30多个国家正在发展攻击性网络攻击能力。它们的网络武器库包括用于渗透工业、军事和关键民用基础设施控制器的恶意软件，针对重要目标的网络钓鱼攻击的电子邮件列表和文本以及DoS攻击的算法。美国的网络战工作集中在美国网络司令部，该司令部负责协调和指导国防部信息网络的运作与防御，并为军事网络空间行动做好准备。网络战对现代社会的基础设施构成了严重的威胁，因为现代社会的金融、卫生、政府和产业机构的日常运作都主要依赖于互联网。

## 8.1.4 内部威胁：员工

通常认为安全威胁主要来自组织外部。事实上，企业内部人员带来的安全问题也很严重。研究发现，网络安全的一个最主要原因是用户缺乏安全知识。许多员工会忘记访问计算机系统的密码，或者允许同事使用他的密码，这会对系统造成危害。恶意入侵者有时会假装成合法员工因需要信息而向他人骗取密码，这种做法被称为**社交工程**（social engineering）。

恶意的内部人士还利用他们对企业的了解，侵入企业系统，包括运行在云端的系统。技术互动环节展示了亚马逊网络服务公司（Amazon Web Services）的一名前雇员如何利用她对亚马逊云安全的了解，窃取了第一资本金融公司（Capital One Financial）存储在亚马逊云计算服务中的数百万份客户记录。

⊙ 互动讨论：技术

### 第一资本金融公司：云端大额银行盗窃案

第一资本金融公司（以下简称"第一资本"）是一家专门从事信用卡、汽车贷款、银行和储蓄账户业务的美国银行控股公司。就资产规模而言，它是美国的第十一大银行，也是积极利用信息技术驱动业务增长的热切用户。第一资本是较早采用云计算的银行之一，也是亚马逊网络服务公司（AWS）的主要客户之一。第一资本一直在尝试将其 IT 基础设施的更多关键部分迁移到亚马逊的云基础设施，以便于将注意力集中在构建消费者应用程序和其他需求上。

2019 年 7 月 29 日，第一资本和它的客户收到了一些非常坏的消息。第一资本被入侵，暴露了超过 14 万个社会保障号、8 万个银行账号、数千万份信用卡申请书以及 100 万个加拿大社会保险号（这相当于美国的社会保障号）。这是有史以来最大的银行数据盗窃案之一。

最后发现罪魁祸首是亚马逊 AWS 的前员工佩奇·汤普森，被入侵的第一资本数据库就由亚马逊 AWS 托管。汤普森在西雅图被捕，被指控的一项罪名是计算机欺诈和滥用。据指控书所称，她曾为第一资本所使用的服务器公司工作。她将面临最高 5 年的监禁和 25 万美元的罚款。

银行认为汤普森不太可能以传播信息或将之用于欺诈为目的，但这仍给银行造成了高达 1.5 亿美元的花费，包括支付对受影响用户的信贷进行监控的费用。

亚马逊 AWS 托管远程服务器，组织用这些服务器储存数据。像第一资本这样的大型企业利用亚马逊的云服务器构建自身的 web 应用，并用亚马逊的数据存储服务储存数据，这样它们就可以将信息用于自身的特定需求。

调查泄露事件的 FBI 特工报告称，汤普森女士通过 web 应用防火墙的"错误配置"获得对第一资本敏感信息的访问权限（防火墙的作用是监控进出的网络流量并阻止未经授权的访问）。这使汤普森能够与第一资本储存数据和客户文件的服务器进行通信。第一资本称其在检测到配置漏洞后立即进行了修复。亚马逊表示，客户对其构建的应用享有完全的控制权，且它并未发现自身的基础云服务有受到损害的证据。

汤普森能够访问和窃取这一敏感信息，只是因为第一资本错误配置了它的亚马逊服务器。然后汤普森得以欺骗云端系统，找出她访问第一资本客户记录所需的凭证。汤普森的犯罪被视为内部人员威胁，因为她曾在多年前为亚马逊工作。但外部人员也会尝试搜索和利用该类型的错误配置，而服务器的错误配置较为常见，错误配置也能简单地得到修复，所以很多人不认为这属于犯罪。有时候，很难确定试验性地修补错误配置是代表了犯罪活动还是安全研究。

汤普森能够利用亚马逊的元数据服务，而该服务中有管理云服务器所需的凭证和其他数据。汤普森扫描互联网以发现可能提供公司内部网络访问权限的有漏洞的计算机。她发现了一台管理第一资本云与公共互联网之间通信的计算机，这台计算机被错误配置，安全设置较弱。通过这一口子，汤普森得以通过元数据服务获得可以查找并读取云端所储存的第一资本数据需要的凭证。定位到第一资本的数据后，汤普森就能在不触发任何警报的情况下下载这些数据。汤普森也曾在网上吹嘘自己曾用相同的技巧获取其他组织的大量网上数据。

亚马逊已表示，它的任何服务，包括元数据服务，都不是导致入侵的原因，且 AWS 提供监控工具来检测该类型的事故。目前并不清楚为何所有这些示警工具都未在汤普森黑入第一资本时触发警报。汤普森在 2019 年 3 月 12 日开始黑入第一资本，但在一名外部研究人员于 127 天后向第一资本通风报信之前，她的行为一直都未被发现。依据 AWS 的副首席信息安全官 C.J. 摩西的说法，为防范"有意或无意"的数据泄露，亚马逊禁止大多数员工访问其更大范围的内部基础设施。

至少从 2014 年起，安全专家就已经知道错误配置的问题，且有能力从元数据服务窃取凭证。亚马逊认为解决这些问题是客户的责任，但有些客户未能做到这一点。2019 年 2 月，在进行互联网扫描时，安全研究员布伦顿·托马斯发现有 800 多个亚马逊账户允许对元数据服务进行类似的访问（亚马逊云计算服务有超过 100 万的用户），但他也发现了其他存在错误配置服务的云计算公司，包括微软的 Azure 云。

无论是哪个云服务，能够发起类似攻击的人才库正在不断扩大。有鉴于云服务的性质，曾在任何大型云计算公司从事技术开发的任何人员都能知道这些系统实际上是怎么运行的。

第一资本曾以强有力的云安全著称。在 2015 年决定迁移到云计算之前，银行已经实施了广泛的尽职调查。但在出现巨量数据泄露之前，第一资本的员工就在内部表示了担忧，因为公司的网络安全部门人员流动率过高，而公司又在安装软件帮助检测和预防黑客攻击方面过于拖拉。网络安全部门负责确保第一资本的防护墙得到恰当配置，还负责扫描互联网查找数据泄露的迹象。近年来，高层领导人员和员工发生了很多变化。2018 年，第一资本约有 1/3 的网络安全人员离职。

资料来源：Robert McMillan, "How the Accused Capital One Hacker Stole Reams of Data from the Cloud," *Wall Street Journal*, August 4, 2019; Emily Flitter and Karen Weiser, "Capital One Data Breach Compromises Data of Over 100 Million," *New York Times,* July 29, 2019; James Randle and Catherine Stupp, "Capital One Breach Highlights Dangers of Insider Threats," *Wall Street Journal*, July 31, 2019; Peter Rudegeair, AnnaMaria Andriotis, and David Benoit, "Capital One Hack Hits the Reputation of a Tech-Savvy Bank," *Wall Street Journal*, July 31, 2019.

**案例分析题：**

1. 哪些管理、组织和技术因素导致了第一资本遭到黑客攻击？
2. 这是内部黑客攻击吗？解释你的答案。
3. 本可以采取哪些措施来防止第一资本遭到黑客攻击？
4. 处理敏感数据的公司是否应该使用云计算服务？解释你的答案。

### 8.1.5　软件漏洞

软件错误对信息系统来讲是一种常见的威胁，它会造成无法估量的损失，有时候会让那些使用或依赖系统的人处于危险之中。软件的复杂性日益增加，规模不断扩大，再加上需要对市场需求及时响应，导致了软件缺陷或漏洞不断增加。

软件的一个重大问题是存在着隐藏的 bug 或程序代码缺陷。研究表明，在大型程序中消除所有的 bug 几乎是不可能的。产生 bug 的主要原因是决策的复杂性。一个只有几百行代码、相对较小的程序可能会有数十个决策，会导致数百条甚至数千条不同的执行路径。大多数公司中的重要程序通常要大得多，有数万甚至数百万行的程序代码，其中每一行代码都有数倍于小程序的决策选择和执行路径。

大规模的软件程序是无法实现零缺陷的，根本不可能对软件进行完整的测试。如果对包含数以千计的决策选择和数以百万计的执行路径的程序进行完整测试，耗时可能多达数千年。即使进行了严格测试的软件，也只有在该软件被长时间大量实际使用后，才能知道哪段程序代码是可靠的。

商业软件的缺陷不仅会降低其性能，也会造成安全漏洞，给网络入侵者有可乘之机。安全企业每年都会在互联网和 PC 软件中发现上千种软件漏洞。例如，2019 年 5 月，Facebook 不得不修复其 WhatsApp 加密消息应用程序中的一个漏洞，该漏洞允许攻击者在手机上安装间谍软件（McMillan，2019）。特别麻烦的是**零日漏洞**（zero-day vulnerability），这是一个软件创建者都未知的漏洞。当供应商意识到这个问题并解决这个问题的时候，黑客可能已经利用了这个安全漏洞。这种类型的漏洞被称为零日，因为软件的作者在了解软件有漏洞并会被攻击之后，只有 0 天的时间来修补代码。有时候，安全研究人员会主动发现软件漏洞，但更多的是在发生攻击之后，才能发现它们。

为了修复发现的软件缺陷，软件供应商会开发出称之为**补丁**（patch）的修复小程序，而不会影响软件的正常运行。跟踪这些漏洞、测试和安装这些补丁程序则由用户自行处理，这一过程称之为补丁管理。

企业的 IT 基础设施通常承载了多个业务应用程序、操作系统安装和其他系统服务，因此对企业使用的所有设备和服务安装补丁通常不仅耗时而且成本高昂。恶意软件的入侵往往非常迅速，在发现漏洞和得到补丁程序之前，恶意软件可能就会利用漏洞发起攻击，企业难有充分的时间做出响应。

**微处理器设计中新发现的漏洞**

Meltdown 和 Spectre 等漏洞源于计算机微处理器芯片的设计缺陷，这些缺陷使黑客能够使用恶意软件程序访问被认为是完全受保护的数据。这些漏洞影响了近 20 年来生产的几乎所有计算机芯片。主要的软件供应商已经推出了变通补丁，但真正修复 Meltdown 和 Spectre 的唯一方法是更换受影响的处理器。

## 8.2 安全与控制的商业价值

企业的信息资产非常宝贵，需要采取有效的安全措施进行保护。企业系统通常存储着机密信息，如个人税收、财务资产、医疗记录和工作绩效考核记录等，也可能存储着企业的业务信息，包括商业秘密、新产品开发计划和营销策略等。政府部门系统可能存储着武器系统、情报行动和军事目标的信息。这些信息具有巨大的价值，一旦丢失、毁坏或者被图谋不轨者利用，其影响是灾难性的。人为的安全侵害、天灾或不良技术导致的系统宕机，可能会对企业的财务状况产生持久性的影响。有些专家认为，如果在系统受损后 3 天内不能恢复其功能或者损失的数据，有 40% 的企业将难以恢复元气。

安全和监管上的不足还可能会导致企业承担严厉的法律责任。企业不仅仅要保护其信息资产，还要保护客户、员工和合作伙伴的信息。做不到这一点，企业将会卷入因数据泄露和失窃导致的代价高昂的法律诉讼中，需要对因为没有采取适当的保护措施防止机密信息泄露、数据被毁坏或者隐私被侵害等不必要的风险和伤害承担法律责任。例如，Target 公司需要支付 3 900 万美元给几家为美国万事达卡提供服务的银行，因为在 2013 年，黑客攻击了 Target 公司的支付系统，影响了 4 000 万人，这些银行被迫为 Target 客户的损失支付了数百万美元。Target 公司还因数据被攻击事件向 Visa 支付了 6 700 万美元，另有 1 000 万美元用于解决 Target 客户的集体诉讼。因此，开发一个规范的安全与控制系统以保护企业信息资产，对整个企业来说至关重要，这不仅仅是 IT 部门的事，也是高层管理的责任（Rothrock 等人，2018）。

### 8.2.1 电子档案管理的法律和监管要求

美国政府监管强制要求企业采取严格的安全与控制措施，保护数据免遭滥用、泄露以及未经授权的访问。企业在采集和存储电子档案、隐私保护方面都面临着新的法律责任。

在美国，如果你在医疗行业工作，所在企业都必须遵守 1996 年颁布的《健康保险流通与责任法案》（Health Insurance Portability and Accountability Act，HIPAA）。HIPAA 明确了医疗安全和隐私保护的规则和程序，简化了医疗账单管理程序，使医疗数据在医疗服务提供机构、结算中心和医疗方案制定机构之间自动流转。该法案要求医疗行业的成员单位必须保存患者信息档案 6 年，并确保这些记录的保密性，规定了医疗服务提供机构对患者信息的保密性、安全性和电子事务处理的标准；对违反医疗信息保密要求的电子邮件或者未经授权的网络访问，以及泄露患者记录的行为将给予处罚。

如果你在金融服务企业工作，所在企业都必须遵守 1999 年颁布的《金融服务现代化法案》（Financial Services Modernization Act），按其国会倡议者来命名，该法案也被称作《格雷姆-里奇-比利雷法案》。该法案规定金融机构要确保客户数据的安全性和保密性，数据必须保存在安全的存储介质中，并且必须采取特殊的安全措施以加强数据在存储介质及其传输中的安全保护。

如果你在上市公司工作，所在企业都必须遵守 2002 年颁布的《上市公司会计改革和投资者保护法案》（Public Company Accouting Reform and Investor Protection Act）。该法案由美国马里兰州参议员保罗·萨班斯（Paul Sarbanes）和俄亥俄州众议员迈克尔·奥克斯利（Michael Oxley）提议立案，因此也称为《萨班斯-奥克斯利法案》（Sarbanes-Oxley Act）。该法案在安然公司（Enron）、世界电信公司（WorldCom）及其他上市公司发生的财务丑闻事件之后出台，旨在保护投资者的利益。法案强制要求上市公司及其管理层要承担责任，确保内部使用和对外公开的财务信息的准确性与完整性。

《萨班斯-奥克斯利法案》试图从根本上保障内部控制在监督财务披露信息和文档保存中发挥作用。信息系统用来产生、存储和传输这些数据，法案要求企业必须增强信息系统的安全性，采取措施保证其数据的完整性、保密性和准确性，每个涉及重要财务报告数据的信息系统，均必须采取措施以保证数据的准确性。同样需要采取措施保证企业的网络安全，防止对系统和数据未经授权的访问，尤其是在灾难事件或其他服务中断事件发生时，确保数据的完整性和可用性也是十分重要的。

### 8.2.2 电子证据和计算机取证

在法律诉讼中，安全、控制和电子档案管理至关重要。如今，很多涉及股票欺诈、贪污、盗窃企业商业秘密、计算机犯罪，以及民事案件的证据都是数字证据。除了打印的纸质资料以外，现在的法律诉讼越来越依靠存储在移动硬盘、CD 和计算机硬盘上的电子数据，以及电子邮件、短信和互联网上电子商务交易记录等方面的数据。

在法律诉讼中，企业有义务对诉讼方提出的信息查询请求做出响应，这些数据可能被用作证据。法律要求企业必须提供这些数据。如果企业无法收集、整理这些数据，或是数据受损甚至已经销毁，那么为满足这种数据查询的要求，企业将会付出巨大的代价。法庭会对电子档案的不当损坏给予严厉的经济甚至刑事处罚。

有效的电子档案保存措施能够确保在适当的保存期限内对电子文件、电子邮件和其他文档记录进行有效保存和方便使用。这也意味着企业要具有为可能发生的计算机取证保留好证据的意识。**计算机取证**（computer forensics）是指对存储在计算机介质或从计算机介质中提取到的数据进行科学收集、审查、授权、保存和分析，使其可以在法律诉讼中作为证据使用。它涉及如下的问题：

- 在保护证据完整性的前提下从计算机中恢复数据；
- 安全地存储和处理恢复的电子数据；
- 在大量的电子数据中寻找重要信息；
- 向法庭提交信息。

电子证据可能以文件的形式或作为环境数据的形式留存在计算机存储介质中，其中环境数据对一般用户而言是不可见的数据。例如，计算机硬盘中删除的文件就属于环境数据。用户删除的计算机存储介质上的数据，可以通过一些技术手段来恢复。计算机取证专家可以尽可能恢复此类隐藏数据以作为证据。

计算机证据意识应该反映在企业的应急处理预案之中。CIO、安全专家、信息系统维护人员和企业法律顾问应该共同合作，制定出在处理法律事务时需要开展相关工作的预案。

## 8.3 安全与控制的组织框架的组成要素

即使有最好的安全工具，除非你知道怎样、在哪里部署信息，否则信息系统也不可能做到安全可靠。你必须知道企业在哪些方面可能存在着风险，采取什么样的控制措施来保护企业信息系统的安全。企业需要建立一套安全措施和计划来确保其业务的正常运行。

### 8.3.1 信息系统控制

信息系统控制可以是手动控制，也可以是自动化控制，它由总体控制和应用控制构成。**总体控制**（general control）是针对计算机程序的设计、安全和使用，以及遍布在组织 IT 基础设施中的一般数据文件的安全等方面的管控。总体来说，总体控制适用于所有与计算机应用相关的环境，以建立由硬件、软件以及人工程序等方面组成的总体控制环境为目的。

总体控制包括软件控制、硬件控制、计算机运行控制、数据安全控制、系统开发过程控制以及管理控制。表 8-4 描述了各类控制的作用。

表 8-4 总体控制

| 总体控制的类型 | 说明 |
| --- | --- |
| 软件控制 | 监控系统软件的使用，防止未经授权对应用软件、系统软件及其他计算机程序的访问 |
| 硬件控制 | 确保计算机硬件的物理安全，并检查设备故障，高度依赖计算机系统的企业还必须制定系统备份和保障不间断服务的规定 |
| 计算机运行控制 | 监督计算机部门的工作，确保数据的存储和处理过程中所遵循的程序化措施的一致性与正确性，包括对计算机处理作业的设置以及异常中断处理的备份和恢复过程的控制 |
| 数据安全控制 | 确保在磁盘或磁带上存储的有价值的商业数据文件的安全，无论是在使用中还是在存储介质上，都要免受未经许可的访问、更改和破坏 |
| 系统开发过程控制 | 对系统开发过程的各个环节进行审计，确保系统开发过程得到适当的控制和管理 |
| 管理控制 | 规范标准、规则、程序和控制规范，确保组织的总体控制和应用控制得到正确的执行与强化 |

**应用控制**（application control）是针对每个计算机应用软件特有的专门控制，如薪酬计算和订单处理等。应用控制包括自动和手动措施，以确保只有经过认可的数据才能被应用软件完整且准确地处理。应用软件控制分为输入控制、过程控制和输出控制。

当数据输入时，输入控制就是要检查数据的准确性和完整性。有专门的输入控制负责处理输入权限、数据转换、数据编辑和出错处理等问题。过程控制是要保证数据在更新过程中的完整性和准确性。输出控制是要确保计算机处理结果的准确性、完整性及其使用去向的正确性。

信息系统控制不应该是事后控制。信息系统控制应该纳入系统的设计过程，不仅要考虑系统在所有可能条件下的运行情况，还要考虑使用系统的组织和人员的行为。

## 8.3.2 风险评估

在建立安全和信息系统控制之前，需要明确哪些资产需要保护以及这些资产容易受到损害的程度。风险评估有助于回答这些问题，并确保保护这些资产最具成本效益的控制措施。

如果一个活动或过程没有控制好，**风险评估**（risk assessment）可以确定由此将会给企业带来的风险程度。并非所有的风险都能够预测到并进行度量，但是，只要企业管理人员和信息系统专家通力合作，对信息资产的价值、容易出现问题的地方、问题可能发生的频率以及潜在的危害等做出判断，那么大部分企业就能够对面临的风险有一定的了解。例如，如果某个事件可能一年发生的次数不会超过一次，对组织造成的损失最多不超过 1 000 美元，那么就没必要花 20 000 美元来防止该事件的发生。但是，如果同类事件每天至少会发生一次，一年造成的损失会在 300 000 美元以上，那么在控制上花费 100 000 美元就完全合理。

表 8-5 给出了对某个在线订单处理系统进行风险评估得到的结果。该系统每天处理 30 000 份订单。一年内发生的各种风险事件的可能性用百分比来表示。第三列表示各种风险事件每次发生时，预期可能带来的最低和最高损失，括号内是把最低和最高损失相加除以 2 得到的平均损失。最后一列是每种风险事件产生的年预期损失，可以用平均损失乘以发生的概率计算出来。

表 8-5　在线订单处理系统风险评估

| 风险事件 | 发生概率（%） | 损失范围及平均值（美元） | 年预期损失（美元） |
| --- | --- | --- | --- |
| 电力故障 | 30 | 5 000 ~ 200 000（102 500） | 30 750 |
| 盗用 | 5 | 1 000 ~ 50 000（25 500） | 1 275 |
| 用户错误 | 98 | 200 ~ 40 000（20 100） | 19 698 |

这份风险评估表表明，一年内发生电力故障的概率为30%，每次发生掉电时造成订单交易损失的范围为5 000 ~ 200 000美元（平均102 500美元），掉电损失大小取决于处理电力故障的时间。一年内发生盗用事件的概率约为5%，每次发生时潜在的损失范围为1 000 ~ 50 000美元（平均25 500美元）。一年内发生用户错误的概率为98%，每次发生造成的损失范围为200 ~ 40 000美元（平均20 100美元）。

风险评估完成后，系统建设者会把精力放在最容易出现问题和潜在损失最大的控制点上。在上述例子中，必须采取控制措施使电力故障和用户错误的风险最小化，因为在这些方面每年预计造成的损失最大。

### 8.3.3　安全策略

一旦确认了信息系统的主要风险，就需要为保护企业财产建立安全策略。**安全策略**（security policy）由信息风险排序、确定可接受的安全目标以及达成这些目标的机制等构成。什么是企业最重要的信息资产？这些信息由谁产生和由谁控制？现有保护信息的安全措施有哪些？对于每种资产，管理层可以接受的风险等级是什么？例如，是否可以接受10年丢失一次客户信用数据？或者是否要为信用卡数据建立可以经受百年一遇灾难的安全系统？管理层必须对达到可接受的风险等级需要付出的代价做出估算。

安全策略能够促使企业制定相关策略，明确哪些使用企业信息资源的行为是可接受的，以及哪些企业成员能够访问这些信息资源。**可接受使用策略**（acceptable use policy，AUP）规定使用企业的信息资源和计算机设施的可接受行为，包括对台式计算机、笔记本电脑、无线设备、电话和互联网等的使用。一个良好的AUP需要对每个用户可接受和不可接受的行为做出界定，并对违反规定的行为后果给出说明。

图8-4是一个组织如何在人力资源模块中为不同级别的用户指定访问规则的例子。它根据执行人员工作所需的信息，指定每个用户可以访问人力资源数据库的哪些部分。该数据库包含敏感的个人信息，如员工的病史、薪资和退休金收入。

图8-4所示的访问规则针对两组用户。其中一组用户是处理办公室事务（例如将员工数据录入系统的员工）的所有员工。拥有这类配置文件权限的所有人员可以对系统数据进行更新，但无法读取和更改敏感数据，包括病史、薪资或者退休金收入等。另一个配置文件用于部门经理，他不能更新系统数据，但可以读取其部门员工的所有字段的数据，包括病史和薪资。本章后续内容将会对用于用户身份认证的技术进行详细讨论。

### 8.3.4　故障恢复与业务持续规划

运营一家企业，就需要针对一些事件做出规划，如停电、洪灾、地震和恐怖袭击等，这些事件会妨碍企业信息系统和业务运作的正常运行。**故障恢复计划**（disaster recovery planning）是指制订出当计算和通信服务被破坏后，能够使其恢复工作的计划。故障恢复计划主要关注维持系统正常运行方面的技术性问题，如明确哪些文件需要备份以及后备计算机系统或故障恢复服务的维护等问题。

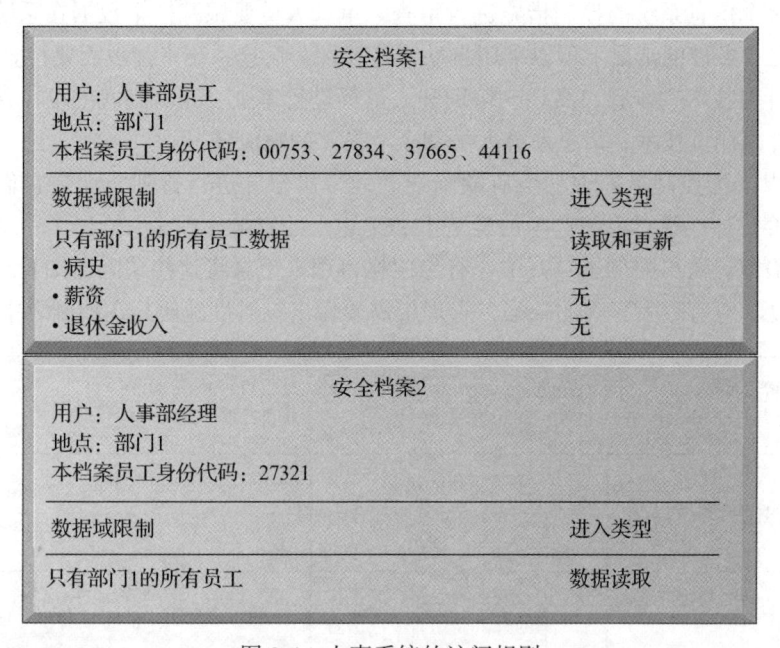

```
┌─────────────────────────────────────────────────────────┐
│                      安全档案1                           │
│  用户：人事部员工                                         │
│  地点：部门1                                             │
│  本档案员工身份代码：00753、27834、37665、44116          │
│─────────────────────────────────────────────────────────│
│  数据域限制                          进入类型             │
│─────────────────────────────────────────────────────────│
│  只有部门1的所有员工数据              读取和更新          │
│  • 病史                               无                 │
│  • 薪资                               无                 │
│  • 退休金收入                         无                 │
└─────────────────────────────────────────────────────────┘

┌─────────────────────────────────────────────────────────┐
│                      安全档案2                           │
│  用户：人事部经理                                         │
│  地点：部门1                                             │
│  本档案员工身份代码：27321                               │
│─────────────────────────────────────────────────────────│
│  数据域限制                          进入类型             │
│─────────────────────────────────────────────────────────│
│  只有部门1的所有员工                  数据读取            │
└─────────────────────────────────────────────────────────┘
```

图 8-4　人事系统的访问规则

注：这两个例子代表了在一个人事系统中可能使用到的两个安全配置文件或者数据安全模式样例。根据安全配置文件，用户在要访问的系统、访问位置或者组织的数据等方面受到一定的限制。

例如，万事达卡公司（MasterCard）在密苏里州堪萨斯市建立了一个同样的计算机中心，作为它位于圣路易斯的主计算机中心的紧急备份系统。然而，很多企业并没有建立自己的备份设施，而是与基于云的故障恢复企业（如 Sungard Availabitlity Service）签订合同。这些故障恢复企业在全美建立了装有空闲计算机的站点，这是一种商业灾难恢复服务，用于计算机或设备突然瘫痪时，通过恢复工作支持计算机和网络操作的正常运行，供订购服务的企业在紧急情况下运行其关键应用。

**业务持续计划**（business continuity planning）关注经过故障冲击后，企业怎样恢复其业务运行。业务持续计划可以在系统因故障中断时识别关键业务流程，并为企业在系统出现故障时处理关键任务功能制订行动方案。例如，总部位于田纳西州富兰克林的一家福利改善企业 Healthways 实施了一项业务连续计划，该计划确定了整个企业近 70 个部门的业务流程以及系统停机对这些流程的影响。Healthways 确定了最关键的流程，并与各部门合作制订了行动计划。

在上述两类规划中，业务管理人员和信息技术专家必须合作，一起确定哪些系统和业务流程对企业至关重要。他们需要进行业务影响分析来确定企业最关键的系统以及系统中断时对业务产生的影响。管理层必须确定企业在系统中断时业务处理能够承受的最高时限，以及哪些业务要最先恢复。

## 8.3.5 审计的作用

管理层如何知道哪些信息系统的安全与控制措施是有效的呢？为了回答这个问题，组织必须进行全面和系统的审计。**信息系统审计**（information system audit）对企业的总体安全环境以及针对单个信息系统的控制措施进行审查。审计人员要跟踪样本数据在系统中的流动并进行测试。在有条件的情况下可以采用自动审计软件。信息系统审计也需要检查数据质量。

安全审计对技术、步骤、文档、培训和人员等进行审查。完全彻底的审计甚至会模拟攻击或灾难事件来测试技术、信息系统人员和企业员工的响应情况。

审计结果会把控制措施中的所有缺陷逐一列举出来并进行排列，评估它们发生的可能性，然后评价每种威胁对组织产生的经济上和组织上的影响。图 8-5 给出了一个借贷系统的控制措施缺陷审计清单的例子。其中，有专门栏目用来记录将这些缺陷通知管理层以及管理层的处理回复。对有重大影响的缺陷，管理层需要做出应对措施使其在控制之中。

| 功能：贷款<br>地点：Peoria. IL | 准备者：J.Ericson<br>日期：2020年6月16日 | | 接收者：T. Benson<br>复查日期：2020年6月28日 | |
|---|---|---|---|---|
| 缺陷和影响的本质 | 错误/滥用的机会 | | 管理层通知 | |
| | 是/否 | 理由 | 报告日期 | 管理层反馈 |
| 用户账户丢失密码 | 是 | 使系统暴露在非授权的外部使用者或攻击者面前 | 2020/5/10 | 将没有密码的账号删除 |
| 网络设置允许一些系统文件的分享 | 是 | 将重要的系统文件暴露给网络上有敌意的对手 | 2020/5/10 | 确保只有需要分享的目录才分享，且文件有密码保护 |
| 软件补丁可以更新生产程序，并不需要标准和控制委员会的最终同意 | 否 | 所有生产程序均需要管理层同意；标准和控制委员会同意这样的情况属于临时生产状态 | | |

图 8-5  控制措施缺陷审计清单样例

注：图 8-5 是一个商业银行借贷系统中常见的控制措施缺陷审计清单的例子。该表单帮助审计人员记录和评估控制措施的缺陷，将结果通知管理层，并记录管理层采取的纠正措施。

## 8.4 保护信息资源最重要的工具和技术

企业采用一系列的技术来保护信息资源，包括管理用户身份、防止未授权的系统和数据访问、确保系统的有效性和软件质量等工具。

### 8.4.1 身份管理与认证

大中型企业拥有复杂的 IT 基础设施和很多不同的系统，每一个系统都有自己的用户群。

**身份管理**（identity management）软件会自动保留用户的使用记录及其系统权限，并为每个用户分配访问每个系统的唯一数字标识。它还包括用户身份认证、用户身份保护以及系统资源的访问控制等工具。

要进入一个系统，用户必须经过授权和身份认证。**身份认证**（authentication）是指能够分辨一个人所声称的身份。身份认证通常通过只有授权用户才知道的**密码**（password）来确认。终端用户使用密码登录计算机系统，也可以使用密码访问特定的系统和文件。但是，用户经常会忘记密码、共享密码或者使用简单密码，这会削弱系统的安全性。过于严格的密码系统会降低员工的使用效率。如果员工必须频繁修改复杂的密码，他们常常会走捷径，如选择容易被猜到的密码或是干脆把密码以普通方式保存在工作计算机中。如果通过网络传输，密码还可能被"嗅探"出来，或是通过社交网络盗取。

一些新的认证技术，如令牌、智能卡和生物身份认证等，克服了身份认证中的一些问题。**令牌**（token）是一种类似于身份证的物理装置，专门设计用来证明用户的身份。令牌是一种特别适合挂在钥匙环扣上的小玩意，它显示的密码经常更改。**智能卡**（smart card）是与信用卡一样大小的一个小装置，它内置了一个访问许可和其他数据的芯片（智能卡还可用于电子支付系统）。读卡器读取智能卡上的数据，以判断是允许还是拒绝其访问。

**生物身份认证**（biometric authentication）系统读取和分析如指纹、虹膜和声音等个人身体特征，以对许可或拒绝对系统的访问做出判断。生物身份认证以测量每个人独一无二的身体和行为特征为基础。它把个人的独有特征，如指纹、面部、声音或者视网膜图像，与存储起来的特征资料相比对，以判断二者之间是否有差异。如果二者相匹配，则允许访问。指纹和面部识别技术在安全中已得到应用，很多笔记本电脑（以及智能手机）配备了指纹识别装置，有些型号的笔记本电脑安装了内置网络摄像机和人脸识别软件。像 Vanguard 和 Fidelity 这样的金融服务企业，已经为客户实施了语音认证系统。

黑客能够获取传统密码的事件不断发生，这表明需要更加安全的认证方式。**双因素认证**（two-factor authentication）通过多个步骤验证用户，从而提高了安全性。要进行身份验证，用户必须提供两种识别方式，其中一种通常是物理令牌，如智能卡或支持芯片的银行卡，另一种通常是数据，如密码或**个人识别码**（personal identification number，PIN）。生物数据，如指纹、虹膜或语音数据也可以被用作一种认证机制。双因素认证的常见例子是银行卡，银行卡本身就是实物，而 PIN 是附属在卡上的数据。

### 8.4.2 防火墙、入侵检测系统和反恶意软件

没有针对恶意软件和入侵者的保护就接入互联网是很危险的。防火墙、入侵检测系统和反恶意软件已经成为企业必不可少的工具。

**1. 防火墙**

**防火墙**（firewall）不允许未经授权的用户访问私有网络。防火墙是一种软件和硬件的组合，用来控制传入和传出的网络流量。虽然防火墙也能用于企业内部网络来保护其中一部分与其余部分的连接，但是它通常放置在组织的私有内部网络与像互联网这样信任度不高的外部网络之间（见图 8-6）。

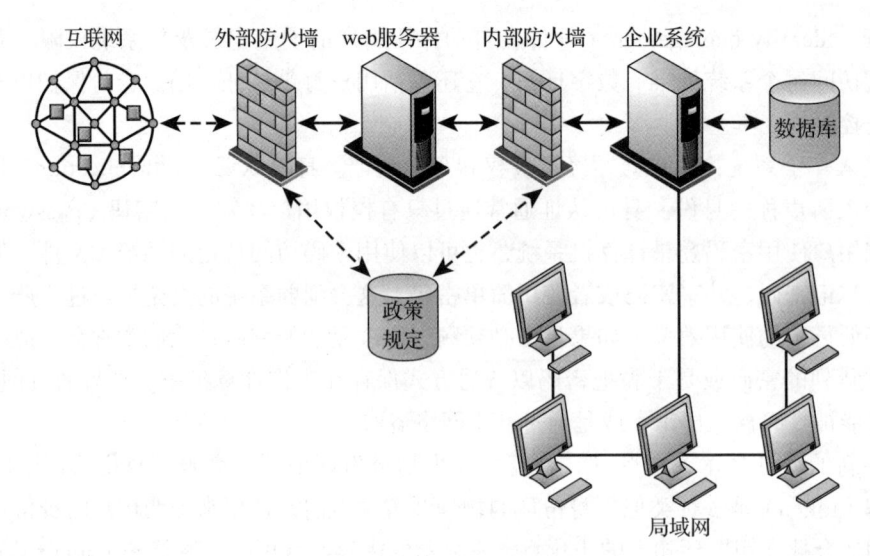

图 8-6　企业防火墙

注：防火墙被放置在公司私有网络、公共互联网或其他信任度不高的外部网络之间，用来阻止未授权的通信。

防火墙就像一个守卫，在每个用户访问该网络前检查其身份。防火墙可以识别用户名、IP 地址、应用程序以及传入流量的其他特征。防火墙根据已经由网络管理员编入系统的访问规则来对这些信息进行检查。防火墙阻止未被授权的通信进出网络。

在大型组织中，防火墙通常放在一个特定的与网络其他部分分开的计算机上，因此没有任何传入的请求能够直接访问私有网络资源。目前存在许多防火墙屏蔽技术，包括静态包过滤、状态检测、网络地址转换和应用代理过滤。这些技术通常组合起来用作防火墙保护。

数据包过滤对在可信网络和互联网之间来回流动的数据包头部的特定字段进行检查，并对隔离的数据包进行检查。这种过滤技术可能会漏掉很多类型的攻击。

状态检测通过确定数据包是不是一个发送端和接收端之间正在进行的会话的一部分来提供额外的安全保证。它建立状态表来跟踪多个数据包之间的信息。数据包的接受或拒绝基于它们是不是授权会话的一部分，或者是不是在尝试建立一个合法的链接以做出判断。

在使用静态数据包过滤和状态检测的时候，**网络地址转换**（network address translation，NAT）可以提供另一个保护层。NAT 通过将组织内部主机的 IP 地址隐藏起来，以防止防火墙外部的嗅探器程序确定这些主机的 IP 地址，并使用这些信息入侵内部系统。

应用代理过滤会检查数据包的应用内容。代理服务器阻止来自组织外部的数据包，对其进行检查，并把它们传送到防火墙另一端的代理服务器。如果企业的外部用户想要与内部用户建立通信，外部用户先与代理应用程序"会话"，然后代理应用程序再与企业内部计算机建立通信。同样，内部的计算机用户通过代理服务器与外部计算机建立通信。

为了创建一个良好的防火墙，管理员必须维护详细的内部规则来识别用户、应用程序或者地址，哪些允许接受，哪些需要拒绝。防火墙可以阻止但不能完全阻断网络外来者的入侵，它应该被视为整体安全措施的一部分。

**2. 入侵检测系统**

除了防火墙，商用安全产品供应商现在还提供了入侵检测工具和服务，以防止可疑的网络流量对文件和数据库的试探性访问。**入侵检测系统**（intrusion detection system）具有全天候监测工具的特点，被放置在最易受攻击的连接点或者企业网络的热点节点上，以检测和阻止入侵者的不断入侵。如果发现可疑或者异常事件，系统就会发出警报。检测软件就会寻找类似于错误密码这样已知的计算机攻击方式的模式特征，检查是否有重要文件被删除或者被修改，并且发出系统遭破坏或者系统管理出错之类的警告。入侵检测工具也可以被定制为当接收到未经授权的流量时，关闭网络中特别敏感的部分。

### 3. 反恶意软件

个人和企业的防御技术规划中必须包括对每台计算机的反恶意软件保护措施。**反恶意软件**（anti-malware software）能防止、检测并删除恶意软件，包括计算机病毒、计算机蠕虫、特洛伊木马、间谍软件和广告插件。然而，大部分反恶意软件只对编写程序时已知的恶意软件有效。为了保持反恶意软件的有效性，必须不断更新。即使这样，反恶意软件也不总是有效的，因为有些恶意软件可以逃避防侵入检测。为了更好地保护计算机，企业需要使用额外的恶意软件检测工具。

### 4. 一体化威胁管理系统

为了帮助企业降低成本、提高可管理性，安全产品供应商把各种安全工具合并成一个单一的工具包。这些安全工具包括防火墙、虚拟专用网络、入侵检测系统、网页内容过滤和反垃圾邮件软件。这种集成的安全管理产品被称为**一体化威胁管理**（unified threat management，UTM）系统。UTM 产品适用于各种规模的网络。主要的 UTM 厂商包括 Fortinent、Sophos 和 CheckPoint，并且如思科和瞻博网络这样的网络产品供应商在它们的产品中也提供一些 UTM 功能。

## 8.4.3 无线网络安全

最初为 Wi-Fi 开发的安全标准并不很有效，这是由于它的加密密钥比较容易破解。该标准被称为**有线等效保密**（wired equivalent privacy，WEP）。WEP 提供了某种程度的安全性，但是用户通常忘记启用它。当访问企业内部数据的时候，我们可以通过把 WEP 与 VPN 联合起来使用，进一步提高 Wi-Fi 网络的安全性。

2004 年 6 月，Wi-Fi 联盟行业贸易组织最终完成了 802.11i 规范（也被称为 Wi-Fi 保护访问 2 或 WPA2），并且用这个更强的安全标准替代了 WEP。它没有采用 WEP 使用的静态加密密钥，新标准使用了不断变化的、更长的密钥，使得它们更难以被破解。最新的规范是 WPA3，于 2018 年推出。

## 8.4.4 加密及公钥基础设施

很多企业利用密码系统保护其存储、物理传输或通过互联网发送的数字信息。**加密**（encryption）是一种将明码文本或数据变成暗码文本的过程，除了发送者和目标接收者以外，暗码文本不能被其他任何人阅读。数据通过秘密的数字代码来加密，这种将明码数据转换成暗码文本的秘密数字代码被称为密钥。接收者必须将接收到的信息解密。

SSL 和 S-TPTP 是对网络中流量信息加密的两种方法。**安全套接层协议**（secure socket layer，SSL）及后来的**传输层安全协议**（transport layer security，TLS），可以使客户机和服务器能够管理它们在安全的网络会话期间，相互之间通信的加密和解密活动。**安全超文本传输协议**（secure hypertext transfer protocol，S-HTTP）是另一种用来对在互联网上传输数据进行加密的协议，但是它仅限于对单个信息进行加密。而 SSL 和 TLS 则是为两台计算机之间建立安全连接而设计的。

互联网客户端浏览器软件和服务器中嵌入了生成安全会话的功能。客户机和服务器之间要协商使用什么样的密钥和什么层次的安全。一旦客户机和服务器之间建立起安全会话，会话期间的所有信息都会被加密。

有两种加密方法：对称密钥加密和公钥加密。在对称密钥加密中，发送者和接收者通过创建一个单一的密钥，建立一个安全的网络会话，然后将密钥发送给接收者，发送者和接收者享有同样的密钥。密钥的加密能力以其位长来衡量。目前，根据所需的安全级别，典型的密钥长度是 56～256 位（56～256 个二进制数字组成的字符串）。密钥长度越长，破解密钥就越困难。这种方法的缺点是密钥长度越长，合法用户处理信息所需的计算能力就越强。

所有对称加密方案都存在一个问题：密钥本身必须能够被发送者和接收者共用，这使得密钥可能会被外来者拦截并破解。另一种更安全的加密方式被称为**公钥加密**（public key encryption）。它使用两个密钥，其中一个为共享密钥（或公钥），另外一个则完全私有，如图 8-7 所示。两个密钥在数学上相互关联，这样能够保证用一个密钥加密的数据只能用另一个密钥来解密。为了发送和接收信息，通信双方首先要独自创建一对私钥和公钥。公钥保存在一个目录中，而私钥则是被秘密保存起来。发送者利用接收者的公钥对信息加密。接收到信息后，接收者利用自己的私钥来解密。

发送者 → 公钥加密 → 加密信息 → 私钥解密 → 接收者

图 8-7　公钥加密

注：公钥加密系统可看作一系列的公钥和私钥，分别在数据传输时给数据加密而在接收数据时给数据解密。发送者在目录中找到接收者的公钥并用它给信息加密。信息以加密的形式通过互联网或者专用网络传输。当加密信息到达时，接收者就用自己的私钥解密数据并读出信息。

**数字证书**（digital certificate）是为了保护在线交易，用来辨别用户身份和电子资产的一种数据文件（见图 8-8）。数字证书系统利用可信赖的第三方机构，称为**认证中心**（certification authority，CA），验证用户身份的合法性。在美国和世界各地有许多认证中心，如赛门铁克、GoDaddy 和 Comodo 等。

认证中心线下核查数字证书，以验证用户的身份。数字证书信息输入认证中心的服务器后，认证中心的服务器会产生一个加密的数字证书，其中包括证书持有者的身份信息和一份持有者的公钥备份。认证中心对此公钥是否属于所鉴定的持有者做出认证。认证中心的公钥以纸质形式或者在互联网上向社会公众公布。加密信息的接收者利用认证中心的公钥破解接收到的信息中的数字证书，并核实信息是否由认证中心发出，然后获取发送者的公钥和包含在证书中的身份信息。利用这些信息，接收者就可以发送加密回复。例如，数字认证系统可以使信用卡用户和商家在交换数据前，验证数字证书是不是由权威且可信的第三方机构所颁发的。使用公钥加密技术与认证中心合作的**公钥加密基础设施**（public key infrastructure，PKI），目前在电子商务中得到了广泛应用。

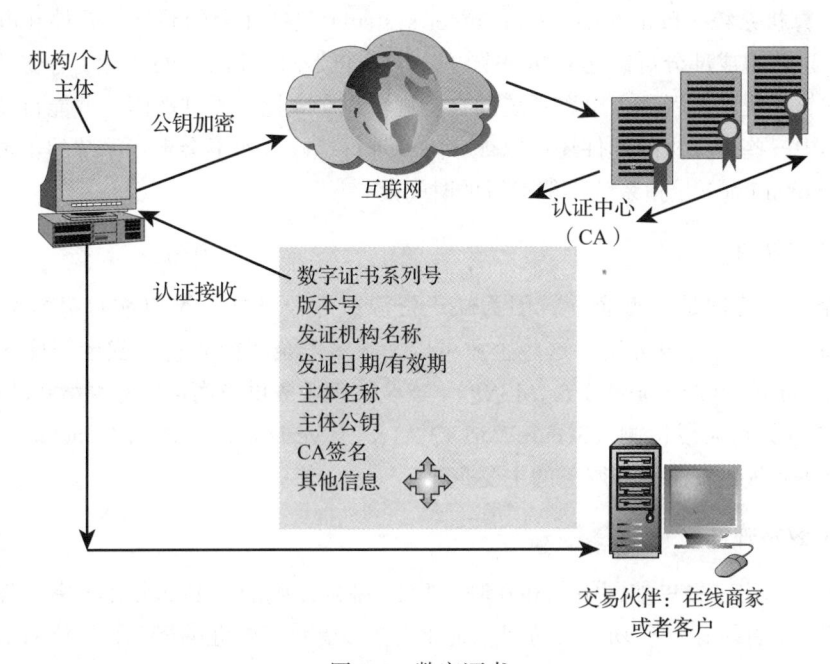

图 8-8 数字证书

注：数字证书帮助验证用户和电子资产的身份，通过提供安全、加密的在线通信保护在线交易。

### 8.4.5 用区块链保护交易

我们在第 6 章中介绍了区块链，它作为一种确保交易安全和在多方之间建立信任的替代方法正在受到关注。区块链是包含交易记录的数字"区块"链。每个块都连接到它之前和之后的所有块，并且区块链不断更新并保持同步，这使得篡改单个记录变得困难，因为人们必须更改包含该记录的块以及与之链接的块以避免检测。

区块链交易一旦被记录，就无法被更改。区块链中的记录是通过加密来保护的，所有的交易都是加密的。区块链网络参与者拥有自己的私钥，这些私钥被分配给他们创建的交易中，并充当个人数字签名。如果一个记录被更改，签名将失效，区块链网络将立即知道有什么问题。因为区块链不包含在一个中心位置，所以它们没有单一的故障点，也无法从一台计算机上进行更改。然而，研究人员指出，区块链在某些方面与传统的集中式记录保存系统一样脆弱。与其他具有高安全性要求的系统一样，区块链系统仍然需要仔细关注安全性和控制（Madnick，2020）。

### 8.4.6 确保系统的可用性

随着企业的收入和运营越来越依赖于数字网络，企业需要采取额外的措施来确保系统和应用程序随时可用。像民航和金融服务行业这类企业对在线交易处理有重要的应用需求，多年来一直采用传统的容错计算机系统，以确保其在线交易处理百分之百可用。在**在线交易处理**（online transaction processing）中，计算机需要对在线输入的数据进行及时处理。数据库信息、生成报告请求以及信息查询请求的批量更新等都需要及时处理。

**容错计算机系统**（fault-tolerant computer system）包括冗余的硬件、软件和电源保障等组成部分，这些组成部分可以建立起一个可以提供连续不间断服务的环境。容错计算机系统使用特殊的软件程序或者嵌入电路系统的自检逻辑程序来检查硬件故障，并能自动转换到备份系统。其中一些计算机的部件还可以被移除或进行检修，而不会干扰系统的正常运行或宕机。**宕机**（downtime）是指系统不能运行的时间段。

**1. 安全性外包**

许多企业，特别是小型企业，因为缺乏资源或专业技能，难以靠自身能力提供一个安全的、高可用性的计算环境。这些企业可以把很多安全职能外包给**安全管理服务供应商**（managed security service provider，MSSP）。安全管理服务供应商可以对网络活动进行监控，并进行漏洞检测和入侵检测。SecureWorks、AT&T、Verizon、IBM、Perimeter eSecurity 以及赛门铁克等是提供安全管理服务的主要企业。

**2. 实现数字弹性**

今天的组织比过去更加网络化和互联，其 IT 基础设施的重要部分在云中远程维护，由外部人员管理，并可通过移动设备访问。企业正在接受数字弹性的概念，以应对这种新的数字环境的现实。数字弹性处理的是如何在无所不在的数字环境中维护和增加组织及其业务流程的弹性，而不仅仅是 IT 功能的弹性。除了计算、存储和网络技术之外，数字弹性还要求关注管理和组织问题，例如企业策略和目标、业务流程、组织文化、业务需求、问责制度和业务风险管理。这些因素会影响组织实际利用和管理网络连接、应用程序、数据库和数据中心的能力，为业务提供 24/7 可用性的能力，以及响应不断变化的业务条件的能力。如果没有明确的设计、衡量和测试弹性，就可能导致这个链条中的一个薄弱环节中断或阻止企业应对新的挑战和机遇。

例如，许多企业的员工在 2020 年春季被要求居家办公，以避免接触新冠病毒，但他们不确定自己是否有足够的服务器容量来支持数千名远程工作的人。如果他们使用了数字弹性方法，就可以更好地预测和计划这种突发事件。

PayPal 是一家技术驱动型企业，"互动讨论：管理"部分展示了 PayPal 是如何通过更加注重衡量其数据中心团队的运营效率和减少员工错误来提高其数字弹性的。

⊙ 互动讨论：管理

### PayPal 提高数字弹性

**PayPal** 是一家运营全球性在线支付系统的美国企业，为在线转账提供支持，作为支票和汇票等传统付款方法的电子替代品。企业业务是作为网络厂商、拍卖网站和很多其他商业用户的支付处理商。如果你曾从 eBay 或某个电子商务网站买过东西，那么你很可能已经用过 PayPal。它是一个相沿成习、久负盛名并获得广泛认可的支付系统。截至 2020 年第一季度，

PayPal 拥有 3.25 亿活跃用户。2019 年，PayPal 处理了 124 亿笔支付交易，创造了 177.7 亿美元的收入。

很明显，这是一家必须谨慎工作、使其服务超级安全且可以在全世界全年全天候可用的企业，PayPal 维持着极高的安全和可靠性标准。但 Paypal 希望确保企业做到最好，所以它求助于 Uptime Institute 对自己运营数据中心的方式和自身的数字弹性水平进行评价。Uptime Institute 是一家咨询机构，致力于通过创新、协作和独立的性能认证提升企业关键基础设施的性能、效率和可靠性。

虽然数据中心尝试运营更多利用成本节约型技术和创新方法的站点，但是由于现有的运营计划，它们仍在奋力保证这些站点的持续性和可靠性。不同的员工配置水平和经验水平，加上仅得到有限或不准确的运营流程书面记录，导致行为出现不一致且服务出现中断。

Uptime Institute 已发现，大部分已报告的数据中心停运与人为错误直接相关。这可能是操作员的错误，或者管理层在做出员工配置、维护、培训或整体操作严谨性相关决定时发生错误。在如此多因人为错误造成数据中心事故的情况下，组织需对员工配置、组织实践、维护和运营活动、管理以及规划采取更为全面的方法。

PayPal 的数据中间架构和工程总监肖恩·特格韦尔希望确保其企业已达到高数字弹性水平，且所有数据中心实现 99.999% 的可用率。他还希望确保与 PayPal 合作的托管数据中心也有足够的弹性（托管数据中心通常被称为"colo"，是指向企业出租机架空间以便它们存放服务器或其他计算设备的大型数据中心设施）。

Uptime Institute 的管理与运营（M&O）评估测量了数据中心内团队的运营效率，重点关注应当主动、实践和知情的 5 种行为。这些行为适用于员工配置和组织、维护、培训、规划、协调和管理以及运营条件。2018 年年初，PayPal 获得了 Uptime Institute 对其 PHX01 数据中心的 M&O 认证，首次获得的评分非常高，达到 96.2%。PayPal 的其他几个数据中心首次获得了 100% 的高评分，进一步表明 PayPal 的数据中心具备高复杂度和成熟度。

对于"Service Now"平台的实施，PayPal 也获得了高评分，该平台用于改进程序审批工作流程、关键数据中心基础设施的管理、事故管理和空间与电力规划。PayPal 大放光彩的一个方面是它的员工配置和组织方法。PayPal 的设施运营小组始终在现场配置至少 3 名设施技术人员。这些技术人员接受过严格的培训，以确保他们综合、深入地了解各种系统和设备。

PayPal 的设施运营小组还负责数据中心的预防性和纠正性维护。该小组编制并实施现场维护标准与程序，确保数据中心维护工作得以顺利实施和记录。在该领域，PayPal 的分数也很好，它所有的数据中心都没有延迟维护项目。PayPal 的预防性维护计划帮助企业将设备保持在近似全新的状况。

对于 PayPal 设施运营团队的新员工，在允许他们轮班之前，都会要求他们先完成初始的培训计划。对于将进行现场维护的供应商，PayPal 也提供了培训计划。

为促进有效的规划、协调和管理进而延长运行时间，PayPal 制定了各种程序和标准，这些都在它的 ServiceNow 知识库中。这帮助促进了 PayPal 所有数据中心的一致性，也降低了各个站点发生人为错误的概率。PayPal 的财务团队编制、审查和跟踪预算，以确保各数据中心适合支持企业的商业目标。

一致性对 PayPal 变得愈加重要，因为它使用更多的托管数据中心企业来补充自身的算力。PayPal 能够使用 M&O 的盖章批准计划来评估它的托管数据中心供应商。新的供应商合同现在要求数据中心供应商获得 Uptime Institute 的 M&O 盖章批准,并且只要 PayPal 是客户就维持这一评定。

PayPal 数据中心服务团队当务之急是降低业务成本。就处理的交易数量、客户服务以及解决停运问题所需的时间和资源而言,任何数据中心停运,无论是企业自有的还是托管的数据中心,都会对企业造成损失。Uptime Institute 的 M&O 盖章批准促进了这一目标的实现,还帮助各团队确保在企业引入新的团队和操作实践时不会出现意外。

鉴于数字弹性的关键意义,除了 M&O 评估,Uptime Institute 还推出了数字弹性评估计划。该计划专门关注企业内部以及云数字基础设施(囊括最终用户、网络、应用、数据库和数据中心)的弹性,以识别业务链中的任何薄弱环节并验证整个系统的弹性。

资料来源:Uptime Institute, "Digital Infrastructure Resiliency Assessment," and "PayPal," www.uptimeinstitute.com , accessed March 24, 2020; Craig Smith, "Amazing PayPal Statistics and Facts (2020) by the Numbers," DMR, March 12, 2020; and investor.paypal.com, accessed March 23, 2020.

**案例分析题:**

1. 为什么数字弹性对 PayPal 这样的企业如此重要?
2. PayPal 如何从衡量其数字弹性中获益?它解决了哪些问题?
3. 在使组织的 IT 基础设施更具弹性方面,管理和组织问题的作用是什么?

### 8.4.7　云计算与移动数字平台的安全问题

尽管云计算和新兴移动数字平台具有能够产生巨大效益的潜力,但是它们给系统的安全性和可靠性带来了新的挑战。

**1. 云计算的安全性**

在云中处理数据时,保护敏感数据的责任和义务仍然由数据所有者承担。使用公有云颠覆了许多企业多年来建立起来的传统网络安全模式。随着企业使用公有云,它们需要修改其网络安全实践,以便以一种既能保护关键数据又能充分利用这些服务提供的速度和敏捷性的方式使用公有云服务。

管理云服务的安全性和隐私性与管理传统 IT 基础设施类似。然而,风险可能会有所不同,因为一些责任(不是全部责任)转移到了云服务供应商身上。云服务的类别(IaaS、PaaS 或 SaaS)确切地影响了这些责任的共享方式。对于 IaaS,供应商通常提供并负责保护基本的 IT 资源,如机器、存储系统和网络。云服务用户通常负责将其操作系统、应用程序和企业数据放入云计算环境中。这意味着保护应用程序和企业数据的大部分责任落在了用户身上。

云服务用户应仔细审查其与云服务供应商的云服务协议,以确保其托管在云服务中的应用程序和数据按照其安全和合规方针得到保护。然而,尽管许多组织知道如何管理其数据中心的安全性,但它们不确定当它们将计算工作转移到云端时需要做些什么。它们需要新的工具集和技能集来管理云安全,以便从终端配置和启动云实例,管理身份和访问控制,更新安全控制以匹配配置更改,并保护工作负载和数据。许多 IT 部门都有一种误解,认为云中发生的任何事情都不是它们的责任。更新为企业数据中心开发的安全需求，以产生适合使用云服务的需求是至关重要的。

云计算是高度分散的。云应用驻留在大型的远程数据中心和服务器群中，这些数据中心和服务器群为多家企业客户提供业务服务和数据管理。为了降低成本，云计算供应商通常在全球各地将处理任务分配到能够最为有效地完成该任务的数据中心。

云计算用户必须要确认，无论它们的数据存储在哪里，对数据的保护都必须达到企业要求的水平。它们必须规定云计算供应商对数据的存储和处理，必须符合法律规定的相关保密条款。云计算用户应该知道云计算供应商怎样将自己的数据与其他企业的数据隔离开，并要求证明加密机制是可靠的。同样重要的是，需要知道在灾难事件发生时，云计算供应商将会做出怎样的响应、能否完全恢复你的数据以及需要多长时间等。云计算用户还必须要求云计算供应商进行外部审计和安全认证。在与云计算供应商签署协议之前，这些控制措施都应当写入服务等级协议（service level agreement，SLA）。**云安全联盟**（Cloud Security Alliance，CSA）已经制定了行业范围内的云安全标准，规定了保护云计算的最佳做法。

**2. 移动平台安全**

如果移动设备执行了计算机的许多功能，它们就需要像笔记本电脑和 PC 那样被安全地保护起来，如预防恶意软件、盗用、意外损失、未经授权的访问和黑客攻击等。移动设备在访问企业系统和数据时需要特殊的保护措施。企业应确保将移动设备的使用纳入其安全措施计划，对如何支持、保护和使用移动设备做出详尽的规定。企业需要用移动设备管理工具对所有使用的移动设备授权；保持所有移动设备、用户和应用中库存记录的准确性；控制应用程序的更新；锁定或删除丢失或被盗的设备，使其不能对企业系统产生危害。数据丢失预防技术可以识别哪些关键数据被保存、谁在访问这些数据、数据如何离开企业，以及数据去向哪里。企业还应该制定指导方针，对允许使用的移动平台、应用软件，以及远程访问企业系统需要的软件和访问步骤等做出明文规定。企业的移动安全方针应该禁止员工使用不安全的、基于消费者的应用程序来转移和存储企业的文档与文件，或者没有加密地通过电子邮件将这些文档和文件发送给自己。企业应该尽可能对通信加密，所有的移动设备用户都应该被要求使用智能手机中的密码功能。

## 8.4.8 确保软件质量

除了实施有效的安全与控制措施，组织还可以通过采用软件度量和严格的软件测试来改进系统的质量和可靠性。**软件度量**（software metrics）是一种以定量指标的形式对系统进行客观的评价。持续进行软件度量能够让信息系统部门和终端用户共同测量系统的性能，并及时发现所产生的问题。软件度量的例子包括在一个特定时间内能被处理的交易数量、在线响应时间、每小时打印的工资支票数量，以及每百行程序代码发现的 bug 数量等。要成功应用软件度量的方法，需要对各项指标认真设计，做到规范、客观，而且保持前后使用的一致性。

企业尽早进行定期且全面的测试能够显著提高系统质量。很多观点认为测试是一种证明自己所做工作正确性的方法。事实上，众所周知，所有大型软件都充斥着错误，必须对其进行测试以发现这些错误。

良好的测试在软件程序写好之前就已经开始了，通过**走查法**（walkthrough）进行。这种方法针对具体测试目的，精心挑选出一组具有所需技能的人员，对系统开发说明书和设计文档进行演示审阅。当编程人员开始写软件代码时，走查法同样可以用来审查程序代码。但是，代码必须通过计算机运行来测试。当发现错误时，通过**调试**（debugging）过程来找到并消除错误源。第 13 章将详细介绍信息系统由设计开发到投入实际使用所需经历的各个测试阶段。

## 8.5 MIS 如何有助于我的职业发展

通过本章和本书的指引，将帮助你找到一份初级身份认证和管理支持专员的工作。

### 8.5.1 公司简介

NO.1 Value Supermarkets 是一家总部位于得克萨斯州普莱诺的大型连锁超市，正在招聘一位初级身份认证和管理支持专员。该企业在得克萨斯州的 23 个城市有 59 家零售店，员工超过 8 000 人，每周有近 100 万人到超市购物。

### 8.5.2 职位描述

身份认证和管理支持专员负责监控企业的身份管理系统，确保企业符合审计和合规控制要求。该职位向企业安全运营经理汇报。工作职责包括：
- 执行身份管理系统与业务应用程序集成的数据完整性测试；
- 将 Windows Active Directory 文件与身份管理系统集成；
- 维护有关系统用户角色和权限的信息。

### 8.5.3 岗位要求

- 具备学士学位。
- 精通计算机。
- 能够进行多任务工作和独立工作。
- 注重细节。
- 具备较强的时间管理能力。
- 具备与技术和非技术人员沟通的能力。

### 8.5.4 面试问题

1. 你对身份验证和身份管理了解多少？你是否曾使用过身份管理或其他 IT 安全系统？你用这个软件做了什么？

2. 你曾经使用过 Windows Active Directory 吗？你用这个软件做了什么？
3. 你在确保数据完整性方面有哪些知识和经验？
4. 你能举出一个你不得不同时处理多任务和管理时间的例子吗？
5. 你能告诉我们你的计算机能力吗？你用过哪些软件工具？

## 8.5.5 作者提示

1. 复习本章的最后两个部分，特别是身份管理和身份验证部分。复习第 6 章关于数据完整性和数据质量的讨论。

2. 使用网络了解有关身份管理、数据完整性测试、领先的身份管理软件工具和 Windows Active Directory 的更多信息。

3. 利用网络了解企业的更多信息，包括使用系统的种类以及谁可能使用这些系统。

## 本章小结

**8-1 信息系统容易受到破坏、出错和被滥用的原因**

数字数据容易受到破坏、使用不当、出错、被欺诈以及硬件和软件故障。互联网是开放系统，使得企业内部系统易受外来者侵入。黑客能够发动拒绝服务攻击（DoS）或渗透企业网络，从而造成严重的系统瘫痪。入侵者利用嗅探器程序可以很容易地获得访问网络资源的地址，从而渗透 Wi-Fi 网络。恶意软件能使系统和网络瘫痪，移动设备是主要的目标对象。云计算的分散性特点使得难以对未经授权的活动跟踪或从远程对其控制。软件存在问题是因为程序错误无法消除，并且软件漏洞能够被黑客和恶意软件所利用。

**8-2 安全与控制的商业价值**

依靠计算机系统开展其核心业务职能的企业，如果没有良好的安全与控制措施，将会丧失销售和生产能力。信息资产，如保密的员工记录、交易秘密、商业计划等，一旦外泄，将造成重大损失甚至使企业卷入法律纠纷。美国新出台的法律，如《健康保险流通与责任法案》《萨班斯－奥克斯利法案》《格雷姆－里奇－比利雷法案》等，要求企业对其电子档案实行严格的管理，使其符合关于安全、保密和控制的严格标准。涉及电子证据和计算机取证的法律行为同样要求企业加强安全和电子档案的管理。

**8-3 安全与控制的组织框架的组成要素**

企业需要为自己的信息系统建立起一整套良好的总体控制及应用软件控制措施。风险评估对信息资产进行评价，识别控制点并发现控制缺陷，确定最佳成本效益控制措施。企业必须制定协调一致的企业安全措施和计划，以保证在灾难或系统中断事件发生时业务的持续性。安全措施包括使用权限规定和身份管理规定。全面系统的信息系统审计有助于企业认识其信息系统安全与控制的有效性。

**8-4 保护信息资源最重要的工具和技术**

防火墙可以防止未授权的用户访问接入互联网的私有网络。侵入检测系统从可疑的网络流量和试图访问企业系统的请求中监控私有网络。密码、令牌、智能卡和生物认证技术用来识别系统用户的身份。反恶意软件检查计算机系统是否受到病毒和蠕虫的侵害，通常能够清除恶意软件。加密，即对信息的编码和保密，是一种广泛用在未被保护的网络中保障电子传输安全的技术。区块链技术使企业能够在没有中央机构的网络上创建和验证防篡改交易。数字证书和公钥加密技术通过识别用户身份对电子传输安全提供了进一步的保护。企业可以使用容错计算机系统确保其信息系统持续可用。软件度量和严格的软件测试有助于提高软件质量和可靠性。

## 关键术语

可接受使用策略（acceptable use policy，AUP）
反病毒软件（antivirus software）
应用控制（application control）
身份认证（authentication）
生物身份认证（biometric authentication）
僵尸网络（botnet）
程序代码缺陷（bug）
业务持续计划（business continuity planning）
点击欺诈（click fraud）
计算机犯罪（computer crime）
计算机取证（computer forensics）
计算机病毒（computer virus）
控制（control）
恶意网络破坏行为（cybervandalism）
网络战（cyberwarfare）
拒绝服务攻击 [denial-of-service（DoS）attack]
数字证书（digital certificate）
数字弹性（digital resiliency）
故障恢复计划（disaster recovery planning）
分布式拒绝服务攻击 [distributed denial-of-service（DDoS）attack]
宕机时间（downtime）
下载驱动（drive-by download）
加密（encryption）
邪恶双胞（evil twin）
容错计算机系统（fault-tolerant computer system）
防火墙（firewall）
总体控制（general control）
《格雷姆－里奇－比利雷法案》（Gramm-Leach-Bliley Act）
黑客（hacker）
《健康保险流通与责任法案》（HIPAA）
身份管理（identity management）
身份盗用（identity theft）
信息系统审计（information system audit）

入侵检测系统（intrusion detection system）
按键记录器（keylogger）
恶意软件（malware）
安全管理服务供应商（managed security service provider，MSSP）
在线交易处理（online transaction processing）
密码（password）
补丁（patch）
嫁接（pharming）
网络钓鱼（phishing）
公钥加密（public key encryption）
公钥加密基础设施（public key infrastructure，PKI）
勒索软件（ransomware）
风险评估（risk assessment）
《萨班斯－奥克斯利法案》（Sarbanes-Oxley Act）
安全超文本传输协议（secure hypertext transfer protocol，S-HTTP）
安全套接层协议（secure socket layer，SSL）
安全（security）
安全策略（security policy）
智能卡（smart card）
嗅探器（sniffer）
社交工程（social engineering）
电子欺骗（spoofing）
间谍软件（spyware）
SQL 注入攻击（SQL injection attack）
令牌（token）
特洛伊木马（Trojan horse）
双因素认证（two-factor authentication）
一体化威胁管理（unified threat management，UTM）
驾驶攻击（war driving）
蠕虫（worm）
零日漏洞（zero-day vulnerability）

## 复习题

8-1 列出并简述当前信息系统最常见的几种威胁。

- 定义恶意软件，并比较病毒、蠕虫、特洛伊木马之间的区别。

- 定义黑客，解释黑客如何带来安全和系统危害问题。
- 定义计算机犯罪。分别列举两个把计算机作为犯罪目标的例子和把计算机作为工具进行犯罪的例子。
- 定义身份盗用和网络钓鱼，并解释身份盗用为什么会成为今天的一大问题。
- 简述员工产生的安全和系统可靠性问题。
- 解释软件缺陷如何影响系统的稳定性和安全性。

8-2 解释安全与控制怎样创造商业价值。
- 简述安全和控制与美国政府最新几年出台的有关法律法规以及计算机取证之间的关系。

8-3 定义总体控制，并简述各种类型。
- 定义应用控制，并简述各种类型。
- 简述风险评估的作用，说明如何对信息系统进行评估。
- 定义以下名词并做简要说明：安全措施、可接受使用策略和身份管理。
- 解释信息系统审计如何强化安全与控制。

8-4 列举并简述3种认证方法。
- 简述防火墙、侵入检测系统、反恶意软件在加强安全防御中的作用。
- 解释加密技术如何保护信息。
- 简述在公钥加密体系中加密和数字证书的作用。
- 区分故障恢复计划与业务持续计划。
- 定义数字弹性并描述其对组织的好处。
- 简述由云计算引起的安全问题。
- 简述提高软件质量与可靠性的测量方法。

## 讨论题

8-5 安全不仅仅是技术问题，还是一个业务问题，请讨论之。

8-6 如果你为企业制订业务持续计划，第一步要做什么？计划中要解决的业务问题有哪些？

8-7 假设有一个电子商务网站用来销售商品并接受信用卡支付。请讨论该网站主要的安全威胁及潜在的影响，用什么措施可以降低这些威胁？

## MIS 实践项目

本部分的 MIS 实践项目将让你通过分析安全漏洞以及使用网络工具搜索安全外包服务获得实践经验。

### 管理决策问题

8-8 Zynga 是一家领先的在线游戏企业，提供网页和移动版本的游戏，如 Farmville、Zynga Poker、Hit it Rich！和 CSR Racing。Zynga 的游戏可以在全球多个平台上使用，包括苹果 iOS、谷歌 Android、Facebook 和 Zynga.com，并且已经有超过 10 亿人玩过它的游戏。请为其准备一份安全分析报告。该企业应该预料到会有什么样的威胁？这些威胁会对业务产生什么样的影响？企业能采取什么措施来防止其网站和持续经营造成损失？

### 改善决策：外包服务安全评估

**软件技能要求：** 使用网页浏览器和展示软件
**业务技能要求：** 评估业务外包服务

8-9 本项目有助于培养使用网站进行外包服务安全调查和评估的技能。
- 管理层需要决定是将安全事务外包，还是把保障安全的相关职能保留在企业内部。可以通过搜索网站获得的信息决定是否将安全事务外包，并查找能够获得的安全外包服务有哪些。
- 概述支持和反对将计算机安全外包的理由。

- 挑选两家提供安全外包服务的企业，对这两家企业及其提供的安全外包服务进行比较。
- 制作一份电子展示文档，向管理层报告你的结果。阐述的内容必须结合案例来说明企业应当或不应当将计算机安全工作外包。如果你认为应当外包，必须说明你选择什么样的安全外包服务，并证明你的选择是合理的。

## 协同与团队合作项目

### 评估安全软件工具

8-10 与3~4名同学组成一个小组，使用网络来研究和评估来自两个竞争厂商的安全产品，如防病毒软件、防火墙或反间谍软件。对于每个产品，描述其功能及最适合哪种类型的业务，以及购买和安装的成本。哪个是最好的产品？为什么？如有可能，请使用 Google Docs、Google Drive 或 Google Sites，集思广益并制作演示文稿汇报结果。

## 案例研究

### Equifax 黑客事件是有史以来最糟糕的吗

Equifax（以及 TransUnion 和 Experian）是美国三大信用机构之一，当消费者申请信用卡、抵押或其他贷款时，信用机构维护着庞大的个人和财务数据存储库，供贷方用来确定信用额度。该企业的网站宣称，企业在全球处理着超过8.2亿消费者和超过9 100万家企业的数据，并管理着包含来自11 000多家雇主的员工信息的数据库。这些数据由银行和其他企业直接提供给 Equifax 和其他信用机构。消费者对于信用机构如何收集、存储个人和财务数据别无选择。

Equifax 提供给你的数据比其他任何人都要多。如果任何企业的信息系统需要完全的安全性，那么应该是信用报告机构，如 Equifax。不幸的是，事实并非如此。

2017年9月7日，Equifax 报告称，从2017年5月中旬到7月，黑客获得了某些系统的访问权限，并可能获得约1.43亿美国消费者的个人信息，包括社会保障号码和驾照号码。209 000名消费者的信用卡号和182 000个有争议的个人信息也受到了损害。Equifax 将违规行为报告给了执法部门，并雇用一家网络安全企业进行调查。这次破坏的规模、重要性和泄露的个人信息的数量被认为是史无前例的。

根据美国证券交易委员会的文件，在 Equifax 发现该违规行为后，包括首席财务官约翰·格兰伯（John Gamble）在内的3名高管立即出售了总价值为180万美元的股票。企业发言人称，这3位高管不知道他们在8月1日和8月2日出售股票时，系统曾发生过入侵事件。彭博社报道说，该股票出售没有事先计划。2017年10月4日，Equifax 首席执行官理查德·史密斯（Richard Smith）在国会作证并就违规行为道歉。

Equifax 数据泄露的规模仅次于2013年的雅虎事件，后者影响了雅虎所有的30亿客户的数据。Equifax 的破坏尤其严重，因为 Equifax 存储的敏感的个人和财务数据被盗，并且这些数据在保护消费者的银行账户、病历和融资渠道方面发挥了作用。黑客一次性获得了一些重要的个人信息，可以帮助攻击者进行欺诈。根据 Gartner 咨询公司欺诈行为分析师阿维瓦·利坦（Avivah Litan）的说法，如果把消费者的风险等级分为1~10，那么这次事件的风险等级是10。

2005年，Equifax 上市之后，CEO 史密斯将该企业从一家发展缓慢的信用报告企业（每年自然增长1%~2%）转变为一家全球数据中心。Equifax 收购了拥有数据库的企业，这些数据库包含消费者的就业历史、储蓄和薪水的信息，并且在国际范围内进行了扩张。该企业购买了一些数据，使贷方、房东和保险企业能够做出有关授予信贷、雇用求职者和租用公寓的决定。Equifax 变成了一家利润丰厚的企业，包含 12 万亿美元的消费者财富数据。2016 年，该企业创造了 31 亿美元的收入。

竞争对手私下里发现，Equifax 并未升级其技术能力以跟上其激进的增长速度。Equifax 似乎更专注于可以商业化的数据增长。

黑客可以访问包含客户名称、社会保障号码、出生日期和地址的 Equifax 系统。个人申请各种类型的消费者信贷（包括信用卡和个人贷款）通常需要这 4 个数据。有权访问此类数据的犯罪分子可以使用该数据以他人名义获得信用批准。信贷专家兼 Equifax 前经理约翰·乌尔茨海默（John Ulzheimer）称这是一个"噩梦"，因为用于身份盗窃的所有 4 个关键信息都集中在一个地方。

黑客攻击涉及了 Apache Struts 中的一个已知漏洞，该漏洞是 Equifax 和其他企业用于构建网站的一种开源软件。该软件漏洞已于 2017 年 3 月被公开发现，并于当时发布了修复补丁。这意味着 Equifax 在漏洞发生前两个月就掌握了消除这个漏洞的信息。但是它什么也没做。

Equifax 安全系统的弱点在资深黑客入侵之前就已经非常明显了。黑客能够在 2013 年 4 月—2014 年 1 月访问信用报告数据。企业发现，由于 2015 年软件变更期间发生的"技术错误"，它错误地暴露了消费者数据。2016 年和 2017 年的数据泄露事件损坏了 Equifax 存储的消费者 W-2 表格的信息。此外，Equifax 在 2017 年 2 月披露，"技术问题"已经损害了一些使用 LifeLock 身份盗窃保护服务的消费者的信用信息。

2017 年早些时候，4 家安全评估企业根据公开信息对 Equifax 进行了安全状况评估分析，结果显示 Equifax 在网站的基本维护方面处于落后地位，这些网站可能涉及传输敏感的消费者信息。网络风险分析企业 Cyence 曾估计，在未来 12 个月内 Equifax 发生数据泄露的风险为 50%。它还发现该企业与其他金融服务企业相比表现不佳。其他的分析结果使 Equifax 的总体排名更高，但企业在整体网络服务安全性、应用程序安全性和软件修补方面表现不佳。

专注于信用评分服务的数据分析企业 Fair Isaac Corporation（FICO）进行的安全分析发现，到 7 月 14 日，Equifax 在运营方面面向公众的网站存在证书已过期、证书链错误或其他网络安全问题。证书是用于验证用户与网站的连接是否合法和安全的凭证。

外部安全分析的结果似乎与 Equifax 高管的公开声明不相符，Equifax 的高管宣称网络安全是重中之重。Equifax 的高管此前曾表示，网络安全是企业支出增长最快的领域之一。Equifax 的高管在发现攻击事件几周后的一次投资者演讲中，大肆宣传 Equifax 对安全的关注。

Equifax 尚未透露有关攻击的细节，但是，要么数据库未加密，要么黑客能够利用应用程序的漏洞访问未加密的数据。专家认为，黑客无法访问 Equifax 所有的加密数据库，以匹配为创建用于身份盗窃的完整数据配置文件所需的信息，如驾照号码或社会保障号码。

Equifax 管理层表示，尽管黑客可能访问了大约 1.43 亿美国消费者的数据，但没有证据表明，企业的核心信用报告数据库中发现未经授权的活动。黑客事件在消费者、金融组织、隐私权倡导者和媒体之间引起轩然大波。Equifax 的股票跌到了市值的 1/3。Equifax 首席执行官史密斯被迫辞职，首席安全官和首席信息官也离开了企业。银行不得不更换大约 209 000 张在泄露事件中被盗的信用卡，这是一项很大的开支。

不幸的是，受到影响最严重的是消费者，因为盗窃具有唯一身份识别的个人信息（如社会保障号码、住址历史、债务历史和出生日期）可能会产生永久性的影响。这些重要的个人数据可能会在暗网上流通很多年，被非法利用和身份盗窃。此类信息帮助黑客在访问金融账户时,回答一系列安全问题。世界隐私论坛执行董事帕米拉·迪克森(Pamela Dixon)表示:"这真是糟糕透了。"如果你有一份信用报告,至少有50%或更多的可能性在这次泄露事件中被黑客窃取了数据。

数据泄露使Equifax面临着法律和财务方面的挑战,尽管在时任总统执政期间,监管环境可能会变得更加宽松。这种环境已经太宽松了。Equifax等信用报告机构的监管非常严格。考虑到数据泄露的规模,几乎不存在对违规行为的惩罚。也没有联邦认可的关于数据存储的保险或审计系统,就像联邦存款保险公司在银行遭受损失后提供保险一样。对于许多类型的数据来说,很少有许可要求存储个人身份信息。在许多情况下,服务条款文件使企业免于因违规而承担法律后果。

专家表示,任何监管机构都不太可能因为此次违规而关闭Equifax。该企业被认为对美国金融体系过于重要。联邦贸易委员会和消费者金融保护局这两个对Equifax拥有管辖权的监管机构,拒绝对信用机构因违规而可能受到的任何处罚发表评论。

即使发生了历史上最严重的数据泄露事件,也没有人真正能够阻止Equifax继续照常运营。问题的范围变得更加广泛。公共政策没有好的方法来严惩那些无法保护我们数据的企业。美国和其他国家及地区已经允许建立庞大的、非常详细的数据库,其中包含可供金融企业、技术企业、医疗组织、广告商、保险企业、零售商和政府使用的个人信息。

Equifax为消费者提供了非常微弱的补救措施。人们可以访问Equifax网站,查看其信息是否已被泄露。该网站要求客户提供姓氏和社会保障号码的后6位数字。但是,即使人们这样做,也不一定了解他们是否受到了影响。相反,该网站提供了保护服务的注册日期。Equifax为2017年11月之前注册的消费者提供了一年的免费信用保护服务。显然,所有这些措施都无济于事,因为被偷窃的个人数据将在未来几年内被提供给暗网的黑客。参与州政府资助的网络战的政府机构能够利用这些数据填充详细的个人和医疗信息数据库,这些数据库可用于勒索或未来的攻击。具有讽刺意味的是,Equifax提供的信用保护服务要求用户放弃向Equifax要求赔偿损失的合法权利才能使用该项服务,而Equifax却不受惩罚。2018年3月1日,Equifax宣布该泄露事件进一步导致了另外240万美国人的姓名和驾照号码被泄露。

2018年年底,美国众议院监督和政府改革委员会发布了一份关于Equifax数据泄露的新报告。报告的结论是,该事件是"完全可以预防的",发生的原因是Equifax未能实施适当的安全计划来保护其敏感数据。但当局既没有制裁Equifax,也没有解决该事件暴露出的更深层次的全行业缺陷。自黑客入侵以来,Equifax已经花费了超过10亿美元,包括诉讼费用和罚款,并将不得不支付高达7亿美元的和解金,以解决因数据泄露而引发的调查和诉讼。企业继续照常营业。有害的数据泄露事件不断发生。在几乎所有情况下,即使数据涉及数千万或数亿人,被黑客入侵的Equifax和雅虎等企业仍在继续运营。现在有黑客入侵,将来还会有更多的黑客入侵。企业需要更加努力地将安全性纳入其IT基础架构和系统开发活动的各个方面。据Litan称,为了防止诸如Equifax的数据泄露事件,组织需要多层安全控制。它们需要假设如果预防方法失败该如何应对。

资料来源:Dave Sebastian and AnnaMaria Andriotis, "Equifax to Pay Up to $700 Million in Data Breach Settlement," *Wall Street Journal,* July 22, 2019; "The Unfinished Business of the Equifax Hack," Bloomberg, January 29, 2019; Financial Tips, "The Equifax Hack Affects Millions," April 9, 2019; Ethhack, "Equifax Knowledge Breach Restoration Prices Go $1 Billion," Ethhack.com, May 14, 2019; Michael Heller, "Equifax Breach Report Highlights Multiple Security Failures," SearchSecurity.com, December 12, 2018; Selena Larson, "Equifax Says Hackers Stole More than Previously Reported," CNN, March 1, 2018; AnnaMaria Andriotis and Michael Rapoport, "Equifax Upends CEO's Drive to Be a Data Powerhouse," *Wall Street Journal*, September 22, 2017; AnnaMaria Andriotis and Robert McMillan, "Equifax Security Showed Signs of Trouble

Months Before Hack," *Wall Street Journal*, September 26, 2017; Tara Siegel Bernard and Stacy Cowley, "Equifax Hack Exposes Regulatory Gaps, Leaving Customers Vulnerable," *New York Times*, September 8, 2017; Farhad Manjoo, "Seriously, Equifax? This Is a Breach No One Should Get Away With," *New York Times*, September 8, 2017; Eileen Chang, "Why Equifax Breach of 143 Million Consumers Should Freak You Out," thestreet.com, September 8, 2017; and Nicole Perlroth and Cade Metz, "What We Know and Don't Know About the Equifax Hack," *New York Times*, September 14, 2017.

## 案例分析题：

8-11 列出并描述本案例中讨论的安全和控制的弱点。

8-12 这些问题是由哪些管理、组织和技术原因造成的？

8-13 请讨论 Equifax 被黑客入侵的影响。

8-14 如何避免未来像这样的数据泄露事件？请解释你的答案。

## 参考资料

2-Spyware. "Messenger Virus. A New Threat for Facebook Users." (January 2020).

Accenture. "Ninth Annual Cost of Cybercrime Study." (March 6, 2019).

Akamai Technologies. "What Is Malware?" www.akamai.com, accessed March 27, 2020.

Anderson, Chad, Richard L. Baskerville, and Mala Kaul. "Information Security Control Theory: Achieving a Sustainable Reconciliation Between Sharing and Protecting the Privacy of Information." *Journal of Management Information Systems* 34, No. 4 (2017).

Bose, Idranil, and Alvin Chung Man Leung. "Adoption of Identity Theft Countermeasures and Its Short- and Long-Term Impact on Firm Value." *MIS Quarterly* 43, No. 1 (March 2019).

Cram, W. Alec, John D'Arcy, and Jeffrey G. Proudfoot. "Seeing the Forest and the Trees: A Meta-Analysis of the Antecedents to Information Security Policy Compliance." *MIS Quarterly* 43, No. 2 (June 2019).

Federal Bureau of Investigation. "2019 Internet Crime Report." (2020).

Fernandez, Manny, David E. Sanger, and Marina Trahan Martinez. "Ransomware Testing Resolve of Cities Across America." *New York Times* (August 22, 2019).

Fruhlinger, Josh. "Recent Ransomware Attacks Define Malware's New Age," *CSO* (February 20, 2020).

Goode, Sigi, Hartmut Hoehle, Viswanath Venkatesh, and Susan A. Brown. "User Compensation as a Data Breach Recovery Action: An Investigation of the Sony PlayStation Network Breach." *MIS Quarterly* 41, No. 3 (September 2017).

Gwebu, Kholekile L., Jing Wang, and Li Wang. "The Role of Corporate Reputation and Crisis Response Strategies in Data Breach Management." *Journal of Management Information Systems* 35, No. 2 (2018).

Hui, Kai-Lung, Seung Hyun Kim, and Qiu-Hong Wang. "Cybercrime Deterrence and International Legislation: Evidence from Distributed Denial of Service Attacks." *MIS Quarterly* 41, No. 2 (June 2017).

Javelin Strategy Research. "2020 Identity Fraud Study." (April 7, 2020).

Kaplan, James, Wolf Richter, and David Ware. "Cybersecurity: Linchpin of the Digital Enterprise." *McKinsey & Company* (July 2019).

Kaspersky Lab. "Kaspersky Finds Mobile Malware Attacks Doubling from 2018." *TechBarrista* (March 12, 2019).

Kerner, Sean Michael. "Microsoft Patches Out-of-Band Zero-Day Security Flaw for IE." *eWeek* (December 20, 2018).

Liang, Huigang, Yajiong Xue, Alain Pinsonneault, and Yu "Andy" Wu. "What Users Do Besides Problem-Focused Coping When Facing IT Security Threats: An Emotion-Focused Coping Perspective." *MIS Quarterly* 43, No. 2 (June 2019).

Madnick, Stuart. "Blockchain Isn't as Unbreakable as You Think." *MIT Sloan Management Review* 61 No. 2 (Winter 2020).

McMillan, Robert. "Microsoft Announces a Monster Computer Bug in a Week of Them." *Wall Street Journal* (May 15, 2019).

Moody, Gregory D., Mikko Siponen, and Seppo Pahnila. "Toward a Unified Model of Information Security Policy Compliance." *MIS Quarterly* 42, No. 1 (March 2018).

Oracle and KPMG. "Oracle and KPMG Cloud Threat Report." (2019).

Panko, Raymond R., and Julie L. Panko. *Business Data Networks and Security*, 11th ed. (Upper Saddle River, NJ: Pearson, 2019).

Parenty, Thomas J., and Jack J. Domet. "Sizing Up Your Cyberrisks." *Harvard Business Review* (November–December 2019).

Ponemon Institute. "2019 Cost of a Data Breach Report." IBM Security (2019).

Rothrock, Ray A., James Kaplan, and Friso Van der Oord. "The Board's Role in Managing Cybersecurity Risks." *MIT Sloan Management Review* (Winter 2018).

Sen, Ravi, Ajay Verma, and Gregory R. Heim. "Impact of Cyberattacks by Malicious Hackers on the Competition in Software Markets." *Journal of Management Information Systems* 37 No. 1 (2020).

Symantec. "Internet Security Threat Report." (February 2019).

Uptime Institute Intelligence. "Digital Resiliency Design Issues." (April 2020).

Wang, Jingguo, Zhe Shan, Manish Gupta, and H. Raghav Rao. "A Longitudinal Study of Unauthorized Access Attempts on Information Systems: The Role of Opportunity Contexts." *MIS Quarterly* 43, No. 2 (June 2019).

Yue, Wei T., Qiu-Hong Wang, and Kai-Lung Hui. "See No Evil, Hear No Evil? Dissecting the Impact of Online Hacker Forums." *MIS Quarterly* 43, No. 1 (March 2019).

Yin, Hao Hua Sun, Klaus Langenheldt, Mikkel Harlev, Raghava Rao Mukkamala, and Ravi Vatrapu. "Regulating Cryptocurrencies: A Supervised Machine Learning Approach to De-Anonymizing the Bitcoin Blockchain." *Journal of Management Information Systems* 36, No. 1 (2019).

# 第 3 部分

# 数字化时代的关键系统应用

- 第 9 章 实现运营优化和客户亲密：企业应用
- 第 10 章 电子商务：数字市场、数字产品
- 第 11 章 管理知识和人工智能
- 第 12 章 增强决策能力

第 3 部分将探讨现代企业正在使用的主要信息系统应用，以帮助企业提高运营水平和增强决策能力。这些应用包括企业系统、供应链管理系统、客户关系管理系统、人工智能、知识管理系统、电子商务应用以及商业智能系统等。本部分将回答这样的问题：企业应用如何提升业务绩效？企业如何利用电子商务拓展业务范围？系统如何改善企业决策并帮助企业从人工智能和知识管理中获益？

# 第 9 章

# 实现运营优化和客户亲密：企业应用

## 学习目标

通过阅读本章，你将能够回答如下问题：
1. 企业系统如何帮助企业实现卓越运营？
2. 供应链管理系统如何帮助企业和供应商之间协调计划、生产和物流配送？
3. 客户关系管理系统如何帮助企业提升客户亲密度？
4. 企业应用面临哪些挑战？如何把新技术应用于企业中？
5. MIS 如何有助于我的职业发展？

## 开篇案例

### 兰精集团持续平衡供给与需求

总部位于奥地利的兰精集团（Lenzing Group）为全球时尚行业、运动和户外服装、防护服供应高品质的特种纤维。它的植物纤维素纤维用于生产纺织和非织造产品，相比传统材料，对环境的有害影响要小得多。企业在全球主要市场均有生产基地，且有遍布全球的销售和营销办事处网络，雇用了 6 500 名员工，并在 2019 年实现了超过 23 亿美元的收入。兰精集团的供应链中有众多不同的成员，包括纺纱厂、织布厂、纺织厂、染料厂和加工厂，以及时尚品牌和零售商。

依据兰精集团首席商务官罗伯特·范·德·克霍夫的说法，时尚行业是全世界第二大污染行业。它的生产工艺会产生废弃物，而最终产品本身一般都是不可降解的，且极少回收。兰精集团坚持极高的环保标准，自身的商业流程获得了很多国际可持续发展认证，被视为该行业内最可持续发展的企业。

兰精集团希望做得更多，它致力于创新产品和工艺，在满足最终客户需求的同时最小化自身的环境影响。企业需要打造一个精准匹配供给与需求的端到端供应链规划流程，在最大程度上减少低效、提高盈利水平。鉴于企业全球业务模式和供应链的复杂程度，兰精集团一直在使用 Excel 电子数据表，该任务无法通过手动密集型流程完成。企业需要更为强大的软件工具以数字化形式将需求预测、销售规划和运营规划串联起来，由此打造高度准确且高效的端到端供应链。

兰精集团需要全面改造它的销售和运营计划（sales&operations planning，S&OP）流程来全面整合业务规划流程并完全消除手动工作。销售和运营计划流程使企业能够通过更好的决策支持和跨职能协调来实现收入、利润和运营表现的提升。兰精集团为此目的选择了 JDA 的销售和运营计划解决方案。

JDA 的销售和运营计划解决方案支持 6 个显著不同的企业流程以及相关情境计划：需求审查、供应审查、供需平衡、财务审查、持续计划优化和企业业绩管理。使用该软件的企业能够采用跨职能集成式商业计划方法，将整个供应链中所有变化的部分统一起来以满足不同市场的需求，同时服务于短期目标和长期目标。当风险、机遇或威胁干扰战略执行时，整个组织可以快速果决地采取行动，使自身回到轨道上来。系统提供跨部门可视化，能够发现绩效差距，并提供假设（what-if）分析。销售预测的准确度、透明度、业务一致性与决策制定均有所改善。兰精集团能够利用 JDA 的云软件即服务（SaaS）快速启动 JDA 的销售和运营计划系统。投资回报立竿见影，计划和决策的时间节约了 50%。企业对自身的供应链有了更好的了解，由此促进了更高的预测准确度和更好的决策。盈利能力与资源利用率也得到改进，企业能够更好地将关键资源分配给最可盈利的市场和产品应用。新系统帮助兰精集团在最大程度上减少了废弃物，它的整个供应链也变得更加精简。

资料来源：www.jda.com, accessed January 8, 2020; www.lenzing.com, accessed January 8, 2020; JDA Software, "World Leader in Specialty Fibers Made from Renewable Materials Creates a Digital Supply Chain Optimizing Profits and Sustainability, " August 6, 2019; Bloomberg, "Greener Fashion Industry Could Unlock $100 Billion in Value, " January 22, 2020.

兰精集团在全球市场中平衡供需的问题说明了供应链管理系统在商业中的关键作用。兰精集团的经营业绩受到了阻碍，因为它无法准确预测其供应链中其他成员在全球许多不同地点所需的纤维材料数量。兰精集团现有的系统是高度手动的，缺乏灵活性和能力来做到这一点。客户下单时，并不总是能买到兰精集团的产品。有时这会导致企业持有太多无法销售的库存，或者在正确的时间或地点没有足够的库存来满足客户的订单。这不仅增加了成本，而且对环境造成了污染。

图 9-1 让我们注意到本案例和本章提出的要点。兰精集团的供应链影响深远，为全球许多不同地点订购纤维的客户提供服务。兰精集团的遗留系统无法协调其整个全球企业的需求、库存和供应计划。它管理供应链的方式非常浪费，与促进可持续发展的企业使命背道而驰。为销售和运营计划实施 JDA 软件工具使兰精集团的管理人员更便捷地访问和分析用于预测、库存计划和履行的数据，大大提高了全球企业的决策制定和运营效率。

图 9-1 兰精集团的供应链

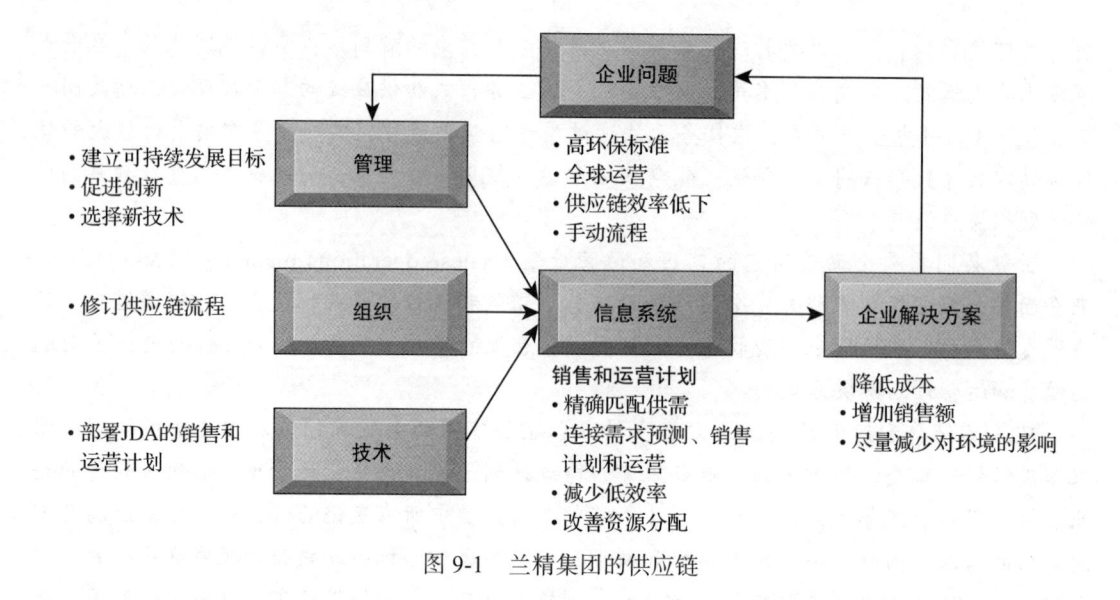

> 请思考：低效的供应链对兰精集团的商业模式和目标有何影响？JDA 软件工具如何改善兰精集团的运营和决策？

## 9.1 企业系统帮助企业实现卓越运营

在全球范围内，许多企业正在增加自身内部和其他企业的连通性。当某个客户下了一笔大订单时，或者供应商的供货产生延迟时，企业的经营者一定希望能立即做出反应，了解这个事件对企业内各部门的影响，以及企业在各个时间点的表现。企业系统使之成为可能。让我们来看看它们是如何工作的，以及能为企业做些什么。

### 9.1.1 企业系统

假设你正负责运营一家有几十甚至上百个数据库和系统的企业，而这些系统之间彼此互不相关。假设你的企业有 10 条不同的主要生产线，每条生产线在一个独立的工厂生产，每一个工厂由独立的、不兼容的系统控制生产、仓储和分配。

这样，你的决策往往是基于手动的硬拷贝报告，而且经常是过时的信息，这将使你很难从整体上真正了解企业到底发生了什么。销售人员在签订单时可能不知道所订购的产品是否有库存，生产人员也不能轻易地根据销售数据制订生产计划。现在你应该知道为什么企业需要企业系统来集成信息了吧。

第 2 章已经介绍了企业系统，它是由一套集成的软件模块和一个中央数据库组成的，也被称为 ERP 系统，其中，中央数据库从企业生产制造、财务会计、销售市场、人力资源等各个不同的部门及关键业务流程中收集数据，以此为所有企业内部的业务活动提供数据支持。一旦在某个流程中输入了新信息，其他业务流程就可以立即使用它，如图 9-2 所示。

例如，当一个销售代表签订了一个轮胎轮辋的订单时，系统就要验证该客户的信用额，同时还要调度运输计划、制定最佳配送路线，并在库存中预留该订单所需要的产品。如果现有库存无法满足该订单，系统就会安排生产更多的轮辋，并从供应商那里订购所需的原材料和配件。此时，系统中的销售和生产预测会立即自动更新，企业总账与现金流也将根据订单收入和成本信息自动核算与更新。通过应用企业系统，客户可以随时登录系统查询订单状态，企业管理人员也可以随时获得业务运营的情况，系统还能根据生成的企业数据进行成本和利润的管理分析。

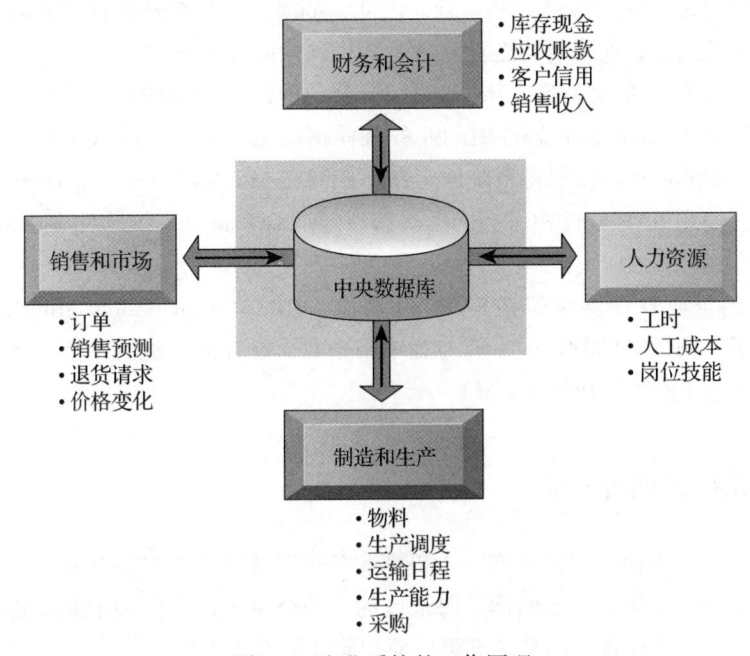

图 9-2 企业系统的工作原理

注：企业系统是由一系列集成的软件模块和一个中央数据库组成的，使数据能在企业不同的业务流程和职能领域中共享。

## 9.1.2 企业软件

**企业软件**（enterprise software）是围绕几千个被称为最佳实践的业务流程而开发的，表 9-1 描述了企业系统支持的业务流程。

表 9-1 企业系统支持的业务流程

| 中文名称 | 英文名称 | 主要功能 |
| --- | --- | --- |
| 财务和会计流程 | financial and accounting process | 包括总账、应付账款、应收账款、固定资产、现金管理和预测、产品成本核算、成本中心核算、资产核算、税收核算、信用管理和财务报表 |
| 人力资源流程 | human resource process | 包括人事管理、工时管理、工资、员工规划与发展、福利管理、应聘跟踪、时间管理、薪酬管理、人力规划、绩效管理和差旅花费报告 |
| 制造和生产流程 | manufacturing and production process | 包括采购、库存管理、采购运输、生产计划、生产调度、物料需求计划、质量控制、分销、运输执行、工厂和设备维护 |
| 销售和市场流程 | sales and marketing process | 包括订单处理、询价、合同、产品配置、定价、账单、信用审查、激励与佣金管理、销售计划 |

企业要实施企业软件，首先需要选择希望实施的系统功能，然后画出相应的业务流程，并与软件系统中预先定义好的业务流程相匹配。软件供应商提供的配置表使企业可以配置符合自身实际的业务运作方式的系统。例如，企业可以用配置表选择是想要按照产品线、地理位置还是分销渠道来跟踪收入。

如果企业软件不能支持运营方式，那么企业可以重写部分软件功能用以支持它们的业务流程。但是，企业软件一般非常复杂，过多的定制可能会降低系统的性能，影响信息和流程的集成，而这恰恰是企业软件最大的好处。因此，如果企业想要从软件中获得最大利益，最好改变原有的业务流程，使之符合企业软件系统中预设的业务流程。

为了实施一个新的企业系统，Tasty Baking 公司确定了现有的业务流程，然后把这些业务流程与它所选择的 SAP ERP 软件中的业务流程相匹配。为了确保从企业软件中获得最大的收益，Tasty Baking 公司计划将系统的定制率控制在 5% 以内，只对 SAP 软件本身进行很少的修改，尽量使用 SAP 软件中已有的工具和功能。SAP 企业系统软件中通常包含了 3 000 多个功能设置表格。

目前主要的企业软件供应商有 SAP、甲骨文、IBM、Infor Global Solutions 和微软等。这些企业提供了不同版本的软件包，有专为中小企业而设计的，也有基于云计算的按需配置的定制版本（详见开篇案例和第 9.4 节）。

## 9.1.3 企业系统的商业价值

企业系统的商业价值主要体现在：①提高业务运行效率；②提供全面的信息以帮助企业管理人员做出更好的决策。对于跨国、跨地区的大型企业来说，借助企业系统可把业务与数据进行标准化，使得世界各地的员工都可以使用同样的方式工作。

以可口可乐为例，该企业利用 SAP 企业系统，实现了在 200 个国家的企业关键业务流程的标准化。如果缺少标准，不仅会降低该企业在全球范围内寻找低价原材料的能力，也会影响企业针对市场变化做出快速响应。

企业系统可以帮助企业快速响应客户的信息或产品需求。因为系统集成了订单、制造和运输数据，所以企业可以实现按需生产和采购，将产品的库存量和库存时间降至最低。

Alcoa 是世界领先的铝产品生产商。该企业早期根据业务需求在 31 个国家设立了 200 多个运营点，每个运营点都有一套自己的信息系统。这些系统大多是重复且低效的，使 Alcoa 的付款和财务决策流程的成本高出同行很多，而且流程的处理周期也很长（处理周期是指一个流程从开始到结束的整个耗时）。因此，该企业无法实现全球范围内的统一的运营模式。

自从实施了甲骨文的企业系统之后，Alcoa 减少了许多冗余的流程和系统。企业系统帮助 Alcoa 完成验货并自动生成付款单据，缩短了付款的处理周期，使 Alcoa 的应付账款流程的处理周期降低了 89%。Alcoa 能够将财务及采购活动集中化，降低了全世界范围内近 20% 的成本。

企业系统为企业提供了对管理决策更有价值的信息，使企业总部能查询到最新的销售、库存和生产数据，并用这些数据更加准确地预测产品的销售和生产情况。企业软件一般包含分析工具，企业可以利用系统收集到的数据来评估整个企业的业绩情况。在企业系统中，数据按照通用标准和格式定义，保证了数据在企业内部的有效共享。企业业绩指标的定义与评估也是如此，借助企业系统，高层管理人员可以随时了解各组织部门的运营情况，确定哪些产品的利润最高或最低，并计算企业整体的运营成本。例如，Alcoa 的企业系统具有全球人力资源管理的功能，能分析对员工培训的投资和员工绩效之间的关联性，评估企业为员工提供服务所付出的成本，评估员工招聘、薪酬激励与培训的效果等。

## 9.2 供应链管理系统有助于企业和供应商之间协调计划、生产和物流配送

如果你管理一家小企业，只生产很少的产品，提供简单的服务，只有很少的供应商，那么你可以使用电话与传真机来协调供应商的订单和物流。但如果你管理的是一家大企业，要提供相对复杂的产品和服务，拥有几百个供应商，且每个供应商又有自己的一群供应商，那么当需要应对一个紧急的产品服务时，你可能需要协调几百个甚至上千个其他企业的活动，这时，该如何应对呢？我们在第 2 章中介绍的供应链管理（SCM）系统就是针对复杂的、大规模的供应链管理提出的解决方案。

### 9.2.1 供应链

一家企业的供应链是由若干个组织和业务流程组成的网络，涵盖了原材料采购、原材料向半成品和成品转换、成品分销至客户等流程。它联结供应商、制造工厂、分销中心、零售店和客户，涵盖了从源头到最终消费的产品供应和服务全过程。供应链中的物流、信息流和资金流都是双向的。

在供应链中，产品从原材料开始，先被转换为半成品（也被称为配件或零部件），最后成为成品，成品被运输至分销中心，再流向零售店和客户，退还的商品则沿着相反的方向，从买家返回卖家。

让我们以某品牌运动鞋的供应链为例。该品牌在世界各地设计和销售运动鞋、袜子、运动服和配饰。其主要供应商是与中国、泰国、印度尼西亚、巴西和其他设有工厂的国家签订合同的制造商。这些企业设计该品牌的成品。

该品牌的合同供应商不会从零开始生产运动鞋。他们从其他供应商那里获得运动鞋的部件——鞋带、鞋眼、鞋面和鞋底，然后将它们组装成成品运动鞋。这些供应商又有自己的供应商。例如，鞋底的供应商有合成橡胶的供应商，有用于熔化成型橡胶的化学品的供应商，也有用于浇注橡胶的模具的供应商。鞋带的供应商有为他们提供线、染料和塑料花边尖的供应商。

如图 9-3 所示是该品牌运动鞋供应链的一个简化示意图，描述了信息流和物流在供应商、品牌商、分销商、零售商和客户间的流动过程。该品牌商的合同供应商是它的一级供应商，鞋底、鞋眼、鞋面、鞋带等配件产品的供应商是二级供应商，配件产品原材料的供应商是三级供应商。

供应链的上游部分包括企业的供应商、供应商的供应商以及管理他们之间的关系的流程。下游部分包括向最终客户分配和交付产品的组织和流程。制造企业，如某品牌运动鞋合同供应商，也管理自己的内部供应链流程，将供应商提供的材料、组件和服务转化为成品或中间产品（组件或零件），提供给客户，并管理材料和库存。

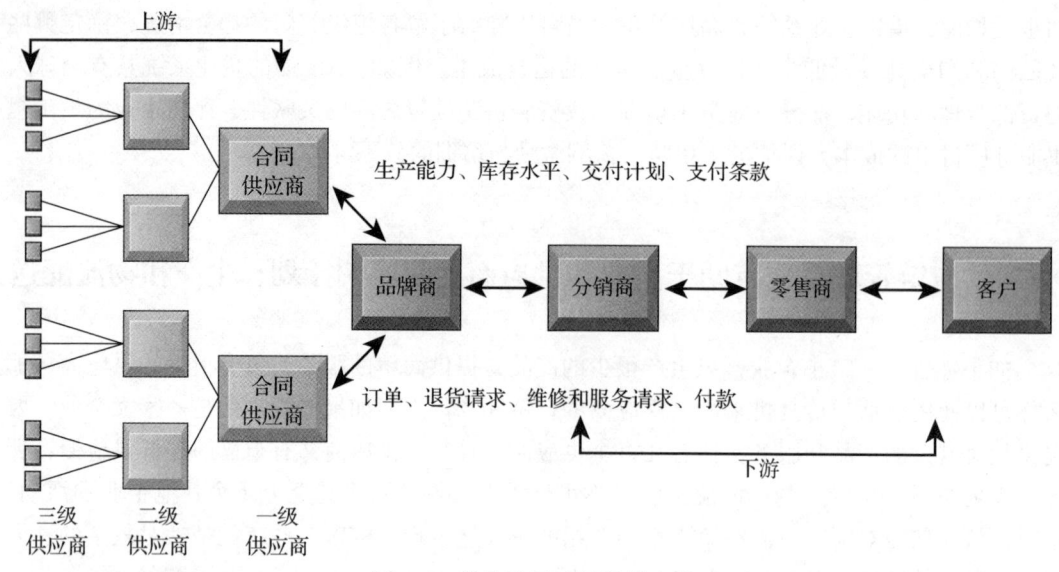

图 9-3　某品牌运动鞋的供应链

注：图 9-3 描述了某品牌运动鞋供应链中的主要实体机构，以及用于协调购买、生产和运输产品相关活动的上下游信息流。图 9-3 展示的是一个简化的供应链，上游部分仅关注了运动鞋和鞋底的供应商。

图 9-3 所示的供应链已被简化。它只显示了两家运动鞋的合同供应商，只显示了运动鞋鞋底的上游供应链。该品牌有数百家生产成品运动鞋、袜子和运动服的合同供应商，每家都有自己的一套供应商。该品牌供应链的上游部分实际上包括数千家实体。该品牌还拥有众多的分销商和数千家零售商店，因此其供应链的下游部分也很庞大且很复杂。

## 9.2.2　信息系统和供应链管理

不准确或不及时的信息会造成供应链的低效率，如零件短缺、生产能力利用不足、过多的库存成品、过高的物流成本等现象。例如，生产制造商保存过多的零件是因为不知道供应商下一批次零件运到的准确时间。当然，由于没有准确的需求信息，供应商也可能订购过少的原材料。这些供应链的低效可能浪费了企业高达 25% 的运营成本。

如果一个制造商能准确地知道客户需要多少产品、何时需要、何时进行生产，就可以实现高效率的**准时制策略**（just-in-time strategy），即零部件在需要的时刻刚好到达，成品在刚下线时就被运走。

然而，在供应链中，由于许多事情无法被准确预测，不确定性总是存在的，如不确定的产品需求、来自供应商的运输延误、有缺陷的原材料或零部件、生产过程中断等。为了使客户满意，制造商往往在其库存中保持比实际需求量更多一些的库存，以应对供应链中的不确定性和不可预测性。这种超额库存被称为安全库存，在供应链中起着重要的缓冲作用。尽管超额库存会带来高成本，但是因无法满足客户而造成订单取消所带来的损失也是非常高的。

供应链管理中一个普遍存在的问题是**牛鞭效应**（bullwhip effect），它是指需求信息在从供应链中的一个实体机构传递到另一个实体机构时被扭曲了，即一件商品需求量的微量上升，可能导致供应链中不同成员［分销商、制造商、供应商、二级供应商（供应商的供应商）和三级供应商（供应商的供应商的供应商）］存储大批库存，每一个成员均希望有足够的库存

"以防万一"。这些变化经过供应链传递，最初计划订单的微小变化被无限放大，导致超额的库存、生产、仓储和运输成本（见图9-4）。

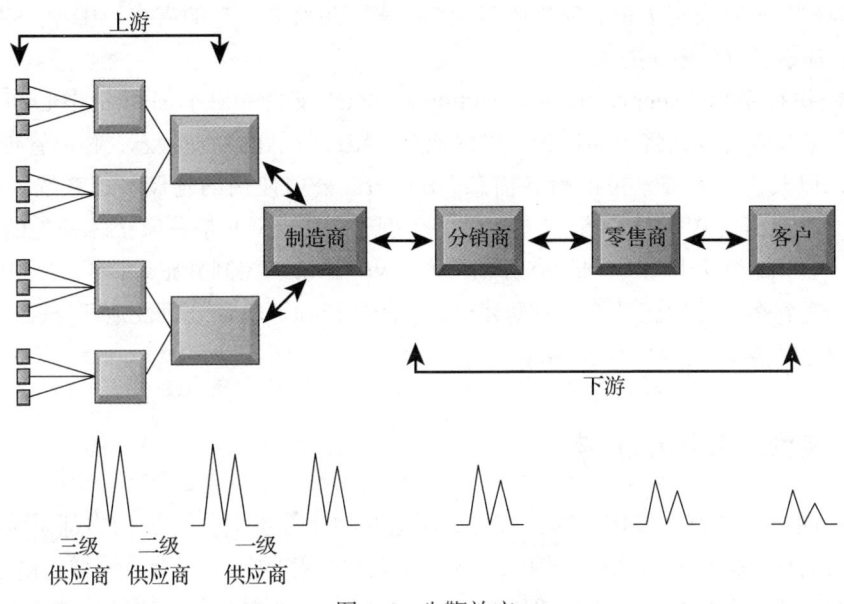

图 9-4  牛鞭效应

注：不准确的信息会造成产品需求量的小幅波动，而这种波动会随着供应链的传递被逐渐放大。产品零售中的小幅波动会造成分销商、制造商与供应商的大量库存。

例如，由于信息失真，宝洁（P&G）供应链的各个环节都为一次性尿布存储了超额库存。虽然消费者在各商店的购买量是相对稳定的，但当P&G开展较大规模的价格促销活动时，分销商的订货数量将会达到高峰，超额成品和零部件沿着供应链在各方仓库中堆积，试图满足一个实际上可能并不存在的需求。为了解决这个问题，P&G修改了市场营销、销售和供应链流程，以实现更为准确的需求预测。

当供应链中的所有成员都有准确且及时的信息时，需求与供应的不确定性就会减少，从而克服牛鞭效应。如果所有的供应链成员都可以共享库存水平、生产预测计划、运输动态信息，那么它们将会有更精确的信息来调整相应的原料储备、制造计划与资源分配计划。SCM系统提供的正是这样的信息共享支持，可以帮助供应链成员做出更好的原料采购和生产调度决策。

### 9.2.3 供应链管理系统软件

供应链管理系统可以分为供应链计划系统和供应链执行系统。**供应链计划系统**（supply chain planning system）使企业可以建立现有的供应链模型、生成产品的需求预测、优化供应源和生产计划等。这样的系统能帮助企业做出更好的决策，如在给定的时间生产多少某种产品，确定原材料、半成品、成品的库存水平，确定何处存放成品，并选择适于分销产品的物流模式等（见开篇案例）。

当一个大客户订购了一个比往常更大的订单或临时通知要修改订单时，可能对整个供应链都会造成严重的影响。例如，供应商可能要补订原材料或需要不同的原材料组合，制造商可能要修改生产计划或工作安排，运输单位可能要重新进行运输调度，等等。供应链计划系统可以支持企业完成这些必要的生产和分销计划的调整工作，并在相关的供应链成员间共享变化的信息，协调它们的工作。**需求计划**（demand planning）是供应链计划中最重要也是最复杂的功能模块，它决定了企业应生产多少产品来满足所有客户的需求。JDA、SAP 和甲骨文都提供供应链管理的解决方案。

**供应链执行系统**（supply chain execution system）支持企业管理分销中心和仓库的物流，保证以最高效的方式将产品送到正确的地点，跟踪货品的物理状态、物料管理、仓储和运输管理，以及所有参与单位的财务信息。Haworth 公司使用的**仓储管理系统**（warehouse management system，WMS）就是这方面的一个例子。Haworth 是一家全球领先的办公家具制造和设计公司，在美国 4 个州设有分销中心。WMS 系统控制并跟踪产品成品从 Haworth 分销中心配送到客户的物流过程，根据客户订单的执行和运输计划以及地理位置、设备、库存和人员的即时情况，指导货品的搬运。

### 9.2.4 全球供应链和互联网

在互联网出现之前，采购、物料管理、制造和物流等不同供应链的内部系统都是独立的，系统间的信息集成与共享十分困难，无法实现供应链的协调配合。同样，由于供应商、分销商、物流商的系统基于不兼容的技术平台和标准，企业与外部供应链伙伴之间也难以共享信息。互联网技术的出现在一定程度上提升了企业供应链管理系统的集成性。

管理人员可以通过网络界面登录供应商的系统，判断库存和生产能力能否满足企业的需求。业务伙伴可以使用基于网络的 SCM 工具，在线合作并协同预测。销售代表可以访问供应商的生产调度和物流信息系统，跟踪客户订单的状态。

**1. 全球供应链问题**

随着越来越多的企业进入国际市场，将制造业务外包、在其他国家寻找供应商、销售产品到国外市场已成为商业活动的主要形态。企业的供应链也随之扩展到多个国家和地区，而管理一个全球化的供应链会带来更多的复杂性与挑战。

与国内供应链相比，全球供应链通常跨越更大的地理距离和时间差异，供应链成员来自多个不同的国家，绩效标准在各个国家和地区间可能存在差异，因此供应链管理需要考虑各国的法律法规以及文化差异。

互联网在多个方面可以支持企业管理全球供应链，包括采购、运输、通信和国际金融等。例如，当今的服装业严重依赖中国和其他低生产成本国家的合同制造商，服装企业使用互联网来管理全球供应链与生产问题（请回顾第 3 章中对于利丰集团的讨论）。

除了生产制造外，全球化还推动了仓库外包管理、运输管理、第三方物流供应商的发展，如 UPS 的供应链解决方案和 Schneider 的物流服务。这些物流服务企业提供基于互联网的软件系统，客户可以更好地了解和掌控全球供应链，还可以通过安全的网站跟踪库存和物流情况，从而更高效地管理全球供应链。

**2. 需求驱动供应链：从推到拉的生产和高效的客户响应**

除了降低成本外，SCM 系统还能带来高效的客户响应能力，实现客户需求驱动的业务模式（第 3 章已经介绍了高效率的客户响应系统）。

早期的 SCM 系统由**基于推式的供应链模型**（push-based model），简称"推式模型"，也被称为基于库存生产的模型。在"推式模型"中，基于对产品需求的预测或最佳猜测来制订主生产计划，生产出的产品被"推向"客户。有了互联网工具，信息集成成为可能，SCM 可以更容易地实现**基于拉式的供应链模型**（pull-based model），简称"拉式模型"，也被称为需求驱动或按订单生产的模型，由实际的客户订单或采购行为触发供应链的运转。根据客户订单形成的生产和运输交付计划逆供应链而上，从零售商到分销商，再到制造商，最终到达供应商；生产出来的产品顺着供应链回到零售商。制造商根据实际订单的需求信息，驱动生产计划和原材料采购，安排生产活动，该过程详见图 9-5。在第 3 章中，沃尔玛的持续补货系统就是基于拉式模型的例子。

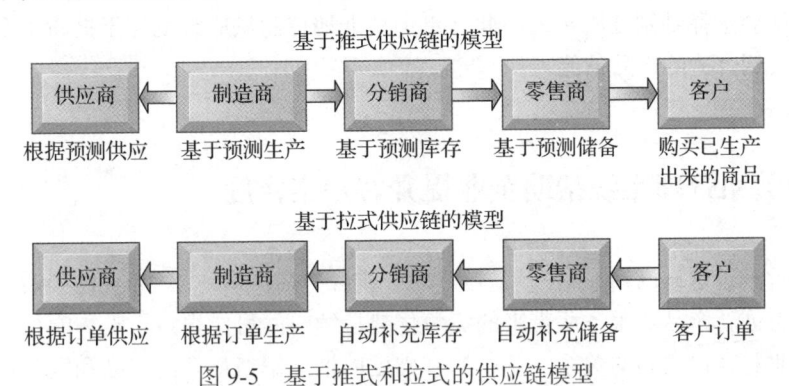

图 9-5 基于推式和拉式的供应链模型

注：基于推式和拉式的供应链模型的区别可以总结为一句话，"生产我们所卖的，而不是卖我们所生产的"。

互联网和互联网技术使得串行供应链向并行供应链转变成为可能，即在串行供应链中，信息流和物流依次从一个企业流到另一个企业；在并行供应链中，信息可在供应链网络各成员间实现同时多向流动，由制造商、物流供应商、外包制造商、零售商、分销商组成的复杂供应网络可以根据计划或订单的变化及时进行调整。最终，互联网可以创造一个贯穿整个供应链的"数字物流神经系统"（详见图 9-6）。

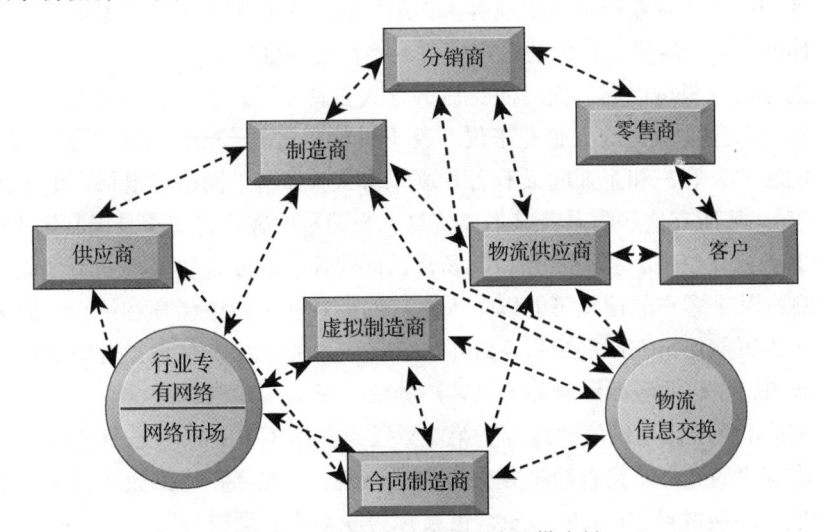

图 9-6 新兴的互联网驱动的供应链

注：新兴的互联网驱动的供应链像一个数字物流神经系统一样运行，它为企业、企业经营网络、电子市场之间提供了多向的交流，供应链中的业务伙伴能够及时调整库存、订单和生产能力。

## 9.2.5 供应链管理系统的商业价值

你刚才已经看到了供应链管理系统如何贯通企业的内部和外部供应链的过程,并为管理层提供了准确的生产、库存、运输信息。通过实施一个网络化和集成化的供应链管理系统,企业可以实现供应与需求的匹配,降低库存水平,改善物流服务,加快产品上市时间,并能更有效地利用企业资产。

供应链成本占据了企业运营成本的大部分,在某些行业中甚至达到了总运营成本的75%,因此降低供应链的成本对企业的收益率有着巨大的影响。

除了降低成本以外,供应链管理系统还可以帮助企业增加销量。当需要的产品出现缺货时,客户往往会选择到别处购买,因此,更加精准地控制供应链就等于提高了企业让客户在合适的时间买到合适的产品的能力。

## 9.3 客户关系管理系统帮助企业提升客户亲密度

你或许听到过这样的话,"客户总是对的"或者"客户第一"。如今这些话比以往显得更加正确,因为创新产品或服务所带来的竞争优势持续时间可能很短,唯一能长久保持的竞争优势来自企业和客户之间的关系。竞争的基础已由谁能销售最多的产品和服务转到谁能"拥有"最多的客户,因此客户关系代表了企业最有价值的资产。

### 9.3.1 客户关系管理(CRM)

你需要什么样的信息才能与客户建立并维持长久的关系?你希望准确地知道谁是你的客户、如何与他们联络、服务或销售产品给他们的成本是否很高、他们感兴趣的产品和服务是什么样的、他们在你的企业花了多少钱等。如果你在一个小镇上经营一家商店,你一定很想充分地了解你的每一个客户,让你的客户感觉到他们是特别的。

小镇上的小店老板可以通过面对面交流的方式去真正了解客户,但是对于在大城市、地区、国家甚至全球层面经营的大企业来说,就不可能以这种亲密的方式"了解客户"。大企业拥有更多的客户,客户和企业间又有各种联系方式(如通过网络、电话、电子邮件、博客和当面交流等)。从所有这些联系渠道集成信息、与大量的客户打交道是极其困难的工作。

对大企业来说,销售、客户服务和市场营销部门往往高度条块分割,不太能共享客户的许多重要信息。某个客户的信息可能以个人账户的形式在企业中储存和组织,而关于这个客户的其他信息则可能保留在产品销售系统中。在传统的企业中,一直没有很好的方法能将这些信息集成起来,在企业层面形成关于该客户的统一视图。

这正是 CRM 系统体现价值的地方。第 2 章已经介绍了 CRM 系统,CRM 系统从企业各处收集并集成客户的数据,整合数据并分析数据,然后将结果传递到企业各个系统以及与客户有接触的地方。**接触点**(touch point,也被称为联系点)是指与客户交互的一种方法,如电话、电子邮件、服务台、传统信件、Facebook、Twitter、网络、无线设备或零售商店等。设计良好的 CRM 系统能为企业提供统一、完整的客户信息,这对改进销售和客户服务这两个方面的业务都很有帮助（详见图 9-7）。

一个好的 CRM 系统能提供数据和分析工具，并能回答如下问题：在企业服务客户的过程中，某类客户对企业的价值体现在哪里？谁是最忠诚的客户？谁是贡献利润最多的客户？这些高价值的客户想买什么？企业利用这些答案可以去寻找新客户，为现有客户提供更好的服务和支持，更精准地提供符合客户偏好的、有针对性的服务，提供持续的价值以维护优质客户。

### 9.3.2 客户关系管理软件

商用 CRM 软件的范围很广，有针对某些特定功能的专用工具，如为特殊客户建立个性化网站；也有大企业的应用系统，收集与客户的交互数据，用复杂的报表工具来分析数据，并和其他的企业应用系统集成共享，如

图 9-7 CRM 系统

注：CRM 系统从多维度来分析客户，利用一系列集成的应用来处理客户管理的各个方面，包括客户服务、销售和市场营销。

SCM 系统和企业系统。比较复杂的 CRM 软件还包含**合作伙伴关系管理**（partner relationship management，PRM）和**员工关系管理**（employee relationship management，ERM）模块。

与大多数 CRM 软件一样，PRM 软件使用相同的数据、工具和系统来加强企业与销售伙伴间的合作。如果不直接销售给终端客户，而是通过分销商或零售商来零售的话，PRM 软件可以帮助这些销售伙伴更好地向客户销售。PRM 软件为企业和销售伙伴提供了业务信息、关于客户的配送信息和数据等，整合了潜在客户、定价、促销、订单设置和产品可用性的信息。同时，PRM 软件还为企业提供了评价合作伙伴业绩的工具，从而保证最佳合作伙伴能获得它们需要的支持，抓住更多的商机。

ERM 软件关注于 CRM 系统中的员工问题，如员工目标设定、员工绩效管理、绩效佣金管理和员工培训等。主要的 CRM 应用软件供应商包括甲骨文、SAP、Saleforce.com 和微软 Dynamics CRM 等。

CRM 系统主要为销售、客户服务和市场营销活动提供软件支持与在线工具，其主要功能有以下几项。

#### 1. 销售自动化

CRM 系统中的**销售自动化**（sales force automation，SFA）模块能够帮助销售人员提高效率，让销售人员将主要精力集中于最赚钱的客户，识别哪些客户是开展销售和服务最合适的对象。SFA 模块提供了销售前景和联络信息、产品信息、产品配置功能和销售报价生成功能，可以汇总某客户过去所有的购买经历，帮助销售人员做出个性化推荐。SFA 模块便于在销售、市场和运输等业务部门间共享客户和潜在客户的信息。SFA 通过降低销售成本来提高销售人员效率，同时降低寻找新客户和留住老客户的成本。此外，SFA 模块还提供了销售预

测、区域管理和团队销售等功能。

**2. 客户服务**

CRM 系统中的**客户服务**（customer service）模块是提供客户信息和帮助呼叫中心、咨询台和客户支持人员提高效率的工具，能够有效地分配和管理客户服务请求。

客户服务模块中的一种功能就是预约或咨询的电话线路。当一个客户呼叫客户服务电话号码时，系统能够将电话分配给一个合适的服务人员，服务人员可以在系统内输入该客户的信息。一旦客户的数据进入了系统，任何客服代表都可以处理客户关系，从而使企业获得一致、准确的客户信息，不仅有助于呼叫中心每天处理更多的呼叫，还减少了每一通电话的持续时间。这样，呼叫中心和客户服务小组的工作效率就得到了提升，减少了处理时间，实现了较低成本下服务质量的提升。同时，客户不用每次都对客服代表重复讲述问题，从而花费较少的时间来解决问题，客户体验感也更好。

CRM 系统还提供了基于网络的自助服务功能，即企业网站可以向客户提供个性化查询的信息支持功能，以及通过电话联系客服人员以获取额外服务的选项等。

**3. 市场营销**

CRM 系统全面支持企业的市场营销活动，包括把握市场前景、提供潜在客户的数据、提供产品和服务信息、确定目标市场的合格对象、安排和跟踪直邮或电子邮件销售（见图 9-8）等。市场营销模块还提供了分析工具，包括分析市场和客户数据、识别可赢利和非赢利客户、为特殊客户定制产品和服务、识别交叉销售机会等。

**交叉销售**（cross-selling）是指将互补产品推销给客户的一种营销策略。例如，金融服务企业可以向拥有支票账户的客户推销货币理财账户或家庭贷款服务。CRM 工具还能帮助企业管理和执行市场营销活动的各个阶段，从计划执行到评估每个营销活动的成功率。

社交媒体2021年1月营销活动的市场反应情况

- 6.7%
- 电子邮件 17.3%
- 直邮 29.2%
- 网站 16.0%
- 电话 30.8%

图 9-8 CRM 系统支持市场营销

注：CRM 软件为用户提供了单一的接触点，帮助企业管理和评估多渠道的市场营销方案，包括直邮、电子邮件、电话、网站和社交媒体等。

图 9-9 展示了常见 CRM 软件产品中具备的销售、市场营销和客户服务功能。和企业软件一样，这些软件也是业务流程驱动的，嵌入了几百个代表该领域最佳实践的业务流程。为实现收益最大化，企业需要对业务流程进行修改和建模，以保持与 CRM 软件中最佳实践业务流程的一致性。

图 9-10 描述了 CRM 软件为客户提供服务、提升客户忠诚度的最佳实践流程。直接服务客户意味着增加了企业留住客户的机会，企业应为那些长期盈利的客户提供优质服务。CRM 软件基于客户对企业的价值和忠诚度的评价标准，给每个客户进行评分，并提供给呼叫中心，将客户安排给最合适的客服。系统自动为客服人员提供客户的详细情况，包括对客户的价值和忠诚度进行评分。客服根据这些信息，为客户提供有针对性的优惠或附加服务，鼓励客户继续与本企业进行业务往来。

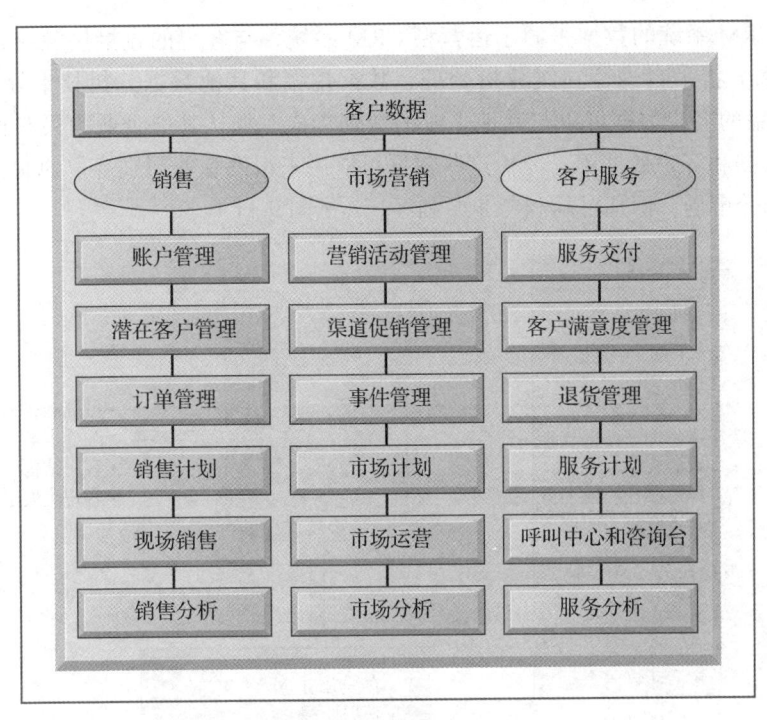

图 9-9　CRM 软件功能

注：主流的 CRM 软件产品均支持销售、市场营销和客户服务流程，集成多个来源的客户信息，同时支持运营与分析两个层面。

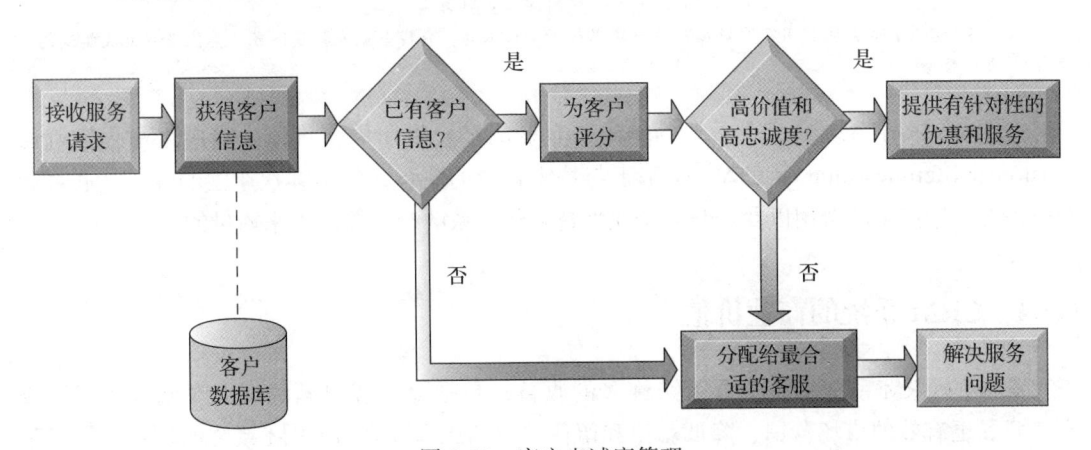

图 9-10　客户忠诚度管理

注：图 9-10 描述了 CRM 软件如何为客户提供服务以提升其忠诚度的最佳实践流程。CRM 软件可以帮助企业识别高价值的客户，并为他们提供优质服务。

### 9.3.3　运营型 CRM 系统和分析型 CRM 系统

上述提到的 CRM 系统可以分为运营型 CRM 系统和分析型 CRM 系统。**运营型 CRM**（operational CRM）系统主要是指面向客户的应用，如销售业务自动化、呼叫中心和客户服务支持、市场营销自动化等工具。**分析型 CRM**（analytical CRM）系统主要是对运营型 CRM 系统中产生的客户数据进行分析，为改善企业绩效提供信息支持。

分析型 CRM 系统的数据来源于运营型 CRM 系统、与客户的直接接触或其他来源，通过数据仓库和分析平台进行在线分析处理、数据挖掘和其他数据分析技术处理（详见第 6 章）。企业收集的客户数据可以与其他来源的数据集成，如从其他企业购买的直接营销活动的人口统计数据和客户数据等。分析这些数据可以用来帮助企业识别客户的购买模式，为定向营销构建细分市场，识别可赢利与非赢利客户（见图 9-11）。

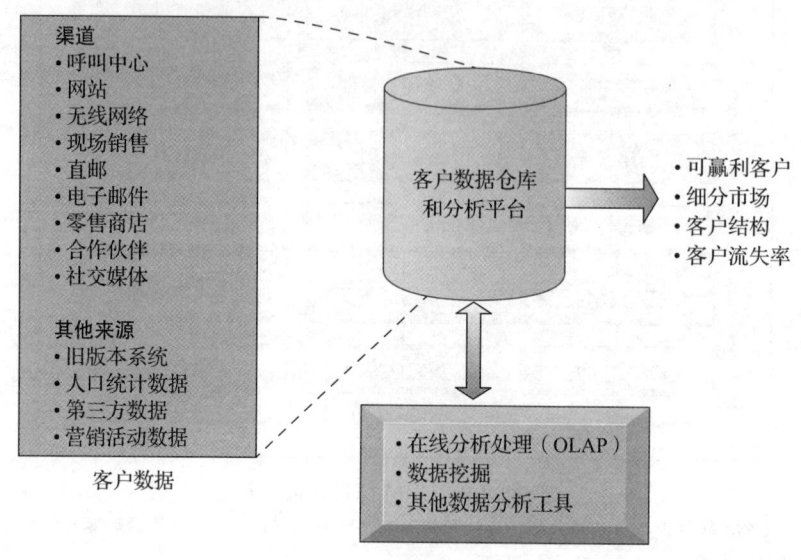

图 9-11　分析型 CRM 系统

注：分析型 CRM 系统利用客户数据仓库与数据分析平台工具，分析企业直接获得或从其他来源处收集到的客户数据。

分析型 CRM 系统另一个重要的输出是企业的客户生命周期价值。**客户生命周期价值**（customer lifetime value，CLTV）是基于与特定客户的关系，包括客户产生的收入、联系和服务该客户所产生的费用以及客户与企业保持合作关系的时间等因素来衡量的价值。

### 9.3.4　CRM 系统的商业价值

有效的 CRM 系统将为企业带来许多的收益，包括提高客户满意度、降低直接营销成本、开展更有效的市场营销、降低获得和留住客户的成本。来自 CRM 系统的信息分析可帮助企业识别最赢利的客户，并找到最适合开展针对性营销与交叉销售的细分市场，从而增加销售收入（见"互动讨论：组织"部分）。

如果企业的销售、客户服务和市场营销活动更好地响应了客户需求，那么客户流失就会减少。客户**流失率**（churn rate）是指停止使用和购买企业产品或服务的客户数，这是标志企业客户群增长或下降的重要指标。

⊙ 互动讨论：组织

**CRM 系统帮助阿迪达斯了解它的客户：细化到每一位购鞋客户**

阿迪达斯是全球领先的运动鞋、服装和配饰制造商，每天售出 120 万双鞋子。公司总部位于德国黑措根奥拉赫，在全世界拥有超过 5.7 万名员工。阿迪达斯在 2018 年的净销售额达到了 219 亿欧元（249 亿美元）。它是世界上第二大运动服饰制造商。

阿迪达斯也是数字和网络营销的领导者。公司最重要的商店不再是实体店，而是一家网站。该网站是提供互联、个性化客户体验的关键渠道，帮助阿迪达斯在竞争对手中脱颖而出并促成了更高的销售额。电子商务是阿迪达斯赢利最多的销售终端渠道，其 2019 年的网络销售额达到了 55.09 亿欧元（61.8 亿美元）。

阿迪达斯不打价格战，而是在品牌质量和客户体验上开展竞争。从实体店到数字平台作为首选购物方式的转变，塑造了公司跟上客户不断变化的偏好的方式。客户显然处于阿迪达斯业务的核心，他们在亚马逊等其他网络零售商的体验使他们想要与阿迪达斯建立更为个性化的关系。

为更好地服务客户并管理与他们的所有关系，阿迪达斯求助于 Salesforce，这是一家主打客户关系管理和应用开发工具的公司。Salesforce.com 帮助阿迪达斯确定了关键细分客户群，与客户建立了更紧密的联系，并针对每位客户的需求设计了量身打造的差异化体验。Salesforce 的客户关系管理工具使阿迪达斯能够跨越不同渠道，以统一的视角看待每一个客户与公司产生的交互。

Salesforce 的营销云是一个客户关系管理平台，使营销人员能够建立和管理与客户的营销关系以及向客户开展的营销活动。营销云融合了客户旅程管理、电子邮件、手机、社交媒体、web 个性化、广告、内容创建、内容管理和数据分析的集成式解决方案。它覆盖了所有可以想象到的客户互动与参与的方式。软件还包括预测分析工具，可帮助用户做出决策，例如，对于既定信息，什么渠道为首选。一个名为 Journey Builder 的组件可以帮助营销人员针对客户的行为和需求、人口统计数据以及沟通渠道偏好量身打造营销活动。

营销云与 Salesforce 的销售云和服务云相关联，可以提供统一的体验，防止销售、营销和服务团队的代表分别联系客户。服务云是一个客户服务与支持平台。利用服务云的公司可以将服务过程自动化、优化工作流程并找到有助于公司 1 100 名客服专员的关键文章、话题和专家的信息。服务云可以跨越各种社交平台"听到"客户的意见并做出响应，自动将案例发送给恰当的客服专员。针对 app 的服务使得将客户支持软件置入移动应用成为可能，包括实时客服专员视频聊天、屏幕分享和屏幕引导辅助功能。服务云则能够提供更为个性化、方便的服务，无论客户偏好哪种形式——电子邮件、web、社交媒体或是电话，均用一个 app 解决。

通过使用 Salesforce 的商务云，阿迪达斯能够在全球部署其集中式电子商务网站。商务云支持公司全球业务所需的每种语言和货币。利用从商务云获得的有关个体客户及其偏好的信息，阿迪达斯可以打造更好的产品，这些产品可以以极快的速度生产出来并交付给客户。阿迪达斯还使用 Salesforce 的 DMP 数据管理平台，将其用于从所有渠道和设备的数字化操作中捕获在线和 web 行为。

为了更贴近客户，阿迪达斯开发了一款根据客户个人偏好和行为定制内容、互动和产品的移动 app，而这些客户的个人偏好和行为是通过不同的数字参与点识别的。该 app 的特色功能包括定制化的产品推荐、颜色与位置偏好、订单跟踪、博客文章、个性化的文章、视频、有关个人体育和体育明星偏好的实时更新等功能，以及一个帮助解答客户问题和给予更为个性化产品推荐的智能在线聊天工具 Einstein。该 app 兼容 Apple Pay 和 Android Pay 移动支付系统。

阿迪达斯负责数字体验设计的副总裁杰奎琳·史密斯-迪本多夫认为，利用 Salesforce 进行客户关系管理增强了阿迪达斯将每位客户作为一名独立个体对待的能力。他是谁？我们对他的了解有多少？他来自哪里？他感兴趣的是什么？借助 Salesforce 的 CRM 工具，阿迪达斯现在可以轻松地回答这些问题。CRM 工具给阿迪达斯提供了它所需的信息，使它能够调整自己给客户提供的产品和服务、使之尽可能接近客户的实际需求。阿迪达斯现在能够在多个渠道以及任何设备上与每位客户建立一对一的联系。

资料来源："Adidas," www.salesforce.com, accessed February 11, 2020; www.adidas-group.com, accessed February 10, 2020; "Roundup: E-Commerce Sales Increase for Adidas," digitalcommerce360, August 9, 2019; Stuart Lauchlan, "Dreamforce 2018; Adidas Gets Closer to Customers by Adopting an Athletic Mindset in Business," Diginomica, September 27, 2018; and Nadia Cameron, "Adidas Taps Data and Technology Smarts to Build Personalized Digital Engagement with Customers," CMO, November 7, 2017.

**案例分析题：**

1. 用竞争力和价值链模型分析阿迪达斯。
2. 阿迪达斯的商业战略是什么？客户关系管理在该战略中的作用是什么？
3. 信息系统如何支持阿迪达斯的战略？
4. 使用 Salesforce 如何使阿迪达斯更具竞争力？它如何改变了公司经营业务的方式？
5. 举两个使用 Salesforce 改进商业决策的例子。

## 9.4 企业应用的挑战及其利用的新技术

许多企业已经实施了企业系统和支持供应链、客户关系管理的信息系统，帮助企业获得了卓越运营，改善了决策水平。但正是因为这些系统在改变企业工作方式方面如此强大，所以实施起来颇具挑战性。我们简单地介绍其中的某些挑战，并寻找从这些系统中获得价值的新方式。

### 9.4.1 企业应用的挑战

由于可以极大地降低库存成本，缩短订单交货时间，带来更高效的客户响应和更高的产品盈利能力，因此企业系统和支持供应链管理、客户关系管理的信息系统是非常重要的。但是要获得这些价值，你必须清楚地了解应该如何进行组织变革才能有效地实施与应用这些系统。

企业应用是一个复杂的软件，购买和实施这些应用非常昂贵。根据 2020 年全景咨询集团（Panorama Consulting Group）对 181 名 ERP 用户进行的调查，38% 的 ERP 项目出现了成本超支，这些超支平均超出预算的 66%（Panorama Consulting Group，2020）。项目范围的变化和额外的定制工作增加了实施的延迟时间和成本。

ERP 系统的实施不仅要求有重大的技术变革，还要求企业运作方式做出根本性改变，企业必须对业务流程进行全面的变革以适配应用软件的运作。员工必须接受新的岗位职能和职责，必须学习如何完成一系列新的工作流程，并了解输入系统的信息将会如何影响企业其他部门的工作。这些都要求组织开展新的学习工作，并纳入ERP实施成本的范畴。

SCM系统要求多个组织共享信息和业务流程。系统中的每一个参与者可能都需要改变一部分流程和使用信息的方式，从而创建一个服务整体供应链的最佳系统。

某些企业在开始实施企业应用时均会面临大量的运营问题和损失，这是由于它们没有意识到需要进行多少组织变革。例如，Kmart超市刚开始实施i2 Technologies（现在是JDA software）的SCM软件时，在将商品放到货架时遇到了麻烦，因为i2软件不能很好地处理Kmart超市的促销驱动型商业模式导致商品需求大起大落的情形。澳大利亚超市巨头Wooworth公司在从原有的本土ERP系统切换到SAP解决方案时，遇到了数据方面的问题，原本为个别商店定制的盈亏周报过了18个月都还未能生成。为此该公司不得不修改其数据收集的程序，但同时也未能理解并准确记录自己的业务流程。

企业应用还会带来转换成本。一旦选用一个供应商，如SAP、甲骨文或其他软件供应商，要想再更换供应商的成本就很高，企业就只能依赖该供应商更新产品和维护系统。

企业应用是基于组织范围内对数据的定义。需要准确理解企业如何利用这些数据，这些数据是如何在CRM、SCM和ERP系统中组织并使用的。CRM系统通常还需要一些数据清洗工作。

企业软件供应商通过为中小企业提供简化版软件和快速启动程序，为大型企业提供最佳实践指导方法，来帮助它们解决实施中的问题。通过云计算的应用程序来补充基本的企业应用软件中没有的一些功能，这样企业就获得了更大的灵活性，不会受到单一的万能系统的限制。

企业选择应用软件包来实施时要尽量减少定制化功能，以节约时间和成本。例如，Kennametal公司是一家位于宾夕法尼亚州的金属切割工具企业，市值2亿美元。在过去13年间，公司在ERP系统的运维上花费了1 000万美元，进行了6 400多次的定制化开发。如今公司选用非定制化的SAP企业软件替代了原来的系统，并通过调整自身业务流程来适应这个软件。Office Depot这家零售公司在实施基于云计算的甲骨文ERP系统时几乎没有定制开发，在实施基于云计算的甲骨文的供应链管理系统中的人力资本管理（HCM）和企业绩效管理（EPM）系统时采用了最佳实践。通过非定制化的甲骨文ERP应用软件，Office Depot简化了信息系统，并降低了维护和管理这些系统的成本（Thibodeau, 2018）。

### 9.4.2 下一代企业应用

如今，企业应用的供应商提供了更灵活的、用户友好的、基于网络的、与其他系统集成能力更强的、更有价值的系统。独立的ERP系统、CRM系统、SCM系统或将成为过去。主流的企业软件供应商已开发了"企业解决方案""企业套装软件"和"电子商务套装软件"，实现了CRM、SCM和ERP系统相互更紧密的工作体系，并与企业的客户和供应商的系统连接在一起。

下一代企业应用还包括云解决方案，以及在移动平台上提供的更多功能。大型企业软件供应商（如SAP、甲骨文、微软）现在均提供了ERP系统的云版本，以及面向中小企业的基于云的软件产品。例如，SAP 为大企业提供 SAP S/4HANA 云服务系统，为中小企业提供 SAP Business ByDesign 和 SAP Business One 企业软件。微软提供 ERP 和 CRM 软件的 Dynamics 365 云服务系统。基于云的企业系统也由像 NetSuite 等较小的供应商提供。"互动讨论：技术"部分描述了 Versum 是如何利用一个新的基于云的 ERP 系统来实现业务转型的。

◉ 互动讨论：技术

## Versum 的 ERP 转型

Versum 是一家电子材料公司，它为半导体行业的芯片制造工艺供应最好的特种气体和产品。2019 年年底，Versum 与默克公司（Merck）合并，将总部设于美国马萨诸塞州比尔里卡，在亚洲、欧洲和北美洲拥有办事处、制造基地和研发中心网络。2016 年 10 月，Versum 脱离母公司空气产品公司（Air Products），从一家市值 100 亿美元、主要出售纯氧、氮、氢和氦气瓶等大量廉价产品的工业气体和化工公司，转型为一家市值 10 亿美元、主要向半导体制造业出售高度管制气体和化工产品的独立公司。

在与空气产品公司分离后，依据一项过渡服务协议（TSA），Versum 继续依靠前母公司的信息系统。但这仅是一个临时性的解决方案，因为 Versum 实际上需要拥有自身的 IT 基础设施和企业系统来支持其新的业务模式和增长计划。Versum 被要求在 18～24 个月内脱离过渡服务协议，并建立自己的系统。

在决定部署什么 ERP 系统时，Versum 有几个选择：第一个方案是复制空气产品公司 20 多岁高龄的 SAP ERP 系统；第二个方案是将相同的定制设置和功能导入新的 SAP ERP 系统；第三个方案则是使用全新的服务器、软件和流程，即完全从零开始。Versum 选择了第三个方案，因为该方案提供了一个机会使它可以从头开始，实施适合公司特定业务的流程。

旧的 ERP 系统经过多年的各种升级已变得重度自定义，而这些自定义设置大多数是针对母公司的工业气体部门的，与崭新的 Versum 有着截然不同的信息需求。在旧系统确实不适合本公司的情况下，Versum 的管理层不想继续使用它了。

为了找到新的替代系统，Versum 研究了不同的 ERP 供应商和产品。管理层最终选择继续使用 SAP 软件，因为它具备满足行业法律和法规要求的所有功能，也因为它看起来能够在短期内以最快、最简单的方式实施。如果 Versum 尝试安装全新的非 SAP ERP 系统，职员和 IT 人员就需要学习一个不熟悉的全新系统，而这无法轻易在短时间内完成。培训以及人们对新软件包的了解和认识问题可能会对公司产生重大影响。

Versum 决定采用 SAP S/4HANA 作为其新系统的基础。S/4HANA 是一个在 SAP 的内存数据库 SAP HANA 上运行的集成式 ERP 系统（参见第 6 章）。Versum 没有在自有的数据中心运行新的 SAP ERP 系统；相反，它选择在私有云上实施该系统，托管服务供应商会管理在其实体数据中心运行的 SAP S/4HANA 云平台。这使 Versum 免于对新系统进行预付式的大额资本投资，也使其无须负责系统的管理。

通过利用 SAP 和软件内置的行业最佳实践，以及打造所有业务部门一致的流程，Versum 成功实施了 SAP S/4HANA 系统。典型的 SAP 实施分阶段推行，对于全球化的公司，往往按国家逐步进行。对于供应链全球化的公司，材料或产品在国家之间制造或从一个国家发往另一个国家，为保持产品的流动，其必须快速且干净利落地将供应链数据从旧系统转移到新系统。Versum 的全球供应链涵盖 10 多个国家，所以，如果分期推行，则需要实施临时接口，将之前系统的数据馈入新系统，以支持新系统在各国逐一运行。Versum 的过渡服务协议并未给这一选项留出足够的时间，所以新的 ERP 系统必须在所有地方同时运行。

"一次性"系统推广也是有利的，因为它迫使 Versum 保持系统的简单性，减少了需要解决的问题。Versum 的 SAP 计划总监莎莉·贾马利斯指出，拖长计划时间，比如，先花一个月时间在日本推广，然后是韩国，这会耗费长得多的时间，也要复杂得多。Versum 曾预计新系统一开始可能会在接收订单、形成采购订单或向客户发送产品方面出现问题。通过与埃森哲的咨询师合作，Versum 发现计划的实施非常顺利，对其业务的干扰最小。

在运行 SAP S/4HANA 1610 版本后，Versum 还推行了其他 SAP 解决方案，包括针对 SAP HANA 优化的 SAP BW（商业仓库）模块、SAP BPC（业务规划与整合）、SAP GTS（全球贸易服务）、SAP SCM（供应链管理）的 SAP APO（高级规划和优化）组件、SAP Solution Manager（解决方案管理器）、SAP PI（流程集成）、SAP DS（数据服务）和 SAP GRC（治理、风险与合规管理）；Versum 也推行了一些非 SAP 的应用。整个实施过程仅用时 15 个月。

在实施新系统的过程中，Versum 的确遇到了一些挑战，尤其是在转换旧系统的数据时。Versum 不得不进行三轮数据清理，才获得了足够准确的发票、地址和联系人信息。旧 SAP ERP 系统中的数据结构与新 SAP S/4HANA 系统中的并不相同，后者采用新的业务伙伴层次结构。在旧 SAP ERP 中，客户结构（收货人、付款人、联系人和厂商）由不同的数据对象组成。而在新 SAP S/4HAHA 结构中，所有这些不同的数据对象都属于新对象"业务伙伴"的组成部分。在旧结构中，客户和厂商可以指同一件事，但它们是两种不同的实体。在新结构中，如果公司向一个客户出售产品，但也从该客户购买材料或产品，则该客户仅有单一的业务伙伴记录。

新 SAP S/4HANA 系统使 Versum 能够更简单地优化运营、管理成本并利用实时的分析技术。Versum 现在已有坚实基础，可以作为一家独立的特种材料公司运营。

资料来源："Business Transformation Through SAP S/4HANA," www.accenture.com, accessed January 10, 2020; www.versummaterials.com, accessed January 10, 2020; Lauren Bonneau, "How the Guiding Principles of Standardize, Harmonize, Simplify, and Scalable Led to a 'Ghostly Quiet' Go-Live," *SAP Insider*, February 26, 2019; and Davi Beltz, "Versum Materials: Implementing SAP S/4HANA for Business Transformation," www.accenture.com, accessed January 10, 2020.

**案例分析题：**

1. 阐述这个案例研究中的问题。哪些管理、组织和技术因素导致了这个问题？
2. SAP S/4HANA SaaS 解决方案适合 Versum 吗？解释你的答案。
3. Versum 在实施新系统时遇到了哪些挑战？
4. 新系统如何改变 Versum 的经营方式？

在基于云的 CRM 系统方面，无可争议的全球市场领导者是 Salesforce（在第 5 章中描述过）。Salesforce 通过联网计算机或移动设备提供服务，并被大中小企业广泛采纳。随着基于云的软件产品的成熟，越来越多的企业，包括非常庞大的《财富》世界 500 强企业，也都选择在云中运行全部或部分企业应用系统。

**1. 社交型 CRM 系统**

CRM 软件供应商利用社交网络技术来改进软件产品，帮助企业更快地识别新想法、提高团队生产力、加深与客户间的互动（见第 10 章）。通过使用社交型 CRM（social CRM）系统，企业可以更好地与客户进行交流，例如分析他们对产品和服务的看法。

社交型 CRM 系统使企业将社交网络中的客户对话和关系与 CRM 流程结合在一起。主要的 CRM 供应商现在都提供了将社交网络数据导入 CRM 软件的工具。现在，SAP、Salesforce 和甲骨文的 CRM 产品都采用了技术来监控、跟踪和分析 Facebook、LinkedIn、Twitter、YouTube 和其他网站上的社交媒体活动。像 SAS 这样的商务智能和分析软件供应商还提供了社交媒体分析功能（通过多种标准评估客户在各种社交网络的参与度），以及用于测试和优化社交媒体和基于 web 方式的传统活动的管理工具。

Salesforce 把社交媒体和社交媒体营销工具连接至其系统中，以跟踪企业销售过程中的销售线索，使用户能够针对核心客户开展精准营销，并观察由此而产生的评论。如果一家广告企业希望在 Facebook 或 Twitter 上投放一个有针对性的广告，就可以在 CRM 系统中跟踪这些潜在客户，把广告投放在专门针对这些客户的渠道上。企业能够实时查看推文，并可能发现新的信息。企业还可以管理多个广告渠道并进行比较，找出哪些广告能产生更高的点击率和每次点击的成本。

**2. 企业应用程序中的商务智能**

企业应用程序供应商已经在系统中增加了商务智能的功能，以帮助企业的管理人员从这些系统产生的海量数据中获得更有意义的信息，包括从物联网中获得的数据。现在，SAP 使用 HANA 内在计算技术，可以进行更快、更复杂的数据分析，包括灵活的报告、即时分析、交互式仪表盘、假设情景分析、数据可视化等，以及用于分析海量的大数据而建立的优化、预测的机器学习模型等（见第 11 章）。Salesforce 现在提供了一个爱因斯坦人工智能工具来优化产品推荐。Salesforce 管理层报告称，使用爱因斯坦人工智能进行产品推荐的客户通常会产生 9% ~ 10% 的额外收入（Fluckinger，2020）。

主流的企业应用程序供应商也提供在移动设备上工作的部分产品。

## 9.5　MIS 如何有助于我的职业发展

通过本章和本书的指引，将帮助你找到一份制造管理培训生的工作。

### 9.5.1　公司简介

XYZ 全球工业配件公司是一家总部位于密歇根州的大型企业，在全球拥有 40 家制造工厂和 4 000 多名员工，目前制造管理项目有一个面向应届毕业生的空缺职位。该公司生产紧固件、工程部件、连杆和悬挂部件，适用于全球汽车、重型卡车、航空航天、电力公用事业、电信和其他行业。

## 9.5.2 职位描述

制造管理项目是一个为期两年的轮换项目，旨在培养和培训未来的管理者，使应届毕业生能够在工厂、技术和企业环境中获得关键技能和行业经验。工作职责包括：
- 与业务部门和项目团队合作实施系统，包括实施 ERP 和 JDA 制造系统；
- 了解每个业务部门的业务流程和数据需求；
- 熟练地支持和完成业务需求分析；
- 跟踪和记录系统功能和业务规范的变更；
- 编写用户文档、使用说明和操作程序；
- 监测和记录实施后的问题，提出修改要求。

## 9.5.3 岗位要求

- IT、MIS、工程或相关专业的学士学位或同等学力毕业生，平均绩点高于 3.0。
- 熟练使用 Microsoft Office 套件。
- 具备较强的书面和口头沟通能力。
- 在校内外都有出色的成果证明。
- 具备团队领导经历。

## 9.5.4 面试问题

- 请描述你在某个团队中所做的项目。你扮演过领导角色吗？你做了哪些工作帮助团队实现目标？这些项目中有没有 IT 项目？
- 你对 ERP 或 JDA 制造系统了解多少？你有应用这些系统的经验吗？具体做了些什么？
- 你可以使用 Microsoft Office 软件做什么？你用过哪些计算机工具？你具备 Access 和 Excel 方面的技能吗？你用这些工具解决了哪些问题？你上过 Access 或 Excel 的课程吗？

## 9.5.5 作者提示

1. 对企业、行业以及面临的各种挑战进行研究。浏览企业的 LinkedIn 页面，阅读过去 12 个月的帖子。这家企业的 LinkedIn 帖子有什么主要趋势吗？

2. 复习本章企业应用的内容，了解第 13 章有关开发系统和第 14 章有关 IT 项目管理和实施的内容。

3. 观看主要的 IT 咨询企业制作的 YouTube 视频，研究制造技术和企业系统的最新趋势。

4. 咨询相关人员在工作中将如何使用 Microsoft Office 软件？你需要具备哪些 Excel 和 Access 技能？带上你用这些软件完成工作的案例。如果你对这些工具要完成的工作任务不清楚，那么你就表现出渴望学习的欲望。

5. 带上你的写作范例，展示你的分析能力和项目经验。

## 本章小结

**9-1 企业系统帮助企业实现卓越运营**

企业系统是由一系列集成的软件模块和中央数据库组成的。数据库从大量的应用中收集数据并向这些应用提供数据,支持组织内部几乎所有的业务活动。当一个流程产生新的信息时,其他业务流程能够立刻使用这个信息。

借助数据标准化、覆盖企业所有业务流程以及独立统一的技术平台,企业系统可以实现企业的集中化管理。由企业系统产生的涵盖整个企业范围的数据可以帮助管理者评估整个组织的绩效。

**9-2 供应链管理系统有助于企业和供应商之间协调计划、生产和物流配送**

SCM系统使供应链成员间的信息流实现自动化,支持各成员更好地决策什么时候采购、生产、运输,以及采购、生产、运输的数量。SCM系统提供了精确的信息,能减少企业运营的不确定性,并降低牛鞭效应的影响。

SCM软件包括供应链计划和供应链执行模块。互联网技术有助于实现全球的供应链管理,为处于不同国家和地区的组织提供连接支持,共享供应链信息。借助SCM系统,企业可以极大地改善供应链成员间的信息沟通,实现更有效的客户响应和向"需求驱动"模式的转变。

**9-3 客户关系管理系统帮助企业提升客户亲密度**

CRM系统集成了销售、市场营销和客户服务的流程,使这些业务实现自动化,并从企业层面全面分析客户。与客户交互时,企业可使用这些客户知识,为客户提供更好的服务,销售新的产品和服务。这些系统还能识别客户价值(可赢利或不可赢利),帮助企业减少客户流失率。

主流的CRM软件包同时提供运营型CRM和分析型CRM两方面的功能模块,通常还包括PRM模块和ERM模块。

**9-4 企业应用的挑战及其利用的新技术**

实施企业应用是很困难的,既要求大范围的组织变革、大量的软硬件投资,还需要仔细评估系统将如何帮助企业提高组织绩效。如果企业系统应用在不科学的流程上,或者企业不知道如何利用这些系统来评估绩效的改进,企业应用将不能带来价值。员工需要通过培训来为新的工作程序和角色做准备。此外,数据管理工作也需要得到特别关注。

如今,基于网络服务和面向服务的架构(SOA)使企业应用变得更加灵活、支持web、更容易与其他系统集成。企业应用也能在云计算技术架构或移动平台上运行。CRM软件增加了社交网络功能,从而增强内部协同、加深与客户的交互、有效利用来自社交网络的数据资源。企业应用中嵌入了商务智能的功能,用来帮助分析企业应用产生的大量数据。

## 关键术语

分析型CRM(analytical CRM)

牛鞭效应(bullwhip effect)

流失率(churn rate)

客户生命周期价值(customer lifetime value,CLTV)

需求计划(demand planning)

员工关系管理(employee relationship management,ERM)

企业软件(enterprise software)

准时制策略(just-in-time strategy)

运营型CRM(operational CRM)

合作伙伴关系管理(partner relationship management,PRM)

基于拉式的供应链模型(pull-based model)

基于推式的供应链模型(push-based model)

销售自动化(sales force automation,SFA)

社交型CRM(social CRM)

供应链(supply chain)

供应链执行系统(supply chain execution system)

供应链计划系统(supply chain planning system)

接触点(touch point)

## 复习题

9-1 定义企业系统并阐述企业软件如何工作。
- 描述企业系统如何为企业提供价值。

9-2 定义一个供应链及其组成部分。
- 解释 SCM 系统如何帮助降低牛鞭效应的影响，如何为企业创造价值。
- 定义并比较供应链计划系统和供应链执行系统。
- 描述全球供应链带来的挑战，互联网技术如何帮助企业更好地管理全球供应链。
- 比较基于推式和拉式模型的 SCM，解释当代的 SCM 系统如何促进基于拉式模型的实现。

9-3 定义 CRM，解释当今客户关系为何如此重要。
- 描述 PRM、ERM 与 CRM 之间的关系。
- 描述 CRM 软件在销售、市场营销及客户服务方面的工具和能力。
- 比较运营型 CRM 和分析型 CRM。

9-4 列举并描述企业应用带来的挑战。
- 解释如何应对这些挑战。
- 描述企业应用如何利用 SOA、云计算和开放源代码软件。
- 定义社交型 CRM，解释 CRM 系统如何利用社交网络创造价值。

## 讨论题

9-5 SCM 系统较少管理实物产品的物理流动，更多的是管理信息。请讨论和解释这个观点。

9-6 如果企业计划实施企业系统，最好先做好功课。请讨论和解释这个观点。

9-7 企业应该先实施哪个企业应用？是 ERP、SCM 还是 CRM？请解释你的观点。

## MIS 实践项目

本部分的 MIS 实践项目将让你通过分析业务流程的方法，实施 SCM 和 CRM 的建议，评价 SCM 的服务效果获得实践经验。

### 管理决策问题

9-8 总部位于加拿大多伦多的梅赛德斯－奔驰公司拥有由 55 个经销商组成的经销网络，但对其客户的了解程度远远不够。经销商不定期为公司提供客户数据，而奔驰公司并没有明确规定要求经销商上报这些信息。对于经销商来说，和公司共享这些数据也没有实际的好处。在这种情况下，CRM 和 PRM 系统如何帮助奔驰公司解决这个问题？

9-9 Office Depot 公司在美国和全球范围内提供各种办公产品和服务。公司试图通过实施及时补货和严格的库存控制系统，供应比其他供应商更低成本的办公用品，依靠需求预测系统的信息和销售网点的数据为其 1 600 家零售店及时补充库存。请解释这些系统如何帮助 Office Depot 公司实现最小化成本并带来其他效益。给出其他能为 Office Depot 公司带来帮助的 SCM 应用。

### 卓越运营：评价 SCM 服务

**软件技能要求**：网络浏览器和演示软件
**业务技能要求**：评价 SCM 服务

9-10 除了将货品从一个地方运到另一个地方外，某些汽车货运企业还提供 SCM 服务，帮助它们的客户管理信息。在这个练习中，你将利用网络来研究和评价其中两种业务服务。研究 UPS 和施耐德这两家物流企业的网站，分析如何将两家企业的服务用于其 SCM 活动中，并回答下列问题：
- 这两家企业能为客户提供哪些供应链流程的支持？
- 客户如何利用这两家企业的网站来帮助它们进行供应链管理？
- 比较这两家企业提供的 SCM 服务，你会选择哪家企业来帮助你的企业管理供应链？为什么？

## 协同与团队合作项目

### 分析企业应用软件的供应商

9-11 与 3～4 名同学组成一个小组，使用网络来研究和评估两个企业应用软件供应商的产品。例如，可以比较 SAP 和甲骨文的企业系统，JDA 和 SAP 的 SCM 系统或甲骨文和 Salesforce 的 CRM 系统。使用这些企业网站的信息，比较所选择的软件产品在支持的业务功能、技术平台、成本和易用性等方面的内容。你会选择哪个厂商？为什么？你会为一家小企业（50～300 名雇员）和一家大企业选择同一个供应商吗？如果可能，请使用 Google Docs、Google Drive 或 Google Sites，集思广益并制作演示文稿来汇报结果。

## 案例研究

## 新冠疫情中断全球供应链

新冠疫情对供应链的考验是近代史上前所未有的。所有人都处于检疫隔离状态，导致对特定产品（如消毒洗手液）的需求激增，而对其他产品的需求则大幅下降。很多企业关门数月，小型企业、零售商店和餐馆尤其受到重创。需求大幅下降、现金流短缺、全世界的港口出现拥堵、工厂停工、航空运输和卡车运输以及火车铁路服务的中断使全球企业陷入瘫痪之中。

消费者改变了自身的购物习惯。很多人开始将更多的资金花费在必需品上，这使电子商务和实体零售店都出现了短缺。消费者消费行为的改变颠覆了预测模型，因为消费者将消费转移到新的商店、渠道和产品线上。同时，从事非必需品业务的企业面临着消费短缺，因为数百万人发现自己没有了工作。

依据交易平台 Forex.com 在 2020 年 3 月 11 日进行的一项分析，所有企业中有近 75% 报告了供应链中断，而该百分比数字预期会攀升至 80%，制造企业尤其受到影响。

大多数企业未能快速、灵活地响应因新冠疫情大流行事件引发的供应链中断，这只有在整个供应链可视化的情况下才能做到。大部分企业并不拥有对供应链的可视性（供应链可视性是指从制造商开始跟踪在途零件、部件或产品，直至最终到达目的地的能力）。大多数企业对自身的供应链仅有 20% 的可视性。专家认为，处理重大供应链中断需达到 70%～80% 的可视性。

现代的供应链相当脆弱。企业给外部供应商外包很多业务，仅维持非常低的安全库存利润，由此来构建全球供应链（安全库存是指对于某一物品，企业为降低其缺货的风险而在库存中持有额外数量）。供应链管理的普遍认知是采用"精益"原则，即试图在最大程度上降低安全库存，利用"准时化"交付，仅维持 15～30 天的产品库存，集中在少数几个国家采购，从而优化成本。例如，80% 以上为美国生产药物成分的生产设备都位于国外，主要是在中国。很多企业发现，在中国和亚洲其他地方而非更接近本土的地方生产商品要更便宜。汽车零件、时装、技术、医疗设备和药物成分尤其容易受到亚洲供应链中断的影响。

为使供应链更具弹性，企业应不再依赖单一供应商、地区或国家的采购。大型企业可以建立地区供应链，并使其制造工厂和供应商的位置多样化（参见第 15 章"互动讨论：管理"）。对于当前采用的库存优化和安全库存计算做法，即将库存保持在最低水平来优化成本，企业应当考虑回撤，并保证一定的产品储备来吸收冲击，即使这会增加成本。

制造成本是将制造业迁移到海外的关键理由之一。但是，随着新的自动化工具的开发，制造业的劳动力成本因素的重要程度持续下降。30 年前，劳动力成本占商品制造成本的 30%～40%，而如今，更为自动化的工厂才是趋势，这会缩小劳动力的占比，降低盈亏压力。美国在工厂自动化领域的领导地位无疑会帮助部分离岸制造业回流本土。

转换到更为数字化的供应链管理工具也会有所帮助。当代的供应链管理系统已变得更加透明、更具响应能力，因为供应链中的所有活动都能够以近乎实时的方式与另一活动产生相互影响。现在有新的数字应用和平台可帮助企业建立原本分离、孤立的供应链流程的互联网络，更为灵活地管理它们的供应链。Gartner 咨询公司预测，至少有 50% 的全球化企业在供应链运营中使用人工智能（参见第 11 章）、先进分析技术和物联网。宝洁（P&G）等企业正在使用人工智能机器学习算法进行产品需求规划，如每天使用汰渍洗衣粉的次数。还有企业实施 GPS 和射频识别（RFID）（参见第 7 章）设备等物联网技术来识别和跟踪商店与仓库中的物品，以及诸如送货速度等变量的实时数据。

提示：即使一家企业已经使用数字供应链管理工具，也需要进行更新和微调才能处理重大全球停摆事件。大型企业供应链管理系统所使用的算法在疫情期间并不管用。例如，以其高效先进的供应链管理系统（参见第 3 章）著称的沃尔玛发现，疫情期间的中断导致这些系统无法准确地预测需要在商店货架上维持多少数量的尿布和花园用水管。

正常情况下，沃尔玛的系统能够准确地分析库存水平、历史购买趋势和折扣，由此推荐应当下单多少数量的产品。但新冠疫情引发的全球范围的中断导致软件的建议更为频繁地做出变更。

大多数零售企业根据某些类型的模型或算法来预测客户想要什么以及应该订购多少。它们的模型结合了对自然灾害等冲击的一些了解，如这些冲击会如何中断供应链、如何影响需求，利用历史数据来预测未来的需求。正常情况下，这些算法做得相当不错。但全球性的疫情是以前没有遇到过的新事物，模型不知道如何进行思考。像洪水或飓风这样的灾难往往是地区性的，但新冠疫情扰乱了整个世界。生产、运输和人们的行为在疫情期间发生了剧烈的变化。由于这些大规模的全球性中断，提供给模型的正常数据，包括历史购买模式，就不那么相关了。

供应链管理软件的模型仍可以使用，但需要更改数据。管理供应链的人员需要更主动地解释预测，而非假设模型能够捕获正在进行的每件事情。例如，消费品分析企业 Alloy 与一家企业合作，后者在 2020 年 3 月在一家大型零售商的产品销量增加了 40%，这正是疫情开始在美国严重爆发的时间。该零售商为 4 月下了一笔很大的订单以处理销量的激增，但 Alloy 的分析师知道，对产品的需求已经暴跌，该零售商将无法售出其已订购的任何东西。Alloy 告诉该零售商不要购买这些多的产品。

单单加强供应链的技术，如分析技术、人工智能和机器学习等创新形式，并不能支撑漏洞与低效的问题。企业必须重新思考其战略、重新设计供应链，以便自身能够从多个不同的地点采购产品，这取决于中断发生的地点。其中一个关键在于供应链映射，没有了它，企业就无法制定可行的恢复计划。

少量在疫情之前就绘制了供应网络地图的企业得到了更好的准备来应对中断。这些企业能够确定到底哪些供应商、生产厂、产品和零部件处于风险之中，这可以帮助它们更为快速地找到解决方案。企业可能会假设其最大的弱点在于主要供应商。但相反，对其供应链的详细分析显示，最高风险来自一家较小的低层级供应商，它供应成本为 10 美分的关键部件。

但供应网络图谱绘制是一项耗时且高成本的任务，大多数企业还未完成此任务（2011 年的地震和海啸过后，一家日本半导体制造商用一支由 100 人组成的团队花了一年时间才将企业的供应网络绘制到第二层级）。相反，企业依赖它们的最高层级供应商以及少数低层级供应商人为提供（通常是轶闻般）的信息。

资料来源：Nicole Wetsman, "The Algorithms Big Companies Use to Manage Their Supply Chains Don't Work During Pandemics," *The Verge*, April 27, 2020; Sundar Kamakshisundaram, "The Coronavirus Is Shattering Traditional Supply Chains," *Supply Chain Brain*, March 25, 2020; Fred Schmalz, "The Coronavirus Outbreak Is Disrupting Supply Chains Around the World—Here's How Companies Can Adjust and Prosper," *Kellogg Insights*, March 26, 2020; Lizzie O'Leary, "The Modern Supply Chain Is Snapping," *The Atlantic*, March 19, 2020; David Parker, "In 2020, Supply-Chain Disruption

Is No Longer Optional," *Supply Chain Brain*, April 2, 2020; Thomas Y. Choi, Dale Rogers, and Bindiya Vakil, "Coronavirus Is a Wake-Up Call for Supply Chain Management," *Harvard Business Review*, March 27, 2020; Ashish Rastogi, "How Digital Solutions Are Creating More Resilient Supply Chains," *Supply Chain Brain*, April 30, 2020; Adeel Najmi, "Three Strategies for Building Resilience in Your Supply Chain," *Supply Chain Brain*, May 13, 2020; and Joe Carson, "Paving the way for U.S. Supply Chain Independence," Bloomberg, May 26, 2020.

**案例分析题：**

9-12 阐述本案例研究中描述的问题。哪些管理、组织和技术因素导致了这个问题？

9-13 信息技术能在多大程度上解决这个问题？解释你的答案。

9-14 为了重新设计供应链以应对新冠疫情等重大中断，应该解决哪些管理、组织和技术问题？

## 参考资料

Bowers, Melissa R., Adam G. Petrie, and Mary C. Holcomb. "Unleashing the Potential of Supply Chain Analytics." *MIT Sloan Management Review* 59 No. 1 (Fall 2017).

Bozarth, Cecil, and Robert B. Handfield. *Introduction to Operations and Supply Chain Management*, 5th ed. (Upper Saddle River, NJ: Prentice-Hall, 2019).

D'Avanzo, Robert, Hans von Lewinski, and Luk N. van Wassenhove. "The Link Between Supply Chain and Financial Performance." *Supply Chain Management Review* (November 1, 2003).

Davenport, Thomas H. *Mission Critical: Realizing the Promise of Enterprise Systems* (Boston: Harvard Business School Press, 2000).

Fluckinger, Don. "Microsoft, Salesforce, Oracle Launch Retail Customer Experience Tools." SearchCustomerExperience.com, January 13, 2020.

Fruhlinger, Josh, and Thomas Wailgum. "15 Famous ERP Disasters, Dustups and Disappointments." *CIO* (July 10, 2017).

Gaur, Vishal, and Abhinay Gaiha. "Building a Transparent Supply Chain." *Harvard Business Review* (May–June 2020).

Hitt, Lorin, D. J. Wu, and Xiaoge Zhou. "Investment in Enterprise Resource Planning: Business Impact and Productivity Measures." *Journal of Management Information Systems* 19, No. 1 (Summer 2002).

Kitchens, Brent, David Dobolyi, Jingjing Li, and Ahmed Abbasi. "Advanced Customer Analytics: Strategic Value Through Integration of Relationship-Oriented Big Data." *Journal of Management Information Systems* 35, No. 2 (2018).

Laudon, Kenneth C. "The Promise and Potential of Enterprise Systems and Industrial Networks." Working paper, The Concours Group. Copyright Kenneth C. Laudon (1999).

Lee, Hau L., V. Padmanabhan, and Seugin Whang. "The Bullwhip Effect in Supply Chains." *MIT Sloan Management Review* 38 No. 3 (Spring 1997).

Markey, Rob. "Are You Undervaluing Your Customers?" *Harvard Business Review* (January–February 2020).

Oracle Corporation. "Alcoa Implements Oracle Solution 20% Below Projected Cost, Eliminates 43 Legacy Systems." www.oracle.com, accessed August 21, 2005.

Panorama Consulting Group. "2020 ERP Report." (2020)

⸺. "6 Tips for Global ERP Implementations." (March 25, 2019a).

⸺. "Clash of the Titans" (2019b).

Ranganathan, C., and Carol V. Brown. "ERP Investments and the Market Value of Firms: Toward an Understanding of Influential ERP Project Variables." *Information Systems Research* 17, No. 2 (June 2006).

Rohm, Ted. "How IoT Will Dramatically Impact Enterprise Resource Planning (ERP) Systems." Technology Research Centers (August 14, 2019).

Seldon, Peter B., Cheryl Calvert, and Song Yang. "A Multi-Project Model of Key Factors Affecting Organizational Benefits from Enterprise Systems." *MIS Quarterly* 34, No. 2 (June 2010).

Thibodeau, Patrick. "Office Depot Says 'No' to Oracle ERP Cloud Customizations." *TechTarget* (February 1, 2018).

Tian, Feng, and Sean Xin Xu. "How Do Enterprise Resource Planning Systems Affect Firm Risk? Post-Implementation Impact." *MIS Quarterly* 39, No. 1 (March 2015).

Wailgum, Thomas. "What Is ERP? A Guide to Enterprise Resource Planning Systems." *CIO* (July 27, 2017).

Zhang, Jonathan Z., George F. Watson IV, and Robert W. Palmatier. "Customer Relationships Evolve—So Must Your CRM Strategy." *MIT Sloan Management Review* 59 No. 4 (May 1, 2018).

第 10 章

# 电子商务：数字市场、数字产品

## 学习目标

通过学习本章，你将能回答：
1. 电子商务、数字市场和数字产品有哪些特征？
2. 电子商务的商业模式和收益模式有哪些？
3. 电子商务是如何改变市场营销的？
4. 电子商务是如何影响 B2B 交易的？
5. 移动商务在商务活动中的作用是什么？最重要的移动商务应用有哪些？
6. 企业构建电子商务时需要考虑哪些问题？
7. MIS 如何有助于我的职业发展？

## 开篇案例

### 电子商务遇见仪表盘："第四屏"之战

企业始终都在寻求更多吸引客户和向客户出售商品的方法。现在，它们正在瞄准汽车仪表盘。普通的美国驾驶员每天有 51min 待在车上，创造了另一个接触忠实受众的机会。在电视、计算机和手机之后，汽车仪表盘正兴起成为吸引消费者眼球的"第四屏"。

机会比比皆是。本地的医疗、餐饮和其他服务可以根据典型的行车路径针对性地投放广告。驾驶员可以在其仪表盘屏幕上订购咖啡或汽油并付款。监控驾车模式的保险公司可以给谨慎的驾驶员提供更低的保险费率。汽车制造商本身可以利用汽车传感器生成的数据来识别需要更换的零部件，并提供维修服务优惠券和优惠价格。麦肯锡咨询师预测，到 2030 年，基于仪表盘的产品和服务可能会创造高达 7 500 亿美元的新收入。

汽车制造商指望通过汽车仪表盘上显示的内容来与客户建立更密切的关系。Alphabet 旗下的谷歌和苹果非常想将仪表盘显示屏作为其 app 和屏幕的又一平台。汽车制造商和大型科技公司之间正进行一场激烈的大战，都想争夺对仪表盘显示屏的控制权。

汽车制造商现在处于劣势。新车型的设计和制造需要数年，且车主保有汽车的时间要长于他们的智能手机。老式汽车显示屏的设计并未像智能手机那样可以更新。

谷歌和苹果已分别开发针对汽车显示系统的特殊软件 Android Auto 和 Apple CarPlay，这些软件将智能手机的 app 呈现到汽车显示屏上，使用大的图标和语音控制来帮助驾驶员将目光保持在路上、手放在方向盘上。雪佛兰、丰田和沃尔沃等一些汽车制造商正在使它们的仪表盘显示器与 Android Auto 和 Apple CarPlay 兼容。谷歌打造了专门为汽车仪表盘定制的一个新版本的安卓操作系统 Android Automotive，不再需要智能手机的输入。

福特和梅赛德斯－奔驰等汽车制造商认为，如果能研发自己的仪表盘 app 和系统软件，它们的发展会最好。大众汽车希望对其车载电子设备所产生的大量消费者数据保持控制权，并已研发自己的汽车操作系统 vw.OS 以及在云端运行的 app 和服务在线商店。大众的 ID 系列电动汽车将是大众首批使用其仪表盘系统的车型。福特也在研发自己的仪表盘系统，但它将允许用户将部分智能手机 app 投射到汽车屏幕上。

"第四屏"也带来了一系列挑战。首先，它可能会导致驾驶员分心，驾驶员仍需在汽车移动时用眼睛看路、把手放在方向盘上。对于以 70mile/h 的速度在公路上飞驰的驾驶员，语音识别可能并不好用，因为它需要与风声和道路的噪声竞争，还要搜索可能进进出出的信号。

"第四屏"也给隐私保护带来了挑战，因为它的软件能够从汽车和驾驶员那里收集大量个人数据。对于欧洲的汽车制造商而言，这尤其令人担忧，因为欧洲的数据保护标准要比美国更为严格。谷歌曾向大众申请访问汽车油量数据以便安卓系统确定加油需求并提供前往加油站的指示，但大众拒绝了这一请求。谷歌还曾询问宝马是否可在副驾驶座上安装传感器来确定乘客的体重，该信息可以提示乘客是成人还是儿童。谷歌的发言人已表示，他们公司的数据收集政策要求在访问任何信息之前都需要获得驾驶员的许可。

资料来源：Jackie Dove, "The Best Android Auto Apps for 2020," *Digital Trends*, January 5, 2020; Tim Higgins and Willam Boston, "The Battle for the Last Unconquered Screen—the One in Your Car," *Wall Street Journal*, April 6, 2019; Peter Koeppel, "The Fight for the Fourth Screen—Your Dashboard Display," *Koeppel Direct*, June 11, 2019; and Ronan Glon, "What Is Android Auto?" *Digital Trends*, June 23, 2019.

这里描述的支持互联网的仪表盘信息娱乐系统说明了当今电子商务的一些主要趋势。电子商务无处不在。基于互联网的买卖和广告不再局限于计算机屏幕，它们正在移动智能手机、平板电脑和汽车仪表盘上出现。买卖的不仅仅是产品，还有信息和服务。这些仪表盘信息娱乐服务使用先进的数据挖掘技术和基于位置的广告，从他们捕获的用户数据和屏幕上的消费（如汽油）中产生收入。苹果、谷歌和主要汽车制造商正在竞相利用汽车仪表盘显示屏提供创新的信息娱乐服务。

图 10-1 概述了这个案例中需要关注的要点。汽车制造商和大型科技公司面临的挑战是，如何利用互联网、仪表盘显示技术的改进和基于位置的技术带来的机遇，从面向汽车驾驶员的广告和服务中获取新的利润。汽车制造商和科技公司都在技术上进行了大量投资，为汽车显示屏设计和实施新的电子商务界面与操作系统，并收集和分析车载系统产生的大量关于驾驶员与汽车的数据。目前尚未解决的问题是，这些仪表盘系统是否能在所有驾驶条件下真正发挥作用，而不会分散驾驶员的注意力，也不会侵犯隐私。

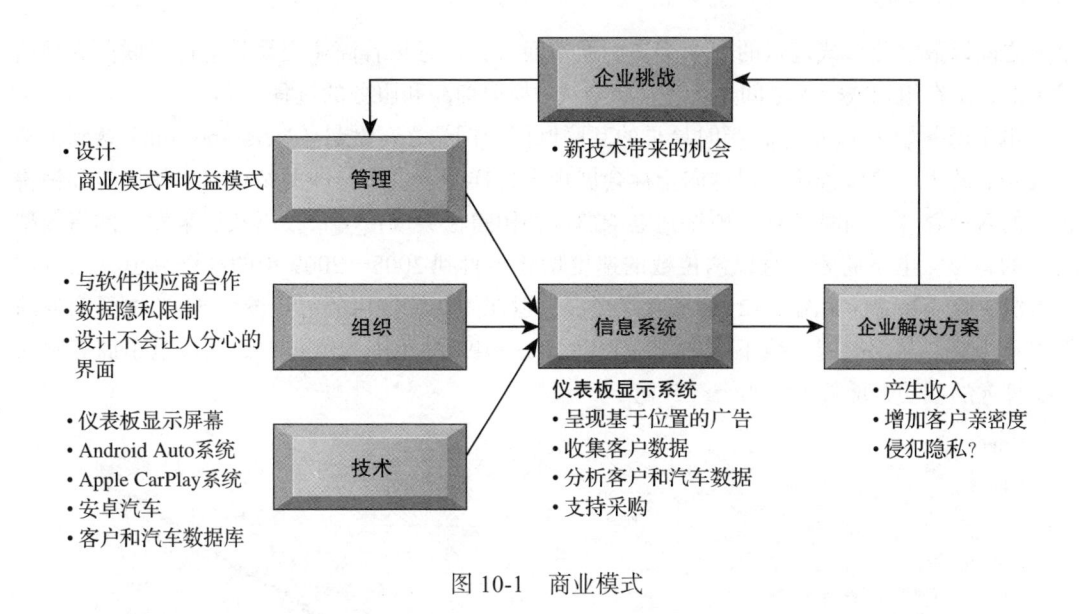

```
                            ┌──────────┐
                            │ 企业挑战  │◄──────────┐
                            └────┬─────┘            │
                                 │  • 新技术带来的机会
                                 ▼                  │
• 设计                      ┌──────────┐            │
  商业模式和收益模式  ─────►│   管理   │            │
                            └────┬─────┘            │
                                 │                  │
• 与软件供应商合作          ┌──────────┐            │
• 数据隐私限制       ──────►│   组织   │            │
• 设计不会让人分心的        └────┬─────┘            │
  界面                           │                  │
                                 ▼                  │
                            ┌──────────┐    ┌──────────────┐
                            │ 信息系统 │───►│ 企业解决方案 │
                            └──────────┘    └──────────────┘
• 仪表板显示屏幕     ──────►┌──────────┐    仪表板显示系统    • 产生收入
• Android Auto 系统         │   技术   │    • 呈现基于位置的广告  • 增加客户亲密度
• Apple CarPlay 系统        └──────────┘    • 收集客户数据        • 侵犯隐私?
• 安卓汽车                                   • 分析客户和汽车数据
• 客户和汽车数据库                           • 支持采购
```

图 10-1 商业模式

> 请思考：在设计和实现用于电子商务的汽车仪表盘显示系统时，必须解决哪些人员、组织和技术问题？使用这种形式的电子商务有什么优点和缺点？

## 10.1 电子商务、数字市场和数字产品的特征

如今，通过智能手机、平板电脑和台式计算机在网上购买商品与服务已经变得无处不在。2020 年，约 2.3 亿美国人（约占互联网人口的 92.5%）在网上浏览商品，2.02 亿人从网上购物，全球其他数百万人也在网上购物。尽管大多数采购仍然通过传统渠道进行，但电子商务仍在快速增长，并改变了许多企业开展业务的方式（eMarketer，2020a，2020c）。电子商务由三个主要部分组成：零售商品、旅游和服务以及在线内容。2020 年，电子商务零售商品（6 750 亿美元）、旅游和服务（约 4 750 亿美元）以及在线内容（约 670 亿美元）的消费销售额总计约 1.2 万亿美元。

在线零售商品销售额占美国零售总额（5.6 万亿美元）的 12% 左右，并以每年 13% 的速度增长（相比之下，传统零售商 2020 年增长约 3%）（eMarketer，2020e，2020j，2019）。电子商务仍然是实体店零售商品市场的一小部分。电子商务已经从台式计算机和家用计算机扩展到移动设备，从孤立的活动扩展到新的社交商务，从针对全国受众的商务扩展到移动设备能够定位的本地商家和消费者。2020 年，超过 45% 的零售电子商务销售是通过移动设备完成的，其中约 80% 是通过智能手机完成的。理解 2020 年这种新型电子商务的关键词是"社交、移动、本地"（eMarketer，2020f，2020g）。

### 10.1.1 电子商务的现状

电子商务是指利用互联网和网站进行的商业交易。更正式的表述是：电子商务是组织和

个人之间以数字化形式进行的商业交易。通常而言，这意味着商业交易是通过互联网和网站发生的，是在组织或个人之间用价值（如金钱）换取商品和服务的过程。

电子商务始于1995年，当时最早的互联网门户网站之一网景（Netscape.com）接到了某个大企业的第一单广告业务，这向全社会展现了这样一个事实，即网站可以当作广告和销售领域的新型媒介。当时没有人预见到电子商务的销售额会成倍增长，以及后来发生的指数型增长的趋势。电子商务一直以两位数的速度增长，直到2008—2009年的经济衰退，当时增长放缓，收入持平（见图10-2），考虑到经济衰退期间传统零售额每年萎缩5%，电子商务的发展还不错。从那时起，线下零售额一直在2%~4%的范围内增长，而在线电子商务则取得了惊人的成功，增长了12%~15%。

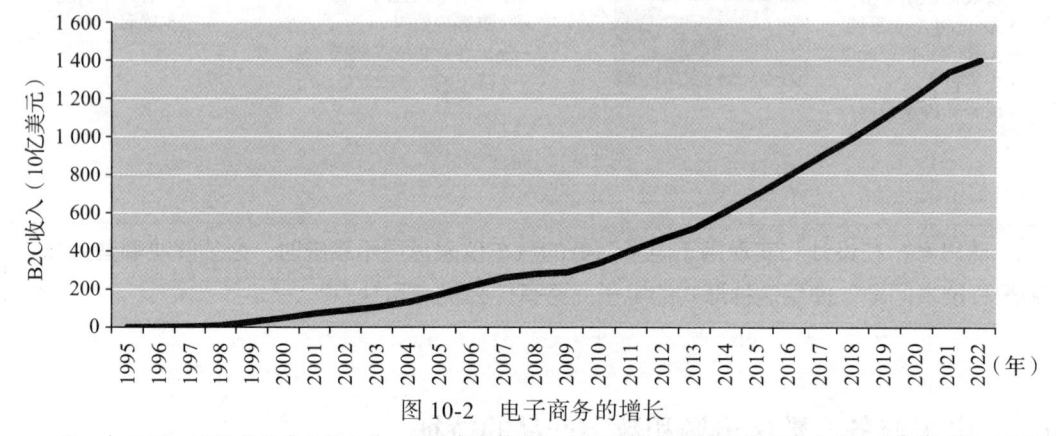

图 10-2 电子商务的增长

注：在2008—2009年经济衰退之前，电子商务零售额以15%~25%的年增长率发展，到经济衰退时明显放缓。2020年，电子商务零售额年增长率为13%。

资料来源：参见：eMarketer, "US Retail Ecommerce Sales," 2020; eMarketer, "US Digital Travel Sales," 2020; 作者的估计。

电子商务初期的高速增长使电子商务企业股票产生市场泡沫，2001年3月，如同其他市场泡沫一样，互联网泡沫的破裂造成了大量电子商务企业的消失。然而，对于某些企业而言，如亚马逊、eBay、Expedia和谷歌等，结果却是正向的，即不断增加的收入、产生利润的精细商业模式，以及节节攀升的股价。到2006年，电子商务重新恢复了稳定的增长，并且在美国、欧洲和亚洲一直是增长最为迅猛的零售商业模式。表10-1是电子商务的发展。

表 10-1 电子商务的发展

| 商业转型 |
|---|
| 相比实体零售商店、服务和娱乐行业，电子商务仍然是增长最快的商业模式，社交、移动和本地商务已经成为发展最快的电子商务形式 |
| 电子商务产品的范围不断扩大，尤其在社交网络、旅游、娱乐、零售服饰、珠宝、家电和家具的服务行业，优步、Lyft、爱彼迎、送餐服务和宠物护理服务等按需服务进一步扩展了在线服务的范围 |
| 在线购物者的人口统计数量与普通消费者的数量相当 |
| 纯电子商务模式进一步完善，实现更高的盈利水平，而像沃尔玛、彭尼百货、L.L.Bean和梅西百货这样的传统零售品牌，正在开发全渠道商业模式，以加强线下零售资产的主导地位，世界上最大的零售商沃尔玛决定向亚马逊的电子商务投资超过10亿美元 |
| 小企业和创业者在电子商务市场中不断涌现，他们依赖于亚马逊、苹果和谷歌等行业巨头提供的基础设施，并越来越多地利用云计算资源 |
| 移动电子商务已经在美国飞速发展，包括基于位置的服务和娱乐下载（如电子书、电影、音乐和电视节目等） |

(续)

| 技术基础 |
|---|
| 无线互联网连接（Wi-Fi、WiMax、4G 和 5G 智能手机）持续增长 |
| 功能强大的智能手机和平板电脑提供了音乐、网上冲浪、娱乐以及语音通信服务，播客和流媒体作为媒体传播视频、广播和用户生成内容的分发平台迅速发展 |
| 移动设备扩展到包括苹果手表和 Fitbit 追踪器等可穿戴设备，以及亚马逊 Alexa 和谷歌助手等家用设备 |
| 随着通信价格下降，互联网宽带在家庭和企业中变得更加强大 |
| Facebook、Twitter、LinkedIn、Instagram 等社交网络应用和网站正在成为电子商务、营销和广告的主要新平台（eMarketer，"美国 Facebook 用户和渗透率"，2020 年 2 月） |
| 基于互联网的计算模式，如智能手机 app、云计算、SaaS、PaaS 大大降低了电子商务网站的成本 |
| **新商业模式的产生** |
| 近 75% 的互联网用户加入了在线社交网络，创建了博客，分享了照片和音乐，这些网站共同创造了一个与电视一样庞大的在线受众，这对营销人员来说是有吸引力的；2020 年，社交网络占数字媒体使用时间的 13.5%。社交网站已经成为互联网新闻、音乐以及越来越多的产品和服务的主要门户（eMarketer，2020i，2019b） |
| 网络广告的增长速度是电视和平面广告的两倍，传统的广告业被颠覆，谷歌、雅虎和 Facebook 每年有近 1 万亿个广告 |
| 优步、Lyft 和爱彼迎等按需服务的电子商务将市场创造者商业模式（按需模式）延伸到新的经济领域 |
| 报纸和其他传统媒体也采用了在线互动模式，尽管它们获得了网上阅读者，但还是在不断失去广告收入；《纽约时报》成功获得了超过 280 万的订阅用户，每年增长 25%，其中 2018 年增加了 40 万新的电子订阅用户 |
| 图书出版业继续以 5% 的速度缓慢增长，这是由于电子书的增长和传统书籍的持续吸引力 |
| 提供电视、电影、音乐和游戏的在线娱乐业务的企业，与好莱坞和纽约的主要版权所有者，以及苹果、亚马逊、谷歌、YouTube 和 Facebook 等互联网分销商开展合作；而在线分销商越来越多地转向电影和电视制作，有线电视的市场占比有所下降，一些用户停止或减少了有线电视的订阅，主要采纳基于互联网的电视，如 Roku 和 YouTube TV 等 |

## 10.1.2 新电子商务：社会化、移动化、本地化

最大的变化就是电子商务在很大程度上变得更社会化、移动化和本地化。在线营销的手段主要包括创建企业网站、在雅虎等门户网站上购买展示广告、在谷歌上购买基于搜索的广告以及发送电子邮件等，其中企业在线营销的主力还是展示广告，但它正逐渐被视频广告取代，因为视频广告更加有效。在互联网诞生之初，展示广告以电视广告为基础，在电视广告中，品牌信息在数百万用户眼前闪现，而用户不会立即反馈、提问或发表评论。如果广告不起作用，解决方案通常是重复播放广告。衡量广告效果的指标是一个网站吸引了多少眼球（独立访问者），一个营销活动产生了多少印象（印象是指向一个人展示的一个广告）。这些以观众数量和广告点击率来衡量营销效果的指标都是从电视领域继承而来的。

**1. 从眼球到对话：对话商务**

2007 年以后，随着 Facebook 等社交网站的快速发展，以 iPhone 为代表的智能手机呈现爆炸式增长，广告商对本地营销的兴趣也日益浓厚，这一切都在慢慢发生变化。新的社会化、移动化、本地化的电子商务世界的不同之处在于它是对话和参与的双重主题。用通俗的话来说，这被称为会话式商务。这个时期的在线营销是基于企业与客户、潜在客户甚至批评者进行的多重在线对话。企业的品牌在网络和社交媒体上被谈论（这是对话的一部分），企业要营销、建立或重构品牌，必须先定位、识别和参与这些对话。社会营销意味着所有的工作都是社会化的：倾听、讨论、互动、共情和参与等。网络营销的重点已经从注重眼球转向

注重参与以客户为导向的对话。从这个意义上说，社会营销不只是一种新的广告渠道，而是一系列与消费者沟通的基于技术工具的集合。领先的社交商务平台有 Facebook、Instagram、Twitter 和 Pinterest 等。

过去，企业可以严格控制自己品牌信息的传播，并引导消费者进行购买，但是企业的社会营销并非如此。消费者的购买决策越来越多地受到所在社交网络的对话、选择、品位和观点的影响，企业的社会营销是企业参与和引导社交的过程。

**2. 从台式计算机到智能手机**

在线广告现在占所有广告的一半以上，是电视广告支出的两倍多。移动营销现在占在线营销的近 70%，剩下的是基于浏览器的桌面广告、搜索、展示广告、视频广告、电子邮件和游戏（eMarketer，2020b，2020d，2020k）。

社会化、移动化和本地化的电子商务是相互连接的。随着移动终端的功能变得越来越强大，用户访问 Facebook 和其他社交网站变得越来越有用。随着移动设备被广泛采用，客户可以利用这些设备找到当地的商家，商家可以利用这些设备来提醒客户附近的特价商品。

### 10.1.3 电子商务与众不同的原因

为什么电子商务发展得如此迅速？答案在于互联网和网站的独特性。简单来说，和以前的收音机、电视和电话等技术革新相比，互联网和电子商务技术更加丰富、强大。表 10-2 描述了互联网和网站作为商业媒介的特征。接下来我们将详细地逐一探究这些特征。

表 10-2 电子商务技术的特征及其商业意义

| 电子商务技术的特征 | 商业意义 |
| --- | --- |
| 无所不在（ubiquity）：互联网技术随处可得，工作场所、家里以及具有计算机和移动设备的任何地方，移动设备拓展了服务的区域和商家 | 市场拓展超越了传统的时间和空间边界，产生了无时无刻不在的"市场空间"，购物可在任何地方进行，提高了消费者购物的便利性，节约了消费者的购物成本 |
| 全球覆盖（global reach）：技术可以超越国界，覆盖全球 | 商业可以无缝地跨越文化和国界，且无须修饰，潜在的市场空间包括了全世界范围内数以亿计的消费者和数以百万计的企业 |
| 统一标准（universal standards）：有一组技术标准，即互联网标准 | 在互联网技术标准的支持下，不同的计算机系统之间能够互相通信 |
| 丰富性（richness）：视频、音频和文本信息均可以被传递 | 将视频、音频和文本等营销信息集成为统一的营销传播内容与客户体验 |
| 交互性（interactivity）：该技术赋能企业和用户进行交互 | 消费者参与到与商家的对话中，带来动态的体验，成为产品向市场传播过程中的联合参与者 |
| 信息密度（information density）：该技术帮助企业降低了信息成本，提高了信息质量 | 信息的处理、存储、通信成本显著降低，而流通性、准确性和及时性得到极大的改善，信息变得丰富、便宜，同时更为准确 |
| 个性化（personalization）/定制化：该技术可以帮助企业将个性化的信息传递给消费者个体和群体 | 企业可以基于个体特征提供个性化营销信息和定制化的产品与服务 |
| 社交技术（social technology）：该技术支持内容生成和社交网络 | 新的社交网络和商业模式使用户可以创建与传播内容，并维护社交网络 |

**1. 无所不在**

在传统商务中，市场是一个具有实体商品的地方，比如，你可以去某个零售店进行商品交易。而电子商务具有无所不在的特征，即电子商务可以随时随地进行，这使得你在家或在工作场所，甚至坐在自己的车里，都可以使用智能手机进行购物。无所不在的电子商务造就了一个**市场空间**（marketspace），一个超越了传统意义上时间和地理界限的市场。

从消费者的角度来看，无所不在的特征降低了**交易成本**（transaction cost），即参与市场交易的成本。你不再需要花费时间或金钱跑到某个市场去完成交易，选购商品所耗费的精力也更少了。

**2. 全球覆盖**

相比于传统商业，电子商务技术使跨文化和国界的商业交易变得更加便利和经济。因此，对从事电子商务的商家而言，潜在的市场规模大约等于全世界的上网人数（据估算已经超过 30 亿）。

相比之下，绝大多数的传统商业是地方性或区域性的，包括本地商家和拥有全国网店的商家。例如，电视、电台和报纸主要是地方性或区域性的，即使拥有强大的全国性网络可以吸引来自全国的受众，也很难超越国界吸引全球性的受众。

**3. 统一标准**

电子商务技术具有一项显著的特征，那就是互联网的技术标准，因此开展电子商务的技术标准是全球通用的。这一标准被各国共享，使得任何两台计算机之间能够互联而不必考虑各自使用的技术平台。相比之下，绝大多数的传统商业技术因国家而异，如各国电视和电台的广播标准有很大的差异，手机技术也是如此。

互联网和电子商务全球通用的技术标准极大地降低了**市场准入成本**（market entry cost）。市场准入成本是指商家将商品带入市场时必须付出的成本。同时，对消费者而言，通用标准降低了**搜索成本**（search cost），即消费者寻找称心商品所花费的精力。

**4. 丰富性**

信息丰富性指的是信息内容的复杂性和多样性。在传统的市场中，不论是全国性的销售活动还是小型的零售商店，都具有信息丰富性的特点，它们在销售商品时都利用听觉和视觉信息为消费者提供个性化的、面对面的服务。传统市场丰富多彩的表达方式使其具有强有力的销售手段和销售场景。在网站充分发展之前，信息的丰富性和可达范围是成反比的，即信息的受众群体范围越广，其丰富性往往越低。网站的发展使得同时向大量人群传递内容丰富的文字、音频和视频信息成为可能。

**5. 交互性**

与 20 世纪任何一种商业技术不同（或许电话除外），电子商务技术具有交互性，这意味着在电子商务中，商家和消费者之间可以进行双向交流，朋友之间也能双向沟通。以传统电视为例，电视无法向观众提问或与观众进行直接交流，也无法要求消费者将反馈信息直接填写到表格中，而这些活动在电子商务网站上都可以实现。电子商务的交互性使得商家可以通过网络与全球的消费者进行类似面对面的交流。

**6. 信息密度**

互联网和网站极大地提高了信息密度，信息密度是指所有市场的参与者（如消费者和商家)能够获得的信息数量和信息质量。电子商务技术降低了信息的收集、存储、处理和通信的成本，并极大地提高了信息的流通性、准确性和及时性。

电子商务市场中的信息密度使得价格和成本更加透明化。**价格透明**（price transparency）是指消费者可以轻松地发现市场上商品价格的变化。**成本透明**（cost transparency）是指消费者可以发现商家为产品支付的实际成本。

信息密度的增加也可以使商家受益。相比从前，商家现在通过网络可以更多地了解消费者，可以把市场细分为具有不同价格偏好的消费群体，并对其实施**价格歧视**（price discrimination），即以不同的价格将相同或基本相同的商品销售给不同的目标群体。例如，某位网络商家发现某位消费者正在搜寻昂贵的国外度假游，便以较高的价格向该消费者提供高档次的旅行计划，因为商家知道这位消费者愿意为这样的旅行支付额外的费用。同时，该商家还可以以较低的价格，将同样的旅行计划提供给对价格较为敏感的消费者。信息密度的提升还可以帮助商家根据成本、品牌和质量对其产品进行差异化处理。

### 7. 个性化/定制化

电子商务技术可以提供个性化的服务，即根据消费者的点击行为、姓名、兴趣爱好和购物记录，商家可以调整信息，将特定的推荐信息传递给特定的消费者个体。电子商务技术同样可以提供定制化的服务，即根据消费者的偏好和行为记录，为消费者提供不同的产品或服务。由于电子商务技术具有交互性，很多关于消费者的个人信息可以在消费者购物的那一刻被收集到。随着信息密度的增加，网络商家可以储存并利用消费者以往购物行为的大量信息。

电子商务的这些特征造就了传统商务技术无法实现的个性化和定制化服务能力。例如，你也许可以通过切换频道来选择电视上看到的内容，但你无法改变频道播放的内容。相比之下，在《华尔街日报在线》（Wall Street Journal Online）网站上，你可以选择先看哪一类新闻，你还可以让网站在某一类事件发生时及时提醒你。

### 8. 社交技术：用户内容生成和社交网络

与以往的技术相比，互联网和电子商务技术变得更具社会化，允许用户创建文本、视频、音乐和照片等形式的内容，并且将这些内容与他们的朋友以及世界范围内更大的社交圈共享。通过这些形式的交流活动，用户可以创建新的社交网络，也可以巩固现有的社交网络。

现代历史上所有的大众媒体，包括印刷出版物等，采用的都是广播式的传播模式，即一对多的广播模式。在这种模式中，内容由职业作家、编辑、导演和制片人等处于核心位置的专家创作，大量的观众或受众则聚集在一起消费这些标准化的产品。全新的互联网和电子商务赋予普通用户大规模创建与传播内容的能力，允许用户选择属于自己的内容消费方式。互联网提供了一种独特的、多对多模式的大众交流方式。

## 10.1.4 电子商务中的重要概念：全球市场中的数字市场和数字产品

商业活动的地点、时间和营收模式在某种程度上取决于信息的成本和传播方式。互联网创建了一个数字市场，在这个市场中，全世界数以百万计的人可以直接实时地、免费地交换大量的信息。这一变化不仅改变了企业开展业务的方式，还拓展了企业在全球的市场范围。

互联网大大降低了**信息不对称**（information asymmetry）。信息不对称是指当参与交易的其中一方比另一方拥有更多对交易有用的信息时，就产生了信息不对称的现象。这些不对称的信息影响了交易双方的议价能力。在数字市场中，消费者和供应商可以"看到"商品的价格，从这个意义上讲，数字市场比传统市场更为"透明"。

例如，在出现汽车销售网站之前，在汽车经销商和消费者之间存在着明显的信息不对称。只有汽车经销商才知道生产商的出厂价，而消费者则很难通过货比三家来获取最优惠的价格。汽车经销商的利润依赖于这种不对称的信息。现在消费者可以访问大量提供竞争性价格信息的网站，并且美国有 3/4 的汽车购买者通过互联网比价来寻找最划算的价格。由此可见，网站的出现减少了购买汽车过程中信息不对称的现象。互联网同样还可以帮助企业在采购过程中减少信息不对称的现象，并获得更有利的价格和合同条款。

数字市场十分灵活和高效，这是因为数字市场的运行具有较低的搜寻成本、交易成本和**菜单成本**（menu cost，即商家调整价格的成本），具有更高程度的价格歧视，以及根据市场情况动态调整价格的能力。在**动态定价**（dynamic pricing）中，产品价格随着消费者的需求特征和供应商的供货情况不断变化。例如，在线零售商沃尔玛会根据不同时段产品的需求情况以及消费者之前在网站上对商品的浏览情况，调整成千上万商品的价格。利用大数据分析，一些在线企业可以基于行为目标参数调整面向消费者个人的价格，如消费者是一个喜欢砍价的人（获得更低的报价），或是一个接受报价并不去搜索较低价格的人，提供的价格可能会不同。价格也可以根据邮政编码而有所不同，例如，优步等网约车企业根据市场需求的大小，通过加价来调整价格（在暴风雨和重大会议期间，部分线路的价格总会上涨）。

新的数字市场可以降低或提高商品的转移成本，这取决于所卖商品或服务的性质，对某些实物商品而言，运输时间会延迟消费者的满足感。和实体市场不同，你无法立即消费从网上购买到的产品，如衣服等（虽然对数字音乐下载或其他数字产品来说即时消费是可能的）。

数字市场提供了越过中间商（如分销商和零售店铺），向消费者直接销售商品的机会。绕过分销渠道中的中间商可以显著地降低购物过程中的交易成本。一般情况下，为支付传统分销渠道中所有环节的费用，商品售价可能要比出厂价格高出 135%。

图 10-3 描述了减少分销渠道中的每一个环节可以节省的成本情况。通过直销或减少中间商，制造商可以在降低销售价格的同时获得更高的利润。这种去除价值链上那些中间环节的组织和业务流程的做法被称为**去中介化**（disintermediation）。电子商务还催生了一些全新的中间商，如 eBay、PayPal 和 Blue Nile 等。因此，不同行业的去中介化是不同的。

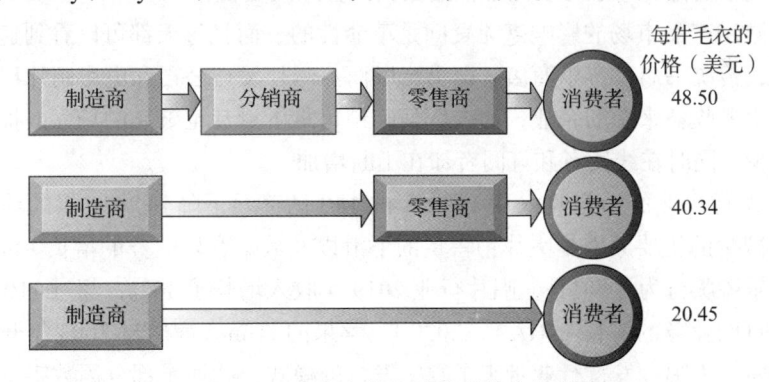

图 10-3 去中介化为消费者带来的利益

注：在一个典型的分销渠道中常常具有多个中间环节，每一个环节都增加了毛衣的成本。去除中间环节能够降低消费者需要付出的最终成本。

去中介化正在改变服务业市场。例如，由于去除了中间的旅行代理商，那些使用自有在线预订网站的航空企业和宾馆获得了更高的单位利润。表 10-3 总结了数字市场和传统市场之间的差异。

表 10-3 数字市场和传统市场的差异

| 项目 | 数字市场 | 传统市场 |
| --- | --- | --- |
| 信息不对称 | 不对称性低 | 不对称性高 |
| 搜索成本 | 低 | 高 |
| 交易成本 | 低（有时没有） | 高（时间，旅行） |
| 延迟满足 | 高（当商品为数字产品时低） | 较低：现货购买 |
| 菜单成本 | 低 | 高 |
| 动态定价 | 低成本，即时 | 高成本，延迟 |
| 价格歧视 | 低成本，即时 | 高成本，延迟 |
| 市场细分 | 低成本，精确性中等 | 高成本，精确性较低 |
| 转移成本 | 高/低，取决于产品特性 | 高 |
| 网络效应 | 强 | 较弱 |
| 去中介化 | 可行性较高 | 可行性较低 |

**数字产品**

互联网数字市场极大地拓展了数字产品的销售。**数字产品**（digital goods）是指可以通过数字化网络交付的产品，如流行音乐、视频、好莱坞电影、软件、报纸、杂志和图书等都能够以纯数字的形式进行展示、存储、传递和销售。数字产品大部分是知识产权产品，被定义为"智力作品"。知识产权受版权、专利、商标和商业秘密等法律的保护（见第 4 章）。今天，所有这些商品以数字流或下载的方式交付，同时与之对应的实体产品的销售量则下降了。

一般而言，生产一件数字产品的边际成本几乎为零（复制一首音乐基本不需要任何成本），而创作原始的第一份数字产品的成本相对较高，事实上，由于几乎没有什么存储和运输成本，创作第一份数字产品的成本基本上等于生产该产品的总成本。数字产品通过互联网交付的成本非常低，市场营销的成本和非数字产品差不多，而定价的自由度很大。在互联网上，由于菜单成本很低，商家可以经常性地根据需要来改变价格。

互联网对数字产品市场的影响毫无疑问是革命性的，而且每天都可以看到这种影响造成的结果。比如，传统书店、音乐商店、图书出版商、唱片发行公司和电影制片厂等原来以销售实体产品为主要收益来源的企业，如今都面临销售量下滑甚至破产的局面。报纸和杂志的订阅者正在减少，同时在线读者和订阅者却在不断增加。

整个唱片发行行业的销售收入从 1999 年的 140 亿美元下降到 2016 年的约 77 亿美元，下降了 50%，减少的主要原因是唱片销售量的下滑以及数字音乐业务的增长（包括合法的复制和非法的音乐盗版行为）。但是，唱片行业 2019 年收入增长了 13%，超过 110 亿美元，主要是因为付费订阅业务的增长（RIAA，2020）。苹果的 iTunes 商店自 2003 年开业以来销售了 250 亿首歌曲，为唱片发行行业带来了数字发行的模式，找回了部分因数字音乐渠道造成的行业损失。然而，随着流媒体成为主流的音乐消费渠道，苹果的下载业务正在迅速衰落。因为 iTunes 的存在，非法的下载行为已经减少了一半，合法的在线音乐销售额（包括下载和流媒体)在 2019 年达到了 97 亿美元。随着**云流媒体服务**(cloud streaming service)的普及,非法下载将进一步减少。当前数字音乐销售(包括下载和流媒体)占所有音乐收入的 90% 以上。唱片公司从单曲下载中只赚 32 美分,而流媒体音乐只赚 0.5 美分。在流媒体产业中,唱片公司可以从歌曲的版权(包括歌词和音乐)中获得收入,但是,音乐演奏家实际上几乎没有从流媒体音乐中获得任何收益,而歌手在像 Spotify 这样的广告支持平台上获得的流媒体歌曲收入也只有每百万次流几美分。

非法数字发行平台对好莱坞的冲击不如音乐产业那么严重,因为要下载高质量的盗版电影很难,而要获得低成本、高质量的合法电影也已很容易了。好莱坞已经与 Netflix、谷歌、Hulu、亚马逊和苹果等公司达成了利润丰厚的分销协议,方便消费者下载和支付高质量的电影与电视剧。但是,这些努力还是不够的,还不足以完全弥补 DVD 销售的损失,2006—2020 年,DVD 销售收入急剧下降,在 2019 年数字流媒体及其下载量增长了 17.5%,占家庭娱乐的 80% 以上。与电视连续剧一样,对好莱坞电影的需求似乎在扩大,其中部分原因是智能手机、平板电脑和智能电视机的普及,使得人们随时随地观看电影变得更加容易了。

2020 年,约有 2.4 亿网民观看电影,约占成年网民的 84%。毫无疑问,互联网正在成为与有线电视竞争的主要电影发行和电视渠道,有一天它可能会完全取代有线电视。

表 10-4 描述了数字产品与传统实物产品的区别。

表 10-4 数字产品与传统实物产品的区别

| 项目 | 数字产品 | 传统产品 |
| --- | --- | --- |
| 边际成本/单位 | 0 | 大于 0,高 |
| 生产成本 | 高(占总成本的绝大部分) | 可变 |
| 复制成本 | 接近 0 | 大于 0,高 |
| 分销交付成本 | 低 | 高 |
| 库存成本 | 低 | 高 |
| 营销成本 | 可变 | 可变 |
| 定价 | 可变性较强(绑定、随机定价) | 固定,基于单位成本 |

## 10.2 电子商务的商业模式和收益模式

电子商务是商业模式和新兴信息技术的巧妙结合。首先,让我们先来了解一下电子商务的基本类型,然后再对电子商务的商业模式和收益模式进行描述。

### 10.2.1 电子商务的类型

电子商务类型的划分方法有很多种,其中一种根据电子商务交易参与者的性质来划分。这种方法主要将电子商务分为 3 类:B2C 电子商务、B2B 电子商务和 C2C 电子商务。

- **B2C 电子商务**是指企业向个人消费者销售产品和服务。例如,亚马逊、沃尔玛和 iTunes 等是 B2C 的典型例子。又如,向个人消费者出售书籍、软件和音乐的 BarnesandNoble.com 也是 B2C 电子商务的典型例子。

- **B2B 电子商务**是指企业之间销售产品和服务。比如购买和销售化工产品与能源的网站 Elemica 就是 B2B 电子商务的一个例子。
- **C2C 电子商务**是指消费者个体之间直接的相互买卖。例如，作为大型网上拍卖网站，eBay 使得人们可以通过拍卖的方式把商品销售给那些出价最高的竞买者，或者以固定的价格销售商品。eBay 通过创建一个数字化平台，在消费者个体买卖之间充当了中间商的角色。Craigslist 网站也是消费者买卖商品广泛使用的网络平台。

电子商务类型划分的另一种方法是根据参与者进行交易时使用的平台类型来划分的。一直以来，大部分电子商务的交易都是基于 PC 通过有线网络进行的。如今，智能手机和平板电脑等无线移动终端已经普及。这种使用便携式无线设备随处购买商品或服务的方式被称为**移动商务**（mobile commerce，m-commerce）。上述提到的 3 种类型的电子商务交易都可以使用移动商务技术来进行，在第 10.5 节会详细讨论。

### 10.2.2 电子商务的商业模式

如前所述，信息经济的变化为全新商业模式的出现创造了条件，同时也给许多传统的商业模式带来了毁灭性的打击。表 10-5 描述了迄今为止出现的最主要的互联网商业模式，所有这些商业模式都以某种方式利用互联网（包括移动设备上的应用程序）为现有产品或服务带来额外的价值，或为新的产品或服务提供基础。

表 10-5 互联网商业模式

| 类别 | 描述 | 例子 |
| --- | --- | --- |
| 门户网站 | 提供进入网站的初始接入点以及有特色的内容和服务 | 雅虎、MSN、AOL |
| 网络零售商 | 直接销售实物产品给消费者或个体商家 | 亚马逊、Blue Nile |
| 内容供应商 | 通过在网站上提供新闻、音乐、图片和视频等数字内容获取收益，客户可能需要为访问的内容付费，或通过收取广告投放费产生收益 | WSJ.com、Gettyimages.com、iTunes.com、Games.com |
| 交易代理商 | 提供在线交易服务，且在每次交易发生时收取一定的服务费，为用户节省成本和时间 | E*Trade.com、Expedia |
| 市场创造者 | 提供一个数字环境，在这个环境中买卖双方可会晤、搜寻产品、展示产品、为产品定价等，可服务于消费者或 B2B 电子商务，通过收取交易费获取收益 | eBay、Priceline.com、Exostar、Elemica |
| 服务供应商 | 提供如照片分享、视频分享、用户原创内容等应用服务，并提供在线数据存储和备份等其他服务 | Google apps、Photobucket.com、Dropbox |
| 社区供应商 | 提供在线交流的场所，使具有相似兴趣的人可以相互交流，获得有用的信息 | Facebook、Twitter |

**1. 门户网站**

门户网站（portal）是指某个网站的入口，通常是指被用户设置为主页的网站，也包括谷歌、Bing 等很少被用户设为主页的搜索引擎。雅虎、Facebook、MSN 和美国在线（AOL）等门户网站也提供了网站搜索工具，还提供了新闻、邮箱、即时通信、地图、日历、购物、音乐下载与视频流等内容和服务，它们所有的内容和服务都被整合在一个页面中。现在的门户网站为用户提供了一个综合性网站，用户可以在门户网站上搜索网页、随时随地阅读新闻、寻找娱乐、与其他人见面等，当然，还会接触到广告，广告是这些门户网站的收入来源。Facebook 是一个与众不同的基于社交网络的门户，2018 年，美国人有一半以上的在线时间花在 Facebook 上，大约每天 2h。门户网站主要通过吸引大量的受众，向广告商收取展示广告（类似于传统报纸）的费用，收取转介客户到其他网站的转介费以及向优质服务收取费用来获取收益。虽然有数百个门户网站和搜索引擎网站，但顶尖的门户网站（雅虎、MSN 和 AOL）占据了超过 90% 的互联网门户网站流量，因为这些网站品牌知名度非常高。

### 2. 网络零售商

在线零售商店通常也被称为网络零售商（e-tailer）。从 2020 年收入超过 2 800 亿美元的亚马逊到拥有各自网站的小型地方性商店，网络零售商具有各种不同的规模。除了为消费者提供在线查询和在线下单的功能外，网络零售商和典型的传统实体商店十分类似。2020 年，美国的网络零售收入达到 6 750 亿美元。网络零售商的价值在于为客户提供方便的、低成本的、全天候的购物服务及更多的消费选择。一些网络零售商，如 Walmart.com 或者 Staples.com 等，属于传统商业模式与互联网商业模式结合的"砖块加鼠标"（brick-and-click）的产业，它们出售与已有的实体店相同的产品，是已有实体店的分支。然而，还有一些网络零售商只在虚拟世界中运作，与实体场所没有任何联系。比如，Ashford.com 和 eVitamins.com 都属于这类网络零售商的例子。当然还有其他不同形式的网络零售商，如在线邮购目录、在线商城和厂商在线直销等形式。

### 3. 内容供应商

电子商务日益成为一个全球性的内容渠道。内容的定义很广泛，包括各种类别的知识产权。**知识产权**（intellectual property）是指创造者拥有产权的有形和无形产品。内容供应商（content provider）在网络上发布信息内容，如数字视频、音乐、图片、文本和艺术品等，其价值在于使消费者通过各种计算机设备或智能手机，可以在线便捷地找到大量的内容并以低廉的价格购买这些内容，从而达到娱乐和观赏的目的。

内容供应商不一定是内容的原创者（虽然有时候它们也是内容原创者，如 Disney.com），它更像基于互联网传播创作内容的发行人。例如，苹果在 iTunes 商店里出售音乐作品，但它并不负责创作或制作音乐。

iPhone、iPod 和 iPad 等与互联网相连的移动设备的大量普及，使得从播客到移动流媒体的数字内容交付成为可能。**播客**（podcasting）是通过互联网发布音频或视频广播的一种方式，允许订阅用户将音频或视频文件下载到计算机或是便携音乐播放器上。**流媒体**（streaming）也是一种音乐和视频文件的发布方式，通过不间断的媒体流将内容传输到用户的设备上而无须本地保存。

尽管各种预测的数据有所不同，但是 2019 年在线内容的总收入约 600 亿美元，是电子商务中增长最快的业态之一，年增长率达到 18%。

### 4. 交易代理商

通过电话或电子邮件帮助消费者处理交易事宜的网站通常被称为交易代理商（transaction broker）。这种模式应用最多的产业是金融服务和旅游服务。在线交易代理商的主要价值主张是帮用户节省金钱和时间，为用户提供各种各样的金融产品和旅游套餐。在线股票经纪人和旅游预订服务经纪人收取的费用要比传统的服务商低得多。富达金融服务公司和艾派迪公司分别是基于交易代理模式的最大的在线金融服务企业和旅游服务企业。

**5. 市场创造者**

市场创造者（market creator）是通过建立一个数字环境，让买家和卖家能在此会晤、展示商品、搜寻商品以及设定价格等。在线市场创造者的价值定位在于提供一个卖家可以轻松展示商品、买家可以直接购买商品的平台，如 eBay 和 Priceline 等在线拍卖平台是市场创造者最好的例子。

再如亚马逊的商家平台（和 eBay 的类似项目）可以帮助商家在其网站上建立自己的商店，设置价格销售商品。像优步（见章末案例研究）和爱彼迎等这类所谓的按需经济（错误地被称为共享经济）平台，其本质是市场创造者创建了数字平台，为需方和供方提供交易匹配服务。例如，这些平台帮助有闲置汽车或出租房间的人找到需要交通或住宿的人。像 Kickstarter.com 这样的众包融资市场将私募股权投资者和企业家聚集在一起。

**6. 服务供应商**

网络零售商在线销售产品，服务供应商（service provider）在线提供服务。照片共享、在线提供数据备份和存储等服务的网站采用的都是服务供应商的商业模式。软件不再是一张放在 CD 盒子里的实体产品，它逐渐地成为一种 SaaS 而不是从零售商（如 Office 365）那里购买的产品。谷歌在开发在线软件方面处于领先地位，提供了如 G Suite、Google Sites、Gmail 和在线数据存储服务等软件。Salesforce.com 是一家基于云的客户管理软件的主要供应商（参见第 5 章和第 9 章）。

**7. 社区供应商（社交网站）**

社区供应商（community provider）提供的是一个数字化的网络环境，使那些具有相似兴趣爱好的人们可以交易（买卖商品），分享兴趣、图片、视频，与志同道合的人沟通，接收感兴趣的信息，甚至可以通过自定义线上的人物形象将自己置身于虚幻的想象中。像 Facebook、Tumblr、Instagram、LinkedIn 和 Twitter 等这样的社交网络以及几百个小型的专营网站，都为用户提供了建立社区的工具和服务。社交网站已成为近几年成长最快的网站，用户规模通常一年就能翻倍。

### 10.2.3 电子商务的收益模式

**收益模式**（revenue model）描述了一个企业如何获得收入、赚取利润，并获取较高的投资回报。尽管目前已经出现了很多种不同的电子商务收益模式，但总体来说，许多企业都依赖于以下 6 种收益模式中的一种，或者是某几种的组合，包括广告、销售、订阅、免费 / 免费增值、交易费和合作收益模式。

**1. 广告收益模式**

在**广告收益模式**（advertising revenue model）中，一个网站的收益方式是通过吸引大量的访问者，使他们能够阅读到广告信息。在电子商务中，广告模式是使用最为广泛的收益模式，可以说，若网站没有广告收益，访问者的互联网体验将会与现在大大不同，因为访问者获得内容可能就都要支付费用。互联网上的内容（从新闻到视频和评论的所有内容）都是免费提供给访问者的，因为广告客户为了获得向访问者播放广告的机会而支付了内容的生成和发布成本。2020 年，企业在在线广告上花费约 1 540 亿美元［以网站上的付费消息、付费搜索列表、视频、应用程序、游戏或其他在线媒体（如即时通信）的形式］，比 2019 年增长 17%。其中约 1 050 亿美元用于移动广告。移动广告占所有数字广告的 68%。在过去的 5 年里，广告商增加了在线广告支出，同时保持了广播和电视等传统渠道的支出（削减了平面广告）。2020 年，在线广告占美国所有广告的近 60%（eMarketer，2020b，2020d）。

一个网站若拥有大量的访问者，或能吸引到一大批高度专业化、具有区别于一般访问群体的网站，就能够保持用户的黏性，也能收取较高的广告费。例如，雅虎所有的收益几乎都来自陈列式广告（banner ad）、视频广告以及少量搜索引擎文本广告；谷歌和 Facebook 有 90% 以上的收入来自广告，包括销售关键词（AdWords）、销售广告位（AdSense）以及展示广告位等。

**2. 销售收益模式**

在**销售收益模式**（sales revenue model）中，企业通过向消费者销售产品、提供信息或者服务来获取收益。例如，亚马逊（销售书籍、音乐和其他产品）、L.L.Bean.com 和 Gap.com 等企业采用的就是销售收益模式。内容供应商通过收取下载音乐唱片（如 iTunes 商店）或书籍等完整文件的费用，或者通过收取音乐和视频流量（如 Hulu.com TV 节目）来获得收益。苹果率先开展了小额支付业务。**小额支付系统**（micropayment system）向内容供应商提供了一种经济有效的方法来进行大量的小额现金交易（每笔交易从 0.25 美元到 5 美元不等）。互联网上最大的小额支付系统是苹果的 iTunes 商店，它在全球拥有超过 10 亿客户，他们在商店中以 99 美分的价格购买音乐单曲，以及以不同的价格购买一定时长的电影。

**3. 订阅收益模式**

在**订阅收益模式**（subscription revenue model）中，网站对它所提供的内容和服务收取订阅费用，用户支付费用后才可以访问某些或所有该网站提供的原创内容或服务。内容供应商通常使用这种收益模式。例如，在线版的 Consumer Reports 向订阅者收取每年 39 美元的年费，为订阅者提供优质内容的访问，如详细的评级、评论和推荐等。Netflix 是最成功的订阅收益模式的网站之一，2020 年在全球已拥有超过 1.8 亿的订阅者。为了获得成功，订阅收益模式要求提供的内容有很高的附加价值，这些内容区别于普通信息，是不能随处可得也不能轻易复制的。提供在线内容和服务订阅模式成功的企业包括 Match.com（约会服务）、Ancestry.com（家谱研究）和 Microsoft Xbox Live 等。

**4. 免费 / 免费增值收益模式**

在**免费 / 免费增值收益模式**（free/freemium revenue model）中，企业对基础服务或内容免费，但对那些高级的或特殊的服务收费。例如，谷歌提供免费的一般性的应用，但增值服务需要收费。Pandora 是提供订阅广播服务的电台，对有限的点播和广告服务是免费的，而收费服务提供无限的点播。通过免费服务吸引大量的观众，然后将一些观众转换为支付高级服务费用的用户，这种模式的主要问题是如何将人们从免费用户转换为付费客户。"免费"

可能会导致亏损。迄今为止，免费音乐流媒体网站都还没有获利。然而，这些网站认为通过广告赢利的免费服务比付费用户的业务更加有利可图。

**5. 交易费收益模式**

在**交易费收益模式**（transaction fee revenue model）中，企业对授权或执行一次交易收取费用。例如，eBay 提供了一个在线拍卖市场，对那些成功销售出物品的卖家收取小额的交易费。交易费收益模式之所以被广泛接受，部分原因是使用这些平台的真实成本对用户者说并不是很明显。

从银行到支付系统的在线金融服务都依赖于交易费收益模式。虽然提供网上银行和服务的主要是拥有数百万客户的大型银行，但新兴金融技术企业［又称**金融科技**（FinTech）企业］发展迅速，在 P2P 金融服务、账单支付、转账、贷款、众包、金融咨询和账户服务等领域与银行展开竞争。金融科技企业最大的增长点是 P2P 支付服务，如 Venmo 和 Zelle（参见第 10.5 节中关于移动支付应用系统的讨论）。金融科技企业本身往往是不赢利的，通常由于它们的技术和客户群而最终被大型金融服务企业收购。

**6. 合作收益模式**

在**合作收益模式**（affiliate revenue model）中，网站（被称为"加盟网站"）将访问者引导到其他网站，同时通过收取**转介费**（referral fee）或是按比例收取销售收益来获得回报。转介费也被称为潜客引荐费。例如，MyPoints 通过向会员提供特价商品，将潜在的消费者和提供商品的企业连接起来以获得收益。当会员利用优惠购买了商品，他们将赢得"积分"，可以用来兑换免费的产品和服务，而与此同时 MyPoints 将获得相应的转介费。Yelp 等社区网站也是通过引导潜在消费者到购物网站上购买商品来获得收益的。亚马逊通过合作的方式将其商标放在合作伙伴的博客上，从而为亚马逊带来业务。一些生产商也会支付给个人博客来直接放置广告或提供免费产品，这些博主通常写软文来赞赏某些产品，并提供销售链接。

⊙ 互动讨论：技术

### 金融科技 app 提供小额商业贷款

比利·乔·威尔逊是得克萨斯州阿兰萨斯港 Billy Joe's Craft House 餐厅的所有人。当他平板里的 app 询问他是否需要借贷 5 000 美元时，他正在一辆移动餐车上准备一些炸鸡牛排三明治。这个要约来自 Square，它是一家设备制造商，威尔逊和其他小企业使用它的设备来处理客户信用卡付款。在威尔逊使用 Square 来处理付款的时候，Square 的算法就在幕后安静工作，确定威尔逊的信用是否可靠。Square 的系统认为威尔逊信用可靠。滑动屏幕数次后，威尔逊接受了 Square 的贷款条款，并在几天内收到了他的贷款。此后，威尔逊借贷超过 15 万美元，在附近开了一家美食酒吧。

Square 等科技企业正在进入传统银行的地盘，不仅提供在线支付服务，还深入到了银行的核心——贷款业务。科技企业能够利用它们巨大的客户数据宝库。例如，PayPal 自 2013 年以来已发放 60 多亿美元的小企业贷款，利用了其在处理互联网零售商付款时所收集的数据。亚马逊已经向在其网站上出售商品的独立商户提供了 30 多亿美元的贷款，也利用卖家的历史销量作为授信的依据。2017 年，Intuit 开始向使用其 Quickbooks 会计软件的企业提供贷款，利用了它们会计报表中的数据。其他非银行在线贷款供应商包括 LendingClub Corp、OnDeck、CAN Capital、PayPal Working Capital 和 Kabbage。

Square 已向小企业提供 35 多亿的贷款和现金垫款，且现在正在进军消费贷款领域。它将给使用 Square 的企业授予最高 10 万美元的贷款。Square 正在探索向使用其 Cash App 数字转账服务的 700 多万用户提供个人贷款服务和授信额度。Cash app 和 Venmo 正在展开竞争。截至 2019 年 9 月 30 日的 12 个月中，Square 发放了约 20 万笔商业贷款，这是通过美国小企业管理局向银行贷款数量的 3 倍以上。但 Square 仍只是借贷领域的小玩家，它的商业贷款平均金额是 6 500 美元。这比一般的银行贷款金额要少得多。

Square 的贷款由投资者提供资金，所以它要比由低成本存款提供资金的银行贷款收取更高的利息或费用。为避开针对传统银行所需要的监管，Square 将借贷中更受监管的部分（如以全美一致的利率和条款提供贷款的能力）外包。这使 Square 能够作为一家利基金融机构运营，可以提供受监管银行在不受美联储监督情况下无法提供的银行业务。

Square 通过分析自身巨大的信用卡交易数据库来评估某一企业是否符合贷款的资格。它审查各种数据，如企业是否吸引回头客、退款的数量、业务历史和处理量。借贷过程是自动化的，使客户能够很容易地获取贷款和偿还贷款。大多数客户不需要填写正式的申请表。申请仅需要点击几下，没有冗长的表单。许可后，商业贷款在第二个营业日就会存进借款人的银行账户。Square 从企业每日信用卡销售额中收取一定比例作为贷款偿还额。Square 并不收取利息，相反，它收取介于贷款金额 10%～16% 的固定费用（一笔 1 万美元的贷款可能会有 1 000～1 600 美元的费用）。贷款应当在 18 个月内全额还清。

并非所有企业喜欢 Square 由机器驱动的借贷。Hardcore Sweets Bakery 是康涅狄格州奥克维尔镇的一家"非传统的"纸杯蛋糕店，它在 2014—2018 年向 Square 借贷了 13 万多美元来购买更多的厨房设备和开第二家店。依据合伙人妮可·布拉多克的说法，Square 已停止向蛋糕店提供贷款，但没有解释为什么。Square 客服团队没有任何人给她的电话回电，她只获得了一封通用的电子邮件回复。有时候更为个人化的接触会比较合适。

其中还有其他的权衡。网络贷款企业提供速度与便利的代价是比银行更高的利率。例如，芝加哥的 Getting Better Fitness 健身房不得不为由 Kabbage 发放的短期贷款支付 25% 的利息。这家健身房之后转而使用 PayPal Working Capital 的融资，后者的贷款利率是 11%。Tea By Two 是位于马里兰州贝莱尔的一家茶室，它从 OnDeck 贷款了 2 万美元，利率为 18%。与传统银行相比，网络贷款企业更可能授予贷款，且发放贷款的速度也更快，且通常不需要抵押品。对于初创企业主来说，这尤其具有吸引力。

Rapid Brewing 是伊利诺伊州霍姆伍德市的一家啤酒厂，它从 Square Capital 贷了一笔款，因为它需要对管道系统进行紧急修理。公司在一天内就收到了 7 800 美元的贷款。Rapid Brewing 的贷款条款要求 Square 保留啤酒厂每日信用卡销售额的 14.8% 用来偿还本金，且贷款须在 18 个月内还清。Square 收取的不是利息，而是 1 008 美元的固定费用。啤酒厂的合伙人雷耶·罗萨多认为，虽然她对从 Square 获取贷款的体验大体上是积极的，但是对于更大额的贷款，她大概率会使用传统银行。

资料来源：Chloe Goodshore, "Square Capital Review: Merchant Cash Advances by Another Name," business.org, March 19, 2020; Becky Yeruk, "Some Small Businesses See Big Benefits in Online Financing," *Wall Street Journal*, May 12, 2019; www.squareup.com, accessed July 13, 2019; and Peter Rudegeair, "A $150 000 Small Business Loan—from an App," *Wall Street Journal*, December 28, 2018.

案例分析题：

1. 本案例中描述的金融科技服务与传统银行有何区别？解释你的答案。
2. 这里描述的金融服务如何使用信息技术进行创新？
3. 小企业从金融科技服务中获得贷款的利弊是什么？
4. 如果你是一家小型企业的负责人，在决定是否使用金融科技服务时，你会考虑哪些因素？

## 10.3 电子商务改变市场营销

尽管电子商务和互联网已经改变了许多行业，创造了新的商业模式，但没有哪个行业受到比市场营销和营销传播更深刻的影响。

互联网为市场营销人员识别数百万计的潜在客户提供了新的方法，包括搜索引擎营销、数据挖掘、推荐系统和有针对性的电子邮件，其成本远低于传统媒体。互联网使**长尾营销**（long tail marketing）成为可能。在互联网出现之前，接触到大量的受众是非常昂贵的，营销人员不得不通过音乐、好莱坞电影、书籍或汽车等热门产品来吸引大量的消费者。如今，互联网使营销人员能够以较低的成本找到潜在客户。例如，互联网可以将独特的音乐销售给非常小众的市场，从而获利。几乎任何产品都有一定的需求。把一系列长尾产品销售放在一起，你或许就可以有一项有利可图的业务。

互联网也提供了从客户那里获取信息、调整产品供应、提高客户价值的新方法。表 10-6 描述了电子商务中常用的在线营销和广告形式。

表 10-6 在线营销和广告形式　　　　　　　　　　　　　　（单位：10 亿美元）

| 营销方式 | 2020 年收入 | 描述 |
| --- | --- | --- |
| 搜索引擎 | 54.4 | 能在消费者搜索购物商品时提供精确匹配的文字广告，可用于销售活动 |
| 展示广告 | 31.1 | 带有互动功能的横幅广告（弹出窗口和留言），多用于针对个人网上行为的广告；用于品牌推广和销售，包括社交媒体和博客展示广告 |
| 视频 | 35.5 | 增长最快的广告形式，能够吸引眼球，具有娱乐性、行为定向交互性；可用于品牌传播和销售 |
| 分类广告 | 2.1 | 求职、地产和服务广告等；具有互动性、富媒体、个性化的用户搜索；销售和品牌导向 |
| 富媒体 | 5.6 | 动画、游戏和智力谜题等；具有互动性、目标定向和娱乐性；用于品牌传播 |
| 潜在客户挖掘 | 2.5 | 市场营销企业搜集在线销售和营销线索，并把这些信息销售给在线营销人员；用以组织各种促销活动；用于销售或品牌传播 |
| 赞助商 | 2.8 | 企业通过赞助在线游戏、智力谜题、竞赛和折扣券网站等进行产品促销；用于销售导向 |
| 电子邮件 | 0.49 | 高效的、针对目标客户的营销工具，具有互动性、富媒体的特性；用于销售导向 |

资料来源："U.S. Digital Ad Spending by Format," *eMarketer*, June 2020.

### 10.3.1 行为定向

许多电子商务营销企业使用**行为定向**（behavioral targeting）技术来增加条幅广告、富媒体和视频广告的有效性。行为定向是指追踪成千上万个网站上个人的点击流（点击行为的历史），了解他们的兴趣和意图，并推送适合在线行为的广告。大多数营销人员和研究人员认为，准确地了解客户会增加营销的有效性（企业只向那些对自己的产品感兴趣的消费者支付广告费用），提高销售额和销售收入。但是，数百万网络用户的行为定向因为未经用户同意而侵犯了个人隐私。当用户失去对网络的信任时，他们往往不会购买任何东西。随着用户越来越关注安全的采购和消息传递空间，反对使用个人信息的呼声也日益增加。Snapchat 提供了"阅后即焚"服务，而 Facebook 甚至将"仅朋友可见"设置为默认选项。

行为定向发生在两个层面：追踪用户在单个网站上的行为以及追踪由用户浏览过的大量网站组成的广告网络。所有的网站都会搜集用户浏览的轨迹数据并把它们存储在数据库中。这些网站有工具可以记录用户访问该网页前所浏览过的网页、用户离开这个网页之后所到的网页、用户使用的操作系统、浏览器信息，甚至一些与位置相关的数据等。它们还会记录用户在特定网站上访问的具体页面、在每个页面停留的时间、访问页面的类型以及访问者购买的产品等（见图10-4）。企业通过分析这些与用户兴趣和行为有关的信息，对现有用户和潜在用户进行精确的画像。此外，大多数网站在主页上都设置了大量的跟踪程序，跟踪用户从一个网页到另一个网页的点击行为，然后通过在不同的网站上展示相同的广告，来不断地优化定位广告。位居前列的在线广告网络是谷歌的 Marketing Platform。

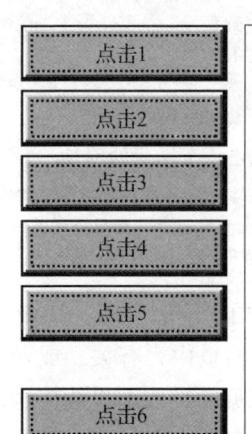

| 点击1 | 用户点击进入网站的主页。商家可以了解到用户是在下午2：30从雅虎门户网站进入的（这可能有助于企业确定客户服务中心人员的安排）以及她在主页上逗留了多长时间（这可能暗示她在浏览网站时遇到了问题）。跟踪信标将cookie加载到用户的浏览器上，随时跟踪用户的浏览轨迹。 |
| --- | --- |
| 点击2 | |
| 点击3 | 用户单击"衬衫"，单击选择一款女式的白色衬衫，然后再单击查看同一款粉红色的衬衫。用户选择了该款粉红色的衬衫，尺寸为10号，并将它放进购物车。这些信息可以帮助商家确定什么尺寸和颜色最受欢迎。如果用户访问其他网站，页面上将会出现来自相同或不同商家与粉色衬衫有关的广告。 |
| 点击4 | |
| 点击5 | |
| 点击6 | 在购物车页面，用户关闭了浏览器，离开了这个网站，没有购买衬衫。用户的这一动作可能表示用户改变了主意，或者她可能在网站的结账和支付过程中遇到了问题。这种情况可能说明网站设计得不够好。 |

图 10-4 网站访问者跟踪

注：类似谷歌 Marketing Platform 这样的电子商务网站和广告平台，拥有工具能够跟踪用户在一个网络商店中的每一个行为，并跟随用户在网站之间穿梭。图10-4是对用户在一家销售女式服装网站上行为的详细分析，展示了商家在用户每一步行为中能够了解到的信息，以及可以采取哪些相应措施以增加销量。

这类信息使企业能够了解网站的运行情况，可以针对每一个用户的特殊兴趣爱好来创建个性化的网页，展示特定产品与服务的广告或内容，提升用户体验，通过更好地了解用户来创造更多的附加价值（见图10-5）。通过使用个性化技术调整给每个用户显示的页面，营销人员可以以极低的成本获得与单独推销相近的利润。例如，通用汽车的雪佛兰汽车条幅广告，在向女性展示时会突出该车的安全性和实用性，在向男性展示时则会强调速度和坚固性。

从广告网络到程序化广告购买，这只需要一小步。广告网络创建了实时竞价平台（RTB），营销人员可以在自动化的环境中，为网页发布商提供针对性极强的广告位投标。其中，广告平台可以预测将会有多少目标用户看到该广告，而广告位购买者也可以估计该广告曝光对他们来说将会有多大价值。

如果你是一家大型的全国性广告企业或全球制造商，正试图与大量的客户建立联系，该怎么办呢？由于存在着数以百万计的网站，与每一个网站建立联系是不可能实现的。广告网络的解决办法是通过将几千个访问量高达数百万的主流行网站组成一个网络，跟踪数百万用户在整个网络中的行为，为每一个用户建立反映其行为特征的画像，然后再将这些用户画像出售给广告商。参与广告网络的这些主流网站则会加载几十种网页追踪 cookie、窃听器及信标来收集用户的网络行为数据，并将这些数据存储在某个服务器中，而用户对整个过程毫不知情。你是否在寻找住在东北部，年龄在 18～34 岁，拥有大学学历，对购买欧洲轿车感兴趣的年轻的单身用户？广告网络可以辨别并提供大量符合这些条件的人，并在他们从一个网站转向下一个网站的过程中向他们展示某款欧洲轿车的广告。虽然估计值略有不同，但行为定向广告对用户的响应大致来说比随机的条幅或视频广告要高 10 倍左右（见图 10-6）。

**广告交易**（advertising exchange）就是用这样的技术在用户搜集信息的几毫秒内生成用户画像，并将用户画像拍卖给广告商。2019 年，约 73% 的在线陈列式广告都是定向投放的，剩余的则与用户访问的网页内容有关，或者是所谓的"爆炸式分发"（blast and scatter）广告，随机地在任何一个可见的页面上投放广告，只是在不同的时间段或季节性略加调整而已。

图 10-5 个性化的网站

注：企业可以针对每个用户的特殊兴趣爱好来创建个性化的网页，展示特定产品和服务的广告或内容，改善用户体验并创造附加价值。

**原生广告**（native advertising）又是另外的一类广告。原生广告是将广告放置在社交网络新闻传播源或传统的编辑内容（如报纸文章）中，也被称为自然广告，即内容和广告非常接近或整合在一起。

大约 2/3（68%）的互联网用户不赞成搜索引擎和网站跟踪他们的在线行为，将针对性的广告投放给他们。大多数美国人希望在浏览器中设置"不跟踪"选项，以阻止网站收集有关他们上网行为的信息。超过 50% 的人非常担心网上大量的个人数据，86% 的人采取措施掩盖自己的在线行为，25% 的网络用户使用广告拦截软件（Rainie, 2016；eMarketer, 2019）。

## 10.3.2 社交电子商务和社交网络营销

社交媒体是品牌和营销发展最快的媒体之一。2020 年，企业在 Facebook、Instagram、Pinterest、Twitter 和 LinkedIn 等社交网络上花费约 440 亿美元，以接触数百万每天在社交网站上花费数小时的消费者（eMarketer，2020h）。与电视、杂志甚至报纸相比，社交媒体营销的支出要少得多，但这种情况在未来会有所改变。线下的社交网络往往是人们经过很长一段时间积累的自愿交流的人群组合。诸如 Facebook、Instagram、Pinterest、LinkedIn、Twitter 和 Tumblr 等，以及其他带有社交属性的网站所形成的在线社交网络，允许用户彼此交流，形成群体和个人关系，以及分享兴趣、价值观和想法。

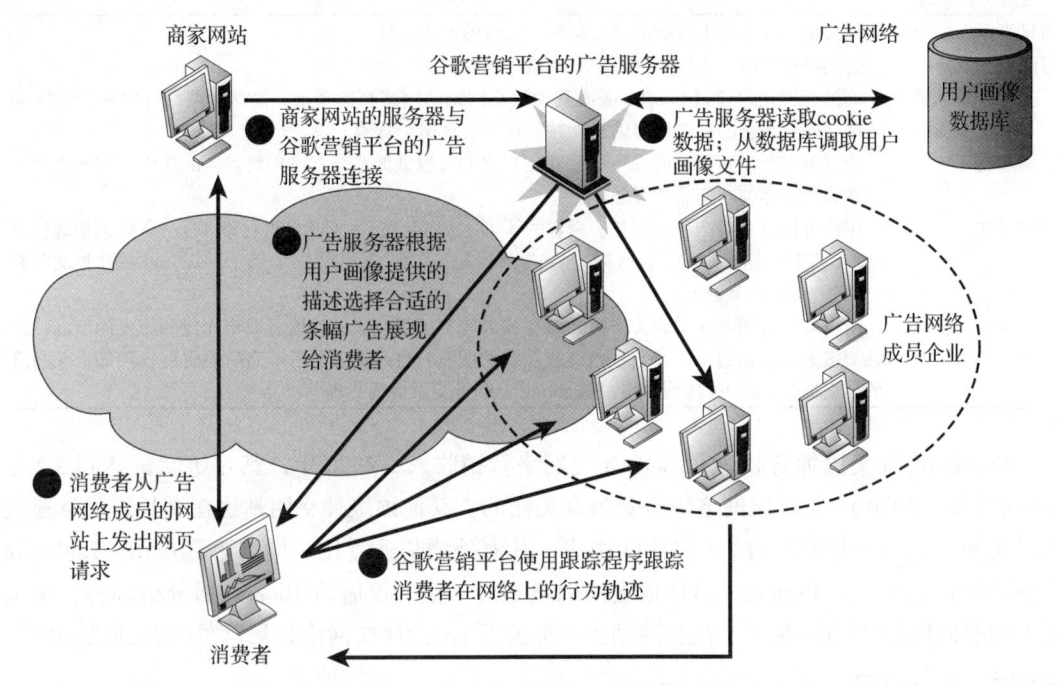

图 10-6　像谷歌营销平台这样的广告网络是如何运行的

注：随着隐私保护运动的兴起，广告网络和它们使用的跟踪程序引起了争议，因为这些跟踪程序能够在整个互联网上跟踪消费者个人的行为。

**社交电子商务**（social e-commerce）是指基于数字**社交图谱**（social graph）的一种商务模式，数字社交图谱描述的是所有重要的在线社交关系。社交图谱类似于线下的"社会关系网络"。你可以绘制与你认识的 10 个最亲密的人之间的连线，形成属于你自己的社交图谱（网络）。如果这 10 个人之间也相互认识，在认识的人之间连上线，还可以让这 10 位朋友也列出与他们最亲密的 10 个人的名字，并画出这些人之间的联系。这样就形成了你的社交网络的最初级图谱。现在，想象一下如果互联网上每一位用户都进行同样的操作，并把结果上传到同一个网站上的某个大型数据库中。最终，你将获得一个类似于 Facebook 的社交网站。

根据**小世界理论**（small world theory，又被称为六度分割理论），你和任何一个陌生人之间间隔的人不会超过 6 个。如果你打开你自己的通讯录，假设上面一共有 100 个你的朋友，你将其发送给你的这 100 个朋友，请他们每个人给你的通讯录上增加 50 个新朋友的名字，这样依此类推，只要经过 5 次，网络中包含的人就将超过 310 亿人。因此，可以说社交图谱是数百万的个人社交图谱的汇总（所有的人都在其中）。

如果你看清了人们之间的相互联系，你会发现这对电子商务具有多么重要的意义：你购买的产品和服务会对朋友的购买决策产生影响，同时他们的决策也会反过来影响你。如果你是一个负责品牌传播的营销人员，你可以利用人们的社交网络，让大家来分享兴趣和看法，相互交流和影响。作为一个营销人员,你的目标不是 100 万个孤立的观看电视节目的观众个体,而是观看节目的观众组成的社交网络,以及每个观众的个人社交网络。况且,在线社交网络目前是互联网用户最多的地方。表 10-7 描述了推动社交商务发展的要素。

表 10-7 推动社交商务发展的要素

| 社交商务要素 | 描述 |
| --- | --- |
| 消息来源 | 社交用户在主页上找到来自朋友和广告商的通知消息 |
| 时间轴 | 为用户创建的个人历史照片和事件流,可以与朋友分享 |
| 社交网站登录 | 网站允许用户通过 Facebook 或其他社交网站的网络页面登录,使这些网站可以从 Facebook 等网站获得大量的社交用户信息,并将这些信息用于营销 |
| 协同购物 | 通过浏览产品、聊天或发短信创建用户之间可以彼此分享自身购物经验的环境,朋友之间可以在线谈论品牌、产品和服务 |
| 网络通知 | 用户可以分享对产品、服务、内容的认可(或不认可),或者与朋友分享自己所处的地理位置(如一家餐厅或俱乐部),众所周知的 Facebook "点赞"按钮是一个例子,Twitter 的"推文"和"关注"是另一个例子 |
| 社交搜索(推荐) | 用户可以向朋友征询购买产品、服务或内容有关的建议,谷歌可以帮你找到想要的商品,但社交搜索可以通过听取来自朋友(或朋友的朋友)的评价帮你了解商品的质量,例如,亚马逊的社交推荐系统可以根据你在 Facebook 上的社交画像为你推荐产品 |

Facebook 在美国拥有超过 80% 的社交网络营销收入,2020 年,其月访问量达到 2.2 亿 (comScore,2020),是社交网络中最受公众关注的。其他顶级社交网站也在增长,尽管速度比过去慢。Twitter 拥有超过 1.5 亿活跃用户,其海外增长速度比美国本土更强劲。LinkedIn 的用户超过 1.07 亿。Pinterest 的月独立访问量超过 1 亿,位居前 30 名。据分析师称,美国人上网总时间的 13.5% 花在了社交网站上(每天近 1h),社交网络是最常见的在线活动之一 (eMarketer,2019b)。

在像 Pinterest 这样的社交购物网站上,你可以与朋友交换购物想法。Facebook 提供了"点赞"按钮,让你的朋友知道你所欣赏的产品、服务或内容,并在某些情况下还可以在网上购物。Facebook 在全球每天要处理约 50 亿次"点赞"。网络社区也是使用病毒式营销技术的理想场所。在线病毒式营销就像传统的口碑营销,只不过它能够以光速在网络社区传播,在传播地域上远比一个小的朋友圈要广得多。

**群体智慧**

数千人甚至数万人可以一起在网站上互动,为商业企业提供了新的营销和广告渠道,并帮助企业发现哪些人喜欢、哪些人讨厌他们的产品。某些人认为,当面对多种多样的主题或商品时,一大群人可以比一个人甚至一小群专家做出更恰当的决策。这种现象被称为**群体智慧**(wisdom of crowd)。

显然,群体智慧并不适用于所有情况,但这种现象很有趣。在营销领域,根据群体智慧的理念,企业应该首先要与大量的客户建立联系,然后更好地了解它们的产品和服务是如何被使用和赞赏(或拒绝)的。企业通过积极地向客户征求建议,反而能够获得客户的信任,并向客户传递这样的信息:企业很在乎他们的想法,也需要他们的建议。

除了征求建议之外,企业还可以运用**众包**(crowdsourcing)的方式来获得公众积极的帮助,从而解决一些商业问题。例如,宝马启动了众包项目,目的在于帮助客户设计一个 2025 年的城市车辆。Kickstarter.com 可以说是最著名的电子商务**众筹**(crowdfunding)网站之一,访问者可以在该网站上参与投资一些初创企业。其他的例子还有 Caterpillar 与客户合作设计更好的机器，宜家与客户合作设计家具，百事可乐与 Super Bowl 的观众联合制作在线视频。

通过社交媒体进行营销仍处于早期阶段，企业正在积极地寻找成功的模式。社交互动和客户情绪的管理比较复杂，这对那些急于保护品牌的企业提出了新的挑战。"互动讨论：管理"提供了企业使用 Facebook 和 Instagram 进行社交网络营销的具体例子。

## ⊙ 互动讨论：管理

### 与客户"社交"

Facebook、Instagram、Twitter、Snapchat 以及其他社交工具创造了无数的机会，可以让企业吸引客户、放大产品信息、发现趋势和高影响力者、建立品牌知名度以及根据客户的要求和建议采取行动。社交媒体监测帮助营销人员和企业主了解买家的喜好、对有关产品的投诉、客户想要的更多产品或产品改良以及人们如何谈论某一品牌（积极或消极的看法）。

Instagram 是发展最快的社交网络平台之一，月活跃粉丝数量超 10 亿人，在年轻的互联网用户中尤其受欢迎。它是强大的商业工具，使品牌能够快速地将信息和照片直达目标客户，与他们互动并建立更为亲密的关系。用户可以与其他 Instagram 用户互动，主要通过关注他们、被他们关注、评论、点赞、添加标签和发私信。Instagram 约有 2 500 万个企业注册账号以及 100 万个月度活跃广告商，后者利用赞助的广告触及该平台上的更多人。Instagram 在 2019 年的广告收入达到 200 亿美元。

Instagram 是体育媒体 NBC 体育用来与观众互动的众多社交媒体工具之一。NBC 体育在每晚的黄金时段有 2 000 万名观众。在 2018 年报道平昌冬奥会时，NBC 体育没有再像以前那样请求人们观看它的比赛，相反，它敦促人们在比赛实时发生时参与有关比赛的对话，NBC 体育希望知道人们对新闻的感受，而非推送新闻。在发布广告或新闻后，NBC 体育希望观众用它的社交平台参与激烈的社会辩论。通过社交倾听和分析工具，NBC 体育能够实时地看到哪些广告与客户产生了共鸣。

NBC 体育使用了甲骨文的客户体验社交云，这是一项基于云的软件服务，支持企业监听、跟踪、分析"消费者的聊天"并据此做出决策。如果某一话题得到热议，NBC 体育会在它分享的更多内容中加入这一话题。如果某一事物未产生很多讨论，NBC 体育就会避免提及。

NBC 体育发现，不同的社交媒体平台吸引不同的受众，一个内容可能并非对每一平台或每一观众都适用。例如，Instagram 吸引年轻的用户，而 Facebook 吸引年纪较大的用户。为调整内容以适合不同的受众，NBC 体育用 Facebook 发布有关体育领域潮流的深度报道。NBC 体育有 50 多个频道，可以通过 Instagram、Facebook、Twitter、Vine、Snapchat 和 Pinterest 与观众进行社交互联。

虽然通过社交媒体与客户互动已使很多企业受惠，但并非所有企业都取得了它们希望的结果。Lush UK 是英国的一个品牌，以素食主义、无动物虐待、全天然的面部、洗浴和身体护理产品、环保包装以及富有吸引力的 Instagram 帖子著称。它在 2019 年春季决定关闭自己的社交媒体账号。Lush 称社交媒体实际上在限制它与粉丝的互动。Lush 在各大社交媒体上有大量的粉丝：Instagram（57 万粉丝）、Twitter（20 万粉丝）和 Facebook（40 万粉丝）。

在一个 Instagram 帖子中，Lush 表示，它已经厌倦了不断地迎合变化的社交媒体算法以出现在粉丝面前。Lush 并不希望通过付费出现在新闻推送中，也不希望将对话限制在少数地方。相反，它更喜欢通过自己网站、电子邮件和电话的实时聊天来和客户自由自在地对话。Lush 表示："社交媒体使我们直接与彼此交谈变得越来越难……我们希望社交更多是因为热爱，而非仅仅是点赞。"

专家指出，近来，企业不得不更努力地出现在受众面前，因为很多社交媒体平台不再按时间顺序对新闻推送排序，而是更倾向于采用通过"相关性"给内容排序的算法。很多企业因自己的帖子未显示给用户而感到受挫。他们怀疑社交平台做出这些改动是鼓励更多的品牌为广告付费，以增加曝光量（这是指广告推送的次数）。

Lush 是否做出了正确的决定？忽视社交媒体对 Lush 是否有用？社交媒体到底驱动了多少价值？Lush 是否能成功地在社交媒体之外打造一个有意义的社区？很多企业都在密切关注以获得这些问题的答案。

资料来源：www.nbcsports.com, accessed March 28, 2020; Iris Hearn, "Lush Is Quitting Social Media Due to Frustrations over 'Fighting with Algorithms,'" *Impact,* April 11, 2019; and Genna Lepore, "What You Can Learn about Social Media Marketing from NBC Sports Unique Approach," *Impact,* March 19, 2019.

**案例分析题：**

1. 评估使用社交媒体技术与客户互动的管理、组织和技术问题。
2. 使用社交媒体进行广告、品牌建设、市场调查和客户服务的优势和劣势是什么？
3. 在这个案例研究中，举例说明通过使用社交媒体与客户互动而促成的商业决策。
4. 所有的企业都应该使用社交媒体技术来进行客户服务和营销吗？为什么？什么样的企业最适合使用这些平台？

## 10.4 电子商务对 B2B 交易的影响

B2B 交易是一个巨大的市场。全美 2020 年 B2B 贸易总量达到约 14.5 万亿美元，其中 B2B 电子商务（在线 B2B）贡献了 6.7 万亿美元（美国统计局，2019；作者的估计）。2022 年，B2B 电子商务在美国达到约 7.3 万亿美元的规模。

企业之间进行交易的过程是十分复杂的，需要大量的人员参与，因此也需要耗费大量的资源。根据某些企业的估计，为支持企业采购所需要的产品，平均每一份订单至少需要支付 100 美元的间接管理费，包括处理纸张、审批购买决策、用电话和传真寻找产品、安排采购、安排运输、接收产品等。在整个经济运行过程中，每年各种间接管理费用总计可达上万亿美元，而这些在采购过程中需花费的活动其实是可以通过自动化完成的。如果即使只有一小部分企业之间的交易实现自动化，整个采购过程中的一部分在互联网上实现自动化，那么数万亿美元的管理成本就可以被释放，被更有效地利用，消费者购买产品的价格将会下降，生产力将会上升，国家的经济财富也将会扩大。这就是 B2B 电子商务的前景。B2B 电子商务的挑战在于如何改变现有的管理模式和采购系统，设计和实施基于互联网和云的新 B2B 解决方案。

### 10.4.1 电子数据交换

B2B 电子商务是指企业之间开展的商业交易。B2B 电子商务正在越来越多地通过基于互联网的机制来实现。大约 80% 的在线 B2B 电子商务仍然通过**电子数据交换**（electronic data interchange，EDI）的专用系统进行。EDI 能使两个组织之间的交易数据，如发票、提单、货运时间表和订单等标准化数据通过计算机对计算机来实现数据交换。交易数据通过网络自动从一家企业的信息系统传输到交易方信息系统，这样避免了交易方的文件打印、单据处理和重复的数据输入。国际上很多行业都有 EDI 标准，这些标准定义了各个行业电子文档的结构和数据字段。

　　EDI 最初的作用是实现一些文档（如订单、发票和发货通知）的自动交换。目前很多企业仍然在使用 EDI 来实现文档的自动交换，那些追求库存即时补存管理和进行流水生产的企业则把 EDI 当作持续补货系统来使用。通过预先设定权限，供应商可以在线访问部分客户企业的生产和物流时间表，从而在不需要客户企业采购员参与的情况下自动配送物料和产品，以满足客户企业的生产需求，如图 10-7 所示。

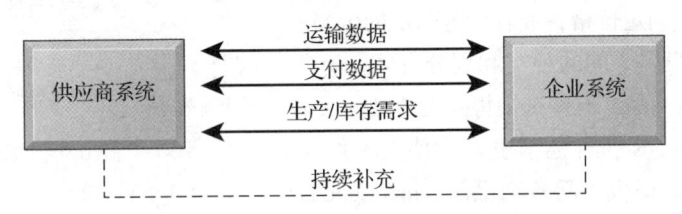

图 10-7　电子数据交换（EDI）

注：企业使用 EDI 进行自动化的 B2B 电子商务和不间断的库存补充。供应商可以自动将货运数据发给购买货物的企业。购买货物的企业也可以使用 EDI 将生产和库存的需求以及付款数据提供给供应商。

　　尽管许多企业仍然在使用 EDI 专用网络，但它们越来越多地开始使用互联网，这是因为互联网技术为企业之间的数据交换提供了更为灵活和更低成本的平台。企业能够将数字技术应用到更多的业务活动中，同时企业交易伙伴的范围也得到了拓展。

　　以采购业务为例。采购业务不仅包括商品和原材料的购买，也包括商品寻源、与供货商洽谈、付款以及安排运输等。今天，企业可以通过互联网找到供货成本最低的供货商、搜索供应商产品的在线目录、与供应商洽谈、下订单、支付货款和组织运输。总之，通过互联网，企业可以再不局限于与传统 EDI 网络中的合作伙伴打交道。

### 10.4.2　B2B 购买和销售的新方法

　　互联网和网站技术使得企业可以犹如 B2C 商务一样创建自己的网上商店，并将产品卖给采用同样技术的企业客户。此外，企业还可以使用互联网技术创建企业的外联网或电子市场，与其他企业连接开展采购和销售等业务。

　　典型的**专有行业网络**（private industrial network）通常由一家大型企业创建，通过安全的网络连接它的供应商和主要业务伙伴（见图 10-8）。网络由买家企业创建，并允许指定的供应商、分销商和其他业务伙伴一起

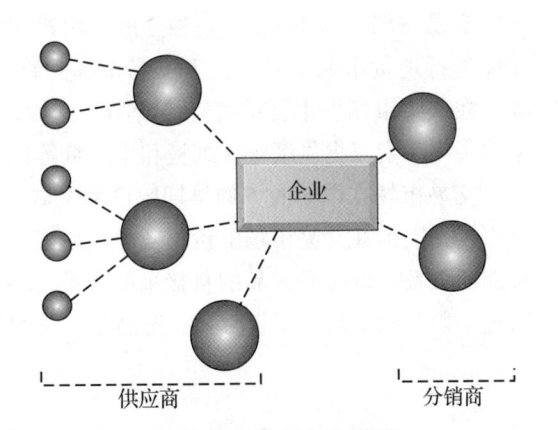

图 10-8　专有行业网络

注：企业通过专有行业网络（或专有集市）连接企业的供应商、分销商以及其他关键业务伙伴，开展有效的供应链管理和其他协同商务活动。

分享产品的设计、开发、营销、生产进度安排、库存管理,以及以图像和邮件等形式进行的非结构化沟通交流。专有行业网络的另一种表述为**专有集市**(private exchange)。

VW Group Supply 是专有行业网络的一个典型例子,它连接了大众汽车及其供应商。VW Group Supply 为大众汽车集团处理了全球 90% 的采购业务,包括采购所有的汽车零部件。

**网络集市**(net marketplace)有时也被称为**电子集市**(e-hub),为数量众多的买家和卖家提供一个建立在互联网技术上的数字市场(见图 10-9)。这些网络集市或者是行业性的,或者由独立于买家和卖家的中间商运营,通过买卖交易以及向客户提供其他服务来获取收益。网络集市上的参与者可以通过在线谈判、拍卖、询价等方式确定价格,或者设定固定的价格。

网络集市有很多不同的种类和划分方式。有些网络集市销售直接商品,有些则销售间接商品。所谓**直接商品**(direct goods)是指生产过程中使用的商品,如用于制造车身的钢板。**间接商品**(indirect goods)是指不直接参与生产过程的商品,如办公用品以及用于保养和维护的配件等。有些网络集市支持按合同从指定的供应商那里长期采购,而有些网络集市则可能支持短期现货采购,即根据即时需求采购商品,而且经常向不同的供应商购买。

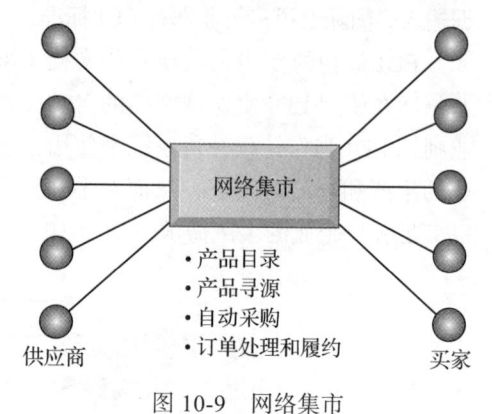

图 10-9 网络集市

注:网络集市是一个在线市场,众多买家可以和众多卖家进行市场交易。

有些网络集市服务于特定行业的纵向市场,如汽车业、电信业、机械工具等。另外一些网络集市则服务于横向市场,在集市上可以找到很多来自不同行业的商品和服务,如办公设备和运输工具等。

Exostar 是一个行业网络集市的例子,侧重于长期合同的采购服务,并致力于通过提供通用的网络和计算机平台来改善供应链的效率。Exostar 是航天和国防产业资助的网络集市,由英国 BAE 系统、波音、Lockheed Martin、Raytheon 和 Rolls-Royce 联合组建,企业通过这个网络集市可以和它们的供货商以及合作者相互联系。来自商业领域、军事领域和政府部门的超过 12.5 万个的贸易伙伴使用 Exostar 提供的产品寻源、电子采购和合作工具来购买直接和间接商品。

**交易市场**(exchange)是独立的、由第三方运营的网络集市,成千上万的供应商和买家在此进行现货采购交易。许多交易市场是特定行业的纵向市场,如食品、电器和工业设备等,在这些市场上主要销售直接商品。例如,Go2Paper 为来自超过 75 个国家的纸制品行业中的买家和卖家提供纸张、纸板和牛皮纸等现货交易。

交易市场在电子商务的早期曾蓬勃发展,但现在很多已经关闭了。供应商不愿意加入交易市场,因为在交易市场上价格竞争太剧烈,这使得交易价格不断下降,却难以与买家建立长期的关系。许多必需品的直接采购并不是在现货的基础上进行的,因为必需品的采购需要通过采购合同来约定交货时间、定制化以及产品质量等条款。

## 10.5 移动商务在商务活动中的作用以及最重要的移动商务应用

2020 年,移动商务约占所有电子商务的 45%,零售商品和服务、app、广告、音乐、视频、铃声、电影、电视以及基于位置的服务（如当地餐馆的定位和交通实况）产生的年收入约为 3 050 亿美元。移动商务是电子商务中发展最快的类型，每年以 20% 或更高的速度增长，2023 年增长到 5 000 亿美元（见图 10-10）（eMarketer，2020f）。

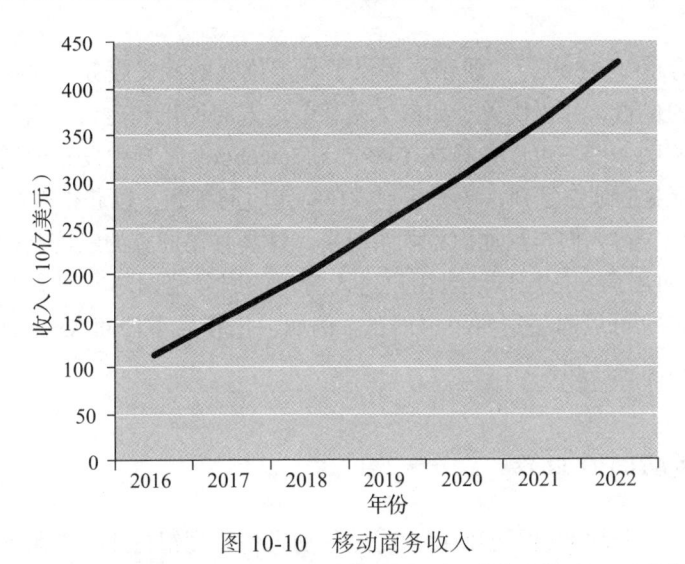

图 10-10　移动商务收入

注：移动商务是 B2C 电子商务中发展最快的类型，2021 年，移动商务销售额占电子商务总销售额的 54%。
资料来源：eMarketer chart "US Retail Mcommerce Sales," 2020.

移动商务增长的主要领域是亚马逊等大众市场零售、音乐、电视节目、电影和电子书等数字内容的销售以及移动设备应用内的销售。像优步（在本章前面部分有所描述）和爱彼迎这种按需服务的企业都是提供基于位置的服务，它们当然也是移动商务的例子。较大的移动屏幕和便捷的支付工具也对移动商务的扩张起到了作用。

## 10.5.1　基于位置的服务和应用

**基于位置的服务**（location-based service）包括**基于位置的社交服务**（geosocial service）、**基于位置的广告服务**（geoadvertising service）和**基于位置的信息服务**（geoinformation service）。74% 的智能手机用户使用基于位置的服务。将这些活动联系起来并作为移动商务基础的是支持全球定位系统（global positioning system，GPS）的地图服务。**基于位置的社交服务**可以告诉你在哪里与朋友见面。**基于位置的广告服务**可以帮助你找到最近的中餐厅。**基于位置的信息服务**可以告诉你正在关注的楼盘的价格，或者告诉你路过的博物馆里正在进行哪些特展。2020 年，增长最快和最受欢迎的基于位置的服务是提供按需服务的企业，如优步、Lyft、爱彼迎和数百家为本地用户提供服务的企业，它们都是基于用户的位置（或像爱彼迎是用户想要去的旅行位置）来提供相应的服务。

Waze 是流行的社交地理信息服务的一个例子，是智能手机基于 GPS 地图和导航的一种应用程序，目前已被谷歌收购。Waze 使用 GPS 将用户的汽车在数字地图上定位，并像其他导航程序一样持续收集用户行车的速度和方向信息。Waze 的与众不同之处在于它收集了事故报告、速度陷阱、地标、街头集市、抗议活动，甚至是某个地址的用户交通信息。Waze 将这些信息提供给用户，并向用户提供替代路线、旅行时间和警告，甚至提供加油站的建议。优步和 Lyft 的驾驶员以及美国超过 1.3 亿驾驶员都使用 Waze 应用程序。

Foursquare、Facebook 和谷歌提供了基于位置的社交服务。基于位置的社交服务可以帮助你找到朋友，或者让你的朋友找到你，方法是签到并告知你在餐馆或其他地方。你的朋友会立即收到通知。

Foursquare 为超过 5 500 万注册用户提供了基于位置的社交服务，这些用户可以与朋友联系，更新他们的位置，并提供关于如何享受某个地方的评论和建议。当你在指定位置签到后，就会有积分奖励。用户可以选择在 Twitter 和 Facebook 账户中发布他们的签到信息，还可以在具有特定标签的地点签到，频繁签到或在特定时间签到，以获得徽章奖励。

基于位置的广告将人们与当地商家联系起来，这是移动商务的经济基础。基于位置的广告根据 GPS 位置向用户发送广告。当用户进入商户的服务范围时，智能手机会将位置报告给谷歌和苹果，商家可以购买这些用户信息。例如，化妆品零售商 Kiehl 向店内 100m 范围内的用户发送特别优惠券和公告。

### 10.5.2 其他移动商务服务

银行和信用卡企业均推出了能使用户通过移动设备管理银行账户的服务。例如，摩根大通和美国银行的用户可以使用手机来查询账户余额、转账和支付账单，针对 iPhone 和 Apple Watch 的 Apple Pay，以及其他 Android 和 Windows 的智能手机 app，允许用户通过刷手机从他们的信用卡账户中付费。

移动广告市场是发展最快的在线广告平台，2020 年广告收入达到 1 050 亿美元，年均增长 20%。广告最终会转移到目光所及之处，即越来越多的移动手机以及平板电脑（在较小程度上）。Facebook 和 Instagram 是全球最大的移动广告市场，总共投放了大约 350 亿美元的移动广告，占其广告总收入的 95%，而谷歌排名第二，达到 290 亿美元的移动广告收入（占其总体数字化广告业务的 60%）。谷歌把移动广告嵌入到手机移动搜索引擎中，嵌入到游戏、视频和其他移动 app 中。

Shopkick 是一款移动 app，让用户在进入百思买、Sports Authority 和梅西百货等零售商店时，为用户提供折扣券。当用户进入与 Shopkick 有合约商户的零售商店时，能够被自动识别，并给予一定数量的"kickbuck"虚拟货币，这种虚拟货币可以用来兑换商店的礼品卡。

47% 的顶级零售商都拥有移动商务网站，这些网站是 PC 端网站的简化版，让用户可以用手机购物和下订单。几乎所有大型传统零售商和在线零售商，如丝芙兰、家得宝、亚马逊和沃尔玛，都有移动商务销售 app。

### 10.5.3 移动应用支付系统

目前的许多金融科技 app 都是移动 app 支付系统，使用移动 app 来取代信用卡和传统的银行服务。移动支付 app 主要有 3 种类型。近场通信（NFC）驱动的系统使支持 NFC 的智能手机和其他移动设备能够通过与商家销售点（POS）终端上支持 NFC 的读卡器进行近距离通信，从而实现无接触式支付［回顾第 7 章对射频识别（RFID）和 NFC 的讨论］。Apple Pay 和 Google Pay 就是例子。二维码支付系统，如 Walmart Pay，使用无接触式支付方式，通过使用付款人智能手机上的移动 app 扫描一种名为二维码（quick response code）的二维条形码来完成支付。Venmo 或 Zelle QuickPay 等 P2P 支付系统用于在安装专有 app 的个人之间转账。表 10-8 对这三种类型的移动 app 支付系统进行了比较。

表 10-8　移动 app 支付系统类型的比较

| 移动 app 支付系统类型 | 描述 | 例子 |
| --- | --- | --- |
| NFC | 该系统采用由 NFC 芯片驱动的技术，在支付者的移动设备和商家的 POS 终端中；当靠近并激活时，这些 NFC 芯片交换加密数据以完成支付，如果使用 NFC 读卡器和软件接受支付，可以与许多不同的商家一起使用 | Apple Pay，Google Pay，SamSung Pay |
| 二维码 | 二维码技术使用二维条形码编码信息，通过智能手机和兼容的商业设备上的条码扫描和生成 app 进行无接触式交易；商家输入支付金额后，客户打开一个 app，显示为交易生成的二维码，商家扫描二维码，支付金额从客户的移动钱包中扣除；或者，客户打开 app，扫描商家显示的二维码，使 app 能够识别商家，然后，客户输入金额并完成付款 | 星巴克，沃尔玛，塔吉特，唐恩都乐 |
| P2P 支付系统 | 允许个人通过互联网将资金从自己的银行账户转移到同一平台上的其他账户的技术；P2P 用户在一个可信的第三方供应商处建立一个安全的账户，指定他们的银行账户或信用卡账户来收发资金，使用第三方应用程序，用户可以将钱汇给另一个人或商家的账户，用户通常通过他们的电子邮件地址或手机号码来识别 | Venmo，Zelle |

## 10.6　企业构建电子商务时需要考虑的问题

构建一个成功的电子商务需要对业务、技术、社会问题以及系统方法有深入的理解。如今，电子商务不仅仅是一个可以让用户访问的企业官网，还包括在 Facebook 上的社交网络站点、Twitter 上的推主以及在智能手机上开发 app 等。开发并协调所有这些不同的用户接触点是十分困难的。这个话题超出了本书的范围，有兴趣的同学可以阅读专门介绍该话题的书籍材料（Laudon 和 Traver，2020）。构建一个成功的电子商务有两个最重要的管理挑战，即清晰地理解你的业务目标，知道如何选择正确的技术来实现这些目标。

### 10.6.1　开发电子商务的展示地图

电子商务已经从以 PC 为基础的商务活动，转变为基于智能手机和平板电脑的活动。目前，美国大多数互联网用户使用智能手机和平板电脑购买商品和服务、查询价格、享受娱乐、访问社交网站等，已经不仅仅是购物的活动了。企业的潜在客户在一天中的不同时间，可能使用不同的设备参与不同的对话，具体取决于他们正在做什么，如与朋友联系、发微博或阅读博客等。其中每一个都可能是客户与企业的接触点，你必须考虑如何在这些不同的虚拟场所开展业务。图 10-11 提供了开发电子商务时需要考虑的平台和相关活动的路线图。

图 10-11 展示了 4 种电子商务：网站、电子邮件、社交媒体和离线媒体。你必须针对每种类型选择不同的平台。例如，在网站的情况下需要有 3 个平台：传统 PC、智能手机和平板电脑，每个平台都具有不同的功能。此外，每种类型的电子商务都有相关的活动需要考

虑。例如，在网站的情况下，你需要参与搜索、展示、合作和赞助广告等活动。离线媒体是第 4 种类型的电子商务，因为许多企业使用多平台或整合营销，通过平面广告将客户引向网站。

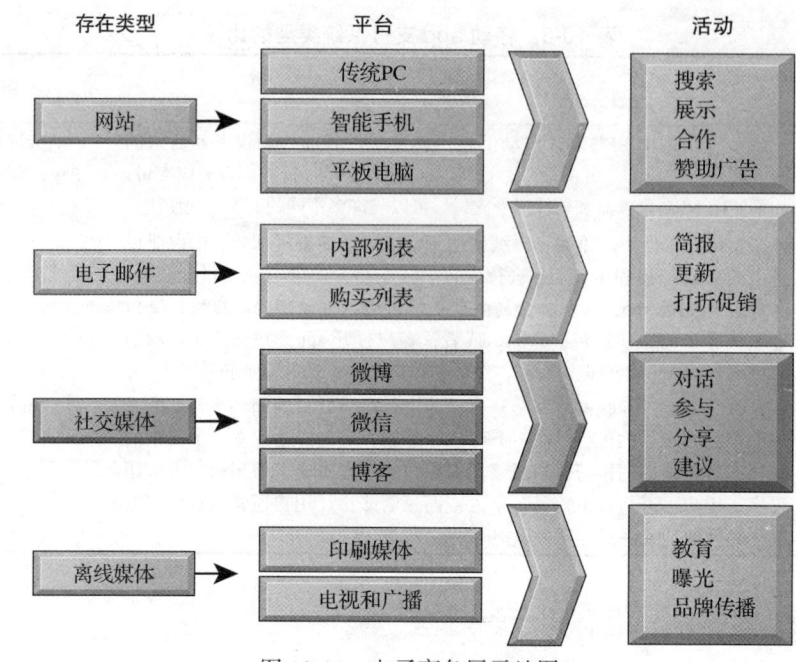

| 存在类型 | 平台 | 活动 |
|---|---|---|
| 网站 | 传统PC / 智能手机 / 平板电脑 | 搜索 / 展示 / 合作 / 赞助广告 |
| 电子邮件 | 内部列表 / 购买列表 | 简报 / 更新 / 打折促销 |
| 社交媒体 | 微博 / 微信 / 博客 | 对话 / 参与 / 分享 / 建议 |
| 离线媒体 | 印刷媒体 / 电视和广播 | 教育 / 曝光 / 品牌传播 |

图 10-11 电子商务展示地图

注：电子商务需要考虑 4 种展示类型以及各自相应的平台和活动。

### 10.6.2 制定时间表：里程碑

一年后你想做什么？当你开始发展电子商务时，有一个大概的时间框架是非常有帮助的。你应该把项目分成几个阶段，并在规定的时间内完成。表 10-9 给出了一家致力于青少年时尚的初创企业开发电子商务的一年时间表。

表 10-9 电子商务开发时间表

| 阶段 | 活动 | 里程碑 |
|---|---|---|
| 阶段 1：规划 | 构建网站愿景；确定人员 | 网站使命陈述 |
| 阶段 2：网站开发 | 获取内容；开发网站设计；安排网站运作 | 网站计划书 |
| 阶段 3：网站实施 | 设计关键字和元标记；关注搜索引擎优化；识别潜在的赞助商 | 功能性网站 |
| 阶段 4：社交媒体规划 | 为产品和服务确定合适的社交平台和内容 | 社交媒体规划书 |
| 阶段 5：社交媒体实施 | 在 Facebook、Twitter 和 Pinterest 等网站建立企业的主页 | 功能性社交媒体 |
| 阶段 6：移动规划 | 开发移动规划书；考虑将网站移植到智能手机上 | 移动媒体规划书 |

## 10.7 MIS 如何有助于我的职业发展

通过本章和本书的指引，将帮助你找到一份初级电子商务数据分析师的工作。

## 10.7.1 公司简介

SportsFantasy Empire 是一家专为创建数字化体育竞赛的技术型企业，正在招聘刚毕业的大学生来担任初级电子商务数据分析师的职位。SportsFantasy Empire 为电竞游戏玩家提供了通过网络和移动设备在梦幻电竞中竞争现金奖品的机会。该企业成立于 2014 年，总部位于洛杉矶，在旧金山和纽约设有办事处。

## 10.7.2 职位描述

这个初级电子商务数据分析师将与 SportsFantasy Empire 的分析团队一起合作，分析大量的数据，获得有关竞赛项目和客户的商业洞察，从而为企业带来增加收入的机会。工作职责包括：
- 设置竞赛规模，定义用户体验和业务效率；
- 优化采购支出和营销战略，推动业务增长；
- 分析游戏现场的哪些修改可以改善用户的游戏体验；
- 分析游戏新功能或站点变化如何驱动客户行为的变化；
- 为企业创建标准化的业务报告，包括竞赛结果报告、玩家活动、细分市场业绩报告以及关键玩家的绩效报告。

## 10.7.3 岗位要求

- 具有工程、数学、商业或相关领域的学士学位。
- 具有电子商务数据分析的经验。
- 具备相关的统计知识。
- 有过独立分析数据并从中获得新见解的经历。
- 具有建模、SQL、SAS 或其他编程语言的经验。
- 具有较强的沟通和组织能力。
- 优先考虑 Avid 梦幻电竞玩家。

## 10.7.4 面试问题

1. 你玩过梦幻电竞吗？多久玩一次？有没有研究过关于梦幻电竞的数据？为什么你认为你适合这份工作？
2. 你的统计学背景是什么？你上过哪些相关课程？你有没有使用统计软件的工作经验？
3. 你有没有分析过有关网站性能或在线客户行为的数据？
4. 你对通过社交媒体渠道获得客户的成本了解多少？（即衡量社交网络上获取客户的平均成本；获取成本与保留成本。）
5. 你将如何与我们的非技术团队合作？讲述一个关于客户数据洞察的故事，以便他们能够提高客户参与度和忠诚度并更有效地开展工作。

6. 你在 SQL 或 SAS 以及网站分析方面的熟练程度如何？你在过去的工作中用过这些工具吗？你用它们做了什么？

7. 你能举一个你用数据分析解决问题的例子吗？你写过分析报告吗？你能举个例子吗？

### 10.7.5 作者提示

1. 复习本章以及第 7 章中关于搜索和搜索引擎营销的内容。要想胜任这份工作，你还应该学习统计学、SQL 和 SAS 的课程，在职培训也会很有帮助。

2. 利用网络对该企业进行更深入的研究。试着了解更多关于该企业战略、竞争对手和业务挑战的信息。此外，回顾一下该企业过去 12 个月的社交媒体报道。你可以发现什么趋势或社交媒体报道中关注的某些主题吗？

3. 准备好谈论 SportsFantasy Empire 的游戏以及竞争对手的游戏的资料，表明你对这个行业很熟悉。询问该企业完善在线状态的策略。准备好一个例子，说明你认为如何做才能提高一款梦幻电竞游戏的在线表现。

4. 通过网络找到梦幻电竞企业使用的数据分析的例子。

## 本章小结

**10-1 电子商务、数字市场和数字产品的特征**

电子商务使组织和个人之间的数字化商业交易成为可能。电子商务技术的独特之处包括无处不在、全球化、统一标准、丰富性、交互性、信息密度、个性化和定制化以及社交技术。电子商务越来越呈现出社会化、移动化和本地化的特征。

数字市场比传统市场更加透明，降低了信息不对称、搜索成本、交易成本和菜单成本，同时还具有基于市场情况大幅度动态调整价格的能力。数字产品，如音乐、视频、软件和书籍，能在数字网络中传播。数字产品一旦生产出来后，数字化交付产品的成本就变得很低很低。

**10-2 电子商务的商业模式和收益模式**

电子商务的商业模式包括门户网站、网络零售商、内容供应商、交易代理商、市场创造者、服务供应商、社区供应商。电子商务的收益模式主要包括广告、销售、订阅费、免费/免费增值、交易费和合作收益模式。

**10-3 电子商务改变市场营销**

互联网为营销人员提供了识别潜在客户，并可以与上百万的潜在客户进行沟通的新方式，且成本远低于传统媒体。利用群体智慧的众包模式可以帮助企业从客户那里学习改进产品的知识和增加客户价值的机会。行为定向技术帮助企业提高了条幅广告、富媒体和视频广告的有效性。社交电子商务利用社交网络和社交网站改善产品和服务的细分市场。

**10-4 电子商务对 B2B 交易的影响**

B2B 电子商务有助于企业提高供应商的选择、招投标、下达订单、跟踪运输过程中的货物等工作的效率。网络集市为很多的买家和卖家提供了统一的数字市场。专有行业网络将企业与供应商和其他战略伙伴紧密相连，从而建立高效、快速响应的供应链。

**10-5 移动商务在商务活动中的作用以及最重要的移动商务应用**

移动商务特别适合于基于位置的应用，如寻找本地旅馆和餐厅、跟踪本地交通和天气状况、提供个性化的基于位置的市场营销。手机和手持设备被用来支付费用、处理银行业务、交易证券、更新运输计划以及下载数字内容（如音乐、游戏和视频）等。移动商务需要无线接入设备和能处理小额支付的数字支付系统。智能手机的 GPS 功能有助于开展基于位置的广告、社交和信息等服务。

**10-6 企业构建电子商务时需要考虑的问题**
构建一个成功的电子商务需要对业务目标有清晰的理解，并选择正确的平台、活动和时间表来实现这些目标。电子商务的建设不仅仅是建设企业的官网，还包括在Facebook、Twitter和其他社交网络站点上开设网页，以及在智能手机上开发app等。

## 关键术语

广告收益模式（advertising revenue model）
合作收益模式（affiliate revenue model）
行为定向（behavioral targeting）
企业对企业（business-to-business，B2B）
企业对消费者（business-to-consumer，B2C）
社区供应商（community provider）
消费者对消费者（consumer-to-consumer，C2C）
成本透明（cost transparency）
众包（crowdsourcing）
定制化（customization）
数字产品（digital goods）
直接商品（direct goods）
去中介化（disintermediation）
动态定价（dynamic pricing）
电子数据交换（electronic data interchange，EDI）
网络零售商（e-tailer）
交易市场（exchange）
金融科技（FinTech）
免费/免费增值收益模式（free/freemium revenue model）
基于位置的广告服务（geoadvertising service）
基于位置的信息服务（geoinformation service）
基于位置的社交服务（geosocial srevice）
间接商品（indirect goods）
信息不对称（information asymmetry）
信息密度（information density）
知识产权（intellectual property）

基于位置的服务（location-based service）
长尾营销（long tail marketing）
市场创建者（market creator）
市场准入成本（market entry cost）
市场空间（marketspace）
菜单成本（menu cost）
小额支付系统（micropayment system）
移动商务（mobile commerce，m-commerce）
原生广告（native advertising）
网络市场/网络集市（net marketplace）
个性化（personalization）
播客（podcasting）
价格歧视（price discrimination）
价格透明（price transparency）
专有集市（private exchange）
专有行业网络（private industrial network）
收益模式（revenue model）
丰富性（richness）
销售收益模式（sales revenue model）
搜索成本（search cost）
社交图谱（social graph）
社交购物（social shopping）
流媒体（streaming）
订阅收益模式（subscription revenue model）
交易成本（transaction cost）
交易费收益模式（transaction fee revenue model）
群体智慧（wisdom of crowd）

## 复习题

10-1 描述形成电子商务的4种商业趋势和3种技术趋势。
- 列举并描述8种电子商务的特征。
- 定义数字市场和数字产品，并描述它们的特点。

10-2 定义和描述电子商务的商业模式。

- 定义和描述电子商务的收益模式。

10-3 解释社交网络和群体智慧如何帮助企业改进市场营销。
- 定义行为定向，并解释行为定向如何在个人网络和广告网络发挥作用。
- 定义社交图谱，并解释社交图谱如何

被用于电子商务营销中。
10-4 解释信息技术如何支持 B2B 电子商务。
- 定义并描述网络集市,并解释与专有行业网络的区别。

10-5 列举并描述移动商务服务和应用的主要类型。
10-6 列举并描述构建电子商务的 4 种方式。

## 讨论题

10-7 互联网如何改变消费者和供应商之间的关系?
10-8 互联网可能不会使企业淘汰,但企业必须改变商业模式,你同意吗?为什么?
10-9 社交技术如何改变电子商务?

## MIS 实践项目

本部分的 MIS 实践项目将让你通过开发电子商务战略,利用电子表格软件研究一家电子商务企业的盈利能力,以及利用网络工具研究并评估电子商务运维服务获得实践经验。

### 管理决策问题

10-10 哥伦比亚纳(Columbiana)是加勒比海(Caribbean)上一个独立的小岛,拥有很多历史悠久的建筑、城堡和其他景点,还有雨林和壮观的山脉。沿着岛上美丽的白沙滩,坐落着几家顶级酒店和数十家价位适中的旅馆。几家大型航空公司和一些小型航空公司都有飞往哥伦比亚纳的常规航班。哥伦比亚纳政府希望促进旅游业发展并为本国的热带农作物产品开拓新的市场。电子商务能发挥什么作用?什么样的互联网商业模型比较合适?电子商务平台应该有些什么功能?

10-11 请浏览下列企业的网站:Swatch、Lowe's 和 Priceline。判断上述哪个网站可以从企业赞助的博客业务中获得最多的收益?请列出这个博客业务能给企业带来的商业利益,以及这个博客的目标受众。请分析企业中该由谁来撰写这个博客,并为博客选择一些主题。

### 改善决策:用电子表格软件分析".com"业务

**软件技能要求:** 下载电子表格、设计格式和使用公式
**业务技能要求:** 分析财务报表

10-12 在互联网上选择一家电子商务网站,如 Ashford、苹果或者 eBay 等,研究一下该企业的官网,描述该企业的目标和组织结构。请通过网络找到评价该企业的一些文章。然后到美国证券交易委员会的网站 www.sec.gov 上寻找该企业的 10-K(年度报告)表,包括利润表和资产负债表。选择 10-K 表中你将要分析的财务报表中的部分内容,并下载到电子表格中,建立该企业过去 3 年的利润表和资产负债表的简化版电子表格。

- 你认为该企业是".com"行业的成功案例、普通案例还是失败案例?你的判断基于哪些信息?为什么?在回答这些问题时,请特别注意该企业 3 年来的收入、销售成本、毛利润、运营成本和净利润等方面的变化趋势。
- 准备一个演讲 PPT(至少 5 页幻灯片),包括合适的电子表格或图表,并把你的研究成果向教授和同学展示。

### 卓越运营:评估电子商务的托管服务

**软件技能要求:** 网页浏览软件
**业务技能要求:** 评估电子商务的托管服务

10-13 这个项目有助于培养你的互联网技能,对那些给小型初创企业提供电子商务网站托管服务的企业业务进行评估。

你想建立一个网站来销售毛巾、家庭日用品、陶器和来自葡萄牙的餐具,为此你要考察为小型企业提供互联网商店的托管服务。你的网站应该能够安全地使用信用卡支付,并且能够计算运费和税费。一开始,你想展示大约 40 种不同产品的照片及其描述。请访问 Wix、GoDaddy 和 iPage 的网站,比较这些企业提供的针对小企业的托管服务的范围、网站能力以及费用,并考察这些企业提供的用来建立电子商务网站的工具。比较这些服务,如果你想建立一个网店,你会选择哪一家?写一份简要的报告说明你的选择,并解释每家企业的优势和不足。

## 协同与团队合作项目

### 对电子商务网站进行竞争分析

10-14 请与 3～4 名同学组成一组,选择某个行业中的两家竞争对手,并体验一下这两家企业的电子商务网站,例如,可以比较潘多拉和 Spotify、亚马逊和 BarnesandNoble,或者 E*Trade 和 TD Ameritrade 等网站。根据网站的功能、用户友好性和支持企业战略的能力,对每个企业的网站进行评估。哪个网站做得更好?为什么?你能否提出一些改进的建议?如果可能的话,请使用 GoogleDocs、GoogleDrive 或 GoogleSites,集思广益并制作演示 PPT 来汇报结果。

## 案例研究

## 商业问题解决案例:优步能成为万物的优步吗

当你在纽约、巴黎、芝加哥或其他主要城市需要搭车时,你不会想到要叫出租车,而是拿出智能手机,点击优步 app。这时,手机上会弹出谷歌地图,显示周围的情况,你在屏幕上选择某位驾驶员,app 会确保你的乘车安全,显示到达目的地需要多长时间、花多少钱等。一旦到达目的地,费用将自动从你的信用卡中扣除,不需要接触现金。

乘车价格由时间和距离两大因素组成,同时也考虑乘客需求。优步的软件可以预测一天中不同时间段需求较高的地区,并显示在驾驶员的智能手机上,以便驾驶员决定等候地点,在理想的情况下几分钟之内可以接到发出乘车需求的乘客。优步还为企业高管提供高价位的城市专车服务和拼车服务。在某些情况下,如果需求量很大,优步可能比出租车贵,尽管如此,它提供的可靠、快速、方便、能够替代传统出租车的服务吸引了许多乘客。

优步的运营比传统的出租车企业要精简得多。优步没有自己的出租车,没有车辆维护和融资成本。据优步所言,优步没有雇员,驾驶员是独立承包商,优步只是从每个驾驶员的收入中抽成而已,没有驾驶员的成本,如驾驶员薪酬、最低工资要求、驾驶员背景调查、驾驶员培训、健康保险和商业许可费用等。优步已经把出租车服务的成本完全转移到驾驶员和使用手机的乘客身上。驾驶员自己支付车辆费、油费和保险等。优步所做的只是提供一个基于智能手机的平台,使那些想要出租车服务的人找到能够满足这种需求的供应商。

优步依靠用户对驾驶员的评论和乘坐体验来识别有问题的驾驶员和有问题的乘客。优步也设定相关的车辆清洁标准,使用审查来约束驾驶员,但不会公开报告系统中有多少差评的驾驶员或乘客。

经营企业所需的许多决策不需要人工,而是依赖于精细调整的计算机算法。例如,优步系统使用驾驶员手机中的加速度计以及 GPS 和陀螺仪来跟踪驾驶员的表现,并向他们发送安全驾驶报告。优步的系统决定了在需求高峰和低迷时期的乘车价格，以及驾驶员应该到哪里去寻找更多的叫车乘客。优步驾驶员会收到应用内通知、热点图和带有实时预测信息的电子邮件。优步的驾驶员评级系统也是自动化的。在某些优步的服务中，如果驾驶员在五星评级系统中低于4.6星，他们可能会被"停用"。

优步总部位于旧金山，由Travis Kalanick和Garrett Camp于2009年创立。2019年，优步在全球65个国家的600多个城市拥有近400万名驾驶员，在支付了驾驶员、营销和其他运营费用后，优步仍然处于亏损状态，发展中市场的亏损吞噬了北美、欧洲和其他地区的利润。优步的商业战略一直是尽可能快地扩张，放弃短期利润，为长期回报奠定基础。截至2019年年初，优步从风险资本投资者那里筹集了超过240亿美元。在过去的几年里，优步已经出售了在中国、东南亚和俄罗斯的业务，以便腾出资金投资印度、拉丁美洲和中东等其他市场。在这些地区，优步一直在与竞争对手进行代价高昂的地盘争夺战。

优步通过数字化颠覆了一个传统且受到严格监管的行业，引发了美国乃至全球出租车服务行业的反对。当出租车需求低迷的时候，谁能以40%的价格折扣来和一家初创企业竞争呢？（当需求旺盛时，优步的价格就大幅上涨。）哪些城市或国家想要放弃对乘客安全、防止犯罪、驾驶员培训的监管以及向出租车企业收取稳定的出租车执照费用呢？

如果说优步是新型按需经济模式的代表，那么这也是与新型商业模式相关的社会成本和冲突的一个标志性的例子。优步被指责通过把驾驶员当作承包商，剥夺了驾驶员作为员工的利益，违反了美国乃至世界的公共交通法律法规，滥用收集到的个人信息，加剧了交通堵塞，破坏了公共交通，拒绝对驾驶员进行刑事、医疗和财务背景调查而未能确保公共安全。优步咄咄逼人、不受约束的企业文化，再加上其CEO卡兰尼克（Kalanick）行为的负面宣传使优步的品牌形象进一步受损。

优步为此也采取了一些补救措施，完善了app，使驾驶员更容易在工作时休息。现在，驾驶员也可以在订单完成后即刻获得报酬，而不是每周结算一次，并且可以在驾驶员app的仪表盘上看到赚了多少钱。优步在app中还增加了一个选项，方便乘客向驾驶员支付小费，而卡兰尼克也于2017年6月辞去了优步总裁一职（他被Dara Khosrowshahi取代）。

有人担心，优步和其他按需经济模式的企业可能创造了一类兼职的、低薪的、临时的社会工作，从而取代了传统的、全职的、有保障的工作，即所谓的优步化工作（Uberization of work）。根据某项研究，一半的优步驾驶员的收入低于所在州的最低工资。对此优步做出了回应，称它正在降低运输成本、扩大对乘车服务的需求，并增加驾驶员的工作机会，使他们的收入与其他出租车驾驶员薪酬相当。

优步有可持续的商业模式吗？该公司仍未赢利。优步有竞争对手，包括美国的Lyft，以及亚洲和欧洲的本土企业。纽约和其他城市的老牌出租车公司正在推出自己的叫车app，并宣传自己的固定费率。来自各方的竞争愈演愈烈，导致优步2019年的亏损激增至85亿美元。CEO Khosrowshahi指出优步将在2020年年底实现赢利。由财力雄厚的投资者（包括优步的最大股东软银集团）支持的初创公司正在利用大幅折扣来挑战优步在美国、印度和墨西哥的送餐服务，以及优步在拉丁美洲的叫车业务。优步在拉丁美洲曾经强劲的收入增长已经失去了一些动力。优步的高级管理层指望价格战最终会缓和，因为优步持续以低价反击。管理层也在寻找更多的方法来进一步削减成本。

优步的主要市场是在人口密集的城市，但超过70%的美国人口生活在农村或郊区，在那里拥有汽车往往更方便、更便宜。网约车使人们远离公共交通，加剧了大城市的交通拥堵，并引发了要求加强监管以限制增长的呼声。

Khosrowshahi一直在宣传优步是一个一站式的交通工具，并推出了新的当日送达服务，包括食品配送（Uber Eats）、共享电动自行车和滑板车，以及货运经纪公司。他认为优步是"交通领域的亚马逊"，有可能成为所有交通形式的主导力量。在优步的未来愿景中，大多数人将不再拥有汽车。人们将在短距离时使用电动自行车和踏板车。外带晚餐将被按需送餐所取代。自动驾驶汽车将在道路上接送乘客，自动驾驶卡车将在高速公路上漫游。无人机将在空中进行送货。优步想包揽一切。可以吗？

与福特和大众等主要汽车制造商一样，优步在自动驾驶汽车上投入了大量资金，管理层认为这将是降低劳动力成本和确保长期赢利的关键［瑞银集团（UBS）进行的一项研究显示，自动驾驶的"机器人出租车"的成本比传统出租车低80%左右］，但自动驾驶汽车要像人类一样在任何条件下都能安全行驶，还需要许多年的时间。自动驾驶汽车仍然很难预测其他驾驶员和行人会做什么，无法在所有天气条件和地形类型下安全可靠地运行。

通过雷达、传感器和高分辨率摄像头，自动驾驶汽车可以探测和识别街道上的物体，包括其他汽车、行人和骑自行车的人，但不能总是正确地预测下一步要做什么。自动驾驶汽车不能总是正确地应对异常情况，例如，行人过马路时，汽车闯红灯或非法转弯。如今的自动驾驶汽车已经掌握了替代人类驾驶员所需的80%的技术。然而，剩下的20%，包括能够可靠地预测其他驾驶员、行人和骑自行车的人将要做什么的软件，将更加难以完善。在任何情况下都能像人类一样处理任何情况的计算机驾驶汽车，最少也需要几十年的时间。第11章结尾的案例研究提供了更多关于这个问题的细节。

2018年3月，优步自动驾驶汽车在亚利桑那州坦佩市撞死一名妇女后，优步缩减了其自动驾驶汽车项目。在事故发生之前，优步的自动驾驶汽车在通过建筑区域和靠近大型卡车等高大车辆时就遇到了麻烦。几乎每行驶1mile，试驾员就必须接管汽车。在未来的许多年里，优步和其他公司将与自动驾驶汽车技术角力。与此同时，优步仍然需要找到赚钱的方法。优步还能赚钱吗？

资料来源：Dominic Rushe, "Uber to be Profitable by End of 2020, CEO Dara Khosrowshahi Says," The Guardian, February 6, 2020; Mansoor Iqbal, "Uber Revenue and Usage Statistics (2020)," Business of Apps, March 24, 2020; Eric Jhonsa, "Uber Needs to Curb Its U.S. and Latin American Market Share Losses," Real Money, January 21, 2020; Eliot Brown, "Uber Wants to Be the Uber of Everything—But Can It Make a Profit?" *Wall Street Journal*, May 4, 2019; Alex Rosenblat, "When Your Boss Is an Algorithm," *New York Times*, October 12, 2018; Steven Hill, "New Leadership Has Not Changed Uber," *New York Times*, March 26, 2018; Daisuke Wakabashai, "Uber's Self-Driving Cars Were Struggling Before Arizona Crash," *New York Times*, March 23, 2018.

### 案例分析题：

10-15 使用竞争力量和价值链模型分析优步。它的竞争优势是什么？

10-16 信息技术与优步的商业模式的关系是什么？解释你的答案。

10-17 优步的颠覆性有多大？

10-18 优步及其商业模式是否引发了任何道德和社会问题？解释你的答案。优步的商业模式是否造成了道德困境？

10-19 优步是一家可行的企业吗？解释你的答案。

## 参考资料

Adomavicius, Gediminas, Jesse C. Bockstedt, Shawn P. Curley, and Jingjing Zhang. "Reducing Recommender System Biases: An Investigation of Rating Display Designs." *MIS Quarterly* 43 No. 4 (December 2019).

Almquist, Eric, Jamie Cleghorn, and Lori Sherer. "The B2B Elements of Value." *Harvard Business Review* (March–April 2018).

Bapna, Ravi, Jui Ramaprasad, and Akmed Umyarov. "Monetizing Freemium Communities: Does Paying for Premium Increase Social Engagement?" *MIS Quarterly* 42, No. 3 (September 2018).

comScore. "Top 50 MultiPlatform Properties (Desktop and Mobile)." (February 2020).

Dennis, Alan R., Lingyao (Ivy) Xuan Feng, Eric Webb, and Christine J. Hsieh. "Digital Nudging: Numeric and Semantic Priming in E-Commerce." *Journal of Management Information Systems* 37 No. 1 (2020).

Donaker, Geoff, Hyunjin Kim, and Michael Luca. "Designing Better Online Review Systems." *Harvard Business Review* (November–December 2019).

eMarketer. "Digital Buyers, U.S., 2020–2024." (February 2020a).
_____. "U.S. Ad Blocking Users and Penetration." (July 2019a).
_____. "U.S. Average Time Spent per Day with Social Networks." (November 2019b).
_____. "U.S. Digital Ad Spending." (March 2020b).
_____. "U.S. Digital Shoppers and Penetration." (February 2020c).
_____. "U.S. Digital Travel Sales." (July 2019c).
_____. "U.S. Mobile Ad Spending." (March 2020d).
_____. "U.S. Retail Ecommerce Sales."( February 2020e).
_____. "U.S. Retail Mcommerce Sales." (February 2020f).
_____. "U.S. Smartphone Retail Mcommerce Sales." (February 2020g).
_____. "U.S. Social Network Ad Spending." (March 2020h).

———. "U.S. Social Network Users and Penetration." (February 2020i).

———. "U.S. Total Retail Sales." (February 2020j).

———. "U.S. TV Ad Spending." (March 2020k).

Facebook. "Facebook Inc. Form 10-K for the Fiscal Year Ended December 31, 2019, Filed with the Securities and Exchange Commission." (January 30, 2020).

Fay, Brad, Ed Keller, Rick Larkin, and Koen Pauwels. "Deriving Value from Conversations about Your Brand." *MIT Sloan Management Review* (Winter 2019).

Gomber, Peter, Robert J. Kauffman, Chris Parker, and Bruce W. Weber. "On the FinTech Revolution: Interpreting the Forces of Innovation, Disruption, and Transformation in Financial Services." *Journal of Management Information Systems* 35 No. 1 (2018).

Hong, Yili, Yuheng Hu, and Gordon Burtch. "Embeddedness, Prosociality, and Social Influence: Evidence from Online Crowdfunding." *MIS Quarterly* 42 No. 2 (December 2018).

Koh, Byungwan, Il-Horn Hann, and Srinivasan Raghunathan. "Digitization of Music: Consumer Adoption amidst Piracy, Unbundling, and Rebundling." *MIS Quarterly* 43 No. 1 (March 2019).

Laudon, Kenneth C., and Carol Guercio Traver. *E-commerce 2019: Business, Technology, Society*, 15th ed. (Upper Saddle River, NJ: Prentice-Hall, 2020).

Li, Huifang, Yulin Fang, Kai H. Lim, and Youwei Wang. "Platform-Based Function Repertoire, Reputation, and Sales Performance of E-Marketplace Sellers." *MIS Quarterly* 43 No. 1 (March 2019).

Lukyanenko, Roman, Jeffrey Parsons, Yolanda F. Wiersma, and Mahed Maddah. "Expecting the Unexpected: Effects of Data Collection Design Choices on the Quality of Crowdsourced User-Generated Content." *MIS Quarterly* 43 No. 2 (June 2019).

Rainie, Lee. "Americans' Complicated Feelings About Social Media in an Era of Privacy Concerns." Pew Research Center (May 2018).

———. "The State of Privacy in Post-Snowden America." Pew Research Center (September 21, 2016).

Rhue, Lauren, and Arun Sundararajan. "Playing to the Crowd: Digital Visibility and the Social Dynamics of Purchase Disclosure." *MIS Quarterly* 43 No. 4 (December 2019).

RIAA. "Year-End 2019 RIAA Music Revenues Report." (February 25, 2020).

US Bureau of the Census. "E-Stats." www.census.gov, accessed March 8, 2019.

# 第 11 章

# 管理知识和人工智能

## ⏰ 学习目标

通过学习本章,你将能回答:

1. 知识管理系统在企业中起到怎样的作用?
2. 什么是 AI 和机器学习?企业如何利用 AI?
3. 企业级知识管理系统主要有哪些类型?它们如何为企业创造价值?
4. 知识工作系统主要有哪些类型?它们如何为企业创造价值?
5. MIS 如何有助于我的职业发展?

## ◎ 开篇案例

### 人工智能打败放射科医生,在乳腺 X 线影像读片中胜出

依据美国癌症协会的数据,2019 年,美国新增浸润性乳腺癌病例约为 26.86 万例,乳腺癌死亡病例约为 4.176 万例。在全球范围,每年约有 200 万新增乳腺癌病例和超过 50 万死亡病例。这使乳腺癌成为女性死亡的主要原因之一。

乳腺 X 线摄影已成为检测乳腺癌的首要工具,它使用 X 线定位和诊断乳腺肿瘤。在美国,每年约进行 3 300 万次筛查性乳腺 X 线摄影检查。虽然乳腺 X 线摄影有助于早期癌症的检测,但是该检查会因假阴性漏检 20% 的乳腺癌,且检查中也有 7% ~ 12% 的假阳性。假阴性是指存在癌症,但乳腺 X 线摄影错误地将之解读为正常。假阳性是指没有癌症,但乳腺 X 线摄影错误地将之解读为异常。如果能更为准确,乳腺 X 线摄影会成为更好的筛查工具。

利用 AI 技术读取乳腺 X 线影像的新系统已研发出来,结果显示它可以比放射科医生更好地解读 X 线影像。由 Google Health、芝加哥西北大学、帝国理工学院英国癌症研究帝国中心以及皇家萨里郡医院的研究者组成的团队设计了读取乳腺 X 线影像的计算机模型。计算机可以经过训练来识别模式并解释图像,研究团队设计了一个算法,并用确诊乳腺癌的数千名女性的 X 线影像教会了模型。新系统的表现要优于人类放射科医生。对于美国的乳腺 X

线影像扫描结果，该系统将假阴性降低了 9.4%，将假阳性降低了 5.7%。对于英国的乳腺 X 线影像扫描结果，该系统将假阴性降低了 2.7%，将假阳性降低了 1.2%。

研究团队使用了 7.6 万名英国确诊女性以及 1.5 万名美国确诊女性的乳腺 X 线影像训练计算机来识别乳腺癌。而后他们又用另外大约 2.5 万名英国女性和 3 000 名美国女性的影像测试计算机，比较系统的表现与放射科医生的结果。这些乳腺 X 线摄影检查在之前就已经进行过，它们的结果是已知的，所以研究者知道放射科医生的初始诊断是否正确。团队发现，基于 AI 的新系统要比放射科医生的诊断更准确。

在另一项测试中，AI 系统与美国的 6 位放射科医生分析了 500 张乳腺 X 线影像，结果也表明 AI 系统的表现要优于人类，也存在一些 AI 系统漏检但所有 6 位放射科医生均发现癌症的病例。

乳腺 X 线摄影读片新系统尚未准备好进行广泛的临床应用。研究人员希望在现实世界环境下验证这一工具，届时放射科医生将在乳腺 X 线摄影读片的常规练习中使用该系统。

资料来源：Denise Grady, "A.I. Is Learning to Read Mammograms," *New York Times*, January 1, 2020; Karina Lichtenstein, "A.I. Better at Reading Mammograms Than Radiologists," MedicineNet Health News, January 7, 2020; and American Cancer Society, "Breast Cancer Facts and Figures, 2019–2020," 2019.

使用模式识别系统等 AI 技术来提高乳腺 X 线摄影检查的准确性，展示了组织如何通过使用技术来促进知识的获取和应用，从而使组织绩效受益。促进知识的获取，使用知识工具来创造和利用新知识，并利用这些知识来改进业务流程，对于私营企业和公共组织的生存和成功至关重要。

图 11-1 概述了本案例和本章需要关注的要点。乳腺 X 线摄影检查已被证明是一种有用的乳腺癌检测工具，但人类放射科医生对乳腺 X 线摄影检查的解读存在较高的不准确性。放射科医生在乳腺 X 线摄影影像读片时，由于假阴性而漏检了 20% 的乳腺癌，在没有癌症的情况下，也发现了 7%～12% 的异常。模式识别等 AI 技术能够提高乳腺 X 线摄影检查的准确性，因此计算机系统解读的乳腺 X 线摄影影像比人类放射科医生更准确。

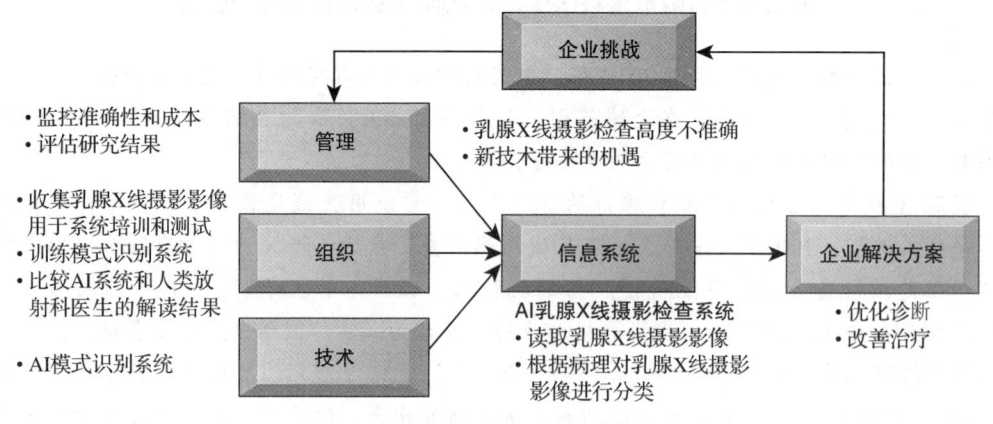

图 11-1 乳腺 X 线摄影使用 AI 技术

请思考：使用 AI 如何提高乳腺 X 线摄影检查的准确性？对放射科医生分析乳腺 X 线摄影影像和诊断的方式有什么潜在影响？

## 11.1 知识管理系统在企业中的作用

知识管理与合作系统的建设是企业和政府在软件投资方面增长最快的领域。在过去 10 余年间，关于经济、管理和信息系统领域的知识及知识管理的研究呈爆炸式增长。

知识管理与合作紧密相关。不能和他人沟通和分享的知识几乎是无用的，只有当知识在整个企业内被广泛地分享时，知识的价值才能得以体现。在第 2 章中，我们已经描述过一些与支持合作有关的系统应用，特别是关于社会化商务合作的主要工具。本章将重点关注知识管理系统，希望读者能认识到：沟通和分享知识正变得越来越重要。

我们生活在一个信息经济的时代，社会中的主要财富和成功都来源于信息和知识的创造及分享。知识管理在许多大企业中已经成为重要议题，管理人员相信企业的价值依赖于企业创造和管理知识的能力。有研究表明，企业的股票市值主要依赖于无形资产，而知识与企业品牌、声誉、独特的业务流程结合在一起，是企业最重要的无形资产。尽管基于知识的投资回报难以衡量，但是良好的知识管理会产生超额的投资回报，已是众所周知的事实（Gu 和 Lev，2001）。

### 11.1.1 知识的重要特性

数据、信息、知识和智慧之间有着重要的区别。正如在第 1 章中所阐述的，**数据**（data）被认为是信息系统获取的一系列事件或交易事实，其本身对业务处理是有用的，但对其他方面的影响很小。要把数据转换成有用的**信息**，企业必须投入资源将数据处理为可理解的类型，如月、日、区域或以店面为基础的销售额报告等。若要把信息转化为**知识**（knowledge），企业必须再投入额外的资源，发现知识发挥作用的模式、规则、环境等。最后，**智慧**（wisdom）被认为是集体和个人运用知识去解决实际问题的经验，包括何地、何时和如何运用知识的相关内容。

知识既具有个体属性，又具有企业的集体属性。知识是驻留在人的头脑中的，包含了认知和生理方面的事件。知识可以存储在图书和档案中，可以在课堂上被分享，也可以被企业以业务流程或员工经验的形式保存下来。保存在员工头脑中、没有被文档记录下来的知识叫**隐性知识**（tacit knowledge），被文档记录下来的知识叫**显性知识**（explicit knowledge）。知识可以存在于电子邮件、语音邮件、图形、非结构化文档或结构化文档中。一般情况下，知识应当被保存在某个具体位置，如人的大脑中或特定的业务流程中。知识具有"黏性"，不能被轻易地转移。知识还具有情境依赖和语境依赖的特性，比如，你必须知道在什么时候、如何完成某项规程。表 11-1 总结了知识的重要特性。

表 11-1 知识的重要特性

| 知识是一种资产 |
|---|
| 知识是一种无形资产 |
| 数据转换成为有用的信息和知识需要组织资源的投入 |
| 知识不像实物资产一样收益递减，而是遵循分享的人越多、价值越大的网络外部性效应 |
| **知识有不同的形式** |
| 知识可以是隐性的，也可以是显性的（编码的）；知识包括实际经验、技艺和技巧 |
| 知识包括知道如何遵守规程 |
| 知识包括知道为什么，而不仅是简单地知道事情何时发生（偶然性） |

（续）

| 知识具有位置依赖性 |
|---|
| 知识是一种认知的结果，融入了个人的思维模式和认知图谱；知识有个人知识和社会知识 |
| 知识是有"黏性"的（难以转移）、基于情境的（内嵌于企业文化中）、有前提条件的（只在一定的情况下能发生作用） |
| **知识与情境相关** |
| 知识是与条件相关的；知道何时应用这个规程和知道这个规程一样重要（有条件的） |
| 知识是基于情境的；你必须清楚在什么情况下怎么使用某些工具 |

我们可以把知识视作一种和实物资产、金融资产同等重要的资产，但如何管理知识是一个复杂的课题，涉及诸多方面。我们也可以认为基于知识的核心竞争力（两三项企业最佳实践）是企业的关键资产。拥有其他企业不能复制的、高效的业务处理最佳实践是企业盈利和竞争优势的源泉，竞争者也很难在市场上购买到这些最佳实践。

例如，建立一个独特的、按订单制造的系统，就包含了某种形式的知识，这种知识是一种独特的、不易被竞争者复制的资源。有了知识，企业能更有效益和更有效率地使用稀缺资源。没有知识，企业只能低效和低效率地使用资源，最终会不可避免地陷入失败的境地。

### 11.1.2 组织学习和知识管理

和人类一样，组织利用各种组织学习机制创造和收集知识。通过收集数据、有计划的测评活动、试错试验、客户和环境反馈，组织获得了经验。通过学习，组织创新业务流程和改变管理决策模式，从而不断调整自己的行为。这个变革的过程被称为**组织学习**（organizational learning）。我们有理由相信，能够迅速感知和响应环境变化的组织才能基业长青。

### 11.1.3 知识管理价值链

**知识管理**（knowledge management）是指组织为创建、存储、转换和应用知识而开发的业务流程的集合。知识管理提高了组织从环境中学习并把学习的知识融入业务流程中的能力。图 11-2 显示了在知识管理价值链中产生价值的 5 个步骤。在把原始数据和信息转化为有用的知识的过程中，知识管理价值链中的每一个步骤都发挥了相应的作用。

图 11-2 涵盖了信息系统活动、管理和组织活动，其中信息系统活动在图的上半部分，管理和组织活动在图的下半部分。这张图也体现了知识管理领域中的一句流行说法："有效的知识管理活动是 80% 的管理和组织加 20% 的技术。"

在第 1 章中，我们把组织和管理资本定义为为了确保从信息系统投资中获得价值所需要的一组业务流程、文化和行为。在知识管理中，和信息系统的投资一样，必须有相配套的企业价值观、结构和行为模式，才能确保知识管理项目的投资回报最大化。在图 11-2 中，下半部分的"管理和组织活动"一栏列出了为从信息技术投资和系统中（图中上半部分所示）获得实质性回报所需的组织资本。

#### 1. 知识获取

组织获取知识的方式有许多种，采用哪种方式取决于组织需要获取的知识类型。第一个知识管理系统试图构建一个企业资料库，用以保存各类文档、报告、演示文稿和最佳实践的总结等。当前，知识管理系统的内容已经扩展到存储非结构化文档（如电子邮件）。此外，许多组织通过建立在线专家网络来获取知识，这样员工就可以找到组织内部掌握相关知识的专家。

**知识管理价值链**

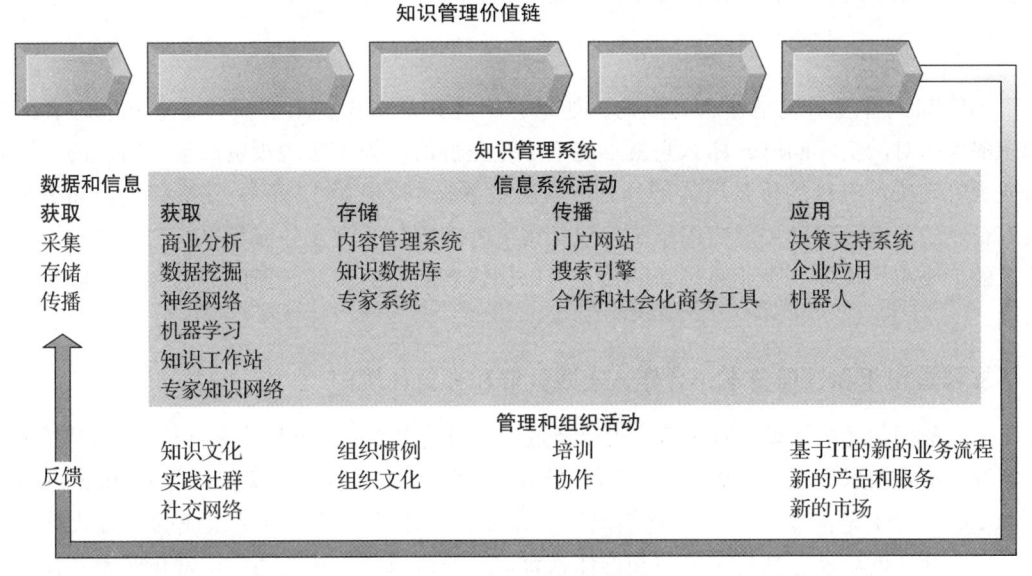

| 数据和信息 | 知识管理系统 | | | |
|---|---|---|---|---|
| | **信息系统活动** | | | |
| 获取 | 获取 | 存储 | 传播 | 应用 |
| 采集 | 商业分析 | 内容管理系统 | 门户网站 | 决策支持系统 |
| 存储 | 数据挖掘 | 知识数据库 | 搜索引擎 | 企业应用 |
| 传播 | 神经网络 | 专家系统 | 合作和社会化商务工具 | 机器人 |
| | 机器学习 | | | |
| | 知识工作站 | | | |
| | 专家知识网络 | | | |
| | **管理和组织活动** | | | |
| 反馈 | 知识文化 | 组织惯例 | 培训 | 基于IT的新的业务流程 |
| | 实践社群 | 组织文化 | 协作 | 新的产品和服务 |
| | 社交网络 | | | 新的市场 |

图 11-2　知识管理价值链

注：当今的知识管理既涉及信息系统活动，也涉及许多管理和组织支持的活动。

另外，企业必须通过机器学习（包括神经网络、遗传算法、自然语言处理和其他 AI 技术）来分析企业内部的数据，发现新模式、新知识，或者采用工程师可以发现新知识的知识工作站。本章将描述这些不同的方式。一个连贯的、完善的知识系统需要全面获取企业内部交易处理系统的数据，包括销售数据、支付数据、库存数据、与客户相关的数据和其他重要数据，甚至包括一些外部数据源的数据，如新闻动态、行业报告、法律意见书、科研资料和政府统计数据等（见第 12 章）。

**2. 知识存储**

我们一旦发现文件、模式和专家规则等这些新知识，就必须将它们存储起来，以便员工检索和使用。知识存储通常需要创建一个数据库。文件管理系统主要是用来存储和管理各类文档的大型数据库，其中每个文档是带有标签、可被索引的数字文档。专家系统主要是用来帮助企业保存专家知识的系统，其中也融入了组织的流程和文化。对于这里讨论的知识，本章及下一章还要详细阐述。

企业的高层管理者必须支持并有计划地开发知识存储系统，鼓励建立全企业范围内的文献检索方案，并奖励那些投入精力更新和存储文档的员工。例如，奖励那些向企业的客户数据库中提交潜在客户名单的销售人员，这样企业里的所有人员都可以及时了解这些潜在客户及其相应的信息。

**3. 知识传播**

门户网站、电子邮件、即时通信、维基网站、社会化商务工具和搜索引擎技术等已经成为知识传播中的新工具，这些工具可以用于分享日程、文档、数据表等（见第 2 章）。当前，信息技术已经引发了信息和知识的爆发式增长，管理者和员工如何在信息和知识的海洋中发现对他们的决策和工作真正有用的内容？在这方面，培训计划、非正式的网络沟通和可共享的管理经验能帮助管理者将其精力专注于重要的事情上。

**4. 知识应用**

不管知识管理系统是什么类型的，如果它不能共享知识，不能支持企业和管理者应用知识解决面对的实际问题，那么它就不能增加企业价值。为了实现投资回报，组织的知识必须成为管理决策过程的重要组成部分且嵌入决策系统中（见第 12 章），并最终使新知识及时嵌入企业的业务流程和关键应用系统，包括用于管理内部关键业务流程以及与客户和供应商关系的企业应用程序。企业通过新的知识可以创造新的业务实践、新的产品和服务以及新的市场。

**5. 创造组织和管理资本：合作、实践社群和办公环境**

除了前面叙述的活动，管理者还可以通过设立新的组织岗位和职责来促进组织获取知识，包括设立首席知识官、专职知识管理人员（知识经理）和实践社群。**实践社群**（community of practice，COP）是由企业内外具有相似工作任务和兴趣的专家、员工组成的非正式社交网络。实践社群的功能包括自主学习和群体教育、专业研讨会、在线通信、常规经验和技术分享等，这些功能有助于解决在工作中碰到的特殊问题。IBM、美国联邦高速公路管理局和世界银行等许多组织都基于合作和沟通软件系统，创建了数以千计的在线实践社群。

实践社群使知识的再利用变得更加容易，它可以帮助社区成员获得有用的文档、存储文件和为新用户过滤信息，每一个社区成员均贡献内容并参与讨论，是社区的推动者。对新加入的员工而言，实践社群可以提供相关主题的专家信息，访问社群已存储的关于方法和工具的相关资料，以缩短新员工的学习历程。最后，实践社群可以作为一个孵化新思想、新技术和新决策行为的基地。

### 11.1.4　知识管理系统的类型

知识管理系统的主要类型有：企业级知识管理系统、知识工作系统和智能技术。图 11-3 显示了这 3 类主要的知识管理系统的应用情况。

**企业级知识管理系统**（enterprise-wide knowledge management system）是一种通用的、应用在企业范围内的知识管理系统，能够帮助收集、存储、传播与应用数字化的内容和知识。通过这类系统能够查询结构化和非结构化的信息，帮助企业识别内部拥有特定领域知识的员工与专家。企业级知识管理系统也包括相关的支撑技术，如门户网站、搜索引擎、合作和社会化商务工具、学习管理系统等。

**知识工作系统**（knowledge work system，KWS）是为支持工程师和科学家发现新知识而开发的一种强大的、网络化的工作站和系统，如计算机辅助设计、可视化、仿真和虚拟现实。知识工作系统是为工程师、科学家和其他知识工作者创造与发现新知识而建设的专业系统。我们将在第 11.4 节中详细论述。

```
            ┌─────────────────────────────────────────────────────┐
    ╭──────────────╮      ╭──────────────╮      ╭──────────────╮
    │  企业级知识   │      │  知识工作系统  │      │   智能技术    │
    │   管理系统    │      │              │      │              │
    ╰──────────────╯      ╰──────────────╯      ╰──────────────╯
```

通用的集成系统，支持企业　　支持科学家、工程师和　　在相对独立的决策和知识领域
在组织内部进行数字化的内容和　其他知识工作者创造与发现　辅助发现新模式和应用知识
知识的收集、存储、传播与应用　新知识的专业工作站和系统

企业内容管理系统　　　　　　计算机辅助设计（CAD）　　数据挖掘
合作和社会化商务工具　　　　虚拟现实　　　　　　　　　神经网络
学习管理系统　　　　　　　　　　　　　　　　　　　　　专家系统
　　　　　　　　　　　　　　　　　　　　　　　　　　　机器学习
　　　　　　　　　　　　　　　　　　　　　　　　　　　自然语言处理
　　　　　　　　　　　　　　　　　　　　　　　　　　　计算机视觉系统
　　　　　　　　　　　　　　　　　　　　　　　　　　　机器人
　　　　　　　　　　　　　　　　　　　　　　　　　　　遗传算法
　　　　　　　　　　　　　　　　　　　　　　　　　　　智能代理

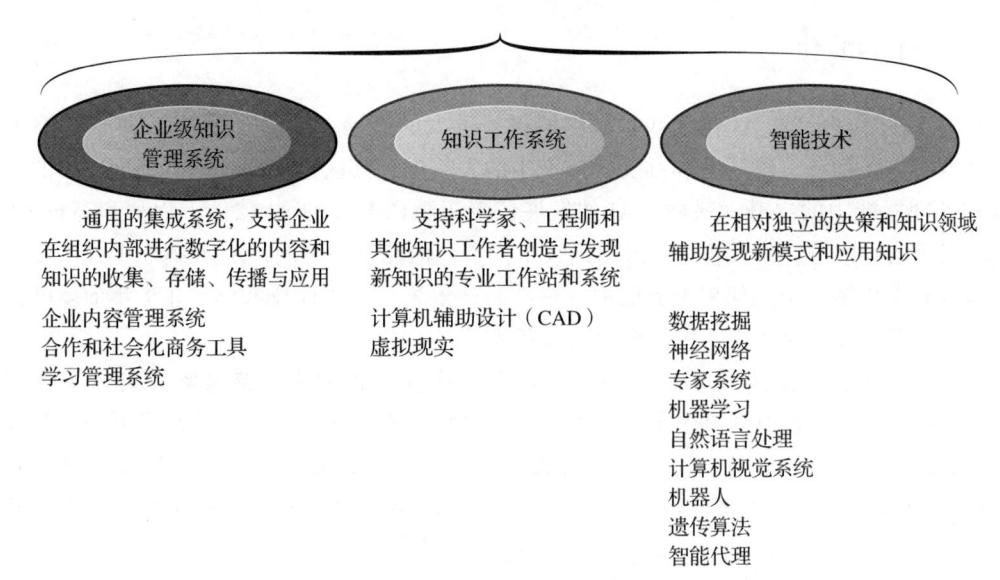

图 11-3　知识管理系统的主要类型

注：上述三类知识管理系统还可以再被细分为更多专业性的知识管理系统。

知识管理还包括各种**智能技术**（intelligent technique），如数据挖掘、专家系统、机器学习、神经网络、自然语言处理、计算机视觉系统、机器人、遗传算法和智能代理等。这些技术有各不相同的应用目的，如发现知识（数据挖掘和神经网络）、用计算机程序提取表达成规则的知识（专家系统）、求解问题的最优解法（遗传算法）等。我们将在第 11.2 节中详细论述。

## 11.2　AI 和机器学习及其在企业中的应用

智能技术通常被描述为**人工智能**（artificial intelligence，AI）。AI 有很多定义，其中最雄心勃勃的是：AI 是能够像人类一样思考和行动的计算机系统，包括像人类一样能看到、听到并用自然语言交流、做出决定、为未来做计划、实现目标、感知环境中的模式以及学习等，甚至包括像人类一样有爱和恨，可以选择自己想要追求的目标等。这些都是所谓的"人类智能""常识"或广义智能的基础。

到目前为止，AI 的"宏伟愿景"仍然是一个遥远的梦想：没有一个计算机程序能够展现出人类的普遍智慧或常识。人类的智力远比最复杂的计算机程序要复杂得多，它涵盖的活动范围比目前"智能"计算机系统和设备所能达到的范围更广。

对 AI 的狭义定义会更现实，也会更有用。除去所有夸张的内容，AI 程序就像所有的计算机程序一样，从环境中获取数据，输入并处理这些数据，然后产生输出。AI 程序与传统软件程序的不同之处在于它们用于输入和处理数据的技能与技术不同。如今的 AI 系统可以完成许多人类不可能完成的任务，可以在诸如诊断 CT 扫描结果、识别人脸和声音、下围棋之类的游戏或在某些定义明确的任务中击败人类专家，在这些方面可以与人类相媲美或接近人类。而在许多行业中，AI 也正在改变企业的经营方式、员工的就业地点和工作方式。

## 11.2.1 AI 的演化

在过去的 10 年里，AI 在某些领域内取得了重大的进展。推动 AI 快速发展的首要力量是互联网、电子商务、物联网和社交媒体产生的大数据，其次也包括计算机处理成本的大幅降低和处理器能力的提升。最后，AI 的发展依赖于数以万计的 AI 软件工程师和高校 AI 研究中心对算法的改进，以及企业和政府的大量投资。而在这一时期，AI 在概念上几乎没有突破，也没有在理解人类如何思考方面取得突破。许多算法和统计技术早在几十年前就已经开发出来了，但目前仍无法进行大规模的实践和改进。

尽管如此，AI 也取得了重大进展：2018 年，图像识别程序的错误率从 25% 下降到小于 3%；自然语言语音识别错误率从 15% 下降到 5%；在通用语言之间的翻译方面，与人类相比，谷歌的翻译程序实现了约 85% 的准确率（Technology Quarterly，2017；Hirschberg 和 Manning，2016）。这些进步使得 Siri（苹果）、Alexa（亚马逊）、Cortana（微软）等个人助理成为可能，汽车内的语音激活系统也成为可能。

在 1950 年的一篇著名论文中，计算机科学家艾伦·图灵（Alan Turing）将人工智能计算机程序定义为一个人类可以与之交谈而无法辨别它是计算机的程序（Turing，1950）。至今我们仍然无法与计算机的 AI 系统进行真正的对话，因为它还没有真正地理解世界，也没有常识，没有真正了解人类。然而，AI 系统对今天的人类和商业企业都有很大的帮助。

## 11.2.2 AI 的主要类型

从本质上讲，AI 是一系列编程的技巧和技术，每一种技术在特定应用领域都具有优势。表 11-2 描述了 AI 的主要类型：专家系统、机器学习、神经网络和深度学习、遗传算法、自然语言处理、计算机视觉系统、机器人和智能代理等。下面详细介绍每种类型的 AI，了解它是如何被企业和其他组织使用的。

表 11-2 AI 的主要类型

| | |
|---|---|
| 专家系统 | 将专家的知识表示为一组可以程序化的规则，以便计算机帮助决策者 |
| 机器学习 | 无须计算机软件编程，就可以在大型数据库中识别模式的软件，但需要大量的人工训练 |
| 神经网络和深度学习 | 神经网络是基于人类神经元行为特征，根据输入的数据进行训练，将对象分类为已知类别的算法；深度学习使用多层神经网络来揭示数据中潜在模式的算法，在某些情况下，无须人工训练就可以识别模式 |
| 遗传算法 | 遗传算法是基于自然选择和变异进化过程的算法，通常用于优化和搜索问题的高质量解决方案 |
| 自然语言处理 | 使计算机能够理解和分析人类自然语言的算法 |
| 计算机视觉系统 | 可以从真实图像中提取信息并识别图像的系统 |
| 机器人 | 使用可以代替人类活动的机器以及计算机系统来控制和处理信息 |
| 智能代理 | 使用内置或已有的知识为个人执行特定任务或服务的软件代理 |

## 11.2.3 专家系统

**专家系统**（expert systems）的开发始于 20 世纪 70 年代，是 AI 在商业和其他组织中的第一次大规模应用。据估计，专家系统在当今所有 AI 系统中大约占 20%。专家系统是指通过深入访谈获取组织中某些专家的知识，并将这些知识表示为一组规则，以 IF-THEN 规则的形式转换成计算机代码的系统。专家系统通常应用于 app，以引导用户完成决策过程。

专家系统提供的好处包括：改进决策、减少错误、降低成本、缩短培训时间、提高质量和服务等。它们已经被用于授信决策和设备问题诊断，以及医疗诊断、法律研究、土木工程、建筑维护、建筑规划和教育技术（个性化学习和响应测试）等（Maor，2003；Mishra，2016）。例如，如果你是一栋 14 层办公楼的项目经理，负责大楼空调系统的配置任务，这个系统有数百个零部件和配件，专家系统可以通过询问一系列的问题，引导你完成整个过程，向供应商发出订单，并提供一个项目的总体成本估算，所有这些只需在几个小时而不是几个星期内完成。授信专家系统中的规则如图 11-4 所示。

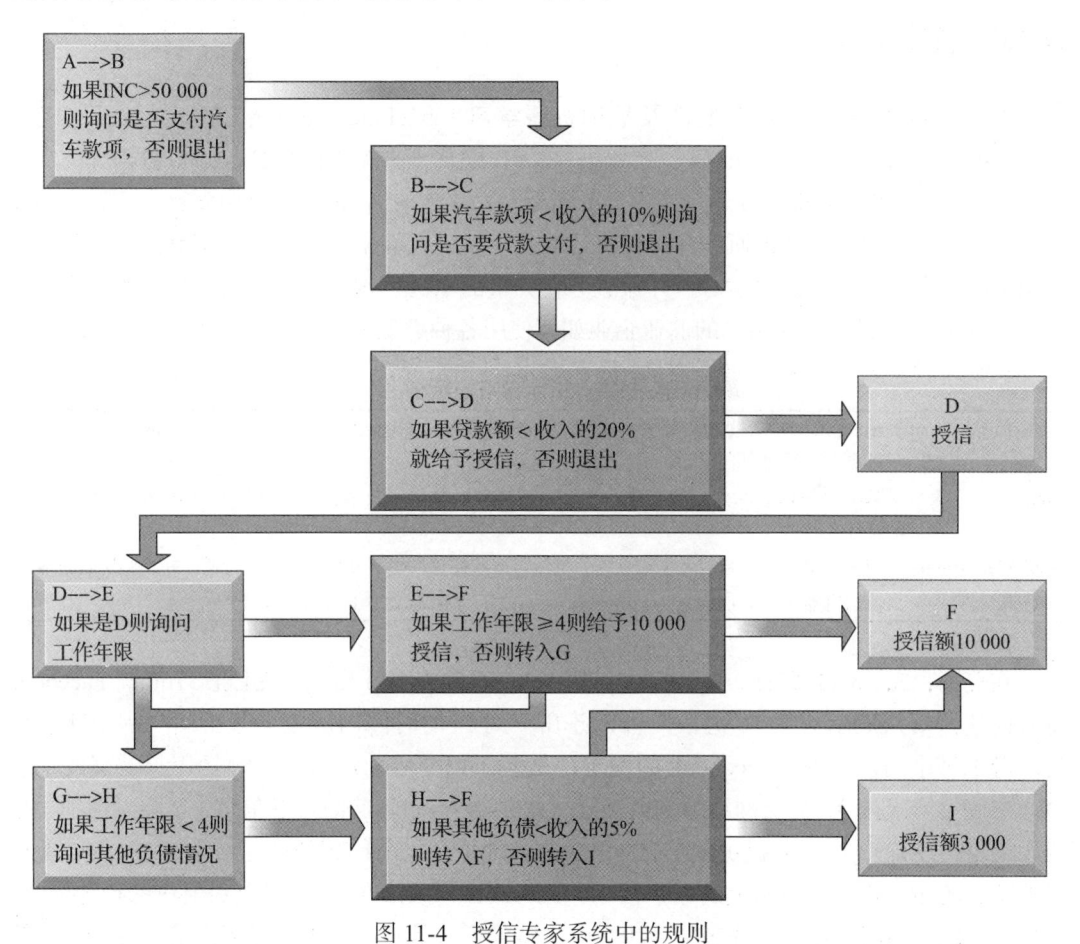

图 11-4 授信专家系统中的规则

注：专家系统包含许多需要遵循的规则。规则是相互关联的，数量是预先知道的，并且是有限的，同一个结果有多个路径，系统可以一次考虑多个规则。图 11-4 给出了一个简单的授信专家系统中的规则。

**专家系统的工作模式**

专家系统将人类知识描述为一组规则，这些规则统称为知识库。根据决策问题的复杂性，一个专家系统可以有几条到数千条的规则。用于搜索规则并得出结论的策略被称为**推理引擎**（inference engine）。推理引擎的工作原理是搜索规则，并根据用户收集和输入的事实来触发相应的规则。

专家系统有许多局限性，其中最重要的是，即使是专家，也无法表述清楚他们是如何做出决定的，也就是说，专家知道的比他们会说的要多。例如，人们会开车，但无法说清楚他们是怎么做到的。当规则数量达到数千条时，专家系统的知识库会变得混乱。在快速变化的环境中，比如医学诊断，其规则会发生变化，需要不断更新。专家系统在处理管理者和员工经常遇到的非结构化问题时不起作用，也无法使用实时数据来指导他们的决策。专家系统还不能很好地扩展到由互联网和物联网产生的非常大的数据集的情况，而且这类专家系统的开发成本很高。由于这些原因，在过去的10年里，专家系统的发展已经放缓，仅限于专家知识的某个小领域，如汽车故障诊断。

### 11.2.4 机器学习

如今，超过75%的AI开发涉及某种**机器学习**（machine learning，ML），包括神经网络、深度学习网络和遗传算法等，主要集中在寻找隐含于数据中的模式，并将数据分类为已知（和未知）输出。机器学习是一种完全不同于专家系统的AI范式，其中没有专家，也不需要为了反映专家理解的规则而编写计算机代码。相反，机器学习从具有数千万条到数亿条数据记录的非常大的数据集中学习，并通过分析大量的示例和进行统计推断来自动查找模式和关系。表11-3提供了一些领先的商业企业如何使用各种类型的机器学习的例子。

表 11-3 机器学习的例子

| | |
|---|---|
| WellsFargo | Aiera系统每天读取和分析1 600只股票的50万份文档，然后生成550只股票的买入和卖出指令，供财富管理部门处理 |
| Netflix | 基于视频相似性算法的推荐系统使用统计和机器学习技术，为其全球1.67亿用户提供个性化的视频推荐 |
| Schindler Group | 使用通用电气的Predix操作系统和机器学习监控超过100万部电梯和人行道，并预测所需的维护 |
| PayPal | 使用机器学习算法识别3亿客户每年产生的40亿笔交易中的欺诈模式 |

在美国，Facebook拥有2 500亿的活跃用户，他们平均每天在网站上花37min。Facebook每月向这些观众展示大约10亿条广告，并在不到1s的时间内决定向某个用户展示哪些广告。对于每个用户来说，Facebook的决定都是基于用户之前的行为，包括用户共享的信息（帖子、评论和点赞）、社交网络好友的活动、提供给Facebook的背景信息（年龄、性别、位置和使用的设备）、广告商提供的信息（电子邮件地址和之前购买的产品），以及Facebook可以追踪到的app和其他网站上的用户活动。Facebook使用机器学习来识别用户的行为模式，并根据识别出的用户行为模式来估计用户点击特定广告的概率。上述过程的最后才是一个简单的展示或不展示广告的结果。

Facebook广告的响应率（点击率）约为0.1%，大约是非定向展示广告的4倍，尽管不如有针对性的电子邮件广告（约3%）或谷歌搜索广告（约2%）那么高。所有的大型消费互联网企业，包括亚马逊、谷歌、微软、阿里巴巴、腾讯、Netflix和百度，都使用类似的机器学习算法。显然，如此庞大的数据库规模、事务处理的速度或实时工作的复杂性，若没有机器学习，没有人或一群人能够实现这些结果。再举个简单的例子来说明机器学习的好处：它可以在几秒钟内识别数百万人的模式，并将每个人划分到不同的类别中。

**监督学习和无监督学习**

如今，几乎所有的机器学习都是**监督学习**（supervised learning），在这种学习中，系统通过人们预先确定的输入和输出的具体示例来"训练"。首先需要有一个非常大的数据库，如将在互联网上采集到的 1 000 万张图片分成两个部分，一部分是用于机器学习的训练集，另一部分是用于测试训练结果的测试集。人们选择一个目标，比如识别所有包含汽车的图片。人们将大量经过验证的图片输入到神经网络（如下所述）系统中，神经网络系统基于训练集进行数百万个周期的迭代，直到系统最终能够识别出汽车的图片。然后使用测试数据库，对机器学习系统进行测试，确保算法在不同的图片上都能获得相同的结果。在很多情况下，机器学习可以接近或等于人类的努力，但处理规模要大得多。随着时间的推移，通过程序员对系统及参数的调整，使用越来越大的数据库和计算系统，系统的性能会得到提升。监督学习是一种用于开发自动驾驶汽车的技术，这种技术需要能够识别周围的物体，如人、其他汽车、建筑物和人行道上的线路等，以指导汽车（见本章结尾"案例研究"部分）。

在**无监督学习**（unsupervised learning）中，人们不会向系统提供示例。相反，系统基于某个程序，对数据集进行处理，并报告它发现的任何模式。例如，在一项经常被称为"猫论文"的开创性研究工作中，研究人员从视频中收集了 1 000 万张 YouTube 照片，并构建了一个机器学习系统，该系统可以检测人脸，而无须添加标签，也无须使用经过验证的人脸照片对机器进行"教学"（Le 等人，2011）。研究人员开发了一个由从谷歌借来的 1 000 台机器和 16 000 个核心处理器组成的强大的神经网络计算机系统，这些系统处理器之间总共有 10 亿个连接，形成了一个非常大的网络，构建了一个模仿人脑的神经元和突触（连接）的系统。该系统可以检测照片中的人脸、猫脸和人的身体，在 ImageNet（一个大型的在线视觉数据库）上对 22 000 幅物体图像进行测试，该系统获得了 16% 的准确率。从原理上讲，创造机器学习系统是可能的，这种系统可以在没有人为干预的情况下"自学"关于世界的知识。但是，这还有很长的路要走，我们不想使用准确率只有 16% 的自动驾驶汽车，尽管自动驾驶研究比以前的研究提高了 75% 的准确率。

一个一岁大的婴儿可以识别出人脸、猫、桌子、门、窗和其他数百个接触过的物体，并不断地将找到的新经验进行分类，以备将来进行识别。比起我们最大的机器学习研究系统，婴儿仍有着巨大的优势。据估计，成年人的大脑有 860 亿个神经元，每个神经元与其他神经元（突触）之间有数千个连接，其网络（大脑）中的连接总数超过 100 万亿个。现代智人（homo sapiens）（按自然规律）已经进化了大约 30 万年，而他们的祖先也有 250 万年的历史。由此可见，当今机器学习的适用情况仍非常有限，还需要非常大的数据库和计算设施，人类已经定义了大多数的期望结果，输出是二进制（0，1）的，并且大量的软件和系统工程师正在研究这个问题。

## 11.2.5 神经网络

神经网络是由被称为神经元的、相互连接的单元组成的。系统中的每一个神经元从其他神经元那里获得数据，经过处理后将数据传送给其他神经元。人工神经元不是人脑中的生物物理实体，而是模仿神经元输入输出功能的软件程序和数学模型。研究人员可以使用某种学习规则来控制神经元之间连接的强度（权重），这是一种算法，可以系统地改变神经元之间连接的强度，以产生最终期望的输出，如识别癌症肿瘤的图片、欺诈性信用卡交易或者可疑的电话通话模式等。

**神经网络**（neural networks）可以在大量的数据中发现模式和关系，这些数据对于人脑来说是非常复杂和难以处理的，但是可以使用机器学习的算法和计算模型，这些算法和模型是基于人类的生物大脑的运作模式开发的。神经网络是一种**模式检测程序**（pattern detection program），通过从大量的数据中筛选数据来学习模式，并通过成千上万个神经元网络找到学习的路径。有些路径在识别汽车、动物、面孔和声音等物体的能力上比其他路径的成功率更高。然后通过某种算法（上面提到的学习规则）识别这些成功的路径，并加强这些路径中神经元之间的联系。这个过程要重复数千甚至数百万次，直到最成功的路径被识别出来为止。学习规则通过数据确定最佳的或可选的路径。在某种程度上，对数百万条路径进行分析后，当模式识别达到可接受的水平时，这个过程就停止了，例如，像人一样成功地识别出癌症肿瘤，甚至比人类识别得更好。

图 11-5 是一种神经网络的简化示例，包括输入层、处理层和输出层。人类通过向神经网络输入一组希望机器学习的结果来进行训练。例如，如果目标是要建立一个能够识别欺诈性信用卡购买模式的系统，那么系统将使用欺诈交易的实际例子进行训练，数据集可能由 100 万个欺诈交易的案例组成，分为两部分：训练集和测试集。训练集用于训练系统，经过数百万次的运行后，系统有望找到识别欺诈交易的最佳路径。为了验证系统的准确性，将用测试集来测试系统，测试集是系统之前没有使用过的。如果系统测试成功，系统还将在新的数据集上进行测试。图 11-5 中所示的神经网络表明了如何识别可能的欺诈性信用卡购买行为的概貌。

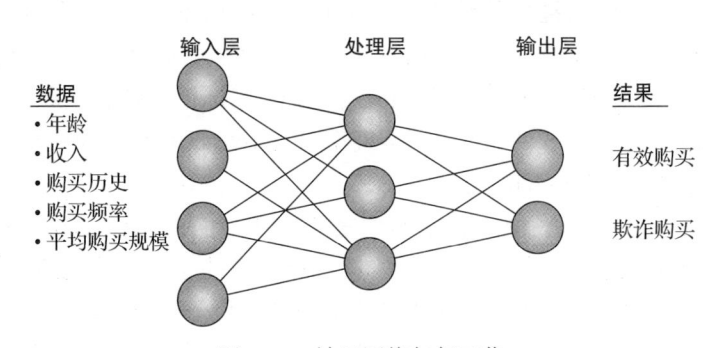

图 11-5  神经网络如何工作

注：神经网络使用它从数据模式中"学习"的规则来构造逻辑的处理层。处理层处理输入，根据模型的经验进行分类。在这个例子中，神经网络被训练来区分有效的信用卡购买和欺诈性的信用卡购买。

神经网络在医学、科学和商业中的应用主要是用来解决模式分类、预测、控制和优化方面的问题。在医学上，神经网络被用来筛查冠心病患者，诊断癫痫和阿尔茨海默病，以及对病理图像（包括某些癌症）进行模式识别等，如开篇案例所述。金融业使用神经网络来识别大量数据中的模式，这些数据可能用于预测投资企业的股票表现、债券评级或破产情况等。Visa 国际信用卡公司使用一个神经网络来监控所有的 Visa 交易，包括发现持卡人购买模式的突然变化，帮助检测信用卡欺诈行为等。表 11-4 提供了神经网络的应用示例，"互动讨论：技术"部分描述了神经网络如何用于面部识别。

表 11-4　神经网络的应用示例

| 功能 | 输入 | 处理 | 输出/应用场景 |
|---|---|---|---|
| 计算机视觉 | 几百万张数字照片、视频或感应器 | 识别照片和物体的模式 | 照片标签、人脸识别和自动驾驶 |
| 语音识别 | 数字语音 | 识别语音和演讲中的模式与语义 | 数字化助理、聊天机器人和帮助中心 |
| 机器控制、诊断 | 物联网：数千个传感器 | 识别操作状态、失败模式 | 预测性维修、质量控制 |
| 语言翻译 | 不同语言的大量句子 | 识别不同语言的模式 | 将句子从一种语言翻译成另一种语言 |
| 交易分析 | 大量的贷款申请、股票交易和电话录音 | 识别金融和其他交易中的模式 | 欺诈控制、偷盗服务和股票市场预测 |
| 定位在线广告 | 大量的浏览历史 | 识别消费者和偏好的线索 | 程序化广告 |

⊙ 互动讨论：技术

## 你知道谁在用你的脸吗

　　人脸识别是一项 AI 应用，它能够分析基于个体的脸部纹理和形状的模式，由此独一无二地识别一个人。人脸识别系统可用于识别照片、视频中的人或进行实时识别。人脸识别系统利用生物识别技术，从照片或视频中绘制脸部特征。它会比较该信息与已知人脸数据库以获得匹配。人脸识别系统利用计算机算法凸显有关个体脸部的特别、独有细节，如眼距或下巴的形状（有些算法直截了当地绘制脸部，测量眼睛、鼻子和嘴巴等之间的距离。还有些算法利用更为抽象的特征描绘脸部）。人脸识别系统将这些细节转化成数学表征，然后将它们与存储在人脸识别数据库中的其他脸部数据进行比较。有关特定人脸的数据被称为人脸模板，可与文件上的其他模板进行比较。人脸识别技术通过利用神经网络分析尽可能多的数字图片来学会如何识别个体，神经网络是更为复杂的数学系统，需要极大量的数据来建立模式识别。

　　现在，人脸识别已频繁用于例行治安维持中。警方将被捕者的面部照片与本地、州和联邦的人脸识别数据库进行比较。执法机构可查询这些面部照片数据库来识别社交媒体、交通摄像头以及商店、公园和其他场所闭路电视监控摄像头所拍摄照片中的个体。有一些系统可以实时地将人脸与涉嫌非法活动人员的"热门名单"进行比较。机场、边境口岸和奥运会等大型活动也已使用人脸识别系统。FBI 用了十多年的时间利用这种系统将驾照和签证照片与犯罪嫌疑人的人脸进行比较。

　　人脸识别系统可以使产品更安全、更有保障。例如，人脸验证可以确保只有"对的"人才能获取访问敏感信息的权限。人脸识别系统还可以用于社会公益；有些非营利机构使用人脸识别来打击未成年人拐卖。但这些系统也存在局限性，可能会造成伤害。

　　企业和研究人员正在汇集数十个人脸数据库，其很多图片都被在全球范围内分享。数据库将来自社交网络、照片网站、OkCupid 等交友服务网站、餐厅和大学校园里的摄像头拍摄的图片集合到一起。虽然这些数据集没有准确的数量，但隐私活动家已经查明微软、斯坦福大学和其他机构所建立的图库，微软的图库包含 1 000 多万张图片，而斯坦福大学的图库有 200 多万张图片。据乔治敦大学估计，所有美国成年人中有近一半的照片已经被输入至少一个人脸识别数据库。

依据研究论文的研究结果，普遍认为 Meta 和谷歌等科技巨头以积累了最大的脸部数据集而闻名，Meta 和谷歌不会分发这些数据集。但据学者、活动家和公开的论文称，在澳大利亚、印度、新加坡和瑞士，有些企业和大学已经广泛地与研究人员、政府和私人企业分享其图片库，以训练 AI。

初创企业 Clearview AI 开发了一款强大的人脸识别 app，用户可以给人拍照、将照片上传，然后就能看到此人的公开照片以及出现这些照片的地方的链接。该 app 使用了一个包含 30 多亿张照片的数据库，Clearview AI 称这些照片是从 Facebook、YouTube、Venmo 和数百万个其他网站上抓取的。联邦和各州的执法官员使用该 app 帮助破解入店行窃、身份盗用、信用卡欺诈、谋杀和儿童性虐待案件。

各种企业和实验室收集人脸图像已超过十年，图片数据库是人脸识别技术的必要组件，但人们通常并不知道自己的脸就在其中。而且，虽然姓名通常并不附于照片上，但个体还是能够被识别出来，因为每张脸都是独一无二的。对于这些人脸识别数据库，目前并无监管。

隐私保护提倡者担心人脸识别系统会被不当使用。斯坦福大学的研究者在 2014 年创建了一个叫 Brainwash 的数据库。研究者用位于旧金山 Brainwash 咖啡馆（现已关闭）的摄像头捕获了 1 万多张照片。顾客是否知道自己的照片被捕获并用于研究，目前尚不清楚。Brainwash 在 2019 年年中被从其原网站上移除。

杜克大学的研究者利用校园里的 8 个摄像头收集了 200 多万帧视频，其中有 2 700 多人的图片。据报告，这个叫作 Duke MTMC 的数据库已用于培训美国、日本和其他地方的 AI 系统。他们所用的摄像头有识别标志，提供了电话号码或电子邮件供人们选择不参加实验。

人脸识别系统也并非完全准确。人脸识别系统在挑战性条件下识别个体的能力存在差异，如光线不足、图像分辨率低、视角不理想（从上往下拍摄未知个体时，可能会出现该情况）等。

人脸识别软件识别非裔美国人、其他少数族裔以及女性和年轻人的能力不是很强。FBI 为联合作者之一的一项 2012 年的研究报告称，相比其他人口统计学特征，非裔美国人的识别准确率要更低。虽然 FBI 称它的人脸识别系统能够在 85% 的时间内在前 50 个档案中找到正确的候选人，但这仅在真正的候选人已在图库中时才可能。如果候选人并未在图库中，系统可能仍会提出一个或多个潜在的匹配项，造成假阳性结果。然后，这些被识别的个体可能会被当作犯罪嫌疑人，而实际上他们并无相应犯罪行为。

随着数据库中个体数量的增加，人脸识别的准确率有所下降。全世界有很多人长得彼此相像。随着相似人脸的可能性上升，匹配的准确度就下降了。

资料来源："Face Recognition," www.eff.org, accessed April 21, 2020; Kashmir Hill, "The Secretive Company that Might End Privacy as We Know It," *New York Times*, January 18, 2020; Cate Metz, "Facial Recognition Tech Is Growing Stronger, Thanks to Your Face," *New York Times*, July 13, 2019; www.ai.google.com, accessed April 21, 2020.

**案例分析题：**

1. 解释人脸识别系统中使用的关键技术。

2. 使用人脸识别系统的好处是什么？它们如何帮助组织改进运营和决策？它们能帮助解决什么问题？

3. 识别和描述使用人脸识别系统和人脸数据库的缺点。

**1. 深度学习神经网络**

**深度学习**（deep learning）神经网络更为复杂，通过对输入数据进行多层转换以产生目标输出。神经元的集合被称为节点或层。深度学习网络目前还处于初级阶段，几乎完全用于未标记的数据集模式检测，在不被告知具体要识别什么的情况下，仅仅让系统自己去发现数据中的模式。这个系统是自学的，如图 11-6 所示。

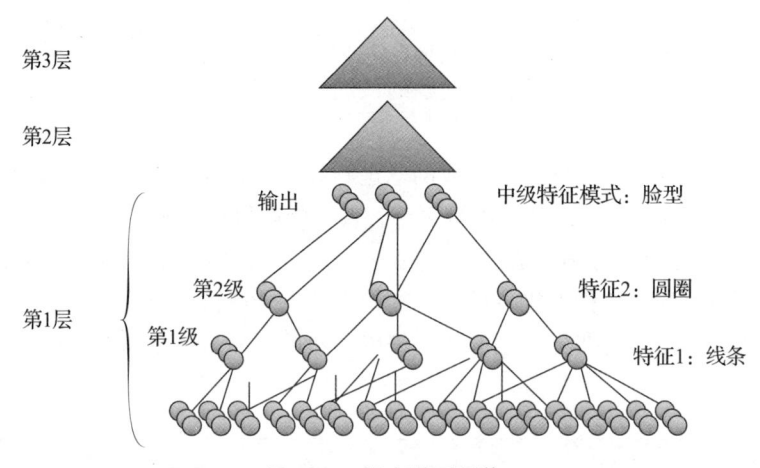

图 11-6　深度学习网络

注：深度学习网络由多层神经网络组成，以分层的方式检测模式。这里显示的是第 1 层的放大视图，其他层具有相同的结构。

例如，在之前的无监督学习示例中有一个机器学习系统，该系统无须训练即可识别猫（"猫论文"）和其他对象，使用的系统就是一个深度学习网络。它由三层神经网络组成（第 1 层、第 2 层和第 3 层），每一层都有两个级别的模式检测（第 1 级和第 2 级）。每一层的开发都是为了识别照片的某个低级特征：第 1 层识别出照片中的线条，第 2 层识别出圆圈。第 1 层的结果可能是斑点和模糊的边缘，第 2 层和第 3 层对从第 1 层出现的图像进行细化，直到系统可以区分出猫、狗和人类为止，但是这种识别的结果还不是太好，准确率仅为 16%。

许多专家认为，深度学习网络更接近 AI 的"宏伟愿景"，即机器学习系统能够像人类一样学习。但是，在机器学习和深度学习领域工作的人更为关键（Marcus, 2018；Pearl, 2016）。

**2. 神经网络和机器学习的局限**

神经网络有许多局限性，它们需要非常大的数据集来识别模式。很多情况下，某个庞大的数据集中隐含的许多模式是没有意义的，需要人类来选择哪些模式是"有意义"的。有些大数据集隐含的很多模式可能是短暂的，如股票市场与专业运动队的表现可能存在某种相关性，但不会持续太久。而在很多重大的决策情况下是没有大数据集可用的，如你是应该申请 A 学院还是 B 学院？我们应该和另一家企业合并吗？许多重要问题的答案很难具体说明或描述，充其量只能是半结构化的，并且在很大程度上依赖于人类的评估、判断和情感。

神经网络、机器学习系统以及使用它们的人类无法解释系统是如何得出结果的。例如，在 IBM 的 Watson 计算机玩 Jeopardy 游戏的案例中，研究人员无法确切地说出 Watson 为什么会选择这样的答案，只知道这个答案是对还是错。在许多商业领域的机器学习应用都把对象简单当作二元变量来处理（是或否，0 或 1），但管理者、企业和组织面临的许多重大问题并不是二元解决方案。如果神经网络训练的数据太少或太多,它们都可能表现不佳。而且,AI 系统没有道德感,也就是说它们可能会推荐非法或不道德的行为。因此在当前大多数的应用中,AI 系统最好被用作较低层次的决策工具,帮助管理者而不是取代管理者。

### 11.2.6 遗传算法

**遗传算法**(genetic algorithms)是机器学习的另一种形式。遗传算法用于某个问题存在大量可行解的场景,可以帮助找到这个问题的最优解。该技术灵感来源于生物演进过程,如遗传、变异、选择和交叉(重组)。

遗传算法的工作原理是搜索随机生成的二进制数字串,发现可能是问题最佳解的正确字符串;随着解的改变和组合,最坏的解被丢弃,较好的解保存下来,从而产生最优解。

在图 11-7 中,每个字符串代表问题中的一个变量。先用一个拟合度测试,将这组字符串根据其作为可行解的可信程度进行排序。在初步的拟合评价完成后,算法产生下一代拟合度较好的字符串,匹配之前变异产生的新字符串,然后再测试新字符串的拟合度,直至达到最优解。

| 染色体种群 | | 长度 | 宽度 | 重量 | 拟合度 |
|---|---|---|---|---|---|
| 110110 | 1 | 长 | 宽 | 轻 | 55 |
| 101000 | 2 | 短 | 窄 | 重 | 49 |
| 000101 | 3 | 长 | 窄 | 重 | 36 |
| 101101 | 4 | 短 | 适中 | 轻 | 61 |
| 010101 | 5 | 长 | 适中 | 非常轻 | 74 |
| 染色体种群 | | 染色体编码 | | | 染色体评价 |

图 11-7 遗传算法的组成

注:这个例子说明了一个"染色体"的初始种群,每一个字符串代表了不同的解。遗传算法使用一套迭代过程来改善最初解,从而获得更好的解,那些具有更高拟合度的字符串更有可能产生最优解。

遗传算法用来解决具有高度动态性和复杂性的问题,这类问题可能包含成百上千个变量或程式,通常有这样的特征:可行解的范围可以用基因方式来表示,并且评价拟合度的标准是可以建立的。这样,遗传算法就能加速求解,因为它们能很快地评估许多不同的解去找到最优解。例如,通用电气的工程师利用遗传算法来帮助优化涡轮喷气飞机发动机的设计,每个设计修改可达 100 个变量。JDA 公司的 SCM 软件用遗传算法产生最优的生产调度模型,结合了成百上千个客户订单的细节、材料和资源的可用性、制造和分销的能力以及配送日期等。

### 11.2.7 自然语言处理、计算机视觉系统和机器人

其他重要的 AI 技术包括自然语言处理、计算机视觉系统和机器人。

**1. 自然语言处理**

人类的语言并不总是精确的，它通常是模糊的，其词义可能依赖于复杂的情景，如俚语、方言和社会背景等。**自然语言处理**（natural language processing，NLP）是指使计算机能够理解和分析人类使用的自然语言，而不是专门的计算机能理解的语言。NLP算法通常基于机器学习，包括深度学习，它可以从许多案例中学习如何识别说话人的意图。你可以看到自然语言处理在领先的搜索引擎中的应用，如谷歌、垃圾邮件过滤系统、文本挖掘情感分析等（见第6章）。

东京瑞穗银行采用先进的语音识别技术、IBM Watson内容分析软件和云服务基础设施，来改善客服中心的客服人员与客户之间的互动。在将客户的语音转换为文本数据后，该解决方案应用基于机器学习的自然语言处理算法，分析与数千个客户的交互过程，并从每一次客户交互中都能学习到越来越多的信息，最终在对话的每一点上推断出客户的具体需求或目标。在此基础上，该系统制订出最佳响应方案，并在客服人员的屏幕上实时传递提示。该系统通过帮助客服中心的客服人员更有效地感知和响应客户需求，将客户交互的平均持续时间缩短了6%以上（IBM，2020年）。

**2. 计算机视觉系统**

**计算机视觉系统**（computer vision system）研究的是计算机如何模拟人类视觉系统，从真实世界的图像中查看和提取信息。这种系统包括图像处理、模式识别和图像理解。Facebook的人脸识别工具DeepFace就是一个例子，它在识别人脸时几乎和人脑一样准确。DeepFace帮助Facebook提高了现有人脸识别功能的准确性，确保Facebook用户的每张照片都与该用户的账户相连接。计算机视觉系统也用于无人机、自动驾驶汽车（见本章章末的案例研究）、工业机器视觉系统（如检查瓶子）、军事应用和机器人工具等场景。

2017年，美国职业篮球联赛（NBA）决定允许赞助商在球员的球衣上贴上代表自己品牌的小标志。这项广告投资的结果证明，数百万美元的成本是值得的。据专注于计算机视觉技术的AI公司GumGum称，固特异轮胎橡胶公司（Goodyear Tire & Rubber Co.）在克利夫兰骑士队（Cleveland Cavaliers）队服上的形象，仅在棒球赛季前半段的时间通过社交媒体的曝光，就创造了340万美元的价值。GumGum开发了一些算法，使计算机能够识别图像中发生的事情。GumGum利用计算机视觉技术对广播和社交媒体内容进行全面分析，包括在在线或电视转播的NBA节目中出现的固特异图像的位置、曝光和持续时间。GumGum的视觉技术追踪并报告这些数据，而不是人们试图监控一个标志在屏幕上出现的次数（Albertson，2018）。

**3. 机器人**

**机器人**（robotic）研究的是可移动机器的设计、构造、操作和使用，这些机器可以代替人类以及计算机系统进行控制、感官反馈和信息处理。机器人不能完全代替人，而是通过计算机程序自动执行一系列特定的动作。它们通常用于危险环境（例如炸弹探测和拆除，以及向新冠病毒污染地区运送医疗用品）、制造过程、军事行动（无人机）和医疗程序（外科机器人）等。

机器人应用最广泛的是制造业。例如，汽车装配线使用机器人来完成重物搬运、焊接、涂胶和喷漆等工作，当然，大多数汽车装配的工作仍需要人来完成，尤其是安装一些小的部件，或者需要引导到确定位置的线路等。法国克里昂的雷诺汽车公司（Renault SA）的一家工厂，使用丹麦Universal Robots AS的机器人为发动机安装螺钉，尤其是那些人们难以进入的地方。机器人会验证零件是否正确固定,并检查是否使用了正确的零件。雷诺的机器人还能够在靠近人的地方工作,并能减速或停车以避免伤害人类。

越来越多的机器人系统的使用,以及本章和本书中描述的其他技术,已经引发了人们对自动化正在夺走人们工作的广泛担忧。"互动讨论:组织"探讨了这个话题。

⊙ 互动讨论:组织

## 自动化是否会偷走我们的工作

美国佛罗里达州中部的莱克兰市居住着 60 多万人,其中很多人的工作岗位都是在亚马逊、沃尔玛、Medline 和 Publix 的当地配送中心以及生产天然和人工香料的本地工厂,但莱克兰市的好时光可能很快就要结束了。布鲁金斯学会基于美国人口普查局和麦肯锡公司的数据发布的一份报告称,莱克兰市在最有风险因自动化和人工智能丢失工作岗位的都市区中排名第三——自动化和人工智能使莱克兰市的仓库和工厂变得极为高效。

自动化不是工作岗位流失的唯一原因。据美国国家经济研究局估算,在过去的 15 年中,从低工资国家进口制成品要为制造业所流失的 500 万个工作岗位中的近一半负责。制造业流失的另一半工作岗位源于技术,主要是信息技术投资导致的生产率提升。这延续了技术导致更高生产率和工作岗位流失的长期历史模式。但生产率的提升也使其他部门出现了工作岗位的增加,抵消了制造业工作岗位的流失。

麦肯锡全球研究院的迈克尔·崔、詹姆斯·马尼卡和迈赫迪·米雷马迪在 2015 年 11 月发布了一项报告,考察了 800 个职业的 2 000 种不同类型的工作活动。作者发现,到 2055 年,这些工作活动中有 45% 可能会利用当前已经存在的技术实现自动化。美国人进行的约 51% 的工作活动涉及可预测和惯例性的体力劳动、数据收集和数据处理。所有这些任务都可以实现一定程度的自动化。没人知道到底会有多少美国的工作岗位会流失,或者工作岗位流失的时间有多快,但据研究者估计,有 9%~47% 的工作岗位最终会受到影响,或许有 5% 的工作岗位会彻底消失。这些变化应该不会导致大规模的失业,因为自动化可以在未来 50 年内以每年 0.8%~1.4% 的幅度提升全球生产率,并创造很多新的工作岗位。

遗憾的是,自动化的影响并非平均分布。自动化正在将美国的劳动力分成两个世界:一个是规模较小的精英群体,其中受教育程度高的专业人士在像英特尔或 AT&T 这样的公司赚取高工资;另一个则是大量受教育程度不那么高的工人,他们在酒店、餐厅和养老院等低报酬的服务部门工作。这些服务性工作大部分是难以自动化的,雇主也不太愿意用机器取代低薪的工人。研究发现,机器人和其他形式的自动化正在减少对工人的需求、压低工资并将工人推向经济体的低报酬领域。新冠疫情导致的重大经济衰退,使这一趋势变得更加显著。研究发现,经济低迷实际上会导致更高的自动化水平,因为在这样的环境中,工人通常要比取代工作的技术更贵。

经济学家长期以来的观点认为,通过降低价格和提高质量,技术会增加需求,这就需要更多的就业机会,而且,生产效率更高的工人会获得更高的收入。现在,有些经济学家对此感到不确定了。麻省理工学院的劳动经济学家大卫·奥特尔和乌得勒支大学的安娜·萨洛蒙斯发现,过去 40 年来,很多引入技术提高生产效率的行业都出现了工作岗位数量减少的情况。整个经济体中失业率未升高的唯一原因是生产率增长不多且提供更多低报酬工作的行业弥补了这一空缺。

对于机器人和自动化,制造业的工作岗位受到了最大的冲击。依据麻省理工学院经济学家达龙·阿杰姆奥卢和波士顿大学帕斯库尔·雷斯特雷波的一项研究，对于每 1 000 名工人，每个机器人会导致最多 6 名工人失业，且所有人的工资会下降 0.75%。两名研究者发现，其他职业几乎没有增加就业来抵消制造业工作岗位的流失。他们还指出，像底特律这样的特定局部经济体，可能会尤受到重创，虽然在全美层面上，机器人的影响会因为其他地方创造了就业机会而变小。技术创造的新工作岗位不一定就在工作岗位流失的地方，比如美国的"铁锈地带"。被机器人挤出就业岗位的人们往往不具备承担自动化所创造的新的工作岗位的技能或机动能力。

大量经济学家和学者仍对自动化保持乐观。埃里克·布林约尔弗森是麻省理工学院数字经济倡议计划的主任，也是该大学斯隆管理学院的教授。他认为，在接下来的 5～10 年，随着自动化逐渐渗透到整个经济中，大范围的自动化将产生一些颠覆性的影响。

布林约尔弗森和他的研究团队分析了美国劳工部的一个数据集，该数据集描述了美国的 964 种职业。每份工作由 20～32 项任务组成。团队评估了每份工作的技能组合来确定哪些任务可以用 AI 完成得更好，哪些则由人完成得更好。他们的研究发现，在一种又一种职业中，很多任务都是 AI 可以比人完成得更好，但仍有大量任务是人更优于 AI。布林约尔弗森预测认为，组织内的大多数工作岗位将在一定程度上受到 AI 的影响，但仍有很多任务需要人来完成。而且，正如在过去一个世纪中所发生的，新的任务很可能会增加对劳动力的需求，缓和因自动化导致的工作岗位流失。

资料来源：Rani Molla, "A Coronavirus Recession Will Mean More Robots and Fewer Jobs," *Vox*, March 31, 2020; Paul Seymour, "White Collar, Blue Collar, New Collar: The Evolution of the American Workforce," *Supply Chain Brain*, January 17, 2020; William Wilkes and Eduardo Porter, "Tech Is Splitting the U.S. Work Force in Two," *New York Times*, February 4, 2019; Christopher Mims, "This Thriving City and Many Others Could Soon Be Disrupted by Robots," *Wall Street Journal*, February 9, 2019; James Manyika and Michael Spence, "The False Choice Between Automation and Jobs," *Harvard Business Review*, February 5, 2018; David Autor and Anna Salomons, "Is Automation Labor-Displacing? Productivity Growth, Employment, and the Labor Share," BPEA Conference Drafts, March 8–9, 2018; Daron Acemoglu and Pascual Restrepo, "Artificial, Intelligence, Automation, and Work," Working Paper 24196, National Bureau of Economic Research, January 2018; Steve Lohr, "Robots Will Take Jobs, But Not as Fast as Some Fear," *New York Times*, January 12, 2017; and Michael Chui, James Manyika, and Mehdi Miremadi, "Where Machines Could Replace Humans—and Where They Can't (Yet)," *McKinsey Quarterly*, July 2016.

**案例分析题：**

1. 自动化工作是如何造成道德困境的？谁是利益相关者？确定可以采取的选项以及每个选项的潜在后果。

2. 自动化会导致失业吗？解释你的答案。

3. 如果你是一家工厂的老板，在决定是否购买机器人来完成某些任务时，你会考虑哪些管理、组织和技术因素？

### 11.2.8 智能代理

智能代理（intelligent agent）是指没有人工干预的软件程序，一般为个人用户、业务流程或软件应用执行特定的任务。智能代理基于一些知识库来代替用户完成某些任务或做出决策，如删除垃圾邮件、日程安排或浏览互联网找到去加州最便宜的机票等。

现今的操作系统、应用软件、电子邮件、移动计算软件和网络工具中已经有许多智能代理应用。其中，企业最感兴趣的是可以在互联网上搜索信息的智能代理机器人。第 7 章描述了智能代理采购机器人帮助客户找到他们需要的产品，并帮助他们比较价格和其他属性。

尽管某些智能代理被设定成遵循一套简单的规则，而更多的智能代理可以利用机器学习和自然语言处理技术从经验中学习，自动调整它们的行为。Siri 是苹果在 iPhone 和 iPad 上推出的一个虚拟助理应用。Siri 利用自然语言处理技术回答问题、提供建议和执行操作。通过一段时间的训练，这个软件能够适应用户的个人喜好，并给出个性化的结果，能够执行诸如导航、日程安排和发送消息等任务。微软的 Cortana 以及亚马逊的 Alexa 等，都是具有类似功能的产品。

**聊天机器人**（chatbot/chatterbot）是一种通过文本或听觉方式模拟与一个或多个人类用户进行对话的软件代理。它往往是通过回答问题或执行某些任务来理解你所输入或说出的话。聊天机器人提供了自动对话功能，允许用户做一些诸如询问天气、管理个人财务、网上购物等事情，并在他们对客户服务有疑问时提供帮助等。例如，英国包裹递送公司 Hermes 创建了一个名为 Holly 的聊天机器人，以帮助其呼叫中心处理客户服务咨询。聊天机器人可以帮助客户跟踪发货，更改交货订单，更新账户偏好，并快速处理其他基本任务（Baum，2019）。Facebook 已将聊天机器人集成到其即时通信应用 Messenger 中，这样拥有 Facebook 品牌页面的外部企业就可以通过聊天程序与 Facebook 用户进行互动。曾经的聊天机器人执行非常基本的功能，但随着聊天机器人在技术上越来越先进，人们将越来越多地使用这些"对话代理"与 IT 系统进行交互。

宝洁使用智能代理技术使供应链更加高效（见图 11-8）。它将一个复杂的供应链设置为由一组半自治的代理组成的系统，每一个代理代表供应链上的某个组件，如生产设施、分销商和零售店。每个代理的行为被编程为遵循实际行为的规则，如"若某个产品缺货时就下订单"。企业使用代理技术可以对库存水平、店内缺货水平和运输成本执行 what-if 分析。

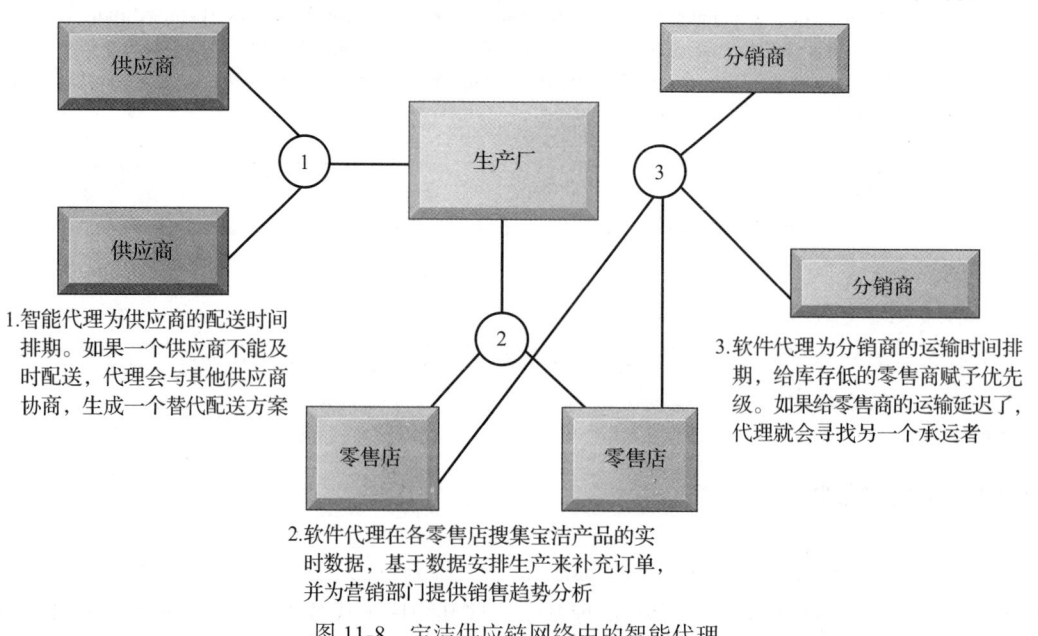

1. 智能代理为供应商的配送时间排期。如果一个供应商不能及时配送，代理会与其他供应商协商，生成一个替代配送方案

2. 软件代理在各零售店搜集宝洁产品的实时数据，基于数据安排生产来补充订单，并为营销部门提供销售趋势分析

3. 软件代理为分销商的运输时间排期，给库存低的零售商赋予优先级。如果给零售商的运输延迟了，代理就会寻找另一个承运者

图 11-8　宝洁供应链网络中的智能代理

注：智能代理帮助宝洁产品（如汰渍洗衣粉）缩短补货周期。

通过使用智能代理模型，宝洁发现卡车不一定非要装满才能发车，虽然不装满货运输成本会更高，但模拟数据显示零售店缺货的情况会减少，从而减少销售的损失，这一收入足以弥补部分分销成本。基于代理的建模分析每年可以为宝洁节省3亿美元，投资建立智能代理的费用却不到节省额的1%。

## 11.3 企业级知识管理系统的主要类型及其为企业创造价值的方式

企业内部至少存在3种类型的知识。一些知识存在于企业的结构化文本文档中，如报告和演示文稿等。决策者在做出决策时还需要半结构化的知识，如电子邮件、语音邮件、聊天室的交流信息、视频、数字化的图片、宣传手册以及公告栏公布的信息等。此外，还有一种类型的知识是没有任何正式存储形式的信息和数字信息，只是驻留在员工的头脑中，这种知识被称为隐性知识，很难被记录下来。总体而言，企业级知识管理系统主要包括了以上论述的3种类型的知识。

### 11.3.1 企业内容管理系统

如今，企业需要组织并管理结构化和半结构化的两种知识资产。**结构化知识**（structured knowledge）是显性知识，存在于组织通过观察专家和他们的决策行为而推断出的正式文件和正式规则中。但是，根据专家估算，组织中至少80%的业务知识内容是半结构化或非结构化的，包括文件夹、消息、备忘录、提案、电子邮件、图表、电子演示文稿中的信息，甚至是以不同格式创建的视频。

**企业内容管理系统**［enterprise content management（ECM）system］帮助企业管理半结构化信息和非结构化信息。企业内容管理系统的功能就是获取、存储、检索、传播和保存这些信息，帮助企业改进业务流程和决策过程。这种类型的系统能够存储文件、报告、电子演示文稿和企业的最佳实践，也具备收集和组织半结构化知识（如电子邮件）的功能，如图11-9所示。主流的企业内容管理系统也支持用户访问企业外部的信息资源，如支持订阅新闻和推送研究报告，以及通过电子邮件、聊天、即时通信、讨论组和视频会议等方式进行沟通。企业也开始综合运用博客、维基百科和其他社交网络工具进行交流和沟通。Open Text、IBM和甲骨文都是全球领先的企业内容管理软件供应商。

知识管理的关键在于如何创建一个合适的分类模式或**分类表**（taxonomy），以便把组织中的信息划分到有意义的类目中，从而容易被访问。一旦创建了知识分类表，就需要对每一个知识用标签"标记"，或者分类，这样知识就易于被检索了。企业内容管理系统具有"标记"功能，能和企业存储文件的数据库建立接口，支持企业创建统一的知识门户网站，以便员工能够一站式访问企业的信息资源。

某些特殊行业，如出版业、广告业、广播和娱乐行业的企业对存储非结构化数字资料，包括照片、图像、视频和音频内容等有特殊要求。例如，可口可乐公司必须保存所有可口可乐品牌形象的影像，包括过去在世界各地的企业办事处创建的品牌形象，以防止工作的重复和标准品牌形象的变化。**数字资产管理系统**（digital asset management system）可以帮助企业对这些数字资源进行分类、存储和传播。

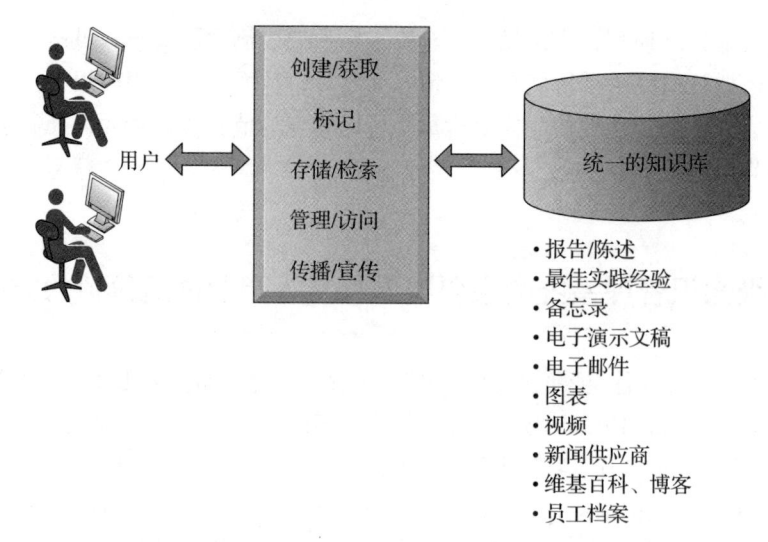

图 11-9　企业内容管理系统

注：企业内容管理系统具备对结构化和半结构化知识进行分类、组织和管理，并使其在整个企业中使用的功能。

## 11.3.2　定位和分享专业知识

某些企业需要的知识不是以数字化文档的形式存在的，而是存在于个别专家的头脑中。企业内容管理系统以及第 2 章介绍的合作和社会化商务系统具有识别专家和挖掘知识的能力。这些系统提供了企业专家的在线目录及个人档案，详细介绍他们的工作经验、所参与的项目、出版物和受教育程度，以及专家生成的内容的存储库。这些系统还提供了专门的搜索工具，使员工更容易找到合适的专家。对于企业外部的知识资源，社交网络和社会化商务工具使用户能够为感兴趣的网页添加书签，用关键字标记这些书签，并与其他人共享这些标签和网页链接。

## 11.3.3　学习管理系统

企业需要掌握和管理员工学习的方法，并将其更全面地整合到知识管理系统和其他企业系统中。**学习管理系统**（learning management system，LMS）提供了各种类型的员工学习与培训的管理、交付、跟踪和评估工具。

当代学习管理系统支持多种学习模式，包括可下载的视频、网络课程、课堂教学或网上教学以及在线论坛和聊天会话中的小组学习等。学习管理系统整合了多媒体培训，实现了选择和管理课程的自动化，整合并发布学习内容，评估学员学习的有效性等。

企业可以自己运营学习管理系统，也可以通过向公众开放的**大型开放式在线课程**（massive open online course，MOOC）来培训员工。MOOC 是通过网络向参与者提供的在线课程。企业可以将 MOOC 作为一种提供在线学习的新方式，让学习者相互合作，观看短视频，并参与在线讨论组。微软、AT & T 和 Tenaris 等企业已经开发了自己的 MOOC 课程，而美国银行和高通等其他企业正在根据自己的核心竞争力调整公开的 MOOC 课程。

## 11.4 知识工作系统的主要类型及其为企业创造价值的方式

前面介绍的企业级知识管理系统可以供企业中绝大部分员工和团队使用。企业也有专门为知识工作者提供支持的系统，帮助他们为企业创造新知识，并辅助员工把这些知识与企业的业务有机融合起来。

### 11.4.1 知识工作者和知识工作

知识工作者在第 1 章中已经介绍过，知识工作者包括研发人员、设计人员、架构师、科学家和工程师等，他们的主要工作任务就是为组织创造知识。知识工作者通常具有很高的学历，一般都是某些专业领域组织的成员，他们的日常任务就是依据自己的专业知识对某些情况进行独立研判。例如，知识工作者可以创造新产品，或找到一种方法改进现有产品。知识工作者主要扮演 3 个角色，这些角色对组织和组织的管理者而言非常重要。

### 11.4.2 知识工作系统的需求

大多数知识工作者的工作非常依赖于办公软件及办公自动化系统，如文字处理软件、电子邮件、视频会议、合作和调度系统，这些软件可以提高知识工作者的办公效率。然而，知识工作者也需要一些高度定制化的专用知识工作系统，包括具有强大的图形处理、分析工具、沟通和文档管理功能的软件。

这些系统需要足够的计算能力来处理科研人员、工程师和产品设计师等知识工作者所需的复杂图形或复杂计算。由于知识工作者需要来自外部世界的知识，因此这些系统还必须使员工能够快速方便地访问外部数据库。它们通常具有友好的用户界面，使用户无须花费大量的时间学习如何使用系统即可执行所需任务。知识工作者的薪水往往很高，浪费知识工作者的时间实在是太昂贵了。图 11-10 总结了知识工作系统的需求。

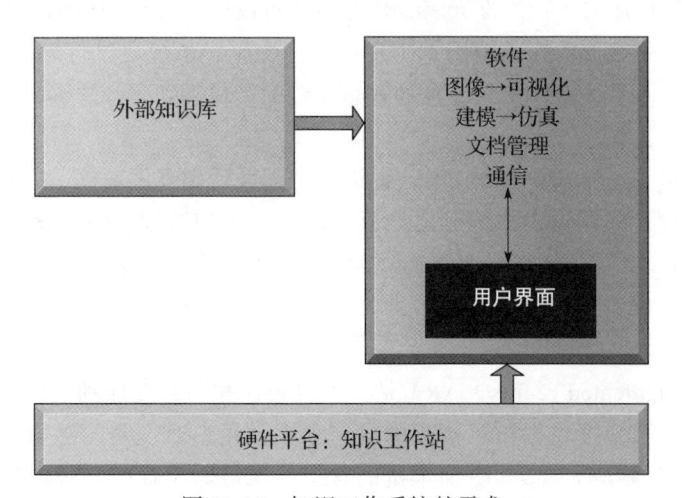

图 11-10 知识工作系统的需求

注：知识工作系统需要和外部数据库紧密连接，并配置专门的硬件和软件。

### 11.4.3 知识工作系统的应用实例

知识工作应用系统主要包括 CAD 软件、仿真和建模的虚拟现实系统等。**计算机辅助设计**（computer-aided design，CAD）就是应用计算机和复杂的图形处理软件自动地创建和修正设计的软件。在传统的实物设计方法中，需要依据每一次的设计方案制造一个物理原型。通常，设计过程必然会经历多次修改，每次修改都需要制造出相应的物理原型，这是一个费工费时的过程。有了 CAD 软件，设计人员只需要在完成设计后再制造物理原型，过程中的测试和修改工作可以在计算机上轻而易举地完成。CAD 软件提供了关于标准工艺和制造过程的设计说明书，为企业节省了大量时间和金钱，同时，也让企业建立了一套更完备的生产制造流程。

例如，福特汽车公司使用计算机模拟建立一个发动机气缸模型，并提出了最有效的设计方案。工程师根据制造上的限制对设计进行了修改，并在使用了几十年的材料性能和发动机性能数据的模型中进行了虚拟测试。然后，福特制造了一个模具，模具做出了可以用螺栓固定在引擎上进行下一步测试的真正的实物部件。整个过程只需要几天而不是几个月，只花费几千美元而不是几百万美元。

CAD 系统能够为 3D 打印提供数据，**3D 打印**（3-D printing）也被称为增材制造，它使用机器根据数字文件中的规格逐层打印出实物。传统技术从模具上切割或钻出物体，会导致材料的浪费，而 3D 打印与传统技术不同，3D 打印可以让工作人员在计算机上制作一个物体模型，然后用塑料、金属或复合材料打印出来。如今，3D 打印被用于原型制作、定制生产和小批量生产。如今的 3D 打印机可以处理包括塑料、钛和人类软骨在内的材料，并生产包括电池、晶体管、假肢、LED 和其他复杂机制在内的全功能组件，现在的 3D 打印服务可以在云端运行。

**虚拟现实**（virtual reality，VR）系统具有远超传统 CAD 系统的可视化、描绘和仿真的功能。它应用交互式图形软件建立计算机生成的和现实非常相似的虚拟场景，以至于用户几乎相信他们正身处在真实的场景中。依据不同的目的，VR 系统需要用户穿戴特殊的衣物、头盔和设备。这些特殊的衣物内部安装有传感器，可以记录用户的运动，并实时将信息传输给计算机。例如，你在 VR 的虚拟场景中走过一栋房屋，系统通过传感器来捕获你的脚部、手部和头部的运动，通过包含视频屏幕和音频连接的护目镜和感知手套，以便让你沉浸在计算机虚构的互动场景中。

大众汽车集团一直在试验 VR 技术，以加快汽车设计和开发速度，并在开发周期的早期发现潜在的昂贵设计问题。大众汽车已经放弃昂贵的实物原型，转而使用 VR 的 HTC Vive 头戴式耳机，360° 沉浸式地观看数字构建的汽车内部和外部组件。汽车的虚拟组件，包括内部和外部部件，如按钮、灯或控制台，可以在设计过程中通过几行软件代码轻松删除和替换。

**增强现实**（augmented reality，AR）是一种将数据和图像叠加到现实的物理环境中来增强可视化的技术。数字技术提供了额外的信息来增强用户对现实的感知，使用户与周围的现实世界产生更多的互动，感知更加丰富的含义。在足球比赛的电视转播中显示的黄色首攻标记就是一个 AR 的例子，同样，在医疗行业也应用了 AR 技术，比如图像引导手术系统就是把计算机断层扫描（computerized tomography，CT）、磁共振成像（magnetic resonance imaging，MRI）扫描或者超声成像中获得的多源数据叠加，辅助医生开展手术。其他应用 AR 技术的行业包括军事训练、工程设计、机器人产业和消费者设计等领域。例如，设计和建造美国海军航空母舰的纽波特纽斯造船公司（Newport News Shipbuilding）在制造过程接近尾声时使用 AR 来检查新造的船，通过将最终设计叠加在船上，工程师将检查时间从 36h 减少到 90min，减少了 96% 的时间（Porter 和 Heppelmann，2017）。

## 11.5 MIS 如何有助于我的职业发展

通过本章和本书的指引，将帮助你找到一份在 AI 企业做初级销售助理的工作。

### 11.5.1 公司简介

位于加利福尼亚州圣何塞的 AI 企业 RazzleDazzle 技术公司正在招聘一名初级销售助理。RazzleDazzle 公司专注于计算机视觉技术，技术人员每天分析不同数据集，挖掘视觉内容的价值，帮助诸如广告和职业体育行业解决各种问题。

### 11.5.2 职位描述

销售助理将与销售团队密切合作，计划和筹备各类活动，进行数据库管理，完成日常性任务和客户调查，以支持销售和营销的工作。工作职责包括：
- 使用 Salesforce 收集潜在客户，录入并维护数据；
- 使用 Excel 更新销售团队的资源；
- 安排会议并记录会议内容；
- 协助调查销售账目并策划新的活动；
- 协助销售人员做好客户会议的准备；
- 收集宣传材料。

### 11.5.3 岗位要求

- 大学应届毕业生。
- 拥有市场营销、MIS、金融或文科专业学士学位。
- 对商业和行业研究有浓厚的兴趣。
- 具备 Microsoft Office 的基本知识。
- 注重细节，具备良好的沟通能力和热情的态度，以及在快节奏环境中茁壮成长的能力。

### 11.5.4 面试问题

1. 你对我们企业和计算机视觉系统了解多少？你做过 AI 技术的工作吗？

2. 你曾经用过 Salesforce 吗？你是怎么用这个软件的？
3. 你对 Microsoft Office 工具的熟练程度如何？你用 Excel 电子表格做过哪些工作？
4. 你能提供一份书面材料以展示你的沟通能力和对细节的理解吗？

### 11.5.5　作者提示

1. 回顾本章关于 AI 的内容，并通过网络了解更多关于计算机视觉系统的信息。
2. 使用网络和 LinkedIn 了解更多关于这家企业、产品、服务、竞争对手以及运营方式等方面的信息。考虑一下它需要什么来支持它的销售团队，以及你如何做出具体的贡献。
3. 学习一下你在 Salesforce 上能做什么，关注它如何生成和处理潜在客户数据。
4. 想一想你在这份工作中将如何使用 Excel。整理一下你利用 Excel 所做的工作，带上一些这方面的案例去面试。

## 本章小结

**11-1　知识管理系统在企业中的作用？**

知识管理是指在组织中获取、存储、传播和应用知识的过程。企业的价值取决于它创造和管理知识的能力。知识管理通过提升组织向周围环境学习的能力和将知识应用到业务流程中的能力来促进组织学习。知识管理系统有3种主要类型：企业级知识管理系统、知识工作系统和智能技术。

**11-2　AI 和机器学习及其在企业中的应用**

AI 是指建立像人类一样思考和行动的计算机系统。目前，AI 缺乏人类智力的灵活性、广度和通用性，但它可以用来帮助获取、编纂和扩展组织知识。

专家系统从人类专业知识领域中获取隐性知识，并以规则的形式表达这些知识。机器学习软件可以从以前的数据和案例中学习，基于大量的人工训练，无须编写程序就可以在非常大的数据库中识别模式。

神经网络是指模拟人脑思维过程的硬件和软件组成的系统。神经网络以其自身学习能力和识别人类难以识别的模式而闻名。深度学习神经网络使用多层神经网络来揭示数据中的潜在模式，在某些情况下，不需要人工训练就可以识别模式。

遗传算法是基于生物遗传的过程，如适应性、交叉和突变等特性来开发特定场景问题的解决方案。遗传算法在解决涉及优化的问题时非常有用，在这些问题中，需要对许多备选方案或变量进行评估以生成最优解。

智能代理是指具有内置或已学习的知识库的软件程序，可以为用户个体、业务流程或软件应用执行某些特定任务。智能代理可以在大量数据中帮助搜索，找到有用的信息，在某些情况下可以代替用户对这些信息进行操作。聊天机器人是一种软件代理，旨在通过文本或语音处理来完成与一个或多个用户的对话。

自然语言处理技术使机器能够理解人类语言的含义并处理这些信息。计算机视觉系统研究的是计算机如何模拟人类视觉系统，从真实世界的图像中查看和提取信息。机器人研究的是可移动机器的设计、构造、操作和使用，这些机器可以代替人类的一些行为。

**11-3　企业级知识管理系统的主要类型及其为企业创造价值的方式**

企业级知识管理系统是在企业范围内收集、存储、传播和应用数字内容和知识的工作系统。企业内容管理系统是指组织并存储结构化文档的数据库和工具系统，也提供组织并存储半结构化知识内容的工具，如电子邮件或富媒体等。通常这些系统包含群组合作工具、简化信息读取的门户、搜索工具、查找专家的工具和基于适合该组织的分类模式或分类表对内容和信息进行分类的工具。学习管理系统是指在一个组织中为不同类型的员工的学习和培训提供管理、交付、跟踪和评估的工具。

11-4 知识工作系统的主要类型及其为企业创造价值的方式

知识工作系统是支持新知识的创造以及将知识集成到组织中的系统。知识工作系统需要轻松地访问外部知识库和功能强大的计算机硬件，可以支持具有综合图形、分析、文件管理和通信功能的软件。CAD 软件、AR 应用以及 VR 系统等可以基于人机交互的模式创建犹如现实世界的虚拟环境，这类系统均需要有强大的图形处理和建模能力。

## 关键术语

3D 打印（3-D printing）
人工智能（artificial intelligence，AI）
增强现实（augmented reality，AR）
聊天机器人（chatbot/chatterbot）
实践社区（community of practice，COP）
计算机视觉系统（computer vision system）
数据（data）
深度学习（deep learning）
数字资产管理系统（digital asset management system）
企业内容管理系统（enterprise content management system，ECM）
企业级知识管理系统（enterprise-wide knowledge management system）
专家系统（expert system）
显性知识（explicit knowledge）
遗传算法（genetic algorithm）
推理引擎（inference engine）
智能代理（intelligent agent）
智能技术（intelligent technique）
知识（knowledge）

知识库（knowledge base）
知识管理（knowledge management）
知识工作系统（knowledge work system，KWS）
学习管理系统（learning management system，LMS）
机器学习（machine learning，ML）
大型开放式在线课程（massive open online course，MOOC）
自然语言处理（natural language processing，NLP）
神经网络（neural network）
组织学习（organizational learning）
模式检测程序（pattern detection program）
机器人（robotic）
结构化知识（structured knowledge）
监督学习（supervised learning）
隐性知识（tacit knowledge）
分类表（taxonomy）
无监督学习（unsupervised learning）
虚拟现实（virtual reality）
智慧（wisdom）

## 复习题

11-1 定义知识管理并阐述它对企业的价值。
- 描述知识的重要特征。
- 区分数据、知识和智慧，区分隐性知识和显性知识。
- 描述知识管理价值链的各个阶段。

11-2 定义 AI 和主要的 AI 技术。
- 定义专家系统，描述专家系统的工作原理，解释其对企业的价值。
- 定义机器学习，解释机器学习的工作原理，给出机器学习可以解决的问题的案例。
- 定义神经网络和深度学习神经网络，描述它们的工作原理以及如何使企业受益。
- 定义并描述遗传算法和智能代理。解释它们各自的工作原理以及适用的问题类型。
- 定义并描述计算机视觉系统、自然语

言处理系统和机器人，给出它们在组织中应用的案例。

11-3 定义并描述企业级知识管理系统的各种类型，阐述它们如何为企业提供价值。
- 阐述下列各项在知识管理中的角色：分类、MOOC 和学习管理系统。

11-4 定义知识工作系统，描述知识工作系统的通用需求。
- 描述以下系统是如何支持知识工作的：CAD、VR 和 AR。

## 讨论题

11-5 知识管理是一个业务流程而不是一项技术，请讨论。

11-6 请描述知识管理系统在帮助企业市场营销或制造和生产管理方面的各种方式。

11-7 请将人工智能与人类智力进行比较。今天的人工智能有多"智能"？

## MIS 实践项目

本部分的 MIS 实践项目将让你通过结合实际设计一个知识门户，识别知识管理的机会，创建一个简单的专家系统，利用智能代理去研究网上销售产品的情况获得实践经验。

### 管理决策问题

11-8 U. S. Pharma 公司总部位于美国新泽西州，其研究机构分布在德国、法国、英国、瑞典和澳大利亚。新药品的研究和开发是企业赢利的关键所在。为了研究和测试几千种新的试验药品，企业的研究人员需要和企业内外部人员共享信息，包括美国食品药品监督管理局、世界卫生组织、国际药品制造商协会联合会；还需要访问健康信息网站，如美国国家医学图书馆、行业会议和专业期刊。请你试着为 U. S. Pharma 的研究人员设计一个知识门户。你的设计内容应包括相关的内部系统和数据库、外部信息资源、内外部交流和协作工具。除此之外，你还需要设计门户网站的首页。

11-9 Canadian Tire 是加拿大最大的企业之一，拥有 58 000 多名员工、1 686 个店铺和加油站，在加拿大销售运动、休闲、家居用品、服装、金融服务以及汽车和石油产品。每个零售店铺都是独立运营的。Canadian Tire 过去一直使用每日邮件和厚厚的产品目录来向经销商宣传新产品，展示产品信息、最佳实践、产品订购和问题解决方案，而现在它正在寻找一种更好的途径来更好地实现对企业人力资源和业务文档的管理。请描述该企业原有的业务处理方式中存在哪些问题？知识管理系统可以如何帮助 Canadian Tire？

### 改善决策：为退休计划开发一个简单的专家系统

**软件技能要求**：Excel 的公式、IF 功能，或专家系统工具

**业务技能要求**：合理规划退休金

11-10 专家系统通常包含大量的规则。本项目提供已经简化了的规则及其表达，也减少了规则的数量，请你使用这些规则开发一个专家系统应用。

员工退休时，他们将得到现金分红。现金分红的主要依据是该员工的工作年限和退休年龄。如果该员工想得到分红，退休年龄必须在 50 岁以上，并且退休前在本企业的工作时间超过 5 年。

表 11-5 给出了计算员工现金分红的标准。

表 11-5 计算员工现金分红的标准

| 在本企业的工作年数 | 分红 |
| --- | --- |
| 少于 5 年 | 无分红 |
| 5～10 年 | 现在年薪的 20% |
| 11～15 年 | 现在年薪的 30% |
| 16～20 年 | 现在年薪的 40% |
| 21～25 年 | 现在年薪的 50% |
| 多于 25 年 | 现在年薪的 100% |

请用以上提供的信息开发一个简单的专家系统。在网站上找到一个可以下载的专家系统软件工具的演示版本，或者应用 Excel 软件构建一个专家系统（如果应用 Excel 软件，建议你用 IF 函数，这样可以看清规则是如何建立的）。

**改善决策：用智能代理实现购物方案的比较**

**软件技能要求**：网络浏览器和购物机器人软件

**业务技能要求**：产品评估和选择

11-11 这个项目将让你使用购物机器人在线搜索产品，查找产品信息，并找到最好的价格和供应商。请选择一款你想要购买的数码相机，如佳能 PowerShot SX540-HS 或 Olympus Tough TG-6。请你访问京东、淘宝等购物网站，比较价格并从易用性、产品数量、获取信息的速度、产品和卖家信息的完整性以及价格选择等方面对这些购物网站进行评估。你会使用哪个网站？为什么？你会选哪台相机？为什么？这些网站对你的决策有多大帮助？

## 协同与团队合作项目

**评价企业内容管理系统**

11-12 找几个同学组成一个小组，选择两种企业内容管理系统，如来自甲骨文、OpenText 和 IBM 的产品，比较它们的功能和特性。请使用专业期刊和企业内容管理软件供应商网站查找相关的文章并进行分析。如果可能的话，请使用 Google Docs、Google Drive 或 Google Sites，集思广益并制作演示文稿汇报结果。

## 案例研究

### 自动驾驶汽车准备好上路了吗

汽车真的可以在没有人工操作的情况下自动驾驶吗？它们应该存在吗？它们是好的商业投资吗？每个人都在寻找答案。

自动驾驶汽车技术已经成为任何汽车制造商都无法忽视的技术，每个主流汽车制造商都在争相开发和完善自动驾驶汽车，它们认为自动驾驶汽车的市场总有一天会达到数万亿美元的规模。福特、通用、日产、梅赛德斯、特斯拉等企业已经在自动驾驶技术研发方面投入了数十亿美元。通用汽车收购了一家名为 Cruise 的自动驾驶汽车初创企业。优步和 Lyft 等网约车企业认为，消除劳动力成本的自动驾驶汽车是它们长期赢利的关键（瑞银集团进行的一项研究表明，自动驾驶的"机器人出租车"每英里的成本将比传统出租车低 80% 左右）。自动驾驶汽车已经在加州、亚利桑那州、密歇根州、巴黎、伦敦、新加坡和北京的特定地点上路。市场营销公司 ABI 预测，到 2025 年，具有某种程度自动驾驶功能的汽车将销售约 800 万辆。2018 年 12 月，谷歌 Alphabet 的子公司 Waymo 在凤凰城市区推出了名为"Waymo One"的商业自动驾驶出租车服务。

一辆想要代替人类驾驶的汽车需要功能非常强大的计算机系统，该系统必须处理和分析由无数传感器、摄像头和其他设备生成的大量数据，以便根据实际情况控制和调整转向、加速和制动等。其中的关键技术包括以下几项。

**传感器**：自动驾驶汽车装有许多不同类型的传感器。车轮上的传感器可以测量汽车在行驶和穿过车流时的速度；超声波传感器可以测量和跟踪路缘石、人行道和非常靠近汽车的物体位置。

**摄像头**：摄像头用于发现高速公路上的车道线、速度标志和交通信号灯等物体。安装在挡风玻璃上的摄像头可以生成前方道路的 3D 图像；后视镜后面的摄像头聚焦在车道标记上；红外摄像头会提取从前大灯发出的红外光束，以扩大夜间驾驶的视野。

激光雷达：激光雷达是光检测和测距设备，位于大多数自动驾驶汽车的顶部。激光雷达每秒发射数百万条激光束，测量它们反弹所需的时间。激光雷达可以360°全方位查看汽车周围的环境，识别附近物体，精度高达2cm。但是，激光雷达非常昂贵，并且不够坚固，无法长期在坑洼、极端温度、下雨或下雪的情况下使用。

GPS：GPS用于定位汽车的宏观位置，并且精确到1.9m以内。结合转速表、陀螺仪和测高仪的读数，可以提供初始定位。

雷达：雷达会从物体上反射无线电波，帮助查看汽车周围的环境，包括盲点。雷达对于发现大型金属物体（如其他车辆）特别有用。

计算机：上述技术设备产生的所有数据都需要组合、分析并转化为机器可识别的现实图景，并提供如何移动的指示，这需要几乎类似于超级计算机的处理能力。它的软件需要有避障算法、预测建模和"智能"物体识别（如了解自行车和摩托车之间的区别）的功能，帮助车辆遵守交通规则并避开障碍物。

机器学习、深度学习和计算机视觉技术：必须通过使用机器学习和深度学习对汽车的计算机系统进行"训练"，通过数以百万计的实例来检测车道线和骑自行车的行人的准确性，因为世界太复杂了，无法为每种可能的情况都编写一条规则，所以汽车必须能够从经验中"学习"并弄清楚如何自动导航。

地图：在自动驾驶汽车上路之前，开发人员使用摄像头和激光雷达精准地绘制汽车所处位置的极其详细的地图。地图信息可以帮助汽车验证传感器数据，对于任何车辆来说，知道自己的确切位置都是最关键的。

自动驾驶汽车企业因过度宣传自己的进步而臭名昭著。我们应该相信它们吗？在这一点上，它们的前景乌云密布。

2018年3月，在自动驾驶模式下运行的优步的自动驾驶汽车沃尔沃XC90在亚利桑那州的坦佩市撞死了一名妇女。亚利桑那州暂停了一段时间自动驾驶汽车的测试在事故发生之前，优步的自动驾驶汽车在穿越建筑区域以及在大型卡车等高架车辆旁边行驶时都遇到过麻烦。与其他自动驾驶汽车项目的驾驶员相比，优步的驾驶员不得不频繁地进行干预。

优步的事故引发了一个疑问，即自动驾驶汽车是否已经准备好在公共道路上进行测试以及监管机构应如何应对这种情况？自动驾驶技术的捍卫者认为，每年在美国的道路上有近4万人丧生，人为失误造成了90%以上的车祸。但是，无论自动驾驶的速度有多快，机器人都要花很长一段时间来证明其影响，并让普通人相信让汽车来驾驶是最好的选择。优步已经修改了自动驾驶的方法，并计划在天气、需求和其他条件最有利的城市的小块地区推出自动驾驶汽车。尽管特斯拉的CEO埃隆·马斯克（Elon Musk）等自动驾驶汽车的支持者设想，在一个自动驾驶的世界里，几乎所有的交通事故都将被消除，老年人和残疾人可以自由出行，但大多数美国人并不这么认为。皮尤研究中心的一项调查发现，大多数人不想乘坐自动驾驶汽车，也不确定它们会让道路变得更危险还是更安全。87%的人希望有一个人一直坐在方向盘后面，在出现问题时随时准备接管。

在自动驾驶汽车可以安全上路之前，还有很多地方需要改进。比如，自动驾驶汽车还不能在所有的天气条件下安全运行，大雨或大雪可能会使当前的汽车雷达和激光雷达系统受到干扰，导致自动驾驶汽车无法自行操作。又比如，当树枝垂得太低或桥梁和道路上有模糊的车道标记时，这些车辆也会遇到麻烦。在某些道路上，需要有明显的标记来引导自动驾驶汽车，而不能仅靠使用白线或在道路边缘划线，包括Botts' Dots（定义车道的小塑料标记）在内的标记。人们并不认为Botts' Dots对自动驾驶汽车是有效的车道标记。

计算机视觉系统能够可靠地识别物体，但仍然具有挑战性的是"场景理解"，如确定道路上的袋子是空的还是里面隐藏着砖块或重物。即使自动驾驶视觉系统现在能够可靠地识别交通信号灯，但是如果交通信号灯不工作，它们也还不能够做出正确的判断，因为这需要经验、直觉和知道如何在多个车辆之间进行行驶的规则。自动驾驶汽车还必须能够识别沿着道路行驶的行人，确定行人是否正在骑自行车以及行人可能会做出什么样的反应和表现。对于自动驾驶汽车来说，克服目前所有这些挑战仍然很难。自动驾驶汽车在混乱的环境（如拥挤的街道上挤满了汽车、行人和骑自行车的人）下行驶尤其困难。

驾驶汽车驶入快速流动的行车道是一项复杂的任务，通常需要与迎面而来的驾驶员进行目光接触。自动驾驶汽车如何与人和其他机器通信，使它们知道自己想做什么？研究人员正在研究电子信号和汽车对汽车的通信系统，不知是否可以解决这个问题。还有一个所谓的"电车难题"：在不可避免要发生撞车的情况下，机器人如何确定撞到谁或撞到什么？它应该撞左边的汽车还是路边的树？

市场上已经出现了初级版的自动驾驶技术。在美国，目前还没有一辆量产车能在你睡觉、看书或发Twitter的时候开车，但许多系统可以保持与前车的距离，或者让你的车保持在车道中央，甚至在车水马龙的情况下停下来。在某些情况下，这些系统允许方向盘后面的"驾驶员"把手从方向盘上拿开，前提是那个人保持注意，并准备好在需要时接管控制权。

这些不太先进的系统看不见像停下来的消防车或交通信号灯这样的东西。但是，人类并没有准备好随时接管方向盘，因为他们的注意力容易分散。在美国，至少有两名特斯拉司机在使用该系统时死亡。（2016年有一辆撞上了卡车，2018年另一辆撞上了高速公路护栏。）这就产生了所谓的"交接问题"。半自动驾驶汽车需要能够判断其人类"驾驶员"正在做什么，以及在需要时如何让那个人接管方向盘。

最重要的是别忘了安全性。自动驾驶汽车本质上是联网计算机和传感器的集合，它并不比其他联网系统更安全。要确保系统的安全，使其免受想要撞车或武器化入侵者的侵害，可能会成为未来自动驾驶汽车面临的最大挑战。

在任何情况下都能像人类一样处理任何情况的计算机驾驶汽车，最少也需要几十年的时间。克利夫兰州立大学（Cleveland State University）的研究人员估计，到2030年，只有10%～30%的车辆将是完全自动驾驶的。普华永道（PwC）的分析师估计，到那时，12%的车辆将实现完全自动驾驶，但它们只能在天气条件好的地理限制区域内工作，Waymo在凤凰城的自动驾驶货车车队也是如此。真正的自动驾驶汽车仍然是科幻小说。

更有可能的是，自动驾驶技术将被纳入人类驾驶的汽车。目前的汽车车型配备了先进的目标识别、雷达和激光探测、在驾驶员犯错时控制驾驶的功能、最初为自动驾驶汽车开发的超详细公路地图等技术。2022年，美国几乎所有新车都配备了自动紧急制动系统，这使追尾事故减少了50%，造成人员伤亡的事故减少了56%。一旦紧急制动技术得到全面部署，它可以将追尾事故的伤亡人数减少80%。拥有一定程度自动驾驶技术的人类驾驶汽车变得更加安全，而全自动驾驶汽车可能难以与之匹敌。这使得对全自动驾驶汽车的需求变得不那么迫切。

许多分析人士认为，自动驾驶技术的首次部署应是在有限条件和区域内运行的机器人出租车服务，因此它们的运营商可以避开特别棘手的十字路口，并确保所有东西都被详细地绘制出来。波士顿咨询集团（Boston Consulting Group）预测，到2030年，美国25%的行驶里程可能是由共享自动驾驶汽车完成的。如果想要搭车，你可能必须使用预定的上车和下车点，这样你的车就可以安全合法地靠边停车了。自动驾驶汽车的制造商将会考虑收取多少费用，这样他们就可以收回研发成本，但又不至于让潜在的乘客望而却步。他们将与监管机构和保险公司就在不可避免的崩溃事件中该怎么做进行斗争。

**资料来源**：Kelsey Mays, "Which Cars Have Self-Driving Features for 2020?" Cars.com, March 4, 2020; "2020 Autonomous Vehicle Technology Report," wevolver.com, accessed February 22, 2020; Matthew Beedham, "Autonomous Driving Still Isn't a Reality in 2020—and It's Getting People Killed," thenextweb.com, accessed

April 22, 2020; Sameepa Shetty, "Uber's Self—Driving Cars Are a Key to Its Path to Profitability," CNBC, January 28, 2020; Christopher Mims, "Self-Driving Cars Have a Problem: Safer Human-Driven Ones," *Wall Street Journal*, June 15, 2019 and "Driverless Hype Collides with Merciless Reality," *Wall Street Journal*, September 13, 2018; Matt McCall, "Why Autonomous Vehicles Are Such a Game-Changer for Uber and Lyft," InvestorPlace.com, March 25, 2019; Alex Davies, "The WIRED Guide to Self-Driving Cars," *WIRED*, May 17, 2018; and Daisuke Wakabashai, "Uber's Self-Driving Cars Were Struggling Before Arizona Crash," *New York Times*, March 23, 2018.

**案例分析题：**

11-13 自动驾驶汽车技术给管理、组织和技术带来了哪些挑战？

11-14 自动驾驶汽车是不错的商业投资吗？解释你的答案。

11-15 自动驾驶汽车技术引发了哪些伦理和社会问题？

11-16 汽车真的能在无人驾驶的情况下自动驾驶吗？它们应该自动驾驶吗？

## 参考资料

Albertson, Mark. "NBA Advertisers Chew on Data from GumGum's Computer Vision Tool." *Silicon Angle* (March 22, 2018).
Baum, David. "The Future Is Autonomous." *Profit Magazine* (Fall 2019).
Beane, Matt. "Learning to Work with Intelligent Machines." *Harvard Business Review* (September–October 2019).
Burtka, Michael. "Generic Algorithms." *The Stern Information Systems Review* 1, No. 1 (Spring 1993).
Chui, Michael, James Manyika, and Mehdi Miremadi. "What AI Can and Can't Do (Yet) for Your Business." *McKinsey Quarterly* (January 2018).
Cui, Tingru, Yu Tong, Hock-Hai Teo, and Jizhen Li. "Managing Knowledge Distance: IT-Enabled Inter-Firm Knowledge Capabilities in Collaborative Innovation." *Journal of Management Information Systems* 37 No. 1 (2020).
Davenport, Thomas H., and Vikram Mahidhar. "What's Your Cognitive Strategy?" *MIT Sloan Management Review* 59, No. 4 (Summer 2018).
Davenport, Thomas H., and Lawrence Prusak. *Working Knowledge: How Organizations Manage What They Know.* Boston, MA: Harvard Business School Press (1997).
Davenport, Thomas H., and Rajeev Ronaki. "Artificial Intelligence for the Real World." *Harvard Business Review* (January–February 2018).
Dhar, Vasant, and Roger Stein. *Intelligent Decision Support Methods: The Science of Knowledge Work.* Upper Saddle River, NJ: Prentice Hall (1997).
eMarketer. "Artificial Intelligence: What's Now, What's New, and What's Next." (May 2017).
Gelernter, David. "Machines That Will Think and Feel." *Wall Street Journal* (March 18, 2016).
Gu, Feng, and Baruch Lev. "Intangible Assets: Measurements, Drivers, Usefulness." (2001).
Hamori, Monoika. "Can MOOCs Solve Your Training Problem?" *Harvard Business Review* (January–February 2018).
Hirschberg, Julia, and Christopher D. Manning. "Advances in Natural Language Processing." *Science* (May 12, 2016).
Holland, John H. "Genetic Algorithms." *Scientific American* (July 1992).
Iansiti, Marco, and Karim R. Lakhani. "Competing in the Age of AI." *Harvard Business Review* (January–February 2020).
IBM Corporation. "Mizuho Bank." www.ibm.com, accessed May 11, 2020.
Le, Quoc V., et al. "Building High-level Features Using Large Scale Unsupervised Learning." arXiv.org:1112.6209, Machine Learning, Cornell University Library (November 2011).
Lev, Baruch. "Sharpening the Intangibles Edge." *Harvard Business Review* (June 1, 2004).
Maor, Itzakh, and T. A. Reddy. "Literature Review of Artificial Intelligence and Knowledge-based Expert Systems in Buildings and HVAC&R System Design," in M. Geshwiler, E. Howard, and C. Helms (Eds.), *ASHRAE Transactions* (2003).
Marcus, Gary. "Deep Learning: A Critical Appraisal." (January 2, 2018).
Markoff, John. "How Many Computers to Identify a Cat? 16,000." *New York Times* (June 26, 2012).
McCarthy, John. "Generality in Artificial Intelligence." *Communications of the ACM* (December 1987).
Meservy, Thomas O., Kelly J. Fadel, C. Brock Kirwan, and Rayman D. Meservy. "An fMRI Exploration of Information Processing in Electronic Networks of Practice." *MIS Quarterly* 43 No.3 (September 2019).
Mishra, Divya, et al. "Rule Based Expert System for Medical Diagnosis—A Review." *International Journal of Engineering Technology, Management and Applied Sciences* (December 2016).
Pearl, Judea. "Theoretical Impediments to Machine Learning." (November 2016).
Peukert, Christian, Jella Pfeiffer, Martin Meißner, Thies Pfeiffer, and Christof Weinhardt. "Shopping in Virtual Reality Stores: The Influence of Immersion on System Adoption." *Journal of Management Information Systems* 36, No. 3 (2019).
Porter, Michael E., and James Heppelmann. "Why Every Organization Needs an Augmented Reality Strategy." *Harvard Business Review* (November–December 2017).
Purdy, Mark, Ray Eitel-Porter, and Max Klymenko. "How Swarm Intelligenc Blends Global and Local Insight." *MIT Sloan Management Review* (April 23, 2020).
Rouse, Margaret. "Natural Language Processing." Searchbusinessanalytics.com (September 27, 2017).
Steffen, Jacob H., James E. Gaskin, Thomas O. Meservy, Jeffrey L. Jenkins, and Iona Wolman. "Framework of Affordances for Virtual Reality and Augmented Reality." *Journal of Management Information Systems* 36 No. 3 (2019).
Tarafdar, Mondeepa, Cynthia M. Beath, and Jeanne W. Ross. "Using AI to Enhance Business Operations." *MIT Sloan Management Review* (June 11, 2019).
Technology Quarterly. "Language: Finding a Voice." *The Economist* (May 1, 2017).
Trantopoulos, Konstantinos, Georg von Krogh, Martin W. Wallin, and Martin Woerter. "External Knowledge and Information Technology: Implications for Process Innovation Performance." *MIS Quarterly* 41, No. 1 (March 2017).
Turing, A. M. "Computing Machinery and Intelligence." *Mind* 49 (1950).
Urban, Glen, Artem Timoshenko, Paramveer Dhillon, and John R. Hauser. "Is Deep Learning a Game Changer for Marketing Analytics." *MIT Sloan Management Review* 61 No. 2 (Winter 2020).
Wilson, H. James, and Paul R. Daugherty. "Collaborative Intelligence: Humans and AI Are Joining Forces." *Harvard Business Review* (July–August 2018).

# 第 12 章

# 增强决策能力

## ⏰ 学习目标

通过阅读本章,你将能回答:
1. 决策的类型有哪些?决策过程是如何开展的?
2. 信息系统是如何支持管理者的活动和管理层的决策的?
3. 商务智能和商业分析是如何支持企业制定决策的?
4. 组织中不同的决策群体如何使用商务智能?信息系统如何帮助团队更有效地决策?
5. MIS 如何有助于我的职业发展?

## 🎯 开篇案例

### 大数据和物联网推动精准农业

到 2050 年,全世界预计将有 90 亿人,为了养活所有人,农业产量需要增加一倍。信息技术——物联网、无线和移动技术以及自动化数据收集和分析技术,很可能会为这个问题提供部分解决方案。

普渡大学农业学院是引领众多数据驱动型农业的组织之一。该学院开发了一个以农业为导向的网络,该网络具有先进的物联网传感器和设备,使研究人员能够研究并改进植物生长和食品生产过程。印第安纳州西拉斐特市普渡大学农业信息技术中心主任 Pat Smoker 表示,从农场到餐桌的每个过程都可以通过利用信息技术进行更好的改进。

普渡大学农业学院与慧与公司(Hewlett Packard Enterprise,HPE)合作开展了一项数字农业计划。2016 年秋天,普渡大学开始在 570 万 $m^2$ 的研究性农场农学研究与教育中心(Agronomy Center for Research and Education,ACRE)上安装物联网网络。该系统每天从传感器、摄像头和人工输入中捕获 TB 级的数据。为了收集、汇总、处理和传输如此大量的数据到普渡大学的 HPE 超级计算机，该大学部署了无线和边缘计算技术的组合（请参阅第 5 章和第 7 章），其中包括太阳能移动 Wi-Fi 热点、可在整个 ACRE 设施之间提供高速连接的自适应气象塔，以及 PhenoRover（一种半自动移动车辆，这种车辆可以在整个 ACRE 研究区域行驶，基于传感器捕获来自工厂的实时数据）。普渡大学还正在尝试使用无人机收集植物生长数据。ACRE 研究人员可以将数据输入到现场的移动设备中，然后通过无线网络将其传输到 HPE 数据中心进行分析。

在此之前，普渡大学的研究人员必须弄清楚如何将数据从传感器传输回实验室，并指派专人编写用于分析数据的软件。新系统运作速度更快，响应速度也更快。例如，在现场使用移动设备的研究人员可以将有关种子生长的数据传输回 ACRE 实验室，用来分析水位、肥料数量和土壤类型的影响。然后，实验室可以将分析结果传回现场，以便快速进行调整。计算机指令控制着播种机和喷雾机将种子和养分施用到田间。

普渡大学的该项目是"精准农业"的一个示例，通过使用数字工具收集和分析的数据决定小块田地或单个植物的肥料水平、种植深度、灌溉要求等，自动化设备对于特定的杂草可以采用理想的处理方法。

孟山都公司和杜邦公司等大型农业企业都是精准农业的重要参与者，它们为使用种子、肥料和除草剂的农民提供计算机化的数据分析和种植建议。农民向这些企业或其他农业数据分析企业提供有关田地边界、历史农作物产量和土壤状况的数据，这些企业对这些数据以及它们收集的有关种子性能、天气状况和不同地区的土壤类型进行分析。然后，企业将带有建议的计算机文件发送给农民，农民将数据上传到计算机化的种植设备中，并在种植田地时遵循建议。例如，这些建议可能会告诉艾奥瓦州的玉米种植者减少每平方米播种的种子数量，或者在能够种植更多玉米的特定田地中种植更多的种子。农民可能还会收到在不同地区种植哪种种子以及应该施用多少肥料的建议。除了提高农作物产量外，通过控制设备来更精准地使用肥料、水和能源，可以帮助农民减少浪费，这也促进了地球的健康。

资料来源："Andrew Meola, "Smart Farming in 2020: How IoT Sensors Are Creating a More Efficient Precision Agriculture Industry," *Business Insider*, January 24, 2020; "Precision Agriculture," www.farms.com, accessed April 26, 2020; "Envision: The Big Idea," https://ag.purdue.edu , accessed April 26, 2019; www.monsanto.com , accessed April 11, 2020; and Eileen McCooey, "Purdue Uses IoT to Reinvent Farming, Boost Output," *Baseline*, December 6, 2017.

精准农业是信息系统如何显著提高决策能力的有力例证。在过去，种植什么、如何种植、在哪里种植以及何时种植等决策是基于农民对土地的历史经验或猜测来决定的。无线网络、现场无数的传感器、移动设备、功能强大的计算机和大数据分析工具已经创造出更快、更准确地做出决策的系统。

图 12-1 展示了本案例和本章提出的要点。全世界都需要增加粮食产量，既要养活迅速增长的全球人口，又要使农场更加有利可图。

无线技术和大数据分析为几乎逐株管理农作物创造了新的机会。以这种计算机化的精准程度管理田地，意味着农民每单位土地需要使用更少的肥料和种子，在提高作物产量的同时，可能为农民节省数万美元。精准农业也有助于解决世界粮食危机。

- 识别技术
- 确定需改进的决策

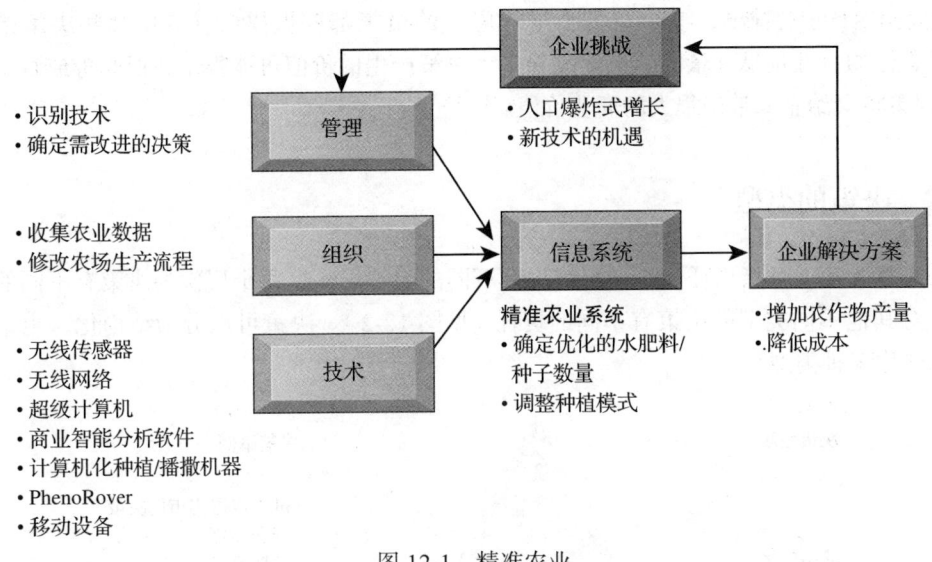

- 收集农业数据
- 修改农场生产流程

- 无线传感器
- 无线网络
- 超级计算机
- 商业智能分析软件
- 计算机化种植/播撒机器
- PhenoRover
- 移动设备

管理

组织

技术

企业挑战
- 人口爆炸式增长
- 新技术的机遇

信息系统
精准农业系统
- 确定优化的水肥料/种子数量
- 调整种植模式

企业解决方案
- 增加农作物产量
- 降低成本

图 12-1 精准农业

请思考：信息技术如何改变农民的经营方式？精准农业如何改变决策？举例说明两个可以通过使用精确农业改进的决策。

## 12.1 决策的类型及决策过程的各个阶段

企业决策以往常常被限于管理层。但在今天，随着信息系统的应用，处于企业较低层次的员工也可以获得信息，并且可以负责决策中的一些任务。那么，改善决策指的是什么意思？企业和其他组织中的决策是如何进行的？下面让我们做进一步了解。

### 12.1.1 改善决策的商业价值

做出更好的决策对企业意味着什么？改善决策的商业价值是什么？表 12-1 试图对一家小型美国制造企业改善决策所带来的商业价值进行总结。该企业有 140 名员工，年收入达 2.8 亿美元。该企业明确了一些关键的决策任务，针对这些决策任务投资了新的系统，期望能改善决策质量。该表列出了在所选定的业务领域里改善决策带来的年度收益的估计值（包括成本的减少或收入的增加）。

表 12-1 改善决策的商业价值

| 决策任务 | 决策者 | 年决策次数 | 每次改善决策给企业带来的价值估计（美元） | 年价值（美元） |
| --- | --- | --- | --- | --- |
| 为最有价值的客户提供支持 | 客户经理 | 12 | 100 000 | 1 200 000 |
| 预测呼叫中心每天的需求量 | 呼叫中心管理人员 | 4 | 150 000 | 600 000 |
| 决定每日零部件库存水平 | 库存经理 | 365 | 5 000 | 1 825 000 |
| 识别来自主要供应商的竞争性投标 | 高层管理者 | 1 | 2 000 000 | 2 000 000 |
| 调度生产满足订货 | 制造经理 | 150 | 10 000 | 1 500 000 |
| 分配员工完成任务 | 生产车间经理 | 100 | 4 000 | 400 000 |

由表 12-1 可以看出，该企业每个组织层次的员工都在做决策，其中某些决策是常见的、日常性的，并且是大量的。虽然改善一个决策产生的价值可能很小，但改善成百上千个"小"决策将会给企业带来很大的商业价值。

### 12.1.2　决策的类型

第 1 章和第 2 章指出任何一个组织均有不同的组织层次。每个层次的决策有不同的信息需求，对其他不同类型的决策有不同的责任（见图 12-2）。决策可以分为结构化、半结构化和非结构化 3 种类型。

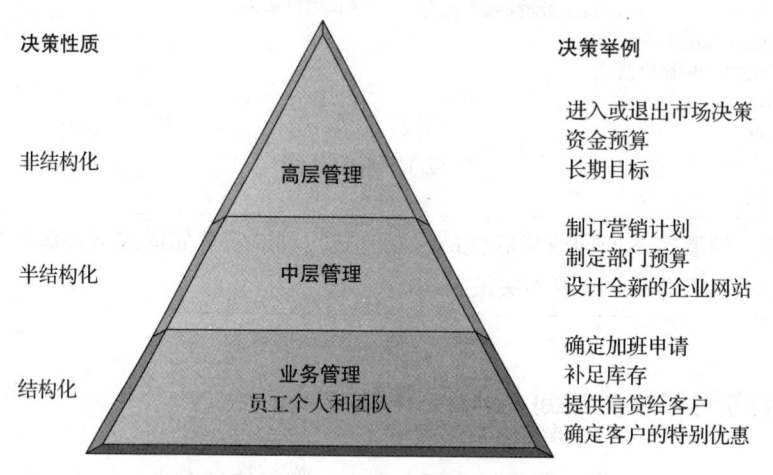

图 12-2　企业中主要决策组的信息需求

**非结构化决策**（unstructured decision）是决策者必须对问题进行判断、评估和洞察，从而解决问题的一类决策。每一个非结构化决策都是新颖的、重要的且非常规性的。在进行这类决策时，没有一个能很好理解的或能达成共识的程序。

相比之下，**结构化决策**（structured decision）是重复的、常规性的决策，决策者遵循一个明确的程序，而不必每次采用新的程序进行处理。有很多决策同时具备这两种决策类型中的要素，即**半结构化决策**（semi-structured decision），其中只有一部分问题能由确定的程序给出明确的答案。总之，结构化决策普遍存在于较低的组织层次中，而非结构化问题通常在企业的高层。

高层管理者面临许多非结构化决策的情形，如确定企业 5～10 年的目标，或决定是否应当进入新市场。在回答诸如"是否应当进入新市场"的问题时，他们需要了解新闻、政府报告、行业评论信息，以及有关企业业绩的综合性报告等信息。同时，这要求高层管理者做出自己的最佳判断，并需征询其他管理者的意见。

中层管理者面临着更结构化的决策情形，但他们的决策也可能包含非结构化决策。一个典型的中层管理者所面临决策可能是："为什么 Minneapolis 配送中心提交的订单完成情况报告显示近 6 个月呈下降趋势？"这个中层经理将会从企业系统或分销管理系统中获取有关 Minneapolis 分销中心订单活动和运行效率的报告，这是决策的结构化部分。但在得到真正的答案之前，这个中层经理还必须与员工谈话，并从外部收集更多关于当地经济状况或销售趋势的非结构化信息。

基层业务管理者和普通员工通常做的是结构化决策,如装配线上的主管要决定计时工人是否能获得加班工资。如果员工在某一天工作超过 8h,主管就要按常规标准给予 8h 之外的加班工资。

销售客户代表通常要查询含有客户信用信息的数据库,决定是否延长客户的信贷。只有客户符合企业预先设定的授信标准,客户代表才可以给客户相应的购买信贷。在这些场景中,决策是高度结构化且常规性的,大多数大型企业每天要做几千次这样的决策,答案已经预先编入企业的支付及应收账款的系统中。

### 12.1.3 决策过程

决策是一个包含多个步骤的过程。西蒙(Simon,1960)描述了决策过程的 4 个不同阶段:情报、设计、选择和实施(见图 12-3)。

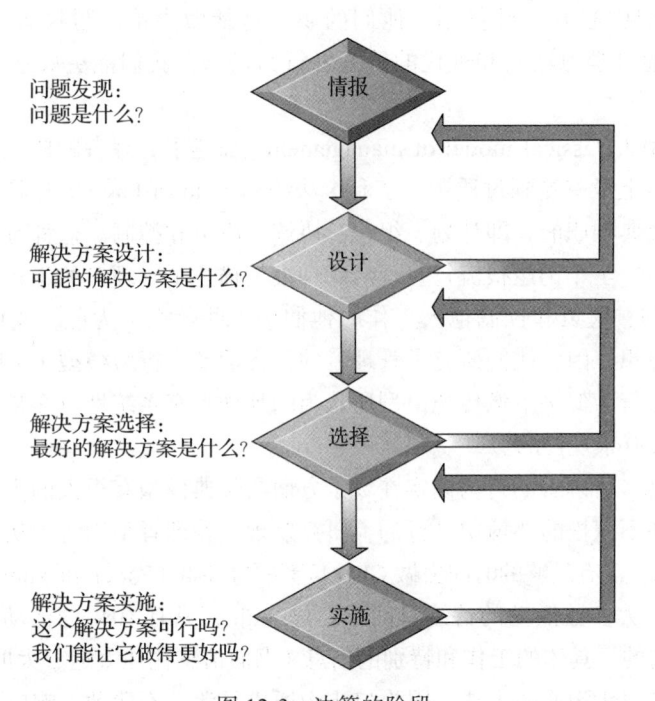

图 12-3 决策的阶段

决策过程可分为 4 个阶段。

**情报**(intelligence)指的是发现、识别和理解组织中存在的问题:为什么存在问题?问题在哪里?它对企业有什么影响?

**设计**(design)包括识别和探寻问题的各种可能的解决方案。

**选择**(choice)包括在各种可能的解决方案中做出选择。

**实施**(implementation)包括将所选择的方案付诸实践,并持续监测方案的执行情况。

如果选择的解决方案不起作用怎么办?如图 12-3 所示,可以返回到决策过程的前序阶段,并在必要时重复这些阶段的工作。例如,销售下滑时,销售管理团队可能做出提高销售人员佣金的决策，以刺激销售人员投入更大的努力带动销售。如果较高的销售佣金并未带来销售的增加，那么管理者就需要开展调查，弄清问题产生的原因是产品设计差强人意，还是客户服务不足，抑或是其他影响因素。

## 12.2 信息系统对管理者活动和管理层决策的支持

本书的基本观点是，决策支持系统帮助管理者和员工做出更好的决策，有助于提高企业的平均收益，并最终提高企业的盈利能力。然而，信息系统并不能改善组织中的每一个决策。让我们看看管理者和决策在组织中的角色和作用，看看为什么会出现这种情况。

### 12.2.1 管理者的角色

管理者在组织中起着关键作用，他们的职责包括做决策、写报告、参加会议以及组织生日派对等。通过学习经典和现代的管理者行为模型，我们能更好地理解管理的职能和角色。

**经典管理模型**（classical model of management）描述了管理者的职能，从 20 世纪 20 年代起，该模型基本上没有受到过质疑。亨利·法约尔（Henri Fayol）和其他早期学者首次提出了管理者的 5 个典型职能，即计划、组织、协调、决策和控制。这种对管理活动的描述长期主导着管理思想，至今仍然很流行。经典管理模型描述了管理者的正式职能，但没有明确说明当管理者计划、决策和控制他人工作时他们该干些什么。为此，我们必须学习一下当代行为科学家的思想，因为他们研究了管理者的日常活动。**行为模型**（behavioral model）认为，管理者的实际行为似乎不像传统模型所认为的那样具有系统性，多是非正式的、缺乏思考的、被动的、没有条理性的。

有观察者发现，管理者的行为确实在 5 个方面与经典模型有很大的不同：①管理者完成的大多数工作是在不宽松的环境中进行的，研究发现，管理者平均每天从事 600 个不同的活动，中间没有停歇，没有足够的时间去做 CEO 负责的每件事（Porter 和 Nohria，2018）；②管理活动是碎片化的，大多数活动的持续时间不超过 9min，只有 10% 的活动持续时间超过 1h；③管理者喜欢眼前的、具体的工作和特别的信息（书面信息往往太迟、太旧）；④相对于书面形式，他们更偏爱口头沟通的方式，因为口头沟通更灵活、不费劲、响应快；⑤管理者高度重视维护一个复杂多样的联络网，这个网络可以起到非正式信息系统的作用，并可以帮助管理者完成日程安排，实现短期和长期目标。

亨利·明茨伯格分析了管理者的日常行为，发现可以把这些行为划分为 10 种管理者角色（Mintzberg，1971）。**管理者角色**（managerial role）是指管理者在组织中应该具备的行为活动的期望。明茨伯格把这些管理者角色分为 3 类：人际关系角色、信息角色和决策角色。

#### 1. 人际关系角色

当管理者代表企业对外展示自己的企业，并履行象征性的职责时，如给员工颁发奖励，这时管理者扮演的是**人际关系角色**（interpersonal role）。当管理者激励、引导和支持下属时，扮演的是领导者的角色。管理者也可以扮演不同组织层次之间的联络员，以及同一组织层次中不同管理团队成员之间的联络员。管理者付出时间和心血，并期望得到回报。

**2. 信息角色**

在**信息角色**（informational role）上，管理者扮演着一个组织的神经中枢的角色，接收最具体、最新的信息，并将其分发给最需要这些信息的人。因此，管理者是一个组织的信息传播者和发言人。

**3. 决策角色**

管理者做决策，在其**决策角色**（decisional role）里，他们扮演着企业家的角色，包括发起新的活动，排除组织中的干扰，把资源分配给需要的员工，协商、解决冲突，在冲突的群体之间进行调解，等等。

根据明茨伯格的角色分类，表 12-2 列出了系统在哪些层面能够帮助管理者，在哪些层面不能帮助管理者。从表 12-2 中可以看出，信息系统现在能够支持大多数管理领域，但不是所有的管理领域。

表 12-2　管理角色和相应的信息支持系统

| 角色 | 行为 | 支持系统 |
| --- | --- | --- |
| **人际关系角色** | 人际 | |
| 企业形象 | | 网真系统 |
| 领导者 | | 网真系统、社交网络、Twitter |
| 联络者 | | 智能手机、社交网络 |
| **信息角色** | 信息处理 | |
| 神经中枢 | | MIS、ESS |
| 信息传播者 | | 短信、电子邮件、社交网络 |
| 发言人 | | 网络研讨会、网真系统 |
| **决策角色** | 决策处理 | |
| 企业家 | | 不存在 |
| 干扰处理者 | | 不存在 |
| 资源分配者 | | 商务智能、决策支持系统（DSS） |
| 协商者 | | 不存在 |

资料来源：Authors and Mintzberg, Henry. "Managerial Work: Analysis from Observation." *Management Science* 18 (October 1971).

### 12.2.2　现实世界中的决策

我们现在可以看到，信息系统并不是对所有的管理角色都有帮助。在信息系统可能帮助改善决策的那些管理者角色中，信息技术投资并不总是产生正面的效果，这里主要有 3 个原因：信息质量、管理过滤器和组织文化（见第 3 章）。

**1. 信息质量**

高质量的决策需要高质量的信息。表 12-3 描述了影响决策质量的信息质量维度。

表 12-3 信息质量维度

| 质量维度 | 描述 |
| --- | --- |
| 正确性 | 数据是否真实 |
| 完整性 | 数据结构与实体和属性之间的关系是否一致 |
| 一致性 | 数据元素的定义是否一致 |
| 完备性 | 所有需要的数据是否都有了 |
| 有效性 | 数据取值是否在定义的范围里 |
| 及时性 | 当需要数据时是否能够获得 |
| 可获取性 | 数据是否可访问、可理解、可使用 |

如果信息系统的输出不符合这些质量标准，决策将会受到影响。本书第 6 章已经描述了如果企业数据库和文件出现不同程度的不准确、不完整现象，那么将会降低决策的质量。

**2. 管理过滤器**

即使有准确、及时的信息，有些管理者也会做出错误的决策。管理者（像所有人一样）通过一系列过滤器来"吸收"信息，以了解他们周围的世界。认知科学家、行为经济学家和神经经济学家已经发现，管理者和其他人一样不擅长评估风险，喜欢规避风险，没有一定的认知模式，同时往往根据直觉、感受和问题框架而不是实证数据做决策（Kahneman，2011；Tversky 和 Kahneman，1986）。

例如，像贝尔斯登和雷曼兄弟这样的华尔街企业之所以在 2008 年宣布破产，是因为它们低估了复杂的抵押贷款证券的投资风险，其中许多是有可能违约的次级贷款。它们和其他金融机构一样，用来管理风险的计算机模型是基于过于乐观的假设和过于简单的、可能是错误的数据。管理层希望确保他们企业的资本不被高风险违约的投资所束缚，不会阻碍他们的投资，以创造利润。因此，这些风险管理系统的设计者被鼓励以最小化风险的方式评估风险。

**3. 组织文化**

组织是一个具有层级架构的官僚机构，在采取果断行动方面的能力是有限的。当环境变化，企业需要采用新的商业模式以便生存下去时，组织内就会有强大的力量反对进行重要变革的决策。企业所做的决策往往代表了企业内部各种利益团体的平衡，而不是问题的最佳解决方案。

关于企业重构方面的研究发现，企业在受到外部收购的威胁之前，往往忽视绩效不佳的表现，它们还经常把糟糕的业绩归因于无法控制的外部因素，如经济条件（宏观经济）、外国竞争者的竞争和价格上涨等，而不是去追究高层或中层管理者差劲的商业判断。当外部商业环境比较好、企业绩效提高时，管理者通常会认为绩效好是他们的功劳，而不是好的环境所促成的。

### 12.2.3 高速自动化决策

如今，组织的许多决策不是由管理者或什么人做出的。例如，当你在谷歌搜索引擎中输入一个词查询时，谷歌平均在 0.5s（500ms）内就已经决定显示哪些链接。电子证券交易所的高频交易员在纳秒内完成交易。人工被排除在决策链之外，因为他们太慢了。

在高速决策环境中，决策过程中的情报、设计、选择和实施部分都由软件算法来完成。一旦编写软件的人员发现了问题，就设计一种寻找解决方案的方法，定义一系列可以被接受的解决方案，并实现这个解决方案。在这些情况下，组织做出决策的速度比管理者能够监视或控制的速度要快，因此需要非常小心地确保这些系统的正常运行，以防止重大损害。

## 12.3 商务智能和商业分析对决策的支持

第 2 章介绍了不同类型的、用于支持管理决策的系统。所有这些决策支持系统的基础都是商务智能和商业分析的基础架构，提供支持决策的数据及其分析工具。

### 12.3.1 商务智能

**商务智能**（business intelligence，BI）是软硬件供应商和信息技术顾问经常使用的一个术语，用来描述存储、集成、报告和分析来自商业环境中的数据（包括大数据）的基础架构。该基础架构收集、存储、清洗数据，并向管理者提供相关信息。我们可以回想第 6 章所介绍的数据库、数据仓库、数据集市、Hadoop 和分析平台。**商业分析**（business analytics，BA）也是一个供应商定义的术语，更侧重于分析与理解数据的工具和技术。我们可以再回想一下第 6 章中介绍的 OLAP、数据统计、建模和数据挖掘的概念。

商务智能和商业分析的核心是把企业的所有信息流整合成一个统一的、内容一致的企业数据集，然后通过建模、统计分析工具以及数据挖掘工具帮助人们理解这些数据，以便管理者做出更好的决策和计划。开篇案例中描述的普渡大学农学院就是利用 BI 和 BA 技术，帮助农民对肥料水平、种植深度以及小块农田或单个植物的灌溉要求做出一些非常精细的决策。

需要提醒的是，BI 和 BA 是由技术供应商和咨询企业定义的产品。这些产品的主要供应商包括甲骨文、SAP、IBM、微软和 SAS。许多 BI 和 BA 产品现在均有云计算版本和移动版本。

### 12.3.2 商务智能环境

图 12-4 概述了 BI 环境，重点介绍了由各大厂商提供且不断更新的各种硬件、软件和管理功能的种类。BI 环境中有以下 6 个要素。

- **来自企业环境的数据**：企业需要处理多个来源的结构化或非结构化数据，包括大数据。这些数据需要被整合和组织，以便能被决策人员分析和运用。
- **BI 基础架构**：BI 的基础是需要一个功能强大的数据库系统，以便能收集所有与企业运营相关的数据。这些数据可以存储在业务数据库中，合并、集成到企业级数据仓库或一系列相互关联的数据集市中。
- **BA 工具集**：一套用于分析数据并形成报告的软件工具，可以及时响应管理者提出的问题，通过计算相关关键绩效指标帮助管理者跟踪业务进展。

- **管理用户和方法**：BI 的硬件和软件不会比使用者更有智慧。管理者利用各种管理方法分析数据，确定企业业务战略目标，确定如何评估业务发展情况等。其中包括业务绩效管理方法、关注关键绩效指标的平衡计分卡方法，以及关注整体商业环境变化，尤其关注竞争对手动向的行业战略分析方法。如果没有高级管理者强有力的监控，BA 工具所生成的大量信息、报表和在线屏幕信息，很有可能会集中于错误的事情上，进而可能会转移管理者对真正问题的关注。

- **输出平台——MIS、DSS、ESS**：BI 和 BA 分析的结果可以通过各种方式传递给管理者和员工，这取决于他们完成工作所需的信息。第 2 章介绍的 MIS、DSS 和 ESS 能够给企业不同层次的员工，包括一线员工、中层管理者和高层管理者提供信息与知识。过去，这些系统都是独立运行的，相互之间不能共享数据。如今，以 BI 和 BA 系统形式出现的硬件和软件工具包，能够整合所有这些信息，并把它们推送到管理者的计算机或移动平台上。

- **用户界面**：相对于阅读以行和列形式提供信息的枯燥报表，管理者往往从可视化数据中能更快地获取信息。如今的 BA 软件套件强调**数据可视化**（data visualization）工具，如丰富的图形、表格、仪表盘和地图。它们还能把报表及时推送到移动手机、平板电脑以及企业的门户网站上。例如，Tableau 软件使非技术用户能够轻松地创建和共享定制的交互式仪表盘，从广泛的数据（包括来自电子表格、企业数据库和网页的数据）中提供业务洞察。

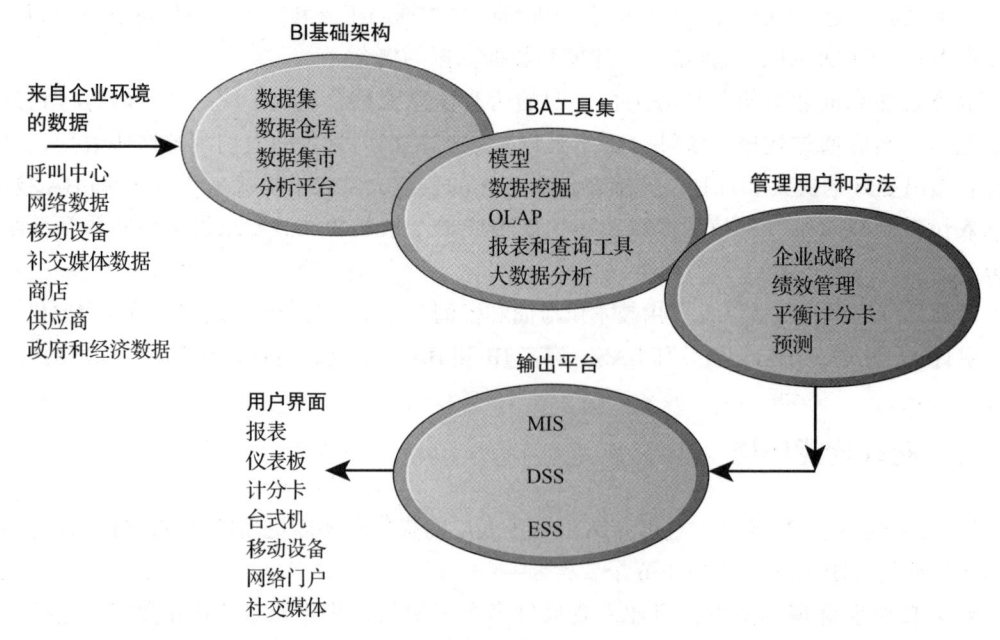

图 12-4　用于决策支持的 BI 和 BA 工具

注：BI 和 BA 需要一个强大的数据库基础、一套分析工具以及一个可以提出有价值问题并分析数据的管理团队。

### 12.3.3　商务智能和分析能力

商务智能和分析工具能为决策者提供准确且近乎实时的信息，同时帮助决策者快速理解这些信息并采取行动。BI 系统提供了 6 种分析功能以实现这些目标。
- **生产报表**：这些报表都是根据行业具体要求预先定义好的（见表 12-4）。
- **参数化报表**：用户在数据透视表中输入若干个参数，以过滤数据和隔离某些参数的影响。例如，你可能想输入区域和时间，以了解在不同区域和时间里产品销售额的变化情况。比如在星巴克，你可能会发现，东部的客户大部分早上会买咖啡，而西北部的客户则全天均会买咖啡。这一发现可能会使企业在不同的地区采取不同的营销和广告活动（参见第 12.4 节中关于数据透视表的讨论）。
- **仪表盘/计分卡**：这些都是可视化工具，用于展示由用户定义的绩效指标数据。
- **即席查询/检索/报表创建**：这些工具允许用户根据查询和检索的结果创建自己的报表。
- **向下钻取分析**：这是一种分析能力，允许管理者从汇总数据入手深入到底层细节数据进行观察。
- **预测、情景和建模**：这些功能包括线性预测功能、what-if 情景假设分析功能，以及使用标准统计工具分析数据的功能。

表 12-4　BI 预先定义的生产报表示例

| 业务职能领域 | 生产报表 |
| --- | --- |
| 销售 | 预测销售量；销售团队绩效；交叉销售；销售周期 |
| 服务/呼叫中心 | 客户满意度；服务成本；问题解决率；客户流失率 |
| 市场营销 | 营销活动成效；忠诚度和流失率；市场购物篮分析 |
| 采购和支持 | 直接和间接开支；订单采购；供应商表现 |
| 供应链 | 积压；完成情况；订货周期；物料清单分析 |
| 财务 | 总账；应收及应付账款；现金流；盈利能力 |
| 人力资源 | 员工生产率；报酬；劳动力的人口分布；员工挽留 |

**1. 预测分析**

BI 分析的一个重要功能是对未来的事件和行为进行预测建模，如对客户所要购买产品的报价做出相应的概率预测。**预测分析**（predictive analytics）是指使用统计分析、数据挖掘技术、历史数据，以及有关未来情况的假设预测未来的发展趋势和行为模式的一类方法。预测分析首先需要明确可以预测未来行为且可以被测量的变量有哪些。举例来说，一家保险公司在制定汽车保险政策时，使用诸如年龄、性别和驾驶记录作为预测驾驶员安全性的变量。这些预测变量组合成预测模型，在可接受的置信水平下预测未来发生事故的概率。

FedEx 一直在使用预测分析模型，预测客户可能如何回应价格变动和新的服务，哪些客户最容易转到竞争对手那里，以及新的快递店面或投递网点将产生多少收入等。FedEx 预测分析系统的准确率在 65%～90%。

预测分析正逐渐被纳入许多 BI 应用系统中，如销售、营销、财务、欺诈识别和医疗方面的应用系统，其中最知名的是整个金融服务行业都在使用的信用评分系统。当你申请一张新的信用卡时，信用评分模型就会处理你的信用记录、贷款申请和购物数据，预测你的信用卡未来按时还款的可能性。医疗保险企业多年来一直在进行数据分析，预测哪些患者最有可能产生高昂的医疗费用。

许多企业通过使用预测分析模型预测客户对直接营销活动的响应情况。它们能够将资源集中在被认为更有希望的客户身上,从而降低营销成本和销售成本。例如,Slack Technologies 公司为 1 200 万活跃用户提供基于云的团队合作工具和服务,并使用预测分析模型识别最有可能频繁使用产品并升级到付费服务的客户。

### 2. 大数据分析

预测分析模型正在开始利用来自私营企业和公共部门的大数据,包括来自社交媒体、客户交易以及传感器和其他机器输出的数据。在电子商务领域中,许多在线零售商有能力向网站访问者提供个性化的在线产品推荐,刺激访客购买,并指导访客选择购买的商品。尽管如此,大部分产品推荐的算法都是基于对相似客户群体行为的分析,诸如收入低于 5 万美元,或年龄在 18~25 岁的客户群体。目前,有些零售商开始收集大量线上和线下门店的客户数据,以及社交媒体数据,并对这些数据进行分析,从而使得产品推荐更加个性化。零售商的这些努力提高了客户的消费额和忠诚度。表 12-5 描述了企业使用大数据分析的例子。

表 12-5 大数据分析可以做什么

| 企业名称 | 大数据分析的作用 |
| --- | --- |
| EHarmony | 在线约会网站分析了 1 000 万用户的个人和行为数据,根据从数千段成功关系中发现的兼容性特征来匹配伴侣;每天处理超过 350 万匹配 |
| 美国银行 | 能够同时分析所有 5 000 万个客户,了解每个客户的所有渠道和互动情况,并提供一致的、精心定制的服务;能够帮助确定哪些客户有信用卡或抵押贷款;能够从竞争对手的再融资中受益;当客户在线访问美国银行、拨打呼叫中心或访问分行时,在线应用程序或销售助理可以获取该信息,从而给客户呈现美国银行有竞争力的服务 |
| Hunch.com | 通过对来自客户购物、社交网络的海量数据的分析,和来自网络周围的信号,生成能够预测用户喜欢的产品、服务和网站的"品位图谱";该品位图谱涵盖了 5 亿人、2 亿个物品(视频、小工具和书籍)以及人与物之间 300 亿个连接的预测分析,它帮助 eBay 开发了更精细化的、个性化的产品推荐建议 |
| 德国世界杯足球队 | 基于对大量关于球员个人和球队的平时表现以及比赛表现的视频和数据的分析,利用所学到的知识以及竞争对手的优劣势来改进比赛的部署;大数据分析应用帮助球队赢得了 2014 年世界杯 |

在公共事务领域,大数据分析正推动着"智慧城市"的建设,通过广泛、深入地使用数字技术,帮助城市管理者在城市运营和为市民服务等方面做出更好的决策。大量公共数据库记录了包括财产转移、税务记录、企业罚单、环境合规性审计、餐馆检查、建筑维护报告、公共交通评估、犯罪数据、卫生部门统计、公共教育记录、公用事业评估等数据。市政部门正在通过传感器、手机定位数据和智能手机应用采集更多的数据。目前预测分析模型系统可以为公用事业管理、交通运输、医疗服务和公共安全等方面的公共政策提供决策支持。更为重要的是,预测分析模型系统能够评估一项服务的变化如何影响其他服务的运营和交付,如何帮助解决整体性问题,而这一切对上一代人而言只能是梦想。

### 3. 运营智能和分析

许多决策涉及如何在日常运行的基础上管理好这些城市业务。这些决策主要是运营决策,而这种类型的业务活动监控被称为**运营智能**(operational intelligence)。物联网正在从网络活动、智能手机、传感器、测量设备和监控设备中创建大量的数据流,这些数据流可用于组织内外活动的运营智能。运营智能和分析软件使企业能够分析这些实时生成的大数据流。

开篇案例中描述的数据驱动的农业系统就是运营智能的一个例子。运营智能的另一个例子是施耐德物流公司，它是北美最大的卡车、物流和多式联运服务供应商之一。该企业使用卡车、拖车和联运集装箱上的传感器生成的数据为企业运营提供服务。传感器能采集到车辆位置、驾驶行为、燃料存储量，以及拖车或集装箱是否装载或空载的数据。利用来自燃油箱传感器的数据，以及油箱内剩余油量、卡车的目的地和沿途燃油价格数据，施耐德物流公司可以确定驾驶员最佳的停车加油点。"互动讨论：组织"部分介绍了石油和天然气行业如何使用操作智能进行预测性维护，可以预测哪些设备或基础设施可能很快发生故障，以便在故障发生之前安排维护。

⊙ 互动讨论：组织

### 石油和天然气行业中的预测性维护

在一些行业，既有资产的生产效率即使是仅提升一个百分点也可产生巨大的效益。石油和天然气行业也是如此。如设备因故障无法运行，即出现非计划停机，该行业就会深受影响。油气平台单天不生产可能会给液化天然气（liquefied natural gas，LNG）设施造成 2 500 万美元的损失，而一个中等规模的液化天然气设施一般每年会出现 5 个停机日。这就是 1.25 亿～1.5 亿美元的损失。在最大程度上减少停机时间至关重要，尤其是考虑到能源价格下降导致的收入减少。大数据分析技术可以提供帮助。

油田、石油和天然气管道中的传感器可以产生大量数据，而这些数据可以用于分析预测性维护。据麦肯锡公司估算，一个典型的离岸生产平台可能会有 4 万多个数据标签。能源企业一直以来都在使用油田传感器监控实时运行状态，现在它们开始用 IoT 数据来预测设备故障并在问题变得要花很多钱才能解决之前处理它们。对偏远地区的设备进行实地检查通常是一个非常昂贵的过程。缺乏可视性会导致设备故障和昂贵的计划外维护和非生产时间，还有因设备故障导致的石油溢出、泄漏或事故。

预测性维护工具评估设备运行的状况并预测其维护要求，由此实现最优性能并预防运转失灵。它们使用自动化的状况监测和先进的数据分析技术来收集重要的设备统计数据，如振动、温度、声音和电流，将它们与相似设备的历史数据进行比较以检测恶化迹象。从预测性维护程序中获得的见解使决策者能够在不中断常规生产运行的情况下安排维护活动，并确定哪些维修具有最高优先级。

英国石油和天然气公司 BP 和 GE 在 2015 年开展合作，给它的数千口油井中的 650 口装配了与 GE 的 Predix 云平台相连的 GE 传感器。Predix 提供开发和运行 IoT 应用的服务，这些 IoT 应用可以从工业传感器收集数据并在云端分析数据，提供实时信息以便安排维护检查、提高机器效率并减少停机时间。每一口 BP 油井装配了 20～30 个传感器来测量压力和温度，每 15s 向 Predix 传输 50 万个数据点。BP 希望用数据预测油井流量以及每口油井的有效寿命，最终获得整个企业范围内的油田运行情况。

BP 与 GE 合作开发了一款名为工厂运行顾问（Plant Operations Advisor，POA）的应用，进一步提升了 BP 石油和天然气生产业务的效率、可靠性和安全性。POA 帮助工程团队快速响应实时发生的问题，由此预防计划外的停机。BP 首先使用 POA 帮助管理其在墨西哥湾的一个平台的性能，且很快将该工具部署到全球的其他 BP 设施中。

GE 认为管道风险管理是石油和天然气行业面临的主要挑战。全球有 200 万 mile 的传输管道，将液态石油或天然气从开采点传输到精炼厂、加工厂或市场。美国约有 55% 的传输管道是在 1970 年之前安装的。管道泄漏并不经常发生，但一旦发生，它们就会造成严重的经济和环境破坏，还会给管道运营商和能源企业造成不良声誉。管道运营商总是急切地想要知道下一次破裂会在哪里发生，但它们通常缺乏衡量管道健康程度的数据。

GE 已开发出一款管道管理软件套件，可以用于评估、管理和集成关键数据，以实现管道的安全管理，其中包括一个用于监控老化基础设施的风险评估工具。GE 的风险评估解决方案结合了内外部因素（如洪水），可以准确、实时地以可视化的形式显示管道哪里存在风险。该风险评估工具使管道运营商能够对应当将现场维修小组沿管道部署在哪里做出实时的决定。

在容易出现地震活动、水道和冲蚀的地区，天气对管道的风险有着相当大的影响。检查雨区或泛洪区数千英里管道的天气模式，并将这些数据与其他复杂的管道数据集综合在一起，是一项难以用人工完成的任务。但 GE Predix 通过将所有相关数据汇聚在一个地方，使管道运营商能够更方便地获取数据来帮助他们应对有最大潜在影响的地区。

荷兰皇家壳牌石油公司当前正在使用微软的 Azure 云平台和 C3 IoT PaaS 应用程序开发平台监控和预测哪里以及何时需要维护压缩机、阀门及其他设备。内置这些工具的预测性维护应用正在进军生产领域。有些处理在澳大利亚进行煤层气（从未开采煤层中收集的气体）生产的设备，而有些则在帮助检测下游阀门的异常。壳牌当前正在尝试在它的数万甚至数十万的设施站点以及超过 100 万件的单个设备上部署预测性维护技术。

资料来源：www.ge.com, accessed April 20, 2020; "BP and GE Announce New Offshore Digital Technology with Plans to Deploy Globally," www.powergenadvancement.com, accessed April 12, 2020; "Predictive Maintenance Gains Greater Significance in Oil and Gas Industry," *Oil & Gas Engineering*, May 24, 2019; Caroline Donnelly, "AI and Machine Learning Help to Power Shell's Multi-Decade Digital Transition," *Computer Weekly Nordic*, November 2018–January 2019; Steven Norton, "Shell Announces Plans to Deploy Applications at Scale," *CIO Journal*, September 20, 2019; and Laura Winig, "GE's Big Bet on Data and Analytics," *MIT Sloan Management Review*, February 2016.

**案例分析题：**

1. 为什么预测性维护在石油和天然气行业如此重要？它解决了什么问题？
2. IoT 和大数据分析在预测性维护中的作用是什么？
3. 英国石油和天然气公司和荷兰皇家壳牌石油公司的预测性维护应用程序如何改变业务运营和决策？
4. 请举例说明预测性维护系统在其他行业中的应用。

### 4. 地理位置分析和地理信息系统

决策同样需要基于位置数据。BI 分析功能中也包括**位置分析**（location analytics），是对基于地理位置的数据进行分析以获取业务洞察的一种能力，该数据包括来自移动电话的地理位置数据、传感器或扫描设备的数据以及地图的数据等。例如，地理位置分析可以帮助营销人员确定哪些人适合推送与附近餐馆和商店有关的移动广告，或者分析移动广告对实体店访问量的影响。地理位置分析还可以帮助公用事业设施企业查看和评估与客户位置相关的设备停机时间及相关成本,以帮助确定营销、系统升级和客户服务工作的优先级。第1章介绍的 UPS 包裹跟踪和递送路线系统使用了地理位置分析功能。星巴克也用地理位置分析功能决定在哪里开设新店铺。星巴克系统分析了大量基于地理位置的数据和人口统计数据,确定在不影响其他星巴克门店销售的情况下,确定新门店的最佳地点。用户可以在地图上看到本地贸易区、零售集群、人口统计、交通和运输节点,以及可能成为重要客户来源的新的办公室的位置。

星巴克是**地理信息系统**(geographic information system,GIS)的一个应用案例。GIS 提供的工具可以帮助星巴克决策者将问题图形化,并从地图中受到启发。GIS 软件可以将有关人员或其他资源分布的地理位置数据与地图上的点、线和区域联系起来。有些 GIS 系统还具有修正数据和自动修正业务场景的建模功能。

GIS 可以用来帮助州政府和地方政府计算对自然灾害与其他紧急事件的响应时间,帮助银行确定新的分支机构或 ATM 的最佳位置,或帮助警方确定犯罪率最高的地点。"互动讨论:管理"部分提供了其他类型的 GIS 应用程序的例子,这些应用程序被蓝多湖用来改善运营和规划。

◉ 互动讨论:管理

## GIS 帮助蓝多湖实现战略性资产管理

蓝多湖(Land O'Lakes)是一家社员所有的农业合作社,通过致力于提升其乳制品的质量、一致性、营销和经济性来服务乳制品行业。它在 1921 年由 300 家乳制品厂创立,总部位于明尼苏达州阿登希尔斯市。它现在是美国最大的合作社之一,有 3 667 名社员和近 1 万名员工。蓝多湖每年的乳制品、动物饲料、种子和作物保护产品的年销售额总计达到 150 亿美元。2019 年,蓝多湖为它的社员创造了 1.87 亿美元的收益。

蓝多湖提供专业技术知识、专利工具和基于研究的解决方案帮助农民提高生产效率和竞争力。大约 7 年前,蓝多湖成立了一个战略资产管理团队来向其社员提供咨询服务。对于农业,效率和利润深受农场与各种资产(如饲养场、粮仓或作物营养设施)间距离的影响。既有的存储设施可能并非位于服务农场当前客户的最好位置,而新设施也并不总是建造在最具战略意义的地点。

战略资产管理团队在商议这些问题时通常利用 GIS。例如,GIS 可以向合作社社员展示一个项目的贸易区的地图和位置信息——贸易区在什么位置、社员的设施位于贸易区内的什么位置以及竞争对手的总部在哪里。GIS 能够显示战略资产管理团队所分析的贸易区的地理动态变化,以及如何改进它们。

如果蓝多湖有多个彼此接近的设施,战略资产管理团队就会分析贸易区重合的地方。团队还进行交通运输分析,确定产品当前是如何配送给蓝多湖的客户的,以及是否有方法可以使配送更为高效。战略资产管理团队可以分析客户当前使用的设施,根据距离、功能和将来的增长情况将这些设施与被认为更适合客户使用的设施进行比较。有时候,GIS 会用于分析特定贸易区域内的开车时间路线并进行路线规划。

此外,战略资产管理团队还使用 GIS 进行现场数据收集。它经常需要分析社员如何经营他们的设施。这些设施有哪些能力?它们有多少年历史了?我们可以如何扩大这些设施?战略资产管理团队利用Survey123 for ArcGIS来捕获全面一致的设施数据集，以解答这些问题。ArcGIS是环境系统研究所（Environmental Systems Research Institute，ESRI）开发的一套GIS软件产品。ESRI是一家在桌面、服务器和移动平台上运行GIS的国际供应商。这些工具集成、存储、编辑、分析和显示地理信息，为决策提供信息。Survey123 for ArcGIS是一款用于创建、分享和分析调查的软件工具，支持通过web和移动设备采集数据。

既有设施的整合与新设施的建造会影响农业。这些变化会造成贸易区出现重合、空白以及冗余，影响效率和盈利能力。了解某一设施有多大能力以及服务既有和将来客户需要多大能力，这非常重要。在合作社社员建造新设施之前，战略资产管理团队会根据市场的未来需求以及潜在的投资回报评估项目。评估涉及当前饲料业务、客户需求、竞争对手能力、资产效率、财务表现、监管合规性、市场趋势和项目风险等因素。GIS帮助战略资产管理团队向合作社社员展示不同设施（如两家新的工厂）的客户分配。

战略资产管理团队也会提出如何改变社员运输或分销模式的建议。例如，将经营7家饲料厂的社员介绍给养猪户。有两家饲料厂已经比较陈旧，不值得再花钱改善它们。而另一家饲料厂在一定投资下可以在需要更换之前再经营5年以上。饲料厂的市场正在不断扩大，所以饲料厂主应当随市场扩张增加产能。问题是，哪里是设置新设施来取代3家过时饲料厂的最佳地点？新设施可以以更高效和对员工来说更安全的方式生产饲料吗？能实施追溯机制来满足当下消费者对透明度的要求吗？战略资产管理团队将努力提供答案。

蓝多湖利用运输研究来检查运营支出和将来的运输成本，这是其用于资本投资的财务分析的组成部分。战略资产管理团队将尝试解答各种问题，例如，今天货车驾驶员需要行驶多少英里才能到达配送设施？如果实施新的运输模式来适应不同的配送设施，他们需要行驶多少英里？新的运输模式是否会节约成本，还是会因为在不同地区建造新设施而增加成本？

战略资产管理团队的市场分析还考察了蓝多湖产品的需求趋势：该需求来自哪里？该需求正在发生怎样的变化？是什么在驱动该需求？历史上市场发生了多少增长？将来的增长机会在哪里？竞争对手有哪些，它们对市场有什么影响？战略资产管理团队的工作已同时助益日常经营和长期规划。

资料来源：www.esri.com, accessed January 15,2020; "2019 Land O'Lakes Inc. Annual Report," February 25, 2020; "As Agriculture Continually Transforms, Land O'Lakes Uses GIS to Manage Strategic Assets," *ArcNews*, Fall 2019; www.vault.com , accessed January 15, 2020.

**案例分析题：**

1. 为什么地理位置数据对蓝多湖如此重要？蓝多湖使用哪些类别的地理信息？
2. 使用GIS如何改善蓝多湖的操作和决策？
3. 请举例说明利用GIS改进了蓝多湖的3个决策。

## 12.4　组织中不同决策群体对BI的使用

在本书前面和本章中，我们已经描述了企业高层管理者、中层管理者、分析人员和操作人员需要的不同信息。当然BI和BA系统也是如此。在BI的用户中（见图12-5），80%以上的用户是比较随意的，他们主要依赖于生产情况报告。高级管理者喜欢使用BI系统中的仪表盘和计分卡等可视化界面来监视业务活动。中层管理者和分析人员更喜欢 BI 系统中的数据和软件功能,喜欢从不同层面输入查询和切分数据。操作人员和客户、供应商一样,主要关注事先定义好的报表。

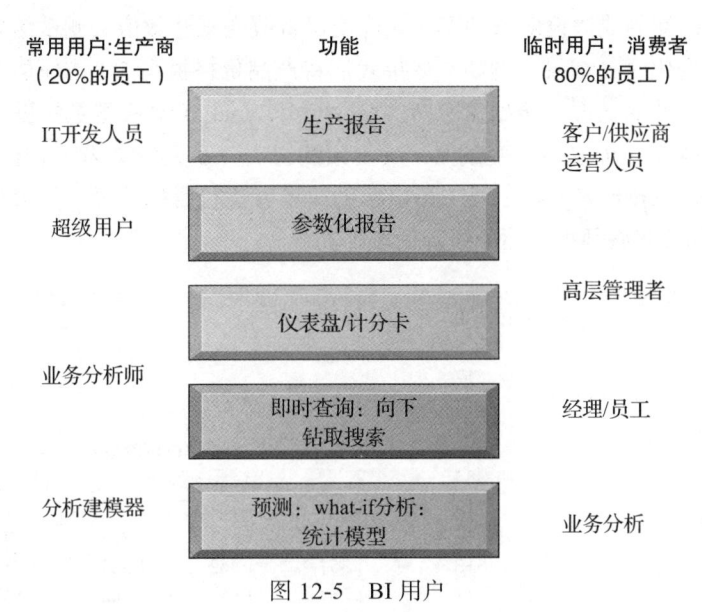

| 常用用户:生产商<br>(20%的员工) | 功能 | 临时用户:消费者<br>(80%的员工) |
|---|---|---|
| IT开发人员 | 生产报告 | 客户/供应商<br>运营人员 |
| 超级用户 | 参数化报告 | |
| 业务分析师 | 仪表盘/计分卡 | 高层管理者 |
| | 即时查询:向下<br>钻取搜索 | 经理/员工 |
| 分析建模器 | 预测:what-if分析;<br>统计模型 | 业务分析 |

图 12-5　BI 用户

注:临时用户是 BI 输出的消费者,常用用户是报告、新的分析、模型和预测的生产者。

## 12.4.1　对运营管理和中层管理的决策支持

运营管理和中层管理者一般负责监控业务关键方面的绩效表现,从工厂车间机器的停机时间,到连锁食品店每天甚至每小时的销售情况,再到企业网站每天的访问流量。他们所做的大多数决策是结构化的。中层管理者通常使用 MIS 支持这类决策,这已经在第 2 章中介绍过。目前越来越多的中层管理者在线获取这些报表,并能够以交互的方式查询数据,以找出事件发生的原因。这个层级的管理者往往更加关注异常报告,这些报告仅强调突出的例外情况,如某个特定区域的销售额跌破了预期水平,或某个员工已经超出其牙科保健计划的消费限制等。表 12-6 提供了一些商务智能 MIS 的例子。

表 12-6　MIS 应用示例

| 企业名称 | MIS 应用示例 |
|---|---|
| 加州比萨厨房 | 库存快速补货应用程序"记住"每家餐厅的订货模式,将每个菜品用的食材数量与管理者预先设定的标准进行比较,该系统可以识别超出标准线的餐厅,并通知它们采取行动予以纠正 |
| 博莱克威奇公司 | 内联网 MIS 跟踪全美各类项目的建筑成本 |
| 塔可钟 | 企业运营全自动化(Total Automation of Company Operation,TACO)系统为每家餐厅提供食品、劳动力和单位时间内的成本信息 |

## 12.4.2　对半结构化决策的支持

有些管理者属于"超级用户"和热心的业务分析师,他们希望创建自己的报表,并使用更复杂的分析工具和模型发现数据中隐含的模式，模拟不同的业务场景，或测试某个特定的假设。DSS 就是这类用户的 BI 平台，具有支持半结构化决策的功能。

DSS 比 MIS 更多地依赖建模，用数学或分析模型来进行假设分析或其他类型的分析。假设分析是指在已知的或假设的条件下，允许使用者改变某些数值去测试结果，从而可以预测这些数值发生变化时的结果。例如，如果我们将产品价格提高 5% 或增加 100 万美元的广告预算，将会发生什么情况？**灵敏度分析**（sensitivity analysis）模型是指提出一系列的假设问题，通过多次改变一个或多个变量值，反复预测得出一系列的结果（见图 12-6）。反灵敏度分析（backward sensitivity analysis）可以帮助决策者进行目标搜寻：如果我想在明年卖出 100 万件产品，那么我必须把产品价格降低多少？

| 总固定成本 | 19 000 | | | | | |
|---|---|---|---|---|---|---|
| 单位可变成本 | 3 | | | | | |
| 平均销售价格 | 17 | | | | | |
| 边际毛利 | 14 | | | | | |
| 盈亏平衡点 | 1 357 | | | 单位可变成本 | | |
| 销售量 | 1 357 | 2 | 3 | 4 | 5 | 6 |
| 价格 | 14 | 1 583 | 1 727 | 1 900 | 2 111 | 2 375 |
| | 15 | 1 462 | 1 583 | 1 727 | 1 900 | 2 111 |
| | 16 | 1 357 | 1 462 | 1 583 | 1 727 | 1 900 |
| | 17 | 1 267 | 1 357 | 1 462 | 1 583 | 1 727 |
| | 18 | 1 188 | 1 267 | 1 357 | 1 462 | 1 583 |

图 12-6 灵敏度分析

注：图 12-6 显示了改变领带销售价格和单位成本对产品盈亏平衡点影响的灵敏度分析结果。它回答了如下问题："如果单位销售价格和成本增加或减少，盈亏平衡点会如何变化？"

第 6 章已经阐述过多维数据分析和 OLAP，这是 BI 的关键技术。电子表格中也有类似的多维分析功能，被称为**数据透视表**（pivot table）。作为"超级用户"的管理者和分析师会利用数据透视表识别并理解业务信息的模式，可能会有助于半结构化决策的制定。

图 12-7 展示了 Microsoft Excel 的数据透视表示例，该数据透视表用于分析一家在线销售管理培训视频和书籍的企业所进行的大量订单交易情况。该表显示了两个维度之间的关系，即每个客户订单的销售区域和产品信息来源（网页横幅广告或电子邮件）。该图能回答在排除区域因素的前提下，客户来源是否会产生影响。从图 12-7 可以看出，绝大多数客户来自美国西部地区（West），如果不考虑区域因素，横幅广告带来了绝大多数客户。

过去像这类建模分析都是通过电子表格和小型独立数据库完成的，而现在这些功能都被整合到大型企业级 BI 系统中了，能够分析来自大型企业数据库的数据。BI 分析功能还包括了复杂的建模工具，其中一些之前已经提到过。例如，这些功能可以帮助 Progressive 保险公司为其保险产品识别出最好的客户。通过采集保险行业大量的数据并加以分析，该企业可以细分最小的客户群组，或称为"细胞组"，比如有一组客户可以是年龄在 30 岁及以上、受过大学教育、信用评分超过某一水平，且没有发生过意外事故的摩托车车手。对于每一个"细胞组"，该企业都进行回归分析，找出与这一客户群体主要的保险损失最密切相关的因素。然后，为每个客户群组设定价格，并采用模拟软件测试这个定价是否能使企业获得利润。该企业利用这些分析技术，可以从那些被其他保险企业拒绝的传统意义上的高风险客户群体中获得收益。

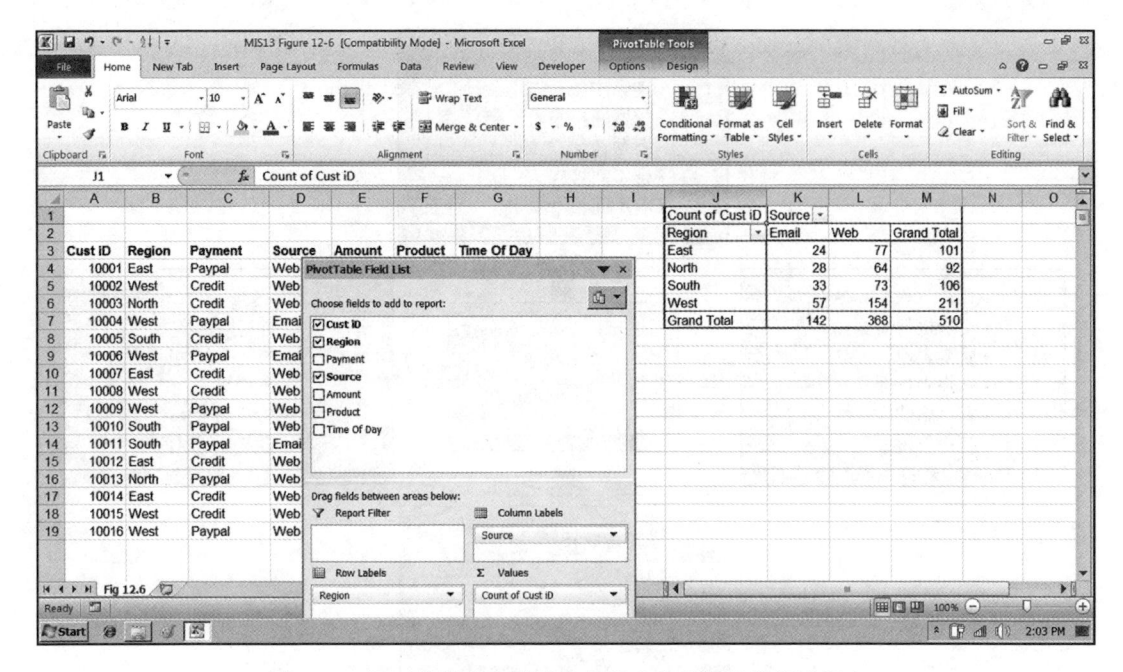

图12-7 用于分析客户区域分布和广告来源的数据透视表

注：在本数据透视表中，我们能根据区域和广告来源的维度，了解在线培训企业的客户情况。

## 12.4.3　高层管理者的决策支持：平衡计分卡与企业绩效管理法

正如第2章中所介绍的，ESS的目的是帮助高层管理者专注于那些能影响企业整体盈利能力和成功的真正重要的绩效信息。开发ESS需要注意两点：①你需要一种方法论，以准确理解到底什么是高管所需要的"真正重要的绩效信息"；②你需要开发能够及时把这些信息提供给正确的人的系统。

用来理解企业高管所需的真正重要的绩效信息的主要方法被称为**平衡计分卡方法**（balanced scorecard method）（Kaplan和Norton，1992）。平衡计分卡是企业用来衡量战略计划实施情况的一个框架，关注企业4个维度上的可衡量绩效结果，即财务、业务流程、学习与成长、客户（见图12-8）。

每个维度的绩效是通过**关键绩效指标**（key performance indicator，KPI）来衡量的，高层管理者用这些指标来了解企业在某一维度上的绩效完成情况。例如，一家在线零售企业衡量客户绩效目标完成情况的一个关键指标是递送包裹到消费者手中的平均时长。如果你在银行工作，那么你的业务流程维度绩效的其中一个KPI是完成某项基本业务需要的时长，如开办一个新客户银行账户的时长。

平衡计分卡框架被认为是"平衡的"，因为它能使管理者不仅仅关注财务绩效。有观点认为，财务绩效是过去的历史，即过去行为的结果，管理者应着眼于他们今天能够影响的事情，如业务流程的效率、客户满意度和员工培训等。一旦计分卡由企业顾问和高级管理者开发出来，下一步就是把每个KPI的信息自动地推送给高层管理者和其他管理者。当这些系统被实现时，它们就被称为ESS。

```
           财务
          • 现金流
          • 投资回报率
          • 财务业绩
          • 资本回报率
          • 股本回报率


   客户                              业务流程
 • 交货执行情况      企业战略        • 业务活动数量
 • 质量表现         和目标          • 流程执行时间
 • 客户满意度                       • 事故率
 • 客户忠诚度                       • 资源利用率
 • 客户保留率                       • 设备停运时间


          学习与成长
          • 投资率
          • 患病率
          • 内部晋升率
          • 员工流失率
          • 员工性别比例
```

图 12-8　平衡计分卡框架

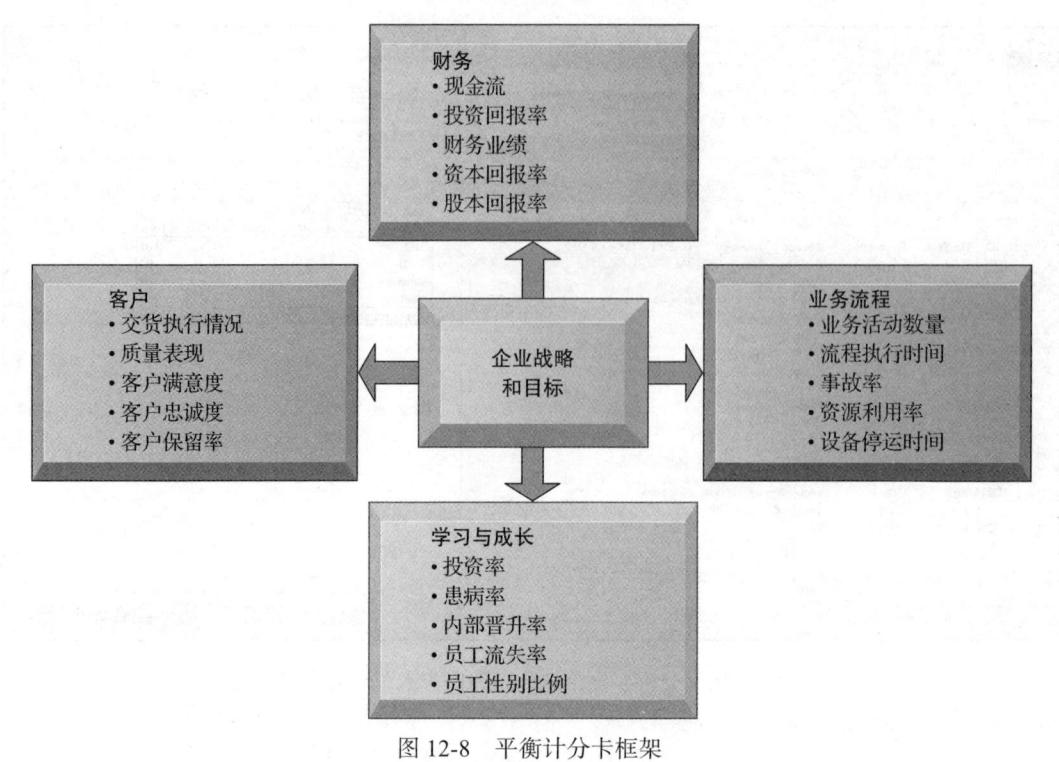

注：在平衡计分卡框架中，企业的战略目标实施情况围绕 4 个维度进行衡量，每个维度使用若干个 KPI 来衡量。

另一个密切相关的常用的管理方法是**业务绩效管理**（business performance management，BPM）。BPM 的概念最初由一个行业组织在 2004 年提出（该组织由那些销售企业系统和数据库系统的主流企业组成，如甲骨文、SAP 和 IBM 等）。BPM 试图把一家企业的战略（如差异化、低成本的生产商、市场份额的增加以及运营范围等）系统地转化为经营目标。当战略和目标确定后，一套衡量战略和目标进展的 KPI 就可以开发出来了。然后可以从企业数据库系统中提取信息来衡量企业的绩效。虽然 BPM 采用与平衡计分卡相同的理念，但相比之下它更具战略特色。

现代 ESS 系统中的数据主要来自企业现有的应用系统（ERP、SCM 和 CRM）。此外，ESS 还能收集新闻、金融市场数据库、经济信息，以及高层管理者所需的其他外部数据。如果管理者需要更详细的数据视图，ESS 也能提供强大的向下钻取功能。

一个良好的 ESS 系统可以帮助高层管理者有效地监控组织绩效，跟踪竞争对手的活动，识别市场条件的变化，以及确定问题、发现机遇。位于组织较低层级的员工也能使用这些系统监控和衡量各自负责领域的业务绩效。为使以上这些系统和其他的 BI 系统真正发挥作用，信息必须是"可操作的"，即在需要决策时必须随时可获取并且易于使用。如果用户收到的报告中有难以理解的关键指标，那么员工的生产力和企业绩效将受到影响。

## 12.5　MIS 如何有助于我的职业发展

通过本章和本书的指引，将帮助你找到一份初级数据分析师的工作。

## 12.5.1 公司简介

Western Well Health 是科罗拉多州丹佛市主要的医疗保健服务供应商，正在寻找一名初级数据分析师，为运营和临床部门执行数据分析和报告。该企业的医疗网络包括科罗拉多州和堪萨斯州西部的 18 家医院、6 个老年生活社区、紧急护理诊所、合作医院以及家庭护理和临终关怀服务等。

## 12.5.2 职位描述

数据分析师将负责协调各种质量和绩效衡量计划，包括满意度调查计划、基准测试和跟踪护理质量、临床结果绩效和资产利用率。工作职责包括：
- 根据 SAS 数据集、微软 Access 数据库、外部网站和 BI 平台收集的数据进行数据分析，为关键利益相关群体和决策者提供报告；
- 通过访谈、文件分析、需求研讨会、现场访问、使用案例、数据分析和工作流程分析获取数据和报告需求；
- 与工作人员合作进行设计、维护和分发报告，并将报告纳入平衡计分卡；
- 根据需要分析、测试和修改数据库和报告，满足最终用户规范和质量保证程序的需求；
- 协助增强 BI 报告工具、仪表盘和移动 BI，提高报告的可用性、增加用户采用率并简化支持。

## 12.5.3 岗位要求

- 拥有信息系统或统计学学士学位。
- 了解 Microsoft Access、SQL 和 BI 工具，如 Business Objects、SAS BI 或 Tableau。
- 有数据管理、分析和信息系统经验者优先。
- 对医疗保健行业和电子病历系统有一定的了解。
- 有项目管理技能或经验者优先。

## 12.5.4 面试问题

1. 你使用过 BI 软件吗？使用过哪些工具？熟练程度怎么样？能举例说明使用这些工具所做的数据分析工作和报告吗？
2. 根据你在数据分析和 BI 方面的经验，是否曾经使用过不那么友好的工具？有什么建议可以为用户改进该工具？
3. 你有没有过从零开始为用户开发分析报告的经历？你使用过哪些 BI 工具或数据集？能谈谈你是如何与用户合作以获取报告的信息需求的吗？
4. 你知道医疗保健行业和电子病历系统吗？你曾经使用过电子病历系统和软件吗？你做了些什么工作？
5. 你曾经在项目组工作过吗？你的职责是什么？你扮演过领导的角色吗？

### 12.5.5 作者提示

1. 复习本章前两节关于决策、第 6 章关于数据管理的内容，了解第 13 章关于建筑系统构建和信息需求的内容。

2. 利用网络对企业做更多的研究。试着了解更多关于企业战略、竞争对手和业务挑战的信息。另外，浏览企业过去 12 个月的社交媒体频道，你能发现企业有哪些发展趋势或关注哪些社交媒体主题吗？

3. 如果你对所需的 BI 软件工具没有经验，请通过网络了解这些工具以及其他医疗保健企业是如何使用这些工具的。访问麦肯锡公司、波士顿咨询集团、贝恩公司和埃森哲等大型咨询企业的网站，阅读关于技术如何改变医疗保健服务业的研究文章。

4. 带上你在课程中完成的查询、报告工作以及体现你对 Microsoft Access 的熟练程度的案例。

## 本章小结

**12-1 决策的类型及决策过程的各个阶段**

组织中不同的层级（战略、管理和运营）会有不同的决策需求。决策可以是结构化、半结构化或非结构化的。结构化决策集中在组织运营层级，非结构化决策则集中在战略层级。决策可以由个人或团体来完成，包括员工、业务管理者、中层管理者和高层管理者。决策过程包括 4 个阶段，即情报、设计、选择和实施。

**12-2 信息系统对管理者活动和管理层决策的支持**

早期经典的管理活动模型强调计划、组织、协调、决策和控制功能。当代研究通过观察管理者的实际行为发现，管理者在现实中的活动是高度分散的、多样化的、持续时间较短，且不愿意做出大而全的决策。

信息技术为管理者提供了新的工具，既发挥他们的传统角色也兼顾新角色，使他们能够比以往任何时候都更加精确和快速地监控、计划和预测，并能更迅速地对不断变化的商业环境做出反应。信息系统最有助于支持管理者履行信息传播角色、组织各层级之间的联络角色和分配资源的角色。然而，信息系统支持非结构化的成功例子很少。信息系统在支持决策方面可以发挥作用，但信息质量、管理过滤器和组织文化可能会降低决策质量。

**12-3 商务智能和商业分析对决策的支持**

BI 和 BA 可以给决策者提供正确且近乎实时的信息，分析工具可以帮助决策者迅速理解信息并采取行动。BI 系统包括来自企业环境中的数据、BI 基础架构、BA 工具集、管理用户和方法、BI 输出平台（MIS、DSS 或 ESS）和用户界面。BI 系统提供 6 种满足最终用户需要的分析功能，包括预定义的生产报表、参数化报表、仪表盘/计分卡、即席查询/搜索报表创建、向下钻取分析以及预测、情景和建模等。

**12-4 组织中不同决策群体对 BI 的使用**

运营管理和中层管理者一般负责监控企业运营绩效，他们所做的大多数决策是结构化程度较高的。生成日常生产报表的 MIS 通常用于支持这种类型的决策。中层管理者和分析人员使用 DSS 辅助制定非结构化决策。DSS 一般具有较强的分析和建模工具，包括电子表格和数据透视表。高层管理者通过显示 KPI 信息的仪表盘和可视化界面辅助制定非结构化的决策，这些 KPI 信息反映了企业的盈利情况、成功和战略执行情况。平衡计分卡与业务绩效管理是用于指导 ESS 设计的两种方法论。

## 关键术语

平衡计分卡方法（balanced scorecard method）　　行为模型（behavioral model）

业务绩效管理（business performance management，BPM）
选择（choice）
经典管理模型（classical model of management）
数据可视化（data visualization）
决策角色（decisional role）
设计（design）
向下钻取（drill down）
地理信息系统（geographic information system，GIS）
实施（implementation）
信息角色（informational role）

情报（intelligence）
人际关系角色（interpersonal role）
关键绩效指标（key performance indicator，KPI）
位置分析（location analytics）
管理者角色（managerial role）
运营智能（operational intelligence）
透视表（pivot table）
预测分析（predictive analytics）
半结构化决策（semi-structured decision）
灵敏度分析（sensitivity analysis）
结构化决策（structured decision）
非结构化决策（unstructured decision）

## 复习题

12-1 列出并描述组织中不同的决策层和决策参与者。解释他们的决策需求有哪些不同。
- 区分非结构化、半结构化和结构化的决策。
- 列出并描述决策的各个阶段。

12-2 比较经典管理模型和行为模型。
- 确定可以由信息系统支持的具体管理角色。

12-3 定义并描述BI和BA。
- 列出并描述BI系统中的组成要素。
- 列出并描述BI系统提供的分析功能。
- 比较两种不同的开发BI和BA功能的管理策略。

12-4 列出组织中主要的决策者，并描述其所做的决策类型。
- 描述MIS、DSS或ESS如何为每一类决策者提供决策支持。
- 定义并描述平衡计分卡方法和业务绩效管理方法。

## 讨论题

12-5 作为信息系统的管理者或使用者，要参与DSS或ESS的设计和使用，你需要了解什么？为什么？

12-6 如果企业更广泛地使用DSS和ESS，管理者和员工将能做出更好的决策吗？为什么？

12-7 BI和BA能在多大程度上帮助企业完善经营策略？请解释你的答案。

## MIS 实践项目

本部分的MIS实践项目将让你通过分析DSS实践项目、使用在线退休计划工具进行财务计划的编制获得实践经验。

### 管理决策问题

12-8 斯巴鲁（Subaru）和其他汽车制造商的经销商保存着销售和服务的汽车的里程记录。里程数据用于提醒客户何时需要预约保养服务，但也用于其他目的。在当地经销商层面和企业层面，这种数据可以支持哪些决策？如果这些数据是错误的，将会发生什么？例如，里程本应是30 000却显示为130 000，它将如何影响决策？评估其对业务的影响。

12-9 Applebee's是世界上最大的休闲餐饮连锁店之一，在美国和其他18个国家拥有 1 700 多家分店。其菜单包括牛肉、鸡肉和猪肉，以及汉堡、面食和海鲜。该企业的 CEO 希望研发更美味的、更多客户想要的，并且在汽油和农产品成本上升的情况下客户仍然愿意支付的餐品，从而提高餐厅的盈利能力。BI 如何帮助管理者实施这一战略？该企业需要收集哪些方面的数据？什么样的报告有助于管理层制定改善菜单和提高盈利能力的决策？

**改善决策：使用基于互联网的 DSS 规划退休生活**

**软件技能要求：基于互联网的软件**
**商业技能要求：财务规划**

12-10 该项目有助于你提高利用基于互联网的 DSS 进行财务规划的技能。
美国有线新闻网络财经频道（CNN Money）

和基普林格（Kiplinger）集团网站的主要功能是使用基于互联网的 DSS 进行财务规划和决策。这两个网站都可以用来规划退休生活。请你选择并使用某个网站，确定需要为退休生活存多少钱。假设你现在 50 岁，计划在 17 年后退休。你现在有 10 万美元的存款。当前你的年收入是 85 000 美元。你的目标是年退休收入能够达到 60 000 美元，其中包括社会保障金。

使用你所选择的网站，确定你需要存多少钱才能实现你的退休目标。如果你需要计算预估的社会保障金，可以使用在社会保障局网站上的快速计算器。

请评价该网站，包括它的易用性、清晰度，所得到的计算结果的价值，以及在多大程度上该网站可以帮助投资者了解他们的财务需求和金融市场情况。

## 协同与团队合作项目

**调查体育数据驱动分析**

12-11 与 3 ~ 4 个同学一起，选择一项运动，如橄榄球、棒球、篮球或足球。使用网络研究如何使用数据和分析提高团队绩效或门票销售量。如果可能，请使用 Google Docs、Google Drive 或 Google Sites，集思广益并制作演示文稿来汇报你们的结果。

## 案例研究

### 是否应当由算法给我们做决定

费城的达内尔·盖茨因在 2013 年开车撞进一幢房子以及在之后暴力威胁其同居伴侣而入狱。2018 年他被释放，一开始他被要求每周访问缓刑监督官一次，因为他被计算机算法识别为"高风险"人物。后来，盖茨去缓刑监督办公室的频率被延长至两周一次，然后是一个月一次，但与缓刑监督官的对话仍是没有人情味且敷衍了事的，监督官极少花时间了解盖茨的改造情况。盖茨不知道的是，是宾夕法尼亚大学的一个教授开发的一个计算机算法做出了影响他缓刑规则的"高风险"决定。

在美国和欧洲，现在有很多算法被用来决定人们的生活，而该算法只是其中之一。预测性算法被用于确定刑期、缓刑规则和警察的巡

逻。通常并不确定这些自动化系统是如何做出决定的。很多国家和州几乎没有要求披露算法公式的条例。而且，即使政府提供系统如何做出决定的解释，算法对于门外汉而言通常也太难懂了。

荷兰鹿特丹市政府已经使用这种算法来识别福利欺诈和税务欺诈的风险。一个名为系统风险识别（System Risk Indication）的项目扫描了来自各个政府机关的数据，对可能在工作的同时申领失业福利金的人士或实际上与多人同住但获取独居住房补贴的人士进行标记。依据运行该项目的荷兰社会事务及就业部所述，所检查的数据包括收入、教育、财产、租金、债务、汽车所有权、家庭地址和获得的住房、

医疗保健和儿童福利金。算法会生成应当进行调查的个体的"风险报告"。当该系统在鹿特丹市使用时，它给两个居民区生成了 1 263 份风险报告。对于名单上的人员，不会告知他们算法如何做出决定以及他们是否在登记簿上，也不会向他们显示申诉的办法。联合国特别报告员在 2019 年 10 月发布了一份有关极端贫困的报告，对荷兰的系统进行了批评，因为它打造了一个"数字化福利国家"，把有关人们生活的关键决策转交给了机器。

鹿特丹的市民以及隐私权利团体、民权律师和最大的全国性劳工联盟联合起来反对系统风险识别项目。一个地方法院命令立即停止使用风险算法。该法院表示，系统风险识别项目缺乏隐私保障措施，且政府对于它的运行方式不够透明。法院做出的决定可以进行申诉。

英国的布里斯托尔市正在用一个算法来补偿因预算紧张而减少的社会服务。算法尝试识别市内最具犯罪风险的青年和亟待援助的儿童。包括警方和儿童服务局代表在内的团队每周召开会议审查算法的结果。2019 年，布里斯托尔市引入了一个软件程序，该程序根据从警方报告、社会福利和其他政府记录中提取的数据生成一个风险分数。风险分数考虑了犯罪、学校出勤率、住房数据、与其他高风险分数人士的已知关联以及青少年父母是否涉及家庭纠纷。分数会波动，波动取决于青少年近期发生的事件，如休学。

有证据表明布里斯托尔市的算法正在识别正确的人士，且该算法的使用由人类决策者决定。沙琳·理查森和德斯蒙德·布朗是两位负责帮助被软件标记的年轻人的市政工作者，他们承认计算机并不始终理解正确，所以他们并不完全依赖计算机。市政府向公众公开了这一计划。政府已在网上发布了一些详细信息，并举办了社区活动，但反对者认为该计划并非完全透明。年轻人和他们的父母并不知道自己是否在名单上，也无法抗议自己被列入名单。

针对信用评分、招聘、治安和医疗保健领域算法进行的研究已发现，设计不当的算法可能会加强种族和性别偏见。康奈尔大学的助理教授兼微软研究院首席研究员梭伦·巴罗卡斯指出，算法可能看起来由数据驱动的程度很高，但一开始在设置问题时就存在主观的决策。

例如，加州大学伯克利分校卫生政策研究员齐亚德·奥伯迈尔和其同事于 2019 年 10 月在《科学》期刊上发表了一项研究，考察了医院广泛用于确定患者护理优先事项的一个算法。研究发现，即便更加病重，非裔美国患者获得额外医疗帮助的可能性也要低于白人患者。联合健康集团的健康服务部门 Optum 的 Impact Pro 项目已使用该算法识别心脏病、糖尿病和其他慢性疾病的患者，这些患者可以在护士、药剂师和社工管理他们的药方、安排就诊和监测其整体健康状况的过程中获得更多关注，由此受益。

算法给健康的白人患者与多患一种慢性疾病且实验检查结果和生命体征更糟糕的非裔美国患者相同的评级。为识别有更大医疗需求的个体，算法会查看患者的病史以及治疗这些疾病已花费多少，预测将来谁会产生最高的费用。算法用费用来对患者评级。

算法并非有意信奉种族主义，事实上，它还特意去掉了种族信息。为了识别能够从更多医疗支持中受益的患者，算法使用了一个看起来不考虑种族因素的衡量指标：患者将来会在医疗卫生体系中花费多少，但费用并非医疗卫生需求的一个种族中性指标。在患有相同数量慢性病症的情况下，非裔美国患者每年产生的医疗费用要比白人患者少 1 800 美元；因此，算法给白人患者和患有更多疾病的非裔美国患者相同的分数，认为他们的未来健康问题处于相同的风险等级。

当研究者搜索分数的来源时，他们发现，Impact Pro 使用账单和保险赔付额作为个人整体健康状况的指标。但是，如果不考虑实际健康状况，非裔美国患者的医疗健康费用往往要更低。与白人患者相比，很多非裔美国患者生活在离医院更远的地方，这使他们更难定期就诊。并且，他们的工作时间表往往弹性更低，且通常承担更多的儿童保育责任。

因此，研究者的报告显示，风险分数最高的非裔美国患者比相同分数的白人患者所患的严重慢性病症数量要更多，包括癌症和糖尿病。与风险分数相同的白人患者相比，非裔美国患者的血压和胆固醇水平更高、糖尿病更严重、肾功能更糟糕。

利用同一组患者的病历、实验室检查结果和生命体征，研究者发现，在预测费用相似的情况下，非裔美国患者的病情要比白人患者的更重。通过修改算法来预测患者在既定年份内很可能患的慢性病数量而非治疗这些疾病的费用，研究者能够将种族差距减少 84%。研究者将其结果发送给 Optum 后，Optum 复制了他们的研究结果，承诺修正其模型。

民权律师、工会、社区组织者和一些政府机构正试图找到方法来抵制对自动化系统的依赖性，这些系统将人从决策过程中移除。费城的媒体动员项目（Media Mobilizing Project）和加利福尼亚州奥克兰市的媒体正义组织（Media Justice）汇编了一个全美性的预测算法数据库。社区正义交流会（Community Justice Exchange）是一个为社区组织者提供支持的全美性组织，它发布了一份建议组织者如何面对算法使用的指南。爱达荷州在 2019 年通过了一项法律，规定在保释金算法中所使用的方法和数据必须公开，以便普通大众能够理解其是如何运行的。

当人们进行重大决策时，总是存在对偏见的疑虑。现在不同地方就在于，我们在自动化系统中依赖算法帮助我们做决策，甚至是替我们做决策，规模要大得多。算法在进行预测以帮助指导决策者时有所作用，但决策需要的东西更多。好的决策需要汇聚和协调多个不同的视角，并且能够解释为何选择特定路线。

随着自动化系统愈加从预测转向决策，我们当前对算法公平性的关注并不够，因为它们的输出只是人类决策者参考的信息之一。我们也必须检查人类决策者是如何解释和整合算法输出的，以及在何种状况下他们会偏离算法的推荐。为获取公平、可靠的结果，决策过程的哪些方面应该由算法处理，哪些应该由人类决策者处理？

**资料来源**：Cade Metz and Adam Satariano, "An Algorithm That Grants Freedom, or Takes It Away," *New York Times*, February 6,2020; Irving Wladawsky-Berger, "The Coming Era of Decision Machines," *Wall Street Journal*, March 27, 2020; Michael Price, "Hospital 'Risk Scores' Prioritize White Patients," *Science*, October 24, 2019; Melanie Evans and Anna Wilde Matthews, "Researchers Find Racial Bias in Hospital Algorithm," *Wall Street Journal*, October 25, 2019.

**案例分析题：**

12-12　使用算法和自动化系统进行决策有什么问题？

12-13　哪些管理、组织和技术因素导致了这个问题？

12-14　应该使用自动化系统来做决策吗？解释你的答案。

## 参考资料

Breuker, Dominic, Martin Matzner, Patrick Delfmann, and Jörg Becker. "Comprehensible Predictive Models for Business Processes." *MIS Quarterly* 40, No. 4 (September 2016).

Brynjolfsson, Erik, Tomer Geva, and Shachar Reichman. "Crowd-Squared: Amplifying the Predictive Power of Search Trend Data." *MIS Quarterly* 40, No. 4 (December 2016).

Davenport, Thomas H. "Analytics 3.0." *Harvard Business Review* (December 2013).

Davenport, Thomas H., and Jeanne G. Harris. *Competing on Analytics: The New Science of Winning: Updated, with a New Introduction*. Boston: Harvard Business Review Press (2017).

Day, George S., and Paul J. H. Schoemaker."How Vigilant Companies Gain an Edge in Turbulent Times." *MIT Sloan Management Review* 61 No. 2 (Winter 2020).

Dietvorst, Berkeley J. "When People Don't Trust Algorithms." *MIT Sloan Management Review* (July 5, 2017).

Grau, Jeffrey. "How Retailers Are Leveraging 'Big Data' to Personalize Ecommerce." *eMarketer* (2012).

Haglu, Andrei and Julian Wright. "When Data Creates Competitive Advantage." *Harvard Business Review* (January–February 2020).

Hardin, Andrew, Clayton A. Looney, and Gregory D. Moody. "Assessing the Credibility of Decisional Guidance Delivered by Information Systems." *Journal of Management Information Systems* 34, No. 4 (2017).

Harris, Michael, and Bill Tayler. "Don't Let Metrics Undermine Your Business." *Harvard Business Review* (September–October 2019).

Hernandez, Morela, Roshni Raveendhran, Elizabeth Weingarten, and Michaela Barnett."How Algorithms Can Diversify the Startup Pool." *MIT Sloan Management Review* 61 No. 1(Fall 2019).

Hu, Yuheng, Anbang Xu, Yili Hong, David Gal, Vibha Sinha, and Rama Akkiraju. "Generating Business Intelligence Through

Social Media Analytics: Measuring Brand Personality with Consumer-, Employee-, and Firm-Generated Content." *Journal of Management Information Systems* 36 No. 3 (2019).

Kahneman, Daniel. *Thinking, Fast and Slow*. New York: Farrar, Straus and Giroux (2011).

Kaplan, Robert S., and David P. Norton. "The Balanced Scorecard: Measures That Drive Performance." *Harvard Business Review* (January–February 1992).

Luca, Michael, Jon Kleinberg, and Sendhil Mullainathan. "Algorithms Need Managers, Too." *Harvard Business Review* (January–February 2016).

Marchand, Donald A., and Joe Peppard. "Why IT Fumbles Analytics." *Harvard Business Review* (January–February 2013).

Martens, David, Foster Provost, Jessica Clark, and Enric Junqué de Fortuny. "Mining Massive Fine-Grained Behavior Data to Improve Predictive Analytics." *MIS Quarterly* 40, No. 4 (December 2016).

Mintzberg, Henry. "Managerial Work: Analysis from Observation." *Management Science* 18 (October 1971).

Porter, Michael E., and Nitin Nohria. "How CEOs Manage Time." *Harvard Business Review* (July–August 2018).

Sharda, Ramesh, Dursan Delen, and Efraim Turban. *Analytics, Data Science, & Artificial Intelligence: Systems for Decision Support*, 11e. New York: Pearson (2020).

Shi, Donghui, Jian Guan, Jozef Zurada, and Andrew Manikas. "A Data-Mining Approach to Identification of Risk Factors in Safety Management Systems." *Journal of Management Information Systems* 34, No. 4 (2017).

Simchi-Levi, David. "The New Frontier of Price Optimization." *MIT Sloan Management Review* (Fall 2017).

Simon, H. A. *The New Science of Management Decision*. New York: Harper & Row (1960).

Tversky, Amos, and Daniel Kahneman. "Rational Choice and the Framing of Decisions." *Journal of Business* (1986).

# 第 4 部分

# 建设和管理系统

- 第 13 章　建设信息系统
- 第 14 章　为信息系统和管理项目制定商业案例
- 第 15 章　管理全球系统

第 4 部分阐述了如何使用前述章节获得的知识，分析和设计解决企业问题所需的信息系统解决方案。本部分回答了以下这些问题：如何从商业利益的角度开发信息系统的解决方案？企业如何适应新的系统解决方案带来的变化？构建系统的解决方案有没有替代方法？

# 第 13 章

# 建设信息系统

## 学习目标

通过阅读本章，你将能回答：
1. 新系统的建设如何引发组织变革？
2. 信息系统开发过程中的核心活动有哪些？
3. 信息系统建模和设计的主要方法有哪些？
4. 建设信息系统有哪些可选方法？
5. 在数字企业时代信息系统建设有哪些新方法？
6. MIS 如何有助于我的职业发展？

## 开篇案例

### 万喜能源建立新的员工时间表移动 app

万喜能源（Vinci Energies）属于万喜集团，其总部位于法国，是一家为建筑、能源和信息技术行业提供专业服务的成长型企业。它主要提供基础设施、建筑和信息与通信技术（information and communications technology，ICT）解决方案，并开发和维护高效的能源基础设施。企业有 1 800 个业务单元，在 55 个国家拥有超过 8.2 万名员工，2019 年的全球收入达到 138 亿欧元（150 亿美元）。

万喜能源曾追求强势的收购战略，2009—2019 年规模大了 3 倍。万喜能源将其在全球的所有企业都迁移到 SAP S/4HANA（SAP 的新一代 ERP 软件）的单个实例中，由此整个企业可以在同一套业务流程中运营。万喜能源在 2018 年 8 月迁移到新的 SAP S/4HANA 系统，希望使用更多基于 SAP 平台创建的应用。

万喜能源生产的实际是服务，所以它完全是基于项目的，各项目与客户有独立的财务安排。对于万喜能源来说，每一项成本（如工作时间或设备租金）都与特定项目关联，且单个员工可能同时参与多个项目。如果现场的某一员工在某一天为一个以上的项目工作，则该员工可能需要输入的内容是，在一个项目上用时 2h，在另一个项目上用时 4h 15min。该员工可能还得为其中一个项目增加设备租赁成本。管理层利用这些信息确定项目对万喜能源来说是赚钱还是亏钱。万喜能源每年在全球范围内管理约 40 万个项目，每个项目的价值在大约 2 万～2.5 万欧元（2.2 万～2.7 万美元）。

万喜能源的既有系统严重依赖手工操作，所以企业跟踪记录所有这些项目成本就极其困难且极耗时间。在现场工作的员工（很多人出差到遥远的场址进行施工和维护）可能会不得不返回办公室，将项目和时间表数据在线输入 SAP 系统中。企业需要新的员工时间表应用程序来捕获位于任何地点的多个项目的员工时间表以及项目成本和活动。时间表和项目数据将能够由其他获授权用户进行在线审查。

为此，万喜能源使用 SAP 云平台开展了一个试行项目。SAP 云平台是一个企业级 PaaS，可供组织在云端建立、拓展和集成商业应用程序。它有直观的用户界面和简单的开发工具。万喜能源利用该工具在 7 个月的时间内就开发了一款名为 MOBITIME 的 app。万喜能源和 app 用户花了相当多的时间讨论业务流程和数据输入屏幕的设计，以确保系统具备恰当的功能、设计可接受且人们能够自在地使用该 app。

MOBITIME 只能在线使用，但员工在现场作业时可以通过平板和手机轻松地访问它。员工只需要使用单个 app 就能输入时间数据表或其他项目成本，app 会传输数据，更新 SAP S/4HANA 系统。MOBITIME 的界面可以轻松导航，使员工只在一个地方就能输入所有数据。在数据传输到 SAP S/4HANA 系统后，就可以在后台查看，这可以帮助项目经理跟踪其项目的各种成本。

资料来源：www.vinci.com, accessed April 8, 2020; Lauren Bonneau,"VINCI Energies Simplifies Employees' Lives with New Timesheet-Entry Application," *SAPInsider*, February 28, 2019; www.sap.com, accessed April 9, 2020; and Lauren Meyerhoff, "With an Aggressive Acquisition Strategy, Vinci Energies Triples Its Size In 10 Years," *Forbes*, September 5, 2019.

万喜能源的经验说明了设计和构建新的信息系统所需的一些步骤。建立一个新的移动时间表系统，需要分析企业现有系统存在的问题、评估信息需求、选择适当的技术以及重新设计业务流程和工作。管理层必须监督系统建设工作，并评估效益和成本。信息需求被纳入新系统的设计中。这是一个有计划的组织变革过程。

图 13-1 提出了本案例和本章的重点。万喜能源是一家业务范围广泛的企业，在过去 10 年中发展非常迅速。它有成千上万的员工，其中许多人远程工作，还有成千上万的项目需要监控，除了在一个项目上的工作时间之外，还有其他成本需要跟踪。低效的手工流程阻碍了万喜能源对项目的跟踪和对项目成本的分析，增加了成本，降低了工作速度，也限制了企业快速、彻底地分析项目数据的能力。

解决方案是实施一个名为 MOBITIME 的新 app，该 app 可以由现场的员工使用平板电脑和手机以及办公室的计算机在线访问。该 app 为员工的多个项目提供数据输入和报告，包括多种类型的成本。万喜能源的信息需求被纳入系统设计中。该系统的用户友好性更强。该解决方案不仅包括新技术的应用，还包括企业文化、业务流程和工作职能的改变。

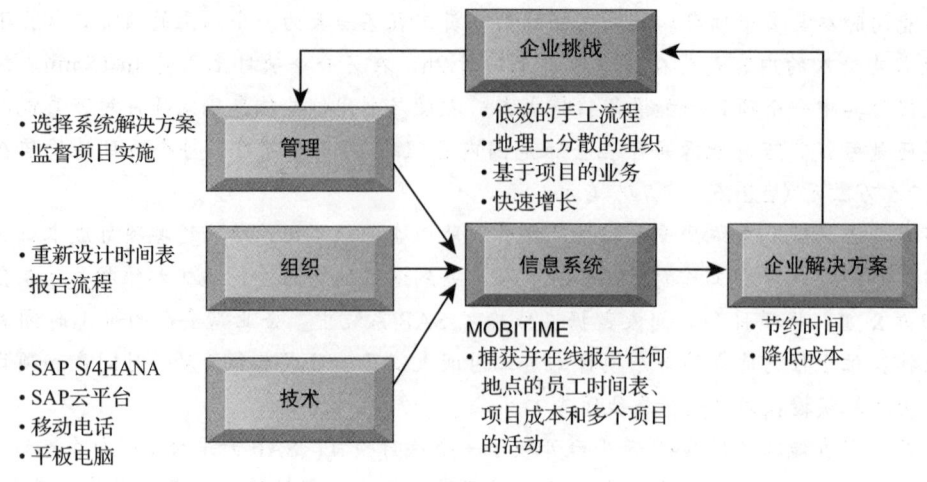

图 13-1　万喜能源时间表 app 系统

> 请思考：MOBITIME 如何满足万喜能源的信息需求？新系统在多大程度上改变了它的经营方式？

## 13.1　新系统的建设引发组织变革

建设新的信息系统是一种有计划的组织变革。建设一个新系统不仅仅是对硬件和软件的投资，更重要的是包括职能岗位、技能、管理和组织的变化。当我们设计一个新的信息系统时，我们是在重新设计组织，系统建设者必须懂得系统如何影响特定的业务流程和整个组织。

### 13.1.1　系统开发和组织变革

信息技术能促进从渐进式到变化巨大的不同程度的组织变革。图 13-2 显示了 4 种 IT 使能的组织变革形式：自动化、程序合理化、业务流程再造和范式转移。每种变革都会带来不同的风险和回报。

最常见的 IT 使能的组织变革是**自动化**（automation）。IT 最早被用于协助员工更高效地完成工作。例如，计算薪水和工资表，让银行职员能及时访问用户存款记录，为航空服务代理商开发一个全国范围的订票网络，等等，都是早期自动化的例子。

紧随自动化之后的更深层次的组织变革形式是**程序合理化**（rationalization of procedure）。自动化后，我们很容易发

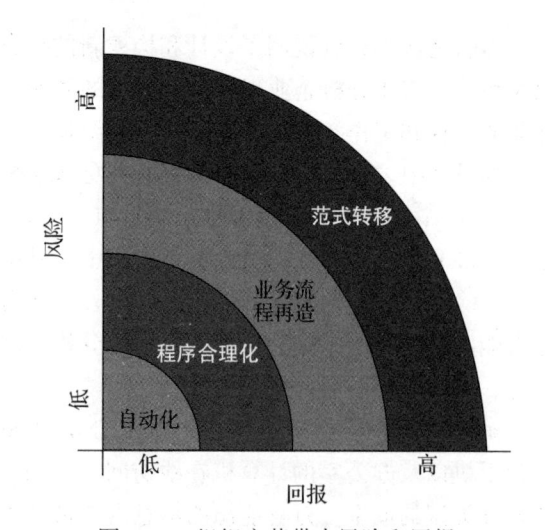

图 13-2　组织变革带来风险和回报

注：最常见的组织变革形式是自动化和程序合理化。这种缓慢的渐进式变革策略带来的是低风险和低回报。业务流程再造和范式转移是一类更快、更综合性的变革，带来的是高回报，但失败的风险也很高。

现生产过程中的新瓶颈，并使现有程序和结构变得极其烦琐。程序合理化是精简标准操作程序。例如，万喜能源新的移动时间表系统是有效的，不仅因为它使用了计算机技术，而且因为它简化了这一职能的业务流程，减少了手动步骤。

程序合理化经常被用在对产品、服务和运营质量进行持续提升的项目中，如全面质量管理和六西格玛。**全面质量管理**（total quality management，TQM）以追求品质为目标，并明确组织中所有员工和部门相应的职责。TQM是从美国质量专家戴明（W. Edwards Deming）和朱兰（Joseph Juran）提出的概念引申而来的，却由日本人进行了普及。**六西格玛**（six sigma）是对质量水平的具体衡量方法，它代表每百万次的检测中只出现3.4个"废品"的概率。大多数企业很难真正地实现六西格玛，只是将其作为一个促进质量提升的目标。

更有力的组织变革是**业务流程再造**（business process redesign，BPR）。在这个过程中，业务流程将被分析、简化和重新设计。业务流程再造会重组工作流程，合并一些工作步骤，减少浪费并消除重复的、纸张密集型的任务（有时这种改变会减少工作岗位）。这是一种比程序合理化更激进的组织变革，需要从新的视角看待如何重组流程。"互动讨论：组织"部分给出了一个案例。

## ⊙ 互动讨论：组织 汤米·希尔费格利用数字展厅变革批发销售流程

汤米·希尔费格（Tommy Hilfiger）是世界领先的设计师服装和零售品牌，以其"带一点小意外的学院风"设计而出名。公司拥有Tommy Hilfiger和Hilfiger Denim两个品牌，包括Hilfiger Collection，Tommy Hilfiger Tailored，男士、女士、儿童的运动服装，牛仔系列，配饰和鞋类产品。汤米·希尔费格在2010年被休森集团（PVH Corp.）收购，其拥有遍布100多个国家的广泛的分销网络，在北美洲、欧洲、拉丁美洲和亚太地区有2 000家零售商店。汤米·希尔费格品牌在2018年的全球零售额达到85亿美元。

汤米·希尔费格的管理层希望公司能够更好地利用数字技术来改进其运营方式。例如，其批发销售流程亟须优化精简。过去，零售商店和连锁百货商店购买汤米·希尔费格商品时，买家必须每年亲自到访汤米·希尔费格的批发展厅，展厅中陈列着即将到来的新销售季的汤米·希尔费格产品线中每一单品的实体样品。买家会检查新系列中的实体样品，然后在纸质订单表格中写下订单。审查单品并下单给零售店备货的整个流程可能需要三天。

汤米·希尔费格旗下包含8个子品牌，每个子品牌都会在每个季度售出1 500件衣服。这等于大量产品刚设计出来，就需要展出并向批发买家出售样品，然后再生产它们并出售给最终客户。

为重新构想批发销售流程，汤米·希尔费格组建了一个由IT专家组成的小团队，以及一个专门的"数字转型团队"。团队在汤米·希尔费格的展厅花了数周时间观察销售人员是如何与零售商店和百货商店的买家合作的。团队推荐利用数字展厅来精简批发下单流程，由此缩短零售商预览新系列产品与最终交付新产品到商店窗口的时间。数字展厅主打互动触摸屏工作站，配置超高分辨率的显示屏，买家可利用它查看汤米·希尔费格系统的每一单品。他们可以放大来观看设计细节和纹理，点击每件衣服来显示价格、颜色选项和尺寸范围并下单。流程最后，买家会收到一封电子邮件，其附件就是包含他们最终订单的PDF文件。系统会安排订单的交付。

汤米·希尔费格利用Couchbase数据平台作为其数字展厅的技术基础。Couchbase使用

NoSQL 非关系型数据管理技术（参见第 6 章），这能够提供比传统数据管理工具更强的灵活性与可拓展能力。与传统工具相比，Couchbase 能够更为轻松地处理与最终用户的大量互动以及与不同类型数据的交互。它专门针对互动型应用程序和丰富的个性化客户体验与参与进行了优化，如批发买家查看新的产品线、选择产品、检查纹理和设计特征、询问价格和发货日期。工作站的用户可以实时地增加、访问和组合数据。

数字展厅系统在最大程度上减少了展厅样品的生产与运输，因为，针对每一个新系列产品，设计、检查和交付样品给全球各地展厅的需求已大幅减少。利用数字展厅，汤米·希尔费格将欧洲总部的样品产量减少了 80%，而现在，它正利用数字展厅在全球范围推广相同的做法。运输实体样品的成本也已降低。

当汤米·希尔费格的亚太团队前往欧洲采购时，访问仅需一天，而在过去，这需要三天。荷兰、非洲和中东地区的早秋销售量有所增长。从摆满实体样品的展厅转变为数字展厅，将给零售门店供应新产品以向公众销售所需的时间缩短了 6 周。数字化展厅每天能够容纳更多的批发买家预约，销售额变得准确得多。

汤米·希尔费格在 2015 年于阿姆斯特丹推出它的首个数字展厅。到 2019 年年中，休森集团已在全球推出 53 个数字展厅，展出了 30 多万件产品。

汤米·希尔费格利用数字展厅取得的成功，鼓励它在供应链中寻找业务流程变革的新机会。公司的服饰设计与制造现在正在向 3D 设计转型。所有汤米·希尔费格的设计流程——从概念草图到制作样品和展厅展示，都将实现数字化。

资料来源：global.tommy.com, accessed April 8, 2020; "This Season's Must-Have," www.couchbase.com, accessed February 26, 2020; Maghan McDowell, "Tommy Hilfiger Goes All In on Digital Design," *Vogue Business*, November 7, 2019; Alex Hisaka, "Tommy Hilfiger Revolutionizes the Fashion Industry with a Digital Selling Ecosystem Powered by DC/OS," D2IQ, December 10, 2019; and Chris Preimesberger, "IT Science Case Study: How Tommy Hilfiger Created Its Digital Showroom," *eWeek*, July 11, 2018.

**案例分析题：**

1. 汤米·希尔费格之前的业务流程如何影响公司的业务绩效？
2. 哪些管理、组织和技术因素导致了汤米·希尔费格的业务流程问题？
3. 请绘制汤米·希尔费格为零售商店和百货商店订购商品的业务流程图。
4. 描述技术和数字展厅在汤米·希尔费格的业务流程变革中所起的作用。
5. 汤米·希尔费格重新设计的业务流程如何改变了它的运营方式？相应的业务影响是什么？请解释。

程序合理化和业务流程再造均局限于企业的某些特定部分。新的信息系统通过转变企业的商业模式，甚至改变企业性质，可以从根本上影响整个组织的设计。例如，长途卡车和运输企业施耐德物流公司使用新的信息系统改变了它的商业模式。施耐德公司为其他企业创造了一个新的物流业务管理模式。这种更彻底的变革形式叫**范式转移**（paradigm shift），这种变革需要重新思考企业业务和组织的性质。

大范围的企业变革很难协调，因此范式转移和业务流程再造很容易失败（见第 14 章）。那么，为什么还有这么多的企业会考虑这种激进的变革呢？这是因为企业获得的相应回报也很高（见图 13-2）。在很多实例中，企业追求范式转移和业务流程再造战略带来的投资回报会实现井喷式增长。本书将介绍这些成功和失败的案例。

### 13.1.2 业务流程再造

像"互动讨论：组织"中提到的汤米·希尔费格的案例一样，现在很多企业都想用 IT 改进业务流程。有一些系统需要进行渐进式流程变革，另一些则需要更深层次的业务流程再造。为了应对这些变革，企业需要业务流程管理。**业务流程管理**（business process management，BPM）提供了一系列的工具和方法来分析现有流程，设计和优化新流程。因为流程改进是一种持续的过程，所以 BPM 不会结束。企业要进行 BPM 需要经历以下步骤。

（1）**确定变革流程**。企业最重要的战略决策不是决定如何使用 IT 改进业务流程，而是明白哪些业务流程需要被改进。企业在使用信息系统优化错误的商业模式或业务流程时，会在不应该做的事情上浪费时间。因此，企业在与已经发现合适的商业模式的对手竞争时，其竞争力会降低。考虑到企业可能会花费大量的时间和成本投入在对企业效益影响很小的业务流程上，管理者需要决定哪些业务流程是最重要的，以及如何改进这些流程可以提高企业绩效。

（2）**分析现有流程**。现有业务流程应该被建模并记录，注明输入、输出、资源和活动之间的顺序。流程设计团队应识别出冗余步骤、纸张密集型任务、瓶颈和其他低效率的环节。

（3）**重新设计新流程**。一旦现有流程被绘制出来，且从时间和成本的角度进行衡量，流程设计团队将尝试设计一个新流程，以达到改进的目的。新的简化流程将被建模并记录，以便与旧的业务流程进行比较。

（4）**实施新流程**。一旦对新流程进行了彻底的建模和分析，企业便可以采用一系列新流程和工作规则。为了支持重新设计的流程，企业需要新的信息系统或者提升现有系统。新的业务流程及其支持系统将在企业中推广。当企业开始使用这个新流程时，流程中存在的一些问题会被发现并被处理。那些使用新流程的员工可能会提出相应的改进意见。

（5）**持续评估**。一旦流程得到实施和优化，企业需要对流程持续进行评估。为什么？因为当员工退回旧的工作方法时，新流程可能会随着时间的推移而不适用，甚至当企业业务经历其他变革时，新流程可能会失效。

图 13-3 显示了从实体书店购书的原有流程。想象一下客户在一家实体书店的书架间找书的情形。如果客户找到了想要的书，他会拿着那本书到收银台用信用卡、现金或支票付款。如果找不到书，便会向店员求助，店员通过查看书架和书店的存货清单来确认是否有货。如果店员查找到了那本书，客户即可购买并离开。如果书店里没有此书，店员会询问是否需要为其订书。店员可以从仓库、经销商或者出版商处订书，书到达后，店员可以通知客户到书店取书。如果店员不能订到书，或者客户不需要店员为其订书，那么客户可以尝试前往另一家书店购书。这个过程有很多步骤，而且客户有可能要去书店好几次。

图 13-4 描述了利用网络优势重新对购书流程进行设计。客户在计算机上通过网络访问在线书店，通过书店目录查找想要的图书。如果书店有库存，客户便可以在线订书、付款并填写收货地址，接下来书店会将书寄给客户。如果书店无此书，客户便可以选择另一家在线书店查找图书。这一新流程比在实体店减少了不少步骤，对客户而言，节省了时间和体力，对书店来说，只需要较少的销售人员就可以完成工作。因此，新流程更高效、更省时。

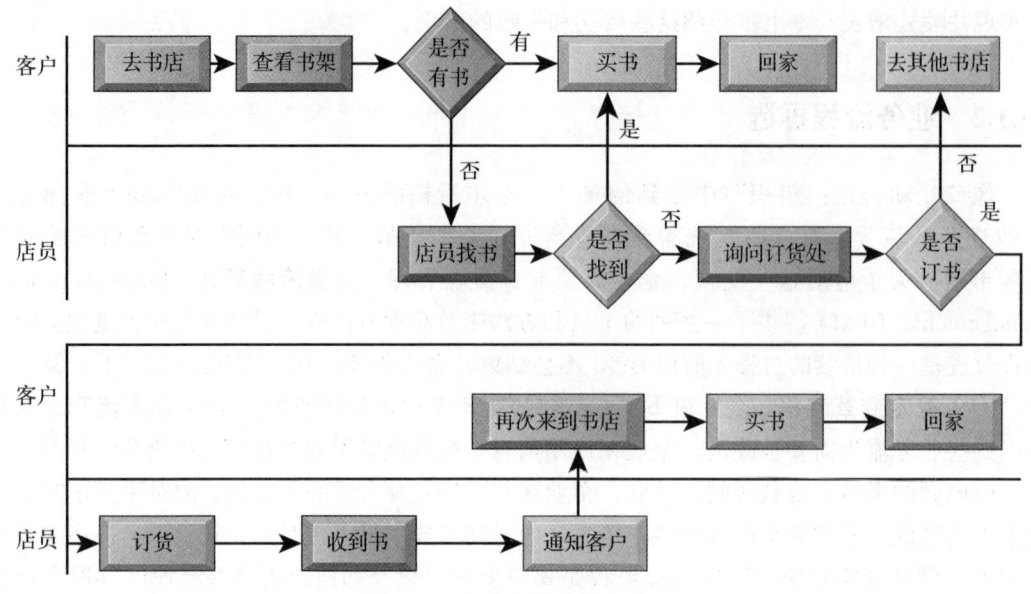

```
客户 ──→ 去书店 ──→ 查看书架 ──→ 是否有书 ──有──→ 买书 ──→ 回家    去其他书店
                                    │是                          ↑否
店员                                 │否                          │
                              店员找书 ──→ 是否找到 ──否──→ 询问订货处 ──→ 是否订书 ──是──┘
                                            │是
客户                                         │
                                       再次来到书店 ──→ 买书 ──→ 回家

店员 ──→ 订货 ──→ 收到书 ──→ 通知客户
```

图 13-3　实体书店的购书流程

注：从实体店购书的过程需要客户和店员经过多个步骤才能完成。

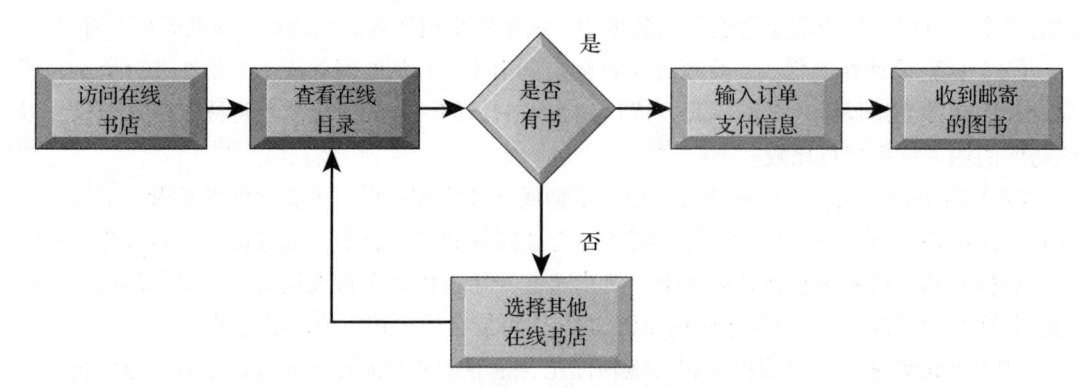

```
访问在线书店 ──→ 查看在线目录 ──→ 是否有书 ──是──→ 输入订单支付信息 ──→ 收到邮寄的图书
       ↑                          │否
       │                          ↓
       └────────────────── 选择其他在线书店
```

图 13-4　重新设计的在线购书流程

注：互联网技术使对购书流程的重新设计成为可能，并且只需要经过更少的步骤、消耗更少的资源。

　　新流程设计需要通过衡量所节约的时间与成本，或者是否提升了客户服务与价值来证明其合理性。管理者首先需要衡量现有流程的时间和成本，并以此为基准。在实体店购书花费的时间从 15min（立刻找到想买的书）到 30min（店里有书，但需要店员找出）不等。如果需要从其他地方订书，对客户而言，这个过程也许需要花费一两个星期，而且还要再去一次书店。书店需要支付维持实体书店、图书库存、雇用店员等费用，如果图书需要从其他地方获得，还需要支付运费。

　　尽管在线购书的客户可能要等上几天或者一个星期才能收到书，而且可能还要支付运费，但是在线购书流程可能只需花费几分钟就可以完成。由于不需要去实体书店，或者再次去实体书店取书，客户节省了时间和金钱。由于不需要支付实体书店或仓储的费用，在线售书也降低了书店的成本。

　　尽管很多业务流程的改进是持续的和渐进的，但是有时候也需要进行彻底的变革。前面提到的实体书店重新设计图书购买流程，使得图书购买可以在网上进行，这是一个带来彻底和深远变革的例子。在正确实施后，重新设计的业务流程将带来生产率和效率的快速增长，有时甚至会改变业务运营方式。在许多情况下，流程重组带来的可能是"范式转移"，可能会转变企业自身业务的性质。

亚马逊用其在线图书零售模式和 Kindle 电子阅读器挑战了传统的实体书店。通过从根本上重新思考书籍的出版、购买和销售方式，亚马逊和其他在线书店实现了显著的效率提升、成本降低和全新的经营方式。

BPM 也带来了挑战。管理者报告说，阻碍业务流程变革取得成功的最大障碍是企业文化。员工不喜欢新的工作规定，经常试图拒绝改变。在组织进行彻底的全面变革时，这种现象尤其显著。管理变革不是通过直觉就能做好的简单的事情。如果企业致力于大范围内的流程改进，则需要一个好的变革管理策略（见第 14 章）。

**业务流程管理工具**

包括 IBM、甲骨文和 TIBCO 在内的许多软件企业提供 BPM 相关的工具。这些工具能帮助企业识别并记录需要改进的流程，为已改进的流程创建模型，捕获并实施现行流程的业务规则，以及整合现有系统以支持新的或重新设计的流程。BPM 提供的分析方法用于验证流程绩效是否得到了改进，并衡量流程改进对 KPI 的影响。

例如，美国国家保险公司（American National Insurance Company）提供人寿保险、医疗保险、财产保险和投资服务等 4 项服务，它利用 BPM 软件，将跨越 4 个部门的客户服务整合为一个流程。这款软件通过建立规则，将存储在多个系统中的客户信息以同一种方式展现给客户服务代表，指导他们的工作。改进后的业务流程消除了需要同时兼顾多个应用程序来处理客户和代理人请求的情况，使得客户服务代表的工作效率提高了 192%。

## 13.2 信息系统开发过程中的核心活动

新的信息系统是组织用于解决问题的解决方案。建立一个新的信息系统是为了解决组织所面临的某种或一组问题。这类问题可能是管理者和员工认为组织绩效低于预期，也可能是组织应该抓住新机遇实现更加优异的业绩。

**系统开发**（system development）是指组织为应对机遇和解决问题而构建信息系统解决方案的活动。系统开发是通过一系列不同的活动来解决一个结构化的问题，活动包括系统分析、系统设计、编程、测试、转换、运行与维护。

图 13-5 显示了系统开发流程。系统开发活动通常按顺序进行，但是某些活动可能需要重

图 13-5　系统开发流程

注：系统开发流程可以分解为 6 个核心活动。

复或同时进行，这取决于所采用的系统建设方法。

### 13.2.1　系统分析

**系统分析**（systems analysis）是指企业试图用信息系统解决问题的分析过程。系统分析包括定义问题、识别原因、确认解决方案以及识别满足系统解决方案的信息需求。

系统分析师会创建现有组织和系统的路径图，确定数据的主要所有者和使用者以及现有的硬件和软件。然后，系统分析师会详细分析现有系统中存在的问题。通过检查文档、工作文件与程序步骤，观察系统运营并采访系统的关键用户，系统分析师就可以识别存在的问题，确定解决方案可实现的目标。解决方案通常是构建新信息系统或者改进现有系统。

系统分析应包含**可行性研究**（feasibility study），它从财务、技术、组织角度分析系统解决方案是否可行或者能否完成。可行性研究将评估所提出的系统是否有望成为一项好的投资，构建系统时需要使用的技术是否可用，企业的信息系统专家能否实现该技术，以及企业能否应对新系统带来的改变。

通常，在系统分析过程中会确定一些备选方案，然后评估每一个方案的可行性，并用书面报告的形式描述每一个方案的成本、收益、优点和缺点。最后，管理层综合判断成本、收益、技术特征和影响，以选择最优方案。

#### 建立信息需求

对系统分析师而言，最有挑战的任务是确定满足系统解决方案的信息需求。一个新系统的**信息需求**（information requirement）包括确定谁在何时、何地以及通过何种方法使用哪些信息。需求分析定义新系统或改进后的系统的目标，并且详细描述新系统必须具有的功能。错误的需求分析将导致系统故障或高昂的系统开发费用（见第 14 章）。在错误的需求分析的基础上设计的系统，要么因为表现不佳而被淘汰，要么需要大幅修改。第 13.4 节介绍获取需求的各种方法，以使这些错误最小化。

有一些问题不需要企业构建新的信息系统来解决，可能需要的是调整管理层、增加培训或对现有的业务流程进行改进。如果企业遇到的问题是和信息相关的，那么它仍需要采用系统分析来识别问题，从而得到合适的解决方案。

### 13.2.2　系统设计

系统分析描述了系统应该具备哪些功能来满足信息需求，**系统设计**（systems design）展示的是怎样设计系统可以达到目标。信息系统设计是对系统进行整体规划和建模的过程。就像建筑的设计蓝图一样，它包括对系统形式和组织结构的详细描述。

在系统分析的过程中，确定的系统功能可以由系统设计规范来表示，系统设计者会详细描述这些规范。规范应当阐明系统解决方案中与管理、组织、技术相关的组成部分。表 13-1 列出了系统设计过程中涉及的所有类型的规范说明。

表 13-1　系统设计规范

| 输出 | 程序 | 文档 |
|---|---|---|
| 介质 | 计算 | 操作文档 |
| 内容 | 程序模块 | 系统文档 |
| 时间 | 需求报告 | 用户文档 |
| **输入** | 输出时机 | **转换** |
| 来源 | **手动操作程序** | 数据转换规则 |
| 流 | 何种活动 | 测试方法 |
| 数据输入 | 谁操作 | 转换策略 |
| **用户界面** | 何时操作 | **培训** |
| 简洁 | 如何操作 | 培训技术 |
| 高效 | 在哪操作 | 培训模块 |
| 逻辑性 | **控制** | **结构变革** |
| 反馈 | 输入控制（特性、限制、合理） | 任务设计 |
| 差错 | 程序控制（一致性、记录计数） | 工作设计 |
| **数据库设计** | 输出控制（总量、输出实例） | 流程设计 |
| 逻辑数据模型 | 过程控制（密码、特殊形式） | 组织结构设计 |
| 容量及数据要求 | **安全** | 报告关系 |
| 记录规格参数 | 存取控制 | |
| | 灾备计划 | |
| | 审计跟踪 | |

像建筑物或房屋一样，信息系统可能有很多种设计构想。每一种设计都代表一次技术和组织结构的融合。系统的易用性和效率决定了一个设计能否脱颖而出，优良的设计能满足用户在技术、组织、财务和时间等方面的一整套具体的要求。

**终端用户的角色**

用户的信息需求驱动整个系统的构建工作。用户必须有足够的能力控制设计过程，确保系统反映业务优先级和信息需求，而不是仅听从开发技术人员的想法。参与系统设计过程可以增强用户对系统的了解，并且提高用户对系统的接受度。就像第 14 章提到的，用户在设计过程中参与度不足是很多系统开发失败的主要原因。有些系统对用户在设计过程中的参与度有更高的要求，第 13.4 节将介绍系统开发方法是如何解决用户参与的问题的。

### 13.2.3　完成系统开发过程

系统开发流程剩余的步骤是将系统分析和设计后的方案规范化，转换成能够运行的信息系统。这些步骤包括编程、测试、转换、运行与维护。

**1. 编程**

在编程（programming）阶段，设计阶段形成的系统规范将转变为软件代码。如今，很多企业都不再自主开发系统，而是从外部购买符合新系统需求的软件，如来自商业软件供应商的软件包、软件服务供应商的软件服务或者为客户开发定制应用软件的外包企业（见第 13.4 节）。

## 2. 测试

系统必须进行详尽、彻底的**测试**（testing），以确定系统是否能产生预期效果。测试时，开发者要回答："在已知条件下，系统是否会产生期望的结果？"很多企业开始采用云计算服务进行测试。

在系统项目规划中，开发者往往低估测试阶段需要的时间（见第 14 章）。测试是很费时的，必须精心准备测试数据，重点关注核查结果和系统修改过的地方。在某些情况下，开发者可能需要重新设计系统的某些部分，忽视这个步骤所引起的风险会很大（见第 13.5 节"互动讨论：技术"部分关于自动化测试的描述）。

信息系统的测试可以分为单元测试、系统测试和验收测试。**单元测试**（unit testing）或者说程序测试，包括测试系统中分散的各个程序单元。一般情况下，这种类型的测试被用于确保程序是无缺陷的，但实际上这个目标是不太可能实现的。所以，单元测试应该是一种在程序中找出错误、发现缺陷的方法。一旦发现了错误和缺陷，程序中相应的问题就可以被解决。

**系统测试**（system testing）是指测试信息系统的整体功能，目的是确定各模块按计划共同运作，并确定系统设计和实际运行之间是否存在矛盾。这种测试包括：运行时间、文件存储容量、系统峰值负载量、恢复和重启的能力、手工操作程序。

**验收测试**（acceptance testing）是对系统能否用于生产进行最后的确认。验收测试结果由用户评估，并由管理层复审。当有关各方均认为新系统符合标准时，便可以正式安装。

系统开发团队和用户一起提出"系统测试计划"。**测试计划**（test plan）包括前面提到的一系列测试的所有准备工作。

图 13-6 显示了一个测试计划的示例，通常测试条件是变更的记录。该文档包括一系列对数据库维护的测试计划，这类测试适合这种应用程序。

| 程序 | 处理并维护<br>"记录变更系列" | | 测试系列 2 | | |
|---|---|---|---|---|---|
| 制表人： | 时间： | 版本： | | | |
| 测试参考 | 测试条件 | 特殊需求 | 预期结果 | 输出在 | 下一屏 |
| 2.0 | 变更记录 | | | | |
| 2.1 | 变更现有记录 | 关键字段 | 不允许 | | |
| 2.2 | 变更不存在的记录 | 其他字段 | "无效键" | | |
| 2.3 | 变更删除了的记录 | 删除必有记录 | "已删除" | | |
| 2.4 | 做第二记录 | 改变 2.1 | 若有效则可实现 | 事务文件 | V45 |
| 2.5 | 插入记录 | | 若有效则可实现 | 事务文件 | V45 |
| 2.6 | 中止改变 | 中止 2.5 | 没有改变 | 事务文件 | V45 |

图 13-6　变更记录的测试计划样本

注：当设计测试计划时，不同的测试环境、不同环境下的需求和预期结果是必需的。测试计划必须由最终用户和信息系统专家共同参与。

## 3. 转换

**转换**（conversion）是指从旧系统转换到新系统的过程，主要有：并行策略、直接转换策略、试点研究策略、分阶段策略。

在**并行策略**（parallel strategy）中，旧系统和新系统将同时运行，直到所有人确认新系统可以正确运行为止。这是最保险的转换策略，因为当新系统出现差错或程序中断时，旧系统仍然可以作为备用方案进行工作。但是，这种方法的成本很高，多运行一个系统需要更多的人员或资源。

在**直接转换策略**（direct cutover strategy）中，指定某一天直接用新系统完全替代旧系统。这是一种风险很高的策略，如果新系统发生了严重的问题，造成的成本将比运行新旧两个系统的成本还要高，并且还不能求助于旧系统。因此，产生的中断、混乱及修改带来的成本可能是巨大的。

**试点研究策略**（pilot study strategy）是指引入的新系统仅用于局部，如单个部门或操作单元。如果试用版本运行很顺利，则可以同时或分阶段在其他部门进行安装。

**分阶段策略**（phased approach strategy）是指按照职能或组织单元，分阶段引入新系统。例如，如果按职能引入一个新的工资系统，系统首先会引入按周支付工资的小时工部分。6个月后，系统再引入按月支付工资的部分。如果系统是以组织单元引入的，则总部可能首先要进行系统转换。4个月后，其他运营部门再进行转换。

当旧系统向新系统转换时，企业需要对终端用户进行使用新系统的培训。转换阶段会制定一份详细的**文件**（documentation），用于培训和日常运营，此文件从技术和终端用户的角度，介绍系统是如何使用与运行的。培训和文件的缺乏都可能导致系统运行失败，所以这部分在系统开发过程中非常重要。

#### 4. 运行与维护

新系统完成安装和转换后，就可以投入**运行**（production）了。在这个阶段，用户和技术专家会检查系统，确定系统在多大程度上达到了初始目标，从而决定是否安排修改。有时，企业还需要准备一份正式的**安装后审计**（post-implementation audit）文档。在完成调整后，运行过程中也需要对系统进行维护，以纠正错误、满足需求或提高处理效率。改进一个系统的硬件、软件、文档或程序，以纠正错误、满足新需求和提高运营效率的一系列活动就是**维护**（maintenance）。

日常维护占用了许多企业IT预算的很大一部分，但可以通过更为先进的技术和系统建设实践来大幅降低这一比例。表13-2总结了系统开发活动。

表 13-2　系统开发活动

| 主要活动 | 描述 |
| --- | --- |
| 系统分析 | 识别问题 |
|  | 确定解决方案 |
|  | 列出信息需求 |
| 系统设计 | 建立设计规范 |
| 编程 | 将设计规范转换为程序代码 |
| 测试 | 执行单元测试 |
|  | 执行系统测试 |
|  | 执行验收测试 |
| 转换 | 制订转换计划 |
|  | 准备文档 |
|  | 培训用户和技术人员 |
| 运行与维护 | 操作系统 |
|  | 评估系统 |
|  | 改进系统 |

## 13.3 信息系统建模和设计的主要方法

建模和设计系统的方法有很多，结构化方法和面向对象开发是最突出的。

### 13.3.1 结构化方法

自 20 世纪 70 年代以来，结构化方法被用来记录、分析和设计信息系统。**结构化**（structured）指的是这些技术是逐步实施的，每一步的工作建立在上一步工作的基础之上。结构化方法是自上而下的，从最高、最抽象的层次依次到最低的细节层次，即从一般到具体。

结构化方法是面向过程的，主要关注对流程进行建模，或者当数据流经系统时，对其进行收集、存储、加工和分配。这些方法将数据从流程中独立出来。每当有特殊数据需要处理时，我们必须编写一段单独的程序。这个过程就是对系统程序传递过来的数据进行处理。

描绘系统各组件之间的流程及流程间的数据流的主要工具是**数据流程图**（data flow diagram，DFD）。DFD 提供了信息流的逻辑图形模型，将系统划分为显示可实现管理的细节程度的模块，并严格规定每个模块内以及不同模块间接口处发生的数据处理和转换。

图 13-7 显示了一种用邮件方式注册大学课程系统的简单 DFD。圆角矩形代表处理程序，描绘了数据的转换。直角矩形代表外部实体，即某些信息的发送者或接收者，这些信息在模型系统包含的范围之外。开放的矩形代表数据存储，存储的是手动或自动产生的数据目录。箭头代表数据流，显示的是处理程序、外部实体和数据仓库之间的数据流动。DFD 包括数据包，并且把每个数据流的名称或内容列在箭头旁。

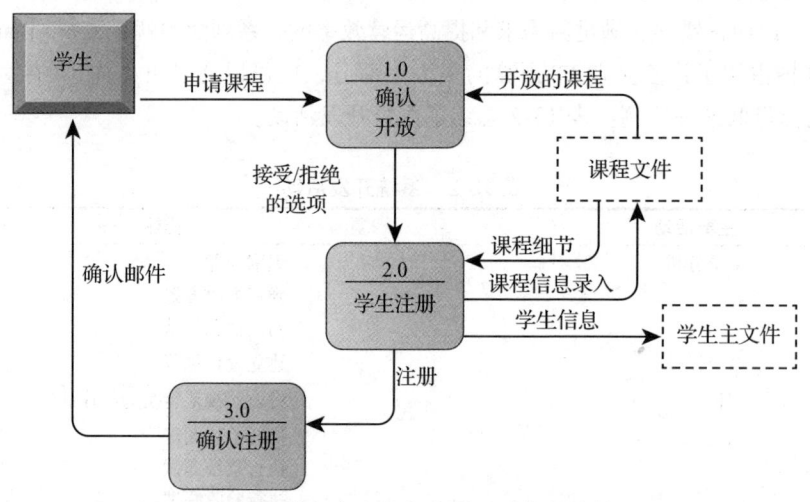

图 13-7　用邮件方式注册大学课程系统的简单 DFD

注：该系统有 3 个流程：确认开放（1.0）、学生注册（2.0）和确认注册（3.0）。每个数据流的名称和内容列在相应的箭头旁。该系统有一个外部实体——学生。有两个数据存储——学生主文件和课程文件。

这个 DFD 显示了学生提交申请课程的表格，表格中包含姓名、身份证号和想要参加的课程代码。在流程 1.0 中，系统通过引用学校的课程文件，核实所选择的课程是否开放。课程文件将开放的课程与已经取消或已经满额的课程区分开来。流程 1.0 可以确认哪些学生的选课请求可以接受，哪些需要拒绝。流程 2.0 将学生注册到已被接受的课程中。它会更新学校的课程文件，加入注册学生的姓名和身份证号码信息，并且重新计算人数。如果达到注册人数上限，此课程将被标记并关闭。流程 2.0 也将更新学校的学生主文件，主要是新学生信息和地址的更新。流程 3.0 给每一位学生发送注册信息确认邮件，邮件中会列出学生已经注册的课程，以及不能满足学生注册申请的课程。

DFD 可以用来描述高层的流程，也可以用来描述低层的细节。通过不同层次的 DFD，一个复杂的系统流程可以被分解为一系列不同层次的细节，一个系统可以被分解为一系列子系统（高层次的 DFD），每一个子系统又可以被分解为一系列次子系统（第二层次的 DFD），次子系统又可以进一步分解，直至分解到显示出尽可能详细的细节。

另外一种结构化分析的工具是数据字典，数据字典中包含系统各自独立的数据和数据集（见第 6 章）。数据字典中定义了数据流和数据存储的内容，这样系统构建者就能清楚地了解系统中包含了哪些信息。**流程规范**（process specification）描述了 DFD 最低层次结构中发生的转换，表示了每一个流程的逻辑。

在结构化方法中，软件设计可以使用层次结构图来建模。**结构图**（structure chart）是一种自上而下的层次图，显示了每一层次的设计、每一层次和其他层次的关系，以及每一层次在整个设计结构中的位置。设计首先考虑的是系统的主要功能，然后将主要功能分解为各个子功能，再将子功能继续分解，直至到达最底层的细节。图 13-8 显示了一个工资管理系统的高层结构图。如果一个设计中有太多的层次，设计者可以考虑将每层进一步分解，再用结构图表示。结构图可以用来记录程序、系统（即程序集）或者程序的一部分。

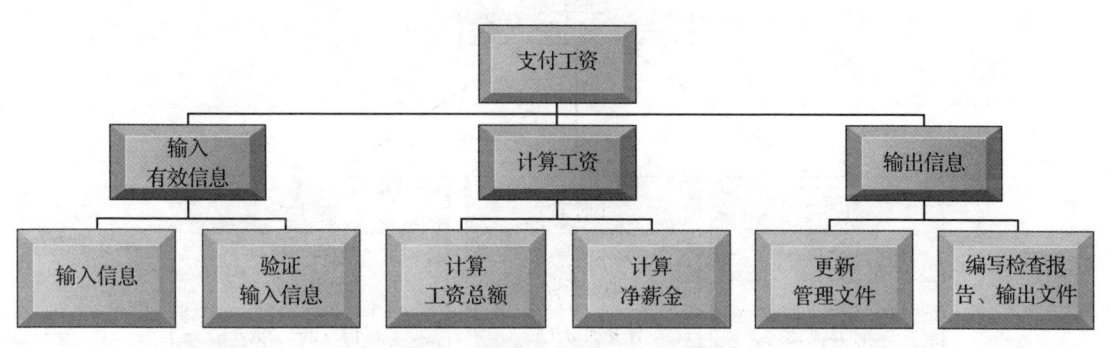

图 13-8　工资管理系统的高层结构图

注：在结构图描述了一个工资管理系统的最高或最抽象的层次设计，提供了整个系统的概貌。

## 13.3.2　面向对象开发

结构化方法对于流程建模很有效，但对数据建模的效果不佳。在结构化方法中，数据和流程被当作逻辑上分离的实体，但在现实世界中，两者往往是联系在一起的。分析和设计往往需要采用不同的建模规则：分析采用 DFD，设计采用结构图。

面向对象开发（object-oriented development）可以解决这些问题。面向对象开发将对象作为系统分析和设计的基本单元。对象包含数据以及运营这些数据的具体流程。封装在对象中的数据只能通过与对象相关的操作或方法来获取和修改。不同于直接将数据传输到作业的程序，该程序会向对象发送消息，对象中已嵌入的方法和程序就会进行一系列的操作。建模后的系统类似于对象和对象之间关系组成的集合。因为信息处理是在对象内，而不是在分散的程序间完成的，所以对象之间还需要进行配合才能使系统运行。

面向对象建模基于"类"和"继承"的概念。对象属于一个特定的类或有着所属类特征的相似类。类也可以继承上一级更一般类的所有结构和行为，还可以在每个对象中加入特有的变量和行为。建立新的类对象时，我们可以先选择一个现有类，然后分析新类和现有类有哪些不同，再做出改进，而不用每次都重新设计。

通过图13-9，我们可以了解类和继承是如何工作的。图13-9显示了与员工及其支付薪资相关的类之间的关系。对于其他类来说，"员工"是其他三个类的原型或超类。"正式工""小时工""临时工"是"员工"的子类。类名在方框的顶部，属性在方框的中部，操作则列在方框的底部。所有员工都有的属性（员工编号、姓名、地址、入职时间、职位和支付工资）被储存在"员工"超类中，这样每一个子类只需存储其特有的属性。例如，对"小时工"类而言，其特有属性是每小时工资和加班工资。子类到超类之间的实线表示"正式工""小时工""临时工"等子类共同的特性，并且一般可以化为"员工"超类。

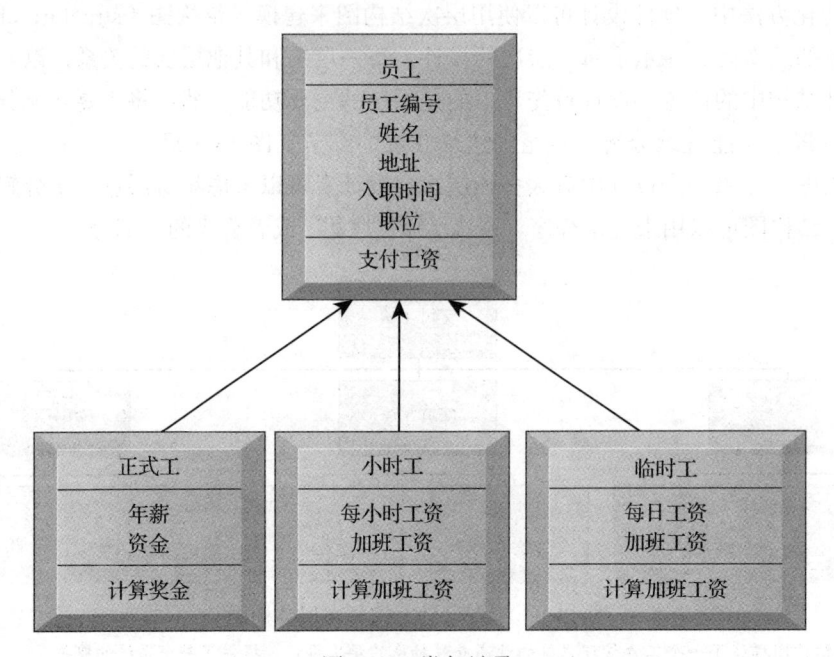

图 13-9　类与继承

注：图13-9显示了类是如何从超类中继承共同属性的。

面向对象开发比传统结构化开发更具迭代性和增量性。在分析的过程中，系统构建者记录系统的功能需求，并列出系统最重要的属性和系统必须满足的要求。分析系统和用户之间的交互以识别对象，对象中包含了数据和流程。面向对象开发的设计阶段描述对象的作用，以及对象之间是如何交互的。相似的对象归为一类，多个类划分成组，形成层次，子类继承了超类的特性。

信息系统是通过将设计转换为程序代码，重新使用在可重复使用软件对象库中已有的类，以及添加面向对象设计阶段中新创建的类来实现的。信息系统的实施过程还包括新创建一个面向对象的数据库，最终的系统必须经过完整的测试和评估。

由于对象可以重复使用，有一些已经创建了的软件对象，会以模块的形式存在以供使用，所以面向对象的开发可以显著减少编写软件的时间和成本。创建新系统时，设计者可以使用和改进已经存在的对象，并加入一些新对象。面向对象的框架一旦开发出来，就可以用于提供可重复使用的和半完整的应用程序，组织可以把它们进一步定制成为完整的应用程序。

## 13.4 建设信息系统的方法

每个系统在规模、技术复杂度以及要解决的问题上都是不同的。对于这些差异，有一系列通用的系统构建方法。本节将描述这些方法：传统的系统生命周期法，原型法，应用软件包、云软件服务和外包法。

### 13.4.1 传统的系统生命周期法

系统生命周期（system life cycle）法是构建信息系统最传统的方法。生命周期法是将系统开发过程分为若干阶段，从而逐步构建系统的过程（见图 13-10）。系统开发专家对于如何划分系统构建阶段虽然有着不同的看法，但是和图 13-10 的划分阶段大致相符。

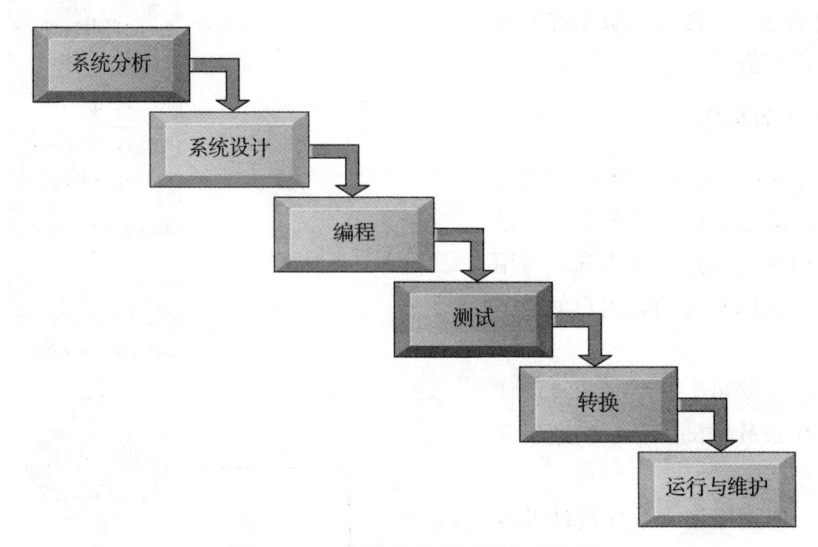

图 13-10　传统的系统开发生命周期

注：系统生命周期法将系统开发过程划分为几个主要的阶段，上一阶段的工作完成后才能开始下一阶段的工作。

系统生命周期法在最终用户和信息系统专家之间有着正式的分工。技术专家，如系统分析师和程序员，负责系统分析、设计和实施工作。最终用户仅限于提供系统信息需求和检查技术人员的工作。系统生命周期法强调正式的说明书和文档，所以在系统开发的过程中会产生很多文件。

系统生命周期法也用于构建大型、复杂的系统，这些系统往往需要严格且正式的需求分析和预定义的规范，而且在系统构建过程中有严格的控制。系统生命周期法成本高、费时且不灵活。尽管系统构建者可以在生命周期的不同阶段转换，但是它仍然以"瀑布"开发方式为主，也就是在下一阶段开始前，本阶段的任务必须完成。活动可以重复，但是在需求和规范需要修改时，就要重新进行之前的步骤并产生大量的新文件。这就要求在系统开发的早期阶段保存说明书。系统生命周期法不适用于小型的桌面系统，因为其通常欠缺结构性，更强调个性化。

### 13.4.2 原型法

原型法（prototyping）会快速构建一个低成本的原型实验系统，以供最终用户进行评估。通过和原型系统交互，用户可以更好地厘清信息需求。原型系统可以作为建立最终系统过程中的一个临时版本。

原型（prototype）是信息系统的一个工作版本或系统的一部分，但只是一个初步模型。一旦投入运行，原型将会被持续改善，直至能精确满足用户需求。一旦确定了最终设计，原型就被转换为一个可正常操作的系统。

构建初步设计、尝试、改善和再尝试的过程是系统开发的**迭代**（iterative）过程，因为这些构建系统的步骤可以重复。原型法比传统的系统生命周期法更容易迭代，更加支持系统设计的变化。原型法用有计划的迭代，取代了无规划的返工，使每个版本都能更准确地反映用户需求。

#### 1. 原型法的步骤

图 13-11 显示了原型法的 4 个步骤。

步骤 1：确定用户的基本需求。系统设计者（通常是信息系统专家）与用户一起工作的时间只够捕获用户的基本信息需求。

步骤 2：开发初步原型。系统设计者使用快速生成软件的工具，快速建立一个工作原型。

步骤 3：使用原型。系统设计者鼓励用户多使用原型系统，确定系统能在多大程度上满足用户需求，并鼓励用户提出系统改进建议。

步骤 4：修订并增强原型。系统设计者记录用户提出的建议，并在此基础上改进系统。在系统经过改进后，返回步骤 3，重复步骤 3 和步骤 4，直至满足用户需求。

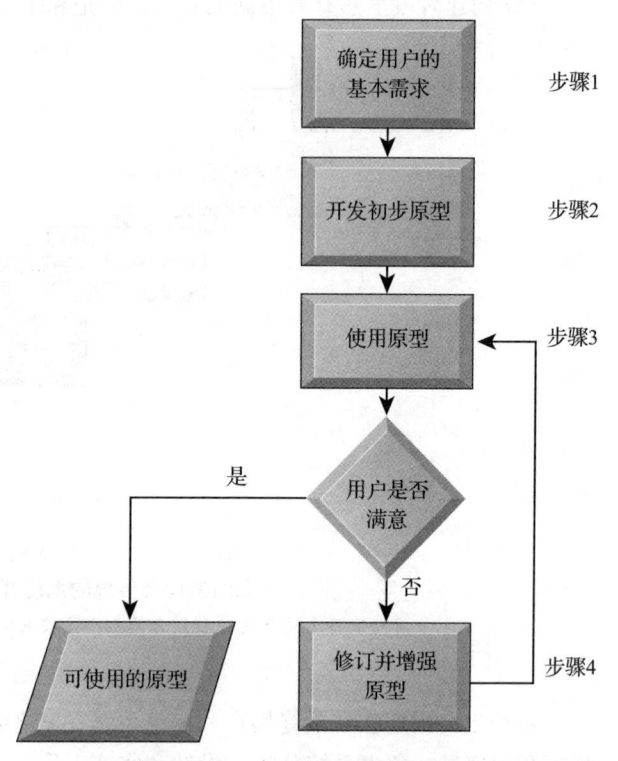

图 13-11 原型法开发过程

注：开发一个原型的过程可以分为 4 个步骤。开发一个原型的速度快、费用低，系统设计者可以进行多次迭代，重复步骤 3 和步骤 4，不断修订并增强原型系统，直至系统满足需求为止。

当不再需要迭代时，原型就成了能满足最终应用需求的业务原型。原型可能被采纳为系统的最终产品方案。

**2. 原型法的优缺点**

当我们对需求和设计方法不明确时，原型法很有效。因此，原型法常用来设计信息系统的**终端用户界面**（end-user interface）（系统中需要和最终用户交互的部分，如在线显示界面、数据输入界面、报告或网页）。因为在系统开发的生命周期中，原型法鼓励最终用户的参与，所以用此方法开发的系统能更好地符合用户需求。

但是，快速原型法容易忽略系统开发过程中的一些关键步骤。如果最终的原型运行良好，管理层可能会忽略系统开发过程中重新编程、重新设计、存储完整文档或测试的必要性。像这样一些快速构建的系统，可能很难适应有大量数据和用户的开发环境。

### 13.4.3 应用软件包、云软件服务和外包法

第 5 章指出，现在大多数软件都不是企业自行开发的，而是从外部购买的。企业可以从软件服务供应商处租用软件，从商业供应商处购买软件包，或是使用外包企业的定制应用软件。

**1. 应用软件包和云软件服务**

如今，许多系统都以商业应用软件包或云 SaaS 为基础。例如，企业可以选择在企业内部实施甲骨文的企业资源计划、SCM 或人力资源管理软件，或者在甲骨文云平台上付费使用这些软件。微软 Office 桌面软件包括桌面版本和云版本（Office 365）。许多应用程序对于所有业务部门都是通用的，如工资单、应收账款、总账或库存控制。标准流程的通用功能不会随着时间的推移而改变，一个更通用的系统可以满足许多组织的要求。

如果商业软件包或云软件服务能够满足组织的大部分要求，企业就不必编写自己的软件。企业可以通过使用软件供应商提供的软件程序来节省时间和金钱。软件包和 SaaS 供应商为系统提供大量持续的维护和支持工作，包括增强系统使系统与最新的技术和业务发展保持一致。当采用软件包或 SaaS 解决方案时，最终用户将负责提供系统的业务信息需求，信息系统专家将提供技术需求。

如果组织有特殊需求，现有的软件包就无法满足这些需求，这些工具包括定制功能。**定制**（customization）这一特性使得软件包可以满足独特的需求，同时也不会破坏软件包的完整性。但是如果定制的需求很多，增加的编程以及其他工作可能会因为成本和耗时问题，抵消软件包所带来的好处。

当企业使用应用软件包或云软件服务开发系统时，系统分析中会包括对软件包或服务的评估。在评估时，最终用户和信息系统专家会参与其中。最重要的评估标准包括软件提供的功能、灵活性、用户友好性、硬件需求、数据库需求、安装和维护工作、文档、供应商质量以及成本等。软件包或软件服务的评估过程往往基于**需求清单**（request for proposal，RFP）。RFP 是提交给软件供应商的一份详细问题列表。

当确定选择某个外部资源软件后，企业也就失去了对系统设计的全面控制。系统设计工

作将不再是修改规范以满足用户需求，而是尝试将用户需求塑造成符合软件包或软件服务功能特色的要求。如果企业的需求和软件包或软件服务工作的内容发生冲突，使得软件包不能被定制，那么企业就不得不改进流程以适应软件包或软件服务的功能要求。

**2. 外包**

如果一个企业不想使用内部资源去构建或者运营信息系统，可以将这些工作外包给专门提供此类服务的企业。第 5 章提到的云计算和 SaaS 就是外包的一种形式，订购企业使用了服务中提供的软件、硬件资源作为系统的技术平台。另外一种外包服务形式是企业请一家外部供应商为自己设计和构建软件系统，该企业会在自己的计算机上运行系统。外包服务供应商可以是国内的企业，也可以是国外的企业。

选择国内的外包服务首要的驱动力是外包服务企业拥有客户所没有的技术、资源与资产。在一家大型企业内安装新的 SCM 系统，可能需要新聘请 30～50 个在 SCM 方面有专业知识和经验的员工，而且需要对大部分新聘员工进行全面培训，等到系统构建好以后再解雇他们，这个过程比一个为期 12 个月的外包服务成本更高。

**离岸外包**（offshore）是由成本驱动的。在印度或俄罗斯，一个技术娴熟的程序员每年的工资为 10 000～20 000 美元。而在美国，类似的程序员每年的工资为 73 000 美元。互联网和低成本的通信技术大大降低了与海外合作者的合作成本及难度。除了节约成本，很多海外外包企业还会提供世界级的技术和条件。最近几年，美国之外的国家的工资通胀削弱了海外外包的优势，一些工作渐渐地重回美国。企业通常不会将 IT 系统的概念、系统分析和设计外包给离岸企业，但会经常外包 IT 系统的编程、测试、维护和日常操作。

如果一家企业花费时间评估所有的风险并确保外包适合特定的需求，那么它最有可能从外包中获益。任何外包应用程序的企业都必须全面了解该项目，包括系统需求、实施方法、预期收益、成本要素以及衡量绩效的指标。许多企业低估了以下活动的相关成本：识别并评估信息技术服务供应商，将业务工作转移给新的供应商，改进内部软件开发方法以匹配外包服务供应商，监督供应商以确保它们履行了合约义务。企业需要为记录需求、发送 RFP、处理差旅费、洽谈合同、项目管理这些活动合理分配资源。专家表示，将一项工作转移给海外合作者，并确保他们完全了解本企业的业务，需要 3 个月到一年的时间。

离岸外包往往会增加由于处理文化差异而导致额外的效能降低成本和人力资源成本，如终止或重新调整国内员工的雇佣关系。所有这些隐形成本减少了外包带来的预期好处。尽管外包能带来某些竞争优势，但是企业在使用外包开发或运营系统时要格外谨慎。

通用汽车一度将其 90% 的 IT 服务外包，包括其数据中心和应用程序的开发。该公司后来决定将其大部分 IT 基础设施内部化。降低成本固然重要，但通用汽车削减外包的主要原因是收回对其信息系统的控制，该公司认为，信息系统阻碍了公司对竞争机会做出快速反应。图 13-12 显示了离岸外包项目最佳和最差情况下的总成本，从中可以看出潜在风险对总成本的影响有多大。最佳情况反映的是对额外费用的最低估计，最差情况反映的是对额外费用的最高估计。如图 13-12 所示，隐形成本使海外外包的总成本增加了 15%～57%。虽然有这些额外费用，但是如果控制得好的话，很多企业还是能从海外外包中获益的。

| 离岸外包总成本 | | | | |
|---|---|---|---|---|
| 外包合约约定成本/10 000 000美元 | | | | |
| 潜在风险来源 | 最佳情况 | 额外费用（美元） | 最差情况 | 额外费用（美元） |
| 1.供应商选择 | 0.02% | 20 000 | 2% | 200 000 |
| 2.转型成本 | 2% | 200 000 | 3% | 300 000 |
| 3.人力资源分配 | 3% | 300 000 | 5% | 500 000 |
| 4.生产率降低/文化问题 | 3% | 300 000 | 27% | 2 700 000 |
| 5.改进开发流程 | 1% | 100 000 | 10% | 1 000 000 |
| 6.合约管理 | 6% | 600 000 | 10% | 1 000 000 |
| 总的额外费用 | | 1 520 000 | | 5 700 000 |
| | 外包合约约定费用（美元） | 额外费用（美元） | 总成本（美元） | 额外费用 |
| 最佳情况下的外包总成本 | 10 000 000 | 1 520 000 | 11 520 000 | 15.2% |
| 最差情况下的外包总成本 | 10 000 000 | 5 700 000 | 15 700 000 | 57.0% |

图 13-12　离岸外包总成本

注：如果一家企业在离岸外包合同中商定的费用为 10 000 000 美元。即使在最佳情况下，企业也有 15.2% 的额外费用消耗。在最差情况下，企业将面临生产率骤降的问题，同时伴随很高的转型和解雇员工的成本。这样除了外包合同中的 10 000 000 美元，企业还将支付 57% 的额外费用。

## 13.5　数字企业时代信息系统建设的新方法

技术和商业环境的变化如此之快，以至于企业采用更短、更加非正式的系统开发过程，包括用于移动应用程序的开发过程。除了使用软件包和在线软件服务，企业还更多地依赖快速的周期性技术，如快速应用开发、联合应用设计、敏捷式开发、自动化软件测试，以及低代码和无代码开发。

### 13.5.1　快速应用开发、敏捷式开发、自动化软件测试和开发运营一体化

**快速应用开发**（rapid application development，RAD）是指在非常短的时间内创建可行系统的过程，过程具有一定的灵活性，可以随着项目的发展而调整。RAD 还包括使用可视化编程和其他工具来构建图形用户界面、关键系统元素的迭代原型、程序代码生成的自动化以及最终用户和信息系统专家之间的紧密合作。简单的系统通常可以由预先构建的组件组装而成。这个过程不一定需要按照顺序完成，开发过程中的关键部分可以同时进行。

有一项名为**联合应用设计**（joint application design，JAD）的技术，有时用来加快系统信息需求的产生并设计初步系统。JAD 将最终用户和信息系统专家聚集在一起，交互讨论系统设计。如果使用得当，JAD 技术能够显著加快设计阶段，而且大大提高用户参与度。

**敏捷式开发**（agile development）可以使软件开发快速完成，将一个大项目分解为一系列子项目，子项目采用迭代、持续反馈以及用户不断参与的方法，实现项目的快速完成。迭代被称为冲刺（sprint），是短时间框架，通常持续 1～4 周。每个小型项目都由一个跨职能团队（由程序员、测试人员、用户代表和项目所需的其他人员组成）负责，并定期向客户发布项目。随着开发人员不断明确需求，新功能的改进或添加将在下一个迭代中进行。

待开发的功能按优先级分配到冲刺中，首先开发贯穿程序中的"关键路径"。这使得能够在早期展示一个基本但功能完备的程序版本。随着附加功能的开发，代码被添加到已经开发的代码中，这个过程被称为"持续集成"。

测试在整个开发过程中尽早并且频繁地进行。敏捷式开发强调面对面的沟通，鼓励人们协作并快速地做出有效决策，对变化做出快速灵活的响应，以及生产可工作的软件，而不是制作详细的文档。与传统瀑布方法中的单独测试阶段不同，在敏捷式开发中，测试在每个冲刺期间都会持续进行，并且鼓励测试。这通常意味着与使用传统方法相比，更多的开发时间将花在测试上。

尽管持续的测试是必要的，但是它可能非常耗时，特别是因为在过去，开发测试脚本、执行测试步骤和评估结果主要是手工进行的。现在可以使用自动化测试工具来满足这种需求。自动化测试工具会执行软件的检查，报告结果，并将结果与早期的测试结果进行比较。"互动讨论：技术"部分展示了自动化测试如何帮助安全软件公司 McAfee 在其项目中使用敏捷式开发的方法。

⊙ 互动讨论：技术

## 迈克菲转向自动化软件测试

迈克菲（McAfee）是一家私人所有的公司，它向 189 个国家的近 69 000 家企业客户和 5 亿多个体客户出售安全软件。你或你的公司可能正在使用迈克菲的产品对抗恶意软件、身份窃取和隐私侵犯。

迈克菲使用 SAP ERP 5.0 的单个全球化实例运行所有的后端财务、控制、会计、物料管理和订单履行流程。迈克菲还有其他非 SAP 系统，从"订单到现金"的视角来看，这些系统集成了涉及销售、许可和客户服务的流程（"订单到现金"是指接收、处理和支付客户订单的业务流程组合），但 SAP ERP 是迈克菲收入和预订的唯一信息来源。迈克菲是一个主要基于业务伙伴的组织，通过众多经销商和分销商进行工作，它需要确保这些业务伙伴能够快速、简单地将订单输入 SAP 系统中。

迈克菲一直在尝试同时处理多个系统项目。它一直在尝试迁移到 SAP S/4HANA（这是 SAP 的新一代 ERP），并实施 SAP RAR（Revenue Accounting and Reporting，收入会计和报告）——该解决方案要求更新迈克菲的会计准则以遵守新的收入确认标准。该项目在 2018 年消耗了迈克菲的大部分 IT 资源。该业务也已经从其母公司拆分出来，因此必须拆分其 IT 系统。更新必须发布、测试并确认其正常运行。迈克菲的 IT 员工不得不在不增加职员数量的情况下管理所有这些项目。同时，迈克菲当时对其所有 IT 项目采用了一种敏捷式方法。与项目经理监督个体、个体分别专注于质量保证、系统功能测试和用户验收测试的传统瀑布方法相反，迈克菲切换到敏捷冲刺周期模式，即开发团队的所有成员协作进行小型软件程序的增量开发，小型软件每个冲刺周期发布一次，每个冲刺周期持续两周。利用敏捷式方法，软件模块在比瀑布方法更短的时间框架内被不断地创建、修改、测试、演示以获得反馈、修订。迈克菲不得不应对用于处理潜在客户到订单、订单到现金和采购到付款流程的大约 40 个系统，这些流程正在积极地改进和加强。迈克菲印度公司 IT 总监莫利·苏布拉哈马纳扬表示，"到处都是不断变化的零部件"。

要想完成得更多、更快，一种方法是自动化测试。迈克菲传统上使用人工流程进行软件测试，这样的流程无法轻松处理增加的测试量。每当一个系统被更改或增加新功能时，迈克菲的 IT 员工必须确保更新后的系统能按预期运行，并在系统投入生产之前修复所有问题。

使用人工流程来跟进测试是非常困难的，因为必须在非常短的时间内进行如此多的更改。人工创建"订单到现金"等端到端流程的测试场景需要很长时间，而且成本很高。

迈克菲增加的测试需求还源于其他应用更改的驱动，因为它们也需要进行测试。例如，迈克菲利用第三方非 SAP 系统取代了其定制开发的配置、价格和报价（configure, price, and quote，CPQ）流程系统（用于配置产品定价和生成报价）。迈克菲需要测试端到端方案，以确保为销售创建的报价在 SAP ERP 系统中正确地转换为订单，然后无缝完成。测试必须创建和测试季度末的 60 000 个订单，并在支持的非 SAP 应用程序（如发票、许可和分析应用程序）中验证工作量。测试必须证明，该事件链中的每一个环节都能处理如此大的交易量，而系统也能如本该那样正常运行。

为能在短时间内完成极大量的测试，迈克菲选择了自动化测试。自动化测试将使敏捷开发团队有时间专注于每个场景，并确保后端系统按预期运行，以完成客户订单。迈克菲的 13 人自动化团队由自动化工程师和业务分析师组成，他们负责为公司选择自动化测试产品。自动测试软件供应商必须进行实操演示来证明它们的工具能够处理 SAP 测试和业务流程自动化并且易于使用。

迈克菲选择了 Worksoft Certify，原因就在于它是软件内预置的 SAP 测试框架，且其测试框架的应用并不局限于公司本地的 SAP 系统，而是还包括新的定制应用程序。Worksoft Certify 是业界领先的企业应用程序自动化测试解决方案，适用于 SAP、Workday、Salesforce.com、甲骨文和 web 等应用。它被专门设计用于测试跨多个应用程序的复杂业务流程，并且无需代码。该工具将被测应用程序建模为一系列其中包含 GUI（graphical user interface，图形用户界面）对象和测试步骤的页面，针对这些对象执行操作。它无需任何软件脚本或程序，即可在关系型数据库中创建和存储自动化测试步骤。缺乏软件代码编写技能的人也能使用该工具。

到 2017 年年底，迈克菲已开始将其自动化测试系统投入生产之中。迈克菲现在在其 SAP 环境中使用 Worksoft Certify 进行测试和业务流程自动化。对 SAP 系统的健康状况进行定期检查等人工任务和对系统更改的测试现在已经自动化。这包括进行性能测试，测试系统处理高负荷时的情况。例如，迈克菲能够测试 SAP 系统如何处理包含 25 万个细分条目的 6 万个订单。

通过测试和业务流程的自动化，迈克菲节省了近 2 500h 的人力，这相当于 20 万美元，而且，应用程序的维护需求也降到了历史最低水平。

资料来源：www.worksoft.com, accessed April 7, 2020; Lauren Bonneau, "McAfee Saves 2 500 Hours of Manual Effort with Test and Business Process Automation on Its Journey to SAP S/4HANA," *SAPInsider*, April 1, 2019; www.mcafee.com, accessed April 7, 2020.

**案例分析题：**

1. 为什么像迈克菲这样的公司会从自动化软件测试中受益？
2. 迈克菲在转向自动化软件测试时解决了哪些管理、组织和技术因素？
3. Worksoft Certify 对迈克菲来说是一个很好的解决方案吗？为什么？
4. 自动化软件测试是如何改变迈克菲经营业务的方式的？

**开发运营一体化**（DevOps）建立在敏捷式开发原则的基础上，作为一种组织策略来创建文化和环境，进一步促进快速和敏捷的开发实践。DevOps 代表"开发和运营"，强调创建应用程序的软件开发人员和运行与维护应用程序的 IT 运营人员之间的紧密合作。从传统意义上讲，在大型的企业中，应用程序开发团队负责收集应用程序的业务需求、设计应用程序以及编写和测试软件。运营团队在投入生产后负责运行与维护软件。当开发团队没有意识到操作问题阻碍软件按预期工作时，就会出现问题，需要额外的时间和工作来修复软件。

DevOps 试图通过在整个应用程序开发生命周期中促进系统开发和运营团队之间更好、更频繁的沟通和合作，以及快速和稳定的工作流程来尝试改变这种关系。有了这种类型的组织变革和敏捷技术、标准化流程以及更强大的自动化软件创建和测试工具，就可以更快速、更频繁地建设、测试和发布更可靠的应用程序。例如，DevOps 每天帮助 Netflix 的开发人员进行数百次软件更改。

### 13.5.2 低代码和无代码开发

低代码开发是一种软件开发方法，它可以更快地交付应用程序，并且使用图形界面中的可视化建模来组装和配置应用程序，从而减少手工编码。这样的工具可以产生完全可操作的应用程序，或者需要少量的额外编码。低代码开发平台减少了创建可操作软件的手工编码量，因此业务应用程序可以由更广泛的人（在某些情况下包括业务最终用户）更快地创建，而不仅仅是那些具有正式编程技能的人。

无代码开发工具对于非 IT 业务人员来说甚至更容易使用。软件供应商认为用户创建应用程序所需的一切都已经内置到工具中，不需要编码。然而，许多无代码工具都是为了解决简单的业务问题而构建的，功能非常有限。例如，Verite 是一家试图消除全球供应链中侵犯人权行为的全球非营利组织，它有一个处理客户费用报告的无代码应用程序（Preimesberger，2019）。无代码应用程序很难定制。另一个缺点是，这些工具使业务用户有可能在没有 IT 部门适当监管的情况下创建自己的应用程序，从而产生安全性、遵从性和集成问题，以及不合格的系统。

### 13.5.3 移动应用程序开发：为多屏幕世界设计

如今，员工和客户都期望能够使用他们自己选择的移动设备随时随地获取信息或进行交易。为满足这些需求，企业需要开发移动网站、移动应用程序、本地应用程序以及传统的信息系统。

企业一旦决定开发移动应用程序，就必须做出一些重要的选择，包括用于实现这些应用程序的技术（无论是编写本地应用程序还是移动网络应用程序），以及如何处理移动网站。**移动网站**（mobile website）是常规网站的一个版本，简化了内容和导航，便于在小型移动屏幕上访问和搜索（你可以从计算机上访问亚马逊网站，然后从智能手机上查看手机端网站与正常网站的区别）。

**移动网络应用程序**（mobile web app）是具有移动设备特定功能的、互联网使能的应用程序。用户通过移动设备的网络浏览器访问移动网络应用程序。网络应用程序主要驻留在服务器上，通过互联网访问，不需要安装在设备上。不论什么品牌，大多数可以上网的设备都可以使用相同的应用程序。

**本机应用程序**（native app）是一个独立的应用程序，运行在特定的平台和设备上。本机应用程序直接安装在移动设备上，可以连接到互联网上下载和上传数据，即使没有连接到互联网上，也可以对这些数据进行操作。例如，像 Kindle 这样的电子书阅读应用程序，可以从互联网上下载书籍，与互联网断开连接后，还能呈现书籍以供阅读。本机移动应用程序提供了快速的性能和高度的可靠性。它们也可以利用移动设备的特殊功能，如相机或触摸功能。但是，本机应用程序开发比较昂贵，因为必须针对不同的移动操作系统和硬件开发不同的应用程序版本。

为移动平台开发应用程序和为计算机甚至更大的显示屏开发应用程序是截然不同的。由于移动设备尺寸小，所以当用户使用手指和多点触控手势操作时，比用键盘输入时简单。移动应用程序需要根据特定的任务进行优化，不能执行太多烦琐的任务，并且要设计得当，便于使用。移动应用程序和计算机应用程序的用户体验也有很大的区别。资源（带宽）、屏幕空间、内存、处理速度、数据输入和用户的手势是移动应用程序优先要考虑的因素。

当为计算机创建的网页缩小到智能手机屏幕的尺寸时，用户浏览起来是很困难的。用户需要不停地放大网页来阅读详情，或者缩小并拖动网页来发现内容在网页中的位置。因此，很多企业往往会为手机界面设计专门的网页，需要设计多种网页来适应智能手机、平板电脑、台式计算机浏览器的不同需求。这相当于至少设计 3 种内容、维护、成本都不相同的网页。一般来说，当你登录浏览器以后，浏览器会将你的信息发送给服务器。这样，网页服务器就会给你发送适合的网页尺寸。

**响应式网页设计**（responsive web design）可以让设计者用一个方案来解决不同网页带来的问题。响应式网页设计可以使网页的排版根据访问者的屏幕大小自动做出调整，不管是台式计算机、笔记本电脑、平板电脑还是智能手机。响应式设计采用基于网格的布局、柔性的图像以及媒体查询等工具来优化看到的不同内容。这样就不必为每一种新设备单独设计和开发网页。第 5 章介绍的 HTML5 也能在移动应用程序开发中使用，因为它能支持跨平台的移动应用。

## 13.6 MIS 如何有助于我的职业发展

通过本章和本书的指引，将帮助你找到一份初级商业系统分析师的工作。

### 13.6.1 公司简介

Systems100 技术咨询公司是一家位于芝加哥的专业技术服务企业，它为其他美国企业提供人员配备和信息技术咨询服务，目前有一个初级商业系统分析师的空缺职位。该公司为金融服务、医疗保健、通信、运输、能源、消费品和技术等领域的 150 多家企业提供业务和技术顾问服务，帮助它们经济、高效地实施业务和技术项目。

### 13.6.2 职位描述

初级商业系统分析师在软件开发生命周期的所有阶段与项目团队一起工作，包括定义业务需求、开发详细的设计规范，以及与应用程序开发人员一起构建或改进系统和业务流程。在执行任务之前，新的商业系统分析师需要接受背景培训，完成相应的任务。第一项任务是与密歇根州的一家数据分析初创企业签订合同，为一家中型企业提供服务。初级商业系统分析师将与数据科学家团队合作，帮助客户整合数据源，清理和组织混乱的数据，并提高对模式和趋势的理解。

### 13.6.3 岗位要求

- 即将毕业的大学生，拥有 MIS、金融、心理学或相关领域的学士学位。
- 在企业有 3～6 个月的工作或实习经验，包括与项目团队合作的经验。
- 对技术和系统有很深入的理解，并能改进业务流程。
- 较强的分析、沟通和解决问题的能力。
- 适应在团队的环境中工作。
- 了解软件开发生命周期和业务流程改进。
- 了解 MS Office 应用程序。
- 最好有 SQL 编程经验。

### 13.6.4 面试问题

1. 你学过包括 MIS、数据库、数据分析和系统开发在内的哪些信息系统课程？你会写 SQL 查询吗？
2. 你是否参与过系统开发项目？如果有，你具体做过什么？你用什么系统开发实践？
3. 你是否参与过其他类型的项目，你扮演了什么角色？你有这些项目的书面案例吗？
4. 你使用过哪些 Microsoft Office 工具？你用这些工具解决了哪些问题？
5. 你有敏捷式软件开发的经验吗？

### 13.6.5 作者提示

1. 复习第 2 章和第 13 章中关于业务流程的内容，以及了解第 14 章关于 IT 项目管理和实施的内容。准备好谈谈你有过哪些系统开发经验，包括分析或重新设计业务流程。同时准备好讨论现代系统开发实践的内容。

2. 询问你会如何使用 SQL 和 Microsoft Office 工具完成这项工作，以及你需要展示哪些技能。带上你用这个软件所做的工作案例。表现出你有兴趣学习这些工具，以完成你的工作任务。

3. 带上你的书面案例，展示你的分析和商业应用技能以及项目经验。

## 本章小结

**13-1　新系统的建设引发组织变革**

构建一个新的信息系统，是一种有计划的组织变革。技术带来的4种变革包括自动化、程序合理化、业务流程再造和范式转移。随着改变的不断深入，风险和收益同步增加。许多企业使用业务流程管理，重新设计工作流和业务流程，并期望带来生产率方面的巨大突破。业务流程管理对于全面质量管理、六西格玛以及其他渐进式的流程优化也很有效。

**13-2　信息系统开发过程中的核心活动**

系统开发过程中的核心活动有系统分析、系统设计、编程、测试、转换、运行与维护。系统分析是对现有系统存在问题的研究、分析，以及对需求的识别。系统设计为信息系统解决方案提供详细的说明，介绍所采用的技术和组织内各组件是如何融合在一起的。

**13-3　信息系统建模和设计的主要方法**

信息系统建模和设计的两个主要方法是结构化方法和面向对象开发。结构化方法将处理程序的模型和数据的模型分开。DFD是结构化分析的主要工具，结构表是用来表示结构化软件设计的主要工具。面向对象开发将系统模拟为一系列的对象，这些对象包括处理程序和数据信息。面向对象建模是基于类和继承的概念。

**13-4　建设信息系统的方法？**

最早用来构建信息系统的方法是系统生命周期法，在这种方法中，系统需要按阶段开发。这些阶段按顺序进行，每个阶段都有输出且开始前都需要正式批准。如果是一个大型项目，而且在系统构建过程中的每个阶段都需要正式的规范、严格的控制管理，则使用系统生命周期法开发将很有效。但是，系统生命周期法的成本高且比较严格、死板。

原型法可以快速、低成本地建立实验系统，供最终用户使用并评估。在原型法中，最终用户将参与系统开发和迭代设计过程，直至系统指标能很准确地满足需求。在采用原型法的过程中，快速构建的原型系统还没有被完全测试，并且还没有建立文档，所以还没有达到产品化的要求。

使用软件包开发系统，可以减少设计、编程、测试、安装、维护过程中的大量工作。如果企业没有专门的IT开发人员，或者不能承担专门定制开发一款系统的费用，那么应用软件包将为企业带来很多帮助。但是为了满足企业独特的需求，软件可能需要进一步的改进，这将导致成本上升。

外包则是请外部服务商为企业建立（或运营）信息系统，而不再由组织内部的信息系统人员来完成。外包可以节约开发成本，然而，企业将面临对信息系统失去控制的风险，并且变得很依赖于外部服务商。外包将产生隐形成本，特别是当外包工作在海外进行时更是如此。

**13-5　数字企业时代信息系统建设的新方法**

企业可以采用 RAD、JAD、敏捷式开发、可重用的软件组件等技术，以加快系统开发流程。RAD使用面向对象软件、可视化编程、原型法、快速创建系统的工具。敏捷式开发将一个大的项目分解成一系列小的子项目，这些子项目可以利用迭代法和持续的反馈意见在短期内完成。自动化测试工具通过将以前手工完成的任务转向自动化来加速测试并提高质量。低代码和无代码开发工具使具有很少或没有编程技能的人能够在短时间内创建可工作的系统。DevOps 强调创建应用程序的软件开发人员和运行与维护应用程序的 IT 运营人员之间的紧密合作。移动应用程序开发必须关注简易、可用性、要为小屏幕优化应用的需求。

## 关键术语

验收测试（acceptance testing）
敏捷式开发（agile development）
自动化（automation）
业务流程管理（business process management，BPM）
业务流程再造（business process redesign，BPR）
系统转换（conversion）
定制（customization）
数据流程图（data flow diagram，DFD）
开发运营一体化（DevOps）
直接转换策略（direct cutover strategy）
归档（documentation）
终端用户界面（end-user interface）
可行性研究（feasibility study）
信息需求（information requirement）
迭代（iterative）
联合应用设计（joint application design，JAD）
低代码开发（low-code development）
维护（maintenance）
移动网络应用程序（mobile web app）
移动网站（mobile website）
本机应用程序（native app）
对象（object）
面向对象开发（object-oriented development）
离岸外包（offshore outsourcing）
范式转移（paradigm shift）

并行策略（parallel strategy）
分阶段策略（phased approach strategy）
试点研究策略（pilot study strategy）
安装后审计（post-implementation audit）
流程规范（process specification）
生产（production）
编程（programming）
原型（prototype）
原型法（prototyping）
快速应用开发（rapid application development，RAD）
程序合理化（rationalization of procedure）
需求清单（request for proposal，RFP）
响应式网页设计（responsive web design）
六西格玛（six sigma）
结构图（structure chart）
结构化（structured）
系统测试（system testing）
系统分析（system analysis）
系统设计（system design）
系统开发（system development）
系统生命周期（system life cycle）
测试计划（test plan）
测试（testing）
全面质量管理（total quality management，TQM）
单元测试（unit testing）

## 复习题

13-1 描述由信息技术带来的 4 种组织变革。
● 定义业务流程管理，并描述业务流程管理需要的步骤。

13-2 系统分析和系统设计的区别是什么？分别描述这两项的活动。
● 明确系统信息需求，并解释为什么很难准确获取系统需求。

● 解释为什么系统的测试阶段很重要，列出并描述信息系统测试的 3 个阶段。
● 描述系统开发过程中编程、转换、运行与维护的作用。

13-3 比较面向对象的方法和传统的结构法。

13-4 定义传统的系统生命周期法。描述其构建系统时的优缺点。

- 定义信息系统原型法。描述原型法的优缺点。列出用原型法构建系统的步骤。
- 定义应用软件包。解释在软件包的基础上开发信息系统的优缺点。
- 描述用外包法构建信息系统的优缺点。

13-5 定义 RAD、敏捷式开发、自动化软件测试、低代码和无代码开发以及 DevOps，并解释它们如何改进系统构建。
- 说明移动应用程序开发和响应式网页设计的特点。

## 讨论题

13-6 为什么选择一种合适的系统开发方法很重要？谁应该参与选择过程？

13-7 有些人说降低系统开发成本最好的方法是采用应用软件包或用户友好的工具，你同意吗？为什么？

13-8 为什么在开发一个新的信息系统时，理解业务流程是非常重要的？

## MIS 实践项目

本部分的 MIS 实践项目将让你通过分析业务流程、设计和建立汽车销售客户系统以及分析网站信息需求获得实践经验。

### 管理决策问题

13-9 购买 Sears Roebuck 电器（如洗衣机）的客户如果额外付费，可以购买 3 年的服务合约。合约提供免费的维修服务和部件，由 Sears Roebuck 的授权服务供应商来完成。持有 Sears Roebuck 服务合同的客户在需要维修像洗衣机这样的设备时，他首先需要打电话给企业，与相关部门预约。预约部门将会告诉客户大概的上门服务时间。维修人员将在预约的时间到达客户家中诊断问题。如果发现是某个部件坏了，技术人员会对坏掉的部件进行更换。但是，如果技术人员没有带新部件，那么需要先从企业订货。如果企业也没有存货，那么企业将给客户一个大概的时间，在这个时间内新部件将到达。部件直接寄到客户家中，在部件到货后，客户需要打电话进行第二次预约。在第二次上门服务中，技术人员对坏掉的部件进行替换。整个过程耗时很长，第一次预约的时间大概需要两周，新部件送达需要两周，第二次预约又要花两周。
- 绘制现有流程。
- 现有流程对企业的运营效率和客户关系的影响是什么？
- 通过什么样的改变，可以使这个流程更高效？信息系统如何支持这些改变？绘制改进后的流程图。

13-10 某农药企业的管理层对于企业的生产计划不是很满意。通过对每种产品需求量的最佳推测制订生产计划，这种推测基于以前的订货量。如果有客户提交了一个未在预期数量范围内的订单，或者在下订单后需要修改订单内容，这时企业就无法调整生产计划了，企业可能需要告诉客户不能满足其订单，或者企业需要花更多的成本保持额外的库存。

在每月末，订单将被汇总，并由工作人员手动输入到企业的生产计划系统中。上月的生产数据和库存系统中的数据也是手动输入到企业的订单管理系统中的。销售部门和生产部门的分析人员将分析各自部门的数据，以制定下个月的销售目标和生产目标，这两个估计结果往往不相符。然后，分析人员需要在一个更高层次的计划会议中开会讨论，来修订生产和销售目标，同时加入高层管理人员制定的关于市场份额、收益和利润的目标。会议最终生成一份主生产计划。

整个生产计划的制订过程需要 17 个工作日完成,其中 9 个工作日用来汇总、验证数据,剩下的时间用来制定、协调生产和销售目标,并最终制订主生产计划。

- 绘制现有生产计划的流程图。
- 分析当前流程给企业带来的问题。
- 企业系统如何解决这些问题?用何种方法可以降低成本?如果安装企业系统,生产计划的流程图将是什么样的,请绘出。

**改善决策:使用数据库软件为汽车销售企业设计客户系统**

软件技能要求:数据库设计、查询、报告和表格

业务技能要求:销售机会和客户分析

13-11 这个项目需要进行系统分析,并使用数据库软件进行系统方案设计。

Ace 汽车代理商负责在波特兰市销售斯巴鲁汽车。Ace 在当地的报纸上做了广告,并且在斯巴鲁网站以及其他汽车网站中被列为授权经销商。这家企业在当地享有较高的知名度和美誉度。

Ace 认为它还没有掌握客户足够的信息。该企业不能确定是哪种因素使得客户了解到了自己,并且最终达成交易,即企业不确定哪种渠道是最有效的。如果企业可以知道哪种客户接触渠道产生了最大的实际效益,企业则可以专注于这种广告渠道,以带来最大的利润。购买者是从报纸广告、亲人朋友,还是网站了解到 Ace 的呢?

准备一份系统分析报告,详细分析 Ace 的问题,并且提供一种可以使用数据库管理软件实现的系统解决方案。然后,使用数据库软件开发一个简单的系统方案。

**卓越运营:分析网站设计和信息需求**

软件技能要求:网页浏览软件

业务技能要求:信息需求分析、网站设计

13-12 访问一个网站,并进行全面的浏览。准备一份报告,分析网站提供的功能和网站的信息需求。你的报告需要回答以下问题:网站有哪些功能?网站使用什么数据?输入、输出和处理方法分别是什么?其他的设计规范有哪些?网站有没有连接到内部系统,或者是其他企业的系统?网站为企业带来了什么价值?

## 协同与团队合作项目

**准备网站设计说明书**

13-13 与 3~4 名同学一起,选择本书中描述过的网络系统。查看所选择系统的网站。使用从网站上学到的知识和书中的描述,准备一份描述所选系统设计规范的报告。如果可能,请使用 Google Docs、Google Drive 或 Google Sites,集思广益并制作演示文稿来汇报结果。

## 案例研究

### 德事隆将 ERP 迁移到云端

总部位于罗得岛州普罗维登斯市的德事隆(Textron)创立于 1923 年,在成立之初仅是新英格兰地区的一家小型纺织企业。它现在已经发展成为一家《财富》美国 500 强企业,其子公司和运营公司覆盖多个行业。公司的主要产品包括飞机、直升机、装甲车、电动汽车和汽车系统,其中包括 Cessna 和 Beechcraft 飞机系列、COMMANDO Elite 装甲车、Bell 垂直升降产品和 E-Z-GO 高尔夫球车。德事隆拥有 3.5 万名员工,在 25 个国家设有工厂,2019

年的收入达到了136亿美元。20多年来，德事隆一直宣传自己是世界上历史最悠久的企业集团。

纵观其历史，德事隆一直是突破性技术和众多行业首创的源泉。在飞机、旋翼机、装甲车、电动汽车和汽车系统的发展过程中，有许多重大进展都是从德事隆的产品开发实验室中产生的。

德事隆一直在持续发展，并雄心勃勃地计划在中欧、东欧、印度、中国、中东、中美洲和南美洲进一步拓展国际业务。但直到最近几年，公司都一直受制于老化的系统，包括基于Infor和Lawson软件、已25年高龄的ERP，该系统高度定制化，有很多公司特定的功能，其IT基础设施陈旧不堪。这些系统未提供足够的灵活性和及时的信息，使公司无法发展自身业务并协调跨越众多行业和地区的分公司。公司试图升级既有系统，但这些系统有太多的定制化特征，无论什么时候升级这些系统，都必须重新设置这些自定义功能。

德事隆的业务和IT专家都认为，这种程度的自定义设置是没有必要的。例如，旧的ERP系统已被重度修改和定制化，即使公司在应付账款、总账、现金管理和固定资产方面使用的是标准软件模块。

持续规划、安装和测试软件的升级和补丁需要大量的资本支出，因为必须识别、测试和重新安装软件的所有定制部分。这些额外的工作占用了IT员工和资源，而这些员工和资源本可以更好地分配给更有成效的工作。凯利·古兹是德事隆的高级财务系统经理，她希望有一个新系统，让她的团队不必每隔几个月就得修复公司本地系统的漏洞。

德事隆选择了甲骨文ERP云（包括总账、应付账款和固定资产模块），其与甲骨文集成云服务和甲骨文事务型商务智能结合在一起，成为最佳解决方案，具有满足其信息要求的必要功能、易用性和灵活性，以支持未来的增长。切换到云软件服务还可以避免不断升级软件和打补丁所需的大量资本支出。每隔几个月规划、安装和测试一次升级占用了IT员工本

可以用于帮助企业发展的时间和资源。

甲骨文ERP云是一个基于云的软件应用程序套件，用于会计、财务管理、项目管理和采购等企业功能，并在甲骨文的云计算中心运行。甲骨文ERP云可以通过公有云和私有云版本访问，也支持混合云部署。

甲骨文集成云服务是用于实现SaaS应用程序之间简单、轻量级集成的工具，不要求太多复杂性。甲骨文事务型商务智能解决方案提供了一项灵活易用的分析工具，可以帮助企业用户实时洞察交易数据并了解数据模式。该工具具备提供健全临时报告、基于角色的仪表盘、数据可视化和自助信息传送等功能。

德事隆尝试利用云计算已有一段时间，并开始将云SaaS用于一些非必要系统。德事隆选择在公司本地保留更为关键的应用，包括ERP和财务系统。这是因为，作为一家全球性公司，它面临着监管方面的限制，并且在将核心应用委托给云软件供应商上存在迟疑。德事隆的财务专业人员是这些系统的重度用户，他们也不愿接受变革。

德事隆在2016年和2017年都在为迁移到云ERP和财务系统做准备，希望在2017年年底前将新系统安装到位。它的项目团队规定了信息需求，确定了如何优化流程，并提供了一套详细的系统规范。解决方案的目标包括：为德事隆老化的系统找到一个现代化的替代方案；提供更好的分析技术以支持决策；用融合最佳实践的自动化流程取代劳动密集型人工流程；以及确保用户可以根据自己的具体要求定制运营报告。此外，德事隆还希望获得某些方法来与供应商和其他业务合作伙伴的外部系统集成。

德事隆于2018年1月1日上线了Oracle ERP Financials Cloud（甲骨文ERP财务云）。德事隆的云ERP项目在14个月内按时完成，且未超出预算，该时间大大短于管理层的预期。此外，尽管实施系统计划野心勃勃，德事隆能够保持正常的业务运营。但也存在各种挑战。财务用户一开始时抵制新系统，认为无论采用何种技术，数字都不会改变，而且他们依

赖一直以来获得的相同报告。迈克·斯奇博是当时德事隆的 CIO，他最终说服了财务用户，使他们认识到变革的必要性，并承诺他们将不再需要面对每隔几年就会出现的大型 ERP 升级所带来的扰乱。

在德事隆启用第 12 版后不到一个月，甲骨文发布了第 13 版 ERP 云计算，这会需要额外的工作。幸运的是，过渡对德事隆来说相对容易，但时机本可以更好。

德事隆低估了将数据从旧系统转换到基于云的新系统所需的额外工作量。旧的 Infor-Lawson 系统和新的甲骨文 ERP 系统用不同的数据模型来描述不同数据元素之间的数据流和相互关系。将旧系统的数据结构转化为甲骨文 ERP 云的结构非常困难（参见第 6 章）。凯利·古兹建议，对于任何迁移到甲骨文 ERP 云的组织，都应仔细研究 ERP 云中的信息是如何与既有系统中的信息映射的。

德事隆利用甲骨文咨询服务解决了这些问题，并进行了系统配置，学习了如何使用基于云的新系统的功能。甲骨文咨询服务提供了专注于软件环境的转换和初始设置的配置的技术专家、开发甲骨文 Business Intelligence Publisher 报告的技术专家，以及提供税务和固定资产设置方面指导的甲骨文 Integration Cloud Service 开发资源。德事隆项目团队成员因此得以从一套全新的流程开始测试和审查。

甲骨文咨询公司投入时间了解德事隆的业务流程和信息需求，包括独特的客户报告。顾问提供指导，帮助德事隆的团队在其新系统中采用现代的最佳业务实践，并量身定制开箱即用的报告。通过与甲骨文咨询公司合作，德事隆推出了一个可靠的系统，并获得了广泛认可。

让业务用户参与迁移到新系统的每一步骤，这发挥了至关重要的作用，确保了用户能够理解新的 SaaS ERP 系统，并自行利用系统提供的信息完成更多工作而不过度依赖 IT 部门。用户以健康的速度采用和接纳了新系统。实施甲骨文 ERP 云使德事隆不再需要进行花费甚多的升级，并看到在整个公司流动的更可靠的实时数据流。该系统将能够支持未来的增长。

资料来源：Lauren Bossers, "Textron Hits Cruising Altitude with Oracle Consulting," Oracle.com, accessed February 7, 2020; www.textron.com, accessed January 3, 2020; www.oracle.com, accessed January 4, 2020; Jurgen Lindner, "Textron Soars High in the Oracle Cloud," www.oracle.com, accessed February 7 2020; Margaret Lindquist, "Flying High," *Profit Magazine*, Fall 2019; and Tony Kontzer, "Cautious About SaaS, Textron Came Around to Oracle ERP Cloud," SearchERP.com, October 25, 2018.

## 案例分析题：

13-14　德事隆面临什么问题？哪些管理、组织和技术因素导致了这个问题？这个问题对业务的影响是什么？

13-15　列出并描述德事隆新 ERP 系统的主要信息需求。

13-16　甲骨文 ERP 云对德事隆来说是一个好的解决方案吗？解释你的答案。

13-17　德事隆采取了哪些措施来确保其新的 ERP 系统的成功？

13-18　新的 ERP 系统的优点是什么？它是如何改变运营和决策的？

## 参考资料

Benaroch, Michael, Yossi Lichtenstein, and Lior Fink. "Contract Design Choices and the Balance of Ex Ante and Ex Post Transaction Costs in Software Development Outsourcing." *MIS Quarterly* 40, No. 1 (March 2016).

Chang, Young Bong, Vijay Gurbaxani, and Kiron Ravindran. "Information Technology Outsourcing: Asset Transfer and the Role of Contract." *MIS Quarterly* 41, No. 3 (September 2017).

El Sawy, Omar A. *Redesigning Enterprise Processes for E-Business*. McGraw-Hill (2001).

Gnanasambandam, Chandra, Martin Harrysson, Rahul Mangla, and Shivam Srivastava. "An Executive's Guide to Software Development." *McKinsey & Company* (February 2017).

Guinan, Patricia J., Salvatore Parise, and Robert Macguire. "Making It Easier to Manage and Scale Digital Projects." *MIT Sloan Management Review* (December 4, 2019).

Hahn, Eugene D., Jonathan P. Doh, and Kraiwinee Bunyaratavej. "The Evolution of Risk in Information Systems Offshoring: The Impact of Home Country Risk, Firm Learning, and Competitive Dynamics." *MIS Quarterly* 33, No. 3 (September 2009).

Hammer, Michael, and James Champy. *Reengineering the Corporation*. New York: HarperCollins (1993).

Hua Ye, Jonathan, and Atreyi Kankanhalli. "User Service Innovation on Mobile Phone Platforms: Investigating Impacts of Lead Userness, Toolkit Support, and Design Autonomy."

Kendall, Kenneth E., and Julie E. Kendall. *Systems Analysis and Design* (9th ed.). Upper Saddle River, NJ: Prentice Hall (2019).

Kotlarsky, Julia, Harry Scarbrough, and Ilan Oshri. "Coordinating Expertise Across Knowledge Boundaries in Offshore-Outsourcing Projects: The Role of Codification." *MIS Quarterly* 38, No. 2 (June 2014).

Lee, Jae-Nam, YoungKi Park, Detmar W. Straub, and Yunmo Koo." Holistic Archetypes of IT Outsourcing Strategy: A Contingency Fit and Configurational Approach." *MIS Quarterly* 43 No. 4 (December 2019).

Levina, Natalia, and Jeanne W. Ross. "From the Vendor's Perspective: Exploring the Value Proposition in Information Technology Outsourcing." *MIS Quarterly* 27, No. 3 (September 2003).

Maruping, Likoebe M., ViswanathVenkatesh, James Y. L. Thong, and Xiaojun Zhang. "A Risk Mitigation Framework for Information Technology Projects: A Cultural Contingency Perspective." *Journal of Management Information Systems* 36, No. 1 (2019).

McKinsey & Company. "Agile with a Capital 'A': A Guide to the Principles and Pitfalls of Agile Development." (February 2018).

Moeini, Mohammad, and Suzanne Rivard. "Responding—or Not—to Information Technology Project Risks: An Integrative Model." *MIS Quarterly* 43, No. 2 (June 2019).

Pollock, Neil, and Sampsa Hyysalo. "The Business of Being a User: The Role of the Reference Actor in Shaping Packaged Enterprise System Acquisition and Development." *MIS Quarterly* 38, No. 2 (June 2014).

Preimesberger, Chris. "How Companies Utilize No-Code Low-Code Development." *eWeek* (July 5, 2019).

Saunders, Adam, and Erik Brynjolfsson. "Valuing Information Technology Related Intangible Assets." *MIS Quarterly* 40, No. 1 (March 2016).

Sircar, Sumit, Sridhar P. Nerur, and Radhakanta Mahapatra. "Revolution or Evolution? A Comparison of Object-Oriented and Structured Systems Development Methods." *MIS Quarterly* 25, No. 4 (December 2001).

Su, Ning, Natalia Levina, and Jeanne W. Ross. "The Long-Tail Strategy for IT Outsourcing." *MIT Sloan Management Review* (Winter 2016).

Susarla, Anjana, and Tridas Mukhopadhyay."Can Outsourcing of Information Technology Foster Innovations in Client Organizations? An Empirical Analysis." *MIS Quarterly* 43, No. 3 (September 2019).

Valacich, Joseph A., and Joey George. *Modern Systems Analysis and Design*, 9th ed. Upper Saddle River, NJ: Prentice-Hall (2020).

# 第 14 章

# 为信息系统和管理项目制定商业案例

## 学习目标

通过阅读本章，你将能回答：
1. 管理者应该如何为获取和开发新的信息系统建立一个商业案例？
2. 项目管理的目标是什么？为什么它在信息系统开发中如此重要？
3. 信息系统项目的主要风险是什么？
4. 如何管理项目风险？
5. MIS 如何有助于我的职业发展？

## 开篇案例

### BDO 加拿大公司选择新项目管理软件

BDO 加拿大公司是 BDO 全球网络的成员之一。BDO 全球网络由会计师事务所、税务公司、咨询公司和商业顾问公司组成。BDO 加拿大公司是一家领先的加拿大会计和咨询公司，为全国各地的广大客户提供服务。公司 IT 部门有近 100 名员工，成员参与众多项目。

资源管理一直都是 IT 部门面临的最大挑战之一。5 年来，BDO 加拿大公司一直在使用内部构建的项目管理工具，由此确保其项目被准确、完整地跟踪，资源得到合理分配，IT 部门能够更好地进行规划和预测。2016 年，BDO 加拿大公司的项目管理办公室（Project Management Office，PMO）团队认为，内部开发的工具缺乏这一功能，不再遵循最佳实践。大多数团队成员使用不同的项目实践调度和跟踪方法，这对 PMO 团队全面了解项目情况造成了阻碍。一款用户友好的在线 SaaS 工具可以更好地与 BDO 加拿大公司不断增长的云应用组合配合使用。

BDO 加拿大公司的 IT 部门借助外部顾问和内部员工，考虑了很多不同的解决方案。他们发布了一份关于 5 款项目管理产品的需求建议书。在观看产品演示、沙箱测试（通过将测试环境与生产环境隔离来消除测试过程中的风险）以及与项目管理软件厂商会面后，BDO 加拿大公司的 PMO 团队选择了 Microsoft Project Online。

Microsoft Project Online 可以与微软的 Office 365 SaaS 套件中的其他工具无缝协作。例如，BDO 加拿大公司的 IT 员工可以在 Microsoft Project Online 中创建一个项目，然后触发 Microsoft Flow，在 Office 365 的团队合作中心 Microsoft Teams 中自动创建一个主题。在 Microsoft Teams 中进行对话的员工能够直接从 Microsoft SharePoint Online 获取信息，并从 Microsoft Power BI 获取项目和投资组合报告。Microsoft SharePoint Online 是微软托管的一项云服务，使客户能够创建站点与同事、合作伙伴和客户分享文件与信息。Microsoft Power BI 是一项商业分析软件服务，通过用户友好的界面提供交互式数据可视化和商务智能功能。Microsoft Project Online 使 BDO 加拿大公司的 CIO 金·瓦特和其他人士清楚地了解延误或按时完成的项目、集中的风险问题以及其他最新状态。

PMO 团队在 2019 年年初向 IT 部门推行了 Microsoft Project Online。为促进解决方案的采用，BDO 加拿大公司负责 IT 的高管定期举行会议，PMO 团队与 IT 项目经理进行合作，帮助后者了解产品功能与流程。PMO 团队还每月为有任何问题的团队提供 2～3 次临时会议。

实施 Microsoft Project Online 后，BDO 加拿大公司很快就看到了效益。只需几个步骤，CIO 瓦特和她的同事就可以得到一份资源报告，报告可以查看哪些团队很忙、谁有时间协助现有项目或启动新项目。PMO 团队负责管理即将进行的项目任务和资源，他们现在可以快速查阅在中间位置保存的最新时间表。BDO 加拿大公司的 IT 团队可以在项目生命周期的早期就进行成本效益分析，在项目团队投入过多时间之前就确保项目是值得投入的。当讨论给有限资源进行优先级排序的最佳方法时，Microsoft Project Online 能够提供相关信息。可以在项目启动之前就根据企业的需求将它们进行优先级排序。

资料来源："BDO," customers.microsoft.com, accessed May 6, 2020, and bdo.ca, accessed May 6, 2020.

信息系统面临的主要挑战之一就是确保它们真正产生商业价值。信息系统项目的失败率非常高，因为组织没能正确地评估它们的商业价值，或者因为企业在引入新技术时未能管理好因新技术的应用而引发的组织变革。建立或改进信息系统项目需要专门的管理和组织技术才能使其有效。

BDO 加拿大公司的管理层意识到了这一点，他们决定用一种新的基于云的工具——Microsoft Project Online 取代过时的项目管理系统。新技术涉及对重要业务流程和新软件的更改。BDO 加拿大公司在这个项目上取得了成功，因为它的管理层清楚地认识到，强有力的项目管理和对组织变革的关注是成功的关键。

图 14-1 展示了本案例和本章提出的要点。BDO 加拿大公司陈旧的项目管理软件和业务流程阻碍了资源的准确分配，也阻碍了管理层在企业范围内对公司所有项目进行全面了解。BDO 加拿大公司需要一个基于云的最先进的项目管理系统。BDO 加拿大公司管理层明智地组建了一个项目团队，仔细定义了项目的范围，并与专业顾问、IT 部门成员和其他利益相关者密切合作。实施 Microsoft Project Online 改进了 BDO 加拿大公司的资源效率、协作和管理其项目组合的能力。

- 跟踪项目
- 分配资源
- 组建项目团队

- 内部项目组
- IT顾问
- PMO团队
- 项目管理流程
- Microsoft Project Online
- Microsoft Teams
- Microsoft SharePoint Online
- Microsoft Power BI

企业挑战
- 需要进行企业范围的资源管理
- 过时的本土项目管理软件
- 多种项目进度和跟踪方法

管理 → 组织 → 技术 → 信息系统 → 企业解决方案

在线项目管理系统
- 提供详细的企业范围内的项目视图
- 优先考虑有限的资源
- 改善协作

企业解决方案
- 增加利润
- 提高效率
- 提高决策能力

图 14-1　BDO 加拿大公司项目管理系统

请思考：这个项目为什么会成功？在选择系统解决方案时必须考虑哪些因素？

## 14.1 管理者为获取和开发新的信息系统建立商业案例的要点

　　企业通常有许多解决问题和提高业绩的选择，包括开发新的信息系统或改进现有的信息系统。系统项目的想法远远多于资源。企业将需要选择系统项目投资，承诺最大的业务利益。企业还需要建立商业案例，说明为什么本企业选择的解决方案能比其他解决方案提供更大的价值。

　　**商业案例**（business case）是向管理层提出的寻求投资批准的建议。IT 投资的业务案例描述了组织所面临的问题，这些问题可以通过投资提议的系统解决方案来解决。它提供了与该投资相关的所有成本、收益和风险的分析，并为所提议的行动方案提供了理由。商业案例描述了进行投资的理由，并展示了该投资如何支持企业的战略目标和业务目标，以及它如何与企业整体的信息系统计划相适应。它还提供必要的信息，以做出是否继续进行投资以及以何种形式投资的明智决定。商业案例解释了这项投资将如何为企业提供价值，并确定了可能对结果产生负面影响的任何风险。商业案例还可以确定可选的解决方案，以及选择首选方案的决定因素。一个好的商业案例还将描述被提议的解决方案需要如何在组织文化、系统、流程和工作中进行更改。

　　图 14-2 总结了在为特定的新系统创建商业案例时使用的 7 个主要因素（回顾第 1 章中关于信息系统业务驱动因素的讨论）。这些因素是：①长期战略（降低生产成本，产品和服务的差异化，扩大企业的范围如全球扩张，匹配或超过竞争对手的能力）；②提高决策能力；③客户与供应商的关系；④生存（市场要求）；⑤新产品、新服务；⑥财务合理性；⑦符合企业长期 IT 计划。专注于单个问题的小型系统将只关注其中的几个元素，例如"提高决策能力""客户关系"和"降低成本"，而大型系统项目可能在创建商业案例时很好地包括所有这些因素。

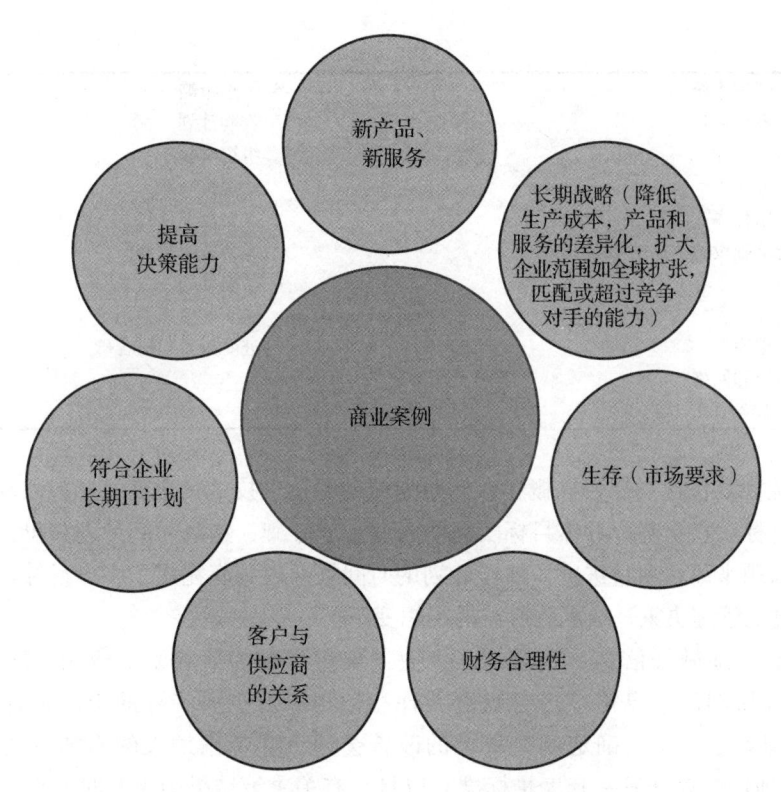

图 14-2　在制定商业案例时需要考虑的因素

注：在为一个新的信息系统制定商业案例时，有 7 个因素需要考虑。

### 14.1.1　信息系统规划

为了识别出那些能够为企业带来最大商业价值的信息系统项目，我们需要制定一个**信息系统规划**（information system planning）来支持组织总体战略规划的实现，其中的战略信息系统往往是和企业顶层战略规划结合在一起的。企业信息系统规划由 CIO 制定，每年由 CEO（通常是董事会）批准。规划犹如一幅路线图，指明了系统开发（规划的目标）的方向、立项依据、当前系统情况、拟开发的新任务、管理策略、实施计划和预算等（见表 14-1）。如果没有一个全面的全企业范围的信息系统规划，就很难（如果不是不可能的话）评估开发具体的单个系统的建议的价值。如果不了解企业中所有系统的大背景，你就不能为一个特定的新系统辩护。

表 14-1　信息系统规划

| | |
|---|---|
| 1. 规划目标<br>　　规划内容概述<br>　　当前业务组织和未来的组织<br>　　关键业务流程<br>2. 战略业务规划基础<br>　　现状<br>　　当前业务组织<br>　　变化的环境<br>　　业务规划的主要目标<br>　　企业的战略规划 | 3. 当前系统<br>　　支持业务职能和流程的主要系统<br>　　现有基础设施能力<br>　　硬件<br>　　软件<br>　　数据库<br>　　通信和网络<br>　　云服务<br>　　满足业务需求的困难<br>　　预测未来需求 |

| | （续） |
|---|---|
| 4. 新开发系统<br>　新系统项目<br>　项目描述<br>　业务原理<br>　应用程序在战略中的作用<br>　新基础设施功能的要求<br>　硬件<br>　软件<br>　数据库<br>　通信和网络<br>　云服务 | 5. 管理策略<br>　收购计划<br>　组织调整<br>　管理控制<br>　主要培训项目<br>　人力资源策略<br>6. 实施计划<br>　预期实施中的困难<br>　进度报告和里程碑 |

信息系统规划包含规划目标概述，指明如何借助信息技术实现该目标，以及系统项目如何实现总体目标。它明确了具体目标实现的时间和里程碑，这些时间计划和里程碑在项目建设过程中可以用来评估项目进度，即在计划的时间框架内到底完成了多少目标。信息系统规划指出了关键的管理决策、技术和所需的组织变革。

为了更有效地做好信息系统规划，企业需要将全部的信息系统应用、IT 基础设施组件以及长期和短期的信息需求进行盘点并保存归档。对于那些有助于改善管理决策的项目，项目管理者首先需要确定哪些决策的改善会给企业带来最大的附加价值（详见第 12 章）。然后，他们应该开发一套度量标准，以量化有关决策结果的更及时和更精确的信息的价值。

该规划应描述组织变革，包括管理和员工培训的要求、业务流程的变化以及权力、结构或管理实践的变化。当你为一个新的信息系统项目制定商业案例时，你需要展示所建议的系统如何适合该规划。

### 14.1.2　投资组合分析

一旦战略分析确定了系统开发的总体方向，投资组合分析就可以用来评估各类可能的系统项目。**投资组合分析**（portfolio analysis）是对组织的所有信息系统项目和资产进行汇总，包括基础设施、外包合同和许可证等。信息系统投资组合分析和金融投资组合分析一样，需要分析可能对企业带来的风险和潜在的收益（见图 14-3）。

每个信息系统项目有其自身的风险和收益（见第 14.3 节中增加系统项目风险的因素）。企业需要平衡信息系统风险和收益的关系，提高 IT 资产组合的回报。虽然不存在一个对所有的企业而言都理想的组合应用，但对像金融这种信息密集型行业中的企业而言，应该有一些高风险、高收益的项目，因为金融企业需要确保跟上技术发展的时代潮流，而

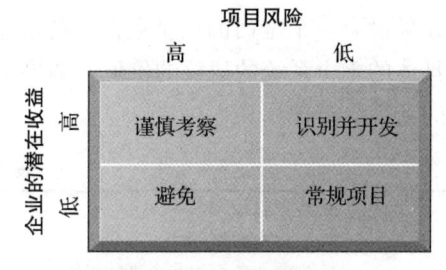

图 14-3　投资组合分析

注：企业需要从潜在收益和项目风险两个视角检视各个项目。有些项目需要避免投资，有些项目需要快速开发，对所有企业而言不存在一个理想的组合，不同行业的不同企业有不同的选择。

非信息密集型行业的企业应当关注那些高收益、低风险的项目。

当然，最理想的是那些高收益、低风险的系统项目，可以确保较早地获得收益而风险又相对较低。另外，对于高收益、高风险的系统项目，应该认真推敲；对于低收益、高风险的项目，应该完全避免；对于低收益、低风险的项目，应该仔细审查，看是否可重建，或是否可用那些有较高潜在收益的、更理想的系统项目来代替。基于投资组合分析，管理人员可以确定那些适合企业风险和收益的最佳投资组合，在有较高风险、较高回报的项目与有较低回报但安全的项目之间取得平衡。将应用组合分析和企业战略联系起来的企业，其IT资产的投资回报就高；信息技术投资和企业战略对应得越好，组织范围内的IT投资也就协调得越好。

### 14.1.3 评分模型

企业进行项目选择时，在需要考虑多个评判指标的情况下，**评分模型**（scoring model）会很有用。对一个系统项目而言，评分模型首要对该项目的不同特征指标赋予权重，然后再加权汇总。当某企业需要在两个ERP系统项目之间进行选择时，它会采用表14-2来计算。表中第1列是评价标准，决策者利用它们来评价系统。这些评价标准往往是决策者经过长期讨论得出来的结果。通常评分模型最重要的结果往往不是分值，而是就评价一个系统的指标达成共识。

表 14-2　ERP 系统选型评价模型的例子

| 评价标准 | 权重 | ERP 系统 A（%） | ERP 系统 A 评分 | ERP 系统 B（%） | ERP 系统 B 评分 |
|---|---|---|---|---|---|
| 1.0 订单处理 | | | | | |
| 1.1 在线订单处理 | 4 | 67 | 268 | 73 | 292 |
| 1.2 在线定价 | 4 | 81 | 324 | 87 | 348 |
| 1.3 库存校核 | 4 | 72 | 288 | 81 | 324 |
| 1.4 客户信用校核 | 3 | 66 | 198 | 59 | 177 |
| 1.5 发票 | 4 | 73 | 292 | 82 | 328 |
| 总订单处理 | | | 1 370 | | 1 469 |
| 2.0 库存管理 | | | | | |
| 2.1 生产预测 | 3 | 72 | 316 | 76 | 228 |
| 2.2 生产计划 | 4 | 77 | 316 | 81 | 324 |
| 2.3 库存控制 | 4 | 68 | 272 | 80 | 320 |
| 2.4 报告 | 3 | 71 | 213 | 69 | 207 |
| 总库存管理 | | | 1 017 | | 1 079 |
| 3.0 仓库管理 | | | | | |
| 3.1 接收货物 | 2 | 71 | 142 | 75 | 150 |
| 3.2 提货/包装 | 3 | 77 | 231 | 82 | 246 |
| 3.3 运输 | 4 | 92 | 368 | 89 | 356 |
| 总仓库管理 | | | 741 | | 752 |
| 总分 | | | 3 128 | | 3 300 |

表 14-2 显示了某企业最需要的能力是订单处理、库存管理和仓库管理。表中第 2 列是决策者赋予各评判指标的权重，第 3 列和第 5 列显示了每一个 ERP 系统可以提供的相应功能满足需求的程度。每一个供应商 ERP 系统的每一项功能的得分即为评分权重乘以该功能满足需求程度的评分。表 14-2 表明 ERP 系统 B 的评分最高。

### 14.1.4 确定解决方案的成本和收益

正如我们前面指出的，系统解决方案的商业案例包括对每个解决方案是否代表公司的良好投资的评估。

即使系统项目支持公司的战略目标并满足用户信息需求，它也需要是公司的一项良好投资。从财务角度来看，系统的价值主要围绕投资回报的问题。一个特定的信息系统投资是否产生了足够的回报来证明其成本是合理的？

**信息系统的成本和收益**

表 14-3 列出了与信息系统有关的几个比较常用的成本和收益项。**有形收益**（tangible benefits）可以量化并以货币价值来体现。**无形收益**（intangible benefits），诸如更有效的客户服务或优化决策等，不能立刻量化但可以长期获得收益。与 MIS、决策支持系统和计算机辅助协同工作系统相比，交易和文书系统可以节省劳动力和空间，产生更多可衡量的有形收益（见第 2 章）。BDO 加拿大公司获得的一些切实好处是，通过简化项目管理流程，提高了生产率，降低了运营成本。无形的好处包括更及时和完整的信息，以及改进的决策。

表 14-3 信息系统的成本和收益

| 成本 | 无形收益 |
| --- | --- |
| 硬件 | 改善财产利用率 |
| 网络 | 改善资源控制 |
| 软件 | 改善组织计划 |
| 服务 | 增加组织灵活性 |
| 人员 | 更及时的信息 |
| 有形收益（成本节约） | 更多的信息 |
| 提高生产率 | 改善客户体验 |
| 降低运营成本 | 促进组织学习 |
| 减少工作人员 | 达到法律要求 |
| 降低计算机开销 | 提高员工友善度 |
| 降低外包成本 | 提高工作满意度 |
| 降低员工和专家成本 | 提高决策能力 |
| 降低费用增长率 | 改善运营 |
| 减少设备成本 | 提高客户满意度 |
| | 提升企业形象 |

第 5 章引入的 TCO 是用来识别和测量 IT 投入的各个方面的成本费用，不仅仅只是一开始的硬件采购和安装费用以及软件费用。然而，TCO 的分析仅提供了评估信息系统投资的部分信息，因为它没有涉及收益、诸如复杂性成本这类的成本分类，以及稍后在本章讨论的"软的"且具有战略性的因素。

## 14.1.5 信息系统的资本预算

为衡量一个具体项目的收益，必须对所有的成本和收益进行计算。显然，成本大于收益的项目应当被否决。但对于收益大于成本的项目，也需要通过财务分析衡量该项目相对于企业的投资而言是否带来了良好的回报。**资本预算**（capital budgeting）模型是用于评估长期资本投资项目价值的技术之一。

资本预算模型基于对企业现金流入和流出的估算，资本项目产生这些现金流。信息系统项目的投资成本是由硬件、软件和人力支出形成的直接现金流出，在随后的几年里还可能会有额外的现金流出，这将需要由投资产生的现金流入进行平衡。现金流入的形式有多种，包括销售更多的产品（如新产品、高质量产品或增加市场份额），或减少生产和运营成本。现金流出和流入的差额即为投资项目的财务价值。一旦确定了现金流，就可以用多种方法比较不同的项目，并做出投资决策。

用于评估 IT 项目的主要资本预算模型有：投资回收期法（payback method）、投资回报率（return on investment，ROI）法、净现值（net present value，NPV）法、内部收益率（the internal rate of return，IRR）法等。图 14-4 展示了移动在线订购系统的部分资本预算分析。

| | A | B | C | D | E | F | G | H |
|---|---|---|---|---|---|---|---|---|
| 1 | | | 预估成本与收益——移动在线订购系统 | | | | | |
| 2 | 年度 | | 0 | 1 | 2 | 3 | 4 | 5 |
| 3 | | | 2019 | 2020 | 2021 | 2022 | 2023 | 2024 |
| 4 | 成本 | | | | | | | |
| 5 | 硬件 | | | | | | | |
| 6 | 50台iPad @$500 | | $25 000 | | | | | |
| 7 | 云Iaas | | $4 000 | $2 000 | $2 000 | $2 000 | $2 000 | $2 000 |
| 8 | 网络 | | $1 500 | $1 500 | $1 500 | $1 500 | $1 500 | $1 500 |
| 9 | 软件 | | | | | | | |
| 10 | 移动订购app | | $35 000 | | | | | |
| 11 | 与ERP集成 | | $25 000 | | | | | |
| 12 | 人力资源 | | | | | | | |
| 13 | 业务人员 | | $10 000 | | | | | |
| 14 | IT人员+顾问 | | $45 000 | $2 000 | $2 000 | $2 000 | $2 000 | $2 000 |
| 15 | 培训 | | $7 000 | $1 000 | $1 000 | $1 000 | $1 000 | $1 000 |
| 16 | 维护与支持 | | | $5 000 | $5 000 | $5 000 | $5 000 | $5 000 |
| 17 | | 年度费用 | $1 52 500 | $11 500 | $11 500 | $11 500 | $11 500 | $11 500 |
| 18 | | 费用合计 | $2 10 000 | | | | | |
| 19 | 收益 | | | | | | | |
| 20 | 减少劳动力成本 | | | $52 000 | $52 000 | $52 000 | $52 000 | $52 000 |
| 21 | 减少错误和退回 | | | $70 000 | $70 000 | $70 000 | $70 000 | $70 000 |
| 22 | | 年度现金流净值 | -$1 52 500 | $1 10 500 | $1 10 500 | $1 10 500 | $1 10 500 | $1 10 500 |
| 23 | | 收益合计 | $4 00 000 | | | | | |
| 24 | | | | | | | | |
| 25 | | 净现值 | $2 68 407 | | | | | |
| 26 | | 投资回报率 | 4.1% | | | | | |
| 27 | | 内部收益率 | 17.0% | | | | | |

图 14-4 信息系统投资的资本预算

注：这个电子表格展示了一个移动销售订购系统的简化资本预算分析。
资料来源：微软公司提供。

### 14.1.6 财务模型的局限

传统的对信息系统财务和技术方面的关注容易使人趋向于忽视信息系统的社会和组织方面的内容，这可能影响 IT 投资的真实成本和收益。许多企业的信息系统投资决策没有合理地考虑因实施新系统而引发的组织调整成本，如培训最终用户的成本、新系统的用户学习曲线对生产力的影响，以及管理人员监督新系统实施引发的变革所耗费的时间成本。诸如使用新系统做出了更及时的决策，或增强了员工的学习和专业知识这样的无形收益，在传统的财务分析中也容易被忽视。

## 14.2 项目管理的目标及其在信息系统开发过程中的重要性

信息系统项目的失败率很高。几乎在每一个组织内，信息系统项目都投入了比最初预期更多的时间和资金，或者完工的系统运行起来不理想。当信息系统不能正常运行或者开发成本太高时，企业可能无法从信息系统投资中获益，系统可能也无法解决人们期望它解决的问题。开发一个新系统必须仔细管理、精心策划，而项目实施的方法则可能是影响结果最重要的因素。这就是为什么了解信息系统项目管理知识，以及理解信息系统项目成败的原因是至关重要的。

### 14.2.1 项目失控与系统失败

项目管理得有多糟糕？根据信息系统项目计划所设立的交付要求，平均而言，私营部门的信息系统项目往往低估了一半的费用预算和时间。许多项目交付的系统缺失了部分功能（承诺在以后版本实现）。麦肯锡和牛津大学的一项联合研究发现，大型软件项目的开发成本平均比预算高出 66%，所用时间比计划时间超出 33%。云项目应用组合管理供应商 Innotas 调查显示，超过 50% 的企业在过去的 12 个月内经历过 IT 项目的失败（Florentine，2016）。

如图 14-5 所示，一个系统开发项目如果没有合适的管理，最可能遭遇以下结果：

- 成本大大超出预算；
- 意外的时间延迟；
- 技术性能低于预期；
- 未能获得预期收益。

失败的信息系统项目开发的系统通常不能按照最初的设想运行，或者根本不能运行。为了使其运行，用户通常还要开发一套并行的手动系统。

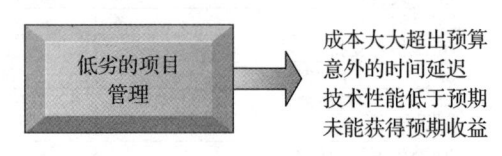

图 14-5 项目管理不善的后果

注：没有适当的管理，系统开发项目会花更长的时间才能完成，并且在大多数情况下会超过原定的预算。这导致信息系统很可能会有技术缺陷，并且也许不能为组织带来任何益处。

系统的实际设计可能没有体现业务的核心需求，或者未能提升组织绩效。系统提供的信息可能没有提供及时的帮助，可能无法被理解或使用，或者可能是错误的。

对不懂技术又必须与系统交互的业务人员而言，与系统交互的方式可能过于复杂而令人沮丧。系统的用户界面可能很糟糕。**用户界面**（user interface）是系统的一部分，用户通过它和系统交互。例如，在线输入的表格或者数据录入在屏幕上显示得很糟糕，以至于没人愿意提交数据或者查询信息。系统输出的格式也可能令人难以理解。例如，美国海军在其约翰·S.麦凯恩号导弹驱逐舰上安装了一个新的触摸屏导航系统，其设计令人困惑，以至于2017年8月21日，使用该系统的水手意外地将麦凯恩号引导到新加坡海峡的一艘油轮上（Miller等，2020）。

如果网页混乱且排版不合理，用户就不能方便地查询到想要的信息，或者用户在计算机上访问和显示网页需要很长时间，这会打击用户进一步使用该网站的信心。

另外，系统中的数据也可能有高度的不准确性或不一致性。某些字段的信息可能是错误的或含糊不清的，或者它可能没有被适当地加以处理以便用于商业用途。某些具体业务职能的信息需求也可能由于数据不完整而不可获取。

### 14.2.2 项目管理的目标

**项目**（project）是指为了完成特定业务目标而计划的一系列相关活动。信息系统项目主要有开发新的信息系统、改进现有信息系统、升级或更新企业的IT基础设施等。

**项目管理**（project management）是指在一定的预算和时间限制下，运用相关知识、技能、工具和技术实现某个特点目标。项目管理活动包括制订工作计划、评估风险、估计完成项目所需的资源、组织工作、获取人力和物质资源、分配任务、指导活动、控制项目实施、报告进度、分析结果等活动。与其他业务领域的项目管理一样，信息系统项目管理必须处理5个主要变量，即范围、时间、成本、质量和风险。

**范围**（scope）是指项目包括哪些工作，不包括哪些工作。例如，一个新的订单处理系统的项目范围也许包括用于订单输入并将订单传递给生产和会计部门的新模块，而相关的应收账款、制造、分销或者库存控制等模块不做任何改变。项目管理明确了成功完成项目的所有工作，并且确保项目范围不超出最初的规划。

**时间**（time）是指完成项目所需的时间长度。项目管理通常要确定完成项目主要组成部分所需的时间长度。这些主要组成部分被进一步分解成若干活动和任务。项目管理要尽量明确完成每项任务所需的时间，并为完成这项任务制定一个时间表。

**成本**（cost）是基于完成项目所需的时间乘以完成项目的人力资源成本得出的。信息系统项目成本还包括硬件成本、软件成本和工作场所成本。项目管理要制定项目预算并监管项目进行中的开支情况。

**质量**（quality）是指用于衡量项目的最终结果满足管理层设定目标的程度的指标。信息系统项目的质量通常可以归结为改善组织绩效和增强决策能力的程度。此外，一个新系统的质量还要考虑系统产生信息的准确性、及时性和系统的易用性等方面的要求。

**风险**（risk）是指影响项目成功的潜在因素。这些潜在因素可能会阻碍项目实现其目标，包括需要延长时间、增加成本、降低项目质量或者阻碍项目完全实现的因素。第14.4节将描述信息系统项目中最重要的风险因素。

## 14.3 信息系统项目的主要风险

第8章已经介绍了信息系统风险和风险评估。本章将描述信息系统项目的具体风险，并给出管理风险的有效措施。

### 14.3.1 项目风险维度

信息系统因其规模、范围、复杂程度、组织特性和技术特性的不同而有显著的差异。某些系统开发项目可能会出现之前所描述的问题，或者因高风险而遭到延期。项目风险的大小受项目的规模、结构、信息系统人员和项目团队技术知识水平的影响。

- **项目规模**。项目规模由项目花费的资金、参与的员工数、工期和所涉及的组织单位数决定。项目规模越大，风险就越大。大规模系统项目的失败率比其他项目高 50%～75%，因为这样的项目非常复杂且难以控制。系统的组织复杂性，即使用该系统的部门和团队的数量、该系统的实施对业务流程的影响程度等，是使大规模项目变得复杂的因素之一。系统的技术复杂性因素，包括软件代码的行数、项目的时间进度和预算等。另外，用于估算开发大规模信息系统项目的时间和成本的技术目前还很少。

- **项目结构**。有些项目高度结构化，它们的需求是清楚、直接的，容易定义输出和过程。用户也能确切地知道他们需要什么以及系统应当做什么，几乎不可能改变他们的需求。这些项目相对于那些难以定义、需求经常变化的项目来说，属于较低风险的项目。之所以出现输出难以界定的项目，主要是因为它受用户需求变化的影响，或者难以统一用户的需求。

- **技术经验**。如果项目团队和信息系统人员缺少所要求的技术知识，项目风险就会加大。如果团队不熟悉项目的硬件、系统软件、应用软件或者数据库管理系统，项目就很可能会遇到技术问题，或者需要花更多的时间来完成，因为团队成员需要掌握新技术。

在信息系统项目中，技术难度只是众多风险因素中的一个，其他风险因素主要和组织相关，包括信息需求的复杂性、项目涉及的范围、受新信息系统影响的组织部门的数量等。

### 14.3.2 变革管理和实施的概念

引进信息系统或者对信息系统进行改造，对行为和组织有很大的影响。信息的定义方式、获取方式、使用方式以及管理组织资源方式的改变，常常会导致职权体系与权力的重新分配。这种组织内部的变革会遇到阻力和对抗，即使在其他各方面都很好的信息系统也会因此而夭折。

很多信息系统项目失败的原因在于由信息系统建设而引发的组织变革过程没有得到足够的重视。成功的系统构建需要谨慎的**变革管理**（change management）。

**1. 实施的概念**

为了有效地管理因新信息系统实施引发的组织变革，必须了解整个实施过程。**实施**（implementation），尤其是信息系统的实施，是指针对某项创新进行的采纳、管理和常规化的所有组织活动。在信息系统实施过程中，系统分析员是**变革推动者**（change agent）。一个系统分析员不仅要开发技术解决方案，还要重新定义组织中不同群体的资源配置、交互、岗位活动和权力关系。系统分析员是组织变革过程的催化剂，负责确保所有部门参与并接受新系统带来的变革。作为变革推动者，系统分析员要与用户沟通，调和不同利益集团之间的矛盾，并保证组织能完全适应变革。

**2. 最终用户的作用**

系统的成功实施通常得益于用户的重度参与和管理层的全力支持。用户参与信息系统设计和运行有几个好处：①如果用户深度参与系统设计，他们会有更多的机会根据他们的业务需求及其重要性设计系统，有更多的机会控制系统的输出；②他们因为积极地参与了变革的过程，也能更积极地使用上线以后的系统。融合了用户的知识和经验的系统，可以产生更好的解决方案。

用户和信息系统专家的关系历来是信息系统实施中可能出现问题的地方。用户和信息系统专家有不同的背景、兴趣和需求优先级，这就是所谓的**用户－设计者沟通代沟**（user-designer communications gap）。这些差异导致了不同的组织忠诚度、问题求解方法和表达方式。

例如，信息系统专家通常会高度关注问题求解的技术方案或机动方案，他们会寻找严谨的、复杂的技术解决方案，通常会为了使硬件和软件的效率最优化而牺牲系统的易用性或组织效率。而用户喜欢的是能够帮他们解决业务问题或简化组织任务的系统。通常这两类人对于问题的求解方向是不同的，以至于他们连说话用的词汇似乎都不同。

表 14-4 列出了典型的最终用户和技术专家（信息系统设计者）关于一个新系统开发的不同关注点。最终用户和设计者之间的代沟也是用户的需求没有被正确纳入信息系统中，以及用户被排挤到信息系统实施过程之外的主要原因。

表 14-4　最终用户与信息系统设计者之间的沟通代沟

| 最终用户的关注点 | 信息系统设计者的关注点 |
| --- | --- |
| 信息系统能提供工作需要的信息吗 | 新系统对服务器有什么要求 |
| 能在智能手机、平板电脑和 PC 上访问数据吗 | 新系统对编程有什么要求 |
| 为将数据输入系统中，我们需要什么样的新工作程序 | 数据存在哪里，存储这些数据最有效的方式是什么 |
| 系统的运行如何影响员工的日常工作 | 应当用什么技术来保障数据安全 |

当最终用户和技术专家之间有明显的代沟时，当这两群人继续关注不同的目标时，系统开发项目失败的风险会很高。在这种情况下，最终用户往往被赶出项目组，因为最终用户无法理解技术人员在说什么，所以他们认为整个项目最好由信息系统专家独立完成。

**3. 管理层的支持和承诺**

如果一个信息系统项目得到各级管理者的支持和承诺，那么用户和技术信息服务人员就很有可能更加积极，他们会认为参与这一系统的开发过程将会受到高层领导的关注和优先考虑。在实施过程中所花的时间和努力将会被认可和奖励。管理层的支持也保证了项目成功实施所需的充足的资金和资源。同时，与新系统实施有关的员工工作习惯的有效调适、工作程序的有效变化、任何组织的有效调整都取决于管理层的支持。如果管理人员认为实施新系统是最优先的工作任务，那么他的下属也会以同样的方式对待这个系统。根据项目管理研究机构的研究，高层管理发起人的积极参与是项目成功的主要因素（Kloppenborg 和 Tesch，2015；项目管理研究机构，2017）。

**4. 变革管理的挑战：业务流程再造、企业应用程序、兼并和收购**

鉴于创新和信息系统实施面临的挑战，在企业应用程序和 BPR 项目中有很高的失败率是不足为奇的，因为这些项目通常需要组织的重大变革，需要撤换那些已深深根植于许多相互关联的业务流程的旧技术和遗留系统。许多研究表明，在所有 BPR 项目中，有 70% 的项目没有获得预期收益。同样，很大一部分企业应用程序未能完全实现预期目标，有些系统甚至实施了 3 年也不能满足用户的要求。

许多企业应用程序和 BPR 项目没有很好地得到实施，是因为项目执行得不够有力，变革管理的做法不够有效，没有很好地消除员工对变革的忧虑。应对整个组织的恐惧和焦虑、克服关键管理人员的阻力、改变岗位职责、改变职业晋升路线、改变员工招聘方式等，均对 BPR 项目构成了较大的威胁，甚至比企业在可视化和设计业务流程的革命性变革时所面临的困难更大。所有企业应用程序的实施需要不同企业职能部门之间的紧密协调和大范围的业务流程变革（见第 9 章）。

企业并购相关的项目也有类似的失败率。兼并和收购深受被合并企业的组织特征和 IT 基础架构的影响。把两家不同企业的信息系统整合在一起，通常需要大范围的组织变革和复杂的系统项目来进行管理。如果对系统整合工作管理不善，企业可能出现由一个又一个独立的遗留系统合成的一团乱麻一样的系统。如果系统整合不成功，企业兼并的预期收益就很难实现，或者更糟糕的是，合并以后的企业不能有效地执行业务流程。

## 14.4 控制风险因素

已有许多项目管理、需求收集和工作计划的方法可以用来解决信息系统项目实施中的各种问题，并且保证用户在实施过程和管理组织变革过程中发挥适当的作用方面也有多种策略。尽管实施过程中不是所有的问题都可以很容易地被控制或计划，但是预测潜在的问题并采取适当的纠正策略，应该有助于增加系统成功的机会。

项目风险管理的第一步是识别项目面临的风险的性质和程度，然后实施者针对项目每个风险的不同程度采取适当的风险管理工具和方法进行处理。并不是所有的风险都可以被预先识别，但是通过精细的项目管理，大部分风险是可以被预先确定的。频繁的沟通和合作文化将有助于项目团队应对许多不可预见的问题（Browning 和 Ramasesh，2015；Laufer 等人，2015；McFarlan，1981）。

**1. 管理技术的复杂性**

具有挑战性和复杂性的项目，可以利用**内部集成工具**（internal integration tool）来管理，这些项目的成功取决于如何管好技术的复杂性。项目负责人需要拥有丰富的技术经验和管理经验，必须能够预见问题，并能管理顺主要技术团队之间的工作关系。项目团队必须有一个具有雄厚的技术实力和丰富的项目管理经验的领导，以及富有经验的团队成员，应当经常召开团队会议。如果内部缺乏基本的技术技能或专业知识，则应当从外部获得。

**2. 正式的规划和控制工具**

大型项目受益于适当使用**正式的规划工具**（formal planning tool）和**正式的控制工具**

（formal control tool）来记录和监控项目计划。两种最常用的方法是甘特图和计划评审图（PERT图）。**甘特图**（Gantt chart）列出项目活动的开始和完成日期，可以直观地表示一个开发项目中不同任务的时间计划、持续时间以及人力资源需求。图14-6中的长横杠表示每一个任务，其长度与完成所需时间成正比。

| HRIS组合计划-HR | 天数 | 员工 | 2020年 10月 | 11月 | 12月 | 2021年 1月 | 2月 | 3月 | 4月 | 5月 | 6月 | 7月 | 8月 | 9月 | 10月 | 11月 | 12月 | 2022年 1月 | 2月 | 3月 |
|---|---|---|---|---|---|---|---|---|---|---|---|---|---|---|---|---|---|---|---|---|
| **数据安全管理** | | | | | | | | | | | | | | | | | | | | |
| QMF安全/准备 | 20 | EF TP | | | | | | | | | | | | | | | | | | |
| 安全教育 | 2 | EF JA | | | | | | | | | | | | | | | | | | |
| QMF安全维护 | 35 | TP GL | | | | | | | | | | | | | | | | | | |
| 数据输入安全文件 | 4 | EF TP | | | | | | | | | | | | | | | | | | |
| 数据输入安全视图估计 | 12 | EF TP | | | | | | | | | | | | | | | | | | |
| 数据输入安全文件 | 65 | EF TP | | | | | | | | | | | | | | | | | | |
| **数据字典** | | | | | | | | | | | | | | | | | | | | |
| 教育活动 | 1 | EF | | | | | | | | | | | | | | | | | | |
| 数据字典设计 | 32 | EF WV | | | | | | | | | | | | | | | | | | |
| 数据字典协调-查找 | 20 | GL | | | | | | | | | | | | | | | | | | |
| 数据字典协调-编制 | 40 | EF GL | | | | | | | | | | | | | | | | | | |
| 数据字典协调-纠错 | 35 | EF GL | | | | | | | | | | | | | | | | | | |
| 数据字典协调-维护 | 35 | EF GL | | | | | | | | | | | | | | | | | | |
| **程序修订设计准备** | | | | | | | | | | | | | | | | | | | | |
| 工作流（旧） | 10 | PK JL | | | | | | | | | | | | | | | | | | |
| 工资数据流 | 31 | JL PK | | | | | | | | | | | | | | | | | | |
| HRIS P/R模型 | 11 | PK JL | | | | | | | | | | | | | | | | | | |
| P/R界面方向管理 | 6 | PK JL | | | | | | | | | | | | | | | | | | |
| P/R界面协调1 | 15 | PK JL | | | | | | | | | | | | | | | | | | |
| P/R界面协调2 | 8 | PK | | | | | | | | | | | | | | | | | | |
| 福利界面（旧） | 5 | JL | | | | | | | | | | | | | | | | | | |
| 福利界面（新工作流） | 8 | JL | | | | | | | | | | | | | | | | | | |
| 福利沟通战略 | 3 | PK JL | | | | | | | | | | | | | | | | | | |
| 新工作流模型 | 15 | PK JL | | | | | | | | | | | | | | | | | | |
| 员工数据录入工作流 | 14 | WV JL | | | | | | | | | | | | | | | | | | |

| 资源汇总 | | | | | | | | | | | | | | | | | | | | |
|---|---|---|---|---|---|---|---|---|---|---|---|---|---|---|---|---|---|---|---|
| Edith Farrell | 5.0 | EF | 2 | 21 | 24 | 24 | 23 | 22 | 22 | 27 | 34 | 34 | 29 | 26 | 28 | 19 | 14 | | | |
| Woody Vinton | 5.0 | WV | 5 | 17 | 20 | 19 | 12 | 10 | 14 | 10 | 2 | | | | | | | 4 | 3 | |
| Charles Pierce | 5.0 | CP | | 5 | 11 | 20 | 13 | 9 | 10 | 7 | 6 | 8 | 4 | 4 | 4 | 4 | 4 | | | |
| Ted Leurs | 5.0 | TL | | | 12 | 17 | 17 | 19 | 17 | 14 | 12 | 15 | 16 | 2 | 1 | 1 | 1 | | | |
| Toni Cox | 5.0 | TC | 1 | 11 | 10 | 11 | 11 | 12 | 19 | 19 | 21 | 21 | 21 | 17 | 17 | 12 | 9 | | | |
| Patricia Knopp | 5.0 | PC | 7 | 23 | 30 | 34 | 27 | 25 | 15 | 24 | 25 | 16 | 11 | 13 | 17 | 10 | 3 | 3 | 2 | |
| Jane Lawton | 5.0 | JL | 1 | 9 | 16 | 21 | 19 | 21 | 21 | 20 | 17 | 15 | 14 | 12 | 14 | 8 | 5 | | | |
| David Holloway | 5.0 | DH | 4 | 4 | 5 | 5 | 5 | 2 | 7 | 5 | 4 | 16 | 2 | | | | | | | |
| Diane O'Neill | 5.0 | DO | 6 | 14 | 17 | 16 | 13 | 11 | 9 | 4 | | | | | | | | | | |
| Joan Albert | 5.0 | JA | 3 | 6 | | | 7 | 6 | | 1 | | | | 5 | 1 | | | | | |
| Marie Marcus | 5.0 | MM | 15 | 7 | 2 | 1 | 1 | | | | | | | | | | | | | |
| Don Stevens | 5.0 | DS | 4 | 4 | 5 | 4 | 5 | 1 | | | | | | | | | | | | |
| Casual | 5.0 | CASL | | 3 | 4 | 3 | | | 4 | 7 | 9 | 5 | 3 | 2 | | | | | | |
| Kathy Mendez | 5.0 | KM | | 1 | 5 | 16 | 20 | 19 | 22 | 19 | 20 | 18 | 20 | 11 | 2 | | | | | |
| Anna Borden | 5.0 | AB | | | | 9 | 10 | 16 | 15 | 11 | 12 | 19 | 10 | 7 | 1 | | | | | |
| Gail Loring | 5.0 | GL | | 3 | 6 | 5 | | 10 | 17 | 18 | 17 | 10 | 13 | 10 | 10 | 7 | 17 | | | |
| 未指定 | 0.0 | X | | | | | | | | | 9 | | | 236 | 225 | 230 | 14 | 13 | | |
| 合作项目 | 5.0 | CO | | 6 | 4 | | | 2 | 3 | 4 | 2 | 4 | 16 | | | | 216 | 178 | | |
| 非正式的工作安排 | 5.0 | CAUL | | | | | | | | | 3 | 3 | 3 | | | | | | | |
| **总天数** | | | 49 | 147 | 176 | 196 | 194 | 174 | 193 | 195 | 190 | 181 | 140 | 125 | 358 | 288 | 284 | 237 | 196 | 12 |

图14-6 一幅甘特图

注：图14-6显示了每项任务、员工、工作天数、责任人姓名的首字母、每项任务的起止时间。资源汇总部分为项目管理者提供了全面了解每个人、每个月在这个项目中需要工作的天数。本图所示项目是一个数据管理项目。

尽管甘特图标明了项目任务的起止时间，但没有标明任务间的依存关系，如一项任务滞后于进度计划，另一项任务是如何受影响的，或者任务应当如何排序。这正是计划评审图的优点。**计划评审图**（PERT chart）是指项目计划和评审技术图（program evaluation and review technique chart），是 20 世纪 50 年代美国海军为管理北极星潜射导弹计划而设计的。PERT 图列出了组成项目的具体活动，以及在一个具体的活动开始前必须完成的活动（见图 14-7）。

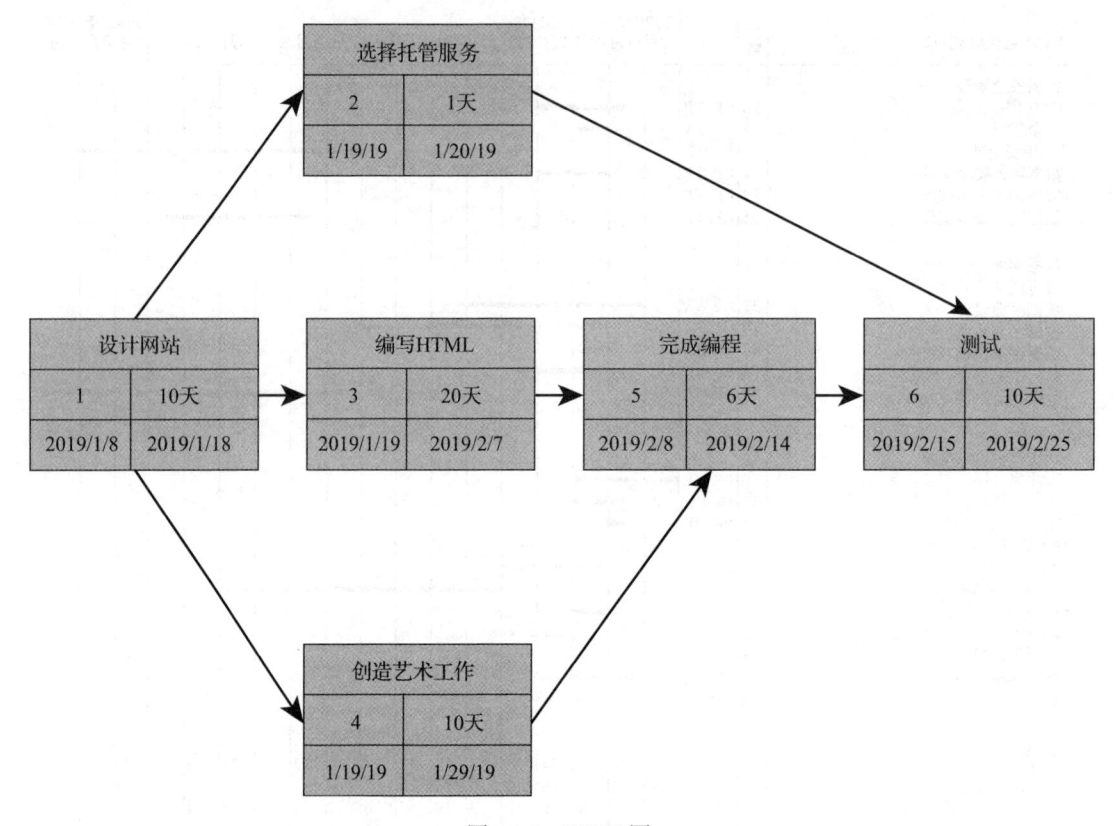

图 14-7 PERT 图

注：这是一个用于创建小型网站的简化 PERT 图，显示了项目任务的顺序和任务之间的关系。

PERT 图把项目描绘成一个由编号节点（圆形或者方形）构成的网络图，编号节点代表项目中的任务。每个节点都被编号，并且标注了任务、工期、开始时间和完成时间。线条上的箭头方向标明了任务次序，并且标示出开始一项任务前必须完成哪些任务。在图 14-7 中，节点 2、3、4 的任务彼此独立，可以并行进行，但都取决于节点 1 任务的完成。由于复杂项目的 PERT 图难以解释，因此项目经理通常同时使用甘特图和 PERT 图。

项目管理技术可以帮助管理者及时找出项目计划时间内的任务瓶颈、可能发生的问题及其对项目的影响，还可以帮助系统开发人员将项目分割成更小、更易于管理、具有明确可测量成果的细分项目。标准控制技术可以根据项目预算和目标日期成功地绘制项目进度图，从而发现实际与计划的偏差。

**3. 提升用户参与度，解决用户抵触问题**

一些规模较小和有许多未定义需求的项目，需要用户全过程参与。必须动员用户支持众多可能设计方案中的一个，并承诺持续参与该方案的实施。**外部集成工具**（external integration tool）提供了把实施团队的工作与组织各层级的用户连接在一起的方法。例如，用户可以成为项目小组的活跃成员，承担领导角色，并负责安装和培训。实施团队要向用户展示其响应能力，及时回答问题，整合用户反馈，显示出乐于提供帮助的意愿。

用户参与实施阶段的工作还不足以解决用户抵制组织变革的问题。系统可能会以不同的方式影响不同的用户，有些用户可能会喜欢新系统，因为他们认为新系统带来的变革对他们有利；另一些人可能会抵制这些变革，因为他们认为这些变革可能会损害他们的利益。

如果强调自愿使用系统，用户可能避而不用；如果强制使用系统，可能会提高系统的错误率，以及增加系统中断、员工离职甚至员工故意以破坏的方式表达对新系统的抵制现象。因此，实施策略不仅要鼓励用户参与和介入，而且必须向用户强调抗拒实施带来的问题。**抗拒实施**（counter implementation）是指故意对抗组织实施信息系统或组织创新的行为。

克服用户阻力的策略包括用户参与（除了改进软件设计以外，还要有承诺）、用户教育和培训、制定管理规章制度、给配合较好的用户更好的激励等。另外，企业还可以通过改进新系统最终用户界面来增加系统的用户友好性。如果在引入新系统之前先解决了组织问题，那么用户将更加容易合作。

### 14.4.1 组织设计

由于新信息系统的目标是提高组织绩效，因此信息系统项目必须重视新系统实施后组织将要发生的变化，包括开发移动和 web 应用程序的项目。另外，除了程序的变化以外，业务流程、岗位职能、组织架构、权力关系和工作环境的变革都应当被认真地策划和设计。

随着对人机工效学问题的关注，用户与系统界面的设计问题也需要特别注意。**人机工效学**（ergonomics）是指在工作环境中人与机器的交互关系，它关注岗位设计、员工健康问题、信息系统的最终用户界面设计等。表 14-5 列出了规划和实施信息系统时需要强调的组织方面的因素。

表 14-5　信息系统规划和实施中的组织因素

| |
| --- |
| 员工参与和介入 |
| 岗位设计 |
| 标准和绩效监控 |
| 人机工效学（包括设备、用户界面和工作环境） |
| 员工投诉解决程序 |
| 健康和安全 |
| 符合政府监管 |

虽然系统分析和设计活动应该包括系统对组织的影响分析，但实际上这方面的内容常常被忽视。**组织影响分析**（organizational impact analysis）用来分析计划实施的信息系统将如何影响组织结构、员工态度、决策制定和业务运营。为了成功地将信息系统实施与组织设计进行整合，企业在开发过程中必须非常重视并详细记录对组织的影响评估。

**社会技术设计**

解决人和组织问题的方法之一是在信息系统项目中融入**社会技术设计**（sociotechnical design）的经验。设计者已经提供了不同的技术和社会设计的解决方案。其中，社会设计方案解决的是不同的工作组结构、任务分配和员工岗位设计等方面的问题。把技术设计与社会设计的解决方案进行比较，我们发现最好的解决方案要同时符合社会和技术目标，并以此作为选择最终设计方案的标准。由此得到的社会技术设计将产生一个信息系统，该系统可以实现把技术效率目标和满足组织与人员需求结合起来，从而帮助提升员工的工作满意度和生产效率。

你可以在"互动讨论：管理"部分看到沙德木业如何实施最新的、最先进的 ERP 系统。

⊙ 互动讨论：管理

## 沙德木业的 ERP 实施步入正轨

沙德木业（Sauder Woodworking，以下简称"沙德"）是北美领先的即装即用（ready-to-assemble，RTA）家具生产商，也是美国五大住宅家具制造商之一。沙德有 90% 的家具都在俄亥俄州的阿奇博尔德镇制造，沙德于 1934 年在那里创立（沙德还通过一个全球供应商网络采购家具）。俄亥俄州的工厂占地 400 万 $ft^2$，拥有来自世界各地的高科技家具制造设备和 2 000 名员工。公司提供近 50 个家具产品系列。家具制造需要熟练的设计、艺术技巧和对细节的关注，而沙德在这些方面历来表现出色。

沙德在 2004 年开始使用 SAP ERP Central Component（ECC）软件进行企业资源规划。ECC 提供涵盖所有行业应用的模块，包括财务、物流、人力资源、产品规划和客户服务，这些模块彼此相连成为一个整体、可定制的系统，在用户选择的数据库上运行。作为一个模块化系统，SAP ECC 经过专门的设计，使企业可以使用其所需的模块，并以对其业务合理的方式进行配置。沙德采用分阶段实施的方法，从订单到现金（接收和处理客户订单的业务流程）模块开始。到 2015 年，沙德已顺利实施所有主要的 SAP ECC 模块。

当时，SAP 已经发布了 SAP S/4HANA，这是 SAP 更先进版本的 ERP 系统，以内存计算（见第 6 章）为特色。沙德的管理层必须决定是优化其已在公司本地实施的 SAP 模块，还是改用 S/4HANA 来利用它的新功能。与坚持使用沙德现有的系统相比，切换到最新版本的 SAP ERP 软件需要做更多的工作。沙德的管理层选择了本地部署版本的 SAP S/4HANA，这样它就可以按照自己的时间表实施新的 S/4HANA 套件，而不用在 SAP 撤回对旧版 ECC 系统的支持时再被迫更换软件。

另一需要决定的事情是采用绿地模式（即实施全新的系统）还是棕地模式（即将现有系统转换为新系统）。绿地模式需要安装一个全新的 ERP 系统，然后导入所有相关数据。棕地模式则需要使用 ECC 系统的数据，将现有系统转换为新系统。沙德选择了棕地模式。决定采用棕地模式的一个关键因素是受到影响的员工人数多达 2 000 人，他们将必须应对全新的系统。这些员工在了解新系统时可能会遇到困难，或者因为不熟悉系统而抗拒使用。沙德并不想到时候处理大量的变更管理。

沙德对 SAP 软件相当熟悉，这本就是公司的业务处理引擎。沙德的 SAP 系统支持超过 1 600 名用户，这些用户使用该软件处理企业事务，包括财务、供应链管理以及 SAP 的车间交互。2018 年，沙德的 SAP 系统处理了 1 624 169 件货物、1 661 225 份销售订单、14 438 089 次仓库移动、894 664 份生产收据和 1 624 684 张发票。

沙德也存在挑战：为了最大限度地减少业务中断，管理层希望在 72h 内将 SAP ECC 系统转换为 SAP S/4HANA，对于这种规模的项目来说，时间非常紧迫。没有犯错的余地。在开始向 SAP S/4HANA 过渡的同时，沙德还对其 IT 基础设施进行了重大变更。公司从之前的 IBM iSeries 系统迁移到基于戴尔服务器和 VMware 虚拟环境（参见第 5 章）存储区域网络（SAN）的新平台。SAN 是一个存储设备网络，可由多台服务器或计算机访问，提供一个共享的存储空间池。沙德的 IT 员工必须学习如何支持这些新技术，幸运的是，他们得到了 Symmetry 顾问的帮助。Symmetry 帮助企业在全球范围内管理复杂的 SAP 实施工作。Symmetry 为沙德提供服务已超过 12 年，了解其业务的性质和技术环境。

系统在 72h 的停机时间内成功完成了转换，包括把 SAP®APO（advanced planning and optimization，高级计划和优化）组件的生产计划和详细调度功能转换到 SAP S/4HANA 中。向 S/4HANA 新系统的转换非常顺利，对业务的干扰极小，且项目在预算范围内按时完成交付。

公司计划从财务功能开始分阶段优化 S/4HANA 系统的使用。在 SAP S/4HANA 上运行使沙德以更好的状态去实现它的战略目标。

资料来源：Eric Kavanah, "Measure Twice, Cut Once: Getting a Modern ERP Deployment Right," *eWeek*, February 11, 2020; "SAP S/4HANA Migration Case Study: Sauder Woodworking," symmetrycorp.com, accessed May 9, 2020; and "Sauder Woodworking," itelligence.com, accessed May 8, 2020.

**案例分析题：**
1. 为什么 ERP 系统对沙德木业如此重要？为什么它想要切换到更新的 ERP 系统？
2. SAP S/4HANA 对沙德木业来说是一个好的选择吗？为什么？
3. 这个项目有风险吗？沙德木业是怎么应对的？

### 14.4.2　项目管理软件工具

商业软件工具使项目管理的许多事情可以自动完成，使项目管理过程变得很便捷。项目管理软件通常具有以下功能：任务定义和任务排序、分配任务资源、记录计划任务的开始和结束时间、过程跟踪、任务和资源变更等。许多软件工具可以自动创建甘特图和 PERT 图，并且提供通信、合作和社交工具。

有一些项目管理工具本身就是一个大型的复杂软件，适用于管理非常大型的项目、分散的工作团队和企业职能。这些高端的工具可以管理大量的任务、活动及其复杂的关系。目前使用最广泛的项目管理工具是 Microsoft Project，但是也有针对小型项目和小型企业的低成本工具。现在，许多项目管理应用程序都是基于云的，以便项目团队成员可以在任何地方工作，访问项目管理工具及其数据。"互动讨论：技术"部分描述了基于云的 Microsoft Project Online 的一些功能。

⊙ 互动讨论：技术

**奥雅纳将项目管理转移到云端**

奥雅纳是一家跨国专业服务企业，总部设在伦敦，主要为人类建筑结构和环境提供工程、设计、规划、项目管理和咨询服务。奥雅纳成立于 1946 年，在全球 40 个国家的 96 个办事处拥有超过 16 000 名员工。公司将自己定义为一个不同学科的专业人士，即工程师、规划师、设计师、金融专家、咨询专家和可持续发展专业人士。公司希望能够携手合作，提供比单一工作更高质量的项目和服务。奥雅纳已在 160 多个国家开展项目，包括巴黎蓬皮杜中心、悉尼歌剧院、伦敦和巴黎之间的高速铁路。

奥雅纳在其工作的各个方面都充分运用信息技术，包括与客户合作、设计建筑、模拟运行结构和协调项目等。奥雅纳的管理层希望确保其信息系统团队以正确的方式开展所有有助于业务发展的 IT 项目。奥雅纳的系统必须是稳定的、领先的、随时可用的，员工可以在任何时间、任何地点访问需要的信息。

直到最近几年，奥雅纳的 IT 员工还依赖于微软的 Excel 电子表格或 Word 文档作为项目管理的工具。他们提供的报告是零星的，格式也不尽相同，文档合作非常有限，项目的交付方式也不一致，无法集中了解每个项目发生的情况。于是，奥雅纳成立了一个全球 IT 项目管理办公室，监督整个 IT 项目的投资组合，但是由于必须手动操作来自各个区域办事处的电子表格和电子邮件来更新创建报告，项目监督工作受到了一定的阻碍。

与专门从事项目组合管理的 Program Framework 的咨询顾问合作后，奥雅纳决定采用 Microsoft Project Online 来改进项目管理。Microsoft Project Online 是微软基于云的项目管理工具，它可以帮助组织有效地规划项目、跟踪状态，并与来自任何地点和任何设备的其他人合作。奥雅纳全球员工无论在何处工作，都可以随时访问项目数据。云解决方案还使得使用实时数据汇报项目成为可能，系统能够与服务和变革管理等其他流程相关联。Program Framework 的顾问帮助奥雅纳实施 Microsoft Project Online 项目，并对员工进行培训，还为 Microsoft Project Online 项目开发了一个定制的项目状态报告功能。

过去，奥雅纳的全球 IT 项目管理办公室每月必须花费 40h 手动编写报告。在创建状态报告时，这个报告已经过期了。Microsoft Project Online 使奥雅纳能够随时查看所有 IT 项目的实时状态。各地区的员工可以查看自己的项目组合，而奥雅纳的全球 IT 项目管理办公室可以直接查看所有的全球项目。奥雅纳的管理层可以根据红色、绿色、琥珀色的状态指标，对整个企业的项目进行检查和分类（红色代表处于关键状态的项目，琥珀色代表处于风险中的项目）。这个系统使奥雅纳的管理层能够看到整个企业的项目组合，更好地了解项目交付情况。全球 IT 项目管理办公室可以获得关键项目的状态摘要，并突出显示单个项目的报告，以便深入了解更多细节，使 IT 部门能够根据最新的数据做出更好的决策。Microsoft Project Online 已经成为支持奥雅纳全球项目管理的通用方法的必要条件。在奥雅纳的整个项目组合中，重复工作较少，战略价值更高。

Microsoft Project Online 是微软基于云的 Office 365 软件套件的一部分，可以与其他微软工具无缝合作，如 OneDrive for Business（云存储）、Skype for Business（语音、视频、聊天）、Yammer（企业社交网络）和 Visual Studio Team Foundation Server（奥雅纳用于软件开发项目）。奥雅纳还计划实施 Microsoft Project Online 的其他功能，如需求和产能计划、投资组合优先次序和投资组合平衡等功能。用户可以轻松地从 Project 中复制信息，并将其粘贴到 Office 应用中（如 PPT 和 Word）。奥雅纳将 Microsoft Project Online 用于 IT Project Pipeline 中，Project Pipeline 是一个未来开发思想的中心存储库，记录了每个人的想法，要求发起人提供项目描述、项目预算和资源需求等信息。奥雅纳的全球 IT 项目管理办公室将这些信息发送给管理委员会成员，用来审查并确定新的项目计划的优先顺序。

当这些想法被接受时，Project Pipeline 里的信息可以很容易地传递给已经启动的项目组。Project Pipeline 只需几分钟时间，就可以创建相应的项目或程序。每个项目都有自己的项目详细信息页面，其中包括一个内置的计划模板和一个连接到 Microsoft SharePoint Server 站点的文档存储库和状态报告功能。这个功能为奥雅纳全球 IT 项目管理办公室经理 Carolyn Bundey 在每个新项目的立项过程中节省了几天的时间，每年为大约 180 个 IT 项目组合节省了大量的时间。

几年前，Microsoft Project Online 有大约 150 个用户，但奥雅纳还是考虑为所有员工提供这个工具。奥雅纳购买了 Microsoft Project Online3 个不同版本的授权。项目经理、老板和管理员同时使用 Microsoft Project Online 与 Project Professional for Office 365，这样使他们能够在 web 浏览器内部或外部创建和编辑项目计划。奥雅纳的管理人员使用 Microsoft Project Online 审查项目状态。项目团队成员使用较低成本的 Project Lite 版本查看工作任务或与其他团队成员的合作。

资料来源："Engineering Firm Uses Cloud-Based Solution to Generate, Execute, and Monitor IT Projects," www.microsoft.com, accessed January 2, 2018; "Leading Arup at the Forefront of Innovation in Today's Built Environment," www.gineersnow.com, accessed January 3, 2018; and www.arup.com, accessed May 2, 2020.

**案例分析题：**

1. 信息技术、项目管理和奥雅纳的商业模式、业务战略之间有什么关系？
2. Microsoft Project Online 如何支持奥雅纳的业务战略？它如何改变了企业的运营方式？
3. 奥雅纳在选择 Microsoft Project Online 作为其全球项目组合管理工具时，必须解决哪些管理、组织和技术问题？

项目管理软件可以帮助组织跟踪单个项目、分配资源和管理成本，而**项目组合管理**（project portfolio management）软件可以帮助企业管理多个项目组以及它们间的相互关系，帮助管理者审核并比较项目的建议方案，根据企业的预算及资源能力水平确定能达成组织战略目标的项目的最优组合和优先次序。

## 14.5　MIS 如何有助于我的职业发展

通过本章和本书的指引，将帮助你找到一份初级 IT 项目管理助理的工作。

### 14.5.1　公司简介

XYZ 多媒体娱乐公司是一家总部位于洛杉矶的大型跨国大众媒体和娱乐企业，企业正在招聘一名初级 IT 项目管理助理。XYZ 多媒体娱乐公司为全球观众制作电影、电视节目、录音、流媒体互联网内容、互动游戏和消费产品。在产品、服务和运营中，它是尖端信息技术的密集用户。

### 14.5.2　职位描述

IT 项目管理助理帮助 IT 项目经理进行规划、预算并监督企业 IT 项目的各个方面。工作职责包括：

- 执行企业集中项目管理办公室分配的任务，包括发现和记录最佳实践、查询可用的工具、提出流程和程序的改进建议等；

- 与项目经理合作，确保每个技术项目的范围和方向按计划进行；
- 与其他项目利益相关者合作，获得他们的支持。

### 14.5.3 岗位要求

- 拥有计算机科学、计算机工程、MIS、项目管理或相关领域的学士学位。
- 具备项目管理教学知识。
- 具备流程文件（工作流程图）的相关知识。
- 熟练使用微软的 Word、Excel 和 PPT。
- 较强的沟通和研究技能。
- 具有 SharePoint 或 Microsoft Project 的经验。

### 14.5.4 面试问题

1. 你曾经做过 IT 项目吗？你做过哪些方面工作？你是否使用过任何项目管理工具，如 Microsoft Project？
2. 你是否做过非 IT 项目？你的职责是什么？你在工作中使用过项目管理软件吗？
3. 你学习过项目管理课程吗？你对流程文件了解多少？
4. 你对 Microsoft Office 工具以及 Microsoft Project 和 SharePoint 的熟练程度如何？

### 14.5.5 作者提示

1. 复习本章和第 13 章关于开发信息系统的内容，熟悉项目管理和系统开发的技术和方法。

2. 利用网络对项目管理方法和工具进行更多的研究。浏览项目管理协会（Project Management Institute，PMI）网站或查看项目管理协会的书籍《项目管理知识体系指南》。

3. 尝试查找有关 XYZ 多媒体娱乐公司如何管理项目的信息。询问这家企业使用什么样的项目管理方法和工具。如果可能，展示你对这些工具和方法的熟悉程度。

4. 提供你在课程中或工作中做过的任何项目管理工作的案例，也可以提供你的写作和口头交流技巧的案例。

## 本章小结

**14-1 管理者为获取和开发新的信息系统建立商业案例的要点**

IT 投资的商业案例描述了组织所面临的问题，这些问题可以通过投资建议的系统解决方案来解决。它通过计算成本和收益来分析信息系统项目是不是一项好的投资。有形利益是可量化的，而无形利益不能立即量化，但将来可能会提供可量化的利益。应该使用资本预算方法来分析超出成本的收益，以确保它们代表了公司投资资本的良好回报。组织应该制定信息系统计划，描述 IT 如何支持公司的整体业务计划和战略。项目组合分析和评分模型可用于评估可选的信息系统项目。

**14-2 项目管理的目标及其在信息系统开**

发过程中的重要性

为了确保系统能在预算控制范围内且按时交付，创造真正的商业价值，良好的项目管理是至关重要的。项目管理活动包括工作计划、风险评估、评估和获取完成工作所需资源、工作分配、指导执行、结果分析。项目管理必须处理好5个主要的变量：项目范围、项目时间、项目成本、项目质量和项目风险。

### 14-3　信息系统项目的主要风险

系统开发项目风险的大小取决于项目规模、项目结构和技术经验。在项目开发的过程中，由于用户参与项目不足或者不当、缺少管理层支持、项目实现过程中管理不善等，信息系统项目很可能失败。因为涉及广泛的组织变革、业务流程再造、企业应用程序和并购等项目的失败率是非常高的。

### 14-4　控制风险因素

系统实施是指在引入新的信息系统时引发的组织变革的整个过程。项目实施阶段用户的参与和支持、管理层的支持、实施过程的控制必不可少，这些也是应对新系统项目实施风险的机制。项目风险因素可以通过项目管理的应急方法进行某种控制。根据每一个项目的风险大小不同，可以综合采用外部集成工具、内部集成工具、正式的规划工具、正式的控制工具等适当的组合方法。

## 关键术语

资本预算（capital budgeting）
变革推动者（change agent）
变革管理（change management）
抗拒实施（counter implementation）
人机工效学（ergonomics）
外部集成工具（external integration tool）
正式的控制工具（formal control tool）
正式的规划工具（formal planning tool）
甘特图（Gantt chart）
实施（implementation）
信息系统规划（information system planing）
无形收益（intangible benefits）
内部集成工具（internal integration tool）
组织影响分析（organizational impact analysis）
计划评审图（program evaluation and review technique chart，PERT chart）
投资组合分析（portfolio analysis）
项目（project）
项目管理（project management）
项目组合管理（project portfolio management）
范围（scope）
评分模型（scoring model）
社会技术设计（sociotechnical design）
有形收益（tangible benefits）
用户-设计者沟通代沟（user-designer communications gap）
用户界面（user interface）

## 复习题

14-1　定义和描述一个建议投资的商业案例的组成部分。
- 列出并描述信息系统规划的主要组成部分。
- 解释有形利益和无形利益的区别。
- 列出IT投资的6个有形利益和6个无形利益。
- 描述如何使用资本预算、投资组合分析和评分模型来建立系统的价值。

14-2　描述由项目管理不善引起的信息系统问题。
- 定义项目管理，列出并描述通过项目管理来解决的项目管理活动和变量。

14-3　识别并描述信息系统项目中的主要风险因素。
- 解释为什么新系统的建设者需要解决系统实施和变革管理问题。

14-4　解释为什么管理层和最终用户的支持对

信息系统项目的成功实现至关重要。
- 识别并描述控制项目风险的策略。
- 识别在项目规划和实施过程中应重视的组织因素。
- 解释项目管理软件如何有助于实现成功的项目管理。

## 讨论题

14-5 项目管理对新信息系统的成功有多大影响?

14-6 信息系统的失败通常是因为系统建设者忽视了组织行为问题。为什么会如此?

14-7 最终用户在信息系统项目管理中有什么作用?

## MIS 实践项目

本部分的 MIS 实践项目将让你通过评估信息系统项目并使用网络工具分析新房贷款获得实践经验。

### 管理决策问题

14-8 美国人口普查局启动了一项 IT 项目,旨在为人口普查员配备高科技手持设备,设备可以让人口普查员直接把输入的数据发送到总部,从而也节约了纳税人的钱。2006 年,人口普查局与 Harris 公司签署了价值 6 亿美元的合同,准备部署 50 万个这种移动设备,但仍无法确定设备上需要实现哪些功能。人口普查局的官员没有通过测试流程来评估这些手持设备的性能。随着项目的进展,该项目增加了 400 个项目需求变更。在投入两年的时间和数百万美元的税款后,因手持设备仍然太慢且不稳定而无法用于 2010 年的美国人口普查。人口普查局的管理层和 Harris 公司能做些什么来避免这样的结果发生呢?

14-9 Caterpillar 是世界领先的土方机械制造商和农业设备供应商。Caterpillar 希望结束其对经销商业务系统(Dealer Business System,DBS)的支持,这套系统通过授权给经销商使用,来帮助其经营业务。这套系统的软件已经过时了,高层管理者想由埃森哲咨询公司接手该软件托管版本的支持工作,这样他们就可以专注于核心业务。Caterpillar 从来没有要求经销商使用 DBS,但是该系统事实上已经成为经销商与企业进行业务往来的标准。北美 50 家经销商中的绝大多数都使用相同版本的 DBS,在世界其他地区大约 200 家经销商中有半数左右也是这样的情况。在 Caterpillar 把产品移交给埃森哲之前,应该考虑哪些因素和问题?应该问些什么问题?经销商应该问些什么问题?

### 改善决策:利用网络工具购买住宅并为其计算贷款金额

**软件技能要求:基于互联网的软件**
**业务技能要求:财务规划**

14-10 本项目将提升你的技巧,请用基于互联网的软件搜索一处住宅,并计算该住宅的抵押贷款金额。

你希望在科罗拉多州的 Fort Collins 买一套房子。理想情况下,你想买一套独栋的房子,至少有 3 间卧室、1 间浴室且费用在 35 万~45 万美元,准备以 30 年期的固定利率抵押贷款还贷。你可以负担房子价值 20% 的首付。在你购买房子之前,你需要去搜索什么样的房子在你的价格范围内,找到一个抵押贷款,并确定你每月所需还贷的金额。用 Realtor.com 网站帮助你完成以下任务:

- 找到符合你要求的在科罗拉多州的 Fort Collins 的住房。
- 找到一家可提供房屋总价 80% 的抵押贷款企业,至少比较 3 家企业的利率。
- 选择一家抵押贷款企业,计算最终成

本和月付款。

完成上述任务后，你可以评价整个过程，如评价网站的易用性、你找到购房信息和抵押贷款信息的能力、你找到的信息的准确性、房屋和贷款的可选择范围。

## 协同与团队合作项目

### 识别实施问题

14-11 与 3～4 名同学组成一个小组。针对本章中的互动讨论或章末的案例研究中提到的系统，描述你认为可能会遇到的现实问题。对于将采取什么步骤解决或防止这些问题，请写一份分析报告。如果可能的话，请使用 Google Docs、Google Drive 和 Google Sites，集思广益并制作演示文稿汇报结果。

## 案例研究

### 宾夕法尼亚州的失业补偿现代化系统：未竟之事

宾夕法尼亚州劳动和工业部（Department of Labor and Industry，DLI）负责管理和实施本州的失业补偿计划，为符合条件的工人提供临时收入，以弥补损失的工资。DLI 拥有超过 5 000 名员工，约 200 个办事处，为宾夕法尼亚州 640 万名工人和近 30 万名雇主提供服务。失业补偿（unemployment compensation，UC）的申请通常通过网络、电话或邮寄到 UC 服务中心。

DLI 有一个处理失业救济金的遗留主机系统，已经有 40 多年的历史了。然而，它的维护成本越来越高，修改起来也越来越困难，系统的案例管理功能非常有限，也难以集成新的工具和技术以提高生产率。

2006 年 6 月，DLI 和 IBM 签署了一份总价值为 1.099 亿美元的固定价格合同，用以建设一个失业补偿现代化系统（unemployment compensation modernization system，UCMS），取代过时的主机系统。与 IBM 签订的最初合同要求在 2010 年 2 月之前完成更现代化、更高效的技术和业务流程，包括维护工资记录、处理雇主税款、索赔处理、付款和上诉。经过 3 年的竞标过程，IBM 赢得了 UCMS 的合同，并且声称自己是唯一拥有专有数据库的供应商，能够完全支持集成的计算机系统。

然而，项目经历了严重的延误和超支，最终耗资近 1.8 亿美元，大部分工程在 2013 年 9 月合同到期时尚未完工。该项目比原计划推迟了 45 个月，超出预算 6 000 万美元。宾夕法尼亚州的纳税人支付给 IBM 近 1.7 亿美元，本以为会得到一个综合的、集成的、现代化的系统，最终却什么都没有。IBM 的合同没有续签。2017 年 3 月，宾夕法尼亚州起诉 IBM 没有履行合同，因疏忽未提供补偿，向纳税人收取了费用却没有提供相应的服务。IBM 表示，宾夕法尼亚州的索赔没有依据，它将和州政府打官司。IBM 的一位发言人声称，项目的一些问题应该归咎于州政府，项目没有如期交付双方都有责任。这一切是怎么发生的呢？

UCMS 的第 1 阶段（工资记录）于 2008 年 5 月开始实施。第 2 阶段，包括雇主税务处理系统，于 2011 年 3 月投入使用，但是需要额外的工作，这就花了好几年的时间解决这个问题。第 3 阶段，包括福利索赔处理、支付和上诉的系统仍然有很多问题，最终没有上线。

2012 年，DLI 聘请卡内基梅隆软件工程研究所对 UCMS 进行独立评估。评估工作于 2013 年 7 月完成，评估建议继续解决第 2 阶段的遗留问题，停止第 3 阶段的工作。第 3 阶段发现的许多问题都无法解决。

卡内基梅隆研究所的研究发现了系统开发过程中的许多缺陷。IBM 拥有丰富的系统经验和技术知识，但它的方案低估了项目的范围和复杂性。DLI 没有足够有经验的人员对合同和项目进行有效的监督和管理。在管理项目的过程中，也没有正式授权相应的角色和责任。DLI 没有人负责任，基本上靠 IBM 自己管理合同。

UCMS 作为一个大型的软件项目，其系统非常复杂，有大量的信息需求和业务规则，成本也非常高。DLI 在征集 UCMS 供应商提案时，需求表达得模棱两可，同时也忽略了对方案定量和定性的性能衡量指标的确定。

一个大规模的软件密集型系统（如 UCMS），需要一个严格的、有纪律的测试策略，但是 UCMS 在实施过程中没有这样做。IBM 决定让 DLI 的用户帮助开发测试脚本。用户提供了业务方面的专业知识，但是 IBM 并没有使用 IT 测试专家。用户验收测试是在完成第 2 阶段和第 3 阶段的系统测试之前启动的。在这个项目中，严格的测试执行得太晚了。DLI 没有规定 UCMS 系统功能的最低标准，因此在第 2 阶段和第 3 阶段的系统发布时，没有可识别的标准和证据来论证系统是稳定运行的。

DLI 的员工也没有完全理解 IBM 对业务系统需求的描述，他们自己也不知道究竟同意哪些方面。IBM 对这个项目的软件开发和测试程序缺乏严谨性。这导致了软件缺陷的数量高于行业标准，软件代码过于复杂（使得测试变得非常困难），以及发现缺乏业务需求的时间较晚。

该系统绝大多数的软件缺陷都是非常严重的，有 50% 的缺陷直到用户验收测试时才被发现，这在系统开发周期中属于非常晚才发现缺陷的。在整个开发过程中，如果没有彻底的、完整的测试，就无法知道在使用系统时，会有多少缺陷被发现。卡内基梅隆研究所的研究人员还发现，IBM 没有进行压力测试来确定 UCMS 系统的性能极限。

IBM 的软件开发计划应该使用行业和企业的标准和实践，但是在项目开发期间，没有持续的规章来执行这些标准和实践。2011 年 3 月，DLI 提前接受了第 2 阶段的系统，尽管它们知道系统存在缺陷，会影响系统的性能，包括软件缺陷、未解决的数据转换问题、批处理操作问题等。

如此复杂和庞大的项目需要在整个系统开发周期内保持知识的高度连续性，但这一点在 UCMS 系统开发中从未实现过。在需求确定阶段，DLI 没有足够的用户专家与项目组技术成员一起参与应用设计（JAD；见第 13 章）。项目的 36 个 JAD 分包商被过早地从项目中移除，这使得 IBM 对失业索赔处理业务需求的理解不完整。系统设计和测试人员没有包含在 JAD 过程中，与行业良好的商业惯例也背道而驰。将该类人员包含在内是非常重要的，用以确保在测试时 UC 的业务需求被定义得足够详细。DLI 的工作人员经常在非常短的审批期限内，在压力下批准 JAD 的需求文档和详细的系统设计文档。

无效的项目管理和人员的不停变化阻碍了整个项目过程中重要的知识传递，这被称作"项目记忆"的缺失。自从 UCMS 项目开始后，有 638 个不同的合同商和工作人员为这个项目工作。大多数项目成员在这个项目上花费不到一年的时间，75% 的成员是两年以内的。项目的不连续性和劳动力流失导致了 IBM 的进度延迟，并且无法提供项目状态的准确描述。

宾夕法尼亚州的 UC 系统在没有 IBM 的情况下继续进行着。2013 年，宾夕法尼亚州议会通过了第 34 号法案，该法案设立了一个服务基础设施改善基金（Services Infrastructure Improvement Fund，SIIF），作为临时的资金补充来源，用来改善 UC 服务和系统。2013—2016 年，政府总共批准和花费了 1.784 亿美元。即使这样，这个项目还是失败了。宾夕法尼亚州审计长 Eugene A. DePasquale 于 2017 年 1 月发动了一项审计，以确定 1.784 亿美元的 SIIF 资金是如何使用的。审计人员发现，DLI 没有使用恰当的会计方法来记录 SIIF 的具体支出。DLI 整合了所有来源的 UC 管理资金，包括 UC 管理的联邦基金、UC 税的利息以及 SIIF 的支出。

这个项目积极的方面是：2013—2016 年，

向 UC 申请人和 UC 系统架构方面提供的服务有所提升。例如，第一笔付款及时支付率从 81.6% 上升到 93.4%。但是，DLI 始终无法说明 SIIF 支出对这些结果的贡献。

2016 年 12 月，当 SIIF 资金没有被重新授权，补充的资金遭遇终止时，DLI 被迫从 2017 年 UC 行政预算中削减了 5 750 万美元，导致 2016 年 12 月关闭了 8 个 UC 服务中心中的 3 个服务点，并取消了 521 个职位。客户服务明显下降，UC 申请人无法打通服务网点的电话，处理索赔的时间也拖延了。

尽管先前遭遇了挫折，DLI 仍然决定继续完成失业补偿金发放系统的现代化。2017 年 6 月，DLI 与佛罗里达州的 Geographic Solutions 签订了一份价值 3 500 万美元的合同，旨在创建一个能够提升客户服务、提高质量、提高运营效率和可持续发展的系统。Geographic Solutions 专门为劳动力发展和失业保险行业设计、开发和维护基于网络的系统，并为美国各州和地方机构开发了 80 多个劳动力系统。Geographic Solutions 于 2017 年 8 月 1 日开始该系统的工作，计划完成时间为 18～24 个月。

2015 年，DLI 斥资 610 万美元聘请了总部位于芝加哥的 CSG Government Solutions，协助规划和监控这个项目。CSG 专注于规划、管理和支持复杂的政府大型 IT 和业务流程项目。CSG 分析了现有系统和工作流程，制定了项目战略和技术路线图，并收集了业务需求和技术需求，制定了 RFP。CSG 还成立了一个项目管理办公室来全面监控项目进度，并在整个系统现代化过程中提供技术监督、UC 主题专业知识、需求管理和测试支持。一旦新系统全面实施，系统现代化所节省的成本估计能补偿总行政成本的 5%～10%。

DLI 与 Geographic Solutions 在 2017 年签订的合同规定，新的福利交付系统于 2018 年 4 月 30 日投入使用。截至 2020 年春季，旧系统仍然存在，无法处理在新冠疫情停工期间数百万宾夕法尼亚州工人的福利申请。Geographic Solutions 总裁 Paul Toomey 表示，与 DLI 的合同是基于其他州类似系统的初步估计，但在分析该系统后，他们发现需要对 1 000 多个程序进行更改。Toomey 补充说，没有额外的成本增加，该项目仍按预算和计划于 2020 年 10 月完工。

资料来源：Aaron Martin, "Aging PA Unemployment System Overwhelmed by COVID-19 Crush of Claims," WPXI.com, May 4, 2020; "UC Management System," uc.pa.gov, accessed May 10, 2020; www.geographicsolutions.com, accessed May 10, 2020; www.csgdelivers.com, accessed May 3, 2020; Jan Murphy, "Take Two: Labor & Industry Tries Again to Modernize Jobless Benefits Computer System," *Penn Live*, June 23, 2017; Commonwealth of Pennsylvania Department of the Auditor General, "Performance Audit Report: Pennsylvania Department of Labor and Industry Service and Infrastructure Improvement Fund (SIIF)," April 2017; and Constance Bennett, Nanette Brown, Julie Cohen, Dr. Betsy Clark, Jeff Davenport, Eric Ferguson, John Gross, Michael H. McLendon, and Gregory Such, "Independent Assessment of the Commonwealth of Pennsylvania Unemployment Compensation Modernization System Program (UCMS)," Carnegie Mellon University Software Engineering Institute, July 2013.

**案例分析题：**

14-12 评估 UCMS 项目对宾夕法尼亚州的重要性。

14-13 为什么 UCMS 在宾夕法尼亚州是一个危险的项目？请识别关键的风险因素。

14-14 对 UCMS 项目遇到的问题进行分类和描述。哪些管理、组织和技术因素导致了这些问题？

14-15 我们可以做些什么来降低这些项目的风险？

## 参考资料

Ariel Avgar, Prasanna Tambe, and Lorin M. Hitt. "Built to Learn: How Work Practices Affect Employee Learning During Healthcare Information Technology Implementation." *MIS Quarterly* 42, No. 2 (June 2018).

Berente, Nicholas, Kalle Lyytinen, Youngjin Yoo, and Chris Maurer. "Institutional Logics and Pluralistic Responses to Enterprise System Implementation: A Qualitative Meta-Analysis." *MIS Quarterly* 43 No.3 (September 2019).

Bloch, Michael, Sen Blumberg, and Jurgen Laartz. "Delivering Large-Scale IT Projects on Time, on Budget, and on Value."

*McKinsey Quarterly* (October 2012).

Brock, Jon, Tamim Saleh, and Sesh Iyer. "Large-Scale IT Projects: From Nightmare to Value Creation." Boston Consulting Group (May 20, 2015).

Browning, Tyson, R., and Ranga V. Ramasesh. "Reducing Unwelcome Surprises in Project Management." *MIT Sloan Management Review* (Spring 2015).

Chandrasekaran, Sriram, Sauri Gudlavalleti, and Sanjay Kaniyar. "Achieving Success in Large Complex Software Projects." *McKinsey Quarterly* (July 2014).

Clement, Andrew, and Peter Van den Besselaar. "A Retrospective Look at PD Projects." *Communications of the ACM* 36, No. 4 (June 1993).

Davies, Andrew, Mark Dodgson, David M. Gann, and Samuel C. MacAulay. "Five Rules for Managing Large Complex Projects." *MIT Sloan Management Review* (Fall 2017).

Dubravka Cecez-Kecmanovic, Karlheinz Kautz, and Rebecca Abrahall. "Reframing Success and Failure of Information Systems: A Performative Perspective." *MIS Quarterly* 38, No. 2 (June 2014).

Florentine, Sharon. "More Than Half of IT Projects Are Still Failing." *CIO* (May 11, 2016).

Flyvbjerg, Bent, and Alexander Budzier. "Why Your IT Project May Be Riskier Than You Think." *Harvard Business Review* (September 2011).

Hu, Paul Jen-Hwa, Han-fen Hu, and Xiao Fang. "Examining the Mediating Roles of Cognitive Load and Performance Outcomes in User Satisfaction with a Website: A Field Quasi-Experiment." *MIS Quarterly* 41, No. 3 (September 2017).

Jeffrey, Mark, and Ingmar Leliveld. "Best Practices in IT Portfolio Management." *MIT Sloan Management Review* 45, No. 3 (Spring 2004).

Jenkin, Tracy A., Yolande E. Chan, and Rajiv Sabherwal. "Mutual Understanding in Information Systems Development: Changes Within and Across Projects." *MIS Quarterly* 43, No. 2 (June 2019).

Karhade, Prasanna, Michael J. Shaw, and Ramanath Subramanyam. "Patterns in Information Systems Portfolio Prioritization: Evidence from Decision Tree Induction." *MIS Quarterly* 39, No. 2 (June 2015).

Keen, Peter W. "Information Systems and Organizational Change." *Communications of the ACM* 24 (January 1981).

Keil, Mark, H. Jeff Smith, Charalambos L. Iacovou, and Ronald L. Thompson. "The Pitfalls of Project Status Reporting." *MIT Sloan Management Review* 55, No. 3 (Spring 2014).

Kim, Hee Woo, and Atreyi Kankanhalli. "Investigating User Resistance to Information Systems Implementation: A Status Quo Bias Perspective." *MIS Quarterly* 33, No. 3 (September 2009).

Kloppenborg, Timothy J., and Debbie Tesch. "How Executive Sponsors Influence Project Success." *MIT Sloan Management Review* (Spring 2015).

Kolb, D. A., and A. L. Frohman. "An Organization Development Approach to Consulting." *Sloan Management Review* 12 (Fall 1970).

Lapointe, Liette, and Suzanne Rivard. "A Multilevel Model of Resistance to Information Technology Implementation." *MIS Quarterly* 29, No. 3 (September 2005).

Laudon, Kenneth C. "CIOs Beware: Very Large Scale Systems." Center for Research on Information Systems, New York University Stern School of Business, working paper (1989).

Laufer, Alexander, Edward J. Hoffman, Jeffrey S. Russell, and W. Scott Cameron. "What Successful Project Managers Do." *MIT Sloan Management Review* (Spring 2015).

Lee, Jong Seok, Mark Keil, and Vijay Kasi. "The Effect of an Initial Budget and Schedule Goal on Software Project Escalation." *Journal of Management Information Systems* 29, No. 1 (Summer 2012).

Maruping, Likoebe M., ViswanathVenkatesh, James Y. L. Thong, and Xiaojun Zhang. "A Risk Mitigation Framework for Information Technology Projects: A Cultural Contingency Perspective." *Journal of Management Information Systems* 36, No. 1 (2019).

McFarlan, F. Warren. "Portfolio Approach to Information Systems." *Harvard Business Review* (September–October 1981).

Miller, T. Christian, Megan Rose, and Robert Faturechi. "Trump Says the U.S. Is Ready for War. Not All His Troops Are So Sure." *New York Times* (January 17, 2020).

Moeini, Mohammad, and Suzanne Rivard. "Responding—or Not—to Information Technology Project Risks: An Integrative Model." *MIS Quarterly* 43, No. 2 (June 2019).

Mumford, Enid, and Mary Weir. *Computer Systems in Work Design: The ETHICS Method*. New York: John Wiley (1979).

Polites, Greta L., and Elena Karahanna. "Shackled to the Status Quo: The Inhibiting Effects of Incumbent System Habit, Switching Costs, and Inertia on New System Acceptance." *MIS Quarterly* 36, No. 1 (March 2012).

Project Management Institute. *A Guide to the Project Management Body of Knowledge* (6th ed.). Newtown Square, PA: Project Management Institute (2017).

Ramasubbu, Narayan, Anandhi Bharadwaj, and Giri Kumar Tayi. "Software Process Diversity: Conceptualization, Measurement, and Analysis of Impact on Project Performance." *MIS Quarterly* 39, No. 4 (December 2015).

Rivard, Suzanne, and Liette Lapointe. "Information Technology Implementers' Responses to User Resistance: Nature and Effects." *MIS Quarterly* 36, No. 3 (September 2012).

Ryan, Sherry D., David A. Harrison, and Lawrence L. Schkade. "Information Technology Investment Decisions: When Do Cost and Benefits in the Social Subsystem Matter?" *Journal of Management Information Systems* 19, No. 2 (Fall 2002).

Schwalbe, Kathy. *Information Technology Project Management* (9th ed.). Cengage (2019).

Shellenbarger, Sue. "Do You Resist New Tech at the Office?" *Wall Street Journal* (June 10, 2019).

Sykes, Tracy Ann, and Viswanath Venkatesh. "Explaining Post-Implementation Employee System Use and Job Performance: Impacts of the Content and Source of Social Network Ties." *MIS Quarterly* 41, No. 3 (September 2017).

Tornatsky, Louis G., J. D. Eveland, M. G. Boylan, W. A. Hetzner, E. C. Johnson, D. Roitman, and J. Schneider. *The Process of Technological Innovation: Reviewing the Literature*. Washington, DC: National Science Foundation (1983).

Weinnschenk, Carl. "How Project Management Software Increases IT Efficiency." *IT Business Edge* (January 18, 2018).

Yin, Robert K. "Life Histories of Innovations: How New Practices Become Routinized." *Public Administration Review* (January–February 1981).

# 第 15 章

# 管理全球系统

## 学习目标

通过阅读本章，你将能够回答如下问题：
1. 推动业务全球化的主要因素有哪些？
2. 发展全球业务有哪些可选战略？
3. 全球信息系统和管理解决方案面临的挑战是什么？
4. 开发全球信息系统时需要考虑哪些问题和技术选择？
5. MIS 如何有助于我的职业发展？

## 开篇案例

### 新系统助力礼来公司实现全球化标准化

礼来公司（Eli Lilly and Company）是世界领先的药物制造商之一，在 120 个国家销售药品和动物保健产品。礼来公司总部位于美国印第安纳州印第安纳波利斯，在美国和其他 73 个国家拥有 34 000 名员工，2019 年收入为 223 亿美元，在 8 个国家配备制造和研发（research and development，R&D）设备。

作为一家遍布全球的企业，礼来公司拥有许多独立的、当地的信息系统支持当地的业务流程，这些系统之间很难合作。想象一下，当 40 个不同地区的控制员在 40 个不同数据标准的系统上执行当月月末的财务结账流程时，会有多少的数据冗余，以及效率是多么低下。

为了将公司作为一家全球性的企业来管理，并且为了降低成本，礼来公司开始转向一种共享服务的模式，在这种模式中，公共流程在区域层面集中，或者完全外包。公司在印第安纳州、爱尔兰、墨西哥和马来西亚设立了 4 个区域共享服务中心。共享服务模型将业务流程从本地单元中分离出来，并在共享服务中心进行区域化，有助于消除冗余的流程并降低成本。

旧系统需要退役，用一个通用的 IT 平台取代，建立一个统一的、企业级的 ERP 系统。从 2010 年开始，礼来公司开始在所有地区推出一个单一的全球 SAP。如今，礼来公司全球所有的业务基本上都在 SAP ERP 和 17 个 SAP 其他软件解决方案上运行，包括企业治理、风险管理和合规标准（governance，risk management，and compliance，GRC）的系统。

特别重要的是，礼来公司在 2013 年采用了 SAP GRC 流程控制系统。此前，礼来公司的财务控制小组试图通过使用单独的电子表格对不同地区的控制结构进行区域管理。企业的主要控制矩阵是一张大的工作簿，由来自各个电子表格的数据组成，并用彩色编码来管理文件的更改。在礼来公司这样的全球组织中，工作薄的控制方法无法随时确定应该使用哪些控制措施，而且非常耗时。

SAP GRC 流程控制是一种工具，可以让组织连续查看所有业务流程中的关键合规活动，如是否遵守《萨班斯-奥克斯利法案》（SOX）、职责分离（segregation of duties，SoD）和管理业务的运营控制（SOX 控制财务报表中报告数据的准确性和安全性，SoD 是指派多人执行同一项任务，以防止欺诈和错误）。SAP GRC 流程控制是一个中央存储库，用于存储礼来公司全球控制矩阵中的数据，并通过自动化监控改进对这些控制的管理。流程控制工具可以在需要测试控件时发出警报、存储测试和签署文档，创建和委派补救计划，并保留对控制更改的审核跟踪。通过标准化和简化整个企业的流程控制和业务规则的执行，礼来公司作为一家全球性的企业变得更加有效且高效。

资料来源："Eli Lilly and Company Continues Its Global Standardization and Automation Initiative with a Rollout of SAP Process Control," and "SAP Process Control," sap.com, accessed May 15, 2020; www.lilly.com, accessed May 15, 2020; and Dave Hannon, "Lilly Brings Process Consistency to a Diversified Global Organization," *SAP Insider Profiles*, April 1, 2011.

礼来公司致力于创建全球报告系统和区域共享服务模式，确定了全球性组织想在全球范围内运营，真正需要考虑的一些问题。和许多大型跨国企业一样，礼来公司在不同的国家拥有众多的运营部门。这些部门有自己的系统、业务流程和报告标准。因此，礼来公司无法有效协调全球业务，或跨国、跨区域管理财务报告控制。管理层无法了解在整个企业范围内礼来公司如何满足企业治理、风险管理和合规标准。

图 15-1 展示了本案例和本章提出的要点。为了解决全球范围内的管理和业务的挑战，礼来公司开始了共享服务模式，并在全球范围内标准化和精简了业务流程。企业在全球范围内实施了统一的 SAP ERP 软件。礼来公司还实施了 SAP 流程控制，创建了一个全球治理、风险管理和合规标准的框架。礼来公司的全球系统为企业提供了运营和财务绩效方面的信息，可以从全球的角度更容易地管理和协调企业业务。

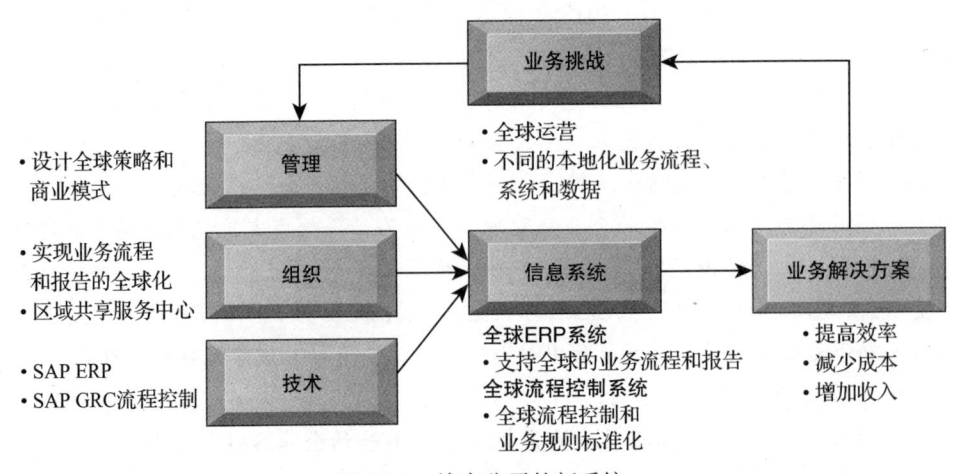

图 15-1 礼来公司的新系统

> 请思考：信息技术如何改善礼来公司的运营和决策制定？新的 ERP 和流程控制系统如何帮助礼来公司成为一家全球化的组织？

## 15.1 推动业务全球化的主要因素

前面的章节描述了由先进的网络和信息系统驱动的全球范围的经济体系和世界秩序的出现。新的世界秩序正在席卷许多国有企业、民族工业和国家经济。本地化企业正在被跨越国界的、快速发展的网络企业所取代。国际贸易的增长彻底改变了全球各地的经济。例如，iPhone 由美国苹果公司的工程师设计，从世界各地采购 200 多种高科技零部件，并在中国组装。中国、韩国、日本、法国、意大利、德国和美国的企业提供了外壳、相机、处理器、加速器、陀螺仪、电子罗盘、电源管理芯片、触摸屏控制器和高清显示屏等组件，富士康负责制造和组装。

### 15.1.1 开发国际信息系统架构

本章将介绍如何构建适合国际战略的国际信息系统架构。**国际信息系统架构**（international information system architecture）由各组织要求的协调全球贸易和其他活动的基本信息系统组成。图 15-2 说明了本章所遵循的原理，并描述了国际信息系统架构的主要方面。

建立国际体系时要遵循的基本战略是了解企业运营的全球环境。这意味着要理解推动行业走向全球竞争的整体市场力量或业务驱动因素。**业务驱动力**（business driver）是企业必须响应的全球环境中的一种力量，它影响着企业的业务方向。同样，我们要仔细研究带来管理挑战的抑制因素或消极因素，这些因素可能会影响全球业务的发展。一旦审视了全球环境，你就要考虑在这种环境下竞争的企业战略。你的

图 15-2 国际信息系统架构

注：开发国际信息系统架构需要考虑全球环境、企业全球化战略、组织结构、管理和业务流程以及技术平台。

企业将如何应对？你可以忽略全球市场，只专注于国内竞争，再从国内市场走向全球销售，或者在全球范围内组织生产和分销。当然，也有很多其他的选择。

在制定完战略之后，企业应该考虑如何设置组织结构，以便能够实施该战略。如何在全球环境中完成分工？生产、行政、会计、营销和人力资源职能部门设在哪些地方？谁来处理系统功能？

接下来，必须考虑实施战略的管理问题，并使组织设计成为现实。这里的关键是业务流程设计。如何发现和管理用户需求？如何使当地组织的变革符合全球化需求？如何在全球范围内重组，以及如何协调系统开发？

最后，企业要考虑的是技术平台。尽管技术变革是引领全球市场的关键驱动因素，但在理性选择正确的技术之前，需要有一个企业的战略和结构。

完成这个推理过程之后,你将会顺利地获得一个能够实现企业目标的、适当的国际信息系统组合。首先,我们来看一下全球环境。

## 15.1.2　全球环境:业务驱动力和挑战

表 15-1 列出了全球环境中引领所有行业走向全球市场和竞争的业务驱动力和挑战。

表 15-1　全球环境:业务驱动力和挑战

| 一般文化因素 | 特定商业因素 |
| --- | --- |
| 全球通信和交通技术 | 全球市场 |
| 全球文化的发展 | 全球生产和运营 |
| 全球社会规则的出现 | 全球合作 |
| 政治稳定 | 全球劳动力 |
| 全球知识库 | 全球经济规模 |

全球业务驱动力和挑战可以分为两大类:一般文化因素和特定商业因素。自第二次世界大战以来,易于识别的一般文化因素推动了国际化。信息、全球通信和交通技术建立了一个地球村,即在全球范围内,通过电话、电视、广播或计算机网络进行通信不再困难。在地理上分散的不同地点之间运输货物和服务的成本也大幅下降。

全球通信的发展创造了第二个意义上的地球村:由电视、互联网和其他全球共享媒体(如电影)创造的**全球文化**(global culture),允许不同的文化和民族对正确的和错误的、可取的和不可取的、英雄的和懦弱的价值观达成一致。

最后要考虑的因素是全球知识库的增长。第二次世界大战结束后,知识、教育、科学和工业技术高度集中在北美、西欧和日本,世界上其他地方被称为第三世界,但这已不再是事实。拉丁美洲、中国、印度、南亚和东欧等地建立了强大的教育、工业和科学中心,形成了更为民主和广泛分散的知识基础。

这些促使国际化的一般文化因素导致了特定的商业全球化因素,这些因素影响着大多数行业。强大的通信技术和世界文化的出现为全球市场奠定了基础,全球消费者对消费那些获得文化认可的类似产品感兴趣。可口可乐、美国运动鞋(韩国制造但洛杉矶设计)和有线新闻网(Cable News Network,CNN)的节目现在可以在拉丁美洲、非洲和亚洲销售。

为了满足这一需求,全球生产和运营出现了,远在千里之外的生产设施和中央总部之间实现了精确的在线协调。丹麦哥本哈根的全球主要航运企业马士基(Maersk)在哥本哈根和其他地方的航运经理可以在线查看鹿特丹的船舶装载情况、检查内饰和压舱物,并在活动进行时跟踪包裹到特定的船舶位置。这一切都可以通过国际卫星连接实现。

新的全球市场和全球生产和经营的压力为全球协调提出了全新的能力要求。生产、会计、市场营销、人力资源和系统开发(所有主要的业务职能)可以在全球范围内协调。

例如,菲多利(Frito-Lay)可以在美国开发一套市场营销自动化系统,它一旦在美国成功实现运营,就可以在西班牙尝试相同的工艺和技术。微营销(向非常小的地区和社会单位的营销)不再意味着只向美国的社区营销,而是向全世界的社区营销。基于互联网的营销意味着向世界各地的个人和社交网络进行营销。这种新的全球协调水平使企业可以有史以来第一次根据比较优势确定商业活动的位置。在最能实现设计的地方进行设计,营销、生产和财务也是如此。

最后,全球市场、生产和管理为强大、持续的全球规模经济创造了条件。受全球需求推动的生产可以集中在能够最好完成的地方,而固定资源可以被分配到更大的生产运行上,人们可以更有效地安排和更精确地估计大型工厂的生产运行。低成本的生产要素可以在任何地方被利用,而且能够在全球化的企业获得强大的战略优势。尽管新冠疫情对全球供应链的依赖提出了质疑,但是这些一般和特定商业驱动因素也极大地扩大了世界贸易和商业,因为全球供应链的采购集中在单个国家或供应商(参见"互动讨论:管理")。

⊙ 互动讨论:管理

## 反思全球供应链

近年来,供应链管理思想强调通过打造全球供应链来优化成本,并依靠一两个关键供应商来提供特定产品或组件,即使这些供应商位于遥远的国家。供应链已经变得愈加全球化。例如,通过全球供应链,汽车供应链中的原始设备制造商(original equipment manufacturer, OEM)和一级供应商能够在保持新车低价的同时,实现激进的成本控制目标。运输成本的降低、贸易壁垒的减少、分包业务的增长、互联网作为低成本全球通信工具的广泛使用,使许多企业转向全球采购模式。现在,这种普遍的观点正在受到挑战。

新冠疫情这一未曾预料到的、规模前所未有的"黑天鹅"事件,导致世界大部分经济体停摆,扰乱了全球供应链。无论是医药、电子、金属和汽车工业,还是包括手术服、口罩和其他个人防护设备在内的各种消费和工业产品,中国已成为全世界的主要供应国,当中国关闭工厂、停止国内和国际旅行以阻止病毒传播时,位于其他国家的企业也不得不停止或推迟生产和交货。据报道,新冠疫情导致世界各地的边境关闭,许多国家为阻止新冠病毒传播而停止生产、运输和零售,供应链也受到了干扰。

零部件越来越复杂,制造过程需要配备专家,生产商希望拥有更灵活的生产能力,能够根据需求开启或关闭生产线,因此分包变得越来越普遍。所导致的结果就是供应链的分层变得更深。供应商利用自己的供应商,后者又在多级生产网络中利用他们自己的供应商网络。拥有四级或更多级供应商的情况越来越普遍。这一复杂程度使企业很难了解其全部供应商到底是谁。由于缺乏这一信息,许多企业在发生重大干扰时都会措手不及。

过去10多年也曾发生过其他"黑天鹅"事件,包括中美贸易摩擦和2011年日本东部的地震和海啸。一些企业采取的应对措施是为其供应链建立替代来源。但许多企业拒绝改变,认为几乎不可能取代关键的中国供应商。没有人意识到,当世界第二大经济体完全停摆时会发生什么。

企业现在可以做些什么来降低全球供应链风险?首先,企业应不再依赖单一供应商、地区或国家采购。它们应当开发替代供应源,增加安全库存。这些举措会增加成本,但也会使供应链更具弹性。但供应源的可用性可能会取决于供应商的独特能力或特定资源的所在地。如果一家企业可以很容易地找到替代供应商并与之合作,那它可能就可以用较少的安全库存渡过难关。而生产工艺复杂、需要认证的企业就需要更多的安全库存。例如,诺和诺德公司(Novo Nordisk)由位于丹麦卡伦堡的工厂生产全球一半的胰岛素供应量,维持了可供应5年的储备量,因为胰岛素是治疗糖尿病必不可少的药物。

其次,企业应当考虑实现生产的进一步区域化,甚至在可行的情况下将供应商本地化。20世纪70年代,丰田在日本率先实行精益生产时,其供应商都集中在附近。与许多竞争对手相比,丰田仍在以更大力度实行本地化。丰田位于肯塔基州乔治敦的工厂有350多家供应商位于美国境内，其中的 100 多家就在肯塔基州。可口可乐公司在抵御新冠疫情导致的供应链中断时处于优势地位，因为它的生产是本地化的。在美国销售的饮料在美国生产，在德国销售的饮料在德国生产，在肯尼亚销售的饮料在肯尼亚生产。遗憾的是，许多企业选择采用覆盖全球网络的精益和准时制生产方式，更注重价格而不是供应商的多样性。新冠疫情暴露了这种方法的脆弱性。

最后，企业应当考虑减少其生产产品的种类。生产 Cottonelle 卫生纸、好奇纸尿裤和其他家庭用品的金佰利公司（Kimberly-Clark）在 2020 年第一季度的销售额激增，因为消费者购买了更多的必需品以供在家使用。金佰利决定限制自己所生产的产品种类。通过减少产品种类，企业可以减轻工厂的压力，因为工厂必须提高产量来满足这一新的需求水平。

所有这些措施都需要一种新的思维模式，即认识到必须牺牲一定的利润来换取供应安全，并且在设计供应链时应提高风险意识。

资料来源：Micah Maidenberg, "Fewer Products, Localized Production-Companies Seek Supply-Chain Solutions," *Wall Street Journal*, April 26, 2020; Willy Shih, "Is It Time to Rethink Global Supply Chains?" *MIT Sloan Management Review*, March 19, 2020; "Battered and Bruised, Supply Chains Shift to Recover-and-Survive Mode," *Bloomberg*, April 29, 2020; and Rakesh Sharma, "Automotive Procurement: Time to Rethink Supplier Consolidation?" *Supply Chain Brain*, May 15, 2020.

**案例分析题：**

1. 哪些因素促成了全球供应链的增长？
2. 全球供应链的优势和劣势是什么？
3. 企业可以采取哪些措施来降低供应链风险？
4. 企业是否应该继续维持全球供应链？解释你的答案。

并非所有行业都受到这些趋势的影响。显然，制造业受到的影响要远远大于服务业，后者往往是国内的，且效率低下。但是，电信、娱乐、交通、金融、法律和一般业务服务的本地化正在瓦解。显然，那些能够理解自己行业的国际化并做出适当反应的企业将在生产率方面获得可观的收益。

### 商业挑战

虽然全球化的企业获得成功的可能性很大，但一些基础的力量正在阻止全球经济，并破坏国际商业。表 15-2 列出了全球化商业系统发展中最常见、最有力的挑战。

表 15-2　全球化商业系统的挑战和阻碍

| 全球的 | 特殊的 |
| --- | --- |
| 文化特殊主义：宗教主义、国家主义、语言差异 | 标准：不同的 EDI、电子邮件、通信标准 |
| 社会期望：品牌期望、工作时间 | 可靠性：电话网络不一定可靠 |
| 政策法律：跨境数据和隐私法、商业规则 | 速度：不同的数据传输速度，许多国家比美国慢 |
| | 人员：缺乏有经验的咨询师 |

在文化层面上，以狭隘的个人特征为基础，以各种形式（宗教、民族主义、种族、地区主义、地缘政治立场）做出判断和采取行动的**特殊主义**（particularism），都拒绝全球共同文化的概念，拒绝国外商品和服务渗透到国内市场的做法。不同文化之间的差异会产生不同的社会期望、政治以及最终法律规则。在美国等一些国家，消费者期望国内品牌的产品是在国内

生产的，当他们得知许多国内品牌的产品实际上大部分是在国外生产的时，他们会感到失望。

不同的文化产生不同的政治制度。世界上许多的国家都有不同的法律来管理信息的流动、公民的信息隐私、系统中软硬件的来源以及无线电和卫星通信。甚至在不同的政治文化中，企业经营时间和商业贸易条件也有很大的差异。这些不同的法律制度使全球商业变得更加复杂，所以企业在建立全球体系时必须加以考虑。

例如，欧洲国家在跨境数据流和隐私方面的法律与美国相比有不同的规定。**跨境数据流**（transborder data flow）被定义为以任何形式跨越国际边界的信息移动。1998年，欧盟通过了一项数据保护指令，扩大和规范了欧盟国家的隐私保护，并允许个人数据传输到位于美国和其他符合欧洲隐私标准国家的系统上。2018年5月生效的《通用数据保护条例》（GDPR）为欧盟公民提供了额外的隐私保护，适用于欧盟公民生成的所有数据，无论收集相关数据的企业是否位于欧盟境内，也不管所有这些人的数据是否存储在欧盟境内，甚至都不管他们是否真的是欧盟公民（参见第4章关于GDPR的讨论）。

文化差异和政治差异深刻地影响着组织的信息技术和业务流程的应用。一般的文化差异产生了一系列特殊的障碍，从电话网络的不同可靠性到技术顾问的短缺等。

各国的法律和传统形成了不同的会计惯例，影响了盈利和亏损的分析方式。德国企业在创业时一般不会计算利润，直到项目完成并获得收入才计算。相反，英国企业在一个项目完成之前就开始计算利润，因为它们有理由相信将来会得到这笔钱。

这些会计实践与各国法律制度、经营理念和税法密切相关。英国、美国和荷兰的企业主要受益格鲁－撒克逊（Anglo-Saxon）习俗的影响，将税务计算与报告分离，并将重点放在向股东展示利润增长的速度上。中欧的企业会计实践不太注重投资者，而是更注重证明遵守了严格的规则并尽量减少税收负债。这些不同的会计实践使得不同国家的大型跨国企业难以评估它们的表现。

语言仍然是一个重大障碍。虽然英语已经成为一种标准的商业语言，但只是在企业的高层管理人员之间，而在中、低层人员之间并非如此。在新的信息系统能够成功实施之前，软件可能必须用本地语言接口来构建。

汇率波动可能会对规划计算模型和预测造成严重破坏。在墨西哥或日本，看起来有利可图的产品，实际上可能会因为汇率的变化而产生亏损。

在设计业务和建立全球化系统时，企业必须考虑这些阻碍因素。试图实施跨国界系统的企业，通常会低估商品和信息在不同国家自由流通的时间、费用和后勤保障的难度。

### 技术现状

考虑到前面概述的获得竞争优势的机会以及对未来应用程序的兴趣，有人可能会认为大多数国际企业都理性地开发了出色的国际系统架构。但事实远非如此。大多数企业都从遥远的过去继承了拼凑的国际系统，这些系统通常基于过时的信息处理概念，包括从独立的外国部门向企业总部报告，从一个遗留系统手动输入数据到另一个遗留系统，几乎没有在线控制和通信。在这种情况下，企业在市场上日益面临来自那些合理设计真正的国际化系统的企业的强大竞争挑战。还有一些企业为国际化系统建立了技术平台，但由于缺乏全球战略，它们无处可去。事实证明，建立适当的国际架构存在重大困难。这些困难包括计划一个适合企业全球战略的系统，构建系统和业务单元的组织结构，解决实施问题，以及选择合适的技术平台。让我们更详细地研究一下这些问题。

## 15.2 发展全球业务的可选战略

寻求全球化定位的企业面临 3 个组织问题：战略选择、业务组织和系统管理。前两者紧密相连，所以我们一起讨论。

### 15.2.1 全球战略和业务组织

四大全球化战略构成了全球化企业组织结构的基础：国内出口商、多国企业、特许经营商和跨国企业。这些战略中的每一个都采用特定的业务组织结构（见表 15-3）。为简单起见，我们描述 3 种组织结构：集中式（在本国）、分散式（到当地的外国单位）和协调式（所有单位平等参与）。其他类型的治理模式可以在特定的企业中被观察到（如由一个单位独裁统治、平等的联盟、平衡战略单位之间权力的联邦结构等）。

表 15-3　全球业务战略和业务组织结构

| 业务功能 | 国内出口商 | 多国企业 | 特许经营商 | 跨国公司 |
|---|---|---|---|---|
| 生产 | 集中 | 分散 | 协调 | 协调 |
| 财务和会计 | 集中 | 集中 | 集中 | 协调 |
| 销售和市场 | 混合 | 分散 | 协调 | 协调 |
| 人力资源 | 集中 | 集中 | 协调 | 协调 |
| 战略管理 | 集中 | 集中 | 集中 | 协调 |

**国内出口商**（domestic exporter）战略的特点是在原产国开展大量的企业活动。几乎所有的国际企业都是以这种方式开始的，其他一些企业形式也是如此。它们在本国建立生产、财务和会计、销售和营销、人力资源和战略管理部门，以优化本国的资源。国际销售有时是通过代理协议或分支机构进行的，但即使在当地，国外的营销也依赖于国内的营销主题和策略。卡特彼勒公司和其他一些重型资本设备制造商属于这类企业。

**多国企业**（multinational）的战略是将财务管理和控制集中在一个中心的基地上，同时将生产、销售和营销业务分散到其他国家。企业在不同国家销售的产品和服务是根据当地市场情况进行调整的。这样的组织成为不同国家的生产和营销设施的远程联盟。许多金融服务企业以及生产制造商如通用汽车和英特尔都适合这种模式。

**特许经营商**（franchiser）是一个有趣的新旧混合体。一方面，产品是在本国创造、设计、融资和初步生产的，但由于产品的特殊原因，必须严重依赖外国人员进行进一步的生产和销售等。食品加盟商如麦当劳和肯德基都适合这种模式。麦当劳在美国创建了一种新型的快餐连锁店模式，并在很大程度上依赖美国对新产品的创意、战略管理和融资。尽管如此，由于产品必须在当地生产（易腐烂），需要广泛的协调和分散生产、本地的市场营销和在当地招聘员工。

一般来说，外国特许经营商是总部企业的克隆，但是完全通过全球协调来优化生产要素是不可能的。例如，土豆和牛肉通常无法在世界市场上价格最低的地方购买，而必须在最接近消费的地方生产。

**跨国公司**（transnational firm）是无国籍的，是真正进行全球管理的企业。跨国公司没有单一的国家总部，而是有许多地区总部，也许还有世界总部。在跨国公司战略中，几乎所有的增值活动都是从全球角度来管理的，没有国界的限制，无论在哪里出现优化的供需来源，都会充分利用当地的竞争优势。跨国公司以全球而不是本国作为其管理框架。这些企业的治理结构已经可以与联邦制结构相媲美，其中有一个强大的中央决策管理核心，但是在整个全球分支中，权力和财力都相当分散。很少有企业能真正达到跨国的状态。

信息技术和全球通信技术的进步正在给全球化企业更大的灵活性以塑造全球战略。保护主义和更好地服务当地市场的需要鼓励企业分散生产设施，至少成为跨国公司。与此同时，实现规模经济和利用短期地方优势的举措，使跨国公司向全球管理的视角和权力与权威集中的观点倾斜。因此，非集中化的、分散的力量以及集权和全球协调的力量旗鼓相当。

### 15.2.2 全球系统适应战略

信息技术和全球通信技术的进步正在给全球化企业更大的灵活性以塑造全球战略。系统的配置、管理和开发要遵循所选择的全球战略。表15-4描述了典型的配置。这里的系统是指构建和运营信息系统所涉及的全部活动，与战略业务计划、系统开发以及持续运行和维护的概念一致。为简单起见，我们考虑4种类型的系统配置。集中式系统是指那些系统开发和运行完全在国内进行的系统。重复式系统是指在本地进行开发，但运营交给国外的自治单位的系统。分散式系统是指每个外国单位设计自己独特的解决方案和系统。网络化系统是指所有单位的系统开发和运营以一体化和协调的方式进行。

表 15-4　全球战略和系统配置

| 系统配置 | 战略 | | | |
|---|---|---|---|---|
| | 国内出口商 | 多国企业 | 特许经营商 | 跨国公司 |
| 集中式系统 | X | | | |
| 重复式系统 | | | X | |
| 分散式系统 | x | X | x | |
| 网络化系统 | | x | | X |

注：X表示主要模式，x表示正在生产的模式。例如，国内出口商主要依赖于集中系统，但在各地市场上分散系统也有一定发展。

从表15-4可以看出，国内出口商倾向于拥有高度集中的系统，由同一个国内系统开发人员团队来开发全球应用。多国企业提供了一个直接而鲜明的对比：国外单位根据本地需求设计自己的系统解决方案，与总部（除了财务报告和一些通信应用之外）几乎没有任何共同的应用。特许经营商拥有最简单的系统结构：就像它们销售的产品一样，通常在原来的基础上开发一个简单的系统，然后在全球范围内复制。每个国外单位无论在哪里，都有相同的应用。最后，我们在跨国公司中发现了最雄心勃勃的系统开发形式：网络化系统是那些为系统开发和运营提供稳固、简单的全球环境的系统。该系统通常以强大的电信骨干网、共享的应用程序开发文化以及跨越文化障碍的共享管理文化为前提。网络化系统结构在金融服务业中最明显。在金融服务业中，货币和货币工具的同质性似乎克服了文化的障碍。

### 15.2.3 重组业务

企业如何在国际上开展业务？要发展成为一个全球化企业，信息系统就需要支持全球化业务，企业需要遵循以下原则。

（1）按比较优势组织增值活动。例如，市场营销和销售职能应该放在成本最小、影响最大、可靠性最高的地方，生产（对供应链弹性的保障）、财务、人力资源和信息系统也是如此。

（2）在企业活动的各个层面（本地、国内和国际）上开发和运营系统。为了满足当地的需要，企业应该有一定规模的本地区域系统单位。区域系统单位在主要地理区域（欧洲、亚洲、美洲）内进行跨国界的通信和系统开发。应该设立跨国系统单位，以便在各主要区域之间建立联系，并协调国际通信和系统开发的发展和运营（Roche，1992）。

（3）在全球总部设立专门负责发展国际系统的办公室，设立一个CIO的职位。

许多成功的企业根据这些原则设计了组织的系统架构。这些企业的成功不仅取决于适当的活动组织，还取决于一个关键因素，即一个能够理解国际系统风险和收益，可以制定克服风险的战略的管理团队。接下来，我们将探讨这些管理话题。

## 15.3 全球信息系统和管理解决方案面临的挑战

表15-5列出了全球系统在开发过程中带来的主要管理问题。值得注意的是，这些问题也是管理者在开发一般国内系统时遇到的主要问题，只是它们在国际环境下更加复杂。

表15-5 全球系统开发中的管理挑战

| |
|---|
| 就共同的用户需求达成一致 |
| 业务流程的变革 |
| 协调应用程序开发 |
| 协调软件发布 |
| 鼓励本地用户支持全球系统 |

### 15.3.1 典型场景：全球范围的无序状态

让我们来看一个很常见的场景。一家总部设在美国、在欧洲经营的传统跨国消费品企业，若要扩张到亚洲市场，则必须制定一个跨国战略和一个支持跨国战略的信息系统架构。像大多数跨国公司一样，它把生产和销售分散到不同地区和国家的中心，同时把美国当作全球总部并进行战略管理。传统上，它允许每个附属的外国部门开发自己的系统。唯一的中央协调系统是财务控制和报告。美国的中央系统团队只关注国内的职能和生产。

这样做的结果是形成了硬件、软件和通信系统的大杂烩。欧洲和美国之间的电子邮件系统是不兼容的。每个生产设施使用不同的制造资源计划系统（或同一个ERP系统的不同版本）以及不同的营销、销售和人力资源系统。硬件和数据库平台也大不相同。欧洲国家间的通信成本很高，而且不同地方之间的通信质量也很差。

你对这家企业的高级管理人员有什么建议呢？他们现在想要推行跨国战略，开发一个信息系统架构以支持高度协调的全球系统环境。请重新审视表15-5来考虑所面临的问题。外国部门会抵制共同的用户需求，除了自己单位的需求外，它们从未考虑太多其他需求。最近几年，企业扩大了美国当地的系统团队，并要求它们关注当地的需求。这些系统团队不会轻易接受任何支持跨国战略人士的指导。要说服世界各地的当地管理人员改变业务流程，与全球其他单位保持一致，特别是当这么做可能影响他们在当地的表现时，这会变得非常困难。毕竟，当地的经理会因为实现部门或工厂的本地目标而获得奖励。最后，在缺乏强大的通信网络的情况下，协调世界各地的项目开发是非常困难的，因此很难鼓励当地用户在开发的系统中拥有所有权。

### 15.3.2 全球系统策略

图 15-3 列出了解决方案考虑的主要维度。首先，不是所有的系统都应该跨国协调，从成本和可行性的角度来看，只有一些核心系统才是真正值得共享的。**核心系统**（core system）支持对组织至关重要的职能。对于其他系统，企业应该进行部分协调，因为它们共享一些关键要素，但不必完全跨国通用。对于这样的系统，局部改变是可能的，并且是可取的。最后一组系统是外围的、真正地方化的且只需要满足当地需求的系统。

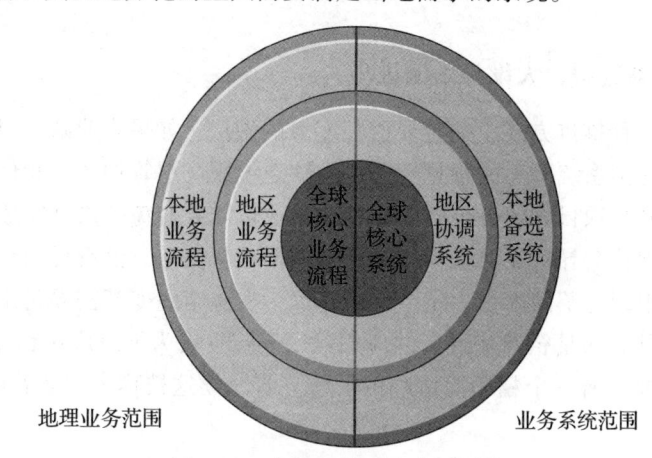

图 15-3 本地、地区和全球系统

注：机构和其他协调成本随着企业从本地备选系统向地区协调系统和全球核心系统转移而增加。然而，随着企业开发全球系统，参与全球市场的交易成本可能会下降。一个明智的策略是通过开发对全球运营至关重要的少数全球核心系统来降低代理成本，而将其他系统留在区域和本地单位。

资料来源：From Managing Information Technology in Multinational Corporations by Edward M. Roche, ©1992. Adapted by permission of Prentice Hall, Inc., Upper Saddle River, NJ.

**1. 定义核心业务流程**

如何识别核心系统？第一步要定义关键核心业务流程的简单列表。关于业务流程，我们已经在第 2 章中定义和描述。简而言之，业务流程是一组逻辑上相关的任务，用于产生特定的业务结果，如向客户发出正确的订单或向市场提供创新产品。每个业务流程通常涉及多个职能领域、沟通和协调工作以及信息和知识。

识别核心业务流程的方法是进行业务流程分析。如何获取客户订单？一旦获取了订单会发生什么？谁来填写订单？如何将这些订单给客户？供应商是否有权使用制造资源计划系统，以便进行自动供应？你应该能够在 10 个对企业至关重要的业务流程列表中确定优先级。

接下来，你可以确定这些业务流程的核心吗？在美国完成客户订单是最好的吗？德国的制造过程控制是最好的吗？亚洲的人力资源是最好的吗？你应该能够识别出企业的哪些领域是做得比较突出的，如哪些业务线、哪个部门在执行一个或多个业务职能时表现突出。当你了解企业的业务流程时，你可以对它们进行排序。然后，你可以决定哪些流程应该成为核心流程，在全球范围内进行集中协调、设计和实施，哪些流程应该是区域性的或本地的。同时，在确定关键业务流程，即那些真正重要的业务流程后，你已经走了很长一段路来定义你应该为之努力的未来愿景。

### 2. 明确需集中协调的核心系统

通过确定关键的核心业务流程，你开始看到跨国系统的机会。接着要关注核心系统，并将这些系统界定为跨国系统。确定和实施跨国系统的财务和政策成本是非常高的。因此，你要尽量把列表保持在最低限度，让经验成为向导，并将错误降到最低。通过将一小部分系统划分为绝对重要的系统，你也能分辨出哪里会反对跨国战略。同时，你可以通过允许外围系统的开发，安抚那些反对跨国系统全球中心协调的人，从而保证不减少技术平台的需求。

### 3. 选择方式：渐进型、大设计、演进型

第三步是选择一种推进方式，一定要避免零散的做法。如果企业缺乏对那些在跨国开发中蒙受损失而反对跨国系统的人的预见性，以及缺乏说服高层管理人员相信跨国系统是值得的权力，那么国际系统项目肯定会失败。同样，企业也需要避免一次性完成所有事情的宏伟设计方法，因为这往往会导致无法集中资源，从而使项目失败。没有任何事情可以一下子做得很好，而且反对组织变革的人也一定会出现，因为实施组织变革需要付出很大的努力和非常多的资源。另一种方法是企业从现有的应用程序逐步发展为国际应用程序，并对组织在5年内应具备的跨国能力有一个精确而清晰的看法。有时候这被称为"切香肠战术"，或"渐进战术"。

### 4. 明晰收益

对企业来说内部有什么？要避免的最糟糕的情况之一是，为了建立全球系统而建立全球系统。从一开始，总部的高级管理层和国外分支部门经理就必须清楚地了解国际系统对企业和每个业务单位的好处。虽然每个系统都为特定的预算提供了独特的好处，但是全球系统的总体好处在于以下4个方面。

第一，真正综合的、分布式、跨国的全球系统有助于卓越的管理和协调。它们应该包括在危机中迅速将供应商从一个地区转移到另一个地区的能力，在应对自然和人为灾害时转移生产的能力，以及利用一个地区的过剩产能来满足另一个地区的旺盛需求的能力。

第二，生产、运营、供应和分配的巨大改善。想象一下全球供应商和全球分销网络的全球价值链，高级管理人员第一次可以将增值活动定位在最经济、最可靠的地区。

第三，全球系统意味着全球客户和全球营销。世界各地的固定成本可以在更大的客户基础上摊销。这将在生产设施上释放新的规模经济。

第四，全球系统意味着能够在更大的资本基础上优化企业资金的使用。这意味着企业可以有效地调动资本过剩地区的资本来扩大资本匮乏地区的生产，企业内的现金也可以被更有效地管理和使用。

### 15.3.3 管理解决方案：实施

现在可以重新考虑如何处理表 15-5 中所描述的管理者面临的开发全球化信息系统架构最棘手的问题。

**1. 就共同的用户需求达成一致**

企业要建立核心业务流程和核心支持系统的简单列表，在企业多个部门之间进行理性比较，开发用于讨论业务的通用语言，并自然地形成对共同元素的理解（以及必须保持在本地的独特品质）。

**2. 业务流程的变革**

作为变革推动者，你的成功将取决于你的合法性、权威以及让用户参与变革设计过程的能力。**合法性**（legitimacy）是指你的权威在能力、远见或其他品质的基础上被接受的程度。选择一个可行的变革策略，之前我们将其定义为演进型的，但更有远见的是，该策略应该有助于让其他人相信变革是可行的、可取的。让人们参与变革，确保变革符合企业和当地单位的最佳利益，这是一个关键策略。

**3. 协调应用程序开发**

选择变革策略对于这个问题至关重要。在全球范围内，要实现一个宏伟的变革设计策略太复杂了。通过向更大的目标迈出一小步来协调变革要容易得多。我们可以假设一个为期 5 年而不是 2 年的行动计划，并将一套跨国系统减少到最低程度，以降低协调成本。

**4. 协调软件发布**

企业可以制定相应的程序，确保所有运营单位同时转换为新的软件版本，以便每个人的软件都能兼容。

**5. 鼓励本地用户支持全球系统**

这个问题的关键在于让用户参与到设计的创作过程中，而不是放弃对项目开发的控制。应对当地单位抵制跨国公司的总体策略是合作吸纳。**合作吸纳**（cooptation）是指在不放弃对变革方向和性质的控制的情况下，将反对意见引入设计和实施解决方案的过程。在这个过程中，要尽可能避免最初的反对力量。然而，最低要求是当地单位必须就跨国系统的简单列表达成一致，这可能需要最初的反对力量来巩固真正需要某种跨国系统的想法。

如何进行合作吸纳？目前有几种可能的选择。第一种选择是允许每个国家单位都有机会在本国领土开发一种跨国应用程序，然后在全世界开发。通过这种方式，每个主要的国家系统团队在开发跨国系统方面都有了一定的行动，各地方单位都感受了主人翁地位。不利的一面是，这要假设开发高质量系统的能力分布是均匀的，如德国的一个团队可以在法国和意大利成功实施系统，但现实并非如此。

第二种选择是开发新的跨国运营中心或者卓越中心。全球可能存在几个专注于特定业务流程的中心。这些中心以跨国团队为基础，大量吸收当地运营单位的人员，并向全球管理层报告。卓越中心执行业务流程的初始识别和规范，定义信息需求，执行业务和系统分析，并完成所有的设计和测试。然而，实施和试点测试应该推广到全球其他地区。招募大量的本地团队到跨国卓越中心，有助于传达这样的信息：所有重要的团体都参与了设计，并将产生影响力。

即使有了适当的组织结构和管理选择，企业在技术方面仍然可能步履维艰。技术平台、网络、硬件和软件的选择是构建跨国信息系统架构的最终要素。

## 15.4 开发全球信息系统时需要考虑的问题和技术选择

一旦企业确定了全球商业模式和系统战略，它们必须选择硬件、软件和网络标准以及关键系统应用来支持全球业务流程。硬件、软件和网络在国际环境中面临着特殊的技术挑战。

一个主要的挑战是，如果一个国家的运营单位和另一个国家的运营单位之间差异很大，那么需要寻找一种方法来使全球计算平台标准化。另一个主要的挑战是，寻找特定的、用户友好的软件应用程序，真正提高国际工作团队的生产力。互联网在全球的广泛使用大大减少了网络问题，但是互联网的存在并不能保证信息在全球组织中无缝流通，因为并不是所有的业务部门都使用相同的应用程序，而且互联网服务的质量也是可变的（就像电话服务一样）。例如，德国的业务部门可能会使用开源合作工具共享文档和通信，这与使用微软解决方案的美国总部团队不兼容。企业要克服这些困难，需要在全球范围内进行系统集成和连接。

### 15.4.1 计算平台和系统集成

基于核心系统概念的跨国信息系统架构的开发，引发了新的问题，即核心系统如何适应不同的部门、不同的人在全球开发的现有应用程序以及不同种类的计算机硬件。全球化系统的目标是开发全球性、分布式和集成的系统，以支持跨越国界的数字业务流程。简而言之，这些都是任何大型国内系统开发工作面临的相同问题。但是，这个问题在国际环境下被放大了。想象一下，在不同的国家、不同的运营单位运行基于IBM、甲骨文、惠普和其他硬件的Windows、Linux、Unix或专有操作系统，要集成这些系统是多么大的挑战。

此外，哪怕所有的站点使用相同的硬件和操作系统，也不能保证这些系统能够集成。核心管理层必须建立数据标准以及其他站点要遵守的技术标准。例如，企业必须将会计年度的开始和结束时间等会计术语（回顾之前关于建立全球业务文化挑战的讨论），以及系统、通信速度、体系结构与网络软件之间的可接受接口标准化。

### 15.4.2 连接性

真正整合的全球系统必须具有连接能力，将全球企业的系统和人员连接成一个单一的集成网络，就像电话系统一样能够进行语音、数据和图像传输。互联网为在全球分散的单位之间进行连接提供了非常强大的基础。但是，许多问题依然存在。公共互联网不能保证任何级别的服务（即使在美国）。很少有全球性企业会相信互联网的安全性，通常它们会使用专用网络交流敏感数据，并且利用互联网 VPN 进行需要较低安全性的通信。并不是所有的国家都支持基本的互联网服务，因为互联网服务需要获得可靠的电路，在不同的运营商和地区电信管理局之间进行协调，并获得电信服务水平的标准协议。表 15-6 列出了跨国网络面临的主要挑战。

**表 15-6　跨国网络面临的主要挑战**

| |
|---|
| 服务质量 |
| 安全性 |
| 成本和关税 |
| 网络管理 |
| 安装延期 |
| 低质量的国际服务 |
| 监管制约 |
| 网络容量 |

虽然专用网络比互联网更能保证服务水平，具有更高的安全性，但是在可以接受较低的安全性和服务水平的情况下，互联网是全球企业网络的主要基础。企业可以创建用于内部沟通的全球内联网，或者创建更快速地与供应链中的业务合作伙伴交换信息的外联网。它们可以使用公共互联网作为全球网络，从互联网服务供应商那里获得 VPN，这些服务供应商使用公共互联网提供许多专用网络功能（见第 7 章）。但是，VPN 可能无法提供与私有网络相同水平的、可预测的响应，特别是在互联网流量非常拥挤的时代，可能无法支持大量的远程用户。

在许多发展中国家，互联网服务的使用受到限制（见图 15-4）。在欠发达国家有互联网基础设施的地方，往往缺乏带宽容量，而且不可靠，部分是由于电网问题。发展中国家大多数人的购买力使得以当地货币计算互联网服务就显得非常昂贵，尽管廉价的移动设备和低成本的数据计划在发展中国家变得越来越普遍。

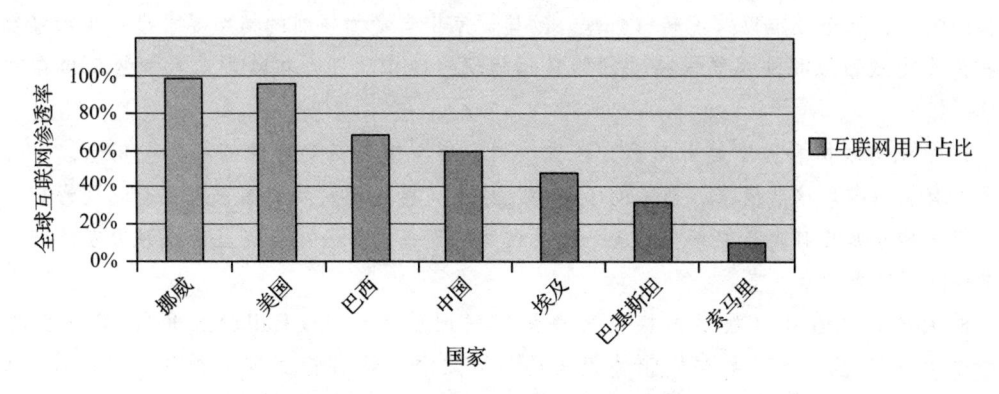

**图 15-4　部分国家的互联网渗透率**

注：发展中国家使用互联网的总人口比例远低于美国和欧洲，但增长迅速。
资料来源：Internetworldstats.com, 2019；作者的估算。

此外，许多国家会监测网络传输。伊朗、土耳其和沙特阿拉伯的政府对互联网流量进行监控，限制访问有道德或政治问题的网站。此外，世界各地的民族国家一直在维护其对互联网使用的权威，并主张各种形式的数字主权（见"互动讨论：组织"）。

⊙ 互动讨论：组织

## 数字民族主义

互联网最初是一个网络之网，旨在促进世界任何地方都能够自由、开放地交流信息。它是全球化的主要推动力之一，包含了一个超出主权国家政府控制范围的公共领域。如今，这种情况已不复存在。在世界各地，民族国家都在主张其对互联网使用的权威，宣称各种形式的数字主权。现在，互联网已经受到防火墙、关闭和数据本地化法律的制约，这些从根本上改变了互联网作为全球统一基础设施的特性。

2019年，普京签署了《主权互联网法案》（Sovereign Internet Bill），以建立自给自足的俄罗斯互联网系统（Runet）。该法案包括一个"终止开关"（kill switch），可关闭俄罗斯用户的全球网络。据《纽约时报》报道，在过去4年中，全球至少有1/4的国家暂时关闭了互联网。

近年来，数字民族主义还在越南、印度、阿根廷、委内瑞拉和尼日利亚等国以数据本地化（或数据保护主义）法律的形式兴起。一些国家要求将本国公民的数据（或某些类型的数据，如医疗或财务数据）物理存储在本国境内的服务器上。还有一些国家允许数据离境，但坚持要求在国内保留一份副本。

这些法律有其合法用途，包括保护隐私和国家安全。遗憾的是，互联网上的仇恨言论和虚假信息已被用来将支持专制政府监控网络活动和言论的法律正当化。至少有45个国家有某种形式的数据本地化要求，而且这些要求并不局限于专制国家。澳大利亚、加拿大、新西兰、韩国和瑞士等国就属于目前限制数据跨境流动的国家。

俄罗斯现在要求必须在国内存储一份俄罗斯公民数据的副本。俄罗斯已因LinkedIn违反规定而将其禁用，并因Facebook和Twitter未能遵守国家数据法而各对其罚款6.3万美元。

欧盟的《通用数据保护条例》（GDPR，参见第4章）并非专门针对本地化，但它施加了严格的限制，使企业难以跨境转移数据。欧盟国家中有愈加强烈的情绪要求进一步加强数据保护，希望欧盟隐私法规要求将欧洲的数据物理存储在欧洲。在欧洲产生的数据应在欧洲处理。

很多此类法律表面上是针对西方跨国公司，但与缺乏必要资源的小公司相比，大公司通常更有能力满足这些要求。通常处于数字民族主义前线的发展中国家也可能受到影响。例如，印度和菲律宾有大量依赖全球统一信息网络的外包业务公司。这些国家努力在该网络上设置路障可能会带来反噬。

最大的风险在于，数字民族主义将使互联网巴尔干化（Balkanize），将其分割成由一个个互不兼容、不可调和的领地组成的拼凑之物。这种情况有时被称为"碎片网络"（splinternet），已经影响到基于互联网的内容和服务了。欧盟GDPR生效之初，许多美国媒体就准备停止向欧洲消费者提供内容，至少是暂时停止。

巴尔干化还可能会重塑互联网的底层技术基础设施。过去10年间，一些国家以文化敏感性为由，考虑禁止或以其他方式限制.xxx顶级域名（通常用于成人内容），这增加了互联网命名系统最终破裂的可能性。在爱德华·斯诺登揭露美国的监控活动后，巴西开始绕过现有的互联网基础设施，新修建了一条连接欧盟的海底电缆。互联网工程任务组（Engineering Task Force）是一个很重要的互联网标准委员会，它希望为政府机构保留后门的代表，这与努力追求更健全加密保障的代表发生了冲突。

如何遏制数字民族主义？专家建议要想方设法恢复互联网用户的包容和公平竞争意识，并提醒他们最初使网络如此高效的普遍性和包容性原则。另一项建议是以"区域"为基础方式运行互联网，其中相互连接的成员国将承诺秉持自由原则，如自由贸易、隐私和言论自由等。该方法不会产生一个单一的全球网络，但一个"志同道合的联盟"可能是应对日益严重的互联网碎片化并保持网络相对开放和自由的最佳方法。

资料来源：Vincent Manancourt, "Europe's Data Grab," Politico, February 19, 2020.

**案例分析题：**
1. 什么是数字民族主义？举两个例子。
2. 数字民族主义给全球业务带来了什么问题？

另外，亚洲、非洲和中东的互联网人口增长速度要快于北美和欧洲。因此，未来互联网的连通性将在世界欠发达地区更容易实现，并且更加可靠。互联网将在这些地方的经济与世界经济的结合方面发挥重要作用。

### 15.4.3 软件本地化

核心系统的开发给应用软件带来了独特的挑战：旧系统如何与新系统连接？如果旧系统保存在本地（这很常见），则必须建立和测试全新的接口。这些接口可能会带来高昂的代价和不必要的麻烦。若必须创建新软件，另一个挑战是如果业务部门已经习惯独特的业务流程和数据定义，那么如何构建来自不同国家的多个业务部门实际使用的软件？

除了整合新旧系统之外，还存在人机界面设计和系统功能的问题。例如，为了提高全球劳动力的生产力，真正有用的软件界面必须很容易被理解和掌握。图形用户界面是最理想的，但预设了一种共同的语言，通常是英语。当国际系统只涉及知识工作者时，英语可能就是设定的国际标准。但是随着国际系统深入到管理层和文书组织中，可能不会设定通用语言，必须建立人机界面以适应不同的语言，甚至不同的惯例。将软件转换成第二种语言的整个过程称为**软件本地化**（software localization）。

世界上大多数人使用移动设备访问互联网，因此移动app必须适配移动平台、小屏幕、低频宽。许多移动互联网用户不能读写，因此需要建设专门的视频和音频接口为这一群体服务。

什么是最重要的软件应用程序？许多国际系统强调基本的交易和管理报告系统。企业越来越多地转向 SCM 和 ERP 系统，以便在全球范围内将其业务流程标准化，并创建协调一致的供应链和劳动力。然而，这些跨职能系统并不总是与其他国家的语言、文化传统和业务流程的差异相兼容。某国的运营单位在使用技术方面可能并不成熟，在管理企业应用程序时可能会遇到技术复杂性的问题。

EDI 系统和 SCM 系统被制造和分销企业广泛使用，用于在全球范围内连接不同的供应商。合作和企业社交网络系统、电子邮件和视频会议对于以知识和数据为基础的企业（如广告企业、医学和工程领域的研究性企业以及图形和出版企业）来说是特别重要的全球性工具。

## 15.5 MIS 如何有助于我的职业发展

通过本章和本书的指引，将帮助你找到一份初级销售和市场营销实习生的工作。

### 15.5.1 公司简介

Global Online Stats 是全球领先的定量数据、统计数据和市场研究产品供应商，目前有一个初级销售和市场营销实习生的空缺职位。该公司在波士顿、伦敦和巴黎有超过 500 名员工。公司为访问在线定量数据库提供工具和服务，这种数据库面向各种规模的商业企业，包括咨询企业、媒体机构和来自不同行业和国家的大企业的营销部门。

### 15.5.2 职位描述

与总经理和全球销售主管密切合作，开发并维护销售线索和新客户。工作职责包括：
- 利用现有客户的线索发现潜在客户，建立与媒体和行业协会的关系，通过电话、电子邮件和网络开发新客户；
- 开发客户，将零散客户转变为长期客户；
- 为各类产品和业务线开发销售机会；
- 寻找并安排与新的潜在客户见面的机会；
- 更新客户档案。

### 15.5.3 岗位要求

- 拥有四年制大学学士学位。
- 较强的口头和书面沟通能力。
- Microsoft Office 技能。
- 有销售或市场营销实习经验或打电话拜访经验者优先。
- 外向、有竞争精神、积极主动的销售特性。

### 15.5.4 面试问题

1. 你在大学或以前的工作中使用过定量数据吗？你运用数据做过哪些工作？
2. 你曾经使用过在线数据库或数据库软件吗？你是如何处理这些数据库的？你上过数据库方面的课程吗？

3. 你运用 Microsoft Office 的工具，如 Word、Excel、PPT、Access 的水平如何？
4. 你有什么销售经验？
5. 你精通外语吗？
6. 在向非本国组织销售我们的产品和服务时，你觉得会面临哪些挑战？

### 15.5.5　作者提示

1. 复习第 15.1、15.3 和 15.4 节，第 6 章数据管理以及第 12 章商务智能和分析的内容。
2. 利用网络研究企业的产品、服务和客户，以及它的运作方式。思考企业需要做些什么来扩大全球销售。
3. 询问你在工作中如何使用 Microsoft Office 工具。
4. 询问在使用企业数据产品方面你将会接受哪些培训。

## 本章小结

**15-1　推动业务全球化的主要因素**

国际通信和交通成本的降低，创造了一个具有稳定期望或规范的世界文化。稳定的政治和不断增长的全球知识被广泛分享，也有助于世界文化的形成。这些一般因素为全球市场、全球生产、协调、分配和全球规模经济创造了条件。

**15-2　发展全球业务的可选战略**

有 4 个基本的国际战略：国内出口商、多国企业、特许经营商和跨国公司。在跨国战略中，所有生产要素要在全球范围内协调一致。然而，战略的选择是企业业务类型和产品类型的一个功能。企业战略和信息系统设计之间有联系。国内出口商通常集中在国内总部，允许分散经营。多国企业通常依靠外国单位分散的独立性，向网络开发的方向发展。特许经营商几乎总是在多个国家复制系统，并使用集中的财务控制。跨国公司必须开发网络化系统配置，并允许开发和运营的分散。

**15-3　全球信息系统和管理解决方案面临的挑战**

全球信息系统提出了挑战，因为文化、政治和语言的多样性会放大组织文化和业务流程的差异，并使不同地方的信息系统难以整合。通常情况下，全球系统的开发没有一个有意识的规划。补救措施是定义一小部分的核心业务流程，并专注于构建支持这些流程的系统。在战略上，管理者必须选择广泛分散的外国单位参与系统的开发和运行，谨慎地进行总体控制。

**15-4　开发全球信息系统时需要考虑的问题和技术选择**

实施全球系统需要考虑业务设计和技术平台的实施战略。主要的硬件和通信问题是系统集成和连接。整合系统的选择要么是采用专有架构，要么是采用开放系统技术。全球网络建设和运营极其困难。企业可以建立自己的全球网络，也可以建立基于互联网（内联网或 VPN）的全球网络。主要的软件问题包括与现有系统建立接口，并选择可以与多种文化、语言和组织框架一起工作的应用程序。

## 关键术语

业务驱动力（business driver）
合作吸纳（cooptation）
核心系统（core system）
国内出口商（domestic exporter）
特许经营商（franchiser）
全球文化（global culture）
国际信息系统架构（international information system architecture）

合法性（legitimacy）
多国企业（multinational）
特殊主义（particularism）
软件本地化（software localization）
跨境数据流（transborder data flow）
跨国公司（transnational firm）

## 复习题

15-1 列出和描述发展国际信息系统架构的 5 个主要方面。
- 描述导致全球业务增长的五大文化因素以及 4 个具体的业务因素。描述这些因素之间的相互联系。
- 列出并描述全球系统发展面临的主要挑战。
- 解释为什么一些企业没有开发全球系统的计划。

15-2 描述全球商业和组织结构的 4 种主要战略。
- 描述可用于支持 4 种全球化战略的不同的系统配置。

15-3 列出并描述国际体系发展中的主要管理问题。
- 确定并描述组织进行全球业务时遵循的 3 个原则。
- 确定并描述制定和实施全球系统管理战略的 3 个步骤。
- 定义合作吸纳并解释如何在建立全球系统时使用它。

15-4 描述全球系统面临的主要技术问题。
- 描述有助于企业开发全球系统的技术。

## 讨论题

15-5 如果你是一家在许多国家运营的企业的经理，你将使用什么标准来确定应用程序，是作为全球应用程序开发还是作为本地应用程序开发？

15-6 请描述互联网可用于全球信息系统的方式。

## MIS 实践项目

本部分的 MIS 实践项目将让你通过进行国际市场调查，分析扩大业务的全球系统问题，为国际企业建立工作发布数据库和网页，以及开展国际市场营销和定价研究获得实践经验。

### 管理决策问题

15-7 UPS 一直在中国拓展包裹运送和物流服务，为跨国公司和当地企业提供服务。中国的 UPS 驾驶员需要使用 UPS 的系统和工具（如手持式交付信息获取设备）来获取包裹交付数据。UPS 希望通过网络为中国和跨国客户提供 WorldShip、CampusShip 和其他航运管理服务。为了在中国成功运作，UPS 必须考虑的一些全球系统问题是什么？

15-8 你所在的企业制造和销售网球拍，并希望在美国以外的地区销售。你负责制定一个全球性的网络战略，首选目标国家是巴西、中国、德国、意大利和日本。使用美国中央情报局《世界概况》（World Factbook）网站和其他在线资源中的统计数据，你会首选哪个国家？你会使用什么标准？你应该在网络战略中考虑哪些其他因素？你将在网站上设置哪些功能吸引目标地区的买家？

### 卓越运营：为国际企业建立工作数据库和网页

软件技能要求：数据库和网页设计
业务技能要求：人力资源内部工作发布

15-9 海外地区的企业需要一种方式告知员工在这些地点是否有空缺的职位。在这个项目中，你将使用数据库软件设计一个发布内部职位空缺信息的数据库和一个显示这些信息的网页。

KTP在世界各地运营，专门为中型和大型企业设计、开发和实施企业系统。KTP为员工提供在美国、欧洲和亚洲各地旅行、生活和工作的机会。该企业的人力资源部门拥有一个简单的数据库，使员工能够跟踪职位空缺。当员工有兴趣搬迁时，可以与人力资源部门联系，查看KTP职位空缺清单。KTP还在企业网站上公布就业机会。

KTP职位空缺数据库应该包括哪些类型的数据？哪些信息不应该包含在这个数据库中？根据你对这些问题的回答，为KTP建立一个职位空缺数据库。用至少20条记录填充数据库。你也应该建立一个简单的网页，包含你新创建的职位空缺数据库。将KTP数据库和网页的副本提交给老师。

**改善决策：开展国际市场营销和定价研究**
　　**软件技能要求：基于互联网的软件**
　　**业务技能要求：国际市场营销和定价**

15-10 在这个项目中，你将使用网络研究海外经销商和海关规定，并使用基于互联网的软件计算外币价格。

你负责一家决定进入国际市场的美国家具制造商的市场营销。你想通过联系一家欧洲办公家具零售商来测试市场，为它提供一张售价约195美元的办公桌。使用网络，找到所需的信息，并联系这家企业，找出在当前市场上可以以多少欧元得到一把椅子。此外，考虑使用一个通用的货币转换器网站，确定一种货币以其他货币表示的价值。获取联系企业所需的信息以及椅子的当地货币价格。找到并获取从美国出口到所选零售商所在国家产品的海关和法律限制。最后，找到一家企业作为海关代理，并收集有关运输成本的信息。

## 协同与团队合作项目

### 识别全球商业战略的技术

15-11 与一组同学一起，确定一个信息技术领域，探索这项技术怎样才能有助于支持全球商业战略。例如，可以选择电子邮件、智能手机、VPN、企业系统、合作软件或网络。有必要确定一个业务场景来讨论这项技术。可以选择汽车零部件特许经营权或服装特许经营权（如Express）作为示例业务。你会选择哪些应用程序、哪些核心业务流程以及该技术如何使用？如果可能，请使用Google Docs、Google Drive或Google Sites，集思广益并制作演示文稿来汇报结果。

## 案例研究

# 中国的电子商务：机遇和挑战

世界上最大、增长最快的电子商务市场在哪里？在中国！2019年，中国拥有超过9亿互联网用户，其在线销售额已经超过了美国。

中国的电子商务具有很强的流动性，有很大比例的电子商务销售和数字广告支出活动是在移动设备上完成的，因此零售商网站和电子商务平台必须针对移动设备进行优化。通过微信等手机在线支付服务和实体店销售正在席卷全国。2019年，中国移动支付用户达7.33亿。中国也已经成为全球最大的移动支付市场。

腾讯的微信拥有超过11亿活跃用户，是中国主要的移动平台。零售商和品牌商发现，要吸引消费者的注意力，通常需要在微信平台上运营，而不是建立一个直接面向消费者的移动app。雅诗兰黛、蔻驰和Gap等零售商在微信应用程序中建立了客户忠诚度计划，并在微信平台上进行客户关系管理。Max Factor在微信平台上建立了一个新的社交CRM系统，使用在线和离线数据创建了一个包含36种标签的详细客户数据库。Max Factor 使用实时数据，通过微信平台根据客户生命周期的不同阶段发送个性化信息。

电子商务使中国的数字消费者能够接触到来自海外的产品，而且相当一部分消费者似乎正在利用这一优势，跨境购物者喜欢购买在国内价格偏高或稀缺的商品。

中国人在网上购买的最受欢迎的商品类别包括服装、食品和饮料、家用产品、消费电子产品、家电和个人护理产品。食品、奢侈品、运动和健康产品是未来增长的重要商品。中国的网络购物者往往是年轻人、城市居民和受过高等教育的人。

社交媒体是发起网购的重要渠道。有不少中国消费者通过社交媒体来寻找、购买产品，甚至还会评论产品。零售商和品牌商需要建立并参与社交社区，并在社交平台上与客户接触。

根据波士顿咨询公司和阿里研究院的研究，电子商务正在一定程度上取代中国的实体门店购物，为此，沃尔玛和家乐福等大型超市已经关闭了在中国的多家门店。

对于那些想进军中国电子商务市场的跨国公司来说似乎有很多机会，但事实上并非那么容易。中国可能是世界上最大、增长最快的电子商务市场，但它也是外国企业最难渗透的市场之一。中国的电子商务市场参与者众多且竞争激烈。

腾讯是全球最大的互联网和科技企业之一，也是最大、最具价值的游戏和社交媒体企业，还拥有中国大部分的音乐服务。阿里巴巴是一家跨国电子商务、零售、互联网、人工智能和科技集团，通过门户网站提供消费者对消费者、企业对消费者、企业对企业的销售服务，以及电子支付服务、购物搜索引擎和以数据为中心的云计算服务。中国也有许多与国外电子商务业务类似的业务，如微博类似Twitter，优酷类似YouTube，微信类似Facebook。

进入任何国家的市场都是有成本的，中国市场也不例外，如初期进场费、年服务费等，其他成本包括店面装饰、销售信息以及库存费用，此外还包括支付代理商的费用。

与允许中国消费者从国际品牌商购买商品的企业合作是有可能的，这样品牌商就不必在中国作为一个实体出现。例如，小红书推出了一款移动app，允许客户从国外的主要市场选择产品，并向企业支付费用。然后，小红书为客户采购这些产品。

不过还有几点需要记住：大多数中国人对访问谷歌或Facebook等外国网站并不感兴趣，因为中国有一系列国内网站来提供类似的服务。中国本土的竞争对手通常会占上风，因为有太多人在使用它们的产品，以至于这些产品变得不可或缺。Skype和WhatsApp等互联网通话和信息应用程序在中国是可以使用的，但在中国市场上，它们往往无法取代中国的产品。在中国，腾讯的微信远比Skype、WhatsApp和Slack更受欢迎。

当一种新的技术或商业模式出现时，中国人可以很快适应本土市场。OPPO和vivo是2016年中国市场占有率第一和第三的智能手机品牌，吸引了一些较小、较不富裕城市的年轻人和居民，他们的手机看起来像iPhone，有许多相同的功能，但价格不到iPhone的一半。OPPO和vivo在中国的市场份额翻了一番，而苹果的市场份额却下降了13%，排在第四位。

为了跟上小城市和农村地区日益增长的需求，在线零售商正在努力扩大物流基础设施和服务。例如，阿里巴巴旗下的物流公司菜鸟拥有超过18万个快递站，负责产品的运输，还在中国各地扩展了生鲜食品配送中心。物流仍然是一个主要挑战，因为中国的电子商务参与者试图在更广阔的地理区域接触更多的客户。中国的包裹递送业务量每年增长30%，但这还无法满足人民日益增长的需求。

资料来源："China Smartphone Market Share: by Quarter," *Counterpoint Research*, February 15, 2020 and "China Mobile Payment Users 2019," *eMarketer*, October 24, 2019; Lambert Bu, Jacob Wang, Kevin Wei Wang, and Daniel Zipser, "China Digital Consumer Trends, 2019," *McKinsey Digital*, September 2019; Xinhua, "How Can China Deliver 50 Billion Packages Every Year?" September 17, 2019.

## 案例分析题：

15-12 请描述外国企业想要在中国进行在线

交易的政治、文化和组织障碍。

15-13 这些因素会如何影响企业在中国建立电子商务业务？

15-14 企业需要做些什么才能在中国成功地开展电子商务业务？请解释一下。

## 参考资料

Accenture. "Technology Not Widely Used in Global Companies' Emerging Market Supply Chains, Study Says." (September 16, 2014).

Burtch, Gordon, Anindya Ghose, and Sunil Watta. "Cultural Differences and Geography as Determinants of Online Prosocial Lending." *MIS Quarterly* 38, No. 3 (September 2014).

Chakravorti, Bhaskar, Ajay Bhalla, and Ravi Shankar Chaturved. "The 4 Dimensions of Digital Trust, Charted Across 42 Countries." *Harvard Business Review* (February 19, 2018).

Deans, Candace P., and Michael J. Kane. *International Dimensions of Information Systems and Technology*. Boston, MA: PWS-Kent (1992).

Dewhurst, Martin, Jonathan Harris, and Suzanne Heywood. "The Global Company's Challenge." *McKinsey Quarterly* (June 2012).

Hansen, Suzy. "Finding the Truth Online Is Hard Enough: Censors Make It a Labyrinth." *New York Times Magazine* (November 13, 2019).

Ives, Blake, and Sirkka Jarvenpaa. "Applications of Global Information Technology: Key Issues for Management." *MIS Quarterly* 15, No. 1 (March 1991).

Ives, Blake, S. L. Jarvenpaa, and R. O. Mason. "Global Business Drivers: Aligning Information Technology to Global Business Strategy." *IBM Systems Journal* 32, No. 1 (1993).

King, William R., and Vikram Sethi. "An Empirical Analysis of the Organization of Transnational Information Systems." *Journal of Management Information Systems* 15, No. 4 (Spring 1999).

Kirsch, Laurie J. "Deploying Common Systems Globally: The Dynamic of Control." *Information Systems Research* 15, No. 4 (December 2004).

Meyer, Erin. "When Culture Doesn't Translate." *Harvard Business Review* (October 2015).

Mouchawar, Ronaldo. "Souq.com's CEO on Building an E-Commerce Powerhouse in the Middle East." *Harvard Business Review* (September–October 2017).

Naím, Moises, and Philip Bennett. "The Anti-Information Age." *The Atlantic* (February 16, 2016).

Roche, Edward M. *Managing Information Technology in Multinational Corporations*. New York: Macmillan (1992).

Shih, Willy. "Is It Time to Rethink Globalized Supply Chains?" *MIT Sloan Management Review* (March 19, 2020).

Su, Ning. "Cultural Sensemaking in Offshore Information Technology Service Suppliers: A Cultural Frame Perspective." *MIS Quarterly* 39, No. 4 (December 2015).

Tractinsky, Noam, and Sirkka L. Jarvenpaa. "Information Systems Design Decisions in a Global Versus Domestic Context." *MIS Quarterly* 19, No. 4 (December 1995).